한국법경제학회 법경제학연구총서 II

법경제학

이론과 응용

Law and Economics

Theory and Application

김일중 · 김두얼 편

해남

발간사

법과 법제도는 사회구성원에 대한 유인 제공을 통하여 사회 전체의 경제적 성과에 영향을 미치고, 사회의 경제적 이념과 상황은 법의 형성에 영향을 미침과 아울러 법의 정당성의 기초를 부분적으로 제공하고 있다. 법은 정치, 경제, 사회와 상호작용을 하고 있지만, 특히 법과 경제의 밀접성이 두드러져 미국의 포즈너 판사는 영미의 보통법의 경제적 논리에 주목하여 보통법을 자원의 효율적 배분을 달성하는 가격결정기구라고 보면 가장 잘 이해될 수 있다고 한다.

실증적 관점에서 우리나라의 입법 · 행정 · 사법에 있어 법이 경제적 효율을 달성하고 있는지에 관하여, 우리나라는 기본적으로 시장경제질서를 채택하고 있으므로, 우리나라의 법은 경제적 효율에 부합하는 경우가 많겠지만 법에 따라서는 직관적으로 부정적으로 판단되는 경우가 적지 않은데도, 경제적 효율성이 제대로 분석되고 파악되지 않아 의사결정의 기초의 하나로서 제대로 작동하지 못하고 있다. 또한 규범적 관점에서 우리나라의 법이 경제적 효율을 지향하여 입법되고 해석 · 적용되어야 하는지에 관하여는, 우리 헌법에서 보장하고 있는 재산권, 인간의 존엄과 가치를 위한 일반적 행동자유권 등 기본권과 경제적 기본 질서로서의 시장경제질서에 터잡아, 경제적 효율의 추구는 우리 헌법에 따른 법의 목적의 하나로서 입법과 사법에서 고려하여야 할 중요 요소로 볼 수 있을 것이다.

이러한 법과 경제적 효율 간의 관계에도 불구하고 우리나라의 입법 · 행정 · 사법에서 경제적 효율에 관한 분석은 매우 미흡한 것이 현실이다. 박세일 교수가 1985년 서울대학교에서 법경제학 강의를 시작함으로써 우리나라 대학에 법경제학 강의가 개설된 지 25년이 지났고, 한국법경제학회가 10년 전에 창립된 후 2004년에 법경제학에 관한 유일한 전문학술지인 『법경제학연구』를 창간하여 그 후 매년 2회 발간하는 등 연구활동을 지속하는 한편, 사법연수원의 법관연수 과정과 변호사의 연수 과정에서 강의를 통하여 법경제학의 보급에 노력하기도 하였으나, 우리나라에서 법경제학이 입법과 사법의 실무에는 아직 자리잡지 못하고 있다.

한국법경제학회는 법경제학의 실용화를 최우선 과제로 삼고, 우선 사법부에서의 활용도를 높이기 위해, 2010년 초부터 법경제학을 전공하는 연구자들과 판사들이 법경제학 이론과 사법실무에 대한 이해도를 서로 높이고자 하는 '법원과의 법경제학 연구회'(Law and Economics with Courts: LEC) 연구사업을 진행하여 금년 초에 제1기 과정을 종료하였다. 이 과정에서 연구논문을 발표하여 주신 발표자들, 토론에 참여하여 주신 학회원 및 판사들을 포함한 모든 연구회원들, 이 모든 것을 이끌어 주신 김일중 LEC 편집위원회 위원장과 김두얼 LEC 편집위원회 간사는 모두 열정적으로 그 맡은 바 임무를 수행하여 주었다. 2010년은 한국에서 법경제학이 사법실무에 본격적으로 도입되는 원년으로 기억될 것으로 믿어 의심치 않는다.

본 연구서는 LEC 제1기의 발표논문들을 다듬어 묶은 것이다. 한국법경제학회가 법경제학연구회로서 활동하던 2001년 '법경제학연구총서 Ⅰ'로서『사법과 법집행』을 간행한 지 10년 만에 '법경제학연구총서 Ⅱ'로서 간행한다. 금년 초에 이미 시작한 LEC 제2기 등 향후의 집중적 연구활동이 모여 연구총서가 좀더 자주 활발히 발행될 것으로 기대한다.

한국법경제학회 회장

법무법인 세종 대표변호사

송웅순

축사

법경제학은 법과 제도를 경제학적 방법론을 사용하여 분석한다. 법경제학은 또한 법과 경제의 상호작용과 국가발전의 원리를 탐구한다. 1960년대 이후 미국에서 부상하기 시작한 법경제학은 이제 세계 곳곳에서 법학교육과 법의 제정 및 해석 · 적용에 많은 영향을 미치고 있다.

우리나라에서는 2000년 출범한 법경제학연구회를 확대 개편하여 2002년 창립된 한국법경제학회가 법경제학자들의 결집과 법경제학의 발전에 중심적인 역할을 해 오고 있다. 특히, 2004년 창간된 학회지 『법경제학연구』는 지금까지 법경제학의 소개와 우리나라 법 · 제도에 대한 법경제학적 논의의 주요한 장이 되어 왔다.

학회의 집행부는 초창기부터 법경제학이 국가를 발전으로 이끄는 법 · 제도의 구축과 운용에 크게 기여할 수 있다고 보고 법학교육, 입법, 사법실무 등의 영역에서 법경제학적 방법론이 보다 많이 채택 · 사용되기를 희망해 왔다. 특히, 학회 집행부는 John M. Olin Foundation이 지원한 미국 유수 법과대학의 법경제학 프로그램이 법경제학 발전에 크게 기여한 점, Henry Manne 교수가 시작한 Law and Economics Center의 활동이 법관들에게 법경제학적 방법론을 유용한 것으로 받아들이도록 하는 데 중요한 역할을 한 점, European Commission의 법경제학 교육 및 연구에 대한 재정지원이 많은 전문인력 배출을 통해 EU 및 소속 국가들의 제도와 정책 개선에 이바지해 온 점 등에 주목하면서 보다 구체적인 법경제학 연구 및 교육 프로그램을 구상할 필요성을 느끼고 있었다.

2010년 우리는 드디어 법경제학을 전공하는 연구자들과 사법 관련 실무를 담당하는 판사들이 한 자리에 모여 법경제학 이론 및 사법실무에 대한 논의를 하는 LEC(Law and Economics with Courts) 프로그램을 출범시켰다. 본인은 솔직히 판사들을 모셔놓고 의미 있는 이야기를 할 수 있는 '공급능력'이 우리 학회에 있는지 걱정을 하지 않은 것이 아니다. 그러나 일을 시작해 놓고 보면 길이 열릴 것이라는 생각, 이 프로그램을 통해 법경제학 연구자들이 오히려 판사들로부터 배우는 바가 많을 것이라는 생각이 앞섰다. LEC 제1기를 종료한 이 시점에서 본인은 이 프로그램이 성공적이었다고 평가하고 싶다. 특히, 법경제학자들과 판사들 양쪽 모두가 함께 이야기를 나눔으로써 서로 배우는 바가 있다고 느끼게 된 것이 이 프로그램의 가장 큰 성과가 아닌가 한다. 이 자리를 빌어 학회 측의 송옹순 회장님, 윤진수 전임 회장님, 권순일 부회장님, 홍동표 총무이사님, 고학수 전임 편집이사님, 김일중(부회장 겸) LEC 편집위원장님, 김두얼(편집이사 겸) LEC 편집위원회 간사님, 그리고 법원 측의 김상준 사법연수원 수석교수님, 장상균 서울 행정법원 부장판사님, 김환수 서울중앙지방법원 부장판사님, 조병구 사법연수원 교수님 등 많은 분들의 열정과 헌신에 감사드린다. 그리고 LEC 프로그램의 출범에 재정적 지원을 해 주신 독지가께도 감사의 뜻을 표한다.

이번에 발간되는 『법경제학: 이론과 응용』은 LEC 제1기의 성과물이다. 법경제학 연구자들과 사법실무 담당자들 사이의 대화의 과정에서 탄생하는 이 책은 우리나라 법경제학의 발전에 하나의 중요한 이정표가 될 것이다. 이 책이 법관연수나 로스쿨 교육에서 교재 내지 참고자료로 널리 쓰이기를 기대해 본다.

그러나 이 책의 발간은 어떻게 보면 하나의 출발에 불과하다. 본인은 평소 법경제학 연구와 관련하여 법학 전공자가 경제학적 방법론을 좀 익히는 쪽이 경제학 전공자가 법의 원리와 실무를 이해해 나가는 쪽보다 더 쉽지 않을까 하는 생각을 해 왔다. 앞으로 법학자와 사법실무 담당자들이 더 많이 필진으로 참여하는 후속 법경제학 총서들이 나왔으면 한다. 나아가 우리나라를 선진 일류국가로 이끄는 법 · 제도 · 정책의 구축과 운용을 위해 각종 분야에서 법경제학적 논의가 활성화되기를, 그리고 그 성과물들이 보다 왕성하게 출간되기를 희망한다.

한국법경제학회 전임회장
숙명여대 경제학부 교수
신도철

머리말

본서에 대한 구체적인 계획은 2010년 초에 시작되었다. 여러 분들이 주지하듯 한국에서도 법경제학의 연구성과가 실무에 접목되고 또 실무와의 교류를 통해 보다 실용적인 학문이 발전할 수 있도록 하기 위해 법경제학 연구자들과 현직 판사들이 연구모임을 갖자는 논의가 오래 전부터 있어 왔다. 몇 해만 더 지나면 한국에 법경제학이 소개된 지도 어언 30년이 되므로, 그 이전에는 반드시 이러한 생산적 시도가 필요하다고 판단하였기 때문이다. 더불어 이러한 시도는 우리보다 법경제학 연구를 먼저 시작한 수많은 국가에서도 관찰하기 흔치 않은 획기적 도약이라고 굳게 믿었다.

연구자들의 절실한 소망과 다양한 노력에 더하여 실무적으로 적절한 계기가 마련되면서 이런 장기간의 구상이 비로소 2010년 이른 봄에 구체화되었다. 이후 LEC라는 약칭으로 불리게 된 '법원과의 법경제학 연구회'(Law and Economics with Courts)는 그 해 5월에 첫 모임을 갖고 이듬해 초까지 약 1년 동안 약 40명의 법경제학 연구자와 판사들이 매달 한 번씩 모여 열정적인 발표와 토론을 진행하는 방식으로 운영되었다.

LEC 운영을 총괄하는 LEC 편집위원회에서는 2010년 초에 모임에서 다루어질 주제를 선정한 뒤 우리나라에서 그 분야에 대해 활발한 연구를 수행하고 있는 연구자들에게 집필을 의뢰하였다. 법경제학 연구자들이 '한국의 제도 및 판례에 기초한' 기본 이론을 담되 비교적 평이한 서술로 이루어진 발제문을 미리 몇 개월에 걸쳐 준비하고, 이것을 LEC 정기 월례모임과 1박2일 워크숍 등에서 현직 판사들 및 연구자들과 활발히 토론하였다. 토론 이후 각 원고에 대해서는 본 편집자들과 저자 사이의 긴밀한 논의를 거쳐 약 한 달 동안 수정작업을 하였으며, 2011년 3월부터 지금까지 다시 한 번 최종 수정 과정을 거쳤다. 법경제학회가 2001년에 '법경제학 연구 총서 I'로서 『사법(私法)과 법집행』을 발간한 지 10년 만에 간행되는 '총서 II'인 본서는 이상의 과정을 통해 탄생하였다.

이 책은 세계 유수대학들에서 사용되는 저명한 법경제학 교과서에 담겨 있는 주요 주제들을 가급적 폭넓게 다루면서도, 우리나라의 법제도에 기반하여 집필된 원고들의 모음집이다. 요컨대, 한국의 법제도에 기반을 두면서도 세계의 학문적 흐름에 발맞추는 법경제학 교과서를 LEC 편집위원회는 지향하였다. 앞으로 본서가 대학이나 대학원, 기타 교육기관에서의 한국 법경제학 교육은 물론, 법경제학적 학술연구나 재판 · 입법 등 실무에서 크게 활용될 수 있으리라 기대한다.

물론 독자들은 이 책을 읽으면서 여러 가지 미흡한 점을 쉽게 발견할 수 있을 것이다. 짧은 준비기간, 여러 가지 현실적 제약 등으로 인해, 장별 내용이 고르지 못한 점이 있다. 또 우리나라 법제도에 공공히 기반을 두겠다는 야심찬 출발에도 불구하고 현실적으로 이론과 법제도가 잘 융합되어 못한 측면도 쉽게 발견된다. 이러한 부족함을 가진 원고들을 감추기보다 이처럼 책으로 묶고 세상에 내놓는 이유는 그것이 우리 학계의 진보를 위해 도움이 된다고 판단하기 때문이다. 이 책을 읽는 분들의 질정을 겸허히 받아들일 것이다. 하지만 동시에 편집자들로서 감히 격려와 관심을 요청드리는 것은 이러한 시도들이 수많은 어려움을 헤치고서야 가능하였기 때문이며, 아울러 미래를 위해 기여할 수 있으리란 믿음 때문이다.

집필자 모두의 노력으로 태어난 작품이기에 본서는 집필자 모두의 것이며, 이 머리말 역시 편집자들이 필자들을 대신해서 적는 것에 불과하다. 그럼에도 불구하고 본 편집자들은 이 자리를 빌어 필자 여러분께 큰 감사의 말씀을 드리고 싶다. 그 면면에서 드러나듯이, 이 분들은 우리나라에서 법경제학 연구를 주도하고 있는 왕성한 연구자들이다. 이처럼 훌륭한 연구자들이 별다른 보상이 따르지 않는, 그러면서도 엄청난 노력을 기울여야 하는 이런 종류의 글을 쓰고 수정하는 데 시간을 할애하셨다는 사실은, 학계와 학문의 발전을 위한 희생이었다는 표현 외에는 달리 묘사할 방법이 없어 보인다. 혹시라도 원고의 내용을 조금이라도 더 잘 드러내는 데 미흡한 편집이 있더라도 너그러이 이해해 주시기를 필자 여러분께 부탁드린다.

아울러 LEC에 참여해 주신 판사 여러분들께 깊은 감사를 드린다. 단순히 듣는 청중으로서가 아니라 사실상의 저자처럼 토론과 논평에 열성적으로 참여해 주신 이 분들의 관심과 노력, 그리고 학구열이 없었다면 본서는 지금의 모습을 갖추기 어려웠을 것이다. 살인적인 업무 부담 속에서도 향후 보다 더 좋은 판결을 내리고

자 일부는 시간을 쪼개어 지방에서까지 상경해서 이 연구활동에 동참해 주신 판사 여러분께 깊은 경의와 감사의 마음을 전하고 싶다. 본 편집자들은 그 분들의 새로운 주제에 대한 빠른 이해도는 물론, 날카로운 비평, 그리고 진솔한 경험담 등을 아직 생생히 기억하고 있다.

이 책이 나오기까지는 음으로 양으로 여러 분들이 많은 도움을 주셨다. 본 편집자들을 포함하여 총 일곱 명의 한국법경제학회 전현직 임원으로 구성된 LEC 편집위원회는(위원: 윤진수 교수님, 신도철 교수님, 송옹순 변호사님, 홍동표 박사님, 고학수 교수님) 총서 출간과 관련된 굵직한 의사결정을 변함없이 합리적으로 그리고 신속히 내려 주셨다. 그리고 세부적인 사항들은 과감히 위임해 주심으로써, 비록 일천한 능력이나마 본 편집자들이 신명나게 일을 할 수 있도록 도와 주셨다. 또한 LEC 모임과 관련된 크고 작은 실무부터 본서 원고들의 편집 및 교정에 이르기까지 수많은 궂은 일들을 묵묵히 도맡아 처리해 준 한국개발연구원(KDI) 임효정 연구원의 노력과 타고난 배려심은 이 책의 출간을 가능하게 하였던 큰 바탕이었다. 아울러 상업성이 없는 책의 출판을 흔쾌히 맡아 주신 도서출판 해남의 노현철 사장님과 좀더 높은 질의 편집을 위해 노력해 주신 여러 직원 여러분의 노고에 깊은 감사를 드린다. 마지막으로, 금요일 밤늦은 시각 또는 심지어 주말까지 강행군되던 LEC 연구활동을 큰 인내로 지켜보아 주고 뒷바라지해 주신 LEC 회원들의 가족분들 모두가 이 책의 진정한 저자임을 기억하고 싶다.

LEC 2기의 원활한 출범을 위하여 작년 겨울부터 올 봄까지 특히 애를 많이 써 주신 신도철 교수님과 송옹순 변호사님의 소중한 애정과 노고를 잊지 않고 있다. 올해도 탄탄한 집필진들로 구성되어 있는 만큼 더욱 풍성하고 체계적인 내용의 글들로 묶어 내년 이맘쯤 발간될 '한국의 법경제학 총서 Ⅲ'에 대한 기대가 벌써부터 커져 간다.

LEC 편집위원회 위원장
성균관대학교 경제학과 교수
김일중

LEC 편집위원회 간사
한국개발연구원(KDI) 연구위원
김두얼

차례

Chapter 3

재산권의 법경제학

Chapter 4

불법행위법의 법경제학

Chapter 5

계약법의 법경제학

Chapter 6

소송 및 분쟁해결제도의 법경제학

Chapter 7

범죄와 형벌의 법경제학

Chapter 8

주식회사법의 법경제학

Chapter 9

공정거래법의 법경제학

Chapter 10

지적재산권의 법경제학

Chapter 11

도산법의 법경제학

Chapter 1

윤진수

법의 해석과 적용에서 경제적 효율의 고려는 가능한가

Ⅰ. 서론

Ⅱ. 독일의 논쟁

Ⅲ. 법의 해석과 적용에서 경제적 효율의 역할

Ⅳ. 결론

Chapter 1

법의 해석과 적용에서 경제적 효율의 고려는 가능한가

윤진수

I. 서론

법경제학이 학문적으로 자리를 잡은 미국에서는 법규칙의 정립뿐만 아니라 재판 과정에서도 경제적 효율을 고려해야 한다는 것에 어느 정도 의견이 모아지고 있다. 그러나 이른바 성문법 국가인 독일에서는 과연 법관이 법의 해석과 적용 과정에서 경제적 효율을 고려할 수 있는가에 관하여 많은 논란이 벌어지고 있다. 이러한 독일의 논의는 법체계가 비슷한 우리나라에도 상당한 참고가 될 수 있을 것이다. 이 글에서는 이 문제에 관한 독일의 논의를 소개하고, 과연 한국에서는 어떠한 주장이 타당할 것인지를 살펴보고자 한다. 결론을 먼저 이야기한다면 필자는 재판 과정에서 법의 해석과 적용이 문제되는 경우에도 법관은 경제적 효율을 고려하여야 하고, 또 실제로도 고려하고 있다고 믿는다. 그리하여 이 점에 관한 필자의 생각을 개진하여 본다.

그런데 우선 효율의 개념을 명확히 할 필요가 있다. 여기서는 일차적으로는 이른바 배분적 효율(allocative efficiency), 즉 한정된 자원의 효용을 극대화한다는 의미로 효율 개념을 사용하고자 한다.[1] 만일 자원이 더 큰 효용을 가져올 수 있게 사용

1) Posner(2003), p. 11; Schäfer und Ott(2005), S. 1 등.

될 수 있음에도 불구하고 그렇게 사용되지 못한다면 이는 자원을 낭비하는 것이다. 법경제학에서는 법제도를 설계하고 운영함에 있어 이처럼 한정된 자원의 효용을 극대화하는 것 내지 자원의 낭비를 막는 것이 목적이 되어야 한다고 주장한다.

다른 한편 생산적 효율(productive efficiency)이라는 개념도 고려할 수 있다. 이는 특정 목적을 달성함에 있어서 그 목적 달성을 위한 수단을 어떻게 사용해야만 가장 자원을 절약하면서 목적을 달성할 수 있는가, 또는 일정한 자원을 투입하여 어떻게 최대한의 목적을 달성할 수 있는가 하는 점이다. 대개 특정의 재화를 생산함에 있어서 어떻게 생산하는 것이 효율적인가를 따지기 때문에 생산적 효율이라고 한다.[2] 그러나 그러한 목적의 달성 내지 재화의 생산이 사회 전체적으로 보아 효율적인가, 즉 배분적으로 효율적인가 하는 점은 별개의 문제이다. 어떻게 본다면 법의 제정과 집행에 있어서는 생산적 효율의 문제는 항상 고려되어야 하는 것이고, 이를 무시한다면 비합리적이라고 할 수 있다.

그러나 여기서는 일단 배분적 효율의 문제, 즉 법이 규범적으로 배분적 효율을 추구하여야 하는가의 문제에 초점을 맞추기로 한다. 다만 뒤에서 살펴볼 비례의 원칙은 생산적 효율의 문제라고 할 수 있다.[3]

우선 배분적 효율과 법의 관계를 좀더 구체적으로 살펴본다. 어떤 자원(예컨대, 만년필)이 A보다는 B에게 더 큰 효용을 가져올 수 있음에도 불구하고 A에게 만년필이 귀속되어 있다면 이 만년필이 B에게로 이전되는 것이 더 효율적이라고 할 수 있다. 그러나 그렇다고 하여 법이 개입하여 A의 의사와는 관계없이 A로부터 만년필을 빼앗아 B에게로 옮겨야 한다는 결론이 나오는 것은 아니다. 만일 B가 A보다 그 만년필을 더 필요로 한다면 B가 A로부터 만년필을 사면 된다. 그렇지 않고 법이 A로부터 B에게 만년필을 빼앗는 것은 몇 가지 문제점을 낳는다. 그 하나는 실제적인 것으로서, 법이 A로부터 만년필을 빼앗는 것은 대부분의 경우에는 B가 A로부터 만년필을 사는 것보다 더 비용이 든다. 이러한 불필요한 비용, 즉 거래비용(transaction cost)을 지출하는 것이 우선 낭비이다. 다른 하나는 과연 B가 A보다 더 만년필을 높이 평가하는가 하는 점은 제3자가 알기 어렵고, 이는 B와 A 사이의 거래를 통해 가

2) 한순구 역(2009), p. 20; 박세일(2000), p. 589; Ogus(2006), p. 26f. 등.
3) 아래 III. 2. 2) 참조.

장 정확하게 판단할 수 있다. 마지막으로 일방적으로 만년필의 소유권을 이전시키는 것은 B의 효용은 증가시키지만 A의 효용은 감소시키게 된다. 이는 칼도-힉스 기준(Kaldor-Hicks criterion)을 만족시킬 수 있을지는 몰라도 파레토 기준(Pareto criterion)을 만족시키지는 못한다. 반면 B가 A로부터 만년필을 산다면 B뿐만 아니라 A에게도 최적의 상태가 되어 이른바 파레토 최적(Pareto optimality)을 달성하게 되는 것이다.

여기서 파레토 기준이란 파레토 개선(Pareto improvement) 내지 파레토 우월(Pareto superiority)을 달성할 수 있는가 하는 문제이다. 우선 파레토 최적이란 어느 한 사람이라도 불리하게 되지 않고서는 현재의 재화배분 상태를 변경시킬 수 없는 경우를 말한다. 따라서 재화의 배분 상태를 변경시킴으로써 불이익을 입는 사람이 있다면 그에 대하여 보상을 해 주어야만 파레토 최적이 유지될 수 있다. 그리고 파레토 개선은 재화배분의 변경이 얼마나 파레토 균형에 접근하고 있는가, 다시 말해 재화배분의 변경이 누구 한 사람에게도 불리하게 되지는 않아야 한다는 것을 말한다. 반면 칼도-힉스 기준은 재화배분의 변경으로 인한 이익이 그로 인한 손실보다 크다면 그러한 손실을 감수하고서라도 재화배분의 변경을 허용한다는 것을 말한다.[4)]

이러한 두 가지 기준 가운데 어느 것을 채택할 것인가는 일률적으로 말할 수 없으나, 이른바 사적 자치가 지배하는 사법관계에서는 일반적으로는 파레토 기준이 우월하다고 말할 수 있다. 좀더 일반적으로 말해 보상이 뒤따르는 재화배분의 거래비용이 작을 때에는 파레토 기준이 바람직하다.[5)]

효율의 문제를 거래비용의 관점에서 살펴본다면, 법이 개입할 필요가 있는 것은 효율적인 자원분배에 소요되는 거래비용이 높아서 그러한 자원의 분배가 이루어지지 못하는 경우이다. 나아가 법은 전체적으로 거래비용을 낮추는 기능을 할 것이 요구된다. 뒤에서 살펴보는 여러 가지 예도 이러한 거래비용을 얼마나 낮추는 것인가 하는 관점에서 이해할 수 있다.

이 논문의 서술 순서는 다음과 같다. 우선 제Ⅱ절에서는 이 문제에 관한 독일

4) 박세일(2000), p. 163; 한순구 역(2009), pp. 22, 52 등 참조.
5) 그러나 뒤에서 살펴볼 비례의 원칙 가운데 법익의 균형성은 칼도-힉스 기준을 채택한 것이라고 할 수 있다.

의 논쟁을 살펴본다. 그리고 제Ⅲ절에서는 우리나라에서는 이 문제를 어떻게 다루어야 할 것인가를 생각하여 본다. 먼저 주로 민법을 중심으로 하여 일반적인 분석을 한 다음 구체적으로 판례상 경제적 효율이 고려되고 있는 예가 있는지를 찾아본다. 여기서 민법이 주된 대상이 된 것은 필자가 민법을 전공한다는 이유도 있지만, 법경제학은 미국이나 독일에서도 주로 민사법을 대상으로 발전되어 왔고, 그에 따라 비교적 많은 논의가 이루어졌기 때문이다. 나아가 헌법상으로는 이러한 효율의 문제가 어떻게 고려될 수 있는지를 살펴본다.

한 가지 미리 밝혀 둘 것은, 이 글에서는 효율만이 법에서 고려되어야 할 유일한 가치라고 보지는 않는다는 것이다. 다른 목적, 특히 공정(fairness)도 법의 제정이나 적용 과정에서 고려하여야 할 중요한 요소이다.[6] 이 문제에 관하여는 다른 기회에 다루어 보려고 한다. 그렇지만 효율이 법에서 고려되어야 할 중요한 요소임에 틀림없다. 아주 단순화시켜서 말한다면 법이 특별히 효율을 고려하지 말라고 명하지 않는 한 항상 효율을 고려하여야 한다. 이 점에서 효율을 고려하여야 한다는 것은 일종의 초기 설정규정(default rule)이라고 할 수 있다. 즉, 반대되는 입법자의 명령이 없으면 법의 해석과 적용에서는 항상 효율을 고려해야 하는 것이다.

Ⅱ. 독일의 논쟁

독일에서는 법의 해석과 적용에서 효율을 고려할 것인가에 관하여 이를 부정하는 견해와 긍정하는 견해가 대립하고 있다. 여기서는 전자에 대하여는 대표적으로 아이덴뮐러(Eidenmüller)의 주장[7]을 소개하고, 후자에 대하여는 얀존(Janson)의 견

6) 사람들이 효율 내지는 자신의 이익보다는 공정성도 중요하게 생각한다는 점은, 예컨대 행동경제학(behavioral economics)에서 사용하고 있는 최후통첩 게임(ultimatum game)과 같은 실험에서도 나타난다. 이에 대하여는 예컨대 Jolls, Sunstein, and Thaler(2000), pp. 21ff.; 세일러(2007), p. 53 이하; 허성욱(2007), pp. 205-206 등 참조. 이와는 반대로, 효율 내지 복리(welfare)만이 고려되어야 하고 공정은 고려되어서는 안 된다는 최근의 주장으로는 Kaplow and Shavell(2002) 참조.

7) Eidenmüller(2005). 이 책은 저자가 1994년에 받은 법학박사 학위논문을 바탕으로 한 것으로서, 1995년에 제1판이 출판되었는데, 제3판까지의 내용은 크게 달라지지 않았다.

해[8]를 중심으로 살펴본다.

1. 아이덴뮐러의 주장

아이덴뮐러는 주로 민사법(Zivilrecht)를 중심으로 논의를 전개하고 있다.[9] 아이덴뮐러의 주장을 한 마디로 요약한다면, 입법 과정에서는 법경제학이 도움이 될 수 있지만, 독일의 법관은 효율을 증진하는 사람이 될 수 없다는 것이다.[10]

먼저 경제적 효율이 법의 정책(Politik des Gesetzes)일 때에는 경제적 효율을 고려하는 것에는 아무런 문제가 없지만, 민사법, 예컨대 채권법이나 물권법의 경우에는 경쟁법이나 상법과는 달리 입법자가 경제적 효율을 목적으로 하는 경우가 별로 없기 때문에 이러한 주장이 적용될 여지가 별로 없다고 한다.[11] 그러면 효율이 법의 정책이 아닌 경우에도 효율을 지향하는 법률해석이 적어도 허용될 수 있는 법률의 구체화에 해당하는가가 문제되는데, 결론적으로는 이를 부정한다. 여기서 그는 과실의 개념과, 계약의 보충적 해석(ergänzende Vertragsauslegung)의 두 가지 예를 들고 있다.[12]

우선 독일 민법 제276조 제1항 제2문이 규정하고 있는 거래상 필요한 주의의무를 게을리하였다는 과실의 개념을 구체화함에 있어서 법경제학적인 개념[13]을 적용하는 것이 금지되는 것은 아니지만, 그로부터 그것이 바람직하다고 하는 결론이 나오는 것은 아니고, 법원이 효율을 촉진하는 역할을 하는 것이 정당화될 수도 없으며, 또 그럴 능력도 없다고 한다. 왜냐하면, 민사소송법상 변론주의의 원칙 때문에 법관이 주의를 기울임으로 인한 한계비용과 한계효용을 확인하기에 필요한 정확한 지식을 가질 수 없으므로, 효율의 고려에 기초한 판결은 이익보다는 해가 된다고 한다. 뿐만 아니라 경제적 효율을 법정책상 유일한 또는 우월한 목표로서 정

8) Janson(2004).
9) 그는 상법이나 회사법과 같이 경제적 특징을 가지는 법분야는 효율의 고려가 가능하다고 보고 있다. Eidenmüller (2005), S. 451 참조.
10) Eidenmüller(2005), S. 486 등.
11) Eidenmüller(2005), S. 452ff.
12) Eidenmüller(2005), S. 454ff.
13) 손해 발생을 막기 위한 한계비용이 예상되는 손해액과 손해의 발생가능성보다 작으면 과실이 있다는 이른바 러니드 핸드(Learned Hand)의 공식을 말한다.

당화하는 것은 불가능하고, 경제적 효율이라는 목적이 다른 특별한 사정이 없는 한 우월하다는 것은 근거지울 수 없으므로,[14] 과실 개념을 효율을 지향하여 해석하는 것은 다른 법적 평가에 의해 보충되거나 수정되어야 한다고 한다. 그리고 계약의 보충적 해석[15]에 대한 법경제학적 분석은 민법학에서 인정되고 있는 것처럼 구체적인 당사자의 규율계획을 끝까지 생각하는 것이 아니라, 경제인(homines oeconimicus)이 이상적인 조건하에서 어떻게 합의하였을 것인가가 중요하므로, 이를 받아들일 수 없다고 한다.

이어서 그는 법률에 흠결이 있는 경우에 법원이 법의 형성(Rechtsfortbildung)을 함에 있어서 효율을 고려할 수 있는가 하는 점을 따져 본다.[16] 이때 법원은 법원리(Rechtsprinzip)에 따라야 하는데, 법원리는 특정 법분야에만 의미를 갖는 국부적 법원리(lokales Rechtsprinzip)와, 헌법상의 체계적 지위 때문에 모든 법분야의 법형성에 작용하는 포괄적 법원리(globales Prinzip)로 나누어 볼 수 있고, 효율은 예산법과 같은 특정 법분야에서 의미를 가지는 국부적 법원리이기는 하지만, 민사법에도 의미를 가지는 포괄적 법원리는 아니라고 한다. 여기서 그는 효율이 포괄적 법원리라고 주장하는 논자에 대해, 그러한 주장은 경제적 효율이 전통적인 정의의 논증 및 법원리와 동일하거나 적어도 부분적으로 동일하다는 동일성 명제(Identitätsthese)와, 이를 전제로 법원이 법의 형성에 있어 법경제학적으로 재판해도 된다는 정당성 명제(Legitimationsthese)를 근거로 하는 것으로 이해하여 이를 비판하고 있다.

우선 동일성 명제에 대하여는 긴급피난과 소송법상 보전처분의 예를 살펴보고 있다. 독일 민법 제228조 제1항이 규정하고 있는 긴급피난은 다른 덜 중대한 결과를 가져오는 방어수단이 존재하지 않고, 위협을 받고 있는 법익과 실제로 침해된 법익 사이에 비례를 벗어나지 않을 것을 요건으로 하고 있는데, 이는 헌법상 기본권의 제한에 관해 특히 중요한 의미를 가지는 일반적인 비례의 원칙(allgemeine Verhältnismäßigkeitsprinzip)의 한 예라고 한다.[17] 그리고 소송법상 보전처분의 경우에

14) 그는 여기서 법의 경제적 분석은 효율만이 고려되어야 한다는 배타적 주장을 하는 것으로 이해하고 있다. Eidenmüller(2005), S. 455.

15) 계약의 보충적 해석이란, 계약에 규정되지 않은 사항에 관하여 분쟁이 생겼을 때에는 계약에 흠결이 있다고 보고, 이 흠결을 당사자들이 그러한 사항에 관해 규정하였더라면 어떻게 규정하였을까 하는 이른바 가정적인 당사자의사(hypothetischer Parteiwille)에 의하여 보충하는 것을 말한다. Schäfer und Ott(2005), S. 429ff.는 계약의 보충적 해석을 경제학적 모델에 의해 설명하고 있다.

16) Eidenmüller(2005), S. 459ff.

연방헌법재판소는 그러한 보전처분은 중대한 불이익을 피하거나, 급박한 폭력 기타의 중대한 사유로 공공의 이익을 위하여 절실하게 필요한 경우에 보전처분을 명한다고 한다. 이는 모두 법익이나 법률상 보호되는 이익의 형량(Abwägung)을 의미하는데, 이것이 얼핏 보기에는 일종의 비용-효과 계산(Kosten/Nutzen-Analysen)처럼 보이지만 실제로는 그렇지 않다고 한다. 이 경우에는 문제되는 법익 내지 법적으로 보호되는 이익을 어떻게 법률적으로 평가할 것인가가 문제되고, 이들의 시장가격이나 장부상의 가격을 탐구하는 것이 아니라고 한다.[18] 그리고 경제적 효율이 법관을 위한 법원리라고 할 수 있으려면 법관이 실제로 경제적인 의미에서 효율적인 결과를 가져오는 재판을 하고자 원해야 하는데, 단순히 재판의 결과가 경제적인 효율이라는 목적과 일치하였다고 하여 반드시 경제적인 효율이 법원리라고는 할 수 없고, 이는 우연의 일치일 수도 있다고 한다.

다른 한편 법관이 경제적인 효율을 고려하여 재판을 하는 것은 정당화될 수도 없다고 한다. 법관에 의해 수립된 법원리의 정당성은 입법자, 법학자 및 공중의 지지에 의하여 규범적인 중요성을 가지는데, 법의 경제적 분석은 그렇지 못하다고 한다. 법의 경제적 분석은 기껏해야 법적 관점에서 허용되는 재판의 대안이 어떤 효율의 효과를 가져올 것인가를 법관에게 보여 주는 지시자의 역할을 할 수는 있지만, 법관에게 경제적으로 최적인 해결책을 확정하지는 못하며, 법관은 의식적으로 효율이 감소될 것을 감수하면서도 경제적으로 최적이 아닌 결정을 내릴 수도 있다고 한다.[19]

2. 얀존의 주장

반면 얀존은 법경제학적 이론이 법관에게도 법률의 해석이나 일반조항의 구체화 및 법의 형성에서 의미를 가진다고 주장한다.[20] 우선 그는, 경제적 이론에 의해

17) 헌법상 비례의 원칙 또는 과잉금지의 원칙에 대하여는 아래 III. 2. 2) 참조.
18) Eidenmüller(2005), S. 467ff. 아이덴뮐러도 비례의 원칙 가운데 피해의 최소성 내지 필요성의 경우에는 덜 피해를 입힐 수 있는 수단이 존재함에도 더 피해를 입히는 방법을 선택하는 것은 파레토 효율적인 관점에서 비효율적이고, 이 점에서는 경제적 효율의 기준과 관련이 있지만, 법의 경제적 분석에서는 칼도-힉스 기준이 중요하고, 파레토 기준은 의미가 없으므로 이 문제를 다루지 않겠다고 한다. Eidenmüller(2005), S. 470 Fn. 55.
19) Eidenmüller(2005), S. 476ff.

획득하는 지식 그 자체, 즉 경제적 이론이 제공하는 행동 모델(Verhaltensmodell)과 신제도론적 접근(Neoinstitutionelle Ansätze)이 법원의 재판에 도움이 된다고 지적한다.[21] 그리고 경제적 이론을 고려해서는 안 된다는 주장에 대하여는 다음과 같이 상세한 반론을 펼치고 있다.

1) 정당성의 문제

그는 법관은 경제적 법이론의 지식을 재판에서 고려하는 것이 정당하지 않다고 하는 데 대하여는 다음과 같이 주장한다. 법관이 '어려운 사건'(hard case)을 재판할 때에는 법의 발견이 항상 어느 정도 '법의 정립'(Rechtssetzung)의 성격을 가진다고 한다. 법관은 '법률과 법'(Gesetz und Recht)에 구속되는데, 법은 법률의 총체 이상의 것으로서 국가 권력에 의하여 실정적으로 정립된 것 이외에 의미의 전체로서 헌법합치적 법질서에서 근원을 가지는 부분이 있으며, 성문법에 대하여 교정적인 역할을 할 수 있다고 한다. 이러한 한계를 넘어서서는 법관은 법을 정립할 수 없고, 입법자로부터 미리 주어진 것(Vorgabe)이 있을 때에는 이를 따라야 하지만, 법률에의 구속이란 문자를 그대로 따르는 것이 아니라 입법자에 의해 미리 결정된 것을 좇는 것이라고 한다. 실증적인 행동 모델과 신제도론적 접근은 수단에 불과하고 목적은 아니어서 헌법적인 의문과는 관계가 없고, 과연 규범적인 경제적 법이론이 사법적 법발견에 의미를 가지는가가 문제된다고 한다.[22]

우선 해석에 의한 법발견의 경우를 살펴보면, 주관적-목적론적 해석[23]에서는 입법자가 분배의 효율을 추구하였다면 법관이 이를 따르는 것은 당연하고, 오히려 법원이 이를 따라야 한다고 한다. 그리고 주관적-목적론적 해석만으로 문제가 해결되지 않을 때에는 객관적-목적론적 해석에 의해야 하는데, 이는 합리적인 근거를 지향해야 하고, 규율의 대상과 의미 있는 밀접한 관련을 가지면 되며, 반드시 법원리의 성질을 가질 필요는 없다고 한다. 그런데 효율과 합의라는 규범적 경제이론[24]은 실제의 사회적 소여(所與)뿐만 아니라 입법 과정에서도 중요한 의미를 가

20) Janson(2004), S. 142ff.
21) Janson(2004), S. 143ff.
22) Janson(2004), S. 152ff.
23) 이는 입법자의 의사를 고려하는 것으로서, 역사적 해석이라고 부르기도 한다.

지므로 고려되지 않으면 안 된다고 한다. 나아가 결과고려(Folgenberücksichtigung)라는 관점에서도 경제적 이론은 중요한 역할을 할 수 있다고 한다.[25)]

그리고 일반조항과 개방적 가치 개념(offene Wertbegriffen)에서의 법발견에 관하여는, 이러한 영역에서는 입법자가 명시적으로 결정을 판례에 위임하였고, 그에 따라 정당성을 부여하였다는 점이 특징이라고 한다. 이 경우에는 법관이 경제적 이론을 고려하는 것이 헌법상 전혀 문제되지 않는다고 한다.[26)]

그리고 법의 공백을 메우는 법의 형성에 있어서는 일반적 법원리가 중요하고, 따라서 효율이 법원리가 될 수 있는가를 따져 보아야 한다.[27)] 우선 아이덴뮐러는 국부적 법원리와 포괄적 법원리를 구별하지만, 법의 어느 부분에서라도 관련이 있으면 법원리라고 할 수 있고, 국부적 법원리와 포괄적 법원리를 구별할 필요는 없다고 한다. 아이덴뮐러처럼 국부적 법원리라는 개념을 인정한다고 하더라도, 효율이 예산법과 같은 특정 법분야에만 국한되는 법원리는 아니고, 민사법에서도 효율은 중요하며, 그 밖에도 환경책임법(Umwelthaftungsgesetz: UHG), 도산법 등에서도 효율은 중요하다고 한다. 그리고 가정적인 합의도 원리로서 이해할 수 있다고 한다. 그리하여 효율은 헌법원리는 아니고 단순한 법원리로서 파악하여야 하지만, 근래의 발전에 따라 국부적 원리에서 포괄적 원리로 격상되었다고 한다. 효율을 법원리로서 이해한다면 이는 과거의 포즈너(Posner)와 같이 유일한 규범의 목적은 아니고, 다른 정의로운 재판의 부수조건이며, 이 부수조건의 중요도는 각각의 법영역에서 효율이 가지는 의미에 따라 결정된다고 한다. 효율적인 것이 반드시 정의로운 것은 아니지만, 비효율적인 것은 통상 정의롭지 못하다고 한다. 나아가 경제적 합의의 원리는 민주주의의 원리와 함께 헌법적으로 확고한 위치를 차지하고 있다고 한다.[28)]

---

24) 얀존은 경제적 고려에서 효율만으로는 불충분하다고 보아 합의(Konsens)를 또 다른 기준으로서 검토하는데, 여기서의 합의도 실제의 합의가 아니라 가정적인 합의이고, 이는 결국 다수의 동의를 받을 수 있는 것을 말한다. Janson(2004), S. 108ff.
25) Janson(2004), S. 154ff.
26) Janson(2004), S. 163f.
27) Janson(2004), S. 164ff.
28) 얀존은 이외에도 설령 효율과 합의가 법원리가 아닌 법 외의 평가라고 하더라도, 법원이 재판에서 이를 고려할 수 있다고 한다. Janson(2004), S. 174ff.

2) 기타의 비판에 대하여

우선 법관이 경제적인 관점에서 고려하기 위하여는 정확한 정보를 필요로 하는데 이를 얻기 어렵고, 또 정확한 정보를 얻을 수 있더라도 그에 드는 비용이 그로 인한 이득보다 크기 때문에 경제학 이론의 재판에의 적용은 어려움이 많다고 많은 정보를 필요로 하기 때문에 어려움이 생긴다고 하는 비판에 대하여는 다음과 같이 반론을 편다.

먼저 정확한 정보를 얻기 어렵다는 점에 대하여는, 법관은 일반적으로 알려지고 승인된 추측, 즉 일상적 이론(Alltagstheorie) 내지 생활경험(Lebenserfahrung)에 의존할 수 있으며, 이러한 문제는 경제적 논증에만 국한된 것은 아니라고 한다.[29] 그리고 정보를 얻기 위해 필요한 비용이 그로 인한 이득보다 크다는 문제점에 대하여는, 법원은 기존의 연구 결과를 활용하거나 당사자들로 하여금 자료를 제출하게 함으로써 해결할 수 있다고 한다. 비용이 많이 드는 조사는 근본적인 의미를 가지거나 커다란 경제적 이미를 가지는 경우에만 고려될 수 있지만, 이로 인해 생기는 지연과 비용은 적절한 재판을 내리기 위하여는 감수되어야 할 뿐만 아니라, 이러한 재판으로 인하여 얻는 이익은 비용을 국민경제적으로 절감하는 데 이바지할 수 있다고 한다.[30] 그리고 일단 정보를 얻더라도 법관은 이를 다룰 능력이 없다는 점에 대하여는, 이는 진지하게 받아들여야 할 문제이기는 하지만, 이것이 경제학적 논거에 의한 논증을 막을 이유는 되지 못한다고 한다. 이는 형사재판 법관이 심리학을 공부하지 않았으므로 심리학적인 감정 결과를 평가하지 못한다고 할 수 없는 것과 마찬가지라고 한다. 뿐만 아니라 법관이 이를 배우기 위해 몇 년이 걸리는 것은 아니고, 기본적인 원칙은 어느 정도의 노력을 하면 배울 수 있다고 한다.[31]

그리고 독일의 소송법이 변론주의, 재판의 지연, 소송비용을 당사자가 부담해야 한다는 문제, 소송이 제1차적으로는 당사자들의 이익을 위한 제도라는 등의 비판도 그다지 중요하지 않은 문제거나 또는 극복할 수 있는 문제라고 한다.[32]

또 경제학적 논거의 활용이 당사자가 결과를 예측하기 어렵기 때문에 법적 안

29) Janson(2004), S. 179ff.
30) Janson(2004), S. 181ff.
31) Janson(2004), S. 185ff.
32) Janson(2004), S. 187ff.

정성을 해친다는 주장에 대하여도, 법적 안정성의 문제는 경제학적 논거를 활용하지 않더라도 마찬가지로 존재하며, 법적 안정성의 측면에서는 법원리를 전혀 고려하지 않고 법률의 문언에만 따르는 것이 의미가 있을지 모르지만, 이는 오늘날의 법 이해와는 맞지 않고, 법적 안정성도 다른 정의 관념과 조화를 이루어야 할 원리일 뿐이라고 한다.[33)][34)]

결론적으로 그는 경제학 이론에 대한 비판들은 이를 재판에 활용하는 것을 막을 수 없다고 한다. 다만 필요한 정보를 얻기에 어려움이 있는 것은 사실이지만, 이 또한 경제학 이론의 경우에만 새로운 문제는 아니라고 한다.[35)]

3) 재판에서의 경제학 이론의 활용 범위

독일에서 판례가 실제로 법경제학 이론을 얼마나 활용하고 있는가에 대해 얀존은 단순히 어떤 재판의 결과가 우연히 효율의 논리에 부합한다고 하는 것만으로는 충분하지 않고, 법관이 자신의 판결을 국민경제적 논거로 뒷받침한다는 주관적인 의사가 필요하지만, 이에 관해 정확한 경제적 용어를 사용할 필요는 없다고 한다. 그런데 실제로는 전체 경제적 범주와 효율에 의해 논증하는 판례는 찾아볼 수 있다고 한다.[36)]

결론적으로 그는 경제학적 법이론이 입법부뿐만 아니라 법원에 의하여도 활용될 수 있고, 아이덴뮐러의 비판은 효율만이 유일한 법적 판단기준이라는 과거의 포즈너의 이론에 대한 것으로서, 경제적 논거가 어느 경우에 어느 정도로 법에서 고려될 수 있는가 하는 근본적인 문제는 별로 따져 보지 않았다고 한다. 다만 그는 경제학 이론을 만능열쇠(Generalschlüssel)로 사용할 수는 없고, 법관은 법학적 해석론의 바탕 위에서 이를 선택적으로 받아들여야 한다고 한다. 효율의 원리가 각각의 규율대상에 어떤 의미를 가져야 하는가는 실증적 경제이론의 바탕 위에서 좀더 현실과학을 지향하는 법학에 의하여 밝혀져야 한다는 것이다.[37)]

---

33) Janson(2004), S. 195ff.

34) 이 밖에도 Janson(2004), S. 197ff.는 법관이 한 번 내린 판례를 바꾸기 어렵다는 점, 경제적 가치 관념을 부당하게도 전통적인 법적 사고보다 위에 놓는다는 점 등에 대하여 검토한 끝에 이들도 경제적 이론을 재판에 활용하는 데 장애가 되지 않는다고 한다.

35) Janson(2004), S. 199f.

36) Janson(2004), S. 201ff.

37) Janson(2004), S. 203ff.

Ⅲ. 법의 해석과 적용에서 경제적 효율의 역할

우선 결론부터 말한다면 법의 해석과 적용에서 경제적 효율은 고려되어야 할 중요한 원리라고 하여야 할 것이다. 이하에서 편의상 민법에서의 경제적 효율을 따져 보고, 이어서 경제적 효율이 민법뿐만 아니라 법 전반에 걸친 일반적 법원리라고 할 수 있는지를 살펴본다. 그런데 이하에서는 주로 규범적인 면에서 법의 해석과 적용의 결과가 효율적이어야 한다는 문제를 다루지만, 이와는 다른 차원에서 경제학이 법의 해석과 적용에 도움을 준다는 것은 틀림없다. 즉, 경제학이 재판에 필요한 정보를 제공함으로써 도움을 줄 수 있는 것이다.[38] 이 점에 대하여도 여러 가지 논의가 필요하지만, 여기서는 이 문제는 다루지 않는다.

1. 민법에서의 경제적 효율

1) 일반적 고찰

아이덴뮐러도 인정하고 있는 것처럼 효율의 증진이 법률의 정책이라면 법원이 그 해석과 적용에서 이를 고려해야 함은 당연하다. 그러면 효율의 증진이 민법의 정책이라고 할 수 있는가? 나아가 민법의 해석과 적용에서 경제적 효율은 고려될 수 있는가? 앞에서 본 것처럼 아이덴뮐러는 이를 부정하고 있다. 국내에서도 유사한 취지의 견해가 있다. 즉, 민사에 관한 우리의 실무관행은 민사법적 문제들을

38) Janson(2004), S. 142ff.; Anne van Aaken(2003), S. 108ff. 또한 Ogus(2006), pp. 303ff.도 참조.
　한편, 우리 판례에 나타난 예를 두 가지만 들어 본다. 서울중앙지방법원 2007. 1. 23. 선고 2001가합10682 판결(各公 2007, 549)은 군납유류 입찰 과정에서 정유사들의 담합행위로 인한 손해배상책임을 인정하고, 구체적인 손해액 계산에 있어서 계량경제학의 방법을 사용하여 중회귀분석을 통한 이중차분법에 의하되, 회귀분석모형의 추정방법으로 통상최승자승법을 채택하고 담합효과를 일부 연도별로 분리하며 유찰수의계약을 분석에서 제외하여 손해액을 산정하였다. 이 판결에 대하여는 조홍식(2007b), p. 124 이하 참조. 그리고 대법원 2007. 9. 28. 선고 2005두12572 전원합의체 판결(公 2007하, 1685)의 다수의견에 대한 보충의견은 근로자의 출·퇴근 중에 발생한 재해를 업무상 재해로 볼 수 없다고 하는 이유 중 하나로서, 출·퇴근 재해가 보상의 범위에 포함됨으로써 부담하게 되는 막대한 재정과 이해관계의 조정에 대한 고려 없이 사법이 적극적으로 이를 유도·개입하는 것은 입법재량을 침해하는 것으로 산재보험의 사보험 대체효과와 정부정책이 민간정책을 구축해 버리는 효과가 발생할 뿐만 아니라 산재보험 재정의 현저한 악화, 보험강제가입자인 사업주의 부담 증가, 예산의 효율적 배분의 저해, 기준의 해석에 관한 혼란 등과 같은 문제점이 초래될 것이라는 점을 들고 있다.

'민사정의'의 관념에 의해 처리해 왔는데, 민사정의의 관념은 실무관행에 의해 확인되어 온 수많은 종류의 가치를 포괄하는 개념으로서 경제학적 논증만으로는 포착하기 어려운 복합적 관념이고, 따라서 담당법원은 경제학적 논증을 이용하기 전에 실무관행에 의해 전승되어 온 법적 논증을 먼저 사용하여야 하며, 경제학적 논증을 이용하는 경우에도 아무런 법적 통제 없이 이를 그대로 받아들일 수는 없다고 한다.[39] 나아가 경제학적 논증이 정책의 영역에서 보충적으로 쓰이는 경우는 생각보다 많지 않을 것이라고 하면서, 경제학적 논증이 사용될 수 있는 예는 (1) 입법목표가 경제적 효율임이 분명한 경우, (2) 비록 다른 입법목표를 가진 입법의 경우라 하더라도 비용효과적인 수단을 선택할 것을 주문하는 경우 정도라고 한다.[40]

그러나 이러한 견해에는 동의하기 어렵다. 일반적으로 근대민법의 기본 원리로서 사유재산권 존중의 원칙, 사적 자치의 원칙, 과실책임의 원칙 이 세 가지를 든다.[41] 이 중 과실책임의 원칙에 관하여는 여전히 근대민법의 기본 원리라고 할 수 있는가, 아니면 무과실책임 내지 위험책임이 실제로는 더 중요한 것이 아닌가 하는 의문이 있을 수 있다.[42] 그러나 사유재산권 존중 및 사적 자치가 민법상 중요한 가치라는 점에 대하여는 다툼이 없다. 그런데 이러한 사유재산권 존중이나 사적 자치는 경제적 효율을 달성하기 위한 것이라고 설명하는 데에는 별다른 어려움이 없다.

법경제학에서는 재산권의 보장은 자원의 낭비를 막기 위해 필요한 것이라고 일반적으로 설명되고 있다. 만일 재산권이 보장되지 않으면 자신이 보유하고 있는 재산을 지키거나 또는 다른 사람이 가지고 있는 재산을 훔치는 데 자원이 소요되어 낭비를 가져오는 것이다. 그러므로 재산권의 보장은 재산의 생산을 촉진하고, 절도를 억제하며, 재산의 보호를 위한 비용을 감소하기 위해 필요하다.[43]

---

39) 조홍식(2008), pp. 709ff., 739ff.
40) 조홍식(2008), pp. 745-746.
41) 곽윤직(2002), pp. 30ff. 다만 이영준(2007), pp. 12ff.는 우리 민법의 기초 이념은 사적 자치의 원칙이고, 사회적 형평과 구체적 타당성의 원칙이 이를 보완한다고 한다.
42) 예컨대, 실무상 불법행위로 인한 손해배상사건에서 가장 다수를 이루는 자동차 교통사고로 인한 손해배상책임은 자동차손해배상보장법에 의하여 규율되는데, 이 법 제3조에 의한 운행자의 책임은 기본적으로 무과실책임이다. 상황에 따라서는 위험책임이 과실책임보다 효율적일 수 있다는 점에 대하여는 Shavell(1973); Landes and Posner(1987), Ch. 3; Shavell(2004), pp. 177ff.; Adams(1985); 윤진수(2008c), pp. 387 이하 등 참조. 또 채무불이행책임(계약위반)의 경우에는 법과는 달리 실제상으로는 무과실책임과 같이 운영된다고 해도 과언이 아니다. 채무자가 자신의 책임을 면하기 위하여는 자신에게 과실이 없음을 증명하여야 하는데, 그러한 증명이 성공하는 예는 극히 드물기 때문이다.

다른 한편 사적 자치의 핵심을 이루는 계약자유의 원칙은 자산이 효율적으로 이동하기 위한 필요조건이다. A가 보유하고 있는 자산이 A보다는 B에게 더 가치가 있고, 반면 B가 보유하고 있는 자산이 B보다는 A에게 더 가치가 있다면, A와 B 사이에 자산의 교환이 이루어지는 것이 효율적이다. 이러한 교환이 가능하기 위하여는 A와 B 사이에 자발적인 거래, 즉 계약이 이루어질 수 있어야 한다. 이러한 의미에서 계약자유의 원칙은 효율을 증진시키기 위한 중요한 수단이다.

그러므로 적어도 재산법에 관한 한 법의 중요한 목적 중 한 가지는 효율의 증진에 있다고 말할 수 있다. 다시 말해, 재산법에 관한 한 효율의 증진은 법률의 정책에 해당함은 물론이고, 나아가 아이덴뮐러가 말하는 국부적 법원리에도 해당될 수 있다. 물론 민법이 추구하는 가치가 효율에만 있는 것이라고는 할 수 없다. 가령 민법은 미성년자나 한정치산자 또는 금치산자와 같은 행위무능력자가 한 법률행위는 취소할 수 있는 것으로 규정하고 있는데, 이는 상대방의 신뢰를 깨뜨려 거래의 안전을 해치고, 이 점에서는 효율의 감소를 가져온다. 그렇지만 이는 민법이 효율의 증진 외에 약자의 보호도 중요하다고 보아 채택한 원리이다. 따라서 이러한 행위무능력자의 보호가 문제되는 경우에는 효율의 고려는 후퇴될 수밖에 없다.[44] 또한 주택임대차보호법은 일정 범위의 임차인에 대하여는 그 보증금의 우선변제청구권을 인정하고 있는데, 이 중 특히 소액임차인의 우선변제권(제8조 제1항)은 그보다 앞서 성립한 담보물권에도 우선한다는 점에서 거래의 안전을 해치는 것으로

43) Posner(2003), pp. 32ff.; Shavell(2004), pp. 11ff.; Cooter and Ulen(2008), p. 81 등 참조. 다른 한편 배타적인 재산권은 이른바 공유지의 비극(tragedy of commons)을 막기 위해 필요하다고 설명할 수도 있다. 박세일(2000), p. 125 참조.

44) 대법원 2007. 11. 16. 선고 2005다71659, 71666, 71673 판결(公 2007하, 1926)은 행위무능력자제도는 거래의 안전을 희생시키더라도 행위무능력자를 보호하고자 함에 근본적인 입법 취지가 있으므로, 신용카드 가맹점이 미성년자와 사이에 신용구매계약을 체결할 당시 향후 그 미성년자가 법정대리인의 동의가 없었음을 들어 스스로 위 계약을 취소하지는 않으리라고 신뢰하였다 하더라도 법정대리인의 동의 없이 신용구매계약을 체결한 미성년자가 사후에 법정대리인의 동의 없음을 사유로 들어 이를 취소하는 것이 신의칙에 위반된 것이라고 할 수 없다고 하였다. 이에 대하여는 윤진수(2008b), pp. 315ff. 참조.

그런데 이러한 설명에 대하여는 다음과 같은 반론이 제기될 수 있다. 즉, 이는 온정적 개입주의(paternalism)의 발로인데, 당사자들이 완전한 합리성이 아니라 제한적 합리성(bounded rationality)만을 가진 경우에는 온정적 개입주의가 스스로의 합리적이지 않은 결정으로부터 당사자를 보호하는 역할을 한다는 것이다. 김일중 교수는 이 글의 초고에 대한 논평에서 이와 같은 점을 지적하였다. 온정적 개입주의를 법경제학적으로 검토한 것으로는, 예컨대 Ogus(2006), pp. 230ff. 참조. 그러나 온정적 개입주의를 법경제학적으로 설명한다는 것은 반드시 쉬운 문제는 아니다. 그러나 온정적 개입주의라는 설명만으로 효율의 문제가 모두 해결되는 것은 아니다. 이러한 개입으로 말미암아 계약상대방이나 제3자의 신뢰는 침해될 수 있고, 그로 인한 효율의 저하는 교섭능력이 부족한 당사자를 보호함으로써 얻는 효율의 증가에 비하여 더 클 수 있기 때문이다. Englerth(2007), S. 231ff.는 행동경제학이 제한된 합리성의 개념에 의하여 온정적 개입주의를 설명하는 데 대하여 비판적이다.

서, 효율을 감소시킨다고 할 수 있으나, 이 또한 임차인을 약자라고 보아 보호해야 한다는 입법자의 결단의 결과이므로, 법원으로서는 이를 존중하지 않으면 안 된다.[45)]

그러나 이처럼 민법이 예외적으로 효율보다는 다른 이념을 우위에 놓은 것이 아닌 한, 민법의 해석과 적용에서는 효율을 고려하지 않으면 안 된다. 이하에서는 그 구체적인 예를 민법의 개별 조항의 해석, 일반조항 및 불확정 개념의 해석 그리고 법원에 의한 법형성의 세 가지로 나누어 살펴본다. 물론 이 글에서 민법의 전반에 관해 이러한 설명을 시도하는 것은 명백히 불가능하므로, 구체적인 예를 드는 것으로 만족할 수밖에 없다. 그리고 법의 해석과 적용을 경제적인 측면에서 이해할 수 있다고 하는 것은 반드시 법관이 의식적으로 효용의 증진을 의도해야 한다는 것을 전제로 할 필요는 없다. 특정한 해석과 적용의 결과에 대하여 효율의 증진이라는 관점에서 모순 없고 체계적인 설명이 가능하다면 그것으로 충분한 것이다.

우리나라의 예를 살펴보기에 앞서 독일에서 법의 적용 내지 법형성에 관하여 효율을 고려하고 있는 전형적인 예로서 외관수권(Anscheinsvollmacht)과 묵인수권(Duldungsvollmacht)을 살펴본다. 독일 민법의 규정상으로는 표현대리가 인정되는 범위가 그다지 넓지 않다. 즉, 우리 민법상 대리권 수여의 표시에 의한 표현대리(제125조), 대리권 소멸 후의 표현대리(제129조)에 해당하는 규정은 있으나,[46)] 그 외에 우리 민법 제126조의 권한을 넘은 표현대리에 관한 규정은 없다. 나아가 표현대리가 인정되는 경우에도 실제로 보호되는 범위는 우리 법보다 좁다.[47)] 그런데 독일의 판례는 위와 같이 선의의 상대방 보호에 관한 법규정이 불충분한 것을 보충하기 위해, 묵인대리(Duldungsvollmacht)와 외관대리(Anscheinsvollmacht)라고 하는 두 가지의 표현대리를 인정하고 발전시켜 왔다. 전자는 본인이 대리인이라고 칭하는 자의 행동을 알고도 묵인한 경우에 성립하고, 후자는 본인이 그러한 사실을 알지 못하였으나 정당한 주의를 기울였다면 알 수 있었고, 나아가 그것을 저지할 수 있었던 경우에 성립한다.[48)] 이 중 묵인수권의 경우에는 독일의 학설도 일반적으로 이

45) 미등기주택에 대하여도 주택임차인의 우선변제권이 미친다고 한 대법원 2007. 6. 21. 선고 2004다26133 전원합의체 판결(公 2007하, 1080) 참조. 이 판결에 대하여는 윤진수(2008b), pp. 374 이하 참조.
46) 전자: 제171조 제1항, 제172조 제2항. 후자: 제170조, 제171조 제2항, 제172조 제2항.
47) 상세한 것은 이용박(1990), pp. 15 이하; 김학동(1992), pp. 113 이하 참조.

를 인정하고 있으나, 외관수권의 경우에는 이를 인정하는 것이 독일의 법체계에는 부합하지 않는다는 반대설도 유력하다.[49)]

이러한 묵인수권과 외관수권의 이론은 이른바 신뢰책임(Vertrauenshaftung)이 구체적으로 발현된 형태로서, 상대방의 신뢰를 보호한다는 기능을 가진다.[50)] 그런데 경제학적으로 본다면 이처럼 독일의 판례가 인정하고 있는 묵인수권과 외관수권의 법리는 정보비용을 줄임으로써 거래비용을 절약하고, 효율에 이바지하는 기능을 한다. 즉, 이러한 경우에는 본인이 대리권 없는 대리인의 대리행위를 막는 비용이 상대방이 대리인의 대리권 유무를 확인하는 비용보다 작으므로, 무권대리인의 행위로 인한 부담을 본인에게 부담시키는 것이 거래비용을 줄인다는 면에서 더 효율적이다. 독일의 법경제학자는 효율이라는 관점에서는 신뢰책임은 다음의 4가지 요건이 갖추어질 때 인정될 수 있다고 한다. 즉, 정보비용이 비대칭적으로 분배되어 있고, 그 정보가 생산적인 정보라야 하며, 신뢰에 대한 대가(Vertrauensprämie)가 있어야 하고, 마지막으로 기회주의의 위험이 존재해야 한다는 것이다.[51)] 위와 같은 묵인수권과 외관수권의 이론은 이러한 경제적 관점에 대체로 부합한다.

2) 민법 조항의 해석에서의 효율의 고려

이하에서는 민법의 해석과 적용에서 효율이 고려되는 사례를 민법 조항의 해석, 일반조항 및 불확정 개념, 법형성(Rechtsfortbildung)의 경우로 나누어 보기로 한다.[52)] 여기서 법형성이라 함은, 법관이 적용할 법이 없음에도 불구하고 법을 창조하는 것을 말한다고 정의할 수 있다.[53)]

---

48) 일반적으로는 Staudinger/Schilken, Neubearbeitung(2004), §167 Rdnr. 28ff. 참조. 여기서는 양자를 포괄하는 명칭으로서 권리외관수권(Rechtsscheinsvollmacht)이라는 용어를 사용하고 있다. 국내의 문헌으로는 위 주 50)의 각 문헌 외에도 민일영(1998), pp. 321 이하 참조.

49) Staudinger/Schilken §167 Rdnr. 31 참조.

50) 신뢰책임 일반에 대하여는 Claus-Wilhelm Canaris(1971) 참조. 스위스 법에 관하여는 Loser(2006) 참조.

51) Schäfer und Ott(2005), S. 517ff. 또한 Loser(2006), Rdnr. 77ff. 참조.

52) 필자의 견해로는 민법의 해석과 적용에서 효율이 고려되는 경우는 매우 많다고 생각하지만, 여기서 이를 다 서술하는 것은 불가능하므로 몇 가지 주요한 예를 드는 데 그친다.

53) 법형성 내지 법관에 의한 법의 형성 발전(richterliche Rechtsfortbildung)의 개념에 대하여는, 예컨대 정선주(1999), pp. 62ff. 참조. 한편, 민법 조항의 해석에 관하여는 기본적으로 민법 조문의 순서에 의하였다.

(1) 계약의 해석

계약의 해석에 관하여 다툼이 있을 때에는 다음의 몇 가지 단계에 따라 해결할 수 있다.[54] 우선 당사자 쌍방의 일치된 의사가 확인되면 그에 따른다. 예컨대, 계약 문언과는 다른 당사자의 일치된 의사가 인정되는 경우에는 계약 문언에는 관계없이 당사자의 일치된 의사에 따라야 하는 것이다(falsa demonstration non nocet). 그러나 실제로 분쟁이 생긴 경우에는 이처럼 일치된 의사를 확인하는 것은 쉽지 않다. 그러므로 법원은 일차적으로 계약의 문언에서 출발한다(문언해석). 그러나 그 문언의 내용이 명백하지 않거나 또는 문언의 내용이 당사자의 의사에 부합하지 않는다는 의문이 있는 경우에는 제2단계로 제반 사정을 종합하여 계약의 의미를 탐구한다. 이때에는 합리적인 당사자라면 계약 조항에 어떠한 의미를 부여하였을까 하는 점이 기준이 된다. 이를 객관적 해석(objektive Auslegung)이라고 부를 수 있다. 이러한 두 번째 단계의 탐구 결과 계약당사자가 서로 상이한 의사를 가졌다고 인정되면 어느 당사자의 의사를 계약의 의미로 볼 것인가가 문제된다. 이는 제3단계라고 할 수 있다. 이를 주관적 해석(subjektive Auslegung)이라고 부를 수 있다. 그리고 이러한 방법에 의하여도 계약의 의미를 확정할 수 없을 때에는 법원이 어느 해석이 규범적으로 가장 바람직한가를 결정하는 수밖에 없다. 이것이 본래의 의미에서의 규범적 해석(normative Auslegung)이라고 할 수 있다. 이는 제4단계에 해당한다. 다른 한편으로 계약에 공백 내지 흠결이 있으면 보충적 해석의 방법을 동원해야 한다. 이는 굳이 분류한다면 제5단계라고 할 수 있다.

이러한 계약해석의 방법은 대체로 경제적 효율의 측면에서도 합리적이라고 할 수 있다. 원래 계약은 쌍방에게 다 같이 이익을 가져오는 것이어야 하므로, 당사자 쌍방의 일치된 의사가 확인되면 그에 따라야만 쌍방에게 다 같이 이익을 가져올 수 있고, 가령 쌍방의 의사와는 다른 문언만을 따르게 된다면 당사자들이 계약에 의해 추구하려는 목적을 달성하지 못하게 됨은 명백하다.

그러나 당사자 쌍방의 일치된 의사를 확인하는 것은 반드시 쉽지 않다. 다른 말로 하면 이 경우에는 정보비용(information cost)이 소요되는 것이다. 이러한 경우에

54) 윤진수(2007d), pp. 244ff. 참조.

는 법원으로서는 정보비용이 가장 적게 소요되는 방법부터 시도할 필요가 있다. 그것이 문언해석이고, 문언해석만으로는 해결되지 않으면 그 다음에 비로소 제반 사정을 종합하여 계약의 의미를 탐구하는 것이 합리적이다.

가장 문제가 되는 것은 당사자 쌍방의 의사가 서로 다른 경우이다. 이 경우에는 우선적으로 객관적 해석에 부합하는 당사자의 의사에 따라야 하고, 다만 상대방이 객관적 해석에 부합하지 않는 일방의 의사를 안 경우에는 그 일방의 의사가 객관적 해석에 부합하지 않더라도 그에 따라야 할 것이다. 상대방이 객관적 해석에 부합하지 않는 일방의 의사를 알지는 못하였지만 알 수 있었던 경우에는, 양 당사자의 책임의 정도를 비교 형량하여 결정할 수밖에 없다. 즉, 표의자가 자신의 의사표시를 정확하지 않게 한 잘못이 있다고 하더라도 상대방이 표의자의 진의를 쉽게 알 수 있었고, 이를 알지 못한 상대방의 잘못이 표의자의 잘못보다 크다고 판단될 때에는 표의자의 의사가 기준이 되어야 한다. 이러한 방법이 거래비용을 줄임으로써 효율을 증진시키는 데 이바지할 수 있다.[55)]

그리고 계약에 공백 내지 흠결이 있는 경우에 법원이 당사자가 이를 예상하였더라면 어떻게 규율하였을 것인가를 추측하여 그에 따라야 할 것이다. 당사자가 계약체결시 모든 것을 다 예측할 수는 없으므로 이러한 보충적 해석을 인정하는 것이 계약체결 비용을 줄이는 데 도움이 될 수 있는 것이다.[56)]

(2) 착오(민법 제109조)

민법 제109조 제1항 본문은 "의사표시는 법률행위의 내용의 중요 부분에 착오가 있는 때에는 취소할 수 있다"고 규정하고 있다. 그런데 법률행위의 내용의 중요 부분에 착오가 있다는 것이 무엇을 의미하는지에 관하여는 매우 논란이 많다. 필자가 판례를 분석한 바에 따르면, 판례가 착오를 허용한 사례는 대체로 상대방이

55) 규범적 해석의 경우에는 반드시 일률적으로 말하기는 어려우나, 규범적 해석에 포함되는 유효해석의 원칙(유효하게 되는 해석과 무효로 되는 해석이 있다면 유효한 해석이 우선되어야 한다는 원칙) 및 엄격해석의 원칙(당사자 일방이 주장하는 계약의 내용이 상대방에게 중대한 책임을 부과하게 되는 경우에는 그 문언의 내용을 더욱 엄격하게 해석해야 한다는 원칙) 등은 효율이라는 관점에서 합리화될 수 있을 것으로 생각된다.

56) Schäfer und Ott(2005), S. 428ff. 참조. 그런데 앞에서 본 것처럼 Eidenmüller(2005), S. 457은, 계약의 보충적 해석에 대한 법경제학적 분석은 민법학에서 인정되고 있는 것처럼 구체적인 당사자의 규율계획을 끝까지 생각하는 것이 아니라, 경제인(homines oeconimicus)이 이상적인 조건하에서 어떻게 합의하였을 것인가가 중요하므로, 이는 받아들일 수 없다고 하지만, 이는 오해라고 생각된다. 보충적 해석도 기본적으로는 구체적인 당사자의 입장에서 출발하는 것이다.

착오를 야기한 경우, 상대방이 착오사실을 알았거나 알 수 있었던 경우 및 공통의 착오 이 세 가지로 분류할 수 있다.[57)] 이 중 상대방이 착오를 야기한 경우와 상대방이 착오사실을 알았거나 알 수 있었던 경우의 두 가지는 착오로 인한 취소를 허용하는 것이 이른바 최소비용회피자(the cheapest mistake avoider)의 관점에서 효율을 증진시킨다는 점을 쉽게 설명할 수 있다. 즉, 착오를 방지하기 위하여는 비용이 드는데, 가장 적은 비용으로 착오를 방지할 수 있는 자에게 착오로 인하여 생기는 손실을 부담시키는 것이 비용의 지출을 줄인다는 면에서 효율적이다. 그런데 상대방이 착오를 야기한 경우 및 상대방이 착오사실을 알았거나 알 수 있었던 경우에는 그 상대방이 적은 비용으로 착오를 방지할 수 있는 자이므로 취소를 허용하여야 하는 것이다.[58)]

(3) 무단점유가 자주점유인지 여부

민법 제245조 제1항은 20년간 소유의 의사로 평온, 공연하게 부동산을 점유하는 자는 등기함으로써 그 소유권을 취득한다고 규정하여 이른바 점유취득시효를 인정하고 있다. 그리고 민법 제197조 제1항은 점유자는 소유의 의사로 선의, 평온 및 공연하게 점유한 것으로 추정한다고 규정하고 있으므로, 점유취득시효를 주장하는 자는 자신의 점유가 소유의 의사를 가진 점유(자주점유)라는 것을 증명할 필요가 없고, 반대로 점유취득시효가 성립하지 않았다고 주장하는 소유자측에서 소유의 의사가 없는 점유(타주점유)임을 증명해야 한다. 이와 관련하여 종래 점유할 권원이 전혀 없는데도 이를 알면서 타인의 부동산을 점유하고 있는 자도 자주점유에 해당하여 취득시효를 인정할 것인가가 문제되었는데, 이전의 판례는 이를 인정하고 있었다. 그러나 대법원 1997. 8. 21. 선고 95다28625 전원합의체 판결[59)]의 다수의견은, 점유자가 점유 개시 당시에 소유권 취득의 원인이 될 수 있는 법률행위 기타 법률요건이 없이 그와 같은 법률요건이 없다는 사실을 잘 알면서 타인 소유의 부동산을 무단점유한 것임이 입증된 경우, 특별한 사정이 없는 한 점유자는 타인의

57) 윤진수(2008a), pp. 52ff.
58) 윤진수(2008a), pp. 58ff. 다만 공통의 착오의 경우에는 최소비용회피자의 이론만으로는 설명할 수 없다. 이는 배분적 효율의 관점 또는 기회주의의 방지로 설명하는 것이 적절하다고 생각된다. 윤진수(2010b) 참조.
59) 집 45권 3집 민84면.

소유권을 배척하고 점유할 의사를 갖고 있지 않다고 보아야 할 것이므로 이로써 소유의 의사가 있는 점유라는 추정은 깨어졌다고 할 것이라고 판시하여, 이러한 무단점유자에게는 원칙적으로 취득시효를 인정하지 않겠다는 태도를 밝혔다.

이 판례에 대하여도 많은 논란이 있으나, 필자로서는 이러한 대법원의 새로운 판례는 효율이라는 면에서 충분히 정당화될 수 있다고 생각한다. 즉, 점유자가 자신이 점유하고 있는 부동산이 타인의 소유임을 알고 있었을 때에는 그 소유자로부터 부동산을 취득하는 데 별다른 비용이 들지 않는다. 다시 말해, 거래비용(transaction cost)이 작으므로, 이때에는 점유자로 하여금 소유자로부터 그 부동산을 취득하게 하는 것이 효율적이다. 반면 점유자가 자신이 점유하고 있는 부동산이 타인의 소유임을 몰랐을 때에는 점유자가 소유자로부터 부동산을 취득하는 데 거래비용이 크다고 할 수 있으므로, 이때에는 점유자의 20년에 걸친 점유에 비추어 그 부동산이 소유자보다 점유자에게 더 큰 효용이 있다고 보아 취득시효를 인정하는 것이 합리적일 수 있다. 이러한 관점에서 판례가 무단점유의 경우에는 자주점유의 추정을 깨고 취득시효를 부정하는 것은 경제적인 효율의 관점에서는 합리적이라고 할 수 있다.[60)]

(4) 공동저당의 목적인 건물을 철거하고 신축한 경우 법정지상권의 성립 여부

민법 제366조는 저당물의 경매로 인해 토지와 그 지상건물이 다른 소유자에게 속한 경우에는 그 건물소유자를 위해 법정지상권이 설정되는 것으로 규정하고 있다. 그런데 종래의 판례[61)]는, 저당권 설정 당시 건물이 존재한 이상 그 이후 건물을 개축·증축하는 경우는 물론이고 건물이 멸실되거나 철거된 후 재축·신축하는 경우에도 법정지상권이 성립한다고 보고 있었다.

그러나 대법원 2003. 12. 18. 선고 98다43601 전원합의체 판결[62)]은, 동일인의 소유에 속하는 토지 및 그 지상 건물에 관하여 공동저당권이 설정된 후 그 지상 건물이 철거되고 새로 건물이 신축된 경우에는, 그 신축 건물의 소유자가 토지의 소유

60) 윤진수(1997), pp. 377ff. 참조.
61) 대법원 1990. 7. 10. 선고 90다카6399 판결(집 38권 2집 민167면) 등.
62) 공 2004상, 134.

자와 동일하고 토지의 저당권자에게 신축 건물에 관하여 토지의 저당권과 동일한 순위의 공동저당권을 설정해 주는 등 특별한 사정이 없는 한, 저당물의 경매로 인하여 토지와 그 신축 건물이 다른 소유자에 속하게 되더라도 그 신축 건물을 위한 법정지상권은 성립하지 않는다고 해석해야 한다고 판시하여, 토지뿐만 아니라 건물도 저당권의 목적이었던 경우에는 법정지상권의 성립을 부정하였다. 판례는 그 이유로서, 동일인의 소유에 속하는 토지 및 그 지상 건물에 관하여 공동저당권이 설정된 경우에는 공동저당권자는 토지 및 건물 각각의 교환가치 전부를 담보로 취득한 것으로서, 저당권의 목적이 된 건물이 그대로 존속하는 이상은 건물을 위한 법정지상권이 성립하여도 그로 인하여 토지의 교환가치에서 제외된 법정지상권의 가액 상당 가치는 법정지상권이 성립하는 건물의 교환가치에서 되찾을 수 있어 궁극적으로 토지에 관해 아무런 제한이 없는 나대지로서의 교환가치 전체를 실현시킬 수 있다고 기대하지만, 건물이 철거된 후 신축된 건물을 위한 법정지상권이 성립한다고 해석하게 되면, 공동저당권자가 법정지상권이 성립하는 신축건물의 교환가치를 취득할 수 없게 되는 결과 법정지상권의 가액 상당 가치를 되찾을 길이 막혀 위와 같이 당초 나대지로서의 토지의 교환가치 전체를 기대하여 담보를 취득한 공동저당권자에게 불측의 손해를 입게 하기 때문이라는 점을 들고 있다.

위와 같은 판례의 결론은 경제학적인 면에서 충분히 타당성이 있다. 다만 그 이유의 설명은 다소 불충분하다. 즉, 사후적(*ex post*)으로 법정지상권을 인정하면 저당권자가 손해를 입는다는 면보다는 사전적(*ex ante*)으로, 즉 저당권을 설정할 당시에 나중에 그러한 법정지상권의 성립을 전제로 한다면 저당권 설정자에게 불리하게 된다는 측면을 아울러 언급하여야 하는 것이다. 저당권자로서는 토지와 건물에 대하여 담보로서 공동저당권을 취득하고 채무자에게 돈을 대여함에 있어서 나중에 건물 철거 후 법정지상권이 인정되는가 인정되지 않는가에 따라 달리 행동할 것이다. 다시 말해, 법정지상권이 인정되는 경우에는 그만큼 담보의 가치가 작아지므로 채무자에게 대여할 돈의 액수가 작아지게 되고, 이는 채무자에게 불리하게 작용한다. 따라서 이 경우에는 법정지상권의 성립을 부정하는 편이 사전적으로 관찰할 때 채권자인 공동저당권자뿐만 아니라 채무자에게도 유리한 것이다. 따라서 이 경우에는 법정지상권의 성립을 인정하지 않는 것이 사전적인 관점에서 파레토 기준에 부합한다.

(5) 저당권에 기한 방해배제청구

대법원 2006. 1. 27. 선고 2003다58454 판결[63]은 다음과 같은 사안에서 저당권자가 방해배제청구권을 행사할 수 있다고 판단하였다. 즉, 원래의 토지소유자가 그 지상에 오피스텔을 건축하여 분양하기로 하고, 공사에 착수한 상태에서 은행으로부터 돈을 차용하고 토지상에 근저당권을 설정해 주었으며, 그 후 토지소유자가 부도를 내자 수분양자들이 피고 조합을 결성하여 건축사업의 시행권을 양수한 뒤 공사를 재개한 경우에, 근저당권자가 근저당권 실행을 위한 임의경매신청을 하고, 피고 조합을 상대로 하여 건물신축행위의 금지를 청구한 경우에 대법원이 이를 받아들인 것이다.

대법원은, 저당권자는 저당권 설정 이후 환가에 이르기까지 저당물의 교환가치에 대한 지배권능을 보유하고 있으므로 저당목적물의 소유자 또는 제3자가 저당목적물을 물리적으로 멸실 · 훼손하는 경우는 물론 그 밖의 행위로 저당부동산의 교환가치가 하락할 우려가 있는 등 저당권자의 우선변제청구권의 행사가 방해되는 결과가 발생한다면 저당권자는 저당권에 기한 방해배제청구권을 행사하여 방해행위의 제거를 청구할 수 있다고 하였다.

이 문제도 앞에서 살펴본 공동저당의 경우의 법정지상권 문제와 같은 맥락에서 파악할 수 있다.[64] 즉, 이러한 경우에 저당권자가 건물의 신축을 막을 수 없다고 한다면 토지의 담보가치가 떨어지므로 저당권자가 대출을 꺼리거나 줄일 것이고, 따라서 이때에도 저당권자의 방해배제청구권을 인정하는 것이 쌍방에게 유리한 것이다. 나아가 이러한 경우에 건물의 신축을 허용한다고 하여 반드시 건물소유자에게 유리한 것도 아니다. 이러한 경우에 건물 신축을 허용하더라도 나중에 건물이 경매절차에서 매각되면 그 건물은 매수인에 의해 철거될 수밖에 없는데, 건물의 신축을 허용함으로써 건물의 철거비용이 증가되는 것 외에 건물소유자에게 손해가 증가하면 증가하였지 이익이 될 수는 없다.[65]

---

63) 공 2006상, 316.
64) 같은 취지, 민유숙(2006), pp. 346-347 참조.

(6) 임차권의 무단양도

민법 제628조 제1, 2항은 임차인은 임대인의 동의 없이 그 권리를 양도하거나 임차물을 전대하지 못하고, 이에 위반하면 임대인은 계약을 해지할 수 있다고 규정하고 있다. 그런데 근래의 일련의 판례[66]는, 임차인이 임대인으로부터 별도의 승낙을 얻은 바 없이 제3자에게 임차물을 사용 · 수익하도록 한 경우에도 임차인의 당해 행위가 임대인에 대한 배신적 행위라고 인정할 수 없는 특별한 사정이 있는 경우에는 위 법조항에 의한 해지권은 발생하지 않는다고 판시하고 있고, 국내의 학설도 일반적으로 이를 지지한다.

이러한 결론은 경제적인 관점에서는 쉽게 이해될 수 있다. 일반적으로 권리나 재화는 그 효용이 현재의 보유자보다 다른 사람에게 더 클 때에는 다른 사람에게로 이전되는 것이 효율적이고, 따라서 권리나 재화의 자유로운 양도는 원칙적으로 인정되어야 한다. 그런데 임차권의 경우에 양도나 전대를 제한하고 있는 것은, 양도를 자유롭게 인정하면 임대인에게 손해가 생길 우려가 있기 때문이다. 그러므로 임대인에게 손해가 생길 우려가 없다면 임차권의 양도나 전대를 제한할 이유가 없고, 이러한 점에서 위와 같은 해석은 경제적인 효율에 이바지하는 것이다.[67] 그런데 이러한 설명에 대하여는, 이는 임대인의 이익을 희생하여 임차인 내지 전차인 또는 임대권의 양수인을 보호하려는 것으로서, 이 경우 누구의 이익을 보호해야 하는가의 문제가 설명되어야 하고, 또 임차인측의 이익이 더 크다고 하는 경우에도 이는 파레토 기준 아닌 칼도-힉스 기준에 의하는 것이 아닌가 하는 지적이 있을

65) 윤진수(2008d), pp. 726ff. 이는 저당권과 지상권을 같이 설정한 경우와 비교하여 보면 좀더 명확하다. 대법원 2004. 3. 29. 자 2003마1753 결정(공 2004상, 781)의 사안은 대상 판결의 사안과 비교하여 별다른 차이가 없고, 다만 그 사건의 경우에는 근저당권자가 근저당권설정등기와 함께 지상권설정등기까지 마쳤을 뿐이다. 이 사건에서 대법원은 근저당권자의 지상권에 기한 공사중지가처분을 받아들여야 한다고 판시하였다. 위와 같은 사례에서 저당권자가 저당권과 아울러 지상권을 취득하는 것은 제3자가 목적 토지의 담보가치를 하락시키는 침해행위를 하는 것을 배제함으로써 저당 부동산의 담보가치를 확보하는 데 있는 것이다. 그러나 저당권자가 지상권을 같이 취득하지 않은 경우라고 하여 저당권자에게 저당 부동산의 담보가치를 확보하려는 의사가 없었다고는 말할 수 없고, 다른 한편 저당권 설정자도 저당권자의 이러한 목적을 위한 지상권 설정 요구에 대하여 특별히 거부할 사유는 없으므로, 구태여 저당권과 아울러 지상권을 취득한 경우에만 저당권자에게 그러한 보호를 부여할 이유는 없고, 저당권만을 취득한 경우에도 같은 보호를 해 주는 것이 지상권 설정으로 인한 비용을 절감한다는 면에서 더 합리적이라고 생각된다. 윤진수(2008d), pp. 412ff. 참조. 다른 한편 이러한 경우에 저당권을 보전하기 위한 지상권(이른바 담보지상권)을 유효한 것으로 볼 것인가도 의문이 있다. 이는 물권법정주의에 위반되는 것으로서 허위표시라고 보아야 할 것이다. 윤진수(2010a) 참조.

66) 대법원 1993.4.27. 선고 92다45308 판결(공 1993하, 1553); 1995. 7. 25. 선고 94다46428 판결(공 1995하, 2938); 2007. 11. 29. 선고 2005다64255 판결(공 2008상, 1997) 등.

67) 미국에서도 이러한 점이 문제되고 있다. 상세한 것은 윤진수(2007a), pp. 55ff. 참조.

수 있다. 그러나 이는 파레토 기준에 의하더라도 충분히 설명할 수 있다. 즉, 판례가 임차인의 당해 행위가 임대인에 대한 배신적 행위라고 인정할 수 없는 특별한 사정이 있는 경우에는 해지권은 발생하지 않는다고 하는 것은, 이러한 임차권의 양도나 전대행위가 임대인에게 별다른 손해가 없는 경우에 한하여 해지할 수 없다는 의미라고 할 수 있고, 따라서 이러한 판단은 파레토 기준을 만족시킨다. 오히려 이러한 경우에까지 해지를 인정하는 것은 임대인의 기회주의 내지 전략적 행동을 조장하는 결과가 될 것이다.

3) 일반조항과 불확정 개념에서의 효율의 고려

(1) 선행행위에 모순되는 거동의 금지(venire contra factum proprium)

민법 제2조 제1항은 권리의 행사와 의무의 이행은 신의에 좇아 성실히 행해야 한다고 규정하고 있다. 이와 같은 신의성실의 원칙은 민법상 대표적인 일반조항이고, 이러한 일반조항을 어떻게 구체화할 것인가는 매우 어려운 문제이다. 그러나 사견으로는 많은 경우에는 신의성실의 원칙의 구체화는 효율이라는 관점에서 설명될 수 있다고 생각한다.[68] 다른 한편 일반조항인 신의성실의 원칙을 적용하면 명문의 규정을 적용하는 것보다 예측가능성이 낮아지게 되어 불확실성이 늘어나고, 이는 효율의 감소를 가져온다. 그러므로 신의성실의 원칙 내지 일반조항의 활용은 그로 인해 얻을 수 있는 효용의 증가와, 이에 수반하는 효용의 감소를 잘 조화시켜서 이루어져야 할 것이다.

이처럼 신의성실의 원칙이 효율에 이바지하는 전형적인 예로서 이른바 선행행위에 모순된 거동의 금지 내지 모순행위의 금지의 원칙을 들 수 있다. 이는 어떤 사람의 행동이 그의 선행하는 행동과는 모순되는 것이어서, 그러한 후행행위에 원래대로의 법효과를 인정하게 되면 그 선행행위로 말미암아 야기된 다른 사람의 신뢰를 부당하게 침해하게 되는 경우에, 그 후행행위의 효력이 제한되는 법원칙을 말한다고 할 수 있다.[69] 영미법상의 금반언(estoppel)도 이와 같은 맥락에서 이해할 수

68) 이 점에 관하여는 윤진수(2007a), pp. 41ff.에 소개된 버튼(Burton)과 섬머스(Summers)의 논쟁 참조.
69) 곽윤직 · 양창수(1992), p. 119 참조.

있다.

이러한 선행행위에 모순되는 거동의 금지는 앞에서 언급한 신뢰책임의 한 내용으로도 이해할 수 있다.[70] 따라서 이에 관하여는 정보비용의 감소에 대한 앞에서의 설명이 대체로 적용될 수 있다. 아래에서는 이에 관한 전형적인 판례 하나만을 소개한다.

대법원 2000. 1. 5.자 99마4307 결정[71]은 다음과 같은 사실관계에 관한 것이다. 즉, 채무자가 자기가 살고 있던 동생 소유의 아파트에 관해 근저당권을 설정하고 대출을 받으면서, 채권자에게 자신은 임차인이 아니고 위 아파트에 관해 일체의 권리를 주장하지 않겠다는 내용의 확인서를 작성해 주었는데, 그 후 위 근저당권이 실행되어 이를 낙찰받은 채권자가 채무자를 상대로 인도명령을 신청하자, 채무자는 자신이 대항력을 갖춘 임차인이라고 주장하여 채권자의 인도명령은 허용될 수 없다고 다투었다. 이에 대하여 대법원은, 채권자는 채무자가 위와 같은 내용의 확인서를 두 차례나 작성해 줌으로써 이를 믿은 나머지 이 사건 아파트의 담보가치를 높게 평가하여 대출을 해 주고, 경매절차에서도 보증금을 고려하지 아니한 가격으로 입찰한 것으로 볼 수 있으므로, 채무자가 채권자에 대한 위와 같은 확인 내용을 번복하여 대항력을 갖춘 임차인임을 내세워 인도명령을 다투는 것은 특별한 사정이 없는 한 금반언 및 신의칙에 위배되어 허용되지 아니한다고 판시하였다.

만일 이러한 경우에 채무자의 임차권 주장을 허용한다면, 채권자로서는 당초 채무자가 임차인이 아니라는 확인서를 써 주었더라도 이를 믿지 않고, 임차인인지 여부를 별도로 확인해야 한다는 것이 되나, 그것이 실제로 가능한지도 문제일 뿐만 아니라, 가능하다 하더라도 그 확인을 위하여 상당한 비용이 들 것이다. 반면 임차권의 주장을 허용하지 않는다면 채권자로서는 확인서를 믿고 그에 따라 대출을 해 주면 될 것이므로 거래비용을 줄일 수 있는 것이다.

70) Canaris(1971), S. 530f. 참조.
71) 공 2000상, 545.

(2) 권리남용의 법리

민법 제2조는 "권리는 이를 남용하지 못한다"고 규정하여 이른바 권리남용의 법리를 선언하고 있다. 과연 어떤 경우가 권리남용에 해당하는가가 문제되는데, 필자는 이전에 토지소유자가 건물소유자를 상대로 그 건물의 철거를 구하는 사안에 대하여 경제적 관점에서 다음과 같이 판례를 분석한 바 있다.[72)] 즉, 토지소유자의 건물철거청구를 권리남용이라 하여 배척하기 위하여는, 다음과 같은 요건이 필요하다.

(1) 그 철거로 인하여 토지소유자가 얻는 이익보다 지상물 소유자가 입는 손해가 현저하게 클 것,
(2) 점유자가 토지를 점유한 상태에서 당사자 사이에 거래가 이루어지지 않은 책임이 토지소유자에게 있을 것,
(3) 토지점유자가 그 토지의 점유를 개시한 데 악의나 중대한 과실이 없을 것.

우선 첫째의 요건에 관하여는, 철거가 객관적으로 보아 자원의 낭비에 해당해야만 그 철거 청구를 막을 이유가 있으므로 철거로 인하여 토지소유자가 얻는 이익과 지상물 소유자가 입는 손해를 비교하는 것은 당연하다. 다만 이 경우 지상물 소유자가 입는 손해가 토지소유자가 얻게 될 이익보다 현저하게 클 것을 요구하는 것은 법원이 이익과 손해를 판단함에 있어서 오류를 범할 가능성을 최소화하기 위해 필요하다.

셋째의 요건은 토지점유자가 사전에 토지소유자로부터 그 토지나 토지의 이용권을 취득하기 위한 거래비용이 높은가 낮은가 하는 점에 따른 것이다. 거래비용이 낮다면 구태여 법원이 개입할 이유가 없고, 이때에는 권리남용의 항변을 배척함으로써 토지점유자가 토지소유자로부터 그 토지나 토지의 이용권을 취득하도록 유도할 필요가 있다.

그리고 둘째의 요건은 쌍방독점으로 인한 토지소유자의 버티기(holdout)를 예

72) 윤진수(2007b), pp. 84ff. 참조.

방하기 위하여 필요하다.[73)]

그러므로 권리남용의 법리도 판례가 경제적 효율을 고려하여 구체화하고 있다고 설명할 수 있다.

(3) 과실의 개념[74)]

법경제학에서는 과실의 개념을 이른바 러니드 핸드 공식(Learned Hand Formula)에 의해 설명하고 있음은 주지의 사실이다.[75)] 그런데 최근의 대법원 판례 가운데 채권의 준점유자의 변제가 유효하기 위한 요건으로서의 과실과 관련하여 거래비용을 언급하고 있는 것이 있다. 민법 제470조 제1항은 채권의 준점유자에 대한 변제는 변제자가 선의이며 과실 없는 때에 한해 효력이 있다고 규정하고 있다. 그런데 대법원 2007. 10. 25. 선고 2006다44791 판결[76)]에서는 은행의 예금통장 절취인에 대한 예금의 지급에 과실이 있었는가가 문제되었다.

이 사건에서는 원고가 피고 은행에 대하여 예금채권을 가지고 있었는데, 원고의 집에 도둑이 침입하여 원고의 통장과 인장을 절취한 다음 위 통장의 비밀번호를 알아 내어 약 2시간 내에 피고 은행의 서로 다른 지점에서 3차례에 걸쳐 돈을 인출하였다.

원심법원은 첫 번째의 예금인출은 채권의 준점유자에 대한 변제로서 피고 은행에게 과실이 없었으므로 그로 인하여 위 인출액만큼 원고의 예금채권은 소멸하였지만, 두 번째 및 세 번째의 예금인출에 관하여는 피고 은행의 창구직원들로서는 일단 창구에서 예금지급을 구하는 청구자에게 정당한 변제수령권한이 없을 수 있다는 의심을 가질 만한 특별한 사정이 있다고 보이고, 이러한 경우에는 당해 청구자의 신원을 확인한다거나 전산입력된 원고의 연락처에 연결하여 원고 본인의 의사를 확인하는 등의 방법으로 그 청구자가 정당한 변제수령권한을 가지는지 여

---

73) 대법원 1999. 9. 7. 선고 99다27613 판결(공 1999하, 2084)이 이러한 분석에 전형적으로 들어맞는 사례이다. 윤진수(2007b), pp. 111ff. 참조.

74) 과실 개념을 일반조항으로 볼 것인지에 대하여는 다소 논란이 있다. 예컨대, 김선석(1983), pp. 243ff. 참조. 그러나 과실 개념이 일반조항에는 해당하지 않더라도 적어도 입법자가 그 내포를 명확하게 하지 않은 이른바 불확정 개념임에는 틀림없다.

75) 사고의 확률을 P, 사고로 인한 손해를 L, 사고방지비용을 B라고 할 때 $B<P\cdot L$이라면 과실이 인정된다는 것이다. United States v. Carroll Towing Co. 159 F. 2d 169(2d cir. 1947) 참조. 정확하게는 여기서의 손해나 사고방지비용은 한계 개념으로 이해하여야 한다.

76) 공 2007하, 1817.

부를 조사해야 할 업무상 주의의무를 진다고 하여 결국 피고의 위 두 번째 및 세 번째의 지급은 채권의 준점유자에 대한 변제로서 유효하다고 보기 어렵다고 판단하였다.

그러나 대법원은 이러한 두 번째 및 세 번째 지급에 관한 원심의 판단이 잘못이라고 하였다. 즉, 피고 은행의 직원이 단순히 인감대조 및 비밀번호의 확인 등의 통상적인 조사 외에 당해 청구자의 신원을 확인하거나 예금자 본인의 의사를 확인하는 등의 방법으로 그 청구자가 정당한 예금인출권한을 가지는지 여부를 조사해야 할 업무상 주의의무를 부담하는 것으로 보기 위해서는 그 예금의 지급을 구하는 청구자에게 정당한 변제수령권한이 없을 수 있다는 의심을 가질 만한 특별한 사정이 인정되어야 하는데, 그러한 특별한 사정이 있다고 보기 어렵다고 하면서 그 이유 중 하나로서, 금융기관에게 추가적인 확인의무를 부과하는 것보다는 예금자에게 비밀번호 등의 관리를 철저히 하도록 요구하는 것이 사회 전체적인 거래비용을 줄일 수 있는 것으로 보이는 점 등을 고려해야 한다고 보았다.

이러한 판례를 경제학적인 관점에서 분석한다면, 위와 같은 경우에는 예금자가 비밀번호 등의 관리를 철저히 하는 것이 금융기관이 수없이 많은 예금청구의 경우에 매번 당해 청구자의 신원을 확인하거나 예금자 본인의 의사를 확인하는 것보다 비용이 덜 들고, 따라서 권한 없는 사람이 예금을 인출한 것으로 생기는 손해는 예금자가 부담해야 한다는 것이다. 특히, 이 판례가 거래비용을 줄일 수 있다는 점을 명시적으로 밝히고 있는 점이 인상적이다.[77]

4) 법형성에서의 효율의 고려

판례는 법형성에서도 효율을 고려하고 있는 것으로 보인다. 여기서는 대리권의 남용과 대상청구권의 두 가지를 살펴본다.

77) 그런데 이 판결에 대하여는 예금자 개개인이 기존의 비밀번호를 변경하기 위한 비용이 금융기관에서 주민등록증 등의 제시를 청구자에게 요구하고, 상사의 결제는 생략하도록 은행이 내부 방침을 바꾸는 비용보다 더 저렴하다는 대법원의 논지는 정확한 비용분석을 거친 결과라고 할 수 없고, 이미 설정되어 있는 쉬운 비밀번호를 변경하기 위한 작업은 대법원의 판단과는 달리 그리 쉬운 일이 아니며, 금융기관에게 추가적인 본인확인의무를 부여하기 위한 사회적 비용은 처음에는 부담이 될 수 있으나 점차 절감될 수 있는 성질의 것이라고 하여 비판하는 견해가 있다. 서희석(2009), pp. 53ff. 참조. 그러나 현재 비밀번호를 주기적으로 변경하는 것이 권장되고 있는 점에 비추어 보면, 1회적으로 비밀번호를 변경하기 위한 비용이 매 거래시마다 금융기관에서 주민등록증 등의 제시를 청구자에게 요구하는 비용보다 클 수 있다는 것은 상식적으로 쉽게 이해하기 어렵다. 또 금융기관에게 추가적인 본인확인의무를 부여하기 위한 사회적 비용이 점차 절감될 수 있다는 근거도 불분명하다.

(1) 대리권의 남용

대리인이 그 대리권의 범위 내에서 대리행위를 한 경우에는 설령 그 대리행위가 본인의 이익에 어긋난다고 하더라도 본인이 그 대리행위의 효과를 부인할 수 없음이 원칙이다. 만일 이를 인정한다면 상대방은 항상 본인의 의사를 확인해 보아야 할 것이고, 이는 대리제도를 인정하는 이유 중의 하나인 경제적 효용을 크게 해친다. 그러나 대리인의 대리행위가 본인의 이익을 위한 것이 아니라 대리인이나 제3자의 이익을 위한 것이면서 본인에게는 손해가 되는 이른바 대리권의 남용의 경우에도 이러한 원칙을 관철할 것인지는 별개의 문제이다. 이러한 대리권의 남용은 이른바 대리인 문제(agency problem)의 전형적인 예라고 할 수 있다. 이 점에 관하여는 법률상 아무런 규정이 없으므로, 이 문제는 법원이 해결할 수밖에 없다.

이에 관하여 판례는, 지배인의 행위가 영업에 관한 것으로서 대리권한 범위 내의 행위라 하더라도 영업주 본인의 이익이나 의사에 반하여 자기 또는 제3자의 이익을 도모할 목적으로 그 권한을 행사한 경우에 그 상대방이 지배인의 진의를 알았거나 알 수 있었을 때에는 민법 제107조 제1항 단서의 유추해석상 그 지배인의 행위에 대하여 영업주 본인은 아무런 책임을 지지 않는다고 보아야 한다고 판시하고 있다.[78] 다시 말해, 이러한 대리인의 행위는 민법 제107조 제1항의 비진의표시와 유사하다고 보아, 상대방이 대리권의 남용 사실을 알았거나 알 수 있었을 때에는 본인이 대리행위에 대하여 책임을 지지 않는다는 것이다.

그러나 이러한 대리권의 남용이 과연 비진의표시와 유사한 것인지는 의심스럽다. 비진의표시에서는 의사표시로 인한 법률효과의 발생 자체를 의욕하지 않는 것인 반면, 대리권 남용의 경우에는 법률효과의 발생은 의욕하지만, 그로 인한 경제적 이익을 본인 아닌 제3자에게 귀속시키려는 것이기 때문이다.[79]

이러한 비진의표시 유추적용설 이외에도 권리남용설, 대리권부인설, 표현대리설 등 여러 가지 설이 주장되고 있으나, 어느 것이나 잘 들어맞지는 않는다. 결국 이는 판례가 대리제도의 목적에 비추어 새로운 제도를 창설하였다고 설명하는 것이 가장 적절할 것이다. 그런데 이러한 판례의 이론은 대체로 경제적 효율에 부합

78) 대법원 1999. 3. 9. 선고 97다7721,7738 판결(공 1999상, 618).
79) 하경효(1999), p. 143 참조.

한다. 원래 대리제도의 근거는 노동분업의 원리에 따른 경제적 효율의 증진에 있다고 할 수 있다. 그러므로 대리인의 대리권 남용으로 인한 손실도 제1차적으로는 대리행위의 상대방보다는 대리제도에 의하여 이익을 얻을 뿐만 아니라, 대리인을 감독할 수 있는 위치에 있는 본인이 부담하여야 할 것이다.

그러나 대리인의 상대방이 대리권 남용을 안 경우에까지도 본인이 그 손실을 부담할 것은 아니다. 이는 거래비용의 관점에서는 충분히 수긍할 수 있다. 문제는 상대방이 대리권 남용 사실을 알지는 못하였으나 알 수는 있었던 경우이다. 이 경우에는 대리행위의 효력을 인정하여야 한다거나, 상대방에게 중대한 과실이 있었을 경우에만 대리행위를 무효로 보아야 한다는 견해 등이 주장된다. 그러나 판례는 상대방에게 과실이 있는 경우에는 대리행위의 효력을 부정하면서도, 본인의 사용자책임을 인정하고 상대방의 과실이 있음을 이유로 과실상계를 하고 있는데,[80] 이러한 처리가 경제적으로 보아 합리적이라고 생각된다.

(2) 대상청구권

어느 채무가 이행불능으로 되었으나 채무자가 이행의 목적물에 대신하는 이익을 얻게 된 경우에, 채권자가 그 이익의 양도를 청구할 수 있는 권리를 대상청구권이라고 한다. 예컨대, 토지를 매도하였으나 그 이행 전에 토지가 수용되어 매매계약의 이행은 불가능하게 되었지만 그 대신 매도인이 수용보상금을 받게 된 경우에, 매수인이 매도인에게 그 수용보상금을 양도할 것을 청구할 수 있는가 하는 문제이다. 이에 관하여는 독일 민법 등 다른 나라에서는 명문규정을 두고 있는 경우가 있으나, 우리 민법에는 아무런 규정이 없다. 그럼에도 불구하고 판례[81]나 일반적인 학설은 이를 인정하고 있다. 그러나 판례와 학설은 왜 이를 인정할 수 있는지에 관하여는 반드시 설득력 있는 근거를 제시하지 못하고 있다.

필자로서는 효율을 고려할 때 대상청구권을 인정하는 것이 타당하다고 생각한다. 가령 대상청구권이 인정되지 않는다고 전제할 때, 채무자에게 이행불능에 대하여 귀책사유가 없으면 결과적으로 채권자는 원래 의도하였던 이익을 얻지 못하

80) 대법원 1999. 1. 15. 선고 98다39602 판결(공 1999상, 290).
81) 대법원 1992. 5. 12. 선고 92다4581, 92다4598 판결(공 1992하, 1849) 등.

게 된다. 따라서 가령 매매계약의 경우라면 매수인은 매매대금을 정함에 있어서 이러한 가능성을 고려하여 매매대금을 낮추게 될 것이다. 그러나 이러한 판단을 함에 있어서는 추가적인 비용이 발생한다. 반면 대상청구권을 인정한다면 이러한 추가적인 비용은 발생하지 않고, 따라서 경제적으로 효율적인 결과가 된다. 이처럼 대상청구권을 인정할 수 있는 법률적인 근거로서는 앞에서 언급한 계약의 보충적 해석을 생각할 수 있다.[82)]

2. 헌법원리로서의 효율

1) 헌법이 추구하는 가치로서의 효율

효율이 이처럼 민법상의 원리에만 국한되는 것은 아니다. 효율은 가령 행정법[83)]이나 환경법[84)] 또는 세법[85)]에서도 문제된다. 그러나 여기서는 효율이 헌법상의 원리로 인정될 수 있는가, 나아가 헌법의 해석에서 효율이 고려될 수 있는가를 살펴본다.[86)] 이 점에 관하여 독일에서는 헌법 제14조의 재산권 보장이나 제2조의 일반적인 인격의 발현권 등에 비추어 보면 효율이 헌법상 원리로서 인정될 수 있다고 하는 견해가 있다.[87)]

우리 헌법재판소의 판례에서도 이러한 결론을 이끌어 낼 수 있다고 보인다. 가령 헌법재판소 1997. 8. 21. 선고 94헌바19, 95헌바34, 97헌가11 결정[88)]은, 구 근로기준법 제30조의2 제2항 중 근로자의 퇴직금은 사용자의 총재산에 대하여 질권 또는 저당권에 의하여 담보된 채권, 조세 · 공과금 및 다른 채권에 우선하여 변제되어야 한다는 부분은 질권이나 저당권을 침해하므로 위헌이라고 하였다. 이 결정 가운데 특히 주목을 끄는 것은, 위 조항이 과잉금지의 원칙 위배라고 하면서 그 이유로,

82) 윤진수(2007c), p. 215 참조.
83) Hoffmann-Riem, Eberhard Schmidt-Assmann, Hrsg.(1998).
84) Gawel, Hrsg.(2001). 우리나라의 판례상 확립된 이른바 수인한도론(예컨대, 대법원 1999. 1. 26. 선고 98다23850 판결, 집 47권 1집 민20면 등)은 일종의 비용효과 분석의 한 예라고 할 수 있다. 조홍식(2000), pp. 68ff. 참조.
85) 이창희(2005), pp. 28ff. 참조. 여기서는 적어도 세법의 영역에서는 효율의 문제는 자유의 문제이므로, 비효율적인 법령은 자유에 대한 간섭으로서 위헌이 된다고 한다.
86) Lindner(2008), S. 957ff. 참조.
87) Grundmann(1997), S. 442; Gawel(2001), S. 38 등 참조. 그러나 Eidenmüller(2005), S. 443ff.는 독일 헌법이 입법자에게 자유시장경제 또는 사회적 시장경제를 명하지 않았으므로, 입법자는 법률을 경제적 효율의 관점에서 정립할 헌법적인 의무를 지지 않는다고 한다.
88) 『헌판집』, 제9권 2집, pp. 243ff.

'퇴직금'에 관하여는 아무런 범위나 한도의 제한 없이 질권이나 저당권에 우선하여 그 변제를 받을 수 있다고 규정하고 있으므로, 도산위기에 있는, 자금의 융통이 꼭 필요한 기업일수록 금융기관 등 자금주는 자금회수의 예측불가능성으로 말미암아 그 기업에 자금을 제공하는 것을 꺼리게 되고, 그 결과 이러한 기업은 담보할 목적물이 있다고 하더라도 자금의 융통을 받지 못하여 그 경영위기를 넘기지 못하고 도산을 하게 되며, 그로 인해 결국 근로자는 직장을 잃게 되므로 궁극적으로는 근로자의 생활보장이나 복지에도 좋은 결과를 낳지 못한다는 점을 들고 있는 것이다.[89] 이는 전형적으로 사전적 효율(*ex ante* efficiency)의 원리를 고려한 것이다.

또 헌법재판소 1991. 6. 3. 선고 89헌마204 결정[90] 등은 계약자유의 원칙은 헌법상의 행복추구권 속에 함축된 일반적 행동자유권으로부터 파생되는 것이라고 보고 있다.

이러한 구체적인 규정들 외에도 헌법상의 일반원칙으로 승인되고 있는 신뢰보호의 원칙도 경제적인 효율의 관점에서 설명할 수 있다. 헌법재판소는, 일반적으로 국민이 어떤 법률이나 제도가 장래에도 그대로 존속될 것이라는 합리적인 신뢰를 바탕으로 하여 일정한 법적 지위를 형성한 경우, 국가는 그와 같은 법적 지위와 관련된 법규나 제도의 개폐에 있어서 법치국가의 원칙에 따라 국민의 신뢰를 최대한 보호하여 법적 안정성을 도모해야 한다고 판시하고 있다.[91] 학설상으로도 신뢰보호가 헌법상의 원칙이라는 점에 대하여는 반대하는 견해가 보이지 않는다.[92] 이러한 신뢰가 보호되지 않는다면, 당사자로서는 그 자체로는 생산적이고 효율적인 행위라 하여도 장래 예상에 어긋나는 법령 등의 개폐가 일어남으로 말미암아 손해를 볼 것을 두려워하기 때문에 생산적인 행위의 위축을 가져오게 되는 것이다. 대법원 판례[93]는, 법령의 개정에서 신뢰보호의 원칙이 적용되어야 하는 이유는, 어떤 법령이 장래에도 그대로 존속할 것이라는 합리적이고 정당한 신뢰를 바탕으로 국민이 그 법령에 상응하는 구체적 행위로 나아가 일정한 법적 지위나 생활관계를

89) 『헌판집』, 제9권 2집, pp. 243, 262.
90) 『헌판집』, 제3권, pp. 268ff.
91) 헌법재판소 2004. 12. 16. 선고 2003헌마226 등 결정(헌판집 16권 2집 하 580, 590면) 등.
92) 성낙인(2008), pp. 241ff.; 정종섭(2008), pp. 158ff. 등.
93) 대법원 2006. 11. 16. 선고 2003두12899 전원합의체 판결(公 2006하, 2085); 2007.10.29. 선고 2005두4649 전원합의체 판결(公 2007하, 1853) 등.

형성하여 왔음에도 국가가 이를 전혀 보호하지 않는다면 법질서에 대한 국민의 신뢰는 무너지고 현재의 행위에 대한 장래의 법적 효과를 예견할 수 없게 되어 법적 안정성이 크게 저해되기 때문이라고 한다.

그리하여 대법원의 판례는, 행정청의 행위에 대하여 신뢰보호의 원칙이 적용되기 위하여는, 첫째 행정청이 개인에 대하여 신뢰의 대상이 되는 공적인 견해표명을 해야 하고, 둘째 행정청의 견해표명이 정당하다고 신뢰한 데 대해 그 개인에게 귀책사유가 없어야 하고, 셋째 그 개인이 그 견해표명을 신뢰하고 이에 따라 어떠한 행위를 하였어야 하며, 넷째 행정청이 위 견해표명에 반하는 처분을 함으로써 그 견해표명을 신뢰한 개인의 이익이 침해되는 결과가 초래되어야 하는 것이며, 이러한 요건을 충족할 때에는 행정청의 처분은 신뢰보호의 원칙에 반하는 행위로서 위법하다고 한다.[94)]

2) 비례의 원칙과 효율

(1) 비례의 원칙의 의미

헌법재판소는 법률의 위헌 여부를 판단하는 기준으로서 이른바 비례의 원칙(Verhältnismäßigkeitsgrundsatz, Verhältnismäßigkeitsprinzip)을 채택하고 있다. 비례의 원칙 또는 과잉금지(Übermaßverbot)의 원칙이란, 기본권을 제한하는 입법을 함에 있어서 입법 목적의 정당성과 그 목적 달성을 위한 방법의 적정성, 피해의 최소성, 그리고 그 입법에 의해 보호하려는 공공의 필요와 침해되는 기본권 사이의 균형성을 모두 갖추어야 하며, 이를 준수하지 않은 법률 내지 법률조항은 기본권 제한의 입법한계를 벗어난 것으로서 헌법에 어긋난다는 것을 의미한다. 여기서 목적의 정당성이란 국민의 기본권을 제한하려는 입법의 목적이 헌법 및 법률의 체제상 그 정당성이 인정되어야 한다는 것을 의미하고, 방법의 적정성이란 그 목적의 달성을 위해 그 방법이 효과적이고 적절하여야 한다는 것을 의미한다. 그리고 피해의 최소성이란 입법자가 선택한 기본권 제한의 조치가 입법 목적 달성을 위하여 적절하다 할

94) 대법원 1992. 5. 26. 선고 91누10091 판결 (공1992, 2043) 등.

지라도 가능한 한 보다 완화된 형태나 방법을 모색함으로써 기본권의 제한은 필요한 최소한도에 그치도록 해야 한다는 의미이고, 법익의 균형성이란 보호하려는 공익과 침해되는 사익을 비교 형량할 때 보호되는 공익이 더 커야 한다는 것을 의미한다.[95]

예컨대, 헌법재판소 2003. 10. 30. 선고 2000헌바67,83 결정[96]은, 법률이 국내 주재 외교기관 청사의 경계지점으로부터 100미터 이내의 장소에서의 옥외집회를 전면적으로 금지하고 있는 것이 집회의 자유를 침해하여 위헌인가 여부에 관하여 다음과 같이 판단하였다. 즉, 외교기관 인근에서의 집회를 금지하는 목적은 '외교기관의 기능보장'과 '외교공관의 안녕보호'에 있는 것으로서 그 목적의 정당성은 인정된다고 하였다. 그리고 외교기관의 업무에 대한 방해나 외교관의 신체적 안전에 대한 위협이 우려되는 전형적인 경우인 대규모 항의시위의 관점에서 본다면, 100미터 거리를 외교기관의 청사로부터 확보하는 것은 일반적인 경우 법익충돌의 위험성에 비추어 적절한 것으로 판단된다고 한다. 그러나 다음과 같은 점에서 피해의 최소성과 법익의 균형성에 어긋난다고 한다. 우선 피해의 최소성에 관하여는, 외교기관에 대한 집회가 아니라 우연히 금지장소 내에 위치한 다른 항의대상에 대한 집회의 경우, 위 법률 조항에 의하여 전제된 법익충돌의 위험성이 작다고 판단되고 소규모 집회의 경우, 일반적으로 위 법률 조항의 보호법익이 침해될 위험성이 작으며 예정된 집회가 외교기관의 업무가 없는 휴일에 행해지는 경우에는 보호법익에 대한 침해의 위험이 일반적으로 작다고 할 수 있는데도 위 법률 조항은 전제된 위험상황이 구체적으로 존재하지 않는 경우에도 이를 함께 예외 없이 금지하고 있고, 이는 입법 목적을 달성하기에 필요한 조치의 범위를 넘는 과도한 제한이므로 최소침해의 원칙에 위반되어 집회의 자유를 과도하게 침해한다고 한다.

그리고 법익균형성에 관하여는, 위 법률 조항은 개별적인 경우 보호법익이 위협을 받는가와 관계없이 특정 장소에서의 모든 집회를 전면적으로 금지함으로써, 개별적 집회의 경우마다 구체적인 상황을 고려해 상충하는 법익 간의 조화를 이루

95) 헌법재판소 1992. 12. 24. 선고 92헌가8(『헌법재판소판례집』, 제4권, pp. 853 이하) 등 참조. 그러나 논자에 따라서는 목적의 정당성은 비례의 원칙에 포함시키지 않는다. 정종섭(2008), p. 331 참조. 또한 피해의 최소성은 필요성(Erforderlichkeit)으로, 법익의 균형성은 좁은 의미의 비례의 원칙(Verhältnismäßigkeitsprinzip im engeren Sinne)이라고 부르기도 한다.

96) 『헌법재판소판례집』, 제15권 2집 하, pp. 41ff.

려는 아무런 노력 없이, 위 법률 조항에 의해 보호되는 법익에 대하여 일방적인 우위를 부여하였으므로 위 법률 조항은 비례의 원칙에 위반되어 집회의 자유를 과도하게 제한한다고 한다.

다른 한편 헌법재판소 2007. 8. 30. 선고 2004헌가25 결정[97]은 경과실로 인한 실화의 경우 실화피해자의 손해배상청구권을 전면 부정하고 있는 실화책임에 관한 법률이 위헌이라고 하였다. 위 결정은, 과실 정도가 가벼운 실화자를 가혹한 배상책임으로부터 구제한다는 입법목적은 정당하지만, 실화 및 연소로 인한 피해가 예상외로 확대되어 그에 대한 배상책임을 전부 실화자에게 지우는 것이 가혹한 경우에는 민법 제765조에 의하여 구체적인 사정에 맞추어 실화자의 배상책임을 경감시킴으로써 실화자의 가혹한 부담을 합리적으로 조정할 수 있는데, 이처럼 합리적인 제도가 있음에도 불구하고 경과실로 인한 화재의 경우에 실화자의 책임을 전부 부정하고 그 손실을 전부 피해자에게 부담시키는 것은 실화피해자의 손해배상청구권을 입법목적상 필요한 최소한도를 벗어나 지나치게 많이 제한하는 것이라고 하였다. 나아가 화재피해자에 대한 보호수단이 전혀 마련되어 있지 아니한 상태에서 일률적으로 실화자의 손해배상책임과 피해자의 손해배상청구권을 부정하는 것은, 일방적으로 실화자만 보호하고 실화피해자의 보호를 외면한 것으로서 실화자 보호의 필요성과 실화피해자 보호의 필요성을 균형 있게 조화시킨 것이라고 보기 어렵다고 하였다.

(2) 경제적 분석

그런데 이러한 비례의 원칙은 경제적인 관점에서 쉽게 설명할 수 있다.[98] 우선 목적의 정당성과 방법의 적절성은 실제적 합리성(practical rationality) 가운데 실체적 실제적 합리성(substantive practical rationality)과 절차적 실제적 합리성(procedural practical rationality)의 개념에 각각 대응한다고 볼 수 있다. 여기서 실제적 합리성이란 이론적 합리성(theoretical rationality)에 대비되는 개념으로서, 후자는 어떤 것을 믿는 것이 합리적인가를 따지는 것인 데 반하여, 전자는 어떤 행동을 하거나 의도하거

97) 『헌법재판소판례집』, 제19권 2집, pp. 203ff.
98) van Aaken(2008), S. 658ff. 참조.

나 의욕하는 것이 합리적인가를 논하는 것이다. 이 중 절차적 합리성이란 어떤 사람이 어떤 목적을 가지고 있는 경우에 그 목적을 달성할 수 있는 수단을 선택하는 것을 말한다. 만일 어떤 사람이 그 목적을 가지고 있으면서도 그 목적을 달성할 수 있는 수단을 선택하지 않는다면 그는 절차적인 의미에서 합리적이라고는 할 수 없다. 반면 실체적 합리성은 그 목적 자체가 합리적인지를 묻는다. 예컨대, 어떤 사람이 자신의 장래에 대하여 전혀 개의하지 않는다면 그는 실체적인 의미에서 비합리적이라고 할 수 있다.[99)]

목적의 정당성은 실체적 합리성에 해당한다. 만일 실체적 합리성이 없는 목적을 입법자나 기타 공권력의 보유자가 추구한다면 이는 헌법적으로 허용될 수 없음은 자명하다. 그런데 이러한 목적의 정당성이 반드시 경제적 효율의 추구에 국한되는 것은 아니다. 입법자는 입법의 목적을 설정함에 있어서 그것이 헌법적으로 금지되는 것이 아니라면 폭넓은 자유를 가지며, 설령 배분적 효율을 저해하는 것이라 해도 그것만으로 헌법상 허용되지 않는다고 할 수는 없다. 실제로 헌법재판소가 법률 목적의 정당성이 인정되지 않는다고 하여 위헌이라고 한 것은 매우 드물다.[100)] 그러나 이러한 목적을 달성하기 위한 수단은 아래에서 보는 것처럼 목적과의 관계에서 합리적이어야 한다. 이 점에서 비례의 원칙은 일종의 생산적 효율(productive efficiency)을 의미한다고 할 수 있다.[101)]

다른 한편 입법이 그 목적 달성을 위하여 그 방법 내지 수단이 효과적이고 적절해야 한다는 것은 절차적 합리성으로 이해할 수 있다. 일반적으로 특히 경제학 분야에서는 합리성의 개념을 절차적 합리성으로 이해한다.[102)] 이러한 절차적 합리성은 경제학에서는 기본 전제가 되는 개념이라고 할 수 있다. 자원이 희소한 상황에서는 목적 달성에 효과적이지 않은 수단을 택하는 것은 자원의 낭비를 가져오기 때문이다. 다른 말로 한다면 경제학은 자원의 낭비를 막기 위한 합리적 선택(rational choice)에 관한 학문이라고 할 수 있다.[103)] 그런데 법에서도 목적과 수단 사

99) Hooker and Streumer(2004), pp. 57ff. 참조. 또한 Führ(2001), S. 170ff.; Aaken(2003), S. 93ff. 등 참조.
100) 다만 헌법재판소는 동성동본 혼인의 금지(2007년 개정 전 민법 제809조 제1항), 호주제(2007년 개정 전 민법 제778조) 등은 입법 목적의 정당성이 없다고 하였다. 헌법재판소 1997. 07. 16. 선고 95헌가6(『헌법재판소판례집』, 제9권 2집, pp. 1ff.); 2005. 2. 3. 선고 2001헌가9 등 결정(『헌법재판소판례집』, 제17권 1집, 1ff.) 등 참조.
101) Janson(2004), S. 88, 132; Meßerschmidt(2001), S. 226f. 등.
102) 예컨대, Posner(2003), p. 17; Weirich(2004), p. 380f. 등.

이에 합리적인 관계가 존재하지 않으면 낭비를 가져올 수밖에 없으며, 이러한 낭비를 감수하여야 할 별다른 이유가 없다.[104) 이러한 의미에서 절차적 합리성은 법이 가져야 할 최소한의 기본적인 속성이라고 할 수 있다.

그리고 피해의 최소성은 파레토 기준을 만족시킨다. 즉, 가능한 한 기본권을 덜 제한하는 방법으로 입법 목적을 달성하는 것이 가능하다면, 이는 누구도 더 불리하게 만드는 것은 아니기 때문이다.[105)]

마지막으로 법익의 균형성은 일종의 비용-효과 분석(cost-benefit analysis)을 의미한다고 할 수 있다.[106)] 즉, 어떤 법률로 인해 얻는 이익이 그로 인한 기본권 제한이라는 비용을 능가할 때에는 그 법률은 합헌이라고 할 수 있는 것이다. 나아가 기본권을 제한당하는 사람에게 보상이 주어지는 것도 아니므로 이러한 경우에는 파레토 기준은 충족시키지 못하지만, 칼도-힉스 기준은 충족시킨다.[107)] 그런데 여기서의 문제는 이익과 비용을 비교할 수 있는 객관적인 기준 내지 공통의 분모가 없다는 것이다.[108)] 이는 이른바 통약불가능성(incommensurability)의 문제라고 할 수 있다.[109)] 그런데 우선 상충되는 법익이 동일한 종류의 것일 때에는 통약불가능성의 문제는 어느 정도 회피할 수 있다.[110)] 그리고 비용-효과 분석을 위하여 비교 형량해야 하는 법익이 반드시 금전적으로 평가될 수 있는 것일 필요는 없다. 통약불가능의 문제를 객관적으로 누구나 동의할 수 있게 해결할 방법은 없겠지만, 법적 판단을 위하여는 법익 형량은 불가피하고,[111)] 이는 넓은 의미에서는 비용-효과 분석

103) Posner(2003), p. 3.

104) 허성욱(2007), p. 191은 법이란 결국 자원의 희소성으로 인해 발생하는 선택의 상황에서 요구되는 규칙제정(rule-making)의 필요성의 산물이라고 한다.

105) Janson(2004), S. 132; Gawe(2001), S. 228; Aaken(2003), S. 329. 아이덴뮐러도 이 점은 인정하고 있다. 위 주 24) 참조.

106) Janson(2004), S. 132; Gawel(2001), S. 230.

107) Gawel(2001), S. 230f. 참조.

108) 아이덴뮐러가 비례의 원칙에 대하여, 이것이 얼핏 보기에는 일종의 비용/효과 계산처럼 보이지만, 이 경우에는 문제되는 법익 내지 법적으로 보호되는 이익을 어떻게 법률적으로 평가할 것인가가 문제되고, 이들의 시장가격이나 장부상의 가격을 탐구하는 것이 아니라고 하는 것은 이러한 관점에서 이해할 수 있다. 위 주 24)의 본문 참조.

109) 같은 맥락에서 통약불가능성을 언급하고 있는 것으로는 조홍식(2007a), pp. 160ff. 참조.

110) 위 실화책임에 관한 법률에 대한 헌법재판소 2007. 8. 30. 선고 2004헌가25 결정(주 101) 참조. 여기서 사후적으로 볼 때에는 일단 발생한 실화로 인한 손해를 실화자가 부담할 것인가, 아니면 피해자가 부담할 것인가 하는 점에서는 법익의 균형을 따지기 어려울 것처럼 보인다. 그러나 사전적으로 본다면 실화책임을 면제해 주는 것은 실화를 저지를 가능성이 있는 자에게는 실화를 방지하기 위한 주의의무를 낮추어 주는 이익이 있는 반면, 실화로 인한 피해를 입을 수 있는 사람에게는 실화로 인한 손해를 예방하기 위한 부담을 지우는 결과가 되어 후자가 전자보다 크다면 법익의 균형이 맞지 않는다. 이 점에 관하여는 고학수(2007), pp. 653ff. 참조. 또한 헌법재판소 1997. 8. 21. 선고 94헌바19 등 결정(주 92)도 참조.

에 해당한다고 할 수 있는 것이다.

Ⅳ. 결론

이상에서 경제적 효율이 법의 해석과 적용에서 고려될 수 있음을 보여 주려고 시도해 보았다. 실제로는 이 문제는 여기에서 다룬 것보다도 훨씬 많은 논증을 필요로 하는 것으로서, 여기서는 단편적으로 다룰 수밖에 없었다. 그러나 아직도 국내에서는 이 문제에 관하여는 비교적 논의가 없었을 뿐만 아니라, 논의가 있는 경우에도 법 자체, 나아가 법의 해석과 적용에서 경제적 효율의 고려는 의미가 없다는 견해가 다수라고 할 수 있다. 이 글은 그러한 생각을 반박하려는 시도라는 점에서 의미가 있을 것이다. 이 글의 주장이 얼마나 설득력을 가졌는지의 판단은 독자의 몫이다.

111) 조홍식(2007a)는 통약불능이 반드시 비교불능을 의미하는 것은 아니라고 한다.

참고문헌

고학수, 「실화책임에 관한 법률의 법경제학적 분석」, 『외법논집』, 제27집, 2007.

곽윤직(편집대표), 『민법주해 Ⅰ』, 박영사, 1992.

곽윤직, 『민법총칙』, 제7판, 박영사, 2002.

김선석, 「일반조항의 증명책임」, 『사법논집』, 제14집, 1983.

김학동, 「무권대리에 관한 우리 민법과 독일민법과의 비교」, 『고시연구』, 1992. 9.

민유숙, 「대지의 저당권자가 방해배제청구권의 행사로서 대지상의 건축행위의 중지를 구할 수 있는지 여부: 저당권에 기한 방해배제청구로서 저당목적토지상의 건물건축행위를 중지시킬수 있는지 여부」, 『판례실무연구 Ⅷ』, 박영사, 2006.

민일영, 「독일민법에 있어 외관대리(Anscheins-und Duldungsvollmacht)의 전개와 현재」, 이호정교수화갑기념 『법률행위론의 사적 전개와 과제』, 박영사, 1998.

박세일, 『법경제학』, 개정판, 박영사, 2000.

서희석, 「훔친 통장과 인장을 이용한 예금인출의 유효성」, 『소비자문제연구』, 35호, 2009.

성낙인, 『헌법학』, 제8판, 법문사, 2008.

리차드 H. 세일러 지음, 최정규 · 하승아 옮김, 『승자의 저주』, 이음, 2007.

윤진수, 「악의의 무단점유와 자주점유에 대한 소견」, 『판례실무연구 Ⅰ』, 박영사, 1997.

______, 「미국 계약법상 Good Faith 원칙」, 『민법논고 Ⅰ』, 박영사, 2007a(초출: 『법학』, 제44권 4호, 서울대학교, 2004).

______, 「권리남용의 경제적 분석」, 『민법논고 Ⅰ』, 박영사, 2007b(초출: 박세일 · 김일중 편, 『사법과 법집행』, 2001).

______, 「법률행위의 보충적 해석에 관한 독일의 학설과 판례」, 『민법논고 Ⅰ』, 박영사, 2007c(초출: 『판례월보』, 1990. 7).

______, 「계약 해석의 방법에 관한 국제적 동향과 한국법」, 『민법논고 Ⅰ』, 박영사,

2007d(초출: 『비교사법』, 제12권 4호, 2005).
_____, 「민법상 착오규정의 입법론적 고찰」, 『민법논고 Ⅱ』, 박영사, 2008a(초출: 심당 송상현선생화갑기념 『이십일세기 한국민사법학의 과제와 전망』, 2002).
_____, 「2007년도 주요 민법 관련 판례 회고」, 『법학』, 제49권 1호, 서울대학교, 2008b.
_____, 「호의동승의 경제적 분석」, 『민법논고 Ⅲ』, 박영사, 2008c(초출: 광주지방변호사회, 『무등춘추』, 제2호, 1989).
_____, 「2006년도 주요 민법 관련 판례 회고」, 『민법논고 Ⅲ』, 박영사, 2008d(초출: 『법학』, 제47권 1호, 서울대학교, 2007).
_____, 「저당목적물의 담보가치를 확보하기 위한 지상권의 효력」, 법률신문 제3841호, 2010a. 5. 17.
_____, 「계약상 공통의 착오」, 『민사법학』, 제52호, 2010b(출간 예정).
이영준, 『민법총칙』, 개정증보판, 박영사, 2007.
이용박, 「표현대리의 법리에 관한 연구」, 동국대학교 대학원 박사학위 논문, 1990.
이창희, 「조세법 연구 방법론」, 『법학』, 제46권 2호, 서울대학교, 2005.
정선주, 「법관에 의한 법의 형성발전과 그 한계」, 『민사소송 Ⅱ』, 1999.
정종섭, 『헌법학원론』, 제3판, 박영사, 2008.
조홍식, 「유지청구 허용 여부에 관한 소고」, 『민사판례연구 XXⅡ』, 박영사, 2000.
_____, 「법에서의 가치와 가치판단」, 『법학』, 제48권 1호, 서울대학교, 2007a.
_____, 「경제학적 논증의 법적 지위」, 『법학』, 제48권 4호, 서울대학교, 2007b.
_____, 「경제학적 논증의 영역」, 『민사판례연구 XXX』, 박영사, 2008.
하경효, 「대리권 남용시의 대리효과 부인의 근거와 요건」, 무암 이영준 박사 화갑기념 『한국민법이론의 발전 Ⅰ: 총칙 · 물권편』, 박영사, 1999.
한순구 역, 『법경제학』, 제5판, 경문사, 2009(원저: Robert Cooter and Thomas S. Ulen, *Law & Economics*, 5rd ed., Pearson Addison Wesley, 2008).
허성욱, 「법의 경제적 분석에 관한 몇 가지 오해에 관한 고찰」, 『민사재판의 제문제』, 제16권, 사법연구지원재단, 2007.
Aaken, Anne van, *"Rational Choice" in der Rechtswissenschaft*, Nomos, 2003.

______, "How to Do Constitutional Law and Economics," in Thomas und andere, Hrsg., *Internationalisierung des Rechts und seine ökonomische Analyse, Festschrift für Hans-Bernd Schäfer zum 65. Geburtstag, Gabler*, 2008.

Adams, Michael, *Ökonomische Analyse der Gefährdungs- und Verschuldenshaftung*, Decker R. Von, 1985.

Canaris, Claus-Wilhelm, *Die Vertrauenshaftung im deutschen Privatrecht*, C. H. Beck, 1971.

Eidenmüller, Horst, *Effizienz als Rechtsprinzip*, 3. Aufl., Mohr Siebeck, 2005.

Englerth, Markus, "Vom Wert des Rauchens und der Rückkehr der Idioten–Paternalismus als Antwort auf beschränkte Rationalität?," in Christoph Engel, Markus Englerth, Jörn Lüdemann und Indr Spiecker, Hrsg., *Recht und Verhalten, Mohr Siebeck*, 2007.

Fink, Eric M., "Post-Realism, or the Jurisprudential Logic of Late Capitalism: A Socio-Legal Analysis of the Rise and Diffusion Of Law And Economics," *Hastings L. J.*, 55, 2004.

Führ, Martin, "Ökonomische Effizienz und juristische Rationalität," in Erik Gawel, Hrsg., *Effizienz im Umweltrecht*, Nomos, 2001.

Gawel, Erik, "Ökonomische Effizienzforderungen und ihre juristische Rezeption," in Erik Gawel, Hrsg., *Effizienz im Umweltrecht*, Nomos, 2001.

Gawel, Erik, Hrsg., *Effizienz im Umweltrecht*, Nomos, 2001.

Grundmann, Stefan, "Methodenpluralismus als Aufgabe," Rabels Zeitschrift für ausländisches und internationales Privatrecht Bd. 61, 1997, S. 442.

Hooker, B. and B. Streumer, "Procedural and Substantive Practical Rationality," in A. Mele and P. Rawling, ed., *The Oxford Handbook of Rationality, Oxford University Press*, USA, 2004.

Janson, Gunnar, *Ökonomische Theorie im Recht*, Duncker & Humblot, 2004.

Jolls, Christine, Cass R. Sunstein, and Richard Thaler, "A Behavioral Approach to Law and Economics," in Cass R. Sunstein, ed., *Behavioral Law & Economics,* Cambridge University Press, 2000.

Kaplow, Louis and Steven Shavell, *Fairness versus Welfare*, Harvard University Press, 2002.

Landes, William M. and Richard A. Posner, *The Economic Structure of Tort Law*, Harvard University Press, 1987.

Lindner, Joseph Franz, "Verfassungsrechtliche Rahmenbedingungen einer ökonomischen Theorie des Öffentlichen Rechts," JZ 2008, S. 957ff.

Loser, Peter, *Die Vertrauenshaftung im schweizerischen Schuldrecht*, Stämpfli Verlag, 2006.

Ogus, Anthony, *Costs and Cautionary Tales*, Hart Publishing (UK), 2006.

Ott, Claus, "Allokationseffizienz, Rechtsdogmatik und Rechtsprechung," in C. Ott und H.-B. Schäfer, Hrsg., *Allokationseffizienz in der Rechtsordnung*, Springer, 1989.

Palandt/Bearbeiter, *Bürgerliches Gesetzbuch*, 53. Aufl., C. H. Beck, 1994.

Posner, Richard A., *Economic Analysis of Law*, 6th ed., Aspen Publishers, 2003.

Schäfer, Hans-Bernd und Claus Ott, *Lehrbuch der ökonomischen Analyse des Zivilrechts*, 4. Aufl., Springer, 2005.

Shavell, Steven, "Strict Liability versus Negligence," *Journal of Legal Studies*, 2, 1973.

______, *Foundations of Economic Analysis of Law*, Belknap Press of Harvard University Press, 2004.

Staudinger/Bearbeiter = *J. von Staudingers Kommentar zum Bürgerlichen Gesetzbuch und Nebengesetz mit Einführungsgesetz und Nebengesetzen*, Neubearbeitung 2004. (Staudinger/Bearbeiter)

Weirich, P., "Economic Rationality," in Mele and Rawling, eds., *The Oxford Handbook of Rationality*, Oxford University Press, USA, 2004.

Chapter 2

신도철

법경제학: 방법론과 법의 제정 및 해석 · 적용에서의 역할

Ⅰ. 서론

Ⅱ. 법경제학 방법론

Ⅲ. 법의 제정 및 해석 · 적용에 있어 법경제학의 역할

Ⅳ. 결론

Chapter 2

법경제학: 방법론과 법의 제정 및 해석 · 적용에서의 역할

신도철

I. 서론

법경제학(law and economics)은 법과 제도를 경제학적 방법론을 사용하여 분석하는 학문분야라 할 수 있다. 이러한 법경제학은 1960년대부터 미국에서 활기를 띠기 시작하였다.[1] 다만, 법경제학을 법과 경제를 통일적으로 파악하려는 노력으로 좀더 넓게 해석하면 그 역사는 훨씬 오래된 것이라 할 수 있다. 예컨대, 애덤 스미스(Adam Smith)는 시장질서와 법질서의 상호 관계에 초점을 맞추어 시민사회의 질서원리 · 발전원리를 밝히려고 노력하였고, 프리드리히 하이예크(Friedrich Hayek)는 애덤 스미스 등의 문제의식을 이어받아 분권적 시장경제질서와 자유의 법의 중요성을 강조하였다.

경제학은 사람들이 주어진 조건하에서 어떻게 결정을 내리는가를 연구하면서 그 동안 엄격한 분석방법을 개발해 왔고, 이에 힘입어 경제학적 방법론은 정치학, 사회학, 경영학 등 인접 사회과학에 널리 적용되어 왔는데, 경제학적 방법론이 또 따른 학문분야에 적용되기 시작한 비교적 최근의 예가 바로 법경제학이라 할 수 있다.

1) Coase(1960)는 법경제학의 성립과 발전에 아마도 가장 큰 영향을 끼쳤을 것이다. 법경제학 성립 초창기의 주요 논문으로는 그 밖에도 Calabresi(1961), Alchian(1965), Demsetz(1967), Becker(1968) 등을 들 수 있다.

법경제학은 법이나 제도가 주어지면 사람들은 자신의 이익을 위해 어떻게 행동할 것인지, 따라서 사회적 · 전체적 결과는 어떻게 나타날 것인지, 다른 법 · 제도하에서는 결과가 어떻게 다를 것인지, 결국 어떤 법 · 제도가 보다 바람직하다고 볼 수 있을 것인지 등을 따져 보는 학문분야라 할 수 있다. 재산권제도, 계약법, 불법행위법, 형법, 회사법, 노동법, 각종 규제제도, 소송제도, 헌법, 대의제민주주의 등 모든 법제도 영역이 법경제학의 연구대상으로 되고 있다. 법경제학은 또한 법규범이 경제질서에 미치는 영향, 경제질서 내지 시장질서가 법규범의 형성 · 변화 · 발전에 미치는 영향, 제시된 법의 목적을 주어진 법적 수단이 효과적으로 잘 달성할 것인지 여부 등에 대해서도 관심을 가진다.

오늘날 법경제학은 미국 등지에서 법학의 방법론 자체를 바꾸어 놓고 있을 정도로 크게 발전하고 있다.[2)] 미국뿐만 아니라 유럽과 아시아에서도 법과대학 교수 중에 경제학박사 학위 소지자 비중이 늘어나고 있음은 하나의 징표이다. 우리나라에서도 법경제학에 관심을 가지는 학자, 법조인 등이 증가하고 있다. 한국법경제학회가 2002년 창립되어 월례발표회와 학술대회를 열고 학회지 『법경제학연구』를 발간해 오고 있다. 각 대학의 경제학과와 법학과, 그리고 법학전문대학원에서 '법경제학' 과목이 개설되는 사례도 늘어나고 있다.

이하에서는 법경제학 방법론을 주로 예시를 통해 소개하고, 이어서 법경제학이 법의 제정과 해석 · 적용에 있어 어떠한 역할을 할 수 있는지 혹은 해야 하는지에 대해 살펴보기로 한다.

2) 법경제학 전문학술지는 *Journal of Law and Economics*(1958년 창간) 이후 많이 생겨나 지금은 *Journal of Legal Studies*(1972년 창간), *International Review of Law and Economics*(1981년 창간), *Supreme Court Economic Review*(1982년 창간), *Journal of Law, Economics, and Organization*(1985년 창간), *European Journal of Law and Economics*(1994년 창간), *American Law and Economics Review*(1999년 창간), *Erasmus Law and Economics Review*(2004년 창간), *Review of Law and Economics*(2005년 창간), *Journal of Law, Economics and Policy*(2005년 창간), *Economic Analysis of Law Review*(2010년 창간), *Asian Journal of Law and Economics*(2010년 창간) 등이 있다. 물론 법경제학분야 논문들은 이들 학술지 외에 전통적인 경제학 및 법학 학술지에도 많이 실리고 있다. 현재 출간되어 있는 주요한 법경제학 교과서로는 Posner(2007), Cooter and Ulen(2011), Shavell(2004), Polinsky(2011), Miceli(2003), Mercuro and Medema(2006), Harrison and Theeuwes(2008) 등을 들 수 있다.

Ⅱ. 법경제학 방법론

법경제학에서는 그 동안 경제학에서 사용 혹은 개발되어 온 다양한 분석방법을 쓰고 있다. 숫자 예나 그래프를 통해 논리를 전개하기도 하고, (제약하의) 극대화 기법이나 게임이론을 사용하기도 하며, 계량경제학(econometrics) 방법론을 이용하여 가설을 검증하기도 한다. 최근에는 실험심리학 등의 방법을 동원하여 사람들이 실제로 어떻게 의사결정을 내리고 행동을 하는지를 연구하는 행동경제학(behavioral economics) 내지 행동법경제학(behavioral law and economics)이 부상하고 있다.

한편, 경제학은 복잡한 현실세계의 현상을 설명하기 위해 비교적 단순한 추상화된 모형을 즐겨 사용한다. 법과 제도를 경제학적 방법론을 사용하여 분석하는 법경제학에서도 추상화된 모형이 많이 사용되고 있음은 물론이다.

이하에서는 법경제학에서 어떠한 방법론이 사용되고 있는지 몇 가지 예시를 통해 살펴보기로 한다. 물론 여기에 소개하는 방법론 이외에 다른 다양한 방법론이 법경제학에서 사용될 수 있다. 그리고 어떤 주제에 대한 논의에서는 여러 가지 방법론이 한꺼번에 사용되기도 할 것이다. 그럼에도 불구하고 아래의 몇 가지 예시는 법경제학의 방법론이 어떠한 것인지에 대해 어느 정도 감을 잡을 수 있도록 할 것이다.

1. 예시 1: 권리보호의 법제화

타인의 권리를 침해하는 자에 대해서는 일정한 제재를 가하는 식으로 권리보호가 법제화되어 국가적 강제력에 의해 뒷받침되는 이유는 무엇인가?

다음의 〈게임 1〉은 권리가 법제화되지 않아 남의 권리를 침해하는 자에 대해서도 아무런 제제를 가하지 못하는 경우에 사람들이 어떻게 행동하고 그 사회적인 결과는 어떻게 될 것인지를 보여 주고 있다. 이 게임에서는 문제를 단순화시키기 위해 두 사람으로 구성되어 있는 사회를 상정하고 있다. 그리고 각자는 상대방의

게임 1 • 권리가 법제화되지 않은 경우

		을	
		갑의 권리 존중	갑의 권리 침해
갑	을의 권리 존중	10 15	4 17
	을의 권리 침해	14 6	7 10

권리를 존중하는 것과 침해하는 것의 두 전략 중 하나를 택할 수 있다. 괄호 안의 숫자 중 앞의 것은 갑, 뒤의 것은 을이 얻게 되는 보수(payoff)를 나타낸다.

갑(甲)과 을(乙) 모두가 상대방의 권리를 존중해 주면 갑은 자신이 생산한 10만큼의 재화를, 그리고 을은 자신이 생산한 15만큼의 재화를 누리게 된다. 한편, 갑은 을의 권리를 존중해 주는데 을은 갑의 권리를 침해할 경우, 갑은 4, 을은 17만큼의 재화를 누리게 된다. 아마도 을은 갑으로부터 6만큼 빼앗았는데, 빼앗아 오는 과정에서 1만큼 흘려버렸고, 빼앗는 데 노력을 기울이는 바람에 생산량이 3만큼 줄어든 12밖에 되지 않았기 때문일 것이다(갑: 10−6=4, 을: 12+6−1=17). 갑과 을 모두가 상대방의 권리를 존중해 줄 경우의 전체 재화량은 25인 데 비해, 갑은 을의 권리를 존중해 주는데 을은 갑의 권리를 침해할 경우의 전체 재화량은 21로 줄어들었음에 유의하라. 다음으로 갑은 을의 권리를 침해하는데 을은 갑의 권리를 존중해 주는 경우, 비슷한 논리로, 갑은 14, 을은 6만큼의 재화를 누린다고 하자. 그리고 갑과 을 모두가 상대방의 권리를 침해할 경우, 생산노력의 감소와 절취 과정에서의 유실 등으로 결국 갑은 7, 을은 10만큼의 재화밖에 누리지 못하게 된다고 하자. 이 경우의 전체 재화량은 17밖에 되지 않음에 유의하라.

위에서 묘사한 게임의 경우 균형은 어디에서 이루어질 것인가? 즉, 각자는 어떠한 전략을 취하게 될 것인가? 갑의 입장에서 보면, 을이 갑의 권리를 존중해 줄 경우, 상대방 을의 권리를 존중해 주는 것보다는 침해하는 편이 더 많은 재화를 누리게 된다(10<14). 을이 갑의 권리를 침해하는 경우에도, 갑은 상대방 을의 권리를 존중해 주는 것보다는 침해하는 편이 더 많은 재화를 누리게 된다(4<7). 종합하면 갑은 상대방 을이 자신의 권리를 존중해 주든 침해하든 을의 권리를 침해하는 것이 유리하게 된다. 마찬가지로 을도 상대방 갑이 자신의 권리를 존중해 주든 침해

게임 2 • 권리가 법제화된 경우

		을	
		갑의 권리 존중	갑의 권리 침해
갑	을의 권리 존중	8 13	8 9
	을의 권리 침해	5 13	5 9

하든 갑의 권리를 침해하는 것이 유리하게 됨을 쉽게 확인해 볼 수 있다. 결국 두 당사자 모두에게 있어 '침해'전략이 이른바 우월전략(dominant strategy)이 된다. 그리하여 이 게임에서는 두 당사자 모두가 상대방 권리를 침해함으로써 갑은 7, 을은 10만큼의 재화밖에 누리지 못하게 되는 상황이 균형으로 된다. 이러한 상황은 일찍이 토마스 홉스(Thomas Hobbes)가 그의 저서 『리바이어던』(*Leviathan*)에서 이야기한 '만인에 대한 만인의 투쟁 상태'에 해당한다고 할 수 있다. 갑과 을이 상대방의 권리를 존중해 준다면 각각 10과 15만큼의 재화를 누릴 수 있었겠지만, 균형은 갑과 을 모두가 상대방의 권리를 침해함으로써 각각 7과 10만큼의 재화밖에 누리지 못하는 데에서 이루어지는 것이다.

그러나 당사자들이 이러한 '만인에 대한 만인의 투쟁 상태'에서 벗어나 보다 많은 재화를 누릴 수 있는 방법을 모색할 수 있다. 이제 당사자들이 일종의 사회계약을 맺어 남의 권리를 침해할 경우 제재를 가하는 공권력을 마련한다고 생각해 보자. 즉, 권리의 법제화 · 강제화 메커니즘을 만든다고 하자. 그러면 위의 게임은 예컨대 〈게임 2〉로 변할 수 있다.

갑과 을은 공권력을 구축하여 만약 일방이 타방의 권리를 침해하면 그 공권력에 의한 제재를 받기로 합의한다고 하자(여기에서처럼 당사자가 두 사람밖에 없을 경우에는 두 사람의 합의로 제3자에게 권리침해에 대한 제재를 부탁하는 것을 생각해 볼 수 있을 것이다. 그러나 사회구성원이 다수인 경우라면 법의 제정과 사법제도의 운용 등을 위해 인력을 선발하고 소요비용을 분담하는 것을 생각할 수 있을 것이다). 이러한 공권력 구축 내지 권리의 법제화를 위해 드는 비용을 충당하기 위해 갑과 을이 각각 2만큼씩 내놓는다고 가정하면, 갑과 을 모두가 상대방의 권리를 존중해 줄 경우 각자가 누리는 재화의 양은 8과 13이 될 것이다.

권리가 법제화되어 있는 상황에서 갑은 을의 권리를 존중하는데 을은 갑의 권리를 침해하면 어떻게 될 것인가? 공권력이 나서서 을의 침해로 갑이 입은 손해를 을이 모두 메워 주도록 한다면, 그리고 을은 갑으로부터 재화를 빼앗는 데 노력을 기울이는 바람에 생산량이 줄어들고 나아가 감금 등의 처벌을 받는 바람에 다시 생산량이 줄어든다면, 갑과 을이 누리는 재화는, 예컨대 각각 8과 9가 될 것이다. 을은 갑의 권리를 존중하는데 갑은 을의 권리를 침해할 경우에는 비슷한 논리로 갑과 을은 각각 5와 13만큼씩의 재화를 누리게 될 것이다. 그리고 권리가 법제화되어 있는 상황에서 갑과 을 모두 상대방의 권리를 침해하면 둘 다 제재를 받음으로써, 예컨대 각각 5와 9만큼씩의 재화를 누리게 될 것이다.

이 새로운 게임에서 균형은 어디에서 이루어지는가? 쉽게 확인해 볼 수 있는 바와 같이, 당사자 모두에게 있어 상대방 권리에 대한 '존중'전략이 이른바 우월전략이 된다. 그리하여 이 게임에서는 두 당사자 모두가 상대방 권리를 존중하게 되고, 따라서 갑은 8, 을은 13만큼의 재화를 누리게 되는 상황이 균형으로 된다. 이러한 상황은 사회계약론자들이 이야기하는 법과 질서가 지배하는 사회 상태에 해당한다고 할 수 있다. 비록 비용이 들어가더라도 권리의 법제화 내지 공권력 구축이 이루어지면 당사자들은 서로 상대방의 권리를 존중하게 되어 권리의 법제화가 이루어지지 않았을 경우보다 더 나은 결과를 가져오게 되는 것이다(즉, 〈게임 1〉의 균형 (7, 10)보다 〈게임 2〉의 균형 (8, 13)이 갑과 을 모두에게 더 많은 재화를 누리게 해 주는 것이다).

우리는 간단한 게임모형을 통해 사회계약 내지 권리보호 법제화의 가능성을 살펴보았다. 타인의 권리에 대한 부당한 침해에 제재를 가함으로써 사회적으로 보다 나은 결과를 가져올 수 있다는 것은 너무나 상식적인 명제라 할 수 있다. 위의 게임모형은 그러한 상식적인 명제가 성립함을 다시 한 번 확인해 주고 있다. 그리고 위 모형에서 사회구성원들이 타인의 권리를 침해할 경우 양심의 가책 등으로 자신의 효용 수준이 더 내려간다면 공권력에 의한 권리보호 노력이 없더라도 서로 권리를 존중하는 것이 균형으로 될 수 있음을 보일 수 있는데, 이 점은 윤리 내지 도덕의 사회적 역할과 관련하여 시사하는 바 있다 하겠다. 우리가 제시한 것과 비슷한 게임모형은 때때로 그렇게 상식적이지 않은 명제의 진위를 확인시켜 주기도

하고, 문제의 소재가 기본적으로 어디에 있는지를 명확히 해 주기도 하며, 정책과 제도의 개선과 관련하여 시사점을 제공해 주기도 한다.

2. 예시 2: 재산권의 충돌

많은 사람들이 어울려 살아가는 사회에서 권리 내지 재산권이 서로 충돌하는 상황이 자주 발생한다. 아파트의 아래층에서 피아노를 칠 권리와 위층에서 조용한 환경을 누릴 권리가 충돌하고, 목장주가 소를 자유롭게 방목할 권리와 농장주가 농작물 피해를 입지 않을 권리가 충돌한다. 어느 쪽 당사자에게 얼마만큼의 권리를 주는 것이 적절할까? 이 문제를 다룬 로널드 코즈(Ronald H. Coase)의 1960년 논문 「사회적 비용의 문제」(The Problem of Social Cost)는 근대적인 법경제학의 성립에 지대한 공헌을 한 바 있다.

A 소유의 토지 위에는 이미 건물이 들어서 있는 상황에서 B는 그 옆에 있는 자기 소유의 공터 위에 새로운 건물을 지으려고 한다고 하자. 건물 사이의 간격에 따라 A건물과 B건물의 가치가 〈표 2-1〉과 같이 변한다고 가정하자.

〈표 2-1〉에 의하면, A건물은 새롭게 들어서는 B건물이 멀리 떨어질수록 일조, 전망 등을 더 많이 확보함으로써 그 가치가 높아진다. 한편, B건물은 A건물로부터 멀리 떨어질수록 건축부지가 좁아짐으로써 그 가치가 낮아진다. A건물 가치와 B건물 가치를 합한 총가치가 가장 크게 되는 사회적으로 효율적인 결과는 건물 사이의 간격이 2m일 때 달성되는 것으로 나타난다.

이제 각 당사자에게 부여되는 권리가 달라짐에 따라 자원배분(여기에서는 건물 사이의 간격)이 어떻게 달라질 것인지에 대해 생각해 보기로 하자. 우리는 거래비용

표 2-1 • 건물 사이의 간격에 따른 A 및 B 건물 가치의 변화

건물 간격(m)	0	1	2	3	4	5
A건물 가치	50	80	95	103	107	109
B건물 가치	100	90	80	70	60	50
총가치	150	170	175	173	167	159

(transaction costs, 상대방을 찾아 내고 상대방과 거래내용에 대해 협상하고 협상 결과를 지키게 하는 데 드는 비용)이 존재하지 않는 경우와 존재하는 경우를 나누어, 권리를 누구에게 얼마만큼 주느냐가 자원배분에 어떠한 영향을 미치는지 살펴볼 것이다.

1) 거래비용이 존재하지 않는 경우

거래비용이 0인 상황에서 A의 일조권 내지 전망권이 전혀 인정되지 않는다면, 즉 B에게 건물 간격을 정할 권리를 준다면 어떤 결과가 될 것인가? 우선 B는 간격을 띄지 않고 건축하려 할 것이다. 그렇게 함으로써 B건물 가치를 100으로 최대화시킬 수 있기 때문이다. 그러나 거래비용이 0일 경우 간격을 띄지 않고 B건물이 들어서는 것으로 상황이 종료되지는 않을 것이다. 왜냐하면, A가 B로 하여금 2m 띄고 건축하도록 하면서 그 대신 예컨대 30을 준다면, A는 (95−50−30=)15만큼 이익을 얻게 되고, B는 (80−100+30=)10만큼 이익을 얻게 되기 때문이다. 이러한 서로에게 이익을 가져다 주는 협상이 쉽게 이루어질 수 있는 상황(즉, 거래비용이 낮은 상황)이라면, 건물 사이의 간격은 결국 사회적으로 효율적인 수준인 2m로 될 것이다.

다음으로 A의 일조권 내지 전망권이 법에 의해 상당히 강하게 인정되는 경우(예컨대, 신축 건물은 기존 건물로부터 5m 이상 띄어 건축해야 하고 그보다 좁게 띄어 건축하기 위해서는 기존 건물 소유자의 동의를 받아야 하는 경우, 즉 상당한 간격을 띄어 B건물을 건축할 것을 요구할 수 있는 권리를 A에게 준 경우)에는 어떤 결과가 될 것인가? 이 경우에도 B는 A와 협상하여 2m만 띄고 건축하고자 할 것이고, 거래비용이 낮다면 그러한 협상은 쉽게 이루어질 것이며, 결국 건물 사이의 간격은 사회적으로 효율적인 수준인 2m로 될 것이다(B가 A에게 2m만 띄고 건축해도 된다는 양해를 받는 대신 20을 준다면, 5m 띄고 B건물을 짓는 것에 비해 A는 6만큼, B는 10만큼 이익을 얻게 됨을 확인해 볼 것).

결론적으로 거래비용이 존재하지 않는 경우에는 어느 쪽에 권리를 주든 자원배분의 결과는 동일하며 또한 효율적인 것으로 된다. 이러한 결과는 위에서 언급한 코즈 논문의 전반부에 체계적으로 정리 · 제시된 바 있으며, 그 이후 코즈 정리(Coase theorem)로 불리고 있다.

2) 거래비용이 존재하는 경우

그러나 거래비용이 존재하는 경우에는 어느 쪽에 권리를 주느냐에 따라 자원배분의 결과 내지 효율성은 다르게 된다.

예컨대, 거래비용이 높아 협상이 전혀 이루어지지 않는다고 가정해 보자. 그러면 (1) A의 일조권이 전혀 인정되지 않는 경우에는 B는 간격을 띄지 않고 건축하게 될 것이고, (2) 법에 의해 5m 이상 띄도록 되어 있는 경우라면 B는 5m 띄고 건축할 수밖에 없을 것이며, (3) 법이 건물 신축시 기존 건물로부터 2m 이상 띄도록 규정하고 있다면, B는 2m 띄고 건축할 것이다. 결국 협상이 전혀 이루어지지 않을 정도로 거래비용이 높은 상황에서는 법이 건물 간 간격을 적정 수준으로 정한 경우에만 효율적인 결과를 가져온다.

거래비용이 협상의 이익에 비해서는 적지만 양의 값으로 존재하는 경우에는 어떻게 될 것인가? 예컨대, A의 일조권이 전혀 인정되지 않는 경우 거래비용이 5라면, B가 간격을 띄지 않고 건축하는 데 따른 A의 고통이 상당하므로 A는 B에게 일정액을 주면서 2m 띄고 건축해 줄 것을 제안할 것인바, 건물 사이의 간격이 없는 경우에 대비한 간격이 2m인 경우의 사회적 총가치의 증가분(협상의 잉여) 25는 거래비용 5보다 크므로, 그러한 협상은 이루어질 것이다. 이와 같이 법이 A의 일조권을 전혀 인정하지 않더라도 협상을 통해 건물 간 간격은 2m로 되겠지만, 애초에 법이 건물 간 간격을 2m로 할 것을 규정한 경우에 비해서는 거래비용 5만큼이 사회적으로 낭비되었다는 점에서 상대적으로 비효율적이라 할 수 있다.

결국 거래비용이 존재할 때 A의 일조권이 너무 약하게 인정되거나 너무 강하게 인정될 경우에는 비효율적인 결과가 나타나지만, 적정 수준의 일조권이 인정되는 경우에는 효율적인 결과가 나타나게 된다. 즉, 거래비용이 존재하는 상황에서는 각 당사자에게 권리를 적절하게 배분하는 경우(여기에서는 적정 수준의 일조권을 인정하는 경우)에 한해 효율적인 결과가 나타나게 된다. 이와 관련하여 코즈 논문은 논문 후반부에서 거래비용이 존재하는 현실세계에서는 어떤 법원칙을 채택하는가가 자원배분의 효율성에 직접적인 영향을 주게 됨을 강조하고 있다. 법원이나 입법부의 결정은 곧바로 자원배분의 효율성에 영향을 미치는 경제적 결정으로 된다는 것이다. 따라서 자원배분의 효율성을 높이기 위해서는 권리의 적절한 배분이 요청된다. 위 논의의 또 다른 시사점은, 자발적 교환 내지 협상은 보다 가치가 있는 용도에 혹은 보다 가치를 높이는 방식으로 자원을 사용하도록 함으로써 효율성 증진에 이바지하기 때문에 이를 활성화시키기 위해서는 거래비용이 전반적으로 낮아지도록 법과 제도를 정비할 필요가 있다는 점이다.

여기에서의 재산권 충돌에 대한 논의는 기본적으로 코즈 논문의 논리전개방식을 따른 것이다. 코즈 논문은 기존의 많은 경제학분야 논문과는 달리 수식이나 그래프를 전혀 사용하지 않고 있다. 오히려 다양한 판례를 인용하면서, 그리고 필요하면 간단한 숫자를 예로 들면서 논의를 전개해 나가고 있다. 어떻게 보면 이러한 논의전개방식이 코즈 논문을 경제학, 법학을 포함한 사회과학 전반에서 가장 많이 읽히고 인용되는 논문으로 만드는 데 기여하였는지도 모른다. 적절한 경제적 개념을 사용한 서술이 법경제학의 훌륭한 방법론이 될 수 있음은 물론이다.

3. 예시 3: 손해배상액의 크기와 채무자의 계약 이행 · 파기 결정

계약법의 주요 기능 중의 하나는 계약을 위반하는 당사자에게 일정한 제재를 가함으로써 당사자들의 기회주의적 행동을 방지하고 따라서 서로에게 이익이 되는 계약행위를 촉진시키는 것이다. 그리고 계약채무를 이행하지 않았을 경우 공권력에 의한 제재의 방법으로는 크게 손해배상과 강제이행이 있다. 여기에서는 손해배상의 경우 얼마만큼을 배상하도록 하는 것이 바람직할 것인지의 문제를 숫자 예를 통해 살펴보기로 한다. 논의전개의 방식은 앞의 예시 2에서와 비슷하지만, 그 내용은 뒤의 예시 4에서 제시되고 있는 수식을 통한 분석을 준비하는 의미도 가지고 있음에 유의하라.

갑이 기계를 생산하여 을에게 200에 팔기로 하는 계약을 맺었다고 하자. 갑은 기계생산비가 100 정도 될 것으로 예상하고서 계약을 체결하였다. 을은 그 기계 설치를 위하여 필요부품 등을 구입하는 데 50을 투자하였다. 그렇게 250을 들여 기계를 설치하였을 경우 을이 느끼는 주관적 가치는 300이다. 만약 갑이 기계를 인도하지 않아 기계가 설치되지 않으면, 을은 기계 설치를 준비하면서 투자한 50 중 20은 구입한 부품을 처분하든지 하여 회수할 수 있다고 하자.

갑이 계약의무를 위반하여 을에게 기계를 생산 · 인도해 주지 않을 경우, 이른바 신뢰손해배상액(reliance damage, 계약이 애초에 없었다면 채권자 을이 누릴 효용의 수준을 보장해 주는 손해배상액)은 (50−20=)30으로 계산된다. 채권자는 기계를 인도받지 못하게 되면 필요부품 등의 구입비 50 중 20만 회수할 수 있으므로 30만큼 배상받아야 계약이 없었을 때의 효용 수준을 회복하게 되는 것이다. 한편, 기대손해배상액(expectation damage, 계약의 정상적인 이행이 있었으면 채권자가 누릴 효용의 수준을 보장해 주는 손해배상액)은 (300−250+30=)80으로 계산된다. 채권자는 정상적인 이행이 있었으면 50만큼의 순이익을 누렸을 텐데 기계를 인도받지 못함으로써 오히려 30만큼 손해를 입게 되었으므로, 80만큼 배상을 받아야 정상적인 이행이 있었을 때의 효용 수준을 회복하게 되는 것이다.

갑이 예기하지 못하였던 사정으로 기계생산비가 크게 올라 예컨대 290으로 되었다면 사회적으로 그 계약은 이행되지 않고 파기되는 것이 오히려 효율적이다. 계약이 이행되면 전체 290+50의 비용을 들여 300의 가치를 창출하므로 40만큼의 사회적 손실이 발생하는 데 비해, 계약이 파기되어 기계가 생산되지 않으면 (50−20=)30만큼의 사회적 손실이 발생하기 때문이다. 그런데 손해배상액이 예컨대 100이라면 갑은 계약을 이행하면 (290−200=)90만큼 손해를 보는 데 비해 파기하면 배상액 100만큼 손해를 보므로 계약을 이행할 것이다. 그러나 이것은 비효율적인 결과이다.

한편, 기계생산비가 270으로 되었다면 그 계약은 이행되는 것이 사회적으로 효율적이다. 계약이 이행되면 전체 270+50의 비용을 들여 300의 가치를 창출하므로 20만큼의 사회적 손실이 발생하는 데 비해, 계약이 파기되어 기계가 생산되지 않으면 (50−20=)30만큼의 사회적 손실이 발생하기 때문이다. 그런데 손해배상액이 예컨대 60이라면 갑은 계약을 이행하면 (270−200=)70만큼 손해를 보는 데 비해 파기하면 배상액 60만큼 손해를 보므로 계약을 파기할 것이다. 그러나 이것은 비효율적인 결과이다.

이러한 논의에서 알 수 있듯이, 계약파기에 대한 손해배상액이 너무 크면(예컨대, 위의 예에서 100이라면) 기계생산비가 크게 올라(위 예에서 290으로 되어) 계약이행이 사회적으로 비효율적인데도 불구하고 채무자 갑이 이행하게 되는 과다이행이 일어날 수 있고, 손해배상액이 너무 적으면(위의 예에서 60이라면) 기계생산비 상승이 상대적으로 크지 않아(위 예에서 270으로 되어) 계약이행이 사회적으로 효율적인데도 불구하고 채무자가 계약을 파기하게 되는 과다파기가 일어날 수 있게 된다.

그러면 손해배상액을 어떤 수준으로 정해야 이행이 사회적으로 효율적일 때 채무자 갑이 계약을 이행하게 되고, 파기가 사회적으로 효율적일 때 채무자 갑이 계약을 파기하게 될 것인가? 즉, 채무자의 계약 이행 · 파기 결정을 사회적으로 효율적인 방향으로 유도하기 위해서는 손해배상액이 얼마이어야 하는가?

그 해답은 채무자로 하여금 계약의 정상적인 이행이 있었을 때 채권자가 누릴 효용 수준을 보장하도록 기대손해배상액(위의 예에서는 80)을 배상하도록 하는 것이다. 계약의 이행(파기)이 사회적으로 효율적일 조건과 채무자가 계약을 이행(파기)할 조건이 같아지도록 하는 배상액 수준은 바로 기대손해배상액이 됨을 다음에서 확인해 볼 수 있다.

계약의 이행이 사회적으로 효율적일 조건: $R > C - B$,
채무자가 계약을 이행할 조건: $D > C$.

여기서, R: 계약파기로 인한 배상을 받기 이전의 채권자 손해
C: 계약이행시 채무자의 손해
B: 계약이행시 채권자의 이익
D: 계약파기시 손해배상액

위에서 '계약의 이행이 사회적으로 효율적일 조건'이란 바로 계약파기로 인한 사회적 손해가 계약이행으로 인한 사회적 손해보다 클 조건임에 유의하라. 위 두 조건, 즉 계약의 이행이 사회적으로 효율적일 조건과 채무자가 계약을 이행할 조건이 같아지기 위해서는 위해서는 '$D=R+B$'로 되어야 하는데, 바로 이 등식의 우변($R+B$)이 기대손해배상액(E)임을 확인할 수 있는 것이다.

계약의 정상적인 이행이 있었을 때 채권자가 누릴 효용 수준을 알아 내기 힘들므로 기대손해배상액을 실제로 계산하는 것은 어렵겠지만, 이상의 논의는 채무자의 계약 이행 · 파기 결정을 올바르게 하도록 이끌기 위해서는 배상액 수준을 어떻

게 정해야 할지에 대해 훌륭한 지침을 제공한다고 할 수 있다.

4. 예시 4: 채무자의 계약 이행 · 파기 결정과 채권자의 신뢰투자 수준의 결정

이제 채권자가 채무자의 이행을 기대하고 대비하여 미리 신뢰투자의 수준을 정하는 상황을 생각해 보기로 한다. 즉, 채권자가 계약체결 후 신뢰투자의 수준을 결정하고 채무자가 기계생산비를 알게 된 후 계약 이행 · 파기 결정을 하게 되는 보다 일반적인 상황을 생각해 보기로 한다.[3)]

이러한 상황에서 계약파기시 채무자가 채권자에게 기대손해를 완전 배상해 준다면 채권자는 과다한 신뢰투자를 하게 되는 것으로 드러난다. 기대손해를 완전 배상받는다면 채권자는 계약이 파기되더라도 계약이 이행되었을 때 누릴 효용 수준을 그대로 누리게 되므로 계약파기로 인해 신뢰투자가 사회적으로 무용지물이 될 수 있는 가능성을 고려하여 신뢰투자를 적정 수준으로 줄일 인센티브를 갖지 않게 되는 것이다.

그러면 한편으로는 채무자로 하여금 효율적인 계약 이행 · 파기 결정을 하도록 유도하고, 다른 한편으로는 채권자로 하여금 효율적인 신뢰투자 결정을 하도록 유도하는 손해배상원칙은 없겠는가 하는 문제가 제기된다. 이하에서 수리모형을 통해 그 해답을 찾아보기로 한다. 수리모형을 이해하기 어려운 독자는 7) 결론적 논의 부분만 읽어도 무방할 것이다.

1) 모형

구매자가 r만큼 신뢰투자를 하였을 때의 재화가치는 $V(r)$로 된다고 가정하자 ($V'(r)>0$, $V''(r)<0$). 그리고 논의의 단순화를 위해 신뢰투자의 처분가치(salvage value)는 영(zero)인 것으로 가정한다. 한편, 확률변수인 판매자의 생산비용을 C라 하고, C의 분포함수를 $F(\ )$로 표시하기로 한다.

---

3) 위 예시 3에서 채권자 을이 인도받을 기계의 설치를 위하여 필요부품 등을 구입하는 데 투자한 50만 원이 여기에서 이야기하는 신뢰투자이다. 다만 예시 3에서는 신뢰투자 수준이 50만 원으로 주어져 있는 경우를 다루었는 데 비해 여기에서는 채권자 을이 신뢰투자 수준을 어떻게 결정할 것인가 하는 문제를 다룬다.

2) 효율적인 이행 · 파기 결정과 신뢰투자 수준

신뢰투자가 r만큼 이루어졌을 때, 생산비용 C가 $V(r)$보다 작은 값으로 드러나면 계약이 이행되는 것이 효율적이고, C가 $V(r)$보다 큰 값으로 드러나면 계약이 파기되는 것이 효율적이게 된다. 효율적 파기의 가능성을 고려하면, 최적신뢰투자는 다음의 극대화 문제의 해로서 주어진다.

$$\text{Max} \int_0^{V(r)} (V(r)-C)dF(C)-r.$$

이 문제에 대한 1계조건(first-order condition)은 $F(V(r))V'(r)-1=0$으로 되며, 이 1계조건을 만족시키는 r의 값 r^*가 사회적 관점에서 최적신뢰투자 수준으로 된다.

3) 기대손해의 배상

재화의 매매가격을 P라 하면, 기대손해배상액(expectation damage)은 $D_e=V(r)-P$로 된다. 기대손해배상의 경우, 판매자(채무자)는 $P-C \geq -D_e$이면, 즉 $V(r) \geq C$이면 이행할 것이고 $V(r) < C$이면 파기할 것이므로, 효율적인 이행 · 파기 결정이 이루어지게 된다.

한편, 구매자는 다음의 극대화 문제를 푸는 r을 선택할 것이다.

$$\text{Max } V(r)-P-r.$$

이 문제의 1계조건 $V'(r)-1=0$을 만족시키는 r을 r_e라 하면, 이 1계조건과 위의 최적신뢰투자 수준을 결정하는 1계조건을 비교함으로써 우리는 쉽게 $r_e > r^*$임을 확인할 수 있다. 즉, 기대손해의 (완전)배상의 경우 구매자(채권자)는 과다신뢰투자를 하게 된다.

4) 신뢰손해의 배상

다음으로 계약파기시 신뢰손해배상액(reliance damage) $D_r=r$을 배상해야 하는 경우를 살펴보기로 하자.

우선 일반적으로 $V(r)-P-r>0$이어야 구매자는 그 재화를 구매할 것이기 때문에 $D_r(=r)$은 $D_e(=V(r)-P)$보다 작은 값을 가질 것이다. 따라서 신뢰손해배상시 계약은 과다파기되는 경향이 있게 된다.

한편, 판매자는 $P-C \geq -D_r$, 즉 $P+r \geq C$이면 이행할 것이고, $P+r<C$이면 파기할 것이므로, 구매자는 다음의 극대화 문제를 푸는 r을 선택할 것이다.

$$\text{Max} \int_0^{P+r}(V(r)-P-r)dF(C)+\int_{P+r}^{\infty}(0)dF(C)=F(P+r)[V(r)-P-r].$$

이 문제에 대한 1계조건 $F'(P+r)[V(r)-P-r]+F(P+r)[V'(r)-1]=0$을 만족시키는 r을 r_r이라 하면, 해당 1계조건들을 비교함으로써 우리는 쉽게 $r_r>r_e>r^*$임을 확인할 수 있다. 신뢰손해배상의 경우 구매자의 과다신뢰투자 문제는 기대손해의 (완전)배상의 경우에 비해 더욱더 심각해지게 되는 것이다. 그 이유는 신뢰손해배상의 경우 구매자는 투자액 r을 회수할 수 있으므로 계약파기로 인한 투자의 사회적 손실을 고려하지 않을 뿐만 아니라, 계약파기시 신뢰손해를 배상받는다 하더라도 계약이행시의 구매자의 효용 수준이 계약파기시의 효용 수준보다 높으므로 투자액 r을 늘려 판매자로 하여금 파기를 꺼리도록 만들 유인을 갖기 때문이다.

5) 반환 내지 무배상

계약파기시 이미 받은 것을 반환해 주기만 하면 되는 경우(restitution damage, 여기에서는 무배상과 동일함)에는 어떤 결과가 나타날 것인가?

판매자는 $P-C \geq 0$이면 이행하고 $P-C<0$이면 파기할 것이므로 명백히 과소이행, 과다파기가 발생하게 된다.

한편, 구매자의 r에 대한 극대화 문제는 다음과 같다.

$$\text{Max} \int_0^{P}(V(r)-P-r)dF(C)+\int_{P}^{\infty}(-r)dF(C)=F(P)[V(r)-P]-r.$$

이 문제에 대한 1계조건은 $F(P)V'(r)-1=0$으로 되는바, 이를 만족시키는 r의 값은 r^*보다 작음을 쉽게 확인해 볼 수 있다. 이 1계조건은 무배상의 경우 구매자는 계약파기의 가능성을 고려하여 신뢰투자 수준을 적절하게 줄일 유인을 가지게 됨을 나타내고 있다. 다만 무배상의 경우 판매자가 계약을 이행할 가능성은 효율적인 수준보다 낮아지므로(즉, $F(P)<F(V(r))$이므로), 구매자는 사회적으로 효율적인 수준보다 더 적은 신뢰투자를 행하게 된다.

6) 기대손해의 한정적 배상

지금까지의 논의에서 명백해진 바와 같이, 무배상은 구매자의 과다신뢰투자 문제는 일으키지 않지만 판매자로 하여금 과다한 계약파기를 하도록 하고, 기대손해의 완전배상은 판매자의 효율적인 계약 이행 · 파기 결정을 유도하지만 구매자로 하여금 과다한 신뢰투자를 하도록 한다. 신뢰손해배상의 경우에는 구매자의 과다신뢰투자 문제가 증폭된다.

그러면 효율적인 계약파기와 효율적인 신뢰투자를 유도하는 배상원칙은 없을까? 신뢰투자 r이 사회적 적정 수준 r^*를 초과하는 경우에는 기대손해를 완전히 배상해 주지 않고 배상액을 $D_e^*=V(r^*)-P$로 한정하는 이른바 기대손해의 한정적 배상(limited expectation damage)원칙은 구매자로 하여금 효율적인 신뢰투자 수준을 선택하도록 함과 동시에 판매자로 하여금 효율적인 계약 이행 · 파기 결정을 하도록 유도하는 것으로 드러난다.

기대손해의 한정배상원칙하에서 구매자의 r에 대한 극대화 문제는 다음과 같다.

$$\begin{aligned}&\text{Max}\int_0^{V(r^*)}(V(r)-P-r)dF(C)+\int_{V(r^*)}(D_e^*-r)dF(C)\\&=F(V(r^*))[V(r)-P]+[1-F(V(r^*)]D_e^*-r.\end{aligned}$$

이 문제의 1계조건 $F(V(r^*))V'(r)-1=0$을 만족시키는 r값은 쉽게 확인할 수 있는 바와 같이 r^*로 된다. 즉, 기대손해의 한정배상원칙하에서 구매자는 효율적인 신뢰투자 수준을 선택하게 된다. 한편, 구매자가 r^*만큼 신뢰투자를 하였을 때, 판매자는 $P-C\geq-D_e^*$ 즉 $V(r^*)\geq C$이면 이행할 것이고, $P-C<-r^*$ 즉 $V(r^*)<C$이면 파기할 것이므로, 효율적인 이행 · 파기 결정을 하게 된다.

7) 결론적 논의

이상의 논의는 주로 Micheli(1997)에 따른 것이다. 위 논의를 통해 우리는 계약파기시의 손해배상액은 계약이 이행되었을 때 구매자(채권자)가 누릴 효용 수준을 보장해 주는 기대손해배상을 원칙으로 하되, 구매자가 지나치게 많은 신뢰투자를 한 경우에는 사회적으로 적정 수준의 신뢰투자를 하였을 때 구매자가 누릴 효용 수준을 보장해 주는 수준으로 배상액을 한정하게 되면, 즉 기대손해의 한정적 배상(limited expectation damage)원칙을 채택하게 되면, 한편으로는 판매자(채무자)로 하여금 효율적인 계약 이행 · 파기 결정을 하도록 유도하고, 다른 한편으로는 구매자로 하여금 효율적인 신뢰투자 결정을 하도록 유도하게 됨을 보였다.

영미법에서는 Hadley v. Baxendale(1854) 판결 이후 계약을 파기한 채무자에게 합리적으로 예측이 가능하였던 손해(damages that were reasonably foreseeable to the breaching party)까지만 배상책임이 있다는 원칙이 확립되었는데, 이러한 원칙은 채무자의 효율적인 계약 이행 · 파기 결정과 채권자의 효율적인 신뢰투자 결정을 동시에 유도하는 장치라 할 수 있다.

한편, 손해배상의 범위와 관련하여 우리나라 민법 393조는 "① 채무불이행으로 인한 손해배상은 통상의 손해를 그 한도로 한다. ② 특별한 사정으로 인한 손해는 채무자가 그 사정을 알았거나 알 수 있었을 때에 한하여 배상의 책임이 있다."고 규정하고 있는바, 그 내용도 결국 채무자가 합리적으로 예측가능하였던 범위 내에서 기대손해를 한정적으로 배상하도록 한 것이라 해석할 수 있을 것이다.

여기에 제시된 수리모형은 특정 법원리가 어떤 의미를 가지는지, 혹은 어떤 의미를 가져야 하는지에 대해 많은 시사점을 주고 있다. 복수의 당사자들이 여러 차원에서 의사결정을 해야 하는 다소 복잡한 상황을 다룰 경우 단순한 서술이나 도표를 통한 설명방식은 한계가 있을 수 있다. 이 경우 경제학에서 사용되어 온 수리모형을 통한 분석은 하나의 유력한 방법론이 될 수 있다.

5. 예시 5: 형벌의 효과와 형사정책에 대한 실증분석

일정 범주의 행위는 범죄로 규정되고 이에 대해서는 특별한 방식으로 제재가 가해진다. 형사법이 필요한 이유는 사회적으로 바람직하지 않은 행위 중에는 형사제재 이외의 다른 방식으로는 적절하게 제어할 수 없는 것이 존재하기 때문이라 할 수 있다. 예컨대, 살인, 강도, 강간 등 타인에게 상당한 손해를 가할 의도로 이루어지는 범죄의 경우, (불법행위법에 기초한) 금전적 제재만으로는 이들 범죄행위가 제대로 제어되지 않는 경우가 많을 것이다.

형사적 제재의 가장 중요한 기능은 범죄의 억제(deterrence)라 할 수 있다. 행위자가 당해 행위로부터 얻는 이익이 클수록 억제를 위해서는 제재의 강도와 확률을 높일 필요가 있을 것이며, 타인 내지 사회에 끼치는 손해가 클수록 당해 행위의 억제로부터 얻는 사회적 이익이 커지기 때문에 비용이 더 많이 들더라도 제재 수준을 높일 것이 요구될 것이다.

형사제재는 잠재적 범죄자를 사회로 격리시킴으로써 범죄행위를 하지 못하도록 하는 기능, 즉 무력화(incapacitation) 기능도 가질 수 있다. 형사제제는 또한 감화를 통해 제재 후의 범죄율을 줄이는 재활(rehabilitation)기능을 가질 수도 있고, 사람들의 보복(retribution) 욕구를 충족시켜 주는 기능을 가질 수도 있다.

형사법의 의의와 형벌의 기능 등에 대한 경제학적 시각에서의 논의는 형사법의 제 원리에 대한 이해를 높일 뿐만 아니라, 보다 나은 형사정책의 설계에도 이바지할 것이다. 예컨대, 형사제재의 방법으로는 벌금형 내지 재산형이 수감 등 자유형에 비해 사회적 비용이 적게 드는 경향이 있으므로 벌금형이 충분히 이용되고 있는지 점검해 볼 만할 것이며, 자수에 대한 유인이 충분한지, 내부자고발이 활성화되고 있는지 등도 적발 · 제재 확률의 제고 차원에서 검토해 볼 필요가 있을 것이다.

Ehrlich(1973)는 형벌이 과연 범죄를 줄이는지를 실증적으로 분석한 고전적 연구이다. 이 연구에 의하면, 살인(murder), 강간(rape), 강도(robbery)의 경우 체포 · 구금 확률에 대한 범죄의 탄력성은 처벌강도에 대한 범죄의 탄력성보다 훨씬 큰 것으로 추정되었다. 즉, 체포 · 구금 확률을 높이는 것이 처벌강도를 높이는 것보다 범죄억제효과가 더 큰 것으로 나타났다.

그 이후 범죄와 형벌과 관련하여 통계학 내지 계량경제학(econometrics)의 방법론을 동원한 다양한 실증적 연구가 행해졌다. 여기에서 실증적 분석 · 연구의 방법론을 설명할 수는 없겠지만, 몇 가지 연구성과를 간략히 소개하기로 한다. 여기에 소개된 실증적 연구 결과는 주로 Cooter and Ulen(2011)에 정리된 것을 참조한 것이다.

1991-2001년 기간 동안 미국에서 강력범죄는 30% 정도 감소하였고, 다른 종류의 범죄도 현저히 감소하였다. 이러한 범죄 내지 범죄율의 감소는 경찰관 수의 증가, 수감자 수의 증가, 마약사용의 감소, 낙태의 합법화 등의 요인에 기인하는 것으로 나타난다. 이 기간 동안 미국 경찰관 수가 14% 증가하였는데, 이것이 범죄율 감소의 1/5을 설명하고, 40%에 이르는 수감자 수의 증가는 범죄율 감소의 1/3을 설명한다고 한다. 크랙 코카인 사용의 감소는 다른 범죄율의 감소에는 큰 영향을 미치지 못하였지만 살인사건을 15% 정도 감소시킨 것으로 분석된다. 한편, 흥미롭게도 1973년 미국의 대법원이 낙태를 합법화한 것이 1990년대 범죄율 감소에 크게 기여한 것으로 나타난다. 낙태 합법화 이후 낙태수술이 현저히 증가하였는데, 그 결과 1991년에 18세가 되었을 상대적으로 범죄율이 높은 집단인 젊은 남성의 숫자가 1990년대에 현저하게 줄었다는 것이다. 특히, 낙태를 결심한 여성은 십대 미혼모 등 경제적으로 어려운 상황에 처한 여성이었을 확률이 높기 때문에, 낙태를 하지 않고 아이가 태어났다면 그들 중 범죄자가 나올 확률이 높았을 것으로 추론된다는 것이다. 1990년대 범죄율 감소의 절반 정도를 이런 젊은 남성인구의 감소로 설명할 수 있다는 것이다.

이제 누구나 통계적 · 계량경제학적 분석을 통한 실증적 연구의 중요성을 인정하고 있다. 특정 이론모형이 현실 데이터에 의해 지지되는지, 어떤 정책목표를 달성하기 위해서는 어떤 분야의 노력이 더 요구되는지 등의 문제에 대해 실증적 연구가 해답의 실마리를 제공해 주고 있다. 앞에서 형사분야의 연구성과를 간략히 소개하였지만, 다른 모든 법경제학분야에서도 실증적 연구가 확산되고 있다. 새로운 통계분석기법이 개발되고 있으며, 통계자료의 수집 및 정리를 위해 더 많은 노력이 기울여지고 있다.

6. 예시 6: 행동법경제학

최근에는 인지심리학 내지 행동경제학의 방법론을 사용하여 여러 가지 법현상을 분석하는 행동법경제학(behavioral law and economics)이 부상하고 있다. 행동법경제학은 사람들이 실제로 어떻게 행동하는지를 살펴봄으로써 법의 실제적 효과를 예측하고 법의 실질적 및 잠재적 역할을 평가한다.

인지심리학, 행동경제학 등 사회과학은 그 동안 사람들이 실제로 어떻게 의사결정을 하는지에 대한 이해를 크게 증진시켜 왔다. 사람들은 기존 경제학의 합리적 선택모형이 상정하는 것처럼 반드시 합리적으로 행동하는 것은 아니지만, 사람들의 행동이 완전히 제멋대로이고 예측 불가능한 것도 아닌 것으로 드러나고 있다. 그 동안 밝혀진 사람들의 몇 가지 행동경향을 적으면 다음과 같다.

우선 사람들은 어림짐작(rule of thumb)으로 행동하는 경향이 있으며, 각종 편견(biases)과 기피사항(aversions)을 가지고 있는 것으로 드러난다. 사람들은 극단을 싫어하고 대안들 사이에서 타협하는 경향이 있다(extremeness aversion). 사람들은 이미 발생한 것에 대해서는 (거의)불가피한 것이었다고 생각하는 경향이 있으며(hindsight bias), 자기에게는 자동차사고, 심장마비, 에이즈 등이 걸릴 확률이 별로 없다고 생각하는 경향이 있다(optimistic bias). 그리고 위험(risk)에 대한 평가시 생생한 기억이 나거나 생생한 보도에 접한 사고 유형에 대해서는 그 발생 확률이 높다고 생각하는 경향이 있다.

그리고 이미 가진 것을 잃게 되는 것을 싫어하는 정도가 같은 것을 새롭게 갖게 되는 것을 좋아하는 정도보다 훨씬 큰 것으로 드러난다(loss aversion). 따라서 누구에게 권리를 주느냐에 따라 그 권리에 대한 당사자들의 평가액이 달라질 수 있고(endowment effect), 이런 이유로 협상이 잘 일어나지 않을 수 있다.

다음으로 어떤 행위와 관련하여 그것이 사회적으로 얼마나 나쁜 것인지 등에 대한 규범적 판단은 사람들 사이에 수렴하는 경향이 있지만, 당해 행위를 징벌하기 위한 적절한 수준의 벌금, 배상액 등을 사람들에 제시하도록 할 경우 그 제시액은 너무나 격차가 심한 것으로 드러난다. 예컨대, 미국에서 제조물책임과 관련한 징벌적 배상액은 천차만별이다. 이러한 현상에 대처하는 하나의 제도개선 방안은 규범적 판단을 배상액 등의 금액으로 전환시키는 데 사용할 어떤 정해진 기준을 확립해 놓는 것일 수 있다.

사람들은 때때로 물질적인 이익을 희생하면서 다른 사람으로부터 공정하게 행동한다는 평가를 받고 싶어한다. A에게 예컨대 100만 원을 주면서 B에게 그 일부를 나누어 주도록 하되, B가 받아들이면 A가 나머지를 갖지만, B가 받아들이지 않으면 B는 아무것도 못 받고 A도 100만을 되돌려주어야 하는 게임(ultimatum game)에서 A는 평균적으로 30만–40만 원을 B에게 주는 것으로 나타난다. 그리고 A가 20만 원 이하를 B에게 제시한 경우 B는 때때로 그 제안을 거부하는 것으로 나타난다. 해당 장소에서 독점적인 위치에 있다 하더라도 비가 온다고 하여 우산값을 더 올려 받지 않는 경우가 많은 것도 사람들이 타인으로부터 인정을 받고 싶어하는 경향이 있음을 보여 주는 한 예라 할 수 있다.

최근 부상하고 있는 행동법경제학은 앞으로 법의 경제분석 및 법정책의 모색에 많은 시사점을 제공할 것으로 보인다. 예컨대, 어떤 상황에서는 충동구매의 가능성이 있으므로 구매자에게 일정 기간 내에 청약을 철회할 수 있는 권리를 부여한다든지, 어떤 제품의 위험성을 과소평가할 수 있으므로 당사자들의 선택에만 맡기는 것이 아니라 정부가 일정한 안전규제를 가한다든지 하는 것이 바람직한 법정책으로 될 수 있다.

Ⅲ. 법의 제정 및 해석 · 적용에 있어 법경제학의 역할

어떤 법 · 제도가 주어지면 사람들은 어떻게 행동할지, 사회적 · 전체적 결과는 어떻게 될 것인지, 다른 법 · 제도하에서는 어떤 결과가 나올 것인지, 어떤 법 · 제도가 보다 나은 결과를 가져올 것인지 등을 따져 보는 법경제학은 법의 제정과 해석 · 적용에 있어 그 역할을 키워 나가고 있다.

우리나라가 선진국으로 진입하기 위해서는 좋은 법과 제도를 만들고, 그 법 · 제도를 확실하게 집행하는 것이 필수적으로 요구된다. 좋은 법과 제도를 확립하기 위한 개혁과제는 다방면에 걸쳐 있겠지만, 무엇보다 정부가 해야 할 일과 민간이 담당하도록 하는 것이 나은 일을 잘 구분하여 이치에 맞는 법을 만드는 것이 필요하다. 법의 경제적 분석 내지 법경제학은 그 동안 법과 경제의 관계, 법 · 제도의 인센티브 구조, 정부개입의 적절한 정도와 방법 등에 대한 과학적 지식을 많이 축적해 왔다. 그리고 법경제학은 어떤 법과 제도가 국민과 국가를 발전과 번영으로 이끌 것인지에 대해 입법가, 전문가 그리고 일반국민들이 보다 나은 이해를 갖도록 하는 데 도움을 줄 것이다. 이하에서는 우선 법경제학이 좋은 법과 제도를 만드는 데 어떤 기여를 할 수 있는지에 대한 하나의 예시로서 사고위험의 통제방안과 지방분권적 국가운영에 대한 법경제학적 논의를 각각 간단히 소개하기로 한다.

법의 해석과 적용에 있어서도 법경제학의 역할은 증대되어 가고 있다. 물론 법경제학적 방법이 도입되더라도 기본적으로 기존의 법 해석 · 적용방식은 그대로 유지될 것이다. 오히려 법경제학 연구는 재산권제도, 계약법, 불법행위법, 형법 등에서의 제 법원리가 어떠한 기능을 수행하는지를 '발견'해 나가고 있다. 수백 수천 년을 통해 다듬어진 법의 원리는 대부분의 경우 사회 전체의 효율성을 향상시키는 기능을 수행하는 것으로 밝혀지고 있는 것이다. 예컨대, 앞의 예시 2는 불법방해영역에서 각자에게 얼마만큼의 권리를 부여하는 것이 적절할지를 보여 주고 있는바, 민법 제217조(매연 등에 의한 인지(隣地)에 대한 방해 금지)의 규정 취지와 서로 부합한다고 할 수 있다. 법경제학은 또한 어떤 제도나 법원리가 어떤 역할을 수행하는지를 좀더 명시적으로 밝힘으로써 법의 해석 · 적용에 있어 새로운 시각을 제공하기도 하고 불합리해 보이는 법규정에 대해 개선책을 제시하기도 한다. 예컨대, 앞의 예시 3과 예시 4는 기대손해배상액 내지 한정적 기대손해배상액이라는 개념을 통해 손해배상의 범위에 관한 민법 제393조의 규정내용을 좀더 구체화시키고 있다고 할 수 있다. 이하에서는 불법행위법분야에서 법경제학이 과실책임 등의 법원리를 어떻게 보다 구체화시킬 수 있는지, 그리고 구 「실화책임에 관한 법률」의 규정내용에 대해 어떠한 개선책을 제시할 수 있었는지 등을 살펴보기로 한다.

1. 예시 7: 사고위험의 통제방안

사고위험을 통제하는 방안으로는 사전적인 안전규제, 사고손해의 사후적 배상, 사고위험을 느끼는 상대방의 신청에 의한 법원의 행위금지명령, 행위의 정도에 비례하여 정부가 매기는 교정적 세금, 사고발생시 정부가 부과하는 금전적 제재 등이 있을 것이다. 이하에서는 사고위험의 통제와 관련하여 어떤 상황에서 어떤 수단을 사용하는 것이 바람직할 것인지에 대하여 간단히 살펴보기로 한다.[4)]

첫째, 가해자의 자산이 사고손해의 크기에 비해 상대적으로 너무 적은 경우 손해배상, 벌금 등 사후적 금전적 위험통제수단은 가해자에게 위험을 줄일 유인을 충분히 제공해 주지 못할 것이다. 금전적 제재의 경우 자산이 적은 가해자는 사고손해가 아무리 커지더라도 추가적인 부담을 느끼지 않을 것이기 때문이다. 이러한 상황에서는 안전규제, 행위금지명령, 교정적 세금 등의 사전적 위험통제수단이 보다 더 효과적일 것이다. 그리고 이 경우에는 금전적 제재뿐만 아니라 형사적 제재를 동원할 필요성이 커질 수 있다.

둘째, 가해자의 행위와 피해발생 사이의 인과관계의 확립이 곤란하여 특정 가해자에게 배상책임 등을 부과하는 것이 어려운 경우에도 사전적 위험통제수단이 보다 바람직한 것으로 될 것이다. 수입농산물 안전검사, 휘발성 유기화합물의 취급에 관한 규제 등을 그 예로 들 수 있다. 다만 사전적 위험통제수단의 운용비용은 일반적으로 사후적 위험통제수단의 운용비용보다 커지게 되는 경향이 있음에 유의할 필요가 있다. 왜냐하면, 사후적 통제수단의 경우에는 피해가 발생하였을 경우에만 운용비용이 드는 데 비해 사전적 통제수단의 경우에는 피해의 발생 여부에 관계없이 운용비용이 들어가기 때문이다.

셋째, 사고위험의 성격, 위험감소를 위한 방도 등에 대해 가해자 쪽이 당국보다 더 잘 알고 있는 경우에는 사후적 통제수단이 상대적으로 우월할 것이다. 왜냐하면, 손해배상, 벌금 등 사후적 위험통제수단을 채택할 경우, 사고위험을 줄이기 위해 어떤 조치를 취해야 할지를 더 잘 아는 가해자 쪽에서 그러한 조치를 취할 유인을 가지게 되기 때문이다. 예컨대, 아파트 건설현장에 관료를 파견하여 건설되는 아파트의 안전성 확보를 위해 감시 · 감독하도록 하는 것보다는 신축 아파트의 안전성이 미비한 것으로 드러나거나 붕괴 등 사고가 발생하면 건축업자에게 손해

4) 본 예시는 기본적으로 김영평 · 최병선 · 신도철 편(2006)에 근거하였다.

배상책임을 지우는 것이 더 적절한 위험통제방법으로 될 것이다. 반면에, 예컨대 어떤 물질의 인체에 대한 독성 정도와 같이 농약 제조회사보다는 정부가 지원하는 연구기관에서 관련 정보를 더 잘 얻을 수 있는 경우에는 안전규제 등 사전적 통제 수단이 유용할 수 있다.

넷째, 사고위험, 피해발생 사실 등을 당국보다 피해자 측이 더 잘 알 수 있는 상황에서는 개인의 주도로 이루어지는 유지명령, 손해배상 등의 방법이 국가의 주도로 발동되는 안전규제, 교정적 세금, 벌금 등의 방법보다 우월할 것이다. 예컨대, 신축하고 있는 주택에 인접하여 주택을 소유하고 있는 사람은 이웃의 주택신축으로 인하여 축대가 붕괴할 위험이 있음을 안 경우 법원에 주택신축 중지 가처분신청을 할 수 있을 것이다. 이 경우 정부 당국이 사전에 어떤 조처를 취한다는 것은 기대하기 어려울 것이다.

다섯째, 소액피해가 아주 많은 사람에 걸쳐 광범위하게 발생하는 소비자피해 등의 경우에는 개개의 피해인의 관점에서는 손해배상이나 유지명령을 청구할 유인이 크지 않을 것이므로 안전규제, 교정적 세금, 벌금 등의 방법을 동원할 필요가 그만큼 커질 것이다.

여섯째, 가해자의 고의 또는 중과실이 있는 경우에는 사고위험이 높아질 것이고, 이를 통제하기 위해서는 비록 많은 사회적 비용을 수반하더라도 형사적 제재를 동원할 필요성이 높아질 것이다.

이러한 논의가 시사하는 바는 어떠한 위험통제수단을 채택하는 것이 바람직할지는 당해 사고위험의 성격이 어떠한지에 크게 의존한다는 것이다. 다만 각종 위험통제수단은 반드시 서로 배타적인 것은 아님에 유의할 필요가 있다. 많은 경우 여러 통제수단을 적절히 배합함으로써 더 나은 결과를 가져올 수 있을 것이다. 예컨대, 당사자로 하여금 최소한의 안전기준을 준수하도록 하면서 동시에 과실이 있으면 사고손해에 대한 배상책임을 지도록 하고 고의가 있으면 형사책임까지 지도록 하는 것이 바람직한 방법일 수 있다.

사고위험의 통제와 관련하여 오늘날 우리나라에서 요구되는 법 · 제도 개선의 과제는 어떤 것일까? 그 동안 우리나라는 정부 특히 행정부 주도의 발전전략을 취해 왔다고 할 수 있다. 그리하여 사고위험의 통제와 관련해서도 정부주도의 사전적 안전규제방식이 많이 이용되어 왔던 것으로 평가된다. 위에서의 논의에 비추어 볼 때 정부주도의 사전적 규제방식이 일정 역할을 담당해 나가야 함은 명백하지만, 경제가 발전하고 사회가 다양해짐에 따라 정부의 한정된 정보에 기초한 획일적 규제보다는 피해자 등 당사자가 적극적으로 나서는 사후적 손해배상방식 등이 분야에 따라 보다 많이 이용될 필요가 있을 것으로 보인다.

2. 예시 8: 지방분권적 국가운영

Weingast(1995) 등 일련의 연구는 시장의 활성화를 통해 국가를 발전으로 이끌기 위해서는 정치관료들이 자의적 판단으로 시장경제를 침해하지 못하도록, 그리고 지방정부들이 자본과 노동과 경제활동을 확보하기 위해 서로 정책경쟁을 하도록 제도적 기반을 구축해야 한다고 주장한다. 이른바 시장보호형 연방제 모형이 요구하는 제 조건 중 우리나라가 충족하지 못하고 있는 조건으로는 지방정부의 자율성 조건(지방정부가 지역공공서비스 공여와 지역경제의 발전에 대해 일차적 권한을 가질 것), 경성예약조건(지역발전을 위해 수행하는 정책과 사업의 재정적 결과에 대해 지방정부가 스스로 책임을 질 것), 제도화 조건(분권화가 중앙정부나 정치권의 자의적이고 일방적인 판단에 의해 좌우되지 않도록 제도화되어 있을 것) 등을 들 수 있다.

우리나라 국가운영체제를 보다 지방분권적인 것으로 전환하는 것은 시대가 요청하는 바이다. 그 동안 지방자치제도의 실시가 여러 가지로 긍정적인 효과를 가져온 것은 사실이지만, 지방정부가 자신의 행위의 결과에 대해 스스로 책임을 져야 한다는 측면에서 보면 아직까지 갈 길은 먼 것으로 보인다. 국회 및 중앙정부에서 세세한 부분까지 정한 법률과 시행령, 부령 등이 전국에 일률적으로 적용되고 있어 지방정부가 스스로 정할 수 있는 사항은 극히 제한되어 있다. 그리고 1995년 지방자치제가 본격적으로 실시된 이후 국가사무의 지방이양 등으로 지출 측면에서 국가총재정에 대한 지방정부 재정의 비중은 이제 중앙정부의 그것을 능가하게 되었지만, 지방의 자체재원의 비중은 오히려 줄어들어 재정자립도는 감소해 왔다. 이렇게 지역발전과 관련하여 자기 책임하에 결정을 내릴 수 있는 권한도 스스로 살림을 살아갈 자주재원도 확보하지 못한 지방자치단체는 중앙정부로부터 어떻게 이전재원을 많이 확보하고 개발사업을 많이 유치하느냐에 최대의 관심을 보일 수밖에 없다. 중앙정부가 그 비용의 많은 부분을 부담하는 지역개발의 경우 그 혜택은 해당 지역주민에 집중되는 데 반해 비용은 전 국민에 분산된다. 그리하여 각 지방정부는 그러한 지역개발 프로젝트를 가능한 한 많이 유치하고자 하는 것이다. 주민들은 그 프로젝트가 국가 전체의 관점에서 낭비적이라 하더라도 별로 상관하지 않는다. 그러한 프로젝트를 많이 유치한 지방자치단체장은 유능한 것으로 평가받으며, 선거에서 후보자들은 자신이 그런 일을 잘 할 수 있다고 내세운다. 지역구 출신의 국회의원도 해당 지역에 국책 프로젝트를 얼마나 유치하였는가에 따라 그 능력을 평가받고, 따라서 헌법이 요구하는 바와 같이 국가를 위해 일하는 것이 아니라 표를 의식하여 지역을 위해 일하는 경우가 허다하다.

지방선거가 지역별로 실시되고 국회의원이 지역단위로 선출되는 상황에서 지역개발에 대한 결정이 주로 중앙정부에 의해 이루어질 경우, 개발사업의 유치 내지 이전재원의 더 많은 확보를 위한 지역 간의 배타적 대립과 갈등은 증폭될 수밖에 없다. 각 지방정부는 비용이 수반되는 공공재 공급을 어떻게 적절한 수준으로 공급하여 주민의 만족도를 높일 것인가를 두고 서로 경쟁하는 것이 아니라, 중앙정부로부터 어떻게 하면 더 많이 받아 낼 것인가를 두고 경쟁하게 되는 것이다. 이러한 경쟁은 국가 전체적으로 보면 낭비적인 경쟁이요 지역 간의 갈등을 증폭시키는 경쟁이다. 각 지방자치단체가 기본적으로 자기 살림을 살 수 있을 때 선의의 경쟁과 협력이 지배할 수 있다.

오늘날 국경을 넘는 장소경쟁에서 유리한 지위를 차지하기 위해서는 지역의 특성에 부합하는 다양한 정책이 개발되고 실현될 수 있어야 한다. 즉, 지역 간의 입법경쟁이 지역발전의 관건이 된다. 중앙정부에서 정한 획일적인 법률은 지역사정에 부합하지 않는 경우가 많다. 중앙정부는 해당 지역에 특화된 최적의 정책을 선택하기보다는 전국적으로 흠이 가장 적은 덜 나쁜 정책을 선택하는 경우가 많다. 지역에 가장 좋은 정책은 사장되고 덜 나쁜 정책이 대신하게 된다. 이런 식으로는 지역 간의 정책경쟁의 시대에 대응하기 어렵다. 지금보다는 규모가 커진 광역지방정부가 그 지역에 관한 정책의 결정 및 집행기능을 행사하도록 함으로써 전국적인 위험을 국지적인 위험으로 분산시킬 필요가 있다.

최근의 헌법 개정 논의는 대통령 임기의 문제, 중앙정부의 권력구조로 의원내각제냐 대통령제냐 아니면 이원집정부제냐의 문제 등에 집중되고 있으나, 정작 헌법을 개정해야 하는 당위성과 정당성은 변화된 시대적 요구를 담아 내기 위한 지방분권의 강화에 있다. 그것은 또한 세계적인 흐름과 일치한다. 프랑스가 지방분권을 위한 개헌을 한 바 있으며, 일본, 스페인, 이탈리아 등에서 지방분권을 강화하기 위한 헌법 개정이 논의되고 있다.

한편, 한국이 분단국가라는 점을 감안하면 통일을 대비한 국가구조의 구상이 필요하다. 남한과 북한이 60년이 넘게 매우 이질적인 정치체제하에서 기본적인 생활 문제의 해결방식을 달리해 왔다는 점을 고려하면 하나의 획일적인 정치질서로는 통일의 충격을 흡수하기 어렵다. 통일을 위해서는 전체로서 국가의 동질성을 유지하면서도 지역 문제에 관한 정책적인 결정을 각 지역이 스스로 자기 책임하에 할 수 있도록 미리 체제를 정비해 놓을 필요가 있을 것이다.

3. 예시 9: 불법행위법에서 각종 책임원칙의 효율성 비교

우리나라 민법 제750조는 "고의 또는 과실로 인한 위법행위로 타인에게 손해를 가한 자는 그 손해를 배상할 책임이 있다."고 규정하고 있다. 여기에서는 고의가 개재되어 있지 않은 사고로 인한 손해의 배상 문제에 대해 살펴보기로 한다. 즉, 과실이 있는 경우에만 가해자에게 배상책임을 지우는 과실책임원칙은 일반적으로 효율적인 결과를 가져오는지, 어떤 경우에 가해자에게 과실이 있다고 판단하여야 할지 등의 문제를 살펴보기로 한다. 수식을 통한 분석이 보다 엄밀할 수 있지만, 여기에서는 이해의 편의를 위해 숫자 예를 통해 논의를 전개하기로 한다.[5)]

1) 모형

우선 가해자 및 피해자의 행위 정도는 일정 수준으로 고정되어 있고, 가해자 및 피해자의 주의 정도가 달라짐에 따라 사고위험의 정도가 달라지는 경우를 살펴

5) 여기에서의 논의는 기본적으로 Shavell(1987)과 Landes and Posner(1987)를 참조한 것이다. 다만 이들 문헌에서는 수식을 통해 논의를 전개하고 있으나, 여기에서는 논지를 좀더 쉽게 전달하기 위해 숫자 예를 만들고 필요하면 게임이론을 사용하여 논의를 전개한다.

표 2-2 • 주의비용, 사고발생 확률, 기대사고손해 및 총사고비용의 관계

주의비용		사고발생 확률(%)	기대사고손해	총사고비용
가해자	피해자			
0	0	22	22	22
0	2	15	15	17
0	4	12	12	16
3	0	13	13	16
3	2	10	10	15
3	4	9	9	16
6	0	9.5	9.5	15.5
6	2	8	8	16
6	4	7.5	7.5	17.5

보기로 한다. 가해자 및 피해자의 주의비용과 100만 원의 재산손해를 가져오는 사고가 발생할 확률 사이의 관계가 〈표 2-2〉와 같이 주어져 있다고 하자.

〈표 2-2〉에 의하면 가해자 혹은 피해자의 주의비용이 많아질수록 사고발생확률은 줄어들지만 그 줄어드는 정도는 감소하는 것으로 되어 있다. 나아가 일방 당사자의 주의 정도 증가의 사고발생 확률 감소효과는 상대 당사자가 더 많은 주의를 기울일수록 감소하는 것으로 가정되어 있다. 그리고 우리는 여기에서 가해자 · 피해자 등 당사자들은 위험중립적(risk neutral)이고, 따라서 당사자들의 효용과 사회후생의 수준은 자신의 부담액, 총사고비용 등의 기대치에만 영향을 받는 것으로 가정한다.

2) 사회적으로 효율적인 가해자와 피해자의 주의 정도

표에 주어진 구체적인 숫자 예에서는 가해자가 3만 원 수준의 주의를 그리고 피해자가 2만 원 수준의 주의를 기울일 때, 가해자와 피해자의 주의비용과 기대사고손해를 합한 (기대)총사고비용이 15만 원 수준으로 최소화되는 것으로 나타나 있다. 즉, 사회적으로 효율적인 결과는 가해자와 피해자가 각각 3만 원과 2만 원 수준의 주의를 기울일 때 달성된다.

이제 각종 책임원칙은 효율성의 측면에서 어떤 결과를 가져올 것인지를 살펴보기로 하자.

3) 무책임원칙

무책임원칙(no liability, 사고가 발생하더라도 가해자는 배상책임을 지지 않는 책임원칙)이 채택되었을 경우, 가해자는 사고손해를 고려하지 않고 의사결정을 할 것이고, 따라서 자신의 부담으로 귀착되는 주의비용만을 최소화시키려 할 것이다. 즉, 위의 예에서 가해자는 0원 수준의 주의를 기울일 것이다.

한편, 피해자는 사고손해를 스스로 부담하게 되므로 주의를 기울일 유인을 갖게 된다. 위의 예에서 피해자는 가해자가 0원 수준의 주의를 기울일 것을 예상하면서 자신이 부담하게 될 총사고비용을 최소화하기 위해 4만 원 수준의 주의비용을 지불하게 된다.

결국 가해자의 주의 정도는 최적 이하(여기에서는 3만 원이 아닌 0원 수준)로 되고 피해자의 주의 정도는 최적 이상(여기에서는 2만 원이 아닌 4만 원 수준)으로 되어 사회적으로 비효율적인 결과(총사고비용은 15만 원이 아닌 16만 원으로 됨)가 나타난다.

4) 엄격책임원칙

엄격책임원칙(strict liability, 피해자가 입은 모든 사고손해를 가해자가 배상해야 하는 책임원칙)이 채택되었을 경우, 가해자는 피해자가 입은 사고손해를 배상해야 하므로 주의를 기울일 유인을 갖지만 피해자는 모든 사고손해를 배상받으므로 스스로 비용을 들여 주의를 기울일 유인을 갖지 않게 된다.

위의 예에서 피해자는 0원 수준의 주의비용을, 그리고 가해자는 6만 원 수준의 주의비용을 들이게 된다(가해자는 3만 원의 주의비용을 들여 13만 원의 기대배상액에 직면하는 것보다 6만 원의 주의비용을 들여 9.5만 원의 기대배상액에 직면하는 것을 택할 것이다).

결국 피해자는 최적 수준 이하의 주의를 기울이고, 가해자는 최적 수준 이상의 주의를 기울이게 되어 사회적으로 비효율적인 결과(총사고비용은 15.5만 원으로 됨)가 나타나게 된다.

5) 과실책임원칙

과실책임원칙(negligence rule, 가해자에게 과실이 있을 때에만, 즉 가해자의 주의 정도가 법원이 정한 상당한 주의(due care)의 정도에 미치지 못하였을 때에만 가해자는 피해자에게 사고손해를 배상해 줄 의무를 지게 되는 책임원칙)하에서는, 가해자의 상당한 주의의 정도가 법원에 의해 사회적으로 최적인 수준에서 설정되어 있을 경우, 가해자는 기본적으로 배상책임을 면하기 위해 상당한 주의를 기울일 유인을 갖게 되고 피해자도 결국 자신이 부담하게 되는 사고손해를 적절히 줄이기 위해 사회적으로 최적인 수준의 주의를 기울일 유인을 갖게 된다. 즉, 이 경우 사회적으로 최적인 결과가 나타나게 된다.

앞에서 제시한 숫자 예에서 법원이 가해자의 상당한 주의 정도를 사회적 최적 수준인 3만 원 수준으로 설정하였다고 가정하면, 가해자는 0원의 주의비용을 들였을 때에는 사고발생시 피해자의 손해를 배상해 주어야 하지만, 3만 원 혹은 6만 원의 주의비용을 들였을 때에는 배상해 주지 않아도 된다. 따라서 가해자 및 피해자의 주의 정도에 따른 각각의 비용부담액을 게임행렬(game matrix)의 형식으로 표시하면 다음의 표와 같게 된다. 예컨대, 가해자와 피해자가 모두 0원 수준의 주의를 기울였다면, 가해자는 과실이 있는 것으로 되고, 따라서 사고가 발생하면 피해자의 손해를 배상해 주어야 하므로 결국 가해자의 (기대)부담액은 기대사고손해인 22만 원, 피해자의 부담액은 0원으로 된다. 한편, 가해자가 3만 원 피해자가 2만 원 수준의 주의를 기울였다면 가해자는 상당한 주의를 다한 것으로 되고, 따라서 배상책임을 지지 않으므로 결국 가해자의 부담액은 자신의 주의비용 3만 원, 피해자의 부담액은 기대사고손해 10만 원에다가 주의비용 2만 원을 더한 12만 원으로 된다.

과실책임원칙하에서 각 당사자의 부담액: 상당한 주의의 정도가 최적으로 설정된 경우

		피해자의 주의 정도		
		0	2	4
가해자의 주의 정도	0	22 0	15 2	12 4
	3	3 13	3 12	3 13
	6	6 9.5	6 10	6 11.5

게임행렬의 다른 칸의 숫자도 이런 방식으로 계산된 것이다.

위의 게임행렬에서 쉽게 확인할 수 있듯이 가해자는 피해자가 얼마만큼의 주의를 기울이든 3만 원 수준의 주의를 기울임으로써 자신의 총부담액을 최소화시키게 된다. 즉, 상당한 주의에 해당하는 3만 원 수준의 주의를 기울이는 것이 가해자의 우월적 전략(dominant strategy)으로 된다(다만 과실책임원칙하에서 가해자가 상당한 주의를 기울이는 것이 항상 우월적인 전략으로 되는 것은 아니다. 예컨대, 가해자가 0원의 주의비용을 들이고 피해자가 20만 원의 주의비용을 들일 경우 기대사고손해는 1만 원으로 된다고 가정할 때, 피해자가 20만 원 수준의 주의를 기울였다면 가해자는 상당한 주의(3만 원 수준의 주의)를 기울이는 것보다 0원의 주의를 기울이는 것이 더 유리하게 된다).

가해자가 이와 같이 3만 원 수준의 주의를 기울인다면 피해자는 2만 원 수준의 주의를 택하게 될 것임은 위의 표에서 명백하다. 결국 과실책임원칙하에서 가해자의 과실 유무를 판정하는 기준이 되는 상당한 주의의 정도가 사회적으로 최적인 수준에서 설정되어 있을 경우 사회적으로 최적인 결과가 나타나게 되는 것이다(앞에서 언급하였듯이 가해자가 3만 원의 주의를 기울이는 것이 우월적인 전략으로 되지 않을 수도 있지만, 그러한 영역을 고려하더라도 가해자가 3만 원 수준, 피해자가 2만 원 수준의 주의를 기울이는 것이 유일하면서도 안정적인 균형으로 됨에는 변함이 없다).

그러면 가해자의 과실 유무를 판정하는 기준이 되는 상당한 주의의 정도가 사회적으로 최적인 주의 정도보다 높거나 낮게 설정되었을 경우에는 어떻게 될 것인가? 가해자는 기본적으로 상당한 주의만 행하고자 하고, 따라서 이 경우에는 사회적으로 비효율적인 결과가 나타나게 됨을 우리는 쉽게 확인해 볼 수 있다.

결국 과실책임원칙이 사회적으로 효율적인 결과를 가져올 것인지 여부는 상당한 주의의 정도가 사회적으로 최적인 수준으로 설정되어 있느냐에 달려 있다.

6) 기여과실의 항변이 인정되는 과실책임원칙

기여과실의 항변이 인정되는 과실책임원칙(negligence rule with the defense of contributory negligence), 즉 가해자가 상당한 주의를 기울였다면 배상책임을 지지 않고, 상당한 주의를 기울이지 않아 과실이 있다 하더라도 피해자 역시 기여과실이 있다면 마찬가지로 배상책임을 지지 않는 책임원칙하에서도, 가해자 및 피해자의 상당주의의 정도가 법원에 의해 사회적으로 최적인 수준으로 설정되어 있을 경우 사회적으로 최적인 결과가 나오게 됨은 과실책임원칙에서와 비슷한 논의를 통해 쉽게 확인할 수 있다(기여과실의 항변이 인정되는 과실책임원칙하에서의 게임행렬의 내용은 가해자와 피해자가 모두 0원 수준의 주의를 기울인 경우를 제외하고는 단순과실책임원칙에 대한 게임행렬의 내용과 동일하다. 가해자와 피해자가 모두 0원 수준의 주의를 기울인 경우의 양 당사자의 기대부담액은 단순과실책임원칙에서의 (22, 0)에서 이제는 (0, 22)로 바뀌게 된다).

7) 비교과실책임원칙

비교과실책임원칙(comparative negligence rule)이란 단순과실책임원칙과 그 내용은 같되, 가해자와 피해자가 모두 상당한 주의를 기울이지 않았을 경우 사고손해를 가해자와 피해자가 그 과실의 상대적 크기에 따라 분담하게 되는 책임원칙이다. 이것은 단순과실책임원칙과 기여과실의 항변이 인정되는 과실책임원칙의 중간 형태라 할 수 있는데, 이 경우에서도 가해자 및 피해자의 상당주의의 정도가 법원에 의해 사회적으로 최적인 수준으로 설정되어 있을 경우 사회적으로 최적인 결과가 나오게 됨을 확인해 볼 수 있다. 비교과실책임원칙하에서의 게임행렬의 내용은 가해자와 피해자가 모두 0원 수준의 주의를 기울인 경우, 예컨대 (11, 11)로 되는 것을 제외하고는 단순과실책임원칙에 대한 게임행렬의 내용과 동일하다.

8) 기여과실의 항변이 인정되는 엄격책임원칙

한편, 기여과실의 항변이 인정되는 엄격책임원칙(strict liability with the defense of contributory negligence), 즉 피해자의 기여과실이 없는 한 가해자가 사고손해를 배상해 주어야 하는 책임원칙하에서도 피해자의 상당한 주의 정도가 법원에 의해 사회적으로 최적인 수준으로 설정되어 있을 경우, 피해자는 상당한 주의를 기울일 유인을 갖게 되고 가해자도 사회적으로 최적인 수준의 주의를 기울일 유인을 갖게 되며, 따라서 사회적으로 최적인 결과가 나타나게 된다.[6)]

6) 그 논리 전개는 단순과실책임원칙의 경우와 대칭적임에 유의할 것.

9) 종합

지금까지의 논의에서 명백해졌듯이, 가해자의 주의 정도뿐만 아니라 피해자의 주의 정도도 사고위험에 영향을 미치는 경우, 무책임원칙은 가해자에게 적절한 주의를 기울일 유인을 제공하지 못함으로써 그리고 엄격책임원칙은 피해자에게 적절한 주의를 기울일 유인을 제공하지 못함으로써 사회적으로 최적인 결과를 가져오지 못하게 되지만, 모든 종류의 과실책임원칙(단순과실책임원칙, 기여과실의 항변이 인정되는 과실책임원칙, 비교과실책임원칙 등)과 기여과실의 항변이 인정되는 엄격책임원칙은, 과실 내지 기여과실의 유무를 판정하는 기준이 되는 상당한 주의의 정도가 사회적으로 최적인 수준으로 설정되어 있는 한, 사회적으로 효율적인 결과를 가져오게 된다.

10) 주의 정도뿐만 아니라 행위 정도도 사고위험에 영향을 미치는 경우

그러면 가해자와 피해자의 주의 정도뿐만 아니라 행위 정도도 사고위험에 영향을 미치는 가장 일반적인 경우에는 어떤 책임원칙을 채택하는 것이 바람직한가?

가해자 및 피해자의 효용은 적어도 일정 수준까지는 각자의 행위 정도가 늘어남에 따라 증가하지만 반면에 기대사고손해도 행위 정도의 증가에 비례하여 증가할 것이다. 그리고 사고손해의 부담과 관련한 책임원칙이 주어지면 가해자 및 피해자는 각각 자신의 효용을 극대화하기 위해 행위의 정도 및 주의의 정도에 대한 의사결정을 하게 될 것이다. 이 경우 사회적 목표는 가해자 및 피해자가 각자의 행위로부터 얻는 효용의 가치에서 총주의비용 및 기대사고손해를 차감한 값을 극대화시키는 데 있다고 할 수 있다.

분석에 의하면 가해자와 피해자의 주의 정도뿐만 아니라 행위 정도도 사고위험에 영향을 미치는 가장 일반적인 경우에는 가해자 및 피해자로 하여금 사회적으로 최적인 주의 수준과 행위 수준을 선택하도록 유도하는 책임원칙은 존재하지 않는 것으로 나타난다. 그 이유는 기본적으로 (기여)과실의 유무는 주의 수준의 상당성 여부에 의해 판단될 뿐이고 행위 수준의 상당성 여부는 배상책임의 유무 판정에 고려되기 어렵기 때문에, 사고손해를 부담하지 않게 되는 당사자의 행위 정도를 적정 수준으로 제어할 장치가 존재하지 않는다는 데 있다.

다만, 어떤 상황에서 어떤 책임원칙이 상대적으로 더 나은 결과를 가져올지는 이야기할 수 있다. 피해자보다 가해자가 너무 많은 행위 정도를 선택할 가능성이 상대적으로 큰 경우에는 각종 과실책임원칙보다 기여과실의 항변이 인정되는 엄격책임원칙을 채택하는 편이 보다 바람직할 것이다. 반대로 피해자 쪽의 행위를 적절히 통제하는 것이 중요한 경우에는 각종 과실책임원칙이 더 우월할 것이다. 예컨대, 사나운 개를 몰고 산책하는 행위가 주의를 기울인 경우라 하더라도 여전히 상당한 위험을 수반한다면 각종 형태의 과실책임원칙보다는 기여과실의 항변이 인정되는 엄격책임원칙이 보다 바람직할 것이고, 반면에 자전거 전용선이 없는 국도를 자전거로 달리는 행위가 주의를 기울인 경우라 하더라도 여전히 상당한 위험을 수반한다면 각종 과실책임원칙 쪽이 더 바람직할 것이다.

11) 실제의 법제 및 법 적용

그러면 실제의 법제에서는 사고법분야에서 어떤 책임원칙이 사용되고 있는가? 민법 제750조는 과실책임원칙을 규정하고 있지만, 채무불이행으로 인한 손해배상에서의 과실상계에 관한 제396조의 규정을 불법행위로 인한 손해배상에 준용하도록 하고 있는 민법 제763조를 아울러 감안하면, 우리나라 민법은 기본적으로 비교과실책임원칙을 채택하고 있다 할 수 있다. 그러나 가해자의 주의에도 불구하고 사고위험이 크게 남아 있는 분야 등에는, (기여과실의 항변이 인정되는) 엄격책임원칙이 채택되거나, 과실의 입증책임이 피해자로부터 가해자로 전환되어 있는 경우도 있다. 예컨대, 민법 제758조 제1항은 "공작물의 설치 또는 보존의 하자로 인하여 타인에게 손해를 가한 때에는 공작물 점유자가 손해를 배상할 책임이 있다. 그러나 점유자가 손해의 방지에 필요한 주의를 해태하지 아니한 때에는 그 소유자가 손해를 배상할 책임이 있다"고 규정하고 있고, 제759조 제1항은 "동물의 점유자는 그 동물이 타인에게 가한 손해를 배상할 책임이 있다. 그러나 동물의 종류와 성질에 따라 그 보관에 상당한 주의를 해태하지 아니한 때에는 그러하지 아니하다"고 규정하고 있다. 그리고 제조물책임법 제3조 제1항은 "제조업자는 제조물의 결함으로 인하여 생명 · 신체 또는 재산에 손해(당해 제조물에 대해서만 발생한 손해를 제외한다)를 입은 자에게 그 손해를 배상하여야 한다"고 규정하고 있다. 이러한 실제의 법제는 각종 책임원칙의 효율성과 관련한 앞에서의 논의와 대체로 부합한다고 할 수 있다.

한편, 법원은 가해자 혹은 피해자의 과실 유무를 어떻게 판정하는가? 과실 유무 판정의 기준이 되는 상당한 주의의 정도는 사회적으로 최적인 수준으로 설정되고, 따라서 각종 과실책임원칙 혹은 기여과실의 항변이 인정되는 엄격책임원칙은 실제로 사회적으로 효율적인 결과를 가져오는 경향이 있는가? 물론 법원은 과실 유무의 판정에 임하여 사고 관련 총비용의 최소화를 의식적으로 염두에 두지는 않겠지만, 결과적으로 사고 관련 총비용의 최소화에 이바지하는 방향으로 각종 요소를 고려하고 있는 것 같다. 예컨대, 판결에서 과실 유무 판정의 기준이 되는 상당한 주의의 정도는 일반적으로 사고발생의 확률이 높을수록 그리고 예상되는 손해의 크기가 클수록 높아지는 경향이 있다.

12) 불법행위법에 대한 법경제학적 논의의 의의

법경제학적 논의는 과실 유무를 판정하는 기준이 되는 상당주의를 어떤 수준으로 정해야 할 것인지, 어떤 분야에서 과실책임원칙 대신 다른 책임원칙을 채택하는 것이 합리화될 수 있을 것인지 등에 대해 중요한 시사점을 제공해 준다.

여기에서는 논의되지 않았으나, 미국에서 기존의 기여과실의 항변이 인정되는 과실책임원칙이 최근 점차 비교과실책임원칙으로 대체되어 가는 경향이 있는데, 그 이유는 무엇인지에 대한 흥미 있는 법경제학적 분석도 있다. 사고법분야에서 보험제도는 어떠한 역할을 하는지, 어떤 상황에서 잠재적인 가해자나 피해자의 보험가입을 강제하는 것이 합리화될 것인지 등에 대해서도 법경제학적인 논의가 많이 축적되어 있다. 징벌적 배상, 사용자책임, 공동불법행위 등 실로 불법행위법의 전 분야에 걸쳐 법경제학적인 분석이 가해지고 있다. 이러한 법경제학적 논의는 사고법 내지 불법행위법의 기능이나 '과실'의 의미 등에 대한 이해를 높이고, 나아가 관련 제도의 개선방향을 모색함에 있어 훌륭한 지침을 제공해 줄 수 있다.

4. 예시 10: 「실화책임에 관한 법률」의 위헌성

「실화책임에 관한 법률」(이하 실화책임법)의 위헌성이 문제된 적이 있는데, 헌법재판소는 한국법경제학회에 실화책임법의 위헌성 내지 타당성에 대한 의견서 제출을 요청한 바 있다. 헌법재판소는 결국 실화책임법에 대해 헌법불합치 결정을 내렸고(2007. 8. 30. 선고 2004헌가25), 국회는 동법의 내용을 개정하였다(2009. 5. 8. 법률 제9648호). 이하에서는 구 실화책임법을 어떻게 평가해야 할지, 새로 개정된 실화책임법은 어떻게 보아야 할지 등에 대해 간단히 살펴보기로 한다(한국법경제학회의 학회지 『법경제학연구』 제4권 제2호, 2007. 12.에 실린 특별토론 「실화책임에 관한 법률의 법경제학적 접근」 참조).

앞의 예시 9에서 살펴본 바와 같이 과실책임원칙하에서 가해자는 기본적으로 배상책임을 면하기 위해 요구되는 최소한의 주의 수준, 즉 상당주의 정도만큼 주의를 기울이게 되므로, 상당주의 정도가 효율적인 수준으로 설정되어야 과실책임원칙은 효율적인 결과를 가져오게 된다(예시 9의 모형에서는 가해자 및 피해자의 주의 정도가 달라짐에 따라 사고위험의 정도가 달라지는 경우를 살펴보았지만, 여기에서는 가해자의 주의 정도만이 사고위험에 영향을 미치는 경우를 살펴본다. 이렇게 단순화된 모형에서도 상당주의 정도가 효율적인 수준으로 설정되어야 과실책임원칙은 효율적인 결과를 가져오게 됨은 물론이다).

그런데 구 실화책임법(1961. 4. 28. 법률 제607호)은 "민법 제750조의 규정은 실화의 경우에는 중대한 과실이 있을 때에 한하여 이를 적용한다"고 규정하고 있었다. 〈그림 2-1〉은 상당주의 x_d가 사회적 최적주의 x^*보다 낮게 설정되었을 경우($x_d < x^*$), 가해자는 자신이 부담하는 총비용을 최소화하기 위해 상당주의 x_d만큼만 주의를 기울임을 보여 주고 있다. 상당주의가 사회적 최적주의 수준보다 낮게 설정될 경우, 가해자는 사회적으로 최적인 수준보다 낮은 수준의 상당주의만 기울이고, 따라서 총사고비용이 최소화되지 못하는 비효율적인 결과가 나타남을 보여 주고 있다.

다른 한편으로 과실책임원칙하에서는 배상액이 실제 손해액보다 크거나 다소 작더라도 상당주의 정도가 효율적인 수준으로 설정되어 있는 한 효율적인 결과가

그림 2-1 • 과실책임원칙: 상당주의가 최적주의 수준 이하로 설정된 경우

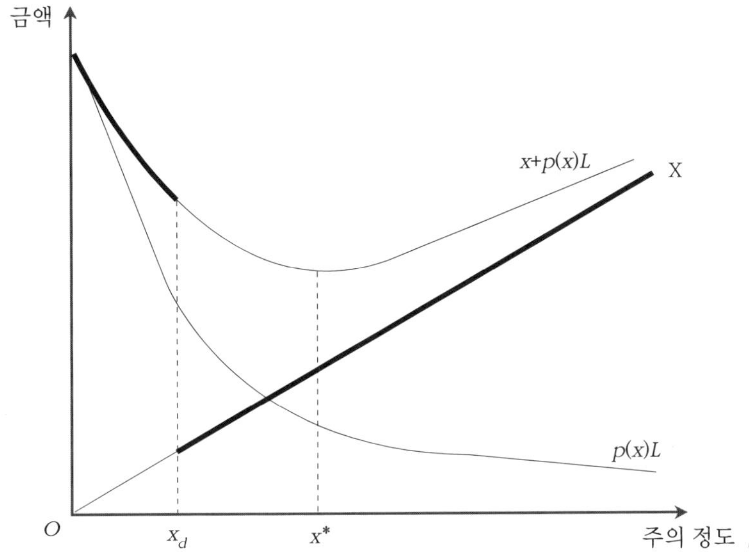

도출됨에 유의할 필요가 있다. 〈그림 2-2〉는 과실책임원칙하에서 상당주의는 사회적 최적주의 수준에서 설정되어 있지만(x_d=x^*), 배상액은 실제 손해액의 절반인 $L/2$로 설정된 경우에 가해자가 얼마만큼의 주의를 기울일 것인지를 표시하고 있다. 상당주의에 미치지 못하는 주의를 기울일 경우($x < x_d$) 가해자의 (기대)총부담액은 $x+p(x)L/2$ 로 되고, 상당주의 혹은 그 이상의 주의를 기울일 경우($x \geq x_d$) 가해자의 총부담액은 x로 될 것이므로, 〈그림 2-2〉의 경우에는 가해자가 여전히 상당주의를 다하게 됨(x=x_d=x^*)을 보여 주고 있다. 즉, 배상액이 실제 손해액의 절반에 불과하더라도 상당주의 정도가 효율적인 수준으로 설정되어 있는 한 효율적인 결과를 가져오게 됨을 보여 주고 있는 것이다(물론 배상액이 실제 손해액에 비해 지나치게 작을 경우 가해자는 상당주의를 기울이지 않을 것인바, 이 점도 그림을 통해 쉽게 확인해 볼 수 있을 것이다).

결국, 과실책임원칙하에서 상당주의의 정도가 사회적으로 효율적인 수준으로 설정되어 있는 한 배상액이 실제 손해액보다 크거나 다소 작더라도 효율적인 결과

그림 2-2 • 과실책임원칙: 배상액이 사고손해보다 적은 경우

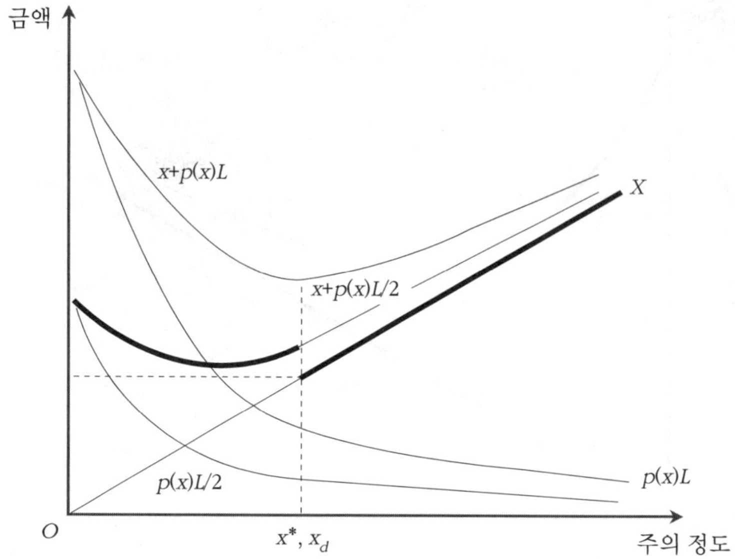

가 도출된다는 것이다.

이러한 논의에 비추어 보면, 실화의 경우에는 중대한 과실이 있을 때에 한하여 가해자가 배상책임을 지도록 규정한 구 실화책임법은 그 타당성을 찾기 어렵다. 과실책임원칙이 사전적 사고 억제의 측면에서 효율적인 결과를 가져오기 위해서는 배상책임 유무 내지 과실 유무를 결정하는 기준이 되는 상당주의 정도가 사회적으로 효율적인 수준으로 설정되어야 하는데, 구 실화책임법은 실화의 경우 중대한 과실이 있을 때에 한하여 가해자가 배상책임을 지도록 규정함으로써 상당주의 정도를 사회적으로 효율적인 수준보다 낮게 설정한 것으로 해석할 소지를 강하게 남겨 놓게 되었다. 즉, 〈그림 2-1〉에서 보는 바와 같이 사회적으로 최적인 주의 수준 x^*에 못 미치는 x_d만큼만 주의를 기울여도 상당주의를 다하였고, 따라서 배상책임을 지지 않는 것으로 해석할 여지를 동법은 남겨 놓고 있었던 것이다.

실제로 동법의 적용으로 인해 가해자의 중과실 입증에 어려움을 느낀 피해자가 피해배상을 받는 것을 포기하거나, 소방관이나 경찰관들이 어차피 배상처리가

어려운 것이라면서 제대로 화재원인도 규명하지 않은 채 사고를 축소하여 처리하는 경향이 있었던 것으로 보고되었다. 그 결과는 잠재적 가해자로 하여금 화재발생을 방지하려는 노력을 충분히 기울이지 않게 만들고, 따라서 너무 많은 화재사고가 발생하게 만든다(다른 한편으로 배상을 받지 못하는 피해자는 이웃으로부터 불이 옮겨 오지 않도록 과도한 주의를 기울이게 될 것이다). 한 단위의 주의비용을 더 들여 기대사고손해를 그보다 더 낮출 수 있다면 그러한 추가적인 주의는 행해져야 사회적으로 효율적임에도 불구하고, 동법의 규정으로 인해 가해자가 사회적으로 효율적인 수준 이하의 주의만을 행하고 따라서 지나치게 많은 화재가 발생한다면 동법은 그 폐기 내지 수정을 충분히 고려해 볼 필요가 있었다고 보아야 할 것이다.

사후적 손해배분의 측면에서도 구 실화책임법의 타당성은 별로 없어 보인다. 우선 보험의 이용가능성이 높아진 오늘날에는 손해의 사후적 배분이라는 사고법의 기능은 그 중요성이 약화되었다. 그리고 〈그림 2-2〉와 관련한 논의가 시사하는 바와 같이, 한편으로 상당주의 정도를 사회적으로 최적인 수준으로 유지함으로써 가해자의 적절한 주의를 할 인센티브를 확보하면서도, 다른 한편으로 손해배상액을 조정함으로써 사고손해의 사후적 배분의 적정성을 꾀할 수 있는 길이 있다. 실제로 우리나라 민법도 가해자의 상당주의 정도를 낮춤으로써 가해자의 과도한 부담을 경감시켜 주는 방법보다는 손해배상액을 적절히 조정함으로써 사후적 손해배분의 적정성을 도모하는 방법을 채택하고 있다 할 수 있는바, 관련 조문을 인용하면 다음과 같다: "제765조 (배상액의 경감청구) ① 본장의 규정에 의한 배상의무자는 그 손해가 고의 또는 중대한 과실에 의한 것이 아니고 그 배상으로 인하여 배상자의 생계에 중대한 영향을 미치게 될 경우에는 법원에 그 배상액의 경감을 청구할 수 있다. ② 법원은 전항의 청구가 있는 때에는 채권자 및 채무자의 경제 상태와 손해의 원인 등을 참작하여 배상액을 경감할 수 있다."

결론적으로 구 실화책임법은 법경제학적 관점에서 보았을 때 그 타당성을 찾기 어렵고 오히려 여러 가지 부작용을 초래할 것으로 판단되었다. 한국법경제학회는 이러한 취지의 의견서를 작성하여 헌법재판소에 제출한 바 있었다.

구 실화책임법이 헌법불합치 판결을 받자 국회는 동법을 개정하였다. 개정법은 (1) 실화(失火)의 특수성을 고려하여 실화자에게 중대한 과실이 없는 경우 그 손해배상액의 경감에 관한 민법 제765조의 특례를 정함을 목적으로 하고(제1조), (2) 실화로 인하여 화재가 발생한 경우 연소(延燒)로 인한 부분에 대한 손해배상청구에 한하여 적용하기로 하며(제2조), (3) 실화가 중대한 과실로 인한 것이 아닌 경우 그로 인한 손해의 배상의무자가 청구를 하는 경우에는 1. 화재의 원인과 규모, 2. 피해의 대상과 정도, 3. 연소 및 피해 확대의 원인, 4. 피해 확대를 방지하기 위한 실화자의 노력, 5. 배상의무자 및 피해자의 경제 상태, 6. 그 밖에 손해배상액을 결정할 때 고려할 사정을 고려하여 그 손해배상액을 경감할 수 있도록 하고 있다(제3조). 이러한 내용으로의 실화책임법의 개정은 앞에서의 논의에 비추어 볼 때 대체로 합당한 것으로 평가된다.

Ⅳ. 결론

지금까지 법경제학 방법론과 법의 제정 및 해석 · 적용에 있어 법경제학의 역할을 주로 예시를 통해 소개하였다. 법경제학은 어떤 법 · 제도가 주어지면 사람들은 어떤 행동을 하게 될 것인지, 사회적 · 전체적 결과는 어떻게 될 것인지, 다른 법 · 제도하에서는 어떤 결과가 나올 것인지, 결국 어떤 법 · 제도가 보다 나은 결과를 가져올 것인지 등을 숫자 예나 그래프, (제약하의) 극대화, 게임이론, 계량경제학, 행동경제학 등의 방법론을 사용하여 따져 본다.

예시 1에서는 간단한 게임모형을 통해 타인의 권리에 대한 부당한 침해에 제재를 가하는 제도적 장치를 마련함으로써 사회적으로 보다 나은 결과를 가져올 수 있음을 보였다. 예시 2에서는 간단한 숫자 예를 통해 거래비용이 존재하지 않는 경우에는 어느 쪽 당사자에 권리를 주든 자원배분은 똑같이 효율적인 것으로 되지만, 거래비용이 존재하는 경우에는 어느 쪽에 권리를 주느냐라는 법적 결정은 자원배분의 효율성에 영향을 미치는 경제적 결정으로 됨을 확인하였다. 예시 3에서는 채무자의 계약 이행 · 파기 결정을 사회적으로 효율적인 방향으로 유도하기 위해서는 계약파기시 채무자의 손해배상액이 계약의 정상적인 이행이 있었을 때 채권자가 누릴 효용 수준을 보장해 주는 기대손해배상액으로 되어야 함을 논증하였다. 예시 4에서는 수리모형을 통해 한편으로는 채무자로 하여금 효율적인 계약 이행 · 파기 결정을 하도록 유도하고, 다른 한편으로는 채권자로 하여금 효율적인 신뢰투자 결정을 하도록 유도하는 유력한 방법은, 기대손해배상을 원칙으로 하되 구매자가 지나치게 많은 신뢰투자를 한 경우에는 사회적으로 적정 수준의 신뢰투자를 했을 때 구매자가 누릴 효용 수준을 보장해 주는 수준으로 배상액을 한정하는 한정적 기대손해배상(limited expectation damage)임을 보였다. 예시 5에서는 범죄와 형벌과 관련하여 통계학 내지 계량경제학의 방법론을 동원한 실증적 연구의 성과 몇 가지를 소개하였다. 그리고 예시 6에서는 최근 인지심리학 내지 행동경제학의 방법론을 사용하여 여러 가지 법현상을 분석하는 행동법경제학이 부상하고 있음을 언급하였다.

좋은 법과 제도를 만듦에 있어 법과 제도에 대한 경제적 분석은 많은 기여를 할 것으로 기대된다. 법의 경제적 분석 내지 법경제학은 그 동안 법과 경제의 관계, 법 · 제도의 인센티브 구조, 정부개입의 적절한 정도와 방법 등에 대한 과학적 지식을 많이 축적해 왔다.

예시 7에서는 사고위험을 통제하는 방안으로는 사전적인 안전규제, 사고손해의 사후적 배상, 사고위험을 느끼는 상대방의 신청에 의한 법원의 행위금지명령, 행위의 정도에 비례하여 정부가 매기는 교정적 세금, 사고 발생시 정부가 부과하는 금전적 제재 등이 있는바, 어떤 상황에서 어떤 수단을 사용하는 것이 바람직할 것인지에 대하여 간단히 살펴보았다. 예시 8에서는 우리나라에서 그 동안의 지방자치제도의 실시가 여러 가지로 긍정적인 효과를 가져온 것은 사실이지만 지방정부가 자신의 행위의 결과에 대해 스스로 책임을 져야 한다는 측면에서 보면 아직 갈 길이 멀다는 점을 지적하면서, 우리나라 국가운영체제를 보다 지방분권적인 것으로 전환할 필요가 있다는 주장을 펼쳤다.

법경제학은 또한 어떤 제도나 법원리가 어떤 역할을 수행하는지를 좀더 명시적으로 밝힘으로써 법의 해석 · 적용에 있어 새로운 시각을 제공하기도 하고 불합리해 보이는 법규정에 대해 개선책을 제시하기도 한다.

예시 9에서는 불법행위법에 대한 법경제학적 논의가 과실 유무를 판정하는 기준이 되는 상당주의를 어떤 수준으로 정해야 할 것인지, 어떤 분야에서 과실책임 원칙 대신 다른 책임원칙을 채택하는 것이 합리화될 수 있을 것인지 등에 대해 중요한 시사점을 제공해 줌을 확인하였다. 예시 10에서는 실화의 경우 중대한 과실이 있을 때에 한하여 가해자가 배상책임을 지도록 규정한 구 실화책임법은 그 타당성을 찾기 어려움을 이야기하고, 구 실화책임법의 위헌성 논의에 한국법경제학회가 헌법재판소에 의견서 제출, 토론회 개최 등을 통해 일정 부분 관여한 경위를 간단히 기록하였다.

법경제학은 법 · 제도가 달라짐에 따라 가해자와 피해자, 채무자와 채권자 등 당사자들의 인센티브가 어떻게 달라지는지를 주로 다룬다. 법 · 제도가 달라짐에 따라 전반적인 경제적 성과가 어떻게 다르게 될 것인지는 법경제학이 마땅히 관심을 가질 주제이겠지만, 전통적인 경제학에서도 관심이 없었다고 보기는 어려울 것이다. 가격규제나 진입규제는 어떻게 경제적 효율성에 악영향을 미칠지, 자유무역이 어떻게 분업과 특화를 촉진하고 규모의 경제를 발현시키는지 등에 대한 경제학의 관심은 오래된 것이다. 최근에는 경제적 자유도, 제도적 투명성, 대외개방성 등의 정도가 높을수록 소득 수준 혹은 경제성장률이 높아지는 경향이 있음을 밝히는 연구도 꽤 많이 이루어졌다. 어떤 체제, 어떤 정치제도가 나라를 번영으로 이끌지에 대해서도 많은 관심과 연구성과가 있어 왔다. 당사자들의 인센티브 구조에 대한 연구뿐만 아니라 법 · 제도가 경제적 성과에 미치는 영향 내지 법과 경제의 관계에 대한 연구까지도 법경제학의 범주에 포함시킨다면 법경제학은 그 범위가 상당히 넓다고 할 수 있다.

법경제학은 법학과 경제학이라는 2개의 큰 학문분야를 매개하는 역할을 담당할 것이다. 법의 제정과 해석 · 적용에 경제학적 방법론이 유용하게 쓰일 것이다. 다른 한편으로 경제학도 법 · 제도적 측면에 관심을 갖기 시작하면서 보다 현실에 기초한 그리고 현실 문제에 좀더 도움을 주는 학문분야로 거듭나고 있다고 본다. 경제학도는 법과 제도를 공부함으로써, 그리고 법학도는 경제의 원리를 공부함으로써 얻는 바가 클 것이다.

이제 법경제학은 세계적으로 발전하고 있고, 법경제학적 방법론은 법학 및 법실무에 점차 더 많이 이용되고 있다. 우리나라에서도 법경제학에 관심을 가지는 학자와 법조인들이 늘어나기를, 그리고 법경제학적 방법론이 그 유용성을 인정받아 법학의 연구와 교육 그리고 실제의 법제정과 해석 · 적용에 보다 널리 쓰이기를 기대해 본다.

참고문헌

김영평 · 최병선 · 신도철 편저, 『규제의 역설』, 삼성경제연구소, 2006.

Alchian, Armen A., "Some Economics of Property Rights," *Il Politico*, 30(4), 1965, pp. 816-829.

Becker, Gary, "Crime and Punishment: An Economic Approach," *Journal of Political Economy*, 76, 1968, pp. 169-217.

Calabresi, Guido, "Some Thoughts on Risk Distribution and the Law of Torts," *Yale Law Journal*, 70(4), 1961, pp. 499-553.

Coase, Ronald, "The Problem of Social Cost," *The Journal of Law and Economics*, 3(1), 1960, pp. 1-44.

Cooter, Robert and Thomas Ulen, *Law and Economics*, 6th ed., Prentice Hall, 2011.

Demsetz, Harold, "Toward a Theory of Property Rights," *American Economic Review*, 57(2), 1967, pp. 347-359.

Ehrlich, Isaac, "Participation in Illegitimate Activities: a Theoretical and Empirical Investigation," *Journal of Political Economy*, 81, 1973, pp. 521-565.

Harrison, Jeffrey L. and Jules Theeuwes, *Law and Economics*, Norton & Company, 2008.

Landes, William M. and Richard A. Posner, *The Economic Structure of Tort Law*, Harvard University Press, 1987.

Mercuro, Nicholas and Steven G. Medema, *Economics and the Law*, 2nd ed., Princeton University Press, 2006.

Micheli, Thomas J., *Economics of the Law*, Oxford University Press, 1997.

______, *The Economic Approach to Law*, Stanford Economics and Finance, 2003.

Polinsky, A. Mitchell, *An Introduction to Law and Economics*, 4th ed., Aspen Publishers, 2011.

Posner, Richard A., *Economic Analysis of Law*, 7th ed., Aspen Publishers, 2007.

Shavell, Steven, *Economic Analysis of Accident Law*, Harvard University Press, 1987.

______, *Foundations of Economic Analysis of Law*, Harvard University Press, 2004.

Weingast, Barry R., "The Economic Role of Political Institutions: Market-Preserving Federalism and Economic Development," *Journal of Law, Economics and Organization*, 11, 1995, pp. 1-31.

Chapter 3

김일중

재산권의 법경제학

Chapter 3

재산권의 법경제학

김일중

Ⅰ. 서론

법은 "경제주체들의 행동을 사회적으로 소망스러운 방향으로 유도하기 위한 각종 규칙과 법적 제재들의 집합체"로 볼 수 있다.[1] 가령 운전자의 적절한 주의의무를 부과하여 교통사고를 줄이도록 하거나, 과징금으로써 경쟁이 아닌 담합하려는 시도를 억제하는 쪽으로 유도하는 규칙들을 포함한다. 소득세제를 잘 고안하여 기부문화를 활성화시킬 수도 있다. 이처럼 법이란 그 관할분야가 무엇이든 그에 상응하는 유인(incentives)을 창출해 내기 때문에 경제분석의 대상이 되는 것은 너무나 자연스런 일이다. 주지하듯 원래 경제학은 '사람의 유인에 관한 학문'이기 때문이다.

바로 이러한 맥락에서 법경제학 대표교과서 중의 하나인 Cooter and Ulen(2008, pp. 3-4, [ ] 추가)에서는 "법적 제재(legal penalty)가 인간의 행위에 미치는 영향을 예측하는 과학적 이론 … [또는 더욱 포괄적으로] 인간이 법에 어떻게 반응하는가를 예측하는 데 필요한 행위이론과 정책을 평가하는 데 유익한 기준을 제공하는 학문이다"라고 법경제학을 정의하고 있다. 따라서 필자가 이를 규범적으로 재해석하면,

1) "Law can be viewed as a body of rules and legal sanctions that channel behavior in socially desirable directions" (Polinsky and Shavell, 2007, p. xi).

법경제학은 (다양한 부류의) 입법을 통하여 애초 의도하였던 효과가 (역시 다양한 종류의) 시장에서 실제로 달성될 수 있도록 도와 주어야 하는 학문이라고도 볼 수 있을 것이다.

본고의 목적은 법경제학이라는 학문의 가장 기초 개념이자 동시에 핵심 분석 도구인 '재산권'(property rights)에 관한 이론을 개관하는 것이다. 후술되듯 현존하는 모든 법과 제도는 '관련 재산권들의 우선순위에 관한 묶음'이라고 보아도 무방하다. 개별 실정법들에 포함된 구체적인 법리나 조항을 일일이 평가하는 방식을 선택하기보다는, 법경제학에서 거의 모든 실정법들을 분석할 때 그 기본이 되는 재산권 이론의 각 요체를 설명해 본다. 이어 이론의 활용가능성 및 활용방법을 함께 숙고해 보는 기회를 제공하기 위하여 그간 필자가 수행하였던 연구주제들 중 두어 가지를 선택하여 가급적 용이하게 기술한다. 이상의 목적을 위하여 다음과 같은 순서로 진행된다.

제Ⅱ절은 재산권에 관하여 기초적인 논의를 시작한다. 구체적으로, 재산권이란 무엇인가, 재산권 정립이 왜 경제학적으로 중요한가, 재산권은 애초에 어떻게 성립되는가, 또는 재산권은 어떤 이유에서 설정과 재설정을 반복하는가 등의 질문들에 대하여 답하고자 하였던 대표적 기존 연구문헌들의 결과를 정리한다. 이 과정에서 이른바 '재산권경제학'이 기존의 경제학과 어떤 차이가 있는지에 대해서도 언급한다. 제Ⅲ절에서는 '코즈 정리'를 본격적으로 검토한다. 코즈 정리는 현대 사회가 직면한 무수한 종류의 갈등과 분쟁을 합리적으로 해결하는 데 유용하게 적용할 수 있는 법경제학 이론의 핵심이라는 명제를 부각시키고자 한다. 왜냐하면, 분쟁이나 갈등의 해결은 결국 '상충되는 재산권들의 우선순위 결정'을 어떻게 하는가에 달려 있기 때문이다. 재산권 설정작업의 필요성과 중요성을 최초로, 그리고 매우 설득력 있게 제기한 '코즈 정리'의 개요와 깊은 함의를 음미하면서, 이제는 법경제학도에게 매우 익숙한 개념으로 자리잡은 '거래비용'(transaction costs), '상호성'(reciprocity), '동태적 경제효율성'(dynamic economic efficiency) 등의 의미를 설명할 것이다.

제Ⅳ절과 제Ⅴ절에서는 상기 두 절의 이론을 직접 응용해 보는 기회를 갖는다. 선택할 수 있는 사례(법제)는 무궁무진하지만, 본고에서는 '민간 대 민간' 및 '민간

대 국가' 갈등을 각각 한 가지씩 소개한다. 재산권 이론이 사법(私法)은 물론 공법(公法)분야에서도 유익한 역할을 할 수 있다는 점을 보이기 위함이다. 또한 각각 '극히 일상의 사례'와 '특정 실정법 조항'을 선택함으로써 재산권 이론의 응용범주가 소위 '공식적 제약'(formal constraints)(Ellickson, 1991)은 물론 '비공식적(informal) 제약'분야까지 광범위하다는 사실을 보이고자 한다.

먼저 제Ⅳ절에서는 우리의 주변에서 매일 겪는 교통 문제를 다루어 본다. 다양한 종류의 도로장애물 때문에 차선변경을 해야 할 때 운전자들 사이에 발생하는 갈등 상황을 검토해 본다. 따라서 민간끼리의 극히 일상적인 갈등이다. 이와는 대조적으로 제Ⅴ절에서는 국가가 개입되며 헌법적 요소까지 갖는 갈등으로서 공용수용(taking 또는 eminent domain) 조항을 선택한다. 공용수용이라는 기실 막강한 국가의 권한이 갖는 의미로부터, 공익조건 · 정당보상조건 · 거래비용조건 등 주요 개념들에 깔린 경제학적 논리들 및 기존 연구들을 소개한다. 이어 이른바 '환매권제도'에 관련된 한국의 한 법제 변화를 사례로 삼아 재산권 이론의 활용가능성을 재확인한다. 이상을 통하여 이른바 '코즈적 숙고'의 유용성을 보이고자 한다.

마지막으로 제Ⅵ절에서는 논의를 종합한다. 우선 법(학)과 경제(학)의 '접목'이 어떤 이유로 또 어떤 경로를 통하여 잉여를 창출하는지 간략히 언급한다. 이어 본장에서 다룬 재산권 이론의 중요성 및 그 방법론에 대한 수요가 기업 등 민간부문에서는 물론 특히 법을 제정하고 집행하는 공공부문에서 급증할 것이라는 예측을 강조한다. 나아가 필자의 연구경험을 바탕으로, 최적재산권 배분작업을 성공적으로 하는 데 유익하다고 생각되는 제언, 및 향후 법경제학적 사고방식 또는 연구를 위하여 요긴하다고 판단되는 조건들을 제시해 본다.

Ⅱ. 재산권의 정의 및 재산권경제학

1. 재산권의 정의[2)]

모든 인간은 자신의 이익(self-interest)을 추구한다. 그것은 너무나 자연스런 경제 원칙이다. 그런데 사익을 무리하게 좇다 보면 개인 또는 집단이 타인 또는 타 집단에게 피해를 주는 일이 발생한다. 가령 법학에서는 이를 '위해행위'(harmful act)라 하고, 경제학에서는 '음(陰)의 외부효과'(negative externality)로 이름만 다르게 부른다. 이 현상은 인류의 역사가 시작할 때부터 존재하였으나, 이제 과학기술이 초유의 속도로 발달하고 경제주체 간 의존성이 높아지면서 불법행위의 형태는 급속도로 다양해지고, 그로 인한 피해의 규모 역시 증폭되고 있다.

단적인 예로 사이버 공간에서의 해킹이나 저작권 침해행위는 이미 보편화된 지 오래 되었고, 이제는 무기 · 신체장기 · 대리출산 등 거래가 금지된 상품과 용역들의 암거래는 물론 보이스 · 문자 · 메신저 피싱 등 불과 몇 년 전만 해도 상상하기 힘들었던 신종 범죄가 빠르게 확산되고 있다. 한편, 신용카드회사 · 통신회사 등에 의한 각종 회원정보의 유출 또는 얼마 전 태안반도에서의 원유유출에서 보듯, 한 번 발생하면 수만, 수십만 명이 한꺼번에 피해를 입게 되는 대형사고의 위험시대에 살고 있다. 또한 아동성폭력, 무차별 테러, 방화, 각종 금융사기 등 특별히 심각해지고 있는 각종 의도적 불법행위는 그 당사자들이 직면하는 유인체계가 빠르게 변화하기 때문에 발생한다.

이와 더불어 하루가 멀다 하고 나타나는 새로운 유형의 갈등들 또한 우리 사회가 직면하고 해결해야 할 막대한 과제이다. 가령 정부가 보유하고 있는 엄청난 양의 개인정보들의 공개를 둘러싸고 이른바 '프라이버시 보호 대 공공재 공급'이라는 상충된 명분 아래 예전에는 없던 긴장과 갈등이 계속되고 있다. 도심 재개발 ·

2) 제II절 논의의 상당 부분은 김일중(2008, pp. 47-97)에 기초를 두고 있으므로, 특별한 경우를 제외하고는 일일이 인용하지 않는다.

재건축, 신중고등학생들의 학교선택권, 사찰의 문화재 관람료 징수, 일조권이나 조망권 침해, 상이한 금융회사들(또는 상이한 언론 · 통신매체들) 사이의 업역경계 완화 등을 둘러싼 무수한 갈등들이 속출하고 있다.

일면 위험과 혼돈의 세대라 부를 수 있는 현 상황에서, 선진화된 법질서를 유지하려면 무엇보다도 "특정 법제도하에서 그들은 향후 어떻게 행동할 것인가"에 관한 경제주체의 동태적 유인을 신속하고 정확하게 묻는 데서부터 해법을 모색해야 한다. 환언하면, 법경제학에서 일컫는 '상충되는 재산권들의 효율적 배분'이 요체이다.

현대산업사회에서 정부기능은 경제주체들의 각종 유 · 무형 '재산권'(property rights)을 명료하고 효율적으로 확립 · 관리하는 데 있다(Coase, 1960; Barzel, 1989; Libecap, 1989 등). 법경제학에서 제일 빈번히 사용되는 용어인 '재산권'의 가장 함축된 정의는 "특정 자산을 사용할 수 있는 특정 경제주체의 능력 또는 기대능력"(the ability or the expected ability of an economic agent to use an asset)이다(Lueck and Miceli, 2007, p. 186).

한편, 법경제학자들이 역시 매우 빈번히 사용하는 용어인 '재산권의 확립(또는 배분)'이란 특정 경제자원에 대하여 법적으로 부여한 사용특권(use privilege) 및 그 사용으로부터 발생하는 비용과 편익을 할당하는 행위를 일컫는다. 2009년 노벨경제학상 수상자인 오스트롬(Elinor Ostrom) 교수의 대표적 저서(1990)에 의하면, 어떤 이유에서든지 재산권이 명료하지 않거나 그 지속 여부가 불확실한 상황에서는 합법적인 경제행위보다 생산활동 중지, 약탈, 암시장 거래, 자원고갈 등의 현상이 나타나기 마련이다.[3)]

좀더 구체적으로, 일단 재산권이 확립되면 경제주체들의 각종 행위들이 효율

3) 가령 모든 경제주체들은 동일하며, 이들의 생산물 중 특정 비율은 남에게 빼앗길 수 있으나 동시에 남의 생산물을 아무런 비용을 들이지 않고(freely) '똑같은 비율로' 남으로부터 빼앗을 수도 있다고 가정해 보자. 즉, 재산권이 확립되지 못하여 '뺏고 빼앗기는' 사회이다. 특정 가정하에 매우 간략한 수리모형을 사용하여 이 상황을 분석해 보면, 각 개인의 근로시간은 사회 최적 수준에 미달한다는 사실을 확인할 수 있다. 이러한 결과가 나올 수밖에 없는 핵심 이유는 '추가로 한 시간 더 일을 할 것인가'를 결정할 때, 여전히 자신의 '생산물 전체'가 아니라 '뺏기지 않고 남을 부분만'을 대상으로 판단하기 때문이다. 이와는 대조적으로 한 시간의 추가근로로 인한 비효용은 100% 자신의 의사결정 계산에 포함되기 때문이다. 다른 한 가지 이유는 근로시간을 결정할 때, 남으로부터 쉽게 '빼앗아 올' 생산물을 미리 염두에 두기 때문에 그만큼 근로의욕이 떨어진다는 점이다. 이 모든 결과를 더욱 직관적으로 표현하면, (사회 최적 수준보다는) 적게 소비하되 대신 적게 일하는 것을 더 선호하는 사회로 자연스럽게 유도된다는 의미이다. 이상의 내용에 관한 좀더 자세한 설명은 김일중(2008, pp. 48-51, 95-96)을 참조할 수 있다.

적인 방향으로 결정된다.[4)] 환언하면, 경제주체들의 근로하려는 유인, 희소자산을 보수 유지하려는 유인, 상호 유익한 방향으로 교환하려는 유인을 높인다는 차원에서 재산권의 확립은 정당성을 지닌다. 또한 재산권을 확립하면, 불필요한 소유권 다툼이나 무작위한 침범에 대비하는 비효율적 투자를 피할 수 있으며, 위험회피적인 경제주체들로 하여금 다양한 위험으로부터 스스로를 보호할 수 있는 장치들(예: 보험 및 각종 위험분담계약)을 마련하는 것을 가능하게 한다. 요컨대, 재산권이 확립되면 사회 최적의 경제효율성을 달성할 가능성이 커진다. 바로 이런 맥락에서 Lueck and Miceli(2007, p. 186)는 다음과 같이 결론을 내린다. "재산권들이란 사회의 부를 극대화하도록 고안된 사회규칙들의 체계이다. 그러한 체계는 궁극적으로 전문화와 교역을 이룰 수 있도록 경제주체들로 하여금 자산을 관리하고 투자하려는 유인을 창출시킴으로써 사회의 부를 극대화한다."[5)]

2. 재산권경제학

1) 개요

'재산권경제학'이라고도 불리는 재산권 관련 논의들은 우리가 생각할 수 있는 모든 개별 실정법들의 근간을 이룬다. 예를 들어, 국내외 법과대학에서 독자적인 과목으로 구분하여 가르칠 뿐만 아니라, 일상생활을 밀접히 관할하고 있는 계약법, 사고법, 형법, 헌법, 노동법, 공정거래법, 회사법, 세법, 금융법, 환경법, 국제법 등을 망라한 모든 개별 실정법들에 대한 법경제학적 분석은 바로 이 재산권 개념으로부터 시작한다고 해도 과언이 아니다. 바로 이런 배경에서 최근 Lueck and Miceli(2007, p. 187)는 (법경제학적 시각에서 볼 때) 현존하는 "거의 모든 실정법들은 '재산권법'(property rights law)이다"라고 요약한 바 있다.[6)] '코즈 정리'를 위시하여

4) 엄밀히 말하자면 재산권은 세 가지 권리를 포함한다(Cheung, 1974). 첫째, 특정 경제재를 배타적으로 사용할 수 있는 권리이다. 즉, 다른 경제주체가 해당 경제재를 사용하려고 할 때 그것을 막을 수 있다는 의미이다. 재산권을 구성하는 두 번째 권리는 해당 경제재를 사용함으로써 발생하는 소득을 배타적으로 취할 수 있는 권리이다. 마지막으로는 양도의 권리가 포함되는데, 이는 새로이 소유자가 되려는 사람과 자발적으로 계약을 체결할 수 있을 뿐 아니라 그 계약의 내용까지도 정할 수 있는 권리를 의미한다.

5) 나아가 재산권이 확립되면 바람직한 부의 분배의 달성도 원칙적으로 가능하다. 재산권이 존재하지 않으면 애초 정부가 어떤 분배정책을 쓰는가에 상관없이 결국은 '남의 것을 빼앗는 능력'과 자기 것을 '남에게 빼기지 않는 능력'의 분포에 의하여 그 경제 내부의 분배가 결정될 것이다.

재산권의 중요성을 강조하는 법경제학 이론들을 좀더 심층적으로 검토하기 이전 코즈 이후의 소위 재산권 접근방식(the property rights approach)과 기존 신고전경제학(the neoclassical economics)의 차이점에 대해 잠시 언급해 보자.[7)]

왈라스류의 신고전경제학에서는 통상의 가격이 핵심적인 역할을 한다. 경제 내의 '자원배분'은 가격이라는 신호기구에 의해 적절히 수행될 수 있다는 철학이 그 기저에 깔려 있다. 모든 거래에 비용이 수반되지 않는다고 보기 때문이다. 이와는 달리 재산권을 강조하는 법경제학에서는 양(陽)의 거래비용을 전제한다. 거래비용이 존재하는 까닭에 가격에 의한 자원배분뿐만 아니라 비가격 자원배분방법 및 그에 상응하는 제도를 상대적으로 중시한다.

예를 들어, 시장에서 이제까지 존재하던 균형이 깨졌다고 하자. 신고전경제학에서는 이 충격에 적응하는 거래비용이 없기 때문에 순간적으로 새 균형이 나타난다. 재화가 동질이고, 경제주체들은 거래되는 재화 및 교역조건에 대해 완벽한 정보를 갖고 있으며, 거래행위 역시 순간적으로 이루어진다. 따라서 경제주체들은 새로 나타난 균형가격대로 지불하면 되고, 그 결과 해당 재화는 그것을 가장 필요로 하는 경제주체들에게 돌아갈 것이다. 이러한 상황에서 가족 · 기업 · 사업자단체 · 부족 · 정당 등의 소위 '제도'들이란 그리 중요한 조건들이 되지 못한다. 심하

---

6) 따라서 개별 실정법으로서의 소위 '재산법'(property law)은 본문에서 표현한 '재산권법'의 부분집합이라고 할 수 있다. 참고로 Cooter and Ulen(2008, p. 77)은 재산법에서는 주로 다음과 같은 네 가지 구체적 주제를 다룬다고 정의한 바 있다: (1) 재산권은 어떻게 취득되는가?, (2) 어떤 것이 사적 소유의 대상이 될 수 있는가?, (3) 재산권자는 자신의 재산을 어떻게 사용해야 하는가?, (4) 재산권을 침범당하였을 때 어떻게 보호해야 하는가? 그런데 단일 실정법으로서의 재산법은 각종 자산과 관련된 각종 권리의 성립 · 사용 · 양도 등을 가장 원론적 수준에서 규정해 놓은 법리의 집합체일 뿐이다(예: 한국 민법의 물권 및 채권 편). 반면 주주, 채권자, 근로자 등 특정 회사의 다양한 이해당사자들의 재산권 배분을 구체적으로 다룬 것이 회사법이며, 또한 경쟁사, 소비자, 자회사, 모회사 간의 재산권 배분에 관한 법리를 주로 다루는 것이 공정거래법이다. 노동법은 근로자와 경영자 간의 권리배분에 관한 법이며, 지적재산권은 지적 자산(intellectual assets)을 둘러싼 다양한 권리를 규정한 법제임에 틀림없다. 기타 세법이나 환경법 등도 마찬가지이다. 즉, 본고에서는 법경제학의 기초인 재산권 전반에 관하여 논하므로 위 재산법의 구체적 주제보다는 훨씬 광범위한 논의라고 할 수 있다.

7) '기존 신고전경제학'과의 후술되는 비교 작업에 관하여 오해의 소지가 있을지 몰라 다음의 한 가지 사실을 밝혀 둔다. 이른바 '보이지 않는 손'(invisible hand)으로 대표되는 애덤 스미스(Adam Smith)의 이론 이후 발전된 현대경제학에서 '가격'의 역할은 경제현상을 설명하는 데 가히 핵심적이다. 가격기능의 중요성은 왈라스(Warlas)의 '일반균형'(general equilibrium)이론에서 그 절정을 이룬다. 현재 국내외 경제학과에서 가르치는 경제이론들도 대부분 이상의 전통을 따르는 신고전주의 가격론이다. 이를 바탕으로 경제학이라는 학문은 20세기 비약적인 발전을 거듭하였으며, 이 주류이론은 여전히 '경제학적 사고체계'의 요체임은 두 말할 나위가 없다. 심지어 지난 반 세기 동안 무수히 다양한 법경제학 세부이론들을 정립시켜 오는 과정에서 법경제학자들이 사용하였 던 기본 논리 및 방법론 자체는 거의 신고전경제학에 두고 있다. 다만 본문의 재산권경제학에 관한 논의는 이론이 갖는 현실설명력을 추가적으로 높인다는 차원에서 그 기여한 점을 차별화하기 위한 것이다. 요컨대, 간혹 세상을 지나치게 추상화(abstraction)하는 이론 작업에서 간과하였 던 법, 제도, 거래비용 등의 존재를 현실로 받아들인 상황에서의 시장 움직임을 파악함으로써, 경제현상에 대한 설명력을 한 단계 높였을 뿐만 아니라 역으로 세상에는 왜 법이나 제도가 중요한가에 대한 사실을 부각하기 위함이다.

게 말한다면 없어도 되는 조건이다. 때로 신고전주의 경제학 내에서도 이와 같은 제도적 요소들을 검토하려는 시도가 없지 않았으나, 거래비용에 대한 근본적인 인식이 결여되어 있었으므로 논리의 일관성을 갖춘 연구 결과를 제시하지는 못하였다(Barzel, 1989).

2009년 노벨경제학상 공동수상자인 올리버 윌리엄슨(Oliver Williamson) 교수의 한 대표적 저서(1985)에 의하면, 이와는 대조적으로 거래비용이 존재하는 경제에서는 새로운 균형으로의 복원작업이 결코 순간적으로 이루어지지 않는다. 가격이 재빨리 균형으로 옮겨 가지 않으므로 수요량과 공급량이 일치하지 않을 수도 있다. 바로 이런 관점에서 재산권 접근방식은 새로운 균형도달 과정을 세심히 검토하려는 자세를 견지하고 있다.[8] 그리고 균형도달 과정에서 가격이라는 단일변수의 역할은 상대적으로 예전만큼 크지 않은 것으로 보는 것이 일반적이다. 차라리 거래라는 행위에 포함되어 있는 각종 다른 조건들이 균형복원을 위해 더욱 중요한 역할을 할 수 있다는 시각을 갖고 있다.

상점에서 물건을 사는 행위만 해도 그렇다. 구매자가 결정해야 할 일은 상품가격 말고도 무수히 존재한다. 상점이 한가할 때를 맞추어 가야 하는가, 붐비더라도 주말에 갈 것인가, 원하는 상품이 과연 있는가, 질은 만족할 만한가, 보증서는 얼마나 잘 만들어져 있는가, 배달은 어떤 방식으로 해 주는가 등에 대한 조건들을 확인하는 행동들이다. 이 모든 조건들이 (물론 가격과 더불어) 만족스럽다고 판단될 때 비로소 구매가 결정되는 것이다. 당연히 공급자도 이러한 상황을 잘 알고 있다. 따라서 이러한 다양한 조건에 비추어 만약 시장의 균형가격에 충격이 가해져 새로운 균형가격으로 변해야만 하는 경우에도 공급자와 수요자는 서로의 협상과 적응을 통하여 나름대로 제3의 균형을 모색할 수 있게 된다. 즉, 가격만 고려한다면, 예컨대 20% 하락해야 하지만, 공급자와 수요자는 전술한 비가격조건들을 통하여 20%의 가격하락 없이도 균형 상태를 복원할 수 있다는 의미이다.

공급자는 이른바 시장청산가격(market-clearing price) 미만의 상태에서도 상품을 공급할 수 있는 여지를 꽤 많이 소지하고 있다. 특히, 공급자가 상품의 질을 조절할

8) 이에 관해서는 김일중(2008, pp. 286-301)을 참조할 수 있다.

수 있는 능력이 있을 때에는 상당한 재량권을 갖고 있다고 볼 수 있다. 앞서 언급한 상점의 예만 하더라도 고객 서비스를 담당하는 종업원의 숫자나 상점 부대시설 등을 조절함으로써 가격 하나에만 의존할 필요가 없도록 할 수 있다. 이는 특별히 가격에 관련된 수많은 정책을 평가하고 입안할 때 결코 잊어서는 안 될 부분이다. 모든 경제주체들이 부의 극대화를 꾀한다는 사실만 전제되면, 그 목적을 위한 자원 배분의 메커니즘은 가격 말고도 여러 가지 있으며, 그러한 메커니즘이 사용되는 범주와 형태는 거래비용에 의해 크게 좌우된다는 것이다. 바로 이 점이 재산권 접근방식의 가장 큰 특징이라 하겠다.

이상의 재산권 접근방식이 갖는 특징은 현존하는 법제도를 분석할 때에도 상대적으로 높은 설명력을 발휘한다. 재산권경제학을 따르는 학자들은 가령 가격규제와 같은 내용을 규정한 법의 집행은 본질적으로 성공하기 어렵다는 믿음을 훨씬 강하게 갖고 있다. 우선 그들의 접근방식은 '모든 법과 규제=재산권의 재배분'이라는 공식으로부터 출발한다(김일중, 1995). 가격규제가 성공하기 힘든 가장 큰 이유는 그 규제가 관련되어 있는 모든 재산권을 완벽히 통제하지 못하기 때문이다. 참고로 이렇게 특정 정부정책이 통제하지 못하는 부분을 '공역'(public domain)이라고 일컫는다. 공공(public)의 의미가 포함된 용어이지만, 경제학도에게 이 공역이라는 용어가 주는 함의는 그리 긍정적이지 못하다. 예컨대, 정부는 가격(price)에 관한 무수한 규제를 사용하고 있지만, 상품의 질(quality)과 같은 기타 재산권까지는 결코 통제하지 못한다.[9)]

예를 들어, 이미 법경제학계에서는 잘 알려진 사례로서, 미국에서 휘발유가격을 통제하던 시절 정부는 각 주유소들이 그 통제된 가격을 준수하는지 엄격히 조사하였으나, 나머지 서비스들에 대해서는 전혀 대응하지 못하였다. 예를 들어, 주유소들의 영업시간이 줄어들고, 종업원들은 불친절해지고, 옥탄가가 낮은 휘발유로 대체한다든지, 모두 셀프서비스(self-service)로 판매행태를 바꾼다든지, 현금거래만을 선호한다든지, 심지어 광택을 내는 왁스 등의 끼워팔기를 강요하는 사례 등 정책입안가가 도저히 예측하지 못하였던 일들이 발생하였다. 이 모든 반응들은 특

9) 그런데 이렇게 공역이 생길 수밖에 없는 가장 근본 이유는 역시 거래비용 때문이라는 사실이 다음 소절에서 후술될 코즈 정리의 가치를 또다시 실감하도록 한다.

정 규제로 인하여 각각 세세한 재산권들의 사용에서 법집행자가 통제하기 힘든 저마다의 변화가 발생한 결과로 해석할 수 있다.

요컨대, 코즈는 특정 상황에서 정책의 효과를 제대로 평가하려면 발생하는 거래비용의 형태와 분포를 정교히 분석해야 한다고 역설하였다. 이후 논의에서 좀더 자세히 설명되겠지만, 가격규제를 사용할 때 발생하는 거래비용은 주로 규제자의 '집행(law enforcement)비용'과 피규제자의 '순응(compliance)비용'을 의미한다. 전자는 문자 그대로 규제를 집행하는 사람들이 지불해야만 하는 비용으로서, 정책입안가들이 책상에서 머리를 맞대고 만들어 낸 규제를 '실제 제대로' 집행하려면 막대한 돈이 들어갈 수 있기 때문이다. 후자는 규제에 순응하는 일 역시 공짜가 아님을 의미한다. 결국 후술되는 대로 거래비용이 높아 공역이 존재할 때의 규제는 자원낭비 · 암시장 · 부패 등을 야기할 수밖에 없다.

이러한 맥락에서 Barzel(1989)은 재산권 접근방식의 법경제학이 시장경제는 물론이고 계획경제체제에도 매우 잘 적용되는 이론이라고 하였다. 대부분의 계획경제체제에서는 가격이 인위적으로 결정되지만 그것은 표면적으로 그렇게 보이는 것이고, 우리가 잘 알고 있듯이 실제로는 비가격변수들을 통하여 경제주체들의 사적 이익추구가 이루어지는 것이므로 오히려 기존의 신고전주의 경제이론보다 재산권 접근방식이 우월하다는 주장을 하고 있는 것이다.

그런데 이 '재산권 접근방식'의 토대를 마련한 것이 바로 코즈의 1960년 논문 「사회비용의 문제」(The Problem of Social Cost)였다. 이 논문은 후학들로 하여금 무수한 연구를 수행하도록 한 반석이 되었고, 코즈 교수 자신에게는 논문 출간 약 30년 후 노벨경제학상을 수상하는 영예를 마련해 주었다. 그의 제언을 한 마디로 요약하면, 모든 정책을 입안할 때 재산권을 제대로 설정하는 것이 가장 중요하며, 그 과정에서 거래비용을 다각적으로 파악해야 한다는 것이다. 이렇게 하여 재산권과 거래비용은 현대경제학에서 빼놓을 수 없는 핵심적인 용어로 부각되었다.

2) 재산권의 동태적 측면에 대한 강조

재산권경제학을 연구하는 학자들은 재산권에 대하여 '동태적 측면'을 강조하는 경향이 강하다. 즉, 그 형성, 구체화, 심지어 그 소멸에 이르기까지 각종 변화를 통하여 재산권은 경제활동의 성과와 소득분배에 핵심적인 영향을 끼치게 된다.[10] 재산권의 확립이란 희소자원의 사용 및 그에 따른 보상과 비용에 관련된 제반 파라미터(parameter)들을 정의한다는 사실을 의미한다. 일단 재산권이 확립되면 경제주체들의 투자 · 생산 · 교환에 관계된 유인이 정태적 및 동태적인 측면에서 가장 효율적인 방향으로 결정된다(Posner, 2003). 재산권이 어떻게 설정되는가에 따라 경제주체의 행위 기준과 자원의 사용 형태가 결정된다는 말은 재산권 설정의 변화에 따라 경제성과가 어떻게 달라질 것인가를 예측가능하게 한다는 명제로 이어질 수 있다. 실제로 이러한 주제를 다룬 연구가 매우 많았던 이유가 여기에 있다.

우선 재산권은 경제의 외적 조건들이 변화하면 그에 따라 변화하는 경향이 있다. 재산권의 변화를 일으키는 외적 조건들에는 여러 가지가 있을 수 있다. 편의상 크게 경제적인 조건과 비경제적인 조건으로 구분할 수 있겠으나, (경제학의 입장에서 보면) 이러한 구분이 갖는 의미는 그리 크지 않다고 본다. 모든 조건에는 결국 양쪽 요소가 함께 포함되고 있는 것이 보통이기 때문이다. 좀더 강하게 표현하면, 유인의 변화를 초래하는 외적 조건의 변화는 그 자체로 경제적이라고도 볼 수 있을 것이다.

그런데 경제 내에 그러한 변화가 일어났을 때 그에 상응하여 재산권 형태도 변화를 추구하지 않으면 기존의 제도(institutions)는 더이상 효율적이지 못하고, 결국 경제발전을 저해할 수 있다. 새로운 변화에 잘 적응한 제도만이 생존하게 되지만, 그렇지 못해 생존에 실패한 경우들도 많다는 것이 우리가 잘 아는 역사적 경험이다. 이는 현대에서도 마찬가지이다. 예컨대, 소비자의 선호변화, 생산기술의 혁신, 개방에 의한 수입상품의 상륙 등으로 인하여 진입규제의 정당성이 이미 사라졌거나 시장 내의 경쟁압력이 날로 높아지는 상황에서, 수십 년 전 당시의 정황을 반영하여 특정 소수 기업에게 독점권을 부여하였던 기존의 제도가 가령 정치적인 이유로 변하지 않고 여전히 존속한다면 국내 해당 산업은 종국적으로 소멸하지 않을

10) 후술되는 코즈 정리로부터 도출된 이 명제는 이후 30년 동안 (실로 극소수의 대표연구만 소개하면) Demsetz(1967), Alchian and Demsetz(1972), Klein, Crawford, and Alchian(1978), Williamson(1979), Alston and Higgs(1982), Hoffman and Spitzer(1986), Wallis and North(1986), Barzel(1989), Libecap(1989), Ostrom(1990) 등에서 강력한 지원을 받았다. 이들의 연구가 축적되면서 1990년대 중반부터 이 명제는 이제 경제원론 교과서에서도 등장하는 보편적 진리로 받아들여지고 있다. 한편, '역사적으로' 재산권이 어떻게 발생하였 는지에 관해서는 다양한 이론과 사례연구들이 있다.

수 없는 것이다. 따라서 외부환경이 변화하였을 때, 재산권이 어떻게 적응하였는가를 밝히는 연구도 이 분야의 중요한 주제가 되어 왔다.

재산권의 형성에 영향을 미치는 요소들에 대하여 우리가 큰 관심을 갖는 이유는 그렇게 형성된 재산권이 경제주체의 인센티브를 좌우하고 궁극적으로는 경제효율성에 심대한 영향을 미치기 때문이다. 이처럼 재산권의 형태와 경제성장 간의 관계가 서로 뗄 수 없는 밀접한 관계를 가지고 있음에도 불구하고, 코즈 이전에는 물론이고 그 이후에도 신고전주의 경제학을 전공하는 수많은 학자들의 연구에서 이 문제는 거의 소외되어 왔다. 말하자면, 그들의 연구에서 재산권은 단지 주어진 조건, 또는 현존하는 경제·정치구조의 산물로서 받아들여졌을 뿐이다. 바꾸어 표현하면 경제분석 과정에서 고정된 하나의 외생변수(exogenous variable)로 여겼던 것이다. 그렇지만 재산권의 형태는 경제주체의 행위를 결정하는 핵심 변수라는 사실이 경제계뿐만 아니라 법조계에도 확산되고 있으며, 재산권이란 경제 내에서 '내생적으로'(endogenously)[11] 설정되는 변수라는 인식도 학계에서 빠른 속도로 수용되고 있다.

재산권의 확립이 경제효율성을 달성하기 위해 필요불가결한 요소임에는 틀림없으나, 재산권을 늘 완벽하게 확립하는 것은 불가능하다고 볼 수 있다. 재산권을 설정하는 일 자체가 비용이 소요되는 작업이기 때문이다. 재산권을 확립함으로써 기대되는 편익이 비용을 능가하는 경우에만 그 작업은 수행될 것이다.

북미대륙의 여러 인디언 부족들 중 캐나다 퀘백 지역의 몽타뉴부족과 같이 모피의 외부교역에 많이 의존하는 지역일수록 토지에 대한 재산권이 제대로 확립되었다는 해럴드 뎀세츠(Harold Demsetz)의 설득력 있는 실증분석은 재산권 확립의 완벽도를 결정하는 요인에 대한 연구의 효시가 되었다(Demsetz, 1967). 교역으로부터의 수익이 높아질수록 교역가능한 질 좋은 모피를 생산해 낼 수 있는 동물들에 대

11) 법경제학에서 이 '내생성'의 의미는 크게 두 가지로 해석될 수 있다. 첫째는 외부로부터의 환경이 변하였 을 때 직접적으로 관련된 경제주체들에 의하여 '능동적으로' 재산권의 형태를 변경시켜 가는 과정을 의미한다. 후술되는 퀘벡 지역 인디언들의 토지소유권 시스템 형성이 그 대표적 예이다. 법경제학에서 사용되는 내생성의 두 번째 의미는 특히 입법자나 법집행자의 사적 유인(private incentive)이 반영되어 재산권이 변하는 경우를 일컫는다. 따라서 주로 부정적 의미에서 많이 사용된다. 공공선택이론(public choice theory) 및 신제도경제학(new institutional economics) 등에서의 연구들이 활성화되면서 이제 법경제학계 내에서도 내생성이라는 표현을 이 두 번째 의미로도 자주 사용하는 듯하다. 참고로 필자의 소견으로는, 다소 다른 배경을 갖고 잉태된 법경제학, 공공선택이론, 신제도경제학의 이 세 분야가 최근 들어 상호간에 일종의 융합현상을 보이고 있다. 많은 연구자들이 이 세 분야에 속하는 각 학술대회는 물론 학술지에 자신들의 연구 결과를 동시에 발표하고 있다.

한 소유권의 욕구가 높아졌으며, 그 결과 동물의 소유권을 선언하기 위한 장치로서 토지의 소유권을 설정할 필요성이 높아졌다는 것이다.[12)] 이것은 "해당 경제자원의 가치가 상승할수록 재산권을 좀더 완벽하게 설정하려는 유인이 강화"된다는 주장으로 연결된다. 뎀세츠의 이 논문과 후속 연구들을 바탕으로 Cooter and Ulen(2008, p. 155)은 동태적인 시각에서, 자원의 과다사용으로 인한 '낭비'(waste)의 수준이 이른바 '경계유지비용'(boundary maintenance cost)을 초과하는 시점에 이르게 될 때 경제적으로 합리적인 사회에서는 자원의 (좀더 정교한) 사유화가 진행된다는 명제를 정립한 바 있다.

한편, 해당 경제자원의 물리적인 형태에 따라 재산권 설정을 위한 협상, 측정, 집행 등에 소요되는 비용이 결정된다. 따라서 재산권의 확립 정도는 그로부터 발생하는 순편익에 의하여 결정되고, 이는 또다시 자원의 가치 및 재산권 확립을 위한 각종 거래비용에 의하여 좌우된다고 볼 수 있다. 한 마디로 경제학에서 자주 말하는 '제약조건하의 최적화' 과정이다.

대체로 천연자원에 대한 재산권을 확립하기 위해서는 상당한 비용이 소요되는 것이 사실이다. 일차적으로 이 거래비용 때문에 근대사가 시작될 무렵만 해도 대부분의 천연자원은 공유의 상태로 있었던 것이다(물론 현대에 있어서도 천연자원은 아니더라도 공유 상태의 자원은 많이 존재한다). 그런데도 재산권의 확립으로부터 발생하는 편익이 점차 또는 급격히 증가하여 그 비용을 초과하게 되고, 따라서 재산권이 어떤 경로를 통해서든지 확립되어 경제효율성을 제고시킬 수 있었던 경우가 무수하게 존재한다. 예컨대 Libecap(1978) 및 Umbeck(1977)은 19세기 중반 미국 서부에서의 금광과 은광의 발견 이후 광업권을 배분하는 과정에서 그 이전까지 주인이 없던 상태의 토지에 대한 재산권이 어떻게 설정되었는가에 대한 실증분석을 하고 있다.[13)] 재산권 확립에 소요되는 비용이 감축될 때에도 유사한 현상이 일어난다.

12) 뎀세츠는 퀘벡 지역(Labrador 반도)의 몽타뉴부족들에게 이전에는 없던 토지소유권 시스템이 생긴 현상을 분석하였다. 구체적으로 그들은 주로 나무의 껍질에 표식을 함으로써 토지경계를 구분하기 시작하였고, 그 경계를 침범하면 서로 응징을 하는 관행이 정립된 것이다. 그런데 이러한 변화가 생긴 근본 이유는 비버 등 모피동물들의 과다사냥을 막기 위함이었다. 흥미로운 사실은 이 과정에서 자신 소유의 토지 안에서 서식하는 모피동물을 돌보는 유인을 갖게 되었다는 점이다. 가령 새끼는 잡지 않는다거나, 사냥을 위해 덫을 놓되 그 장소를 순차적으로 변경시키는 등 희소한 자원을 보존하려는 노력을 보였다는 것이다. 뎀세츠는 그 이전에는 자신들이 직접 소비할 수준의 동물만 사냥하였으므로 자원의 고갈이 없었지만, 모피의 상대가치가 높아짐으로써 자원의 고갈 위험이 대두되자 인디언들은 자발적으로 이상과 같은 토지소유권을 도입하게 되었다고 결론짓는다.

13) 법경제학에서 논의되는 자연스런 재산권 출현의 몇 가지 기타 대표적 사례들(캘리포니아 금광, 어류, 해저광물,

예컨대, Anderson and Hill(1975)은 19세기에 기술혁신으로 토지와 가축에 대한 재산권을 확립하는 비용이 절감된 사례를 소개한 바 있다.

그렇다면 꽤 오랜 기간 존속하였고 현재에도 관찰하고 있는 법제도들의 다수는 경제발전을 유도하는 방향으로 적응해 온 효율적인 제도들일 수 있다는 명제를 일단 세워 볼 수 있을 것이다.[14] 다만 소위 '정치시장'(political market)이라 볼 수 있는 입법부를 통하여 제정된 제도들은 그 예외가 될 가능성이 상대적으로 크다고 보는데, 대의성을 갖고 있는 의회의 입법 과정 또는 실제로는 관료기구가 주도하는 행정입법 과정에서 효율성의 개념이 제3의 다른 기준들에 의하여 과소평가 내지는 왜곡될 수 있다는 가능성을 인정하기 때문이다. 즉, 전술한 공공부문에서의 입법과 법집행 과정에서 발생하는 부정적 의미에서의 내생성이 작동할 수 있다는 시각을 견지하고 있다.[15]

Ⅲ. '코즈 정리'와 최적재산권 배분

1. 대부분의 사회갈등이 갖는 상호성[16]

1) '완벽한 초기 권리' 대 '완벽한 상호성'

작금 우리 사회에는 무엇이 또는 어느 쪽이 옳고 그릇된 것인지를 판별하기 쉽지 않고, 또 이제까지 다루어보지 못하였던 유형의 갈등들이 놀라운 속도로 속속

전파 스펙트럼 등)에 대해서는 Shavell(2004, pp. 23-26)을 참조할 수 있다.

14) 특히, 재산권경제학에서는 이러한 제도의 변화들 중 상당수는 이른바 '공유의 비극'(tragedy of commons)으로부터 탈출하려고 시행착오를 겪으면서 노력해 온 그리고 진화되어 온 산물이라고 보는 경향이 강하다(김일중, 2008, pp. 78-94).

15) 이 점에 관해서는 학자 내지는 학파들 사이에 다소 견해의 차이가 존재한다. 가령 시카고학파와 버지니아학파 사이의 이 부분에 관한 정치경제학적 견해 차이에 관해서는 김일중(1995, 제2장)을 참조할 수 있다. 그럼에도 불구하고 많은 법경제학자들은 특히 관습법, (영미법체제에서의) 보통법, 그리고 (공법에 대비한 집합 개념으로서) 사법분야에서는 그러한 효율적 적응의 산물일 개연성이 상대적으로 높다고 믿는 경향이 있다.

16) 제Ⅲ절의 상당 부분 논의는 김일중(2008, pp. 97-118)에 기초를 두고 있으므로, 특별한 경우를 제외하고는 일일이 인용하지 않는다.

출현하고 있다. 개인 간 및 집단 간의 갈등들을 제대로 해결해 나가지 못하면, 정작 생산을 해야 할 경제주체들의 제한된 에너지가 그 갈등과 분쟁 속에 파묻혀 소진되어 버린다. 갈등을 해결하기 위해서는 갈등의 원인이 되었던 '상충되는 주장(즉, 재산권)들의 우선순위'를 숙고한 후 명쾌히 배분하는 일이 관건이다. 여기서 '재산권의 배분'은 좀더 쉽게 표현하면 '어떻게 하면 좋은 법을 만들 것인가'의 문제를 의미한다. 이제 필자의 능력이 허용되는 범위에서 가능한 한 정확히 그리고 직관적으로 이 주제에 관한 법경제학도의 생각을 정리해 보려고 한다.

살다 보면 권리의 우선순위 내지는 설정이 명백한 경우도 상당히 많다. 권리의 설정이 명백하므로 곧바로 잘잘못을 따질 수 있다. 말하자면, 책임소재가 곧바로 가려지므로 그에 상응하여 보호와 제재를 명쾌히 하면 된다. 더욱 중요한 사실은 이렇게 권리의 소재 또는 우선순위에 따라 각각 보호와 제재가 따를 것을 사전적으로(*ex ante*) 인지하는 경제주체들에게는 처음부터 제재 또는 처벌을 받게 될 것이 자명한 행위를 할 경제적 유인이 크게 존재하지 않는다는 점이다. 보통의 개인들은 관련 편익과 비용을 계산한 후, 전자가 후자보다 클 때에만 (불법)행위에 옮기기 때문이다(Becker, 1968). 다음은 이렇게 권리소재가 분명한 위해행위 및 그 '분명성'의 이유를 잘 표현하고 있다.

"노예제, 강간, 살인에 대해 느끼는 반감은 모든 사람의 사적 자치가 다른 모든 사람들의 위협으로부터 보호받을 권리가 있다는 매우 단순한 우리의 신념에 기초하고 있기 때문이다"(Epstein, 1979, p. 75).

가령 어린이들에 대한 추행을 한 사람이 경찰에 체포된 후 자신에게도 "그럴 만한 이유가 있다"라든지 또는 "그럴 만한 권리가 있다"고 항변하는 모습을 우리가 도저히 상상할 수 없는 것도 같은 이치이다. 흔히들 '태고로부터의 권리'(right from ancient)라 일컫는 이렇게 안정적으로 설정된 권리들에 대해서 법경제학도들 역시 별로 할 말이 없다. 지극히 단순한 이유로서, 그렇게 태고로부터의 권리를 보호하지 않을 때 발생할 부작용이 너무나 크게 느껴지기 때문이다. 그러한 권리를 부여한 결과 감당할 수 없는 부작용을 역사적으로 확연히 경험하였기 때문이다.

그런데 Coase(1960)는 소위 '상호성'(reciprocity)의 개념으로써 우리 사회의 각종 갈등에 대하여 법경제학이 획기적인 공헌을 할 수 있는 지평을 열었다. 가령 위에서 언급한 것처럼, 누구의 잘못인가, 또는 누가 보호받아야 하는가에 대하여 '곧바로 확실히' 답을 알 수 있는 행위를 '상호성이 전혀 없는' 경우라고 칭한다. 흔히들 이야기하는 '기본권'의 침범 여부에 관련된 상황이라고도 볼 수 있다. 흥미롭게도 권리설정의 문제에 대하여 경제학도들의 생각이 상대적으로 큰 역할을 할 수 있는 경우는 소위 '상호성이 일정 수준 존재하는' 갈등들이다. Coase(1960, pp. 12-13)의 표현을 빌면 권리침범 여부를 확인하기 위한 '전통적 인과관계 테스트가 쉽지 않은 상황'들이다. 코즈 교수가 제시한 상호성이 '일정 수준' 존재하는 예를 검토하기 이전, 개념의 이해를 높이기 위해 권리배분에서의 '완벽한 상호성'이 존재하는 가상적 상황 두어 가지를 상상해 보자.

첫째, '두 사냥꾼 상황'이다. 안개로 인하여 시야가 좋지 않은 산 속에서 두 사냥꾼이 이리저리 움직이는 멧돼지 한 마리를 향하여 동시에 발포하였다. 적중한 것 같아 추적하여 쓰러진 멧돼지 앞에 이른 후에야 다른 사냥꾼도 발포하였다는 사실을 두 사람 모두 알게 되었다. 멧돼지를 살펴보니 심장에 적중한 단지 한 발의 총알만이 발견되었다.[17] 당연히 두 사냥꾼은 그것이 서로 자신의 총알이라고 주장하며, 멧돼지에 대한 소유권을 주장하였다. 만약 이 분쟁이 법원으로까지 왔다면 법관은 과연 누구에게 소유권을 인정해야 할 것인가?

이는 소유권에 관한 갈등이다. 이 상황에서 누구에게 배타적으로 권리를 주는가를 결정하기란 쉽지 않다. 정황상 어느 사냥꾼에게도 쓰러진 멧돼지에 대한 태고로부터의 권리를 확실하게 부여하기 어렵다. 두 사람 모두 '극히 동등한 정도로' 상대방이 아니라면 전혀 분쟁이 생길 필요가 없기 때문이다(즉, '완벽한 상호성' 존재). 이는 바꾸어 표현하면, 역설적으로 법관은 그리 큰 고민을 할 필요가 없다는 의미도 갖는다. 즉, 어느 한 쪽의 손을 들어 주어도 된다는 의미이다.[18]

둘째, '중고생 입시학원과 호프집 상황'이다. 어느 아파트단지 내의 한 상가 모퉁이가 서로 맞닿은 두 자리에 학원과 호프집이 동시에 입주하기로 계약하였다. 우선 학원이든 호프집이든 독립적으로 생각하면 상가에 입주하는 데 전혀 문제가

17) 물론 두 사람이 사용한 총포의 종류는 동일하다. 또한 곰곰이 생각해 보면 사실 두 개의 총알이 발견되었다고 하더라도 이하 논의에 별 변화는 없다. 그렇게 되면 자신의 총알이 조금이라도 먼저 적중하였 다고 주장할 것이기 때문이다.

18) 하지만 다음 소절의 코즈 정리에서 설명하는 대로 이 상황에서도 법관은 반드시 권리는 설정해 주어야 할 것이다. 그렇지 않으면 사냥꾼들은 각자 주장을 내세우다가 급기야는 서로에게 총부리를 겨누게 될 것이다.

없다. 환언하면, 이들은 상가 내 다른 입주점들에게는 외부효과를 주지 않는다. 그러나 우연히도 바로 맞닿아 위치함으로써 '오직 두 집만 서로 상대방 때문에' 영업에 지장을 받는 것으로 판명되었다고 가정하자.

중고생을 대상으로 하는 학원의 입장에서는 입주 전의 예상보다 수강생이 줄어들었다. 바로 옆에 호프집이 있으므로 학습환경에 좋지 않다고 판단한 학생들의 부모가 이 학원을 기피하였기 때문이다. 한편, 호프집의 입장에서는 주요 고객이 아파트에 거주하는 주민들인데, 자녀를 바로 옆 학원에 보낸 부모들이 아무래도 오기를 꺼려해 다른 호프집으로 가기 때문에 역시 예상보다 매출이 크게 줄어들었다. 학원과 호프집은 상대방의 입지로 경제적 피해를 보고 있다고 생각하여 갈등을 빚게 되었다. 만약 이 분쟁이 법원으로까지 왔다면 법관은 과연 누구에게 우선권을 인정해야 할 것인가?

이는 계약한 상가 공간의 사용권에 관한 갈등이다. 이러한 상황은 소위 각자가 소유하고 있는 장소(토지)에서 발생하는 '비양립사용'(incompatible uses)의 매우 대표적 사례이다. 마찬가지로 이 상황에서도 또한 누구에게만 배타적 사용권을 주기가 쉽지 않다. 상대방에게 업종을 바꾸라고 요구할 초기 권리를 갖고 있지 못하기 때문이다. 요컨대, 이 경우에도 둘 사이에는 '완벽한 상호성'이 존재한다. 사실 학원과 호프집 '모두' 자신이 업종을 변경하면 상대방은 상가 내에서 아무런 문제 없이 영업을 영위할 수 있다. 또는 '극히 동등한 정도로' 상대방이 아니라면 전혀 분쟁이 생기지 않을 것이다(즉, '완벽한 상호성'). 따라서 위 엡스틴(Richard Epstein)의 표현을 빌면, 법관이 어느 한 쪽의 손을 들어 주어도 원칙적으로는 다른 한 쪽의 '반감' 또는 '억울함'이 상대적으로 덜할 것이다. 다만 위 '두 사냥꾼 상황'처럼 법관은 학원 또는 호프집 중 어느 한 곳의 권리는 확실히 설정해 주어야 경제효율성을 담보할 수 있을 것이다. 그래야만 어느 한 곳이 현재의 영업을 포기하고 다른 업종으로 변환함으로써 분쟁도 종결시키고 경제효율성도 제고할 수 있게 된다.

2) 코즈 교수의 사례: 불법방해

이제 Coase(1960)에 직접 언급된 상호성에 관한 주장으로 돌아가자. 코즈는 자신의 논문에서 여러 관련 사례를 소개하였는데, 그 중 대표적 예로 사법(私法)상의 불법방해(nuisance)를 꼽고 있다.[19] 예를 들어, 옆집의 공작기계에서 발생하는 소음의 고통을 호소하는 갑과, 한편으로는 갑의 끊임없는 불평 때문에 제대로 기계를 작동하지 못해 금전적 손실을 보고 있는 을 사이에서 발생하는 갈등과 같은 상황이다. 법경제학에서는 이러한 상황을 가리켜 '공동인과관계'(joint causation)라고 표현하기도 한다. 여기에는 두 사람 모두 공동으로 이 갈등의 원인을 제공하였다는 함의가 깔려 있다.

경제학의 '외부효과이론'에 따르면, 외부효과가 발생하려면 늘 두 사람 이상이 등장한다. 가령 특정 행위를 일으키는 한 사람과 그 행위로 인한 '피해자'(victim) 또는 '수혜자'(beneficiary)가 등장한다. 코즈는 성급히 '가해자 대 피해자' 식의 구도를 전제하는 이러한 이분법적 사고방식에 대하여 좀더 신중한 재숙고가 필요하다고 강조한다. 이와 정확히 같은 맥락에서, 외부효과 문제를 다루는 경제학의 전통적 접근방식에서는 대개 '기존 재산권의 설정'에 관하여 '묵시적(implicit) 가정'을 사용한다고 Shavell(2004, p. 81)은 지적한다. '피해자'라는 표현을 쓰는 것 자체가 그의 기존 재산권이 침범당하였다는 사실을 묵시적으로 가정하는 것이다. 따라서 이는 바로 앞 소절에서 필자가 '완벽한 상호성'의 예로 든 상황들과 극단적으로 차이를 보이는 부분이다.

불법방해를 해결하는 전통적인 과정에서 수정이 필요하다고 지적한 코즈의 문제의식을 강조하기 위하여 위 소음으로 발생한 갈등의 예로 돌아가자. 을은 소음제거기를 설치할 수 있으며 그 비용은 30이라고 하고, 갑이 소음에 대해 느끼는 비효용은 50이라고 하자. 이 경우 흔히 을로 하여금 소음제거기를 설치함으로써 20만큼의 사회후생을 높일 수 있다는 처방을 법원은(또는 우리도) 내린다. 바로 이러한 처방을 내리는 기저에는 갑이 소음으로부터 자유로울 수 있는 재산권을 갖고 있다는 묵시적 가정을 쓰기 때문이라고 샤벨(Steven Shavell)은 해석한다.

이와는 대조적으로 '만약' 기존의 재산권 설정을 전혀 전제하지 않으면 이 외부효과라고 불리는 문제를 다르게 해결할 수도 있다. 가령 위 소음갈등의 경우, 만

19) 불법방해의 정의는 다양하다. 대표적인 (민사상의 불법행위들 중) 예로 Posner(2003)는 불법방해를 가리켜 "토지 소유권 자체보다는 소유된 토지의 향유 권리를 놓고 발생하는 갈등"이라 하였으며, Epstein(1993)은 더욱 넓게 상정하여 "상호성이 있는 행위"라 정의하고 있다. 더욱 자세한 논의는 김일중(2008, pp. 135-141)을 참조할 수 있다.

일 갑이 다른 지역으로 이주해 버리면 그 갈등은 없어질 것이며, 을은 자유롭게 생산활동을 할 수 있을 것이다. 바로 이런 맥락에서 코즈는 갈등의 '상호성'을 지적하였던 것이다. 갑의 이주에 소요되는 총비용을 10이라고 하자. 그렇다면 사회효율성을 위하여 갑을 이주시키면, 이제까지의 갈등상황에 비하여 40만큼의 사회후생을 높이게 될 것이다. 따라서 (현재 시점에서 공리주의적 관점만 고려한다면) 이 방식이 사회후생을 극대화하는 처방임에 틀림없다.

문제는 앞서 코즈의 지적처럼, 현실에서 발생하는 무수한 불법방해 분쟁에서 (그렇지 않음에도 불구하고) 어느 한 쪽 재산권의 설정이 성급히 전제되어 버리는 경우가 빈번하다는 사실이다. 만약 갑이 재산권을 갖는다면 앞서 가장 효율적이라고 판명되었던 그의 이주는 해결방식의 옵션이 될 수 없다. 만약 그 방식을 택하면 기존 재산권을 재설정(reassignment)해야만 할 것이다. 따라서 차선의 방식인 을의 소음제거기 설치가 채택될 것이다. 바로 이런 맥락에서 재산권의 설정을 전제한 채 외부효과 문제를 해결하는 방식을 샤벨은 '부분적(partial) 사회후생극대화' 문제라고 표현한 바 있다.[20)]

요컨대, 불법방해 문제를 다루는 법원은 늘 갈등의 상호성을 정확히 파악해야 한다는 것이 코즈 교수의 지론이다. 초기 재산권의 설정이 전혀 없다면 우리는 최고 수준의 사회후생을 항상 달성할 수 있다. 예를 들어, 위의 사례에서 갑과 을 이 두 사람은 같은 시기에 문제의 지역에 입주하였다고 하자. 나아가 이 지역은 전형적인 주거지역 또는 산업단지 중 어느 하나에 확실히 해당하지는 못하며, 두 가지 속성이 혼재되어 있다고 가정하자. 말하자면, 상호성이 매우 높은 경우라고 가정하자. 이런 상황하에서는 그야말로 완벽한 갈등의 상호성을 인정하여 기존의 다른 재산권 설정을 염두에 두지 말고, 이 상황을 통하여 '초기 권리를 설정하는 계기'로서 간주하면 최고 수준의 사회후생 극대화 문제로서 이 갈등을 해결할 수 있을 것이다.[21)]

20) 그럼에도 불구하고, 재산권의 설정을 전제한다고 해서 늘 '부분적 사회후생 수준'만을 달성할 수 있는 것은 아니다. 재산권의 설정이 제대로 전제된 상황에서도 소위 권리의 '구제방식'(remedial method)을 어떻게 사용하는가에 따라 '최고 수준의' 사회후생을 달성할 수도 있다(이에 관해서는 김일중(2008, pp. 207-214) 참조). 물론 법경제학계에서 현존하는 석학 중 일인이라 부를 수 있는 샤벨 교수도 이 점을 당연히 인지하고 있을 것이라고 필자는 확신한다. 다만 본문에서처럼 '부분적 사회후생 극대화'라고 그가 언급한 이유는 초기 권리를 너무 쉽게 묵시적으로 전제해 버리는 기존 경제학의 관행을 지적하기 위하여 선택한 용어라고 판단한다.

종합하면, 제Ⅱ절에서 보았듯이 재산권이 제대로 확립되어야만 무수한 긍정적 효과가 발생한다. 코즈 교수는 1960년 논문에서 이러한 인과관계의 상호성에 대하여 심각하게 숙고하라는 메시지를 우리에게 전달하였다. 그의 메시지를 대략적으로 재표현하면, 특정 갈등 내지는 외부효과 문제에 봉착하였 을 때 "역지사지(易地思之)의 입장에서 바라보라"는 요구와 일맥상통한다고 판단된다. 일방성에 대한 선입견으로써 별 숙고 없이 재산권의 설정을 한 쪽으로 (잘못) 전제해 버린다든지, 또는 정반대로 상호성이 일정 수준 존재하는 것 같다는 이유만으로 재산권의 설정을 매우 가볍게 다룬 경우 등에 대하여, 우리로 하여금 "과연 재산권이 누구에게 귀속되어야 하는가"에 관하여 진지하게 고민해 보라는 요청인 것이다. 이상의 상호성 논의를 바탕으로 이제 코즈 정리에 관하여 본격적으로 검토해 보자.

2. 코즈 정리의 이해

1) 개요 및 몇 가지 예시

1960년 논문이 출간되고 좀 시간이 흐른 후 시카고대학 동료이자 역시 노벨경제학상 수상자인 조지 스티글러(George Stigler) 교수에 의하여 '코즈 정리'(The Coase Theorem)라고 명명된 그의 이론은 다음과 같이 요약될 수 있다.

> 코즈 정리: 첫째, 특정 자원에 대한 민간의 재산권이 뚜렷하게 확립되어 있고, 둘째 계약이나 그 밖의 권리집행을 위한 제반 거래비용이 존재하지 않는다면, 어떤 식으로 해당 자원에 대한 재산권이 배분되더라도 경제 효율성이 달성된다.

우선 '거래비용'(transaction cost)은 일찍이 Coase(1937)에서부터 강조된 개념으로서, 문자 그대로 시장에서 적절한 거래자의 탐색, 협상, 계약의 체결 및 집행 등 경

21) 반면 이 지역은 오래 전부터 전형적인 주거지역이었다고 가정하자. 그렇다면 아무래도 갑의 권리가 인정될 가능성이 크다. 반대로 오랜 기간 산업단지로 지정되어 왔던 지역에 최근 갑이 입주하였다고 가정하면, 오히려 을의 권리가 인정될 가능성이 매우 높다. 결국 해당 사건의 상호성을 면밀히 따져 보는 것이 불법방해를 해결하는 데 있어서 요체라고 요약할 수 있겠다.

제주체들이 자발적 거래를 하는 데 소요되는 제반 비용을 통칭한다. 주지하듯 대부분의 거래에서 거래비용은 수반될 것이다. 예를 들어, Barzel(1989)은 중동 지역의 실제 한 낙타시장을 예로 삼아 거래비용이 거의 없었던 상황을 소개한 바 있다. 만약 이처럼 시장에서의 거래비용이 존재하지 않는다면 정부 또는 법원은 경제주체들 사이에서 서로 권리를 주장하는 갈등이 생겼을 때, 누구의 손을 들어 주든 경제효율성이 늘 극대화된다는 것이 코즈 정리의 요체이다. 먼저 코즈 정리의 '극히 교과서적' 사례로부터 논의를 시작해 보자.

공장과 주민이 서로 인접해 있다. 공장은 영업을 하면서 500의 효용(또는 가치)을 창출하고 있다. 반면, 주민은 공장이 영업하지 않을 때의 청정공기를 원하고 있는데, 그것이 주는 효용을 300이라고 하자. 그러나 공장이 영업하는 한 그 환경권을 전혀 향유할 수 없다고 하자. 앞 소절에서 논의한 갈등의 '상호성을 전제'하였을 때, 이 상황에서 공장은 '영업권'을, 그리고 주민은 '환경권'을 주장할 것이다. 따라서 갈등이 시작되었고 법원까지 이르렀다고 하자. 이제 코즈 정리를 확인해 보자.

첫째, 법원에서 주민의 손을 들어 주었다고 하자. 환언하면, 재산권의 설정에서 환경권에 우선순위를 준 것으로서, 공장은 일단 영업을 중지하여야 한다.[22] 따라서 주민은 공권력에 따라 일단 300의 효용을 확보하였으며, 공장의 효용은 영업중지 상태이므로 0이 되어, 총효용은 300이다. 흥미로운 사실은 이상 유지명령이라는 법원의 결정이 있었지만, 공장이 영원히 조업중단을 할 것인지의 여부는 아직 모른다는 점이다. 코즈 정리에 의하면, 주민과 공장 사이에 권리를 사고파는 데 소요되는 거래비용이 0이라고 가정하였으므로, 서로에게 유익하다면 거래는 이루어질 것이다. 이 상황에서 공장의 영업권은 500의 가치를 창출하므로, 거래가격이 500 이하라면 조업할 수 있는 권리를 주민으로부터 구매할 유인이 있다. 한편, 주민의 입장에서는 현재 효용이 300이므로 누군가 그 이상의 가격을 지급한다면 환경권을 양도할 유인이 있다. 주민이 시장에서 환경권을 자발적으로 양도한다면, 공장은 자유로이 영업을 재개할 수 있다. 두 당사자 간에 갈등이 없으므로 향후 법원도 전혀 개의치 않을 것이다.

---

22) 법경제학에서는 흔히 이 상황을 '주민에게 유지명령(injunction)의 구제'를 해 주었다고 표현하는데, 자세한 논의는 김일중(2008, pp. 187-206)을 참조할 수 있다.

따라서 거래가 창출할 수 있는 총잉여는 200에 이르며, 거래비용이 0이라고 가정하였으므로 재산권 양도는 이루어질 것이다. 협상범위는 300에서 500까지이며, 실제 거래가격은 물론 주민과 공장의 협상력에 의하여 결정될 것이다. 논의의 편의상, 양측이 잉여의 절반씩 차지한다는 소위 '내쉬(Nash)의 해(解)'를 따른다고 가정하였을 때, 협상가격은 400으로 결정될 것이다. 거래가 이루어진 후, 이제 청정공기는 사라졌으나 보상을 받았으므로 주민의 효용은 400이 된다. 공장의 효용은 이제 재가동할 수 있으므로 100(=500−400)이 되어 거래 이전보다 증가한다. 따라서 주민과 공장의 총효용은 500으로 되어, 거래 이전보다 200이나 증가하였다. 즉, 총효용이 극대화됨으로써 '경제효율성의 달성'을 이루게 된다. 더불어 매우 흥미로운 또 한 가지의 사실은 법원에서 환경권의 손을 들어 주었음에도 불구하고, 실제 시장에서 '최종적으로 작동되는' 권리는 공장의 영업권이라는 점이다.

둘째, 이제 반대로 법원이 공장의 손을 들어 주었다고 하자.[23] 따라서 공장은 영업을 할 수 있으므로 500의 효용을 확보하게 되고, 청정공기가 사라졌으므로 주민의 효용은 0이 된다. 그런데 이 상황에서는 애초 법원의 재산권 배분 결정을 변경시키는 더 이상의 시장거래가 없다. 주민의 최대지불의사가 300이므로 공장의 최소요구액 500에 미달되기 때문이다. 그럼에도 불구하고, 총효용은 500으로서 '경제효율성이 확보'되며, 또한 법원의 재산권 설정 이후 '최종적으로 작동되는' 권리는 공장의 영업권이라는 점을 주목할 필요가 있다.

종합하면, 이상의 간략한 예를 통해서 '법원의 재산권 배분 형태에 관계없이' 궁극적으로는 항상 경제효율성이 달성된다는 코즈 정리를 확인할 수 있다. 또한 시장에서 실제로 작동되는 권리는 늘 공장의 영업권이라는 점도 확인할 수 있다. 사실 이 둘은 같은 의미의 문장들로서 희소한 자원(즉, 청정공기)에 대하여 더 많은 가치를 부여하는 쪽에서 사용함으로써 (최고 수준의) 경제효율성이 달성되기 때문이다. 물론 이상의 예에서는 공장의 오염권에 높은 가치가 있다고 가정하였다. 그러나 숫자를 바꾸어 환경권의 가치가 500이고 영업권의 가치가 300이라면, 법원이

23) 코즈 정리를 처음 접하면서 흔히 의아함을 갖게 될 때가 바로 이 부분이다. 공장이 청정공기를 오염시키는데 어떻게 공장의 손을 들어 줄 수 있는가라는 의구심이 생길 수 있다. 그러나 앞서 논의를 시작할 때 이 갈등은 상호성이 존재한다는 전제를 하였다는 점을 기억하기 바란다. 그렇지 않고, 만약 주민이 어떤 이유에서든 초기 재산권을 갖고 있었다면 공장의 손을 들어 주는 법원의 결정은 결코 바람직하지 않을 것이다. 그런데 "과연 주민이 환경에 대한 초기 권리를 가져야 하는가?"라는 규범적 질문에 답하는 데 도움을 준 것이 코즈 정리의 가장 큰 공헌이다.

어느 쪽의 손을 들어 주든 공장은 문을 닫게 될 것이며, 역시 총효용은 500이 됨으로써 코즈 정리는 여전히 성립할 것이다. 따라서 이 상황에서 법원의 역할은 어느 한 쪽에게 확실한 권리를 주기만 하면 된다.[24)]

이제 앞 소절에서 다룬 '완벽한 상호성'이 존재하는 두 사례에 대해서도 간략히 검토하자. 사실 필자는 거래비용이 매우 작을 것 같다는 점을 미리 염두에 두고 두 사례를 소개한 것이다. 또한 '완벽한 상호성'을 상정하였으므로, 기존 교과서에서 다루는 위 전형적인 예보다는 코즈 정리의 메시지를 일면 더욱 잘 전달할 수 있을 것으로 기대한다.

첫째, '두 사냥꾼 상황'에서 법원이 어떤 사냥꾼에게 멧돼지의 소유권을 주든 경제효율성은 달성될 것이다. 멧돼지의 시장가격이 그 크기에 따라 대체로 잘 형성되어 있을 것이므로, (두 사냥꾼 모두 애초 멧돼지를 '소유'(소비)하기 위해 사냥에 나섰다면) 누가 소유권을 인정받든 결국은 멧돼지에 대하여 더 높은 가치를 부여하는 쪽이 최종적으로 멧돼지를 소유하게 될 것임을 쉽게 예측할 수 있다. 혹시 거래가 생긴다면 그 시장가격이 일종의 참고가격으로 기능함으로써 거래가 매끄럽게 이루어지도록 도와 줄 것이다.

둘째, '중고생 입시학원과 호프집 상황'에서도 마찬가지이다. 학원 또는 호프집 어느 누구에게 재산권을 설정하더라도 결국에는 더 많은 부가가치를 창출하는 쪽에서 영업을 영위하고 있을 것이다. 전술한 대로, 이 상황에서도 어느 누구의 권리가 우선된다는 점을 인정하기 힘들므로 법관의 의사결정은 그리 많은 숙고를 필요로 하지 않는다. 예를 들어, 법원이 호프집의 손을 들어 주든지 반대로 학원의 손을 들어 주더라도, 상가 내 문제의 그 맞닿은 '두 공간에서는' (법이 어떻게 정해지든) 경제효율성을 달성하게 될 것이다(김일중, 2008, p. 113). 따라서 코즈 정리가 성립한다.

24) 이 경우를 가리켜 필자는 평소 "법원의 유일한 일은 동전을 던져 앞면과 뒷면 중 어느 것이 나오는가에 따라 권리를 나누면 된다"라는 표현을 곧잘 사용한다. 그러나 후술되듯 법원이 정작 해야 할 일은 동전던지기보다는 때론 상상을 초월할 정도의 훨씬 더 창의적 판단과 숙고를 요구할 것이다. 한편, 이상은 공장의 영업 여부만을 상정하는 매우 단순한 사례였다. 그러나 코즈 정리는 어떤 복잡한 상황을 상정하더라도 성립한다. 예컨대, 중급 수준의 경제이론을 사용하여 공장의 생산 수준을 연속적인 변수로 상정해 보아도, 역시 코즈 정리가 성립함을 증명할 수 있다.

2) 코즈 정리가 주는 핵심 함의: 초기 권리의 설정에 관한 숙고

코즈 교수는 만약 경제 내에 '거래비용이 존재하지 않는다면' 정부가 해야 할 일이란 모든 경제자원에 대하여 경제주체들 중 누구에게든지 재산권만을 확립시켜 주면 된다고 주장한다. 경제주체들끼리의 자발적인 조정에 의하여 그 자원을 가장 필요로 하는 쪽으로 재산권의 교환이 일어날 것이고, 따라서 사회 전체의 후생이 증가할 것이기 때문이다.[25] 이와 같이 재산권만 완벽히 확립되면 경제효율성은 달성될 수 있으므로 이러한 상황에서 재산권의 확립 이외의 다른 형태로 정부가 민간의 경제활동에 개입할 소지가 별반 없게 된다.

경제활동에 외부효과가 발생할 때에는 정부가 개입하여 사회비용(또는 편익)과 사적 비용(또는 편익)이 일치하도록 조정해야 한다는 피구(Pigou)의 후생경제학이 오랫동안 뿌리내리고 있었던 당시 상황으로 볼 때, 1960년의 코즈 정리는 그야말로 경제학자들의 사고방식에 대변혁을 몰고 온 것이나 다름없었다.[26] 다분히 역설적이지만 외부효과의 내부화(internalization)를 주장하는 기존의 후생경제학 이론에서도 완전정보(예: 수요, 공급, 외부효과의 크기 등에 관한 완전정보), 즉 거래비용이 존재하지 않는다는 점과 거의 동일한 가정이 사용되고 있었으므로, 코즈에게 있어 중요한 것은 재산권의 확립이었던 것이다.

앞 소절에서 보았던 코즈 정리를 증명하는 예시들은 모든 법경제학 교과서에서 예외 없이 최소한 한 가지씩은 다루고 있다. 그러나 간단한 수치와 또는 방정식으로써 이 정리가 산술적으로 성립함을 보인 것을 그의 주요 공헌이라 할 수는 없다. 노벨경제학상을 받은 후 코즈는 회고를 통하여 그 1960년 논문의 진정한 공헌을 유감 없이 설파하고 있다.

> "다만 나는 경제체계가 어떻게 운용되는가를 분석함에 있어서 연구의 질을 향상시키고 싶었다. 거래비용이 0이 아닐 때 비로소 법은 경제의 성과

25) 그러나 이제까지 여러 차례 암시한 대로 문제가 된 갈등의 당사자 중 일인이 엄연한 초기 권리를 갖고 있다면 '누구에게도'가 아니라 그 '초기 권리자'에게 재산권을 배분해야 할 것이다. 제IV절부터는 바로 그 초기 권리를 어떻게 배분할 것인가에 관하여 논의한다.

26) 이에 관한 좀더 실감 있는 논의는 김일중(2008, pp. 181-184)을 참조할 수 있다. 한편, (특히) 피구(Pigou)의 외부효과이론에 덜 익숙하거나, 이 이론에 대하여 코즈 교수가 던졌던 문제제기에 관한 좀더 자세한 설명을 원하는 독자는 전성훈 · 신도철 · 길인성(1991, pp. 17-26)을 참조할 수 있다.

를 가름하는 핵심적인 요인이 된다. 거래비용이 0이라면 아무리 법이 변해도 민간의 경제주체들이 자발적으로 생산량을 극대화시키기 위해 각종 계약행위를 할 것이다. 그러나 만약 거래비용이 매우 높으면, 문제가 된 재산에 관한 법을 재조정하는 자발적인 계약행위가 일어나지 않을 것이다. 왜냐하면, 그런 계약행위로부터 기대되는 순익이 상대적으로 크지 않기 때문이다. 따라서 이러한 상황에서 개인들이 갖게 되는 권리란 대체로 법에 의하여 부여될 것이므로, 결국 법이 경제를 조정하는(**law controls the economy**) 역할을 하게 될 것이다"(Coase, 1993, pp. 250-251, 강조 추가).

코즈 논문의 진정한 공헌은 정작 거래비용이 없다는 가정을 없앴을 때, 경제 내에 발생하는 여러 가지 문제들을 어떻게 해결해 나갈 것인가에 대하여 경제학자들로 하여금 심각하게 연구하도록 한 데 있다. 거래비용이 존재한다는 사실은 권리의 자발적인 조정과 교환이 그만큼 매끄럽게 진행되지 못함을 의미한다. 그러나 설사 거래비용이 존재하는 상황에서도 역시 재산권의 설정이 제일 중요한 관건인데, 다만 이때는 정부가 어떤 식으로 재산권을 설정하는가에 따라서 효율성에 상당한 영향을 미친다는 것이 코즈의 시각이다. 환언하면, 정부(법)의 결정 또는 개입 형태에 따라 경제자원의 배분이 달라진다.

코즈의 이와 같은 통찰력은 설사 거래비용이 존재하더라도 경제주체들이 각자의 부를 극대화하기 위해 부단히 노력한다는 인식에 바탕을 두고 있다. 그렇다면 이제 교역으로 인하여 기존의 부가가치가 어떻게 제고되는가를 재산권과 거래비용의 틀 속에서 검토하여 보자. 사실 개인 또는 집단이 현재 소유하고 있는 많은 재화들 중에서 남이 이용하였을 때, 더욱 높은 가치를 창출할 수 있는 것들도 많다. 따라서 그들이 교역을 할 수 있다면 양자 모두에게 이득을 가져다 주게 된다. 교역으로부터 새로이 발생하는 총부가가치는 다양한 방법에 의해 제고되고 또 다양한 형태로 분배될 수 있다.

이를 위한 협상에 소요되는 거래비용이 없다면(분배비율이야 제3자가 사전적으로 확정할 수 없으나) 총부가가치는 완벽히 매끄럽게 극대화된다. 그러나 만약 거래비용이 존재한다면 문제는 달라지고, 또 그것이 대부분 우리의 현실이라고 보아도 무방하다(이를 흔히 'Non-Coasian World'라고도 표현한다). 이러한 상황하에서는 협상 참여자 각자가 어떤 정보를 어떻게 먼저 획득하느냐에 따라 상대방보다 더욱 많은 부가가치를 차지하게 된다. 한편, 그런 가능성이 전혀 보이지 않을 때는 교역 자체를 포기할 수도 있다.

그래서 코즈는 시장과 기업, 그리고 정부가 문제의 해결 형태를 잘 파악하기 위해서는 무엇보다도 거래비용의 속성을 잘 파악해야 하며, 일단 제반 거래비용이 파악된 후에는 향후 비슷한 문제나 갈등이 발생하였을 때 경제효율성을 극대화할 수 있는 방향으로 정책을 정해야 한다는 주장을 전개하고 있다. 나아가 거래비용이 존재하더라도 그것을 가능한 최소화시켜 민간 경제주체들끼리의 재산권 거래를 용이하게 할 수 있도록 경제학자 및 정책입안가는 고민하여야 한다는 것이다.[27] 요컨대, "거래비용이 0이 아니라면 법이 경제성과를 결정하게 된다"는 사실을 숙지하고, 어떤 식의 법이 경제성과를 극대화할 것인가에 관하여 학자나 정책입안가들로 하여금 고민하도록 한 점이야말로 코즈 정리의 가장 큰 공헌이다.[28] 이상이 코즈 정리에 대한 일차적 이해이다.

물론 앞서 엡스틴의 지적처럼 살인, 강간, 절도 등의 경우들처럼 갈등의 상호성이 '전혀 없을 때' 정부는(학자 역시 마찬가지로) 재산권 설정 과정에서 별 역할을 못한다. 초기 권리가 이미 뚜렷이 결정되어 있기 때문이다. 반대로 '완벽한 상호성이 존재할 때'에도 정부의 역할은 그리 크지 않다. 다만 거래비용이 높다고 가정하면, 문제가 된 재산권에 대하여 (분쟁이 발생한) 그 순간 높은 가치를 부여하는 쪽의 손을 들어 주면 된다. 거래비용이 없다면 그야말로 동전을 던져 결정하면 된다. 그런데 필자가 여러 번 강조한 대로 우리가 심각하게 고민하는 갈등의 대부분은 '일정 수준의 상호성이 존재할 때'이다. 동시에 그러한 상황에서는 거래비용이 높은 경우가 많다. 이때 과연 누구에게 초기 권리를 주는가는 정책입안가나 학자에게 가장 중요한 문제가 아닐 수 없다. 초기 권리가 전제되어야 그에 상응하는 보호나

27) 한편, 이렇게 전반적으로 거래비용을 줄이거나, (다른 조건이 일정할 때) 향후 거래에 장애가 일어날 가능성을 극소화되도록 재산권을 설정하는 주장을 법경제학계에서는 종종 '규범적 코즈적 정리'라고 지칭한다.

28) 그 논문이 발표된 이후 후학들의 많은 논문들이 세계 최고의 학술지들에 발표되었지만, 필자 판단으로는 정작 지식시장이나 전문가들의 사고체계 밑바닥에까지 확산되어 구체적 현안이나 법제에 대하여 정교한 코즈적 분석을 하는 작업은 특히 국내에서는 이제야 본격적인 시작 단계를 맞았다고 생각된다. 가령 국내 법학계의 경우 윤진수(2005)가 그 좋은 일례이다.

그림 3-1 • 최적재산권 배분에 관한 코즈적 숙고: 누구에게 권리를 주어야 하는가?

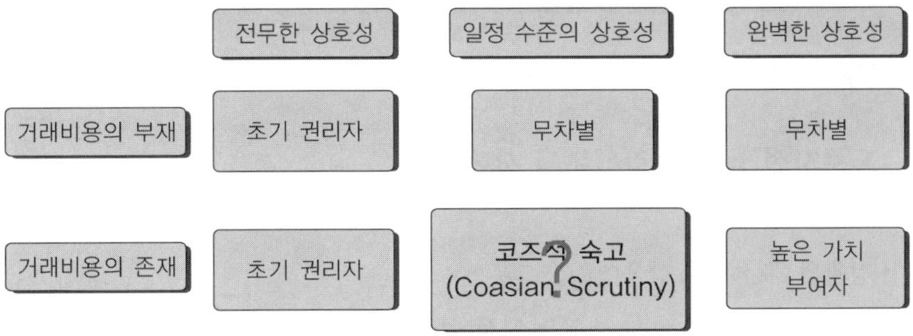

구제방식을 제대로 선택할 수 있다. 바로 이런 맥락에서 코즈 정리는 '재산권 설정'에 있어서 획기적인 공헌을 한 것이다(〈그림 3-1〉 참조).[29] 〈그림 3-1〉을 보면 최적재산권 설정을 위하여 법원이 생각을 해야 하는 경우는 편의상 총 여섯 가지 경우 중 단 두 가지뿐이다(네 가지 경우는 답이 자명하다). 첫째, 완벽한 상호성이 존재하지만 거래비용이 높은 경우 해당 자산에 대하여 가장 가치를 많이 부여하는 쪽에 재산권을 부여해야 하므로, 부여하는 가치에 대한 고려가 필요하다. 둘째, 일정 수준의 상호성과 거래비용이 동시에 존재할 때인데, 이 경우가 소위 '코즈적 숙고'를 필요로 하는 상황이다. 문제는 주변의 많은 갈등들이 바로 이 영역에 속한다는 사실에 있다.

29) 사실 코즈 정리는 법경제학에서 이 초기 권리의 설정 문제 외에 다른 공헌도 많이 하였다. 그 중에서도 특정 법이 시장에서 어떤 효과를 갖는가를 정확히 예측하는 데 있어서도 심대한 공헌을 하였는데, 이에 관해서는 예를 들어 김일중(2008, pp. 280-301)을 참조할 수 있다.

Ⅳ. 최적재산권 배분: '민간 대 민간'의 예

1. 도로차선 통과 권리배분의 사례[30)]

1) 상황의 개요 및 상호성

우리는 하루하루 살면서 제Ⅲ절에서 설명한 '일정 수준 상호성 있는' 갈등들을 의외로 자주 그리고 다양하게 접한다. 그 중 운전을 하면서 자주 겪는 대표적인 한 사례가 〈그림 3-2〉에 잘 나타나 있다. 편도 2차선 도로에서(사거리로부터 100 정도 주행하였을 때) 갑자기 중간의 차선에 다양한 종류의 공사현장이 나타난다. 따라서 운행 중이던 A와 B차선의 차들이 공사현장 바로 앞에서 서로 먼저 통과하려고 다투게 된다. 오늘도 서울에서는 수백, 아니 수천 군데에서 이런 일이 발생하고 있고, 때로는 접촉사고도 일어나고, 또 때로는 운전자들끼리 멱살을 잡기도 하며, 그 사이 뒤에 있는 수십, 수백 대의 차들은 영문도 모른 채 도로에서 시간을 허비해야만 한다.

여기에서도 관건은 "누구에게 우선통과의 권리를 주어야 하는가"이다. 즉, 재산권 배분의 전형적인 사례이다. 최소한 필자의 경우, 이 질문에 처음 직면하였을 때 의외로 즉답이 나오는 듯하였다. 그러나(〈그림 3-2〉의 사거리를 운전할 때마다) 조금씩 더 생각하다 보니, 그렇게 손쉬운 문제는 아니라는 생각이 들었다. 곧이어 코즈 교수의 '상호성'이 존재하는 상황이라는 결론을 내렸다. 따지고 보면 A 또는 B 중 어느 차선의 차가 우선권을 갖는지에 대하여 앞서 소개한 엡스틴 교수의 표현처럼 '확고한 신념'이 필자에게는 없었던 것이다.

하지만 어떤 식으로든 권리를 확실하게 설정해 놓으면 권리가 없는 자가 무턱대고 자기 차를 앞으로 내미는 일은 줄어들 것이다. 그로부터 발생하는 모든 책임은 자신이 부담하여야 하기 때문이다. 그렇다면 매우 중요한 문제로서, 먼저 권리

30) 제Ⅳ절의 상당 부분 논의는 김일중(2008, pp. 118-132)에 기초를 두고 있으므로, 특별한 경우를 제외하고는 일일이 인용하지 않는다.

그림 3-2 • 상호성이 일정 수준 존재하는 갈등: 누가 먼저 통과할 것인가?

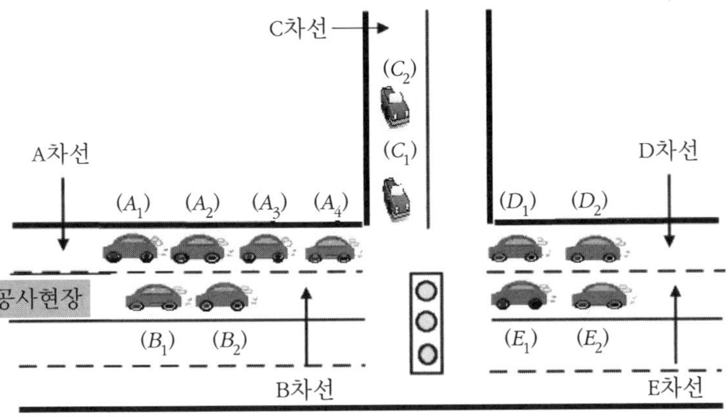

설정의 가장 기본이 되는 '기준'은 무엇일까? 이제까지 논의하였 던 경제효율성 개념을 도입하면, 도로사용에서 발생한 갈등이니만큼 '시간당 도로사용(즉, 통과하는 차량 숫자)의 극대화'에 있을 것으로 상정할 수 있다. 여기에는 별다른 이견이 없으리라 본다.

2) 코즈 정리의 성립

이제 다양한 형태의 권리배분 방식을 검토해 보자. 가장 쉽게 생각할 수 있는 한 가지 방법은 '차선별'로 권리를 설정하는 것이다. 〈그림 3-2〉에서 공사장애물의 위치로 볼 때, 장애물이 없는 A차선에 권리를 준다고 하자. 공사장에 가까운 차 순서대로 일련번호를 붙이고 현재 A차선의 마지막 차를 n번째라 하면, 표기의 편의상 이 상황에서의 권리순위는 $A_1 > A_2 > A_3 > \cdots > A_n > B_1 \cdots$으로 표시할 수 있다. 이렇게 권리가 법으로 설정되면 설사 몇십 대의 차가 A차선에 있더라도 뒤에 오는 (n+1)번째의 차가 B차선으로 가서 끼어들려는 유인은 사라질 것이다.[31] 따라서 멱살 잡는 일도, 접촉사고도 사라질 것이다.

31) 비로소 이런 권리배분하에서 우리는 그러한 행위에 대하여 '새치기'라는 부정적 의미의 용어를 사용할 수 있다. 그러나 다른 형태의 권리배분하에서의 그 행위는 오히려 '정당한 권리행사'가 될 수도 있다.

코즈 교수의 거래비용 문제를 좀더 생각해 보자. 만약 거래비용이 0이라면 이러한 법제의 장점은 더욱 커진다. 여기서 거래비용이 0이라 함은 예를 들어 다음과 같은 상황을 의미할 것이다. (n+1)번째로 이 도로에 진입하는 운전자는 응급실 또는 사업상 매우 중요한 회의에 참석하려 가는 중인데, A차선에서 기다릴 수 없어 우선 B차선으로 들어간 다음 A차선의 모든 운전자들로부터 '먼저 통과할 수 있는 권리'를 구매하려고 한다. 그런데 그러한 수십 건의 거래를 한꺼번에 성사시키는 데 소요되는 비용이 전혀 들지 않는다는 뜻이다.

가령 어떤 컴퓨터 장치가 있어서 n명의 A차선 운전자들이 모두 만족할 만한 금액을 순간적으로 계좌이체하고(즉, 순간적으로 상호 이익이 되는 계약을 체결하고) 한 치의 시간낭비도 없이 공사장을 먼저 통과한다는 뜻이다.[32] 이런 상황에서는 우선 통과에 관한 법제가 설사 $A_1 > A_2 > A_3 > \cdots > A_n > B_1 \cdots$로 되어 있다고 하더라도, 실질적으로는 그 권리에 가장 큰 가치를 부여하는 운전자 순서대로 권리를 사용하게 되어 경제효율성이 극대화된다.

그런데 생각을 좀더 해 보면 다른 흥미로운 결과를 깨닫는다. 거래비용이 없을 때 얻게 되는 위 최상의 결과는 권리설정을 정확히 반대로 해도 얻어진다는 사실이다. 말하자면, B차선에 절대적 우선권을 주는 $B_1 > B_2 > B_3 > \cdots > B_n > A_1 \cdots$ 법제시스템도 거래비용이 0이라면 동일한 효과를 거둘 수 있다.[33] 나아가 어떤 다른 형태의 법제를 사용하든 결과는 같아진다는 점을 알 수 있다. 요컨대, 코즈 정리가 성립한다는 사실을 재확인할 수 있다.

2. 거래비용이 높을 때의 최적권리 설정: 코즈적 숙고

1) 차선통과 우선권에 관한 코즈적 숙고

이제 $A_1 > A_2 > A_3 > \cdots > A_n > B_1 \cdots$의 권리설정으로 다시 돌아가 보자. 앞서 이야기한 B차선에 들어와 A차선의 차들과 자발적 그리고 순간적 거래를 할 수 있다는

32) 주지하듯, 만약 이런 일이 가능하다면 이 법제는 단순히 도로사용량이 아니라 도로사용으로부터의 효용마저도 극대화시키는 최상의 결과를 낳게 될 것이다.

33) 다만 그림에서도 보듯 $B_1 > B_2 > B_3 > \cdots > B_n > A_1 \cdots$ 시스템에서는 B차선의 차들은 장애물 앞에서 A차선으로 차선변경을 하여야 한다는 면에서 약간의 효율성 저하가 발생할 것으로 보인다. 그러나 좀더 큰 맥락에서 볼 때, 거래비용이 없다면 이 법제도 효율성을 보인다는 명제에는 큰 차질을 주지는 않아 보인다.

가정이 현실에서는 도저히 불가능하다는 점을 우리는 잘 알고 있다. 시간이 흐르면서 필자는 추가로 다음과 같은 중요한 부작용들도 예측할 수 있게 되었다.

첫째, 실수로 B차선에 진입한 차를 생각해 보자. 우리가 서울의 모든 길에서 벌어지고 있는 공사장소를 사전적으로 알 수는 없으므로 실수로 B차선과 같은 곳에 진입할 수 있다. A차선의 권리가 엄격히 보호되고 있으므로, 일단 B차선에 진입하면 긴 시간 동안 (A차선의 차가 모두 지나갈 때까지) 기다려야 한다. 한 번 실수하면 큰 낭패를 볼 것이므로 보통의 합리성을 갖춘 시민이라면 이런 일을 당하지 않기 위해 많은 주의를 기울여야 한다. 아니 상당한 주의를 할 것이다. 각종 다양한 주의행위가 나타나겠지만, 그 중에서도 가장 심각한 부작용은 필요 이상의 서행운전이 될 것이다. 혹시 자신이 주행하고 있는 차선의 전방에 어떤 식으로든 장애물이 있지 않나 조심스럽게 살필 것이기 때문이다. 그런데 이러한 행위가 '시간당 도로사용의 극대화'라는 애초의 기본 목표에 위배됨은 물론이다.

둘째, 더욱 심각한 부작용은 공사장의 위치를 잘 알고 있는 운전자들의 유인에 의해 발생한다. 실제로 서울의 많은 거리에서 발생하는 문제로서, 〈그림 3-2〉에서[34)]출퇴근 등 체증이 심한 시간대에 C차선이나 D차선으로부터 공사장 쪽으로 통과하려는 차들은 B차선에 진입하지 않으려는 유인을 갖게 될 것이므로 대기하게 된다. 그 결과 C차선에서는 많은 차들이 좌회전할 수 없고, D차선에서는 직진하려고 기다리고 있는 앞의 차들 때문에 뒤의 많은 차들이 우회전을 할 수 없게 된다. 물론 이들 대기차량들이 (이제 완전히 텅 비어 있는) B차선에 진입하였더라면 이런 문제들은 상당 수준 사라진다.[35)]

종합하면, 운전자들끼리 권리구매를 하기 위한 거래비용이 높은 상황에서, 특히 체증 정도가 작지 않을 때 $A_1 > A_2 > A_3 > \cdots > A_n > B_1 \cdots$의 권리설정은 '시간당 도로사용의 극대화'라는 기본 목적을 심하게 훼손시킬 수 있는 법제가 될 수 있다. 물론 이런 부작용들은 '도로'와 '주행'이라는 경제상황 및 행위가 갖는 각종 고유한 특성 때문에 발생하는 것이다.

---

34) 〈그림 3-2〉에서는 논의의 초점을 부각시키기 위해 필자가 실제 지나다녔던 특정 거리를 다소 단순화시켰으나, 거리 형태를 이리저리 바꾸어도 필자의 논점은 크게 영향을 받지 않을 듯하다.
35) 물론 사거리 신호등에서 공사장까지의 거리가 매우 짧을수록 차선을 활용하는 이 효과는 감소할 것이다.

〈그림 3-2〉의 거리를 지날 때마다 필자는 다음과 같은 대안들을 생각해 보았다. 자연스럽게 떠올릴 수 있는 대표적 권리배분방식은 어떤 차선이든 공사현장에 먼저 근접한 차에게 통과권리를 주는 것이었다. 편의상 이 권리시스템을 $A_1 > B_1 > A_2 > B_2 > \cdots$라 표현하자. 권리설정이 이러한 식으로 이루어지면 앞서 언급한 $A_1 > A_2 > A_3 > \cdots > A_n > B_1 \cdots$ 방식의 첫째 문제는 완전히 사라지고, 둘째 문제 역시 상당히 완화될 것이다. 그렇다면 거래비용이 높은 상황에서 과연 이 방식은 언제나 경제효율적일까?

$A_1 > B_1 > A_2 > B_2 > \cdots$는 도로가 혼잡할 때 비교적 우위를 갖는 권리배분방식이지만 한산한 시간대에서는 문제점들을 야기할 수 있을 듯하다. 도로가 한산하다는 뜻은 차들이 속도를 내고 있다는 의미이다. 예를 들어, 평균속도 60km를 내고 있다고 하자. 공사장에 근접하는 순서대로 무조건 권리를 줄 경우, 예를 들어 B차선으로 온 차가 공사장을 통과하기 위해서는 속도를 예컨대 10km로 줄여야 한다. 그렇게 속도를 충분히 줄인 후 A차선으로 변경하여 공사장을 통과할 것이다. 그렇다면 이 차보다는 뒤에서 달려오던 A차선의 모든 차들 역시 속도를 줄여야 하다. 만약 속도를 줄이지 않아 B차선으로부터 차선변경을 하면서 공사장을 통과하던 앞의 차와 추돌할 경우 모든 배상을 해 주어야 하기 때문이다. 그것이 바로 $A_1 > B_1 > A_2 > B_2 > \cdots$ 재산권 설정방식의 정의이다. 따라서 이런 상황에서는 차의 흐름을 몹시 방해하게 된다. 나아가 B차선에 단 한 대라도 차가 있으면 언제 A차선으로 진입할지 모르므로, A차선의 차들은 미리 서행하면서 주의를 해야 할 것이다. 해당 법제의 정의상, 언제든지 진입할 수 있기 때문이다. 요컨대, 이 권리배분방식 역시 '시간당 도로사용의 극대화'에 배치되는 현상이 일어나는 것이다.

이상과 같은 생각들을 운전할 때마다 되풀이하다가, 결국 필자는 다음과 같은 결론에 도달하였다. "시속 x(예: 10)km 미만에서는 $A_1 > B_1 > A_2 > B_2 > \cdots$, 그러나 그 이상에서는 $A_1 > A_2 > A_3 > \cdots > A_n > B_1 \cdots$로 법을 정한다." '$x$km 미만'은 도로가 혼잡한 경우이므로 먼저 온 차에게 권리를 주고, '$x$km 이상'에서는 도로가 한산한 때이므로 A차선에게 권리를 주어 교통흐름을 방해하지 못하도록 한다는 의미이다. 그렇다면 실제로 x는 정확히 얼마로 정할 것인가? 하지만 그러한 작업은 법경제학을 하는 사람보다는 훨씬 더 큰 비교우위를 갖고 있는 해당 엔지니어링 전문가의 몫이다.

만약 이런 식으로 법이 정해진다면 '앞으로' 어떻게 될까? 〈그림 3-2〉에서 교차로로부터 진입하는 차들은 차가 막히면 A와 B차선에 촘촘히 붙어 설 것이며, 비교적 빠른 주행속도를 내고 있는 경우에는 설사 실수로 B차선에 진입한 차도 무조건 A차선으로 진입하여 교통흐름을 방해하는 행위를 억제하고 잠시 서행하다가 적절한 시점에서 조심하여 차선변경을 할 것이다.

2) '경제효율성' 대 '공정성'에 관한 법경제학적 단상

우리의 일상에서 만약 "장애물이 있는 차선으로부터 내가 주행하고 있던 차선으로 끼어드는 차가 나와 접촉사고를 당하는데 누구의 잘못이라고 생각하는가?" 라고 어떤 사람이 물으면, "현행법을 잘 모르겠다" 또는 "새치기한 것이나 마찬가지이니 당연히 끼어든 쪽이 잘못하였다" 등의 답변을 으레 들을 수 있다. 다소 과장되어 표현하면, 전자는 실정법의 해석론에 치우친 습관에서, 후자는 '새치기'라는 선입견에서 비롯되는 대답이라고 생각된다. 법경제학이라는 학문(더욱 구체적으로는 코즈 정리, 상호성, 거래비용 등의 개념)에 익숙해지면 위 답변들보다는 좀더 구체적이고 과학적인 판단을 할 수 있다는 것이 필자의 믿음이다.

앞 소절에서 일정 수준의 상호성이 존재할 때 초기 권리를 어떻게 배분하는가를 논의하였으므로, 본 소절에서는 이쯤해서 법경제학도가 생각하는 공정성(fairness) 내지는 정의로움(justice)이 어떤 것인지 간략히 밝힐 순서인 듯하다. 왜냐하면, 이제까지 필자의 논의는 '시간당 교통흐름의 극대화'라는 일면 오로지 경제효율성의 기준만을 갖고서 진행되었다는 인상을 줄 수 있기 때문이다. 소위 "경제이론은 파이(총잉여)의 크기만을 다룰 뿐이다" 내지는 "경제이론은 공정성에 대해서는 해 줄 말이 별로 없다"는 아쉬움이나 비판을 간혹 듣곤 한다. 하지만 필자는 그러한 생각이 상당 부분 오해에서 비롯된 소치라고 생각하며, 코즈 정리를 제대로 이해한다면 공정성에 관하여 제법 일관적인 논리를 제공할 수 있다고 본다.[36]

앞 소절의 말미에서 도출한 대로 주행속도를 기준으로 설정한 교통법규가 있

36) 이에 관한 코즈 교수의 생각은 김일중(2008, pp. 132-152)에 좀더 자세히 소개되어 있다. 사실 본 소절 이하의 생각들도 코즈 정리가 아니었다면 그 확산속도가 매우 더디었을 것이다.

다고 가정하자. 너무 당연한 이야기로 들릴지 모르지만, 결론부터 이야기하면 이렇게 정해진 법규를 모든 운전자들에게 '무차별적으로' 준수하도록 하는 것이 공정성의 실현이다.

예컨대, 꽤 빠른 시속 50km로 A차선에서 차들이 공사장을 통과하고 있다. 그런데 묵직한 비즈니스 협상을 앞둔 거대기업의 사장, 또는 중요한 공무로 지나던 고급관료가 조금이라도 시간을 벌기 위해 B차선으로 진입한 후 빠른 속도로 A차선의 앞 차들을 추월하여 공사장 앞에서 다시 A차선으로 들어가려 하고 있다. 그런데 차선변경 순간 A차선에서 달려오던 한 학생의 차와 접촉사고를 일으켰다. 이 분쟁이 결국 법원까지 왔을 때 법관은 누구의 손을 들어 주어야 할 것인가?

법원에서 확인한 결과 거대기업의 사장 혹은 고급관료의 시간당 기회비용이 접촉사고를 당한 학생은 물론 당시 A차선에서 그들이 추월하였던 모든 차량의 운전자들의 기회비용보다 높다고 밝혀졌다. 따라서 B차선의 그들이 먼저 통과하는 것이 그 순간 사회 전체의 효율성을 높이므로 그들에게 우선 권리를 주어야 하며, 같은 이유로 학생 차에 대한 배상책임이 없다는 판결을 내렸다고 하자. 말도 안 되는 이야기라고 치부할 수 있으나, 사실 이런 '잘못된 논리'는 우리 사회에서 자주 등장하며, 그 결과 경제학 전체가 오해받는 상황도 필자는 종종 관찰한다.[37)]

위와 같은 잘못된 경제논리를 엄밀하게 표현하면 '정태적(static) 칼도(Kaldor)-힉스(Hicks) 경제효율성' 개념이라 부를 수 있을 것이다.[38)] 요컨대, '특정 시점 및 특정 상황'에서 문제가 된 재산권에 대해 누가 더 큰 가치를 부여하였는가에 따라 권리를 설정하는 기준이다. 그렇게 해야만 그 정태적 시점에서 관련 갈등당사자들 효용의 합계가 극대화된다는 논리로 이어진다. 편의상 "(초기 권리분포 무시) →

37) 만약 대기업 사장이나 고급관료가 가령 비상등을 켰다면 결론은 달라질까? 이른바 '주의의무'(precautionary care)를 하였 다는 의미인데, 그래도 좀처럼 결론은 달라지지 않는다는 것이 필자의 생각이다. 이와 관련하여, 아직 국내에서는 '법의 경제적 분석'에 관한 잘못된 이해 또는 오해도 없지 않은 듯한데, 허성욱(2007)은 이 중 몇 가지에 대하여 답변을 제시한 바 있다.

38) 이는 저명한 경제학자 칼도(Kaldor)와 힉스(Hicks)가 정의한 총잉여의 크기에 기초한 효율성 개념으로서, '잠재적 파레토 개선'(potential Pareto-improving)이라고도 불리는 이 개념을 그들이 만들 때에는 본문에서와 같은 남용 내지는 오용 목적을 갖고 있지는 않았다. 총잉여의 분배는 상황에 따라 무작위적으로(randomly) 달라질 수 있으므로 총잉여의 크기 자체를 중요시하였다. 예를 들어, 오늘의 갑이 내일의 을이 될 수 있다는 전제가 깔려 있었다. 따라서 법경제학 용어로 재표현하면, 칼도-힉스 효율성 기준에만 의존하는 재산권 설정은 '완벽한 상호성'이 존재하는 갈등상황에서는 매우 적절할 것이다. 그러나 이미 초기 권리가 안정적으로 설정되어 있는 상황에서는 이 기준은 재산권 분포를 변경하는 데 사용되어서는 안 되고, 오히려 효율적 구제방식을 모색하는 데 매우 유용한 개념이다.

ㅣ특정 사건ㅣ → 경제효율성 검토 → 권리 설정"의 패러다임으로 표현할 수 있다. 물론 여기서 ㅣ특정 사건ㅣ은 당사자들을 법원에까지 이르게 한 해당 사건을 뜻한다. 이는 제I절에서 논의하였던 '상황특수성'을 과도하게 반영하는 패러다임이다.

이상의 '정태적 칼도-힉스 경제효율성' 개념과 대비되는 개념으로서 코즈를 따르는 법경제학자들이 갖고 있는 다른 경제효율성 개념이 있다. 소위 '동태적 경제효율성'(dynamic economic efficiency) 개념이다. 앞서 〈그림 3-2〉에서 묘사한 갈등을 제대로 해결하기 위해 최종적으로 도출한 법제는 "법을 어떻게 정하는가에 따라 '과연 앞으로' 시간당 '도로사용량'이 어떻게 될 것인가"라는 기준에 근거한 것이었다. '도로사용량'이라는 기준을 사용하였으므로 경제효율성의 개념은 분명히 스며들어 있다. 더불어 '앞으로'라는 잣대가 포함되어 있으므로 동태적인 개념이 다분히 반영되어 있다. 이와는 대조적으로, 언뜻 보기에 이는 공정성 개념과는 무관한 법제로 생각될 수 있다. 하지만 일단 이러한 법제가 정해지면 향후 비슷한 상황(관할)에서는 역시 당사자가 누군가에 관계없이 '무차별적으로' 적용되어야 한다는 사실이 이 법제의 공정성 개념을 명백하게 내포하고 있다.

역시 편의상 이러한 사고 패러다임을 "(동태적 경제효율성 고려) → 초기 권리배분 → ㅣ특정 사건ㅣ → 초기 권리 보호"로 표현할 수 있겠다. 〈그림 3-2〉와 비슷한 속성을 갖는 차선권한에 관련된 사건들의 집합에 대한 권리분포가 전술한 소절에서처럼 결정된 이상, 위 특정 사건에서 아무리 중차대한 협상을 해야 하는 사장도 학생의 권리를 '수용'(taking)할 수는 없는 것이다. 이것이 바로 많은 법경제학자들이 생각하는 공정함이다. 따라서 매우 놀랍게도, 이른바 '좋은 법'에는 경제효율성과 공정성이 함께 내포되어 있다.[39)]

물론 실제로 법을 집행하는 과정에 있어서 칼도-힉스의 정태적 경제효율성은 매우 유익한 역할을 할 수 있다. 〈그림 3-2〉의 예에서는 잘 어울리지 않겠지만, 당시 해당 재산권에 대해 좀더 높은 가치를 부여하는 쪽에서는 자발적으로(거래비용이 낮은 경우), 때로는 어떤 제약조건들 아래 법원의 도움을 받아(거래비용이 높은 경우) 그 권리를 구매할 수 있기 때문이다. 가령 우리 민법에서 물권적 권리니 채권적

39) 이러한 동태적 효율성 패러다임을 (다른 경제학의 판단잣대들과 비교하며) 주변의 매우 다양한 상황들에 적용해 본 사례연구로서는 김일중(1997a, b)을 참조할 수 있다.

권리니 하는 개념을 사용하는 것도 알고 보면 다 이러한 생각이 반영된 결과라고 필자는 생각한다.[40] 즉, 법경제학자들이 '구제규칙들'(remedial rules)에 관해 심층적으로 연구하여 온 이유가 바로 이것이다.

그럼에도 불구하고 잊지 말아야 할 사실이 있다. 그것은 애초에 설정된 재산권을 인정하며 그 초기 권리를 침범당한 피해자들을 구제해 준다는 대전제 아래, 비로소 좀더 효율성을 제고시키자는 차원에서 이런 다양한 구제방식들을 고안하게 되었다는 점이다. 돌이켜보면, 코즈의 1960년 논문은 경제학도들의 사고영역을 동태적 경제효율성으로 좀더 넓혀 궁극적으로 공정성에 대해서도 일관된 생각의 틀을 갖추게 하였으며, 법의 구체적 집행 과정에서는 정태적 경제효율성을 적절히 반영하여 모름지기 가장 좋은 법체계를 만들도록 고심하게 하는 시발점이었던 것이다.

그렇다면 왜 법원이 이미 설정된 권리를 엄격히 준수해야 한다고 법경제학자들은 강하게 믿는가? 정말로 중차대한 협상을 앞둔 기업가라면 먼저 통행하도록 해도 괜찮지 않겠는가? 가능한 한 설정된 권리를 지켜야 한다고 믿는 이유는 결국 이른바 '보통사람(ordinary people)론'에 근거한다. 먼저 운전자들에 대한 보통사람론을 보자. 만약 그런 예외 상황들이 합법화된다면, 그 즉시 운전자들의 상당수는 소위 '중요한 인물'로 돌변할 것이기 때문이다. 자신들의 끼어들기가 문제시되었을 때 담당 경찰이나 급기야 법원에 둘러 댈 갖가지 그럴 듯한 이유들은 필자가 감히 상상도 하지 못할 정도로 다양할 것이다.

좀 극단적인 비교이기는 하지만, 이는 마치 홍길동이나 로빈 후드가 어린이들에게는 그들이 흠모의 대상이 되고 성인인 우리들 역시 미화의 대상으로 삼지만, 대부분의 국가에서 이유를 불문하고 절도나 강도는 불법화시키는 것과 마찬가지 이치이다. 홍길동이나 로빈 후드 자체를 싫어해서가 아니라, 만약 합법화될 때 수천, 수만 명의 홍길동과 로빈 후드가 등장할 것이기 때문이다. 과연 누가 진짜인지

40) 필자가 광범위한 서베이는 하지 않았으나, 지구상 어느 국가에도 우리 민법의 물권적 또는 채권적 권리에 (매우 비슷하게) 상응하는 재산권의 보호방식들이 존재할 것으로 확신한다. 역사적으로 그러한 구제방식을 다양하게 진화시키지 못한 국가는 결코 흥하지 못하였 을 것이기 때문이다. 지난 40년 정도의 기간 동안 법경제학에서 연구되어 온 효율적인 구제방식들(예: 재산원리, 책임원리 등)에 관한 대표적 논의는 김일중(2008, pp. 185-223)에 정리되어 있다.

를 판별할 것인가? 경찰공무원 아니면 법관 등일 것이다. 여기에 법집행자들에 대한 보통사람론을 적용할 수 있다. 즉, 법집행자 역시 극히 보통사람들인 것이다. 보통사람들로서 짧은 시간 동안에 보통운전자들이 가공하여 제시하는 셀 수 없을 정도의 주장과 항변에 대한 진위를 가리는 것이 쉽지 않을 것이다. 말하자면, 법의 잠재적 위반자들은 위장에 투자하고, 법집행자들은 진위를 가리는 데 정력을 낭비할 것이다. 이 모두가 사회비용일 뿐이며 낭비이다. 그리고 이런 상황에서 쉽게 만연되는 것이 바로 부패이다. 그것이 법경제학에 입문한 후 필자가 줄곧 관찰해 온 역사적 진리이다. 따라서 제대로 설정된 초기 재산권을 가급적 굳게 그리고 무차별적으로 지키는 것이 경제효율성은 물론 공정성도 담보할 것이라 믿는 것이다.

3) 소결론

종합하면, 본절에서 다룬 도로차선 통과권리 배분에 관한 권리 설정은 '앞으로' 또는 '동태적으로' 경제효율성을 담보할 수 있을 듯하다. 필자가 여기서 거듭 강조하고 싶은 점은 비교적 단순한 논리들을 바탕으로 도출한 해당 권리 설정기준의 핵심 요소는 처음에는 예상하지 못하였던 '차량속도'로 판명되었다는 사실이다.

제Ⅳ절의 논의를 맺으면서 한 마디 덧붙이고 싶은 것은 일정 수준의 상호성이 존재할 때 이렇게 동태적 효율성에 근거하여 좋은 법을 만들어 낼 수 있는 소재가 우리 주변에 그야말로 무궁무진하다는 점이다. 연구 또는 판결대상인 갈등의 유형이나 복잡성 등에서 물론 차이가 존재할 것이다. 하지만 특히 기술혁신과 선호가 급변하고 있는 현대사회에서 이러한 코즈적 분석을 절실히 기다리는 분야가 주변에 산재해 있다. 민간이나 공공부문의 여부에 관계없이, 한 조직 내의 조그만 규칙들로부터 크게는 국가의 주요 제도나 법제들을 평가하고 결정해야 하는 위치에 있는 사람들에게는 이러한 판단이 매우 유용할 것으로 확신한다.[41)]

41) 코즈 정리를 또다시 너무 일상으로 끌어내린다는 인상을 줄 수도 있겠지만, 가령 서울에서의 운전경험을 통하여 관찰하는 여러 교통과 현상들은 좋은 재산권 설정 작업을 하기 위한 많은 힌트를 제공하는 것 같다(김일중, 2008, pp. 129-132). 이 사례들은 단순히 교통 문제에 국한된 것이 아니라 다양한 경제 및 사회정책에도 유용하게 대응시킬 수 있는 상황을 암시한다고 믿는다.

Ⅴ. 최적재산권 배분: '민간 대 국가'의 예

1. 공용수용 조항에 관한 법경제학적 연구

1) 공용수용 조항의 중요성: 개관

한국에서 '민간 대 국가' 사이의 재산권 배분원칙은 기본적으로 헌법 제23조에서 규정하고 있다.[42] 특히, 제3항을 '공용수용'(eminent domain 또는 takings)이라 부르며, 민간 재산권을 부분적으로만 제한하는 국가행위는 '공용제한 또는 규제수용'(regulatory takings)이라 일컫는다. 따라서 이 조항은 국가와 민간 사이에 발생하는 갈등해결의 근본을 제공한다. 즉, 정부가 민간자산을 수용할 때에는 두 가지 요건이 선행되어야 한다고 명시하고 있다. 첫째는 '공익'(public interest 또는 use)을 위한 수용이어야 하며, 둘째는 수용시 '정당보상'(just compensation)하여야 한다는 조건이다.

요컨대, 이 공용수용 조항은 사실상 거의 모든 정부정책에서 국가 권한의 정도를 확정하는 핵심 조항이다. 환언하면, 이 조항이 자신의 토지를 수용당해 본 적이 없는 한 대개 우리 일상생활과는 무관한 듯 보일지 모르나 사실상 매우 밀접한 관계를 갖고 있다. 대표적으로 엡스틴은 그의 1985년 저서에서 미국의 경우 수정헌법 제5조("Nor shall private property be taken for public use, without just compensation")에 기초한 이 공용수용이론이 정부의 모든 규제정책의 근간이 되어야 한다고 다음과 같이 획기적인 주장도 한 바 있다.

> "공용수용에 대한 논리는 민간재산의 소유, 사용, 및 양도를 규제하려는 정부행위에도 똑같이 적용된다. 이러한 규제들은 무수히 사용되고 있다. 어

42) 헌법 제23조는 "① 모든 국민의 재산권은 보장된다. ② 재산권의 행사는 공공복리에 적합하도록 해야 한다. ③ 공공필요에 의한 재산권의 수용 · 사용 · 제한시 그에 대한 보상은 법률로써 정당하게 지급돼야 한다"고 규정하고 있다. 제23조의 ①은 정부가 재산권의 설정 · 배분 · 관리를 늘 중시해야 하며, ②는 경제학에서 말하는 소위 '외부효과'를 끼쳤을 때 당사자로 하여금 책임지도록 해야 한다는 뜻이다. 정부의 공용수용에는 반드시 공공복리와 정당보상이 전제돼야 함이 ③에 명시되어 있다.

떤 규제들은 주인들로 하여금 자신의 토지에 타인의 진입이 가능하도록 강제한다. 또 다른 토지사용 규제들은 그 용도를 거주지, 상업지역, 산업지역으로 제한해 버린다. 특정 행위를 금지하는 규제들도 있다. …이렇게 다양한 규제들이 갖는 차이점들이 당해 규제의 법적 정당성과 경제적 결과를 평가하는 데 물론 중요한 것이 사실이다. 그러나 이 모든 규제들이 민간재산을 부분적으로 수용(partially taking)하였다는 점에서는 다를 바가 없다"(Epstein, 1985, pp. 110-111).[43)]

따라서 공용수용 조항을 제대로 이해한다면, 향후 한국에서의 응용가능성은 거의 무궁무진하다고 판단된다. 특히, 제Ⅴ절에서는 공용수용과 관련된 이른바 '환매권제도'에 관한 코즈적 숙고를 수행한다. 이를 위해서 공용수용이라는 국가행위에 관하여 지난 약 40여 년 간 축적되어 온 법경제학 이론의 핵심을 파악할 필요가 있다. 그런데 주로 외국에서 축적된 이러한 논의가 우리에게도 주는 시사점이 매우 크다는 사실을 부각하기 위하여 우선 잠시 국내의 관련 사건들을 개관하자.

1990년 대법원은 수용법리와 관련하여 그리 설득력이 없는 판결을 내린 바 있다. 바로 개발제한구역 내 토지소유자의 행위제한과 관련된 판례(대법 89부2)였다. 도시계획법(당시 제21조 ①, ②)에 의해 개발제한구역 안에 있는 토지소유자가 권리행사에 많은 제약을 받는데도 불구하고 그로 인한 손실보상을 규정하지 않은 경우 위헌이 되는가에 대한 여부가 이 사건의 핵심이었다.

대법원은 일단 원고의 주장대로 재산권을 행사하는 데 많은 제한을 받게 되고, 그 한도 내에서 일반토지 소유자에 비하여 명백히 불이익을 받았다는 사실을 인정하였지만, 이 사실이 헌법 제23조 ③에 위배되는 것은 아니라고 판결하였다. 왜냐하면, 도시의 무질서한 확산을 방지하고 도시 주변의 자연환경을 보전하기 위해 필요하다고 인정되는 때에 한하여 이러한 규제가 가하여지므로 공공복리에 적합하다고 설명하였다. 나아가 이 "제한으로 인한 토지소유자의 불이익은 공공복리를

43) 이상의 규범적 주장에 그치지 않고 엡스틴은 실제 활용가능한 지침(workable formula)을 설득력 있게 제시하고 있다. 그리고 이후 상당수의 저서와 논문들에서(대표적 예: Epstein, 1993a, 1993c, 2003 등) 이 지침을 사용하고 있다.

위해 감수하지 않으면 안 될 정도의 것"이라고 판시하였다.

그렇지만 개발제한구역 안에서 공공복리를 위해 토지소유자의 행위를 제한한다는 당위성 자체가 정부의 보상책임을 면제하는 것은 결코 아니다.[44] 단지 공공의 필요를 충족한다는 이유에서가 아니라, 규제 자체는 공공복리를 위함에도 불구하고 이 같은 제한으로 인한 손실보상을 하지 않아도 되는 어떤 이유를 제시하였어야 한다는 의미이다. 한편, 판결에서 제한으로 인한 토지소유자의 불이익이 "공공복리를 위하여 감수하지 않으면 안 될 정도의 것"이라고 표현한 사실로 보아, 대법원은 이른바 '특별희생설'에 입각해서 당해 원고의 손실이 특별한 희생이 아니기 때문에 무보상 쪽으로 판단하였을 것이라는 해석도 가능하다. 그러나 이는 단순히 공공복리와 개인손실의 '절대크기를 비교형량하여', 마치 전자가 후자보다 큰 경우 특별희생이 아니라는 것처럼 들린다. 만약 그랬다면 이는 매우 위험한 논리이다.[45] 이 특정 판결은 실제로 이후의 대법원 판결에 많은 영향을 미쳤던 것으로 평가되었다(이종구, 1997). 그러나 약 7년이 흐른 후 수용법리와 관련하여 한 고등법원(서울고법 96라51)에서는 법경제학도에게 큰 공감을 주는 판결도 나오게 된다.[46]

2) 공용수용에 관한 경제학적 접근

이제 김일중(2008, pp. 226-265)에 근거하여, 지난 약 40여 년 간 축적되어 온 법경제학적 이론의 핵심들을 간략히 소개한다. 우선 수용 권한의 '강제성'을 보자. 강제적 수용의 정당성은 일단 '거래비용의 극복'에 있다는 명제가 초기 경제학적 접근의 골자이다. 두 말할 필요 없이 이는 코즈 정리의 영향이다. 예컨대, 이미 건설이

44) 즉, 만약 공공복리를 위한 재산권 제한이 보상면제의 충분조건이라면 헌법에 "공공의 필요에 의한 재산권의 수용·사용·제한은 법률로써 한다"라고만 규정하면 그만이지 굳이 정당보상을 지급하여야 한다는 조항을 삽입할 이유가 없을 것이다(이종구, 1997, p. 96).

45) 대법원이 정말로 공공복리와 개인손실을 단순히 비교형량하여 전자가 후자보다 크기 때문에 특별희생으로 간주하지 않았는지는 불분명한 듯하다. 정말 그렇게 판단하였 다면 그야말로 명백한 오류이다. 왜냐하면, 후자가 전자보다 클 때 비로소 특별희생이 되어 보상한다는 논리인데, 공공복리(즉, 규제적 수용의 순편익)가 개인손실보다 작다는 사실은 해당 규제가 비효율적임을 의미하게 된다. 따라서 이 상황에서는 보상의 문제로 끝나는 것이 아니라 그 규제를 폐기시킴이 마땅하다. 역설적이지만 이와는 반대로 개인손실보다 크다면 정부는 손실을 보상하더라도 무리가 없을 것이다. 규제로 생성된 잉여가 크므로 희생에 대한 보상을 해 줄 수 있는 여지가 있기 때문이다. 한편, 수용으로 인한 손실이 사회통념상 당연히 수인해야 할 한도를 넘어 '특별한 희생'을 입힌 경우에 한하여 보상하여야 한다는 소위 특별희생설에 대한 다양한 주장들도 개별 사건에의 적용이라는 현실 문제에 봉착해서는 경제학도에게 명쾌한 지침을 주지 못하는 듯하다.

46) 이 사건을 처음 접하였을 때 필자는 일종의 '변혁'이라는 느낌을 받았던 것으로 회상한다. 이 판결의 개요 및 평가는 김일중(2008, pp. 249-251)을 참조할 수 있다.

시작된 철로나 파이프라인의 경우 중도에서 건설을 포기하기에는 그 비용이 너무 크기 때문에 계속해서 인근 지역을 사용해야 한다. 이 사실을 알고 있는 토지소유자들은 '버티기'(holdout)하려는 유인을 강하게 가질 것이다. 그렇게 되면 터무니없이 높은 가격을 지불할 수밖에 없으며, 결국 건설 후 어떤 식으로든 사용료를 높게 정할 수밖에 없다. 이는 곧 토지라는 생산요소가 비효율적으로 결합되는 것이므로 효율적 자원배분이 실패한다. 공용수용은 이렇게 거래비용을 줄여 자원배분을 효율적으로 하겠다는 의도로 만들어진 조항이라는 시각이 중론이다.[47] 물론 이러한 경제논리는 거래비용이 별로 높지 않은 경우에는 공용수용보다는 민간에서의 거래처럼 시장기능을 이용하여 구매해야 함을 시사한다.

높은 거래비용이 수용의 필요조건이라는 명제를 정립한 후에도 경제적 시각은 다양하게 발전되었다. 예컨대, 미국 *Poletown Neighborhood Council v. City of Detroit* (Supreme Court of Michigan, 304 N.W.2d 455, 410 Mich 616, 1981) 사건에서 GM사의 공장 설립을 위해 디트로이트시가 주민들 토지를 수용하려고 하자 시정부가 재량권을 남용하는 것이라며 주민들이 반대하였다. 원심과 상소심에서도 피고가 승소하였다. 다수의견은 GM을 유치하는 것이 시민을 위한 것이고, 따라서 이 공용수용은 공익에 부합되는 것이라 판결하였다. 미국에서 공용수용의 요건에 대한 논의가 가속화된 계기는 역설적이지만 이 판결의 소수의견 때문이었다. 즉, '공익성'에 대한 법원의 숙고를 강화시키는 촉매역할을 하였다.

그런데 강제수용 권한에는 상충관계가 존재한다. 공용수용권은 기실 막대한 권한을 의미한다. 고로 적절히 제한되지 않으면 많은 부작용이 발생된다. 비효율성이 야기되는 가장 대표적 상황은 특정 재화에 대하여 가치를 높게 부여하는 측으로부터 낮은 측으로 이전될 때이다. 민간의 자발적 거래에서는 이러한 일이 결코 일어나지 않는다. 관건은 피수용자들이 토지에 부여하는 가치를 정부가 정확히 모르는 경우가 허다하다는 점이다. 그런데 이런 경우(설사 선의의 정부라 하더라도) 강제적 수용은 '오류'를 야기하여 비효율성을 낳을 수 있다. 환언하면, 정부의 정보

47) 사업에 소요되는 민간자산의 수량 또는 소유자 숫자가 많아질수록 협상을 하는 데 소요되는 비용이 증가될 것이다. 이때 정부가 직면하는 거래비용이 높아져 이를 낮추기 위해 마련한 장치가 바로 공용수용 조항이라는 의미이다. 토지소유자들의 숫자는 작아도 해당 토지가 정부사업을 위해 확보한 기존 정부 소유의 토지와 맞닿은 특성을 가질 때에나, 사업의 성격상 물리적으로 다른 대체가능한 토지를 찾기 힘든 상황에서도 거래비용이 높아진다.

가 불완전할수록, 비록 어느 정도의 거래비용이 존재하더라도 시장에서의 구매가 오히려 강제적 수용보다 사회후생 측면에서 우월할 수 있다는 의미이다. 수용 권한을 조심스럽게 행사해야 할 또 다른 이유이다.

한편, 대부분 국가에서 공용수용권을 규정할 때에는 보상의무도 함께 명시하고 있다. 법경제학에서는 공용수용의 한 가지 추가 필요조건으로서의 보상에 관한 논리도 개발해 왔다. 초기에는 주로 법학계에서 정당보상을 하지 않는 국가의 행위는 비도덕적이라든가, 또는 민간경제주체들이 자원을 비효율적으로 이용할 것(예: 토지를 구매하지는 않고 늘 임대)이라는 식의 논리가 있었으나 시간이 흐를수록 경제학적 설득력이 부족하다고 보았다. 한편으로는, 보상의 보험기능론 등도 대두되었다.[48)]

그렇다면 현재 학계에서 공용수용에 대한 보상을 정당화하는 가장 보편적인 논리는 무엇일까? '국가의 과도한 공용수용을 제한'하기 위함이라는 것이 가장 코즈적 시각이었다. 국가 역시 예산제약하에서 운용된다는 점을 인정하였을 때, 정당보상이 없다면 국가는 모든 사업을 수행할 때 수용하기 쉬운 생산요소(예: 토지)를 과다투여할 유인을 갖게 되므로(즉, 재정환상) 이를 견제하기 위한 장치라는 것이다.[49)]

더불어 이제까지는 늘 선의를 갖는 '중립적 정부'를 전제로 대부분의 논의를 해 왔다. 하지만 그 전제가 충족되지 않는 상황도 빈번히 존재한다. 공용수용에서 보상을 의무화하여야 하는 가장 중요한 이유는 현실적으로 그 운용이 완벽할 수 없는 정부로 하여금 사회적으로 바람직한 방향으로의 공용수용을 유도하기 위함이다. 정부운용의 불완전성 내지는 일탈성은 보상의무가 없을 때 공용수용 권한과 연계하여 다양한 형태로 나타날 수 있다. 현재 권좌에 앉아 있는 자는 공용수용을 통하여 정적을 응징할 수 있다. 또한 공공선택이론에 의하면, 정부종사자들은 공

48) 위험회피적인 토지소유자들은 보상 없는 공용수용이라는 '위험'을 싫어할 것이다. 물론 이론적으로는 위험회피적인 토지소유자들을 위하여 공용수용이라는 위험을 겨냥한 보험시장이 민간부문에서도 발달될 수도 있다. 그러나 공용수용에는 도덕적 해이(예: 토지소유자들이 국가의 전혀 정당성 없는 공용수용에도 저항하지 않는 행위) 등 보험시장의 전통적 장애요소가 심각하다는 가능성도 제기되었다. 또한 경우에 따라서는 토지의 손실이라는 우발사건에 대해서는 위험회피 성향이 유독 매우 강한 사람들도 존재한다는 논리도 나왔다. 따라서 그러한 상황에서, 국가에 의한 보상은 일종의 '묵시적 보험'(implicit insurance) 기능을 할 수 있다는 주장을 펼쳤다.

49) 정당보상은 반대로 피수용자의 기회주의를 견제하기 위한 장치라는 주장도 많은 설득력을 얻었다. 그러나 이에 관한 자세한 논의는 본고에서 생략하며, 관련 방대한 문헌은 김일중(2008, pp. 272-275)을 참조할 수 있다.

용수용을 통하여 또 다른 공익사업들을 창출함으로써 자신들의 일자리와 소위 재량예산권을 확보할 수도 있다. 심지어 가령 도로나 댐들의 건설 과정에서는 민간건설업체들로부터 뇌물도 받을 수 있다.

결론적으로, 예산제약에 처해 있거나 그 운용이 늘 완벽할 수 없는 정부는 과다수용을 하려는 유인을 갖게 된다. 이때 피수용자에 대한 보상의 의무는 이런 비효율적 유인을 억제하게 된다는 것이 현재 가장 설득력 있는 주장이다. 거래비용이 높은 상황에서 공익성을 갖는 정부프로젝트의 추진을 원활히 하되, 비효율적 과다수용을 억지하기 위하여 정당보상의무를 통해 피수용자의 재산권을 보호한다는 것이 가장 널리 통용되는 해석이다. 요컨대, 동태적 경제효율성의 극대화를 위하여, 초기 권리는 피수용자에게 배분하되 소위 '책임원리'(liability rule)로써 그 재산권을 보호한다는 코즈적 해석이 가능하다.

3) 공용수용에 관한 법경제학 연구의 종합

지금까지 공용수용에 관한 법경제학적 연구들을 '수용절차의 시간흐름'과 연계시키면 〈그림 3-3〉과 같이 요약할 수 있다. 먼저 수용계획 발표(T_0)부터 수용 결정 및 보상완료 시점(T_1)에 이르는 과정에서는 최초 수용계획이 예정대로 실행되어 실제 수용이 이루어지는 경우(과정 [1])와 최초 사업계획이 다양한 요인에 따라 취소되는 경우(과정 [2])로 나눌 수 있다.

공용수용에 대한 기존 법경제학적 연구의 절대 다수는 〈그림 3-3〉의 과정 [1]에 집중되어 있다. 가령 앞서 설명한 '공익성 조건'과 '높은 거래비용 조건'과 같은 수용자(정부)의 수용권 행사 제약내용에 초점이 맞추어져 있다.[50] 대부분의 연구(또는 이론모형)에서는 T_0에서 궁극적으로 수용이 이루어질 확률이 외생적으로 고정된 P를 상정하고 있다. 반면 수용에 대한 최종결정에서 수용계획을 취소하는 것에 관한 과정 [2]에 대한 연구는 극히 적다. 다만 Kanner(1973)와 Cho and Kim(2002)에서는 이 과정에 대한 분석을 통하여 정당성과 효율성 측면에서 중요한 함의를 도출하고 있다.[51]

50) 이 밖에도 전술한 대로 토지소유자의 기회주의적인 행위(즉, 과정 [1]에서의 과다투자)를 방지하기 위한 추가적인 제약조건인 '정당보상'에 대해 많은 논의를 진행시켰다.

그림 3-3 • 공용수용절차의 전체 시간흐름도

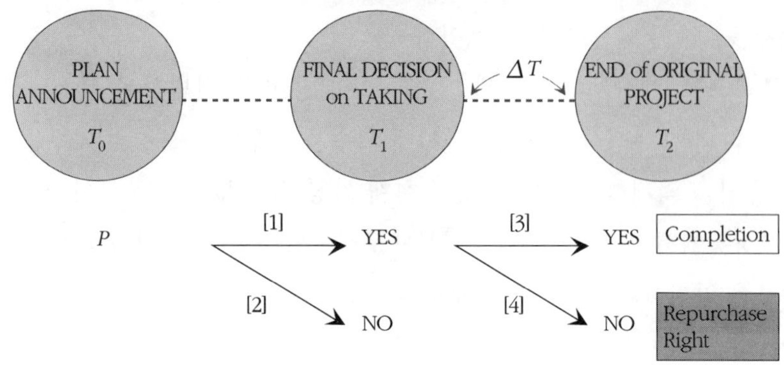

자료: Kim and Park(2010), p. 212.

다음으로, T_1부터 당초 공익사업의 완료 혹은 환매발생시점(T_2)에서는 수용 목적 사업이 예정대로 완공되는 경우(과정 [3])와 사업계획이 취소되거나 변경되는 경우(과정 [4])로 나눌 수 있다. 일반적으로 수용계획이 발표되고 협의취득 혹은 수용을 통하여 재산권이 수용권자에게 이전되어 해당 공익사업이 완료되는 과정 [3]은 대부분 당연한 것으로 간주되어 왔다. 즉, 수용시점(T_1)에서 지정된 공공사업이 예정대로 착수 · 진행되어 ΔT가 흐른 후 T_2 시점에서 명쾌하게 완료된다는 점을 가정하였다.

하지만 '현실적으로는' 수용이 결정되었다 하더라도 모든 공익사업이 당초의 계획에 따라 완료되지는 않는다. 상당수의 공용수용에서 사업예산의 부족 혹은 축소, 대체공공사업의 신규 집행, 새로운 공공사업의 시행 등으로 인하여 변동사항이 발생한다. 따라서 〈그림 3-3〉의 T_2에서는 공익사업이 취소되기도 하고 공익사업의 유형 및 사업시행자가 변경되기도 한다. 이러한 사업변경 사례는 의외로 빈번히 발생한다. 사실 이 과정은 공용수용에서 매우 중요한 영역임에도 불구하고 법경제학적인 분석이 체계적으로 이루어지지 않은 분야이다. 이하에서는 〈그림 3-3〉

51) Kanner(1973)는 정부가 수용가능성에 대한 정보를 과다하게 흘려 수용에 대한 저항과 보상규모를 줄이려는 유인을 가지며, 이로 인해 경제적 비효율성과 불공정성이 초래된다고 하였다. Cho and Kim(2002)은 정부가 수용 초기에는 관련 정보를 과다하게 제공하여 수용 확률을 높게 만듦으로써 수용에 대한 저항을 줄인 후 다시금 관련 제도의 개정을 통하여 보상범위를 엄격하게 적용함으로써 최종보상규모를 줄이려 한다는 기회주의를 사례분석을 통하여 보였으며, 특히 수용 확률의 내생성을 강조하였다.

의 [4]에 관한 학계 최초의 법경제학적 분석을 소개하고자 한다.

2. 수용 이후 '환매권' 관련 권리배분의 사례

1) 환매권제도와 헌재 판결[52)]

국민의 재산권을 제한하는 공용수용은 공공필요를 위하여 불가피한 공공사업을 위해 시행하되 최소한도에 그쳐야 한다는 것이 '토지수용권'을 바라보는 통상적 시각이다. 아울러 특정 공공사업을 위하여 수용한 토지가 사업의 폐지 · 변경으로 인하여 더 이상 필요하지 않은 경우, 원래의 토지소유자나 그 법적 승계인에게 해당 토지를 매수하게 하여 소유권을 회복시켜 주어야 한다는 것이 이른바 '환매권'(right of repurchase; 이하 RR)의 도입 취지이다. 하지만 1981년 「토지보상법」(구 「토지수용법」) 제91조 제6항을 신설함으로써 환매권의 본래 목적을 크게 제한하는 일명 '공익사업변경(change in use, 이하 CIU)제도'가 만들어졌다.

이 CIU제도에 따르면, 수용자가 새로운 공공사업을 추진하기 위하여 이미 수용된 토지를 계속 이용하고자 하는 경우, 일정 요건을 충족시킬 때에는 '언제든지 새로운 수용절차 없이' 사업을 추진할 수 있도록 하였다. 이 제도 도입 이전에는 수용자가 공익사업 변경을 하려면, 먼저 그 토지를 원래의 토지소유자에게 환매한 후 재수용절차를 거쳐야 하였다. 아니면 CIU는 〈그림 3-3〉의 이후 10년이 지나면서부터 가능하였었다.

도입 당시부터 논란이 많았던 이 조항은 소위 '서초동사건'으로 촉발된 헌법재판소의 헌법합치 결정(헌재 96헌바94)으로 위헌논쟁은 일단락되었다.[53)] 당시 헌재

52) 2004년 초 한 헌법재판소 판결을 통하여 그 존재를 알게 되었던 환매권제도는 공용수용에 관한 연구를 꽤 오랜 기간 수행하여 왔으나 필자가 한 번도 접해 보지 못하였 던 유형의 재산권 배분 관련 문제였다. 곧바로 문헌검색을 해 본 결과 국내외 법경제학 학술지에서 이 제도를 분석한 경우가 전무하였다. 따라서 2005년 말까지 한국 법제 및 학설을 서베이하고 기초적 경제분석을 수행한 결과가 김일중 · 박성규(2006)로 발간되었다. 그 직후 2006년 초부터 다른 국가들 및 해외 법경제학계에서도 보편성을 가질 수 있도록 우선 국가별 법제 서베이를 확대하였다. 특히, 환매권의 경제적 속성에 대한 법경제학적 분석을 여러 동료 논평자들의 의견을 반영하여 심화하였다. 나아가 실증분석에 사용될 판결자료를 추가하고, (공교롭게도 2007년 이후 '환매권 강화' 방향으로 일기 시작한) 미국 법학계 및 입법부의 동향을 반영한 결과가 Kim and Park(2010)이다. IV. 2.의 대부분은 이 두 논문을 바탕으로 작성되었으므로 특별한 경우를 제외하고는 일일이 인용하지 않는다.

53) 서울시는 청사의 공간부족 문제를 해결하고 주요 관공서를 집적시킴으로써 행정효율화를 도모하고자 1978년 청사이전계획을 수립하였으며, 1981년 서초동 소재의 이 사건 토지들을 수용하였다. 하지만 1988년 여러 가지 이유로 이 계획이 취소되었고, 사건토지들은 전술한 공익사업 변경 조항에 근거하여 1990년 서울시 고시(제285호 및 제286호)를 통해 대법원 및 대검찰청 신축에 이용하기로 결정되었다. 원래 토지소유자들은 1994년 당초 수용 목

의 다수의견은 이 조항이 적용될 수 있는 두 가지 조건, 즉 사업시행자가 공공기관이어야 한다는 것과 공익성이 충분한 사업으로 변경되어야 한다는 것에 의하여 공용수용의 정당성 확보조건인 공익성이 달성된다고 주장한다.

> "…변경사용이 허용되는 사업시행자의 범위를 국가 · 지방자치단체 또는 정부투자기관으로 한정하고, 사업목적 또한 상대적으로 공익성이 높은 「토지수용법」 제3조 제1호 내지 제4호[현재의 「토지보상법」 제4조 제1호 내지 제4호]의 공익사업으로 한정하여 규정하고 있어서 그 입법목적 달성을 위한 수단으로서의 적정성이 인정될…"(헌재 96바94, 631, [ ] 추가).

환언하면, 당시 헌재는 혹시라도 발생할지 모르는 모든 부적절한 사업변경을 적발하고 견제할 수 있는 효과적인 법률장치가 충분하였다는 인식을 갖고 있었던 듯하다(경제학도가 보기에, 사실 이는 매우 중요한 그리고 큰 '전제조건' 내지는 '가정'으로서 이에 대해서는 아래에서 보다 심층적으로 다루게 될 것이다). 이 판결에 대한 (법)경제학계의 논의가 전무하였 으므로, 국내 법학계의 논의를 제법 광범위하게 조사해 보았다. 지면관계상 일일이 열거할 수 없으나, 여러 법학논의에서 CIU제도에 관한 헌재의 위 판결에 옹호하는 입장을 취하고 있었다.[54] 그러나 반대론(즉, 환매제도 강화론)도 꽤 있었다. 가장 빈번히 언급된 것은 환매권을 박탈함으로써 발생하는 피수용자로부터의 '강제적 부의 이전' 논리였다. 행정편의만을 위한 무리한 발상이라는 반론도 발견할 수 있었다.

한편, CIU 시점에서 지가상승분의 귀속 문제를 거론하는 과정에서, 한 가지 눈에 띄었던 논의는 환매를 사법상의 권리행사로 보느냐 아니면 공법상의 매매로 보느냐에 따라 다르게 취급되어야 한다는 시각이었다. 전자의 경우, 토지수용시 완

적과 다른 공익사업의 시행으로 인해 환매권의 행사가 불가능하게 되었으므로 이에 대한 배상을 요구하는 손해배상청구소송 등을 제기하였으나 모두 패소하였다. 이에 토지소유자들은 기각 근거가 된 이 조항에 대해 위헌심판을 1996년 헌법재판소에 청구하였다. 헌재는 1997년 이 조항이 공익사업의 원활한 시행을 위한 것으로 공익사업 변경시 '적절한 제약조건'을 두기 때문에 합헌이라는 결정(헌재 96바94)을 내렸다.

54) 대표적으로, 여러 법학자들은 이 조항이 공익사업의 원활한 시행을 통해 관련 행정비용의 절감을 도모할 수 있다고 주장하였다. 또한 토지의 원소유자들은 법적으로 완전한 보상을 받았기 때문에 이 토지가 환매된 이후 다시 공익사업에 수용될 경우 소유자들은 이득이 별로 없고 행정비용만 초래된다는 주장도 있었다. 심지어 이 조항이 적용되는 범위를 다른 공익사업으로 변경되는 모든 경우로 확대해야 한다는 견해도 있었다. 국내의 주장들에 관한 더욱 자세한 서베이 결과는 김일중 · 박성규(2006)를 참조할 수 있다.

전보상이 이루어졌기 때문에 사업의 취소나 변경 등으로 인한 환매 역시 사법상의 새로운 매매로 간주되어야 하고, 따라서 지가상승 차익을 수용자가 향유하여야 한다고 주장하였다. 반면 환매를 공법상의 권리행사로 보고 원래 토지수용이 자발적 계약에 의해 이루어진 것이 아니라 국가 공권력에 의해 토지가 강제적으로 취득된 것이기 때문에 토지의 원래 소유자가 그 차익을 향유하여야 한다고 주장하였다. 따라서 굳이 이 구분방식을 따르자면, 당시 한국의 법원과 헌재에서는 환매권을 사권으로 간주하여 환매를 사법상의 매매로 취급하고 있었다는 해석이 가능하다고 할 수 있다.[55)]

2) 환매권 보호의 국제비교 코즈적 경제분석

환매권(RR)과 공익사업변경(CIU)제도에 관한 법경제학적 분석을 수행하기 이전 한국(「토지보상법」), 미국("General Condemnation Procedure Act"), 독일("Baugesetzbuch"), 일본(「토지수용법」)의 4개국 RR과 CIU 관련 핵심 법제들을 살펴보았다.[56)] 그 결과 이 4개국에는 적지 않은 차이점이 발견되었다. 지면관계상 RR을 발동할 수 있는 기한 등 다른 내용들은 생략하고 (RR의 보호 정도와 반비례관계를 갖는) CIU의 허용 정도에 관해서만 요약하면 다음과 같다.

먼저 일본에서는 공익사업 변경 조항이 일찍이 삭제되었기 때문에 공익사업 변경이 원칙적으로 불가능하다. 따라서 일본에서는 새로운 공익사업을 추진하려면 해당 토지를 환매한 후 재수용해야 한다. 독일에서도 극히 특수한 상황을 제외하고는 CIU가 엄격히 제한받는다. 즉, 애초 수용기관이 아닌 제3의 기관이 새로운 공익사업을 시작하는 경우에 한하여 비로소 CIU가 허용된다. 그런데 이 경우에도 피수용자가 환매 후 일정 기간 내에 그 토지를 합리적으로 사용할 수 있다는 사실을 수용청(Enteignungsbehörde)에 보일 수 있으면 CIU는 무산된다.

이와는 대조적으로, 한국에서는 CIU에 필요한 조건이 충족되면 원래의 수용자

55) 그럼에도 불구하고 이러한 사법 · 공법 분리론은 다소 순환논리(circular logic)라고 필자는 당시에 생각하였었다. 결국 이하 소개되는 소절의 경제적 분석을 하게 된 한 가지 원인이 되었다.
56) 이들 법제의 주요 내용 및 조항이 〈부록〉에 요약되어 있다. 참고로 이는 Kim and Park(2010) 원고를 심사받는 과정에서 제출하였던 근거자료이다. 적절한 국문용어를 찾기가 힘든 경우가 꽤 많아 영문본을 그대로 소개한다. 한편, 미국의 법제는 오레곤(Oregon)주의 것이며, 이 법제를 선택한 이유 및 미국 다른 주법들의 동향에 관해서는 Kim and Park(2010, p. 213)을 참조할 수 있다.

가 언제든지 공공사업을 변경할 수 있다. 이 사항을 관보에 게재하고 이를 환매권자에게 통지해야 하는 의무만을 갖는다. 한편, 미국에서는 공익사업 진행 중 CIU의 상황이 발생하면 수용자와 환매권자 사이에 긴밀한 협상이 진행된다. CIU를 환매권자와의 협상을 통해 이루어지도록 의무화하고 있는데, 이는 환매권자의 의사가 보다 적극적으로 반영되도록 하려는 의도로 사료된다. 또한 변경절차에서 한국은 법원 등 제3의 기관의 개입 여지를 두지 않는 반면, 미국은 양자의 협상이 결렬된 경우뿐만 아니라 성립된 경우에도 해당 지방법원이 이를 심사하고 있다. 이상의 내용 및 기타 밀접히 관련된 법제상의 조항들을 정성적으로 감안할 때 4개국에서의 환매권 보호 정도는 〈그림 3-4〉와 같이 나타낼 수 있다.

이제 환매권제도와 공익사업변경제도에 관한 필자들의 법경제학적 분석 결과를 소개한다. 〈그림 3-4〉에서 보듯 원래 수용자의 사업변경을 얼마나 허용하는가는 환매권을 얼마나 보호하는가와 반비례한다. 따라서 전술한 '서초동사건'(헌재 96헌바94)에서 헌법재판소가 직면한 것은 '정부의 CIU 권한 대 민간의 RR' 갈등이었다. 이를 재표현하면, "공익사업의 변경(CIU)이라는 우발상황(contingency)이 발생할 때 재산권이 누구에게 귀속되어야 사회최적이 되는가?"의 질문으로 귀착되었다.

약 6년 전 필자에게 이 주제가 특히 흥미로웠던 이유는 CIU가 발생할 때 어느 쪽의 손을 들어 줄 것인가에 관하여 즉답이 나오지 않았기 때문이다. 법원의 입장에서도 토지소유자이든 정부기관이든 사실 '태고로부터의 권리'라고 간주되어 어느 한 쪽에게 재산권을 기꺼이 그리고 단정적으로 부여할 수 없는 상황에 속한다고 사료되었다. 이는 〈그림 3-3〉의 맥락에서 볼 때, T_1에서 발생하는 공용수용에 대해서는(설사 책임원리로써 수용은 허용하되) 원천적으로 토지소유자에게 재산권을 부여할 수 있었던 것과는 달리, T_2에서 발생하는 CIU에 대해서는 재산권 배분을 명쾌히 결정할 수 없다는 사실을 반영한다. 환언하면, T_2에서는 '일정 수준의 상호성'이 존재하는 갈등으로 판단되었다.

나아가 T_2에서 발생한 갈등이 갖는 또 하나의 특징에 주목하였는바, 그것은 다양하게 발생하는 거래비용이었다. 'CIU라는 우발상황'이 발생하였을 때, 수용자에게 그 권리를 절대적으로 배분하였다고 하자. 만약 원래 토지소유자들이 더 효율적으로 그 토지를 사용할 수 있다고 믿는 경우, 수용자로부터 역구매를 시도하는

그림 3-4 • 한국, 미국, 독일, 일본에서의 환매권 보호 정도(상대적 비교)

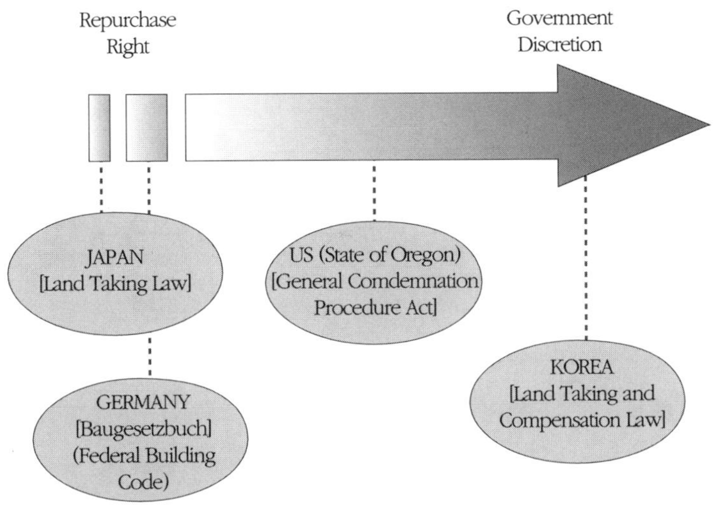

자료: Kim and Park(2010), p. 212.

데에는 막대한 거래비용이 소요될 것이다. 가령 충분한 금전적 대가를 지불함으로써 새로운 도로건설과 같은 CIU를 포기시키고 원래 소유자들이 정부기관으로부터 토지를 구매한다는 것은 현실적으로 거의 불가능하다. 아니 그에 앞서 토지소유자들 간의 소위 '대내(intra) 거래비용'(Calabresi and Melamed, 1972) 자체가 막대할 것이다. 이제 반대로 그러한 우발상황에서 토지소유자들의 환매권을 절대적으로 배분하였다고 하자. CIU를 계속 추진하고자 하는 정부기관은 그들로부터 재구매하여야 하는데, 다수의 소유자들을 상대하여야 하므로 이제는 '대외 거래비용'이 상당한 수준에 이를 것이다.[57] 한편, 현재까지 우리는 '공익사업의 변경'이라는 무작위성 '우발상황'을 전제하는 갈등을 상정해 왔다. 하지만 특정 CIU라는 사건이 갖는 외생성(불가피성), 진실성, 공익성 등을 엄밀히 따져 보기 위해서는 많은 노력이 수반되어야 한다. 위에서처럼 가령 수용자에게 CIU권을 절대적으로 배분하는 법제

57) 다만 다시 수용절차를 재발동시키면 이미 정형화되어 있는 수용법제에 따라 그러한 유형의 거래비용은 획기적으로 줄일 수 있을 것이다.

를 만들었다고 하자. 만약 원래 토지소유자들이 해당 CIU가 여러모로 부당하다고 판단하더라도, 단일 그룹으로서 그 부당함을 증명하기는 쉽지 않을 것이다. 말하자면, 해당 법제를 적용하고 집행하는 그 자체에 갈등당사자는 물론 법집행기관(법원)에게 넓은 의미의 거래비용을 야기할 수 있다.[58)]

요컨대, '환매권 대 CIU 권리'의 문제는 앞서 〈그림 3-2〉에서 보았듯이 코즈적 분석의 좋은 사례라는 판단을 하게 된 것이다. 일정 수준의 상호성과 각종 거래비용이 존재하는 갈등이다. 따라서 코즈 교수의 주장처럼, '(CIU가 발생할 때 누구에게 재산권을 주는지는 분명히) 경제성과를 좌우한다(controls the economy)'할 것이라는 생각이 강하였다. 이상의 배경에서 RR의 기능에 관한 법경제학적 분석의 필요성이 절실하였다. 그 결과를 간략히 요약하면 다음과 같다.[59)]

RR은 크게 두 가지 경제적 속성을 갖는다고 보았다. 그 하나의 기능은 만약 (한국의) CIU제도를 통하여 사업변경 및 지가상승 수익을 정부가 전유할 수 있다면, T_1에서 정부는 다른 공익에 우선하여 지가상승을 주로 겨냥한 선택적인 '과다수용'을 할 수 있다는 것이다. 이러한 가설은 미국의 사례들을 검토한 Kanner(2007), Coony(1996), Kent(2007) 등의 주장에 의해서도 강화되었다. 예를 들어, 수용 이후 지가상승의 혜택을 더욱 확실히 받는 방향으로 사업의 종류를 바꾼다는 것이다. 그 경우 공용수용권은 피수용자로부터 정부에게로 단순히 '부를 이전시키는' 수단으로 전락하게 될 것이다. 역사적 경험이 말해 주듯, 민간재산에 대한 정부의 단순히 재분배적(redistributive) 활동이 과다해지면 막대한 사회비효율성을 야기한다(극단적인 경우 그러한 국가는 종언을 고한다). 따라서 RR은 지가상승의 이익을 피수용자에게 귀속시킴으로써 '지대추구행위' 등에서 비롯된 '과다수용의 억제 기능'을 수행할 수 있다고 판단하였다.

RR의 다른 하나의 더욱 중요한 경제적 기능은 특정 CIU의 '공익성 담보'와 직결되어 있다. 정부기관 또는 공기업이 수행하는 사업들의 공익성을 정확히 따지려면

58) 이는 마치 '사고'에 대해서 잠재적 가해자와 피해자 사이에 엄격책임주의로써 권리배분을 하였는데(즉, 피해자의 권리를 좀더 강하게 보호하는 방향으로 재산권 설정), 사고가 발생하였 다고 주장하는 피해자 주장의 신빙성을 가해자나 법원의 입장에서 확인하기 힘든 경우와 흡사하다. 후술되는 대로 특히 수용기관에 권리를 배분하는 경우 'CIU의 정당성' 자체를 사후적으로 담보하는 일은 쉽지 않아 보인다. 불가능하지는 않겠지만 막대한 비용이 소요될 것이다.

59) RR의 순기능에 관한 자세한 경제학적 논의, 주요 주장들에 관련된 국내외 판례, 및 논문 수정 과정에서 심사자들의 논평에 대한 답변 등은 Kim and Park(2010, pp. 214-219)을 참조할 수 있다.

적지 않은 막대한 비용이 소요된다. 대개 법은 결코 완벽히 집행되지 않는다. 따라서 CIU는 정부기관의 자기 목적에 따라(self-purposedly) 혹은 내생적으로 결정될 수 있으며, 민간부문의 제3자를 위한 목적을 위해 악용될 수 있다.[60] Kim and Park(2010)의 연구를 거의 완료하면서 발견한, 예컨대 Kelly(2009)와 같은 학자의 논문에서도 비슷한 주장을 발견하였다. 그는 주로 미 지방정부들, 예를 들어 만약 CIU 권한을 많이 준다면 겉으로는 '그럴 듯한' 수용을 한 직후 애초에는 정당화되지 못할 사업들로 바꿔 버리는 행위들이 급증할 것이라고 주장한다. 정부기관들의 이러한 기회주의적 행위들은 이제 '위장미끼 던진 후 사업변경하는 전략(bate-and-switch strategy)'라고 공공연히 불리고 있다. 당연히 RR을 강화하면 무턱대고 이런 기회주의를 꾀할 수 없다.

돌이켜보면, RR에는 수용자의 기회주의적 행위들을 억지하는 데 아래와 같이 매우 적합한 측면이 있다는 사실을 부각한 점이 논평자들로부터 설득력을 얻은 것 같다. RR이 부여되면 협상이나 재수용 과정에서 정부기관이 지불해야 할 보상액은 T_2 시점에서 해당 토지의 시장가치에 수렴하게 될 것이다. CIU가 창출해 낼 잉여가 최소한 시장가치를 초과해야 재수용에 임할 것이므로, 이 과정은 결국 전술한 희소자원인 토지를 가장 높은 가치를 창출할 수 있는 곳에 배분하려는 사회 목적과 부합한다. 뿐만 아니라 RR은 CIU가 갖는 정당성을 철저히 점검하려는 유인을 피수용자들에게 추가적으로 부여한다는 점도 연구에서 강조하였다. 이는 피수용자들이 특별한 공익정신을 갖고 있어서라기보다는 자신들의 경제적 이익과 직결되어 있기 때문이다. CIU의 부적절성이 클수록 수용기관은 재수용 과정에서 (시장가격을 초과하는) 높은 수준의 보상액을 토지소유자들에게 제안해야 할 것이다. 그런데 일종의 프리미엄 속성을 갖는 높은 보상액을 통한 재수용은 다름 아닌 시장거래와 동일한 성격을 띤다. 주지하듯, 자발적 시장거래는 경제효율성을 반영하므로 문제될 것이 없다. 따라서 RR은 매우 비용효과적으로 'CIU 공익성의 담보 기능'을 하는 것으로 결론지을 수 있겠다.[61]

60) 많은 법경제학자들과 공공선택론자들의 무수한 연구에 비추어 이 명제를 부정하기는 결코 쉽지 않아 보인다.
61) 특히, (결론에서 후술될 조승형 헌재 재판관의 우려대로) 1981년의 한국 법제에서와 같이 수용자들이 CIU를 '반복적으로' 사용할 수 있다면 정부기관이 토지소유자들로부터의 소송위협을 당할 위험은 거의 없다. 즉, 법경제학에서 명명되는 소위 '소송위협으로부터의 도주 문제'(escaping-liability problem)가 발생하는 것이다. 예를 들어, 수용당한 지 몇 년이 지난 시점에서 설사 부적절하다고 판단되는 CIU가 발생한다는 사실이 인지되더라도, 전국

이상의 코즈적 분석을 해 본 결과 〈그림 3-3〉의 T_2에서는 CIU보다는 RR이 상대적으로 최적재산권 배분 같다는 심증이 강하게 들었다. 다만 "이 조항은 …공익사업의 원활한 시행을 확보하기 위한 목적에서 신설된 것으로…"라는 헌재의 주장, 즉 행정비용의 절감을 도모할 수 있다는 주장에 대해서는 명쾌한 평가를 할 수 없었다. 재수용 과정을 거치지 않아도 되므로 헌재의 이 주장은 일견 타당성을 가질 수 있기 때문이다. 그럼에도 불구하고 정부 행정비용의 범주를 좀더 냉정히 생각해 보면 (설사 정부기관이 공익에 충실하다고 가정해도) RR을 무력화시켰을 때의 '전체 행정비용'은 최소한 헌재가 상정하는 규모보다는 훨씬 클 것이라는 판단이 들었다. 이 판단의 핵심은 행정비용이 〈그림 3-3〉의 T_0 이전에서부터 T_2까지 발생한다는 동태적 시각에 있다. 다른 조건이 일정할 때, RR의 제약이 없다면 '보통사람' 들은 T_0 이전 애초의 수용에 대한 주의의무를 아무래도 덜할 것이다. 수용 이후 잘못된 예측으로 판명나면 T_2에서 CIU가 언제든지 가능하기 때문이다. 따라서 T_2에서 더욱 많은 취소나 CIU가 발생할 것이다. 더군다나 수용기관이 T_1 이후 애초의 공익사업을 위한 건축 또는 토목공사를 시작해 버렸다면 문제는 더욱 심각해질 수 있다. CIU로 전환하는 경우 이러한 건설비용은 상당 부분 매몰비용이 되기 쉽기 때문이다. 이 모든 것이 사실상 행정비용을 구성한다는 점을 유의할 필요가 있다.

3) 환매권이 무력화될 때 나타나는 수용자의 기회주의: 실증분석

대부분의 분야에서 경제학 연구는 복잡한 모형이나 경제적 추론만으로 완성될 수 없다. 현실을 이론화하는 과정에서 때때로 실제로는 중요한 그리고 복잡한 여러 '진실'들이 사장되기 때문이다. 특히, '보통사람'들이 만들고, 순응하고, 집행하는 현실의 법과 제도를 직접 소재로 삼는 법경제학 연구에서, 이론작업이 기여하는 공헌에 대해서는 이견이 있을 수 없으나 그 한계의 존재 역시 명확하다. 따라서 필자는 평소 실증분석의 보완성을 강하게 믿는다. "실제로는 어떠한가?"라는 질문을 외면하면 이론이 갖는 설득력은 제한적일 수밖에 없다는 의미이다. 물론 실증분석의 방법론은 사료를 통한 고증, 체류와 탐문을 통한 사례분석, 통상의 통계적

각지로 흩어져 있는 피수용자들이 다시 결집하여 별도의 행정소송 등을 제기하는 것은 현실적으로 거의 불가능하다고 볼 수 있다.

추정작업 등 매우 다양하며, 어떤 방법론이 더 우월하다고 정형화하기보다는 문제가 된 이론적 가설에 가장 적합한 기법을 찾는 것이 훨씬 더 중요하다.[62)]

본절의 '환매권 대 CIU 권리'라는 재산권 배분의 문제에 대해서도 위 이론적 추론과 보완성을 갖는 실증분석을 하고 싶었다. 소망스러운 방법론 중의 하나는 전술한 RR이 갖는 순기능을 추정하고, 이어 현재 다수의견이 견지한 CIU제도 도입으로 인한 행정비용의 절감효과를 일단 측정하는 형태일 것이다. 이 두 가지 상충효과를 구한 후 어떤 식으로든 비교분석할 수 있다면 아마 가장 이상적인 실증분석이 될 것이다. 하지만 이를 위하여 연구 초기 많은 고민과 또 시행착오를 겪으면서, 이 두 가지 모두에 대한 측정이 불가능하다는 결론을 내렸다. 이후 모든 관보를 일일이 검색하여 한국의 CIU 실제 전수자료를 수집함으로써 공익사업변경제도 도입 시기였던 1981년을 '전후하여'(before and after) 수용자의 다양한 행태 변화를 추적해 보려던 시도 역시 포기해야만 하였다.[63)]

그럼에도 불구하고 CIU 때문에 발생한 몇 사건의 판결문을 읽으면서, 전술한 대로 RR이 거의 무력화된 상태에서 발생하는 수용기관의 다양한 기회주의(opportunism) 존재에 대한 심증은 더욱 공고해졌다. 하지만 그 '기회주의의 존재'를 '증명'하는 일은 쉽지 않은 일이었다. 비단 이 연구에 국한되지 않고, (대부분의 사회과학도가 잘 인지하고 있듯이) 사실 정부가 갖고 있었던 '특정 의도의 존재'를 사후적으로 증명한다는 일 자체가 본래 쉽지 않다.[64)] 일화성 증거를 훨씬 능가하는 수준의 방법론을 모색하던 중 조우한 것이 「토지보상법」 제91조 제1항과 제2항이었다. 이 두 조항은 수용된 토지가 〈그림 3-3〉의 T_1부터 '10년 이내'에 사업취소 등으로 인해 전부 또는 일부가 필요 없게 된 경우, 혹은 T_1 이후 '5년 동안' 미사용한

62) 이상 필자의 평소 지론은 코즈 교수의 다음 제언과 부합한다고 감히 생각한다. "정책에 관한 연구를 제대로 하려면 해당 정책을 도입하게 된 원인이었던 문제점들에 대하여 시장과 기업, 그리고 정부가 실제로 어떻게 대처하는가를 면밀히 검토해야만 한다. …그에 대한 답은 여러 가지 방법론을 정교히 검토함으로써만 가능하다"(Coase, 1960, pp. 18-19).

63) 가장 근본적인 이유는 심각한 자료의 제약 때문이었다. 개별 CIU 사건의 특성을 알 수 있는 데이터베이스의 부재는 차치하고서라도, 한국에는 가령 한 해에 전국에서 CIU가 몇 건 발생하는가 등에 대한 기초 통계치도 존재하지 않는다. 이러한 자료제약 문제점과 후술되는 차선의 실증분석을 위한 자료수집 과정은 Kim and Park(2010, Section 4)에 자세히 정리되어 있다.

64) 가령 누가 보아도 터무니없는 CIU를 꾀하였던 사건(들)을 열거한다고 하자. 이 경우 수용자들은 일부 부적절성에 대하여 당연히 '우연'이라고 항변할 것이다. 설사 모든 기준들에서 부적절하여 기회주의적이라 거의 단정지을 수 있는 사건들을 찾는다 하더라도, 가령 그 사건들이 전체 표본에서 차지하는 비중이 얼마(즉, 임계치)를 초과해야 "공익사업변경제도하에서 기회주의는 존재한다"라고 과학적으로 결론지을 수 있을지도 모호하다. 따라서 과학적인 실증분석의 핵심은 이러한 소위 '일화성 증거'(anecdotal evidence)를 극복하는 데 있을 것이다.

경우에는 각각 환매권이 발생한다고 규정하고 있다. 수용자로 하여금 당초 목적사업을 성실히 이행하도록 유도하기 위하여 제정되었던 이 두 조항은 공익사업변경제도가 1981년 도입되면서 거의 무력화되었던 것이 사실이다.[65] 그럼에도 불구하고 이 두 조항은 아래와 같은 이유에서 본 실증분석의 중요한 실마리를 제공하게 된다.

이 두 조항을 접하면서 갖게 된 의문은 다음과 같았다. CIU제도의 도입에 따라 이제 언제라도 공사변경이 가능하게 된바, "부적절한(inappropriate) CIU에 대한 수용자의 기회주의 유인은 시점에 관계없이 무차별한가?" 였다. 이어 아래 (1), (2), (3)의 세 이유로 (다른 조건이 일정할 때) 부적절한 CIU일수록 그 시점을 앞당기려 할 것이라고 판단하였다. 즉, '부적절한 공사변경일수록 〈그림 3-3〉의 T_1과 T_2 간의 시차 ΔT가 감소할 것'이라고 판단하였다.

(1) 애초 공익사업보다 부적절한 CIU의 최종수혜자가 누구이든(예: 정부기구, 고급관료, 정치인, 민간 이익집단 등) 성립하는 보편적 사실로서, 공사변경이 늦어질수록 새로운 사업을 통해 기대하였 던 이익흐름의 현재가치가 줄어들 것이다. 이는 최종수혜자들의 시간할인율이 (+)값을 갖기 때문이다.

(2) 「토지보상법」제91조 제2항에 의해 5년 동안 전혀 사용하지 않으면 환매가 발생하게 되므로 5년 이후에 공사변경을 하기 위해서는 최소한 일부라도 공사를 해야 한다. 그런데 부분적 이용을 위해 불가피한 이 비용은 사후적으로 매몰된다. 특히, Kanner(2007)의 주장처럼 부적절한 CIU는 대개 수용 이전부터 계획된다면, 매몰비용을 피하기 위하여 5년 이내에 CIU를 시도할 것이다.

(3) 5년 이후에 애초보다 부적절한 CIU를 하기 위하여 원래 공익사업의 공사를 일부 시행하면 향후 CIU를 가로막는 추가적인 장애요인도 발생할 수 있다. 즉, 최소한 일부라도 원래의 사업이 추진되면, 이후부터는 해당 공익사업의 잠재적 수혜자들이 사업추진에 보다 많은 관심을 기울이게 된다. 따라서 부분적인 사업수행

65) 왜냐하면, 이 제도가 도입되기 이전에는 아무리 부적절한 CIU를 꾀하였던 수용자라도 환매를 한 후 재수용절차에 들어가야만 하였다. 혹은 최초 사업을 온전히 예정대로 완료하고 원래의 이후 10년을 기다렸다가 공사를 변경할 수 있었다. 하지만 공익사업변경제도가 도입되면서, 최초 사업을 전혀 시행하지 않은 상태에서는 5년 이전에, 그리고 극히 부분적인 사업이라도 진행된 경우에는 10년 이전에도 공사변경이 언제든지 가능하게 되었다. 요컨대, 이전과는 달리 이 제도가 도입되면서 수용자들은 공사변경 시점을 결정하는 데 있어서 이후 10년 이내에서도 실질적으로 거의 완벽한 재량권을 갖게 되었다.

이후에 공사변경을 시도한다면 이들의 반발이 커질 수밖에 없기 때문에 이러한 상황을 피하려는 수용자들은 가급적 조기에 공사를 변경하려 할 것이다.[66)]

이상 (1), (2), (3)의 추론에 바탕을 둔 '(애초 사업에 대하여 상대적으로) CIU의 부적절성↑⇒ΔT↓' 가설이 만약 검증된다면, CIU와 관련하여 '수용자 기회주의 존재'를 증명하는 한 방식이 될 것이다(그러한 기회주의가 체계적으로 존재하지 않는다면 의 분포는 무작위 분포를 보여야 한다). 구체적으로, "환매권제도가 약화되면 수용 후 정부의 기회주의가 체계적으로 존재한다"는 결론을 내릴 수 있게 된다. 하지만 'CIU의 부적절성 ↑⇒ΔT↓' 가설의 계량경제학적 검증작업은 수월치 않았다. 특히, 선행연구의 부재로 인하여 'CIU의 부적절성'을 반영하는 대리변수를 찾는 일이 연구 초기 어려웠다. 그러나 실험적 성격을 띠는 다섯 개의 대리변수를 구성하여 실증방정식 (1)을 설정하게 된다.[67)]

$$\Delta T_i = \alpha_0 + \overset{(-)}{\alpha_1} PI_i + \overset{(-)}{\alpha_2} TC_i + \overset{(-)}{\alpha_3} SWITCH_i + \overset{(-)}{\alpha_4} LER_i + \overset{(-)}{\alpha_5} TREND_i + \varepsilon_i. \quad (1)$$

나아가 CIU의 전수조사가 불가능하므로 판결자료로써 식 (1)을 검증하고자 하였으나, 주지하듯 판결자료의 전수(특히, 하급심 자료)를 수집하는 것 역시 쉽지 않았다. 2007년까지 다양한 경로를 통하여 수집하였으나 표본크기는 29에 만족해야 하였다. 표본을 마련한 후 먼저 T_1과 ΔT의 관계를 검토한 결과가 〈그림 3-5〉에 나와 있다. 우선 식 (1)의 종속변수인 ΔT의 표본평균은 57.7개월(약 4.8년)이었다.

〈그림 3-5〉를 시각적으로만 판단해 보면, 표본의 절반가량 사건들에서 CIU는 5년 전에 발생하되 그들 대부분은 2년 정도 경과한 후 발생하고 있다는 점이 눈에 띈다.[68)] 더욱 흥미로운 사실은 〈그림 3-5〉에 대략적으로 표시한 (+)기울기의 추세

66) 예를 들어, 공원이나 학교를 건설하기 위해 조성된 토지에 일부 기초공사 및 시설이 들어섰다가 이를 취소하고 다른 사업이 추진된다면, 인근 주민들 및 나아가 정치권의 강력한 반발에 직면하게 될 수 있다. 따라서 시점별 CIU의 확률은 '무작위성'보다는 '내생성'을 가질 수 있음을 의미한다. 이는 〈그림 3-3〉의 수용확률 P가 외생적이라기보다는 일면 정치적으로 결정되는 내생적 특징을 다분히 띨 수 있다는 Cho and Kim(2002, pp. 338-340)의 주장과 비슷한 맥락이다. 한편, 매우 기회주의적인 수용자라 하더라도 ΔT가 지나치게 짧지는 않을 것이다. 왜냐하면, 환매권을 가진 피수용자들이 일정 시점까지는 관심을 가지고 지켜볼 것이기 때문이다. 그러나 특정 시점이 지나가면 역시 다른 조건이 일정할 때 기회주의가 강할수록 공사변경에 이르는 기간은 짧아질 것이다(물론 그 '특정 시점'은 경험적으로만 사후관찰이 가능할 것이다).

67) 각 설명변수에 대한 간략한 정의는 후술되는 〈그림 3-6〉에 나와 있으나 더욱 자세한 설명 및 추정 결과는 Kim and Park(2010, pp. 219-225)을 참조할 수 있다. 식 (1)의 각 설명변수의 계수 위에는 예상부호가 표시되어 있다.

그림 3-5 • 표본의 수용완료 시점(T_1) 및 공사변경 소요시간(ΔT, 개월) 분포

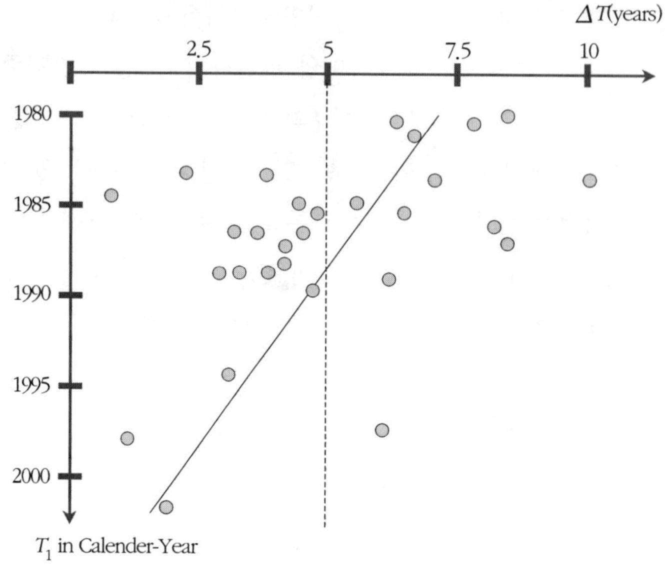

자료: Kim and Park(2010), p. 223.

선이다. 수용시점(T_1)이 최근으로 올수록 ΔT가 줄어들고 있다(실제 추정 결과에 의하면 CIU제도 도입 이후 매년 6.1개월씩 감소하고 있었다). 최근으로 올수록 공사변경이 빠르게 발생할 수밖에 없었던 다른 기술적 요인을 설득력 있게 제시하지 못하는 한, 이는 제도 도입 후 시간이 지날수록 CIU가 늘어나고 있다는 한 증거로 간주될 수 있을 듯하다.

〈그림 3-6〉에는 식 (1)에 대한 추정 결과가 개략적으로 표시되어 있다. 다섯 개의 설명변수 중 네 개가 p값 1% 수준, 한 개가 5% 수준에서 통계적으로 유의하였다. 개별 설명변수들의 높은 설명력은 기대하였던 수준을 많이 상회하였다. 예를 들어, 수용 이후 지가상승률이 높은 지역에서는 ΔT가 확연히 짧았다. 더불어 실증 방정식 전체에 대한 설명력도 작지 않았다. 표본크기, 대리변수의 실험적 성격, 판

68) 이는 수용 초기 환매권자들의 관심 때문에 곧바로 공사변경은 하지 않을 것이라는 전술한 추측을 어느 정도 뒷받침해 주는 결과라 할 수 있다.

그림 3-6 • 환매권의 약화와 수용자의 기회주의: 5개 설명변수를 사용한 실증분석

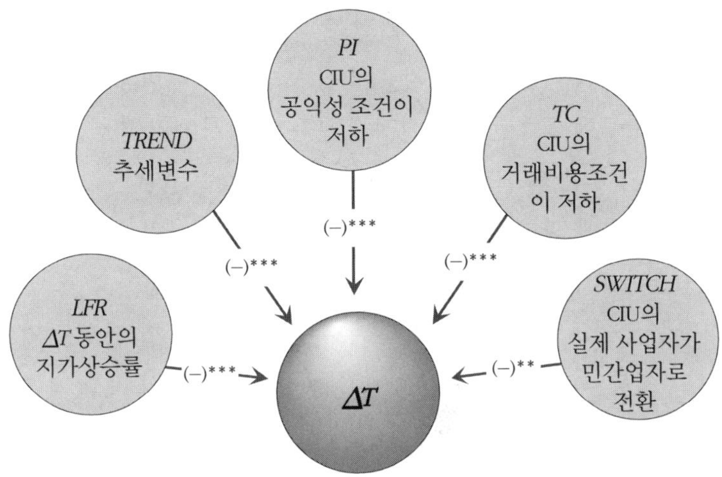

자료: Kim and Park(2010), p. 224. 〈Table 1〉의 EQ 1의 추정 결과를 바탕으로 하였으며, 이 추정식의 *Adj.* R^2=60.3%. *, ** 및 ***은 각각 10%, 5%, 1%에서 통계적으로 유의함을 나타냄.

례 자료의 사용 등으로 미루어 〈그림 3-6〉을 물론 완벽한 추정 결과라고는 할 수 없다. 그렇지만 "환매권제도가 약화되면 수용 후 정부의 기회주의가 체계적으로 존재한다"는 결론을 도출하기 위한 의미 있는 실증분석 결과로서 최소한 잠정적으로 받아들이고자 한다.

Ⅵ. 결론: 법과 경제의 접목

본고를 통하여 필자가 가장 전달하고 싶었던 함의는 매번 새로운 유형의 갈등과 도전에 접할 때마다 효율성과 공정성을 함께 추구할 수 있는 재산권 배분을 위해서 법경제학의 '코즈적 숙고'가 매우 유용하다는 사실이다. 살인, 강간, 절도 등의 경우들처럼 갈등의 상호성이 '전혀 없을 때' 정부부문은 재산권 설정 과정에서 별 역할을 못한다. 초기 권리가 이미 뚜렷이 결정되어 있기 때문이다. 반대로 '완벽한 상호성이 존재할 때'에도 정부의 역할은 그리 크지 않다. 우리가 심각하게 고민하는 갈등의 대부분은 '일정 수준의 상호성 & 높은 거래비용'이 존재하는 경우이다. 이때 과연 누구에게 우선권을 설정해 주는가가 사안의 핵심으로 떠오르며, 그때 본고에서 설명해 온 코즈적 숙고가 큰 힘을 발휘할 수 있다.

이상의 재산권에 관한 법경제학적 기본 논리들은 산업, 기업, 개인조직 등 민간부문에서 물론 요긴하게 활용될 수 있다. 더불어 법을 만들고 집행하며 관련 분쟁을 조정하는 입법 · 행정 · 사법의 정부 3부가 지향해야 할 새로운 역할을 조명하는 데에도 그 이상의 큰 역할을 할 것으로 기대된다. 인간의 가장 기본적인 권리인 자유와 그 자유를 성취하는 가장 효율적인 시스템으로서의 이상적 시장경제를 창달하는 일에 정부부문의 역할을 강조하는 것이 얼핏 낯설게 들릴지 모른다. 하지만 전술한 대로 신종 범죄와 신종 갈등이 폭증하고 있는 작금의 여건들을 고려할 때 이러한 주장은 설득력을 갖는다. 자유와 시장경제를 담보하기 위한 기본 규칙들을 제정하고, 해석하고 그리고 집행하는 곳은 여전히 정부부문이기 때문이다. 본고를 맺으면서 두 가지만 추언하고 싶다.

첫째, 최적재산권 배분 작업을 할 때 기억해야 점으로서, 특정 상황에서 코즈적 숙고를 할 때에는 '그렇지 않은 듯하지만 실제로는 밀접히 연계되어 있는(seemingly unrelated but critically interrelated)'(Kim and Park, 2010, p. 210) '다른 재산권 배분들'을 늘 염두에 두어야 한다. 그 대표적인 예가 전술한 환매권 관련 사례이다. 수용기관에게 'CIU 권리'를 절대적으로 부여할 때 야기되는 부작용들의 원천은 그 이전 해당 수용기관이 미리 활용할 수 있었던 '공용수용 권한'에 있기 때문이다. 곰곰이 생각해 보면, 사전에 활용할 수 있는 이 '강제구매' (coerced purchase) 권한 내지는 도구가 없었다면 CIU를 악용하는 각종 기회주의도 발생하기 쉽지 않다. 따라서 연계된 재산권들을 상호 유기적으로 묶어 숙고하는 작업이 최적재산권 배분을 도출하는 데 매우 중요하다고 사료된다. 환언하면, 중층적 · 유기적 구조의 재산권 체계를 상정해야 한다는 의미인데, 이를 위해서는 법률은 물론 주변의 각종 규칙들, 나아가 규범, 관습, 약속 등까지도 권리(및 책임) 설정의 시각에서 바라보려는 습관이 필요하다.

둘째, '재산권의 법경제학'을 제대로 연구하고 또 현실에 적절히 활용하기 위해서는 '법과 경제의 접목'이 중추적 역할을 한다는 사실이다. 돌이켜보면 필자는 그러한 접목으로부터 창출되는 혜택의 큰 수혜자 중 일인이다. 다시 환매권 관련 분쟁의 예로 돌아가자. 2004년 초 이 주제를 처음 알게 되었고, 그래서 나름대로 여러 문헌을 섭렵하며 이런저런 '경제학적' 생각을 많이 하였지만, 필자가 이 주제에 관하여 수년에 걸쳐 연구를 하겠다는 결심을 본격적으로 하게 된 데에는 다름 아닌 전술한 1997년 헌재 판결의 소수의견이 작지 않은 역할을 하였다. 아래 인용 중 특히 굵게 표시된 부분이 강하게 다가 왔다.

> "종전의 수용토지에 대하여 동 조항을 **수 차례에 걸쳐 적용할 경우** 원소유자들로 하여금 환매권을 영원히 상실하게 하는 결과를 초래하기 때문에 **단순한 환매권의 제한이 아닌 기본권의 제한을 초래**하므로 위헌이다. …본래의 목적 공익사업 이외의 다른 법정 공익사업을 위하여 **재심사 · 불복절차 등 아무런 적법절차 없이 전용함을 허용하고 있어서** 그 입법 목적의 정당성 · 입법수단의 적정성이 있다고 보기 어렵고, … "(헌재 96바94, 조승형 재판관 소수의견, 강조 추가).

처음 한동안 이 소수의견을 되뇌었던 기억이 난다. 왜냐하면, 조승형 재판관의 이 의견에는 다분히 법경제학적 논리가 함축되어 있다는 인상을 받았기 때문이다. 결국 몇 달 후, 이 '법(관)'에 '경제(학자)'를 접목시키는 작업의 가치가 클 것이라는 확신이 들었던 것이다. 사실 제Ⅴ절에서 소개한 연구 결과는 '환매권 대 CIU 권한'에 관련하여 위 조승형 재판관의 견해에 대하여 (이론적 추론 및 실증분석을 포함하여) 경제학적으로 보완 및 검증하는 성격을 강하게 띤다고도 표현할 수 있다.

제Ⅲ절에서 언급한 대로, 헌법에 기본권(예: 재산권 보호)을 두는 이유는 소위 '동태적 경제효율성'의 고려 때문이라는 믿음을 필자는 평소 강하게 갖고 있었다. 그렇다면 (1981년의 CIU제도가) "기본권의 제한을 초래하므로…"라는 표현은 앞의 경제분석에서 보여 준 '과다수용', '재분배적 부의 이전노력', '지대추구' 등 사회 전반적으로 발생하는 심각한 수준의 비효율성을 함축한다고 생각되었다. “수 차례에 걸쳐 적용할 경우”라는 지적이나 “재심사 · 불복절차 등 아무런 적법절차 없이 전용함을 허용하고 있어서”라는 견해 또한 경제학적 함의를 갖고 있다. 환매권의 약화로 인하여 공익성 확보를 위한 견제 기능이 약화됨으로써 각종 비효율적 부의 이전이 훨씬 수월해졌으므로, 수용자는 그러한 ‘기회주의 행사에 따른 한계비용의 대폭 감소’로 인지할 것이라는 경제논리와 맥락을 같이 하는 것으로 보였던 것이다. 흥미로운 사실은 여러 차례의 해외 발표나 또 해외 학술지 게재를 위하여 심사받는 과정에서 이 소수의견을 소개할 때마다 자연스럽게 수용해 주던 해외 법경제학자들의 반응이었다. 한국에서 ‘법과 경제의 접목’이 상당 수준 이루어졌다는 느낌을 그들이 받았던 것 같아 개인적으로 흐뭇한 순간들이었다. 그 접목현상이 더 빠른 속도로 확대되기를 기대한다.

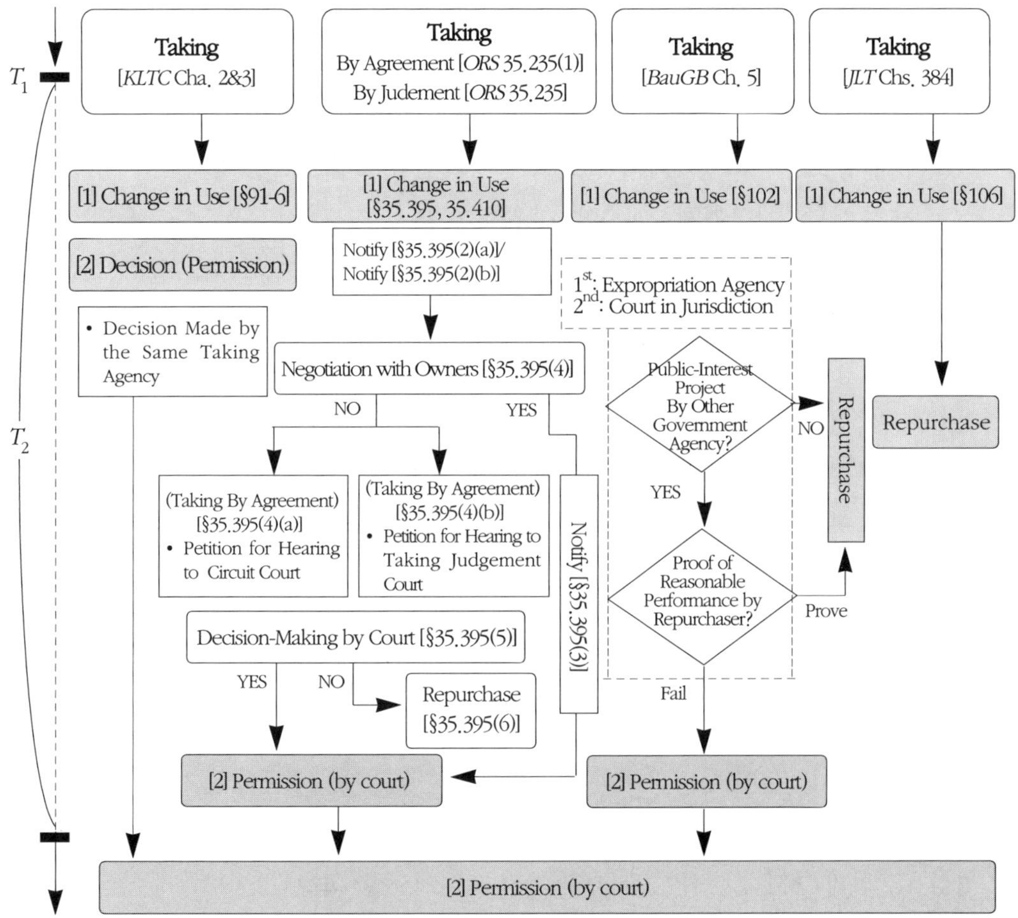

자료: Korea: Land Taking and Compensation Law(*KLTC*),
US (State of Oregon): General Condemnation Procedure Act(*ORS*),
Germany: Baugesetzbuch(*BauGB*),
Japan: Land Taking Law(*JLT*).

참고문헌

김일중, 『규제와 재산권: 법경제학적 시각으로 본 정부 3부의 역할』, KERI 자유주의 시리즈(학술부문) 제 I 권, 한국경제연구원, 1995.

_____, 「갈등조정의 법경제학적 일고: 불법방해법을 중심으로」, 『경제학연구』, 제45집 제3호, 한국경제학회, 1997a, pp. 187-225.

_____, 「중소기업정책 이론: 법경제학적 접근」, 『경제학연구』, 제45집 제2호, 한국경제학회, 1997b, pp. 231-268.

_____, 『법경제학 연구: 핵심이론과 사례분석』, 한국법제연구원, 2008.

김일중 · 박성규, 「정부의 공공사업 추진을 위한 공용수용권과 민간의 재산권 보호를 위한 환매권에 관한 경제학적 분석」, 『재정논집』, 제20권 제2호, 한국재정 · 공공경제학회, 2006, pp. 127-168.

윤진수, "Economic Analysis of the Abuse of Right Doctrine," 『법경제학연구』, 제2권, 한국법경제학회, 2005, pp. 1-16.

이종구, 「공용제한과 손실보상: 법경제학적 접근」, 『법조』, 제484호, 1997, pp. 69-104.

전성훈 · 신도철 · 길인성, 『코즈의 경제이론과 한국경제』, 경제해설자료 15, 국민경제제도연구원, 1991.

허성욱, 「법의 경제적 분석에 관한 몇 가지 오해에 관한 고찰」, 『법학』, 제48권 제4호, 서울대학교, 2007, pp. 179-205.

Alchian, Armen and Harold Demsetz, "Production, Information Costs and Economic Organization," *American Economic Review*, 62, 1972, pp. 777-795.

Alston, Lee and Robert Higgs, "Contractual Mix in Southern Agriculture Since the Civil War: Facts, Hypotheses, and Tests," *Journal of Economic History*, 42, 1982, pp. 327-353.

Anderson, Terry and Peter Hill, "The Evolution of Property Rights: A Study of the American West," *Journal of Law and Economics*, 18, 1975, pp. 163-179.

Barzel, Yoram, *Economic Analysis of Property Rights*, Cambridge: Cambridge University Press, 1989.

Becker, Gary, "Crime and Punishment: An Economic Approach," *Journal of Political Economy*, 76, 1968, pp. 169-217.

Calabresi, Guido and Douglas Melamed, "Property Rules, Liability Rules, and Inalienability: One View of the Cathedral," *Harvard Law Review*, 85, 1972, pp. 1089-1128.

Cheung, Steven, "A Theory of Price Control," *Journal of Law and Economics*, 17, 1974, pp. 53-71.

Cho, Joonmo and Iljoong Kim, "An Economic Analysis of Takings in Korea: Endogenous Probability and Announcement Effects," *International Review of Law and Economics*, 22, 2002, pp. 331-346.

Coase, Ronald, "The Nature of the Firm," *Economica*, 4, 1937, pp. 386-405.

______, "The Problem of Social Cost," *Journal of Law and Economics*, 3, 1960, pp. 1-44.

______, "Law and Economics at Chicago," *Journal of Law and Economics*, 36, 1993, pp. 239-254.

Cooney, Kevin, "A Profit for the Taking: Sale of Condemned Property after Abandonment of the Proposed Public Use," *Washington University Law Quarterly*, 74, 1996, pp. 751-776.

Cooter, Robert and Thomas Ulen, *Law and Economics*, 5th ed., Boston: Pearson Addison Wesley, 2008.

Demsetz, Harold, "Towards a Theory of Property Rights," *American Economic Review*, 57, 1967, pp. 347-359.

Ellickson, Robert, *Order without Law: How Neighbors Settle Disputes*, Cambridge: Harvard University Press, 1991.

Epstein, Richard, "Nuisance Law: Corrective Justice and Its Utilitarian Constraints," *Journal of Legal Studies*, 8, 1979, pp. 49-102.

______, *Takings: Private Property and the Power of Eminent Domain*, Cambridge:

Harvard University Press, 1985.

______, *Bargaining with the State*, Princeton: Princeton University Press, 1993a.

______, "Holdouts, Externalities, and the Single Owner: One More Salute to Ronald Coase," *Journal of Law and Economics*, 36, 1993b, pp. 553-586.

______, "The Seven Deadly Sins of Takings Law: The Dissents in Lucas v. South Carolina Coastal Council," *Loyola of Los Angels Law Review*, 26, 1993c, pp. 955-978.

______, *Skepticism and Freedom: A Modern Case for Classical Liberalism*, Chicago: University of Chicago Press, 2003.

Hoffman, Elizabeth and Matthew Spitzer, "Experimental Tests of the Coase Theorem with Large Bargaining Groups," *Journal of Legal Studies*, 15, 1986, pp. 149-161.

Kanner, Gideon, "Condemnation Blight: Just How Just is Just Compensation?," *Notre Dame Lawyer*, 48, 1973, pp. 765-810.

______, "We Don't Have to Follow Any Stinkin' Planning? Sorry about That Justice Stevens," *The Urban Lawyer*, 39, 2007, pp. 529-562.

Kelly, Daniel, "Pretextual Takings: Of Private Developers, Local Governments, and Impermissible Favoritism," *Supreme Court Economic Review*, 17, 2009, pp. 503-540.

Kent, Cristin, "Condemned If They Do, Condemned If They Don't: Eminent Domain, Public Use Abandonment, and the for Condemnee Protections," *Seattle University Law Review*, 30, 2007, pp. 503-540.

Kim, Iljoong and Sungkyu Park, "Eminent Domain Power and Afterwards: Leviathan's Post-Taking Opportunism," *Public Choice*, 143, 2010, pp. 209-227.

Klein, Benjamin, Robert Crawford, and Armen Alchian, "Vertical Integration, Appropriable Rents, and the Competitive Contracting Process," *Journal of Law and Economics*, 21, 1978, pp. 297-326.

Libecap, Gary, "Economic Variables and the Development of the Law: The Case of Western Mineral Rights," *Journal of Economic History*, 38, 1978, pp. 338-362.

______, *Contracting for Property Rights*, Cambridge: Cambridge University Press, 1989.

Lueck, Dean and Thomas Miceli, "Property Law," in Mitchell Polinsky and Steven Shavell, eds., *Handbook of Law and Economics*, 1, Amsterdam: Elsevier, 2007, pp. 183-257.

Ostrom, Elinor, *Governing the Commons*, Cambridge: Cambridge University Press, 1990.

Polinsky, Mitchell and Steven Shavell, eds., *Handbook of Law and Economics*, 1-2, Amsterdam: Elsevier, 2007.

Posner, Richard, *Economic Analysis of Law*, 6th ed., New York: Aspen Law & Business, 2003.

Shavell, Steven, *Foundations of Economic Analysis of Law*, Cambridge: Harvard University Press, 2004.

Umbeck, John, "The California Gold Rush: A Study of Emerging Property Rights," *Explorations in Economic History*, 14, 1977, pp. 197-226.

Wallis, John and Douglass North, "Measuring the Transaction Sector in the American Economy," in Robert Gallman and Stanley Engerman, eds., *Long Trends in American Economy*, New York: National Bureau of Economic Research, 1986.

Williamson, Oliver, "Transaction-Cost Economics: The Governance of Contractual Relations," *Journal of Law and Economics*, 22, 1979, pp. 233-262.

______, *The Economic Institutions of Capitalism*, New York: Free Press, 1985.

Chapter 4

고학수 · 허성욱

불법행위법의 법경제학

Ⅰ. 서론

Ⅱ. 기본 이론

Ⅲ. 손해전보의 수단으로서 보험의 역할

Ⅳ. 개인정보 유출 소송의 법경제학적 분석

Chapter 4

불법행위법의 법경제학

고학수 · 허성욱

I. 서론

불법행위법은 현대산업사회에서 상당히 중요한 역할을 해 온 법영역이다. 그런데 불법행위법 도입의 초기 단계에서는 피해자가 입은 손해에 대해 보상을 해 주는 것이 중요한 기능이었다면, 보험제도가 점차 활성화되고 있는 현재 상황을 고려해 보면 피해에 대한 보상의 필요성만으로는 불법행위법의 존재를 정당화하기 어려운 면이 있다. 그렇게 보면 피해가 생길 수 있는 상황을 사전적으로 예방하고, 사전적으로나 사후적으로 발생되는 여러 가지 형태의 비용을 최소화하는 것이 불법행위법의 역할로서 점차 더 강조되어야 할 것이다. 이 글에서는 경제적 분석이라는 관점에서 불법행위법의 주요 쟁점들을 살펴보고, 그 쟁점들이 실제 개인정보 유출 소송에 있어서 어떻게 문제가 될 수 있고 법판단 과정에서 어떤 의미를 가지는지 살펴본다.

Ⅱ. 기본 이론

1. 사고법(事故法)의 목적

불법행위법의 목적으로는 크게 보상(compensation)을 위한 목적과 예방(prevention) 혹은 억제(deterrence)를 위한 목적을 생각해 볼 수 있다.[1] 보상을 위한 목적이란 불법행위가 일단 발생한 후의 피해자의 손해에 대해 누가 어떤 부담을 하게 될 것인가를 판단하는 데에 필요한 원칙의 제시에 관한 것이다. 이는 전통적으로 불법행위법의 주된 기능으로 인식되어 온 것이다. 그리고 예방 혹은 억제를 위한 목적은 잠재적인 가해자로 하여금 좀더 주의를 기울이게 하고 불법행위의 발생을 사회적으로 효율적인 수준으로 유도하는 것과 관련이 있다. 예방 및 억제를 위한 목적은, 특히 최근 들어 더욱 강조가 되는 경향이 있다. 법경제학에서는 이러한 기능과 목적을 고려하여 다양한 책임원칙, 예를 들어 과실책임, 무과실책임, 기여과실(contributory negligence), 비교과실(comparative negligence) 등의 원칙하에서 당사자들의 행위가 어떤 영향을 받을 것인지에 관한 광범위하고 깊이 있는 분석이 이루어져 왔다.[2]

책임원칙의 측면에서 살필 경우 우리나라의 실정법 및 판례는 불법행위에 기한 손해배상청구권을 발생시키는 요건 중 하나인 과실의 유무 인정에서 다양한 입장을 취하고 있음을 알 수 있다. 헌법재판소에서 헌법불합치 결정이 내려진 (구)실화책임법은 과실책임에 관한 일반적인 민법상의 원칙에서 벗어나 실화의 경우에는 경과실이 아닌 중대한 과실이 있는 경우에만 실화자에게 손해배상책임을 물을

1) 박세일(2000), pp. 279-281 참조. 이 글에서 주로 상정하는 불법행위는 '사고'(事故)이다. 이는 당사자 사이의 사전적 거래가 현실적으로 불가능하여 코즈(Coase)식의 협상(bargaining)이 불가능한 상황을 상정하는 것이다.

2) 예를 들어, Shavell(2004), pp. 177-287 본문에 소개된 내용 및 제시된 인용 문헌 참조. 사고법의 이론체계상, 이 글에서 주로 상정하는 것은 당사자 중 일방의 주의의무(unilateral precaution) 그리고 행위 수준(activity level)이 아니라 주의 수준(care level)이 문제되는 상황에 국한된 것이다. 그 밖의 상황에 관해서는 이론의 복잡성에 비해서 실무적 유용성은 높지 않다고 판단하여 배제하기로 한다. 사고법을 포함한 불법행위법에 대한 법경제학 분석은 현대 법경제학에서 매우 큰 비중을 차지하는 영역이고, 매우 광범위하고 깊이 있는 연구성과가 축적된 영역이기도 하다. 이 글에서는 그 중 일부 기초적인 개념에 관해 소개하고, 그러한 개념의 실무적 활용에 국한하여 논의를 하기로 한다. 사고법의 법경제학에 대한 이론체계를 다소 추상적이지만 간결하게 정리한 내용으로는 Shavell(2007) 참조.

수 있도록 규정하고 있었다. 반면에 제조물책임법 등 일정한 법의 영역에서는 무과실책임원칙의 도입이나 그 밖의 방법을 통해 가해자에 대한 책임부담을 강화하는 입법을 취하고 있다. 이러한 입법의 상이성은 종종 입법 의도의 상이성을 반영하는데, (구)실화책임법의 입법에는 화재로 인한 피해가 예상 외로 확대될 경우에 실화자에게 지나치게 가혹한 부담이 발생되는 것으로부터 책임을 경감시켜 주고자 하는 입법의도가 담겨 있는 것으로 여겨진다.[3] 구체적 사안에서 가해자에 대한 책임범위의 결정은 불법행위의 피해자에게는 실질적인 구제수단이 제공될 수 있을 것인지의 문제와 연결된다. 사고발생 후 피해자가 가해자의 과실을 입증하지 못한다면 피해자는 기본적으로 가해자로부터 손해배상을 전혀 받지 못하고 사고로 인한 손해를 감수해야 하기 때문이다. 즉, 가해자에게 과실이 있는 경우나 다른 법에 의해 예외가 인정되는 경우를 제외하고는 사고로 인한 손실은 피해자 본인이 부담하는 방식으로 당해 사고의 피해에 대한 손실부담원칙이 도출되며, 이는 결국 가해자 및 피해자 사이에 피해로 인한 손실의 분배를 어떻게 할 것인지에 대한 원칙을 세우는 것과 동일한 것으로 평가될 수 있다.

하지만 불법행위법의 영역에서 해당 법원칙이 가해자와 피해자 사이에서 기왕 발생한 손해액의 사후적 배분에 관한 기준을 제시하는 것으로 그 역할을 다하는 것은 아니다. 사후적 배분의 문제에서 더 나아가 생각해 보아야 하는 것은 사전적인 차원에서 사고의 발생을 예방하거나 그 발생가능성을 줄이는 데에 불법행위법상의 책임원칙이 잠재적 가해자와 피해자의 행동양식에 어떤 영향을 미칠 것인지에 관한 부분이다. 또한 해당 법원칙을 세우는 데에 있어 사회적인 차원에서 생각하여야 하는 또 다른 중요한 문제는 어떤 방식으로 사회적인 비용이나 낭비를 최소화할 수 있을 것인가의 문제이다. 다시 말해, 불법행위로 인하여 손해가 발생되는 것은 당사자들의 노력과 무관하게 발생되는 불가피한 측면이 있는데, 이때 어떤 책임원칙을 적용하여 이와 연관된 여러 가지 형태의 비용을 최소화할 것인가 하는 것은 매우 중요한 법정책적 문제가 된다. 좀더 일반적으로, 법경제학의 관점에서는 불법행위에 관해 분석함에 있어 (1) 사전적인 차원(*ex ante*)에서 사고의 발생

3) 헌법재판소 1995. 3. 23. 선고 92헌가4, 95헌가3, 93헌바4, 94헌바33 결정 참조.

가능성을 어떻게 낮추고 일단 사고가 발생한 경우에는(*ex post*) 그 피해액을 줄이기 위한 유인을 어떻게 제공할 것인가, (2) 불가피하게 사고가 발생될 경우의 손해에 대한 위험을 사회구성원 사이에 어떻게 분배할 것인가, 그리고 (3) 문제해결을 위해 발생되는 법률비용, 행정비용, 교섭비용 등의 여러 가지 비용을 어떻게 최소화할 것인가 하는 문제가 중요한 고려사항이 된다.[4)]

2. 불법행위법의 법경제학

위에서 살펴본 사고(事故)법의 기능을 생각할 때 불법행위의 책임과 관련하여 어떤 법원칙을 수립하는 것이 타당할 것인지에 관해서는 두 단계로 나누어서 생각해 볼 수 있다.[5)] 첫 번째 단계에서 판단해야 하는 것은 잠재적 가해자와 피해자 사이에 누가 더 적은 비용으로 사고발생 가능성을 억제할 수 있겠는가 하는 것이다.[6)] 만일 잠재적 피해자가 최소비용 회피자라면 사고발생시 피해자가 손해를 감수하는 것이 타당한 것으로 된다.[7)] 왜냐하면, 잠재적 피해자가 더 효율적으로 피해발생을 예방할 수 있는 위치에 있으므로 피해에 대한 책임을 지게 되는 경우에는 잠재적 피해자 스스로 피해의 예방에 드는 비용과 피해로부터의 손해액을 비교 형량하여 효율적인 수준의 예방노력을 기울일 것이기 때문이다. 만일 잠재적 가해자가 최소비용 회피자라면 분석은 두 번째 단계로 넘어간다.

두 번째 단계에서는 사고의 발생가능성, 사고발생시 손해액, 사고예방에 드는 비용 등을 비교형량하게 된다. 비교형량의 결과 잠재적 가해자가 사고예방을 위한

4) 물론 이와 같은 사고법의 목적에 관해서 모든 법경제학자들이 완전한 의견일치를 하는 것은 아니고 개개인에 따라 중시하는 역할이나 목적에 약간씩의 차이가 있기는 하다. 법경제학적 관점에서 사고법의 목적에 대해 구체화하고 체계화하려는 노력은 아마도 귀도 캘러브레시(Guido Calabresi)에 의해 처음 시도된 것으로 보인다. Calabresi (1970) 참조.

5) 아래에 제시되는 2단계 분석은 실무적으로도 큰 어려움 없이 사용될 수 있는 실용적 가이드라인을 제시하고자 하는 목적으로 고안된 것이다. 같은 취지의 2단계 분석은 Schäfer and Ott(2004), pp. 180-183에도 제시되어 있다.

6) 이처럼 더 적은 비용으로 사고발생을 억제할 수 있는 사람을 '최소비용 회피자'(cheapest-cost avoider)라고 한다. 이 표현은 캘러브레시에 의해 처음 체계화되어 사용된 것이다. 캘러브레시의 논의에 대한 소개를 위해서는 박세일 (2000), pp. 282-289 참조.

7) 누구에게 의무를 부과할 것인지 생각해야 하는 근본적인 이유는 불법행위의 경우는 계약의 경우와 달리 잠재적 가해자와 피해자 사이에 사전적 협상이나 교섭이 현실적으로 불가능한 것이기 때문이다. 당사자 사이에 거래비용(transaction cost)이 별도로 들지 않는 경우에는 누구에게 권리(entitlement)를 부여하든지 당사자들이 협상을 통해 효율적 결과에 도달하게 된다. 이것이 코즈 정리(Coase Theorem)가 시사하는 것이다. 불법행위의 경우는 거의 모든 경우에 거래비용이 상당히 많이 들 것이므로 누구에게 권리를 주고 누구에게 의무를 부과할 것인지 생각해야 한다. 이때 최소비용 회피자에게 의무를 부과하는 것은 사회적 효율성을 위해 필요한 것이 된다.

노력을 기울이는 것이 더 효율적인 경우임에도 불구하고 노력을 기울이지 않아서 피해가 발생되었다면 가해자로 하여금 그에 대한 책임을 지도록 하는 방식으로 책임원칙을 적용한다. 기호를 이용하여 표현하자면, 사고가 발생할 확률을 p, 사고발생시 손해액을 L, 그리고 사고예방에 드는 비용을 B라고 할 때, pL은 사고발생으로 인한 피해의 기대치가 되므로, pL과 B를 비교하여 pL이 B보다 큰 경우에는 사고예방을 위한 노력을 기울이도록 하는 의무를 부과하고, 반대로 pL이 B보다 작은 경우에는 그러한 의무를 부과하지 않는 것이다.[8)] 여기서 의무를 부과한다는 것은 의무불이행시 손해배상을 하도록 하는 형태로 나타나게 된다. 사고예방을 위한 노력의 의무가 부과되지 않는 경우는 예상손해액을 고려할 때 그와 같은 의무의 이행에 상대적으로 높은 수준의 비용이 소요되기 때문에 의무의 부과가 정당화되지 않는 경우라 할 수 있다.[9)] 행위자의 주의 수준에 따라 사고로 인한 사회적인 비용에 어떤 영향이 생길 것인지에 관해서는 〈표 4-1〉에 제시된 예를 통해 분석될 수 있다.[10)]

표 4-1 • 행위자의 주의 수준과 사회비용

주의 수준	주의에 드는 비용	사고의 확률	사고발생시 피해액	피해액의 기대치	총사회비용
1	2	90%	100	90	92
2	20	70%	100	70	90
3	33	45%	100	45	78
4	55	25%	100	25	80
5	80	5%	100	5	85

8) 이와 같은 판단 방식은 '핸드 판사의 공식'(Hand formula)으로 알려진 방식이다. 이는 핸드 판사가 1947년 실제 판결에서 판단기준으로 제시하여 적용한 공식이다. United States v. Carroll Towing Co., 159 F.2d 169 (2d Cir. 1947) 참조. 핸드 판사의 공식에 대한 소개는 박세일(2000), pp. 290-294 참조.

9) 이러한 기준은 실질적으로 과실책임의 원칙을 적용하는 것과 유사한 결과를 가져올 수 있으나 반드시 그렇지는 않다. 중요한 것은 B와 pL의 상대적 크기로, 예를 들어 L의 크기가 매우 큰 경우에는 무과실책임에 가까운 부담 원칙이 결과될 수도 있고, 반대로 L의 크기가 작고 B의 크기는 큰 경우에는 중과실책임의 원칙과 유사한 결과가 초래될 수도 있다.

10) 아래에 제시된 분석은 이해의 편의를 위해 '표'의 형태를 이용한 것이다. 이를 일반화시켜 좀더 엄밀하고 일반적으로 적용가능한 수학적인 분석을 하는 것도 물론 가능하다. 예를 들어, Miceli(2009), pp. 19-32에 제시되어 있는 수학적인 모형이나 이 글 IV. 2.에 제시되어 있는 모형을 응용하여 본문에서 도출된 결과와 같은 함의를 보이는 결과를 도출할 수 있다.

〈표 4-1〉에 제시되어 있는 주의 수준은 '1'의 경우에는 행위자가 거의 주의를 기울이지 않아 고의나 중과실에 가까운 상황을 가리키고 '5'의 경우는 상당의 높은 수준의 주의를 기울이기 때문에 무과실책임원칙과 같은 엄격한 기준을 적용하더라도 문제가 별로 발생되지 않는 경우를 가리킨다. 〈표 4-1〉은 행위자의 주의 수준이 높아짐에 따라 주의를 기울이는 데에 드는 비용이 높아지는 한편, 사고의 발생확률은 반대로 낮아지게 됨을 보여 준다. 그리고 분석의 편의상 표에서는 사고발생시 피해액을 일률적으로 100으로 상정하고 있는데, 이에 기초하여 각각의 주의 수준에 대해 피해액의 기대치를 계산할 수 있고, 이 기대치를 주의를 기울이는 데에 드는 비용과 합하여 총사회비용을 계산할 수 있다. 예를 들면, '2' 수준의 주의를 기울이는 데에 20만큼의 비용이 소요되고, 그때 사고발생으로 인한 피해액의 기대치는 70이므로 총사회비용은 두 가지의 비용요소를 합한 90이 되는 것이다. 표에서 볼 수 있는 것처럼 이 표에서 상정하고 있는 상황에서는 중간 수준인 '3' 수준의 주의를 기울일 때에 총사회비용이 78로 최소화되는 것을 알 수 있다.

〈표 4-1〉의 내용을 기초로 하여 과실책임원칙이 적용될 경우에 행위자에게 어떤 영향이 있을 것인지 생각해 볼 수 있다. 과실책임원칙이 적용될 경우에는 행위자가 과실이 있는 경우에만 불법행위에 대한 책임을 지게 되고 과실이 인정되지 않는 경우에는 사고가 발생하더라도 책임을 지지 않게 될 것이다. 〈표 4-2〉는 과실 여부에 대한 판단기준이 총사회비용을 최소화하는 수준에서 설정되어 있다는 전제하에 과실책임의 원칙이 적용될 경우 행위자가 어떤 선택을 할 것인지 보여 주고 있다.

표 4-2 • 과실책임원칙하에서의 행위자의 선택

주의 수준	주의에 드는 비용	사고의 확률	손해배상 책임 유무	행위자의 손해배상 책임액수	행위자의 총비용
1	2	90%	유	90	92
2	20	70%	유	70	90
3	33	45%	무	0	33
4	55	25%	무	0	55
5	80	5%	무	0	80

〈표 4-2〉는 행위자가 '3' 수준 혹은 그 이상의 주의를 기울일 경우에는 사고발생에 따른 손해에 대한 책임을 지지 않고, 그보다 낮은 수준의 주의를 기울일 경우에만 사고발생시 과실이 인정되는 상황하에서의 행위자의 선택을 보여 준다. 표를 통해 볼 수 있는 것과 같이, 주의 수준이 '1'이나 '2'인 경우에는 사고가 발생할 경우 행위자의 과실이 인정되므로 행위자 입장에서의 총비용과 〈표 4-1〉에 제시되어 있는 사회적인 총비용 사이에 차이가 생기지 않는다. 하지만 행위자의 주의 수준이 '3'이나 그 이상인 경우에는 사고가 발생하더라도 행위자는 책임을 지지 않게 되어 행위자가 느끼는 총비용과 사회 전체의 총비용에 차이가 생기게 된다. 하지만 이와 같은 차이에도 불구하고 행위자가 '3' 수준의 주의를 기울이게 된다는 결론에는 변함이 없다. 이는 행위자가 자신이 느끼는 총비용을 최소화하는 선택을 한 결과가 사회적인 총비용을 최소화하는 결과와 같아지기 때문에 생기는 것이다. 이처럼 과실 여부 판단의 기준이 되는 주의의 수준이 적절하게 책정되어 있다면 과실책임의 원칙은 행위자가 사회적으로 최적인 수준의 주의의무를 이행하도록 유도하는 역할을 하게 된다.

만일 손해배상책임을 부담하게 되는 주의의 수준이 최적 수준에 비해 낮게 책정되어 있다면 행위자의 선택은 총사회비용을 최소화하는 수준에서 이루어지지 않게 된다. 〈표 4-3〉은 〈표 4-2〉에 비해 행위자에 대한 책임의 기준이 완화된 상황을 보여 준다. 예를 들어, 〈표 4-2〉가 행위자의 경과실에 대해서도 책임을 묻는 상황을 보여 준다면 〈표 4-3〉은 행위자가 중과실인 경우에만 사고발생시에 손해배상책임을 부과하는 상황에서의 행위자 선택을 보여 주는 것으로 해석할 수 있다. 구체적으로 〈표 4-3〉에서 상정하고 있는 상황은 '2' 수준의 주의를 기울였는지 여부에 따라 사고발생시 피해에 대해 손해배상책임을 부과할 것인지 여부를 판단하는 상황이다.

〈표 4-3〉에서 볼 수 있는 것과 같이 행위자가 느끼게 되는 총비용은 '2'의 주의 수준을 기울인 경우에 최소화가 되므로 행위자는 '2' 수준의 주의를 기울이게 된다. 그런데 이는 〈표 4-1〉을 통해 볼 수 있는 것과 같이 사회적으로 최적인 '3' 수준의 주의를 기울이는 것과는 다른 결과이다. 이는 행위자 입장에서의 총비용을 최소화하는 주의 수준과 총사회비용을 최소화하는 주의 수준이 다르기 때문에 발생

표 4-3 • 중과실책임원칙하에서의 행위자의 선택

주의 수준	주의에 드는 비용	사고의 발생 확률	손해배상 책임 유무	행위자의 손해배상 책임액수	행위자의 총비용
1	2	90%	유	90	92
2	20	70%	무	0	20
3	33	45%	무	0	33
4	55	25%	무	0	55
5	80	5%	무	0	80

하는 문제이다. 결국 어떤 책임원칙이 적용되느냐에 따라 행위자가 기울이게 되는 주의의 수준이 달라지고, 구체적인 책임원칙에 따라 행위자의 선택은 사회적으로 적절한 수준에서 이루어질 수도 있고 그렇지 않을 가능성도 있는 것이다.

이상의 논의를 정리하면, 적용되는 책임원칙에 따라 행위자의 주의 수준이 달라질 수 있으므로 행위자로 하여금 사회적으로 적절한 수준의 주의의무를 이행하도록 유도하기 위한 책임원칙을 수립하는 것이 중요하며, 특히 사회적인 차원에서는 행위자의 과실이 인정되는 구체적인 기준을 어떻게 설정할 것인지의 문제가 중요한 것임을 알 수 있다.

과실의 유무가 손해배상청구권의 성립과 연결된 구체적 사안에서 판례는 다양한 기준을 제시하고 있다. 불법행위법에서 가장 일반적 조항의 역할을 담당하는 민법 제750조 해석에 있어 우리 판례는 "불법행위로 인한 손해배상책임에 있어서의 과실이라 함은 통상적인 사람을 기준으로 하여 마땅히 하여야 할 의무를 태만히 하였거나 또는 하지 아니하면 아니 될 의무를 이행하지 아니한 경우를 가리켜 뜻하는 것"으로 판시하고 있다.[11] 다른 한편, 헌법불합치 결정이 내려진 (구)실화책임법상 요구된 중대한 과실의 기준에 대해서 판례는 "통상인에게 요구되는 정도의 상당한 주의를 하지 않더라도 약간의 주의를 한다면 손쉽게 위법, 유해한 결과를 예견할 수가 있는 경우임에도 만연히 이를 간과함과 같은 거의 고의에 가까운

11) 대법원 1979. 12. 26. 선고 79다1843 판결.

현저한 주의를 결여한 상태"를 말하는 것으로 해석해 왔다.[12)] 실제로 개별 사건에서 과실 또는 중과실 등을 인정할지 여부에 대한 법률적인 판단은 이와 같은 일반적인 기준에 기초하여 구체적인 사실관계와 정황을 고려하여 개개의 사건마다 종합적인 가치판단을 통해 이루어질 것이다.

그런데 이와 같은 과실 혹은 중과실 등을 판단함에 있어 그 전제가 되는 주의의 정도에 대한 기준을 제시하는 것은, 행위로부터의 피해에 대한 예상 및 피해의 예방에 드는 비용 등에 대한 판단을 암묵적으로 전제하는 것이라 할 수 있다. 법원에서 엄밀하게 수량화된 경제학적 계산방법을 이용하여 이와 같은 판단을 하는 경우는 흔하지 않겠지만, 개략적이거나 암묵적으로라도 피해의 가능성과 피해액 그리고 피해의 방지에 드는 비용 등에 대한 판단을 해 온 경우를 종종 볼 수 있고, 이를 통해 법원이 실질적으로 불법행위와 관련된 총사회비용을 감소시키기 위한 역할을 수행한 경우가 많았던 것으로 보인다.[13)]

이러한 법정책적 측면을 고려한다면, 경과실이나 중과실 여부를 판단하는 데에 기준이 되는 적절한 주의의 정도는 (1) 피해발생 가능성이 높아질수록 높아지고, (2) 피해발생시 피해액이 많아질수록 높아지고, (3) 행위자가 피해발생을 억제하는 데에 드는 비용이 낮아질수록 반대로 높아지는 방식으로 설정이 되는 것이 합리적일 것이다. 이는 위에서 p나 L(좀더 정확히는 그 둘을 곱한 값)이 B에 비해 상대적으로 높을 경우에 피해예방을 위한 의무를 부과하는 것이 타당한 것으로 생각되는 것과 같은 논리이다.

3. 책임원칙과 보험의 문제

불법행위로 인한 피해에 대비하여 보험제도를 활용할 수 있고, 보험을 통해 잠재적 피해자는 사고로 인해 발생되는 피해로부터 보호받을 수 있다.[14)] 만일 사고

---

12) 대법원 2000. 1. 14. 선고 99다39548 판결, 대법원 1996. 10. 25. 선고 96다30113 판결, 대법원 1983. 2. 8. 선고 81다428 판결 등 참조.

13) 위에서 설명한 대로 핸드 판사의 공식은 핸드 판사 스스로 판결문에 명시하고 판결을 위해 직접 활용한 것이었다. 경제학적 논리를 직·간접적으로 활용하는 경우는 미국 법원에서는 이미 상당히 일반화된 것으로 보인다. 국내 법원에서도 경제학적 논리나 방법론의 활용에 대한 관심은 늘고 있는 것으로 보인다.

14) 불법행위법의 맥락에서 보험제도에 관한 개괄적인 설명은 Cooter and Ulen(2008), pp. 374-378 참조. 좀더 본격적

의 빈도나 피해액이 민법상의 책임원칙과 관계없이 우연적인 요소에 의해서만 결정되는 것이라면 보험을 통해 피해의 위험으로부터 보호받는 것은 특히 중요한 의미를 가질 것이다. 그와 같은 상황에서는 피해자의 손실보전이 불법행위법의 가장 중요한 고려사항 중 하나가 되고 손실의 보전은 법원에서 불법행위에 관한 법률원칙을 적용하는 방식을 통하기보다는 보험제도를 통해 더 효율적으로 이루어질 수 있을 것이기 때문이다.[15)] 만일 불법행위법의 영역에서 가벼운 과실의 경우에도 가해자가 크게 책임을 지도록 하는 원칙이 적용된다면 사고발생시 피해로 인한 리스크를 가해자가 더 크게 부담하는 결과가 될 것이므로 보험제도의 활용은 잠재적 가해자에게는 더욱 의미 있는 것이 될 것이다.[16)] 하지만 불법행위법의 기능은 손실보전 이외에도 손해배상을 포함한 법률적 제재조치를 통하여 행위자의 행동에 영향을 미칠 수 있는 유인을 제공하고 그를 통해 사고의 발생을 억제하고 예방하는 것에도 있다고 할 때, 보험의 이용이 가능하다고 하더라도 보험이 법률상의 책임원칙이 하는 역할을 모두 대신하기는 어려울 것이다.

이와 같은 맥락에서 생각해 보아야 하는 것은 보험제도가 일반화될 경우에 보험이 가입자의 행태에 어떠한 영향을 미칠 것인지에 관한 것이다. 위에서 분석한 내용은 가해자의 귀책사유로 인해 사고가 발생하는 상황을 상정하고 피해자의 영향은 없는 경우를 암묵적으로 가정하고 이루어진 것인데, 대부분의 실제 상황에서는 가해자는 물론 피해자도 사고의 예방이나 피해의 최소화를 위해 노력할 수 있고, 또 그러한 피해자의 노력 여부가 피해의 규모나 그 밖의 최종 결과에도 영향을 미치는 것이 보통일 것이다.[17)] 그런데 보험제도가 활용될 경우 보험가입자로 우선 생각해 볼 수 있는 것은 잠재적 피해자인데, 피해발생시 보험에 의해 손실이 모두 문제 없이 보전된다면 보험가입자는 피해의 예방이나 억제를 위한 노력을 충분히 기울이지 않을 수도 있다는 문제가 있다. 왜냐하면, 피해자의 귀책사유나 기타 이

인 분석은 Shavell(1987) 참조.

15) 보험제도의 활성화와 관련하여 불법행위법을 통한 피해보상보다 예방 및 억제를 강조하는 입장에서의 논의에 관해서는 Shavell(2004), pp. 257-279 참조.

16) 미국에서는 불법행위 피해자에 지급되는 액수의 90% 이상이 보험회사로부터 지급되는 액수라고 하는 통계가 있다. Shavell(2004), p. 267 각주 12 참조. 우리나라의 경우 이에 상응하는 일반인에게 공개된 통계는 존재하지 않는 것으로 보인다.

17) 잠재적 가해자 및 잠재적 피해자 양측의 주의 수준이 모두 사고에 영향을 미치는 경우에 관한 법경제학 모형은 Shavell(2004), pp. 182-193 참조.

유로 인해 보상이 제대로 이루어지지 않을 예외적인 상황을 제외하면, 피해가 생기더라도 보험에 의해 피해를 보상받을 수 있을 것이므로 굳이 애써서 피해를 줄이기 위한 노력을 기울일 필요가 없을 것이기 때문이다.[18] 이러한 문제는 보험가입이 잠재적 가해자에 의해 이루어지는 경우에도 마찬가지로 나타날 수 있는 문제이다. 물론 이와 같은 문제가 발생될 경우 이는 사회적인 차원에서는 일종의 낭비가 될 것이다. 그리고 이러한 문제는 보험제도를 잘 설계함으로써 일부 해소될 수는 있지만 근본적인 해결은 어려운 문제이다.[19] 또한 이와 같은 문제는 보험가입이 의무화되어 있는지 여부와 관계없이 발생할 수 있는 문제이다.

하지만 이러한 문제에도 불구하고, 잠재적 가해자나 피해자가 주의를 기울이는 것과 관계없이 사고가 발생하고 피해가 생길 수 있는 개연성은 항상 존재함을 고려하면 보험제도의 활용은 사회적인 차원에서 매우 중요한 가치를 지니는 것이라 할 수 있다. 보험이 있음으로 해서 피해자는 피해로부터 보상을 받지 못하게 될 위험(risk)으로 인한 부담, 또 가해자는 손해배상을 위한 재원 마련이 필요할 수도 있다는 부담으로부터 벗어날 수 있게 되고, 이는 결국 보상에 대한 염려로 인해 당사자들이 지나친 주의를 기울이거나 행위 자체가 억제되는 등 비효율이 생길 수 있는 것을 방지해 주기 때문이다. 보험제도의 활용이 가치 있는 또 하나의 중요한 이유는 보험회사가 보험가입자의 행태에 대하여 감시(monitor)하는 역할을 수행함으로써 적어도 일정 정도는 사고발생을 예방하고 억제하는 기능을 수행할 수 있으리라는 것 때문이다. 예를 들어, 보험가입자가 기업인 경우에는, 사고예방이나 피해의 최소화를 위한 관련 시설이 어떠한지, 직원들에게 사고예방과 관련하여 어떤 훈련을 시키는지에 따라서 보험료가 차등화될 수도 있고, 또 보험회사가 보험가입자의 준비 상황에 대해 정기적으로 확인하는 작업을 할 수도 있을 것이다.[20] 이와

18) 제도나 상황 변화에 따라 개인의 행동방식에 얼마나 큰 변화가 올 것인지에 관해 의문을 제기하는 경우도 있다. 제도의 변화가 개인의 구체적인 행동 변화에 주는 영향은 결국 실증적인 분석을 통해서 검증이 가능한 문제일 것이다. 예를 들어, 'no-fault insurance'라는 자동차보험에 대해서 보자. 이 제도는 미국과 캐나다의 몇몇 주에서 도입한 제도로서, 교통사고 발생시 누구에게 귀책사유가 있는지에 관계없이 교통사고 피해자는 가해자가 아닌 자신의 보험회사를 통해 의료비나 일실임금 등을 보상받도록 한 제도이다. 이 제도 도입 후 부주의 운전의 증가 혹은 교통사고의 증가에 관한 주장이 제기되었고, 이러한 주장을 실증분석을 통해 검증하기 위한 시도가 이루어진 바 있다. Spurr(2006), pp. 160-161 및 p. 161 각주 39에 인용된 문헌 참조.

19) 이와 같은 문제를 도덕적 해이(moral hazard)라고 하는데, 보험제도 중 공제액(deductible), copayment 등의 방식을 통해 본인부담금을 부과하는 것은 도덕적 해이의 문제 감소를 위한 노력을 반영하는 것으로 볼 수 있다.

20) 이와 같은 감시(monitoring)기능은 불법행위의 억제라고 하는 면에서 특히 중요한 것이 된다. 이 기능을 오늘날 보험을 활용한 불법행위법의 가장 중요한 실질적인 기능이라고 여기는 연구자들도 있다. Shavell(2004), pp. 267-269 참조.

같은 측면에서 보면 보험제도는 사회구성원들 사이에 사고발생으로 인한 피해가 발생될 수 있는 리스크를 배분하는 데에 있어 중요한 역할을 하는 것이고, 일반적으로 사고법의 목적을 달성하는 데에도 크게 기여하는 것이라고 볼 수 있다. 보험제도의 활용이 가능할 경우, 잠재적 가해자와 피해자 중 누가 보험가입자가 되어야 할지 여부 등 구체적인 관련 문제들에 대해서는 누가 더 위험기피적(risk-averse)인지, 보험제도의 운용과 관련된 행정비용은 가입자의 구성에 따라 어떻게 달라질 것인지, 구상권의 행사가 어떤 식으로 허용될 것인지 등의 문제에 대해 면밀하게 검토한 뒤 그에 대한 답이 어떠한가에 따라 달리 고려되어야 할 것이다.

4. 기타 고려사항

1) 행정비용 등의 제반 비용을 최소화하는 문제

불법행위로 인한 문제의 해결에는 법원비용, 행정비용, 교섭비용 등 여러 형태의 비용이 소요된다.[21] 이러한 여러 형태의 제반 비용은 실제 불법행위법의 운용에 있어 생각할 수 있는 총비용 중 상당히 큰 비중을 차지하는 것이다. 또한 개별 사안에 있어 관련된 정보의 확보 · 분석 · 판단 등의 과정은 개별 사안마다 별도로 행해질 수밖에 없는 것이어서 사회적으로 상당한 비용이 들게 된다. 만일 이와 같은 제반 비용이 종국적으로 피해자가 받게 되는 액수에 근접할 정도로 많이 소요된다면 불법행위법을 통해 손해배상을 받도록 하는 제도 자체의 존립근거가 상당히 약화될 것이다.[22]

이러한 비용 측면과 위에서 본 보험의 역할을 고려할 때, 보험제도가 활성화되어 있고 보험의 활용이 실제로 가능한 상황이라면 일반적으로 과실 여부에 대한 분쟁이 반복적으로 생기고 법원이 그러한 분쟁에 대해 매번 판단을 내려 주는 역할을 하는 것에 비해서 보험제도를 잘 활용하는 것이 사회 전체적인 비용 면에서 더욱 효율적인 것이 될 것이다. 보험이 활용될 경우 불법행위법의 역할과 관련해

21) 불법행위와 관련된 비용에 대한 이론적 분석은 Shavell(2004), pp. 280-287 참조.

22) 미국의 경우 행정비용이 피해자가 받게 되는 액수에 근접하거나 경우에 따라서는 이를 초과하기도 할 정도로 행정비용이 많이 소요된다는 통계가 있다. Shavell(2004), p. 281 각주 2에 제시된 통계자료 참조. 우리나라의 경우에 구체적으로 어느 정도의 행정비용이 소요되는지에 대한 통계자료는 아직 정리되지 않은 것으로 보인다.

서는 피해자의 피해에 대해 가해자가 보전해 주는 것보다는 피해가 발생될 수 있는 행위의 억제에 더 높은 비중이 주어질 것이다. 그렇다면 결국 불법행위에 대한 책임원칙은 당사자들의 행위에 대한 유인 제공을 통해 여러 가지 형태의 비용을 줄여 가는 데에 가장 큰 존재 근거가 있다고 할 것이다.

2) 예측가능성의 문제

피해자의 손해배상청구권의 행사로 사고발생의 유책자(有責者)에게 가혹한 결과의 가능성이 있다는 것 자체가 책임의 경감을 정당화시켜 주는 것은 아니다. 엄밀하게는 어떤 책임원칙을 적용할 것인지의 문제와 가해자에 대한 가혹한 결과의 가능성은 두 개의 다른 사안이라 할 것이다.

어떤 행위자가 행위를 함에 앞서 그 결과에 대한 예측을 하는 데에는 행위와 연관이 있는 여러 정황 및 관련 정보의 습득, 그리고 그에 대한 판단이 중요한 것이 될 것인데, 일반적으로는 많은 경우에 있어 가해자가 그와 같은 정황이나 정보를 획득하고 분석하기에 더 적절한 위치에 있을 것이다.[23] 그 경우 가해자에게 그러한 정보의 획득과 분석에 대한 의무를 부과하는 것이 타당한 면이 있다. 그러므로 정보와 관련된 면에서 볼 때에도 잠재적 가해자에게 일정한 부담을 지우는 책임원칙을 적용하여 정보획득이나 분석, 그리고 그에 기초한 적절한 판단의 책임을 부과하는 것이 타당하다고 볼 수 있다. 만일 가혹한 결과의 가능성에 대한 별도의 고려가 필요하다면 배상액의 경감청구를 허용하는 민법 제765조의 취지를 좀더 적극적으로 활용할 수 있는 방안을 모색하는 등 다른 대안을 검토해 보는 것이 도움이 될 수 있을 것이다.[24]

23) 위에서 논의한 최소비용 회피자 관련 논의의 한 응용으로 여기서는 가해자가 '최소비용 정보생산자'인 것으로 생각해 볼 수 있을 것이다.
24) 민법 제765조는 배상의무자가 배상으로 인해 생계에 중대한 영향을 받을 수 있는 경우에 법원에 배상액의 경감을 청구할 수 있는데, 이와 같은 청구는 고의 또는 중대한 과실에 의한 것이 아닌 경우에 한하여 할 수 있도록 되어 있다.

Ⅲ. 손해전보의 수단으로서 보험의 역할

귀책사유가 있는 행위자에게 행위의 책임을 묻고 이를 통해 피해자의 손실을 보전해 주도록 하는 것은 애초에 불법행위법이 발전되어 온 유래를 생각할 때 불법행위법의 가장 중요한 역할 중 하나라고 할 수 있다. 하지만 보험제도가 활성화되어 적극적으로 활용될 수 있는 상황을 전제로 한다면 피해의 보상은 가급적 보험제도를 통해 이루어지도록 하고 불법행위법은 피해가 발생될 수 있는 행위 자체의 억제 및 연관비용의 최소화를 위해 기능할 수 있도록 하는 것이 바람직한 정책적 방향이 될 것이다. 왜냐하면, 이를 통해 사회구성원 사이에 리스크의 분배가 더욱 적절하게 이루어질 수 있고, 사회적인 비용이 줄어들 수 있기 때문이다. 또한 보험제도의 활용을 통해 보험회사가 보험가입자의 행동에 대한 적절한 모니터링을 할 수 있다면 사고에 대한 사전적 예방의 측면에서도 보험제도의 활용이 정당화될 수 있다.

좀더 구체적으로, 가해자의 과실로 화재가 발생하여 재산상의 손실을 입은 피해자를 상정하고 가해자인 실화자와 피해자 사이의 화재피해에 대한 손해부담제도의 대안으로서 보험제도를 활용하는 방법을 생각해 보자. 하나의 대안으로 생각해 볼 수 있는 것은, 일정 규모 이상의 재산소유자에게 보험을 가입하도록 의무화하여 타인 재산에 피해가 발생될 경우 보험을 통해 손해배상이 이루어지도록 하는 것이다.[25] 이 보험은 일종의 책임보험이 될 것이고, 만일 실제로 보험료율을 계산해 보아서 필요하다면 보험금에 일정한 한도액을 정할 수도 있을 것이다.[26] 이와 같은 보험구조를 통해 자기 소유 재산의 피해에 대해서는 소유자가 스스로 판단하여 보험가입 여부를 판단하도록 하는 한편, 타인 소유 재산에 대한 피해의 가능성

25) 화재로 인한 타인의 사망과 부상 등의 인명피해에 대해서는 이와 같은 방식의 보험제도가 이미 활용되고 있다. 화재로 인한 재해보상과 보험가입에 관한 법률(1973. 2. 6. 법률 제2482호, 개정 2004. 3. 11. 법률 제7186호) 참조. 이 법에 따르면 일정 규모 이상의 건물 등 대통령령이 정하는 '특수건물'의 소유자는 타인에 대한 인명피해에 대비하여 보험을 가입하는 것이 의무화되어 있다.

26) 이는 자동차보험의 경우 강제보험으로 책임보험이 있고, 임의보험으로 종합보험이 있는 것과 유사한 방식의 이원적 보험구조인 것으로 이해할 수 있다.

은 강제보험을 통해 손실보전이 이루어질 수 있도록 제도화할 수 있을 것이다.[27)]

이러한 보험제도를 운용함에 있어, 타인 재산에 대한 손실가능성에 대해서는 임의보험이 아닌 강제보험을 하는 이유는 임의보험으로 할 경우 보험가입률이 충분히 높지 않을 가능성 때문이다.[28)] 완벽하게 합리적인(rational) 개인을 상정할 경우 개개인이 화재의 가능성, 그 경우의 피해액, 보험료, 위험기피의 정도 등을 계산하여 보험가입의 타당성 여부를 정확히 판단할 것인데, 그와 같은 판단에 문제가 있을 가능성 때문에 강제보험을 실시하는 것이다. 그와 같은 문제는, 첫째로 많은 경우에 재산보유자는 자신이 타인 재산에 화재로 인한 피해를 발생시켜 결국 손해배상을 해야 할 입장에 처하게 될 가능성을 평가절하하여 너무 낮게 생각할 것이기 때문에 발생할 수 있다. 이는 행동법경제학(behavioral law and economics)에서 언급되는 과신(overconfidence)의 문제 때문에 발생하는 현상이다. 즉, 일반적으로 개인은 자신에게 유리한 상황은 평균 이상의 빈도로 발생하고, 자신에게 불리한 상황은 평균 이하의 빈도로 발생할 것으로 믿기 때문에 판단에 오류가 있을 수 있다는 것이다. 예를 들어, 화재가 발생할 확률이 객관적으로 주어져 있는데, 객관적 확률과 상관없이 개별 재산소유자가 자신 소유의 재산과 관련하여 화재가 발생될 확률은 훨씬 낮을 것으로 짐작하여 보험가입을 꺼리는 결과가 발생한다면 종국적으로는 이로 인해 제도 자체가 유지되기 어려울 수도 있을 것이다.[29)] 문제가 생길 수 있는 또 다른 이유는, 만일 큰 액수의 손해배상을 하게 되는 상황이 발생될 경우 파산신

27) 보험제도의 구체화에 있어서는 관련 통계에 대한 자세한 분석, 보험도입 후 잠재적 실화자나 실화피해자의 행태변화 가능성에 대한 분석, 그리고 우리나라 보험시장의 현황에 대한 실증자료에 기초한 분석 등이 선행되어야 할 것이다. 예를 들어, 보험가입이 당사자의 도덕적 해이를 더욱 부추길 수 있다는 논리에 대해서는, 실제 보험회사의 보험설계 및 감시(monitoring) 기능에 대한 의미 있는 분석이 선행되어야 도덕적 해이의 존재나 그 심각성에 대해 현실적이고 구체적으로 생각해 볼 수 있을 것이다. 좀더 일반적으로는 책임원칙의 변화 등 제도변화에 따른 구체적인 보험료율의 변화 정도, 그에 대한 수요의 민감도나 탄력성, 개별 보험가입자가 느끼는 편리함 혹은 번거로움, 효용 등 여러 요소에 따라서 당사자의 행태가 달라질 것이므로, 이에 대한 좀더 정확한 답을 위해서도 통계에 기초한 실증적 분석이 전제되어야 할 것이다.

28) 강제보험을 하더라도 'no-fault insurance'처럼 타인 재산에 대한 피해보전을 위한 것이 아닌 각자 자기 재산에 대한 피해가 생길 가능성에 대해 보험에 가입하도록 할 수도 있다. 하지만 no-fault insurance를 강제보험으로 실시하는 논의가 사회적인 설득력을 갖기 위해서는 no-fault insurance가 다른 대안에 비해 사회적인 비용을 크게 감소시켜 주는 대안이 될 것이라는 점이 전제가 되어야 할 것이다. 또한 잠재적 실화자(가해자)로 하여금 보험가입을 강제하는 방법도 생각해 볼 수는 있지만, 현실적으로 생각하면 잠재적 실화자를 확인하여 보험가입을 하도록 하는 과정이 상당히 복잡하고 비용이 많이 소요될 것이므로 의미 있는 대안은 되지 못할 것이다.

29) 사실 (구)실화책임법에서와 같이 중과실책임원칙이 적용되는 상황하에서도 보험을 실시하는 것을 생각해 볼 수 있다. 예를 들어, 'no-fault insurance'와 유사한 제도를 생각할 수도 있고, 자신의 중과실로 인해 타인 재산에 피해가 생기는 것에 대한 보험제도를 생각해 볼 수도 있다. 이와 같은 방식의 경우에도 과신(overconfidence)의 문제로 인해 임의보험이 아닌 강제보험을 실시하는 것이 필요할 수 있다.

청을 하든지 다른 이유로 해서 실제로 배상을 하는 것이 불가능한 상황이 생길 수 있는 가능성을 개개인이 애초에 염두에 두고 보험가입 여부를 판단할 수도 있을 것이기 때문이다.[30] 극단적인 예를 들자면, 보험에 가입하지 않은 상태에서 화재가 발생되지 않으면 다행이고, 화재가 발생되어 타인 재산에 큰 손실을 입힌 경우에는 파산신청을 하여 궁극적으로 채무를 소멸시키려는 전략적 판단을 하는 경우를 생각해 볼 수 있다. 결국 이와 같은 이유를 고려하면 강제보험을 실시하는 것이 정당화될 수 있다.[31] 그리고 이와 같은 강제보험을 모든 재산소유자가 아닌 일정 규모 이상 또는 건물밀집지역 등으로 한정하는 이유는 화재가 발생되더라도 타인 재산에 피해를 줄 가능성이 아주 낮은 경우에는 보험가입 및 유지에 소요되는 비용이 보험가입을 정당화할 수준이 되지 않을 수 있기 때문이다.[32]

그런데 실제로 강제보험을 실시하는 것이 현실적으로 가능하기 위해서는 보험가입자들이 대체로 납득할 만한 수준의 높지 않은 보험료율이 제시되어야 할 것이다. 이에 관해 좀더 구체적으로 생각해 보면, 우선 총보험료는 보험금으로 지급되는 액수의 총합과 행정비용을 합한 수준에서 정해질 것임은 쉽게 생각할 수 있다.[33] 따라서 행정비용 및 보험금이 어느 정도 액수가 될 것인지 생각해 보면 보험료가 어떤 정도의 액수에서 책정될 것인지 개략적으로라도 생각해 볼 수 있다. 그 중 행정비용은 보험시장의 경쟁상황이나 시장의 구조, 그리고 시장에 대한 정부의 규제를 포함한 여러 요소들에 따라 달라질 것인데, 일반적으로는 보험시장을 완전경쟁에 가까운 시장으로 만드는 것이 도움이 될 것이다.[34] 보험료 책정에 있어 실질적으로 좀더 큰 영향을 미칠 수 있는 부분은 보험회사에 의해 지급되는 보험금의 액수가 될 것이다. 보험금이 지급되는 경우는 사고로 인한 피해가 생긴 경우 중

30) 채무자가 채권자에게 손해배상을 할 수 있는 재원이 충분치 않은 경우에 발생하는 문제를 'judgment-proof problem'이라고 하는데, 불법행위의 맥락에서 judgment-proof problem과 보험의 관계에 대해서는 Shavell(2004), pp. 275-279 참조.

31) 타인 재산에 대한 손실뿐만 아니라 자신의 재산에 대한 손실에 관해서도 유사한 논리를 적용할 수는 있으나 자기 재산의 손실가능성에 대해 보험가입을 강제하는 것은 여러 가지 형태의 사회적 · 헌법적 논란의 가능성이 있으므로 여기서는 더 자세히 언급하지 않기로 한다.

32) 이는 위에서 언급한 핸드 판사의 공식이 암시하는 논리의 한 응용이라 생각할 수 있다. 이와 같은 논리는 보험 관련 행정비용이 과도하지 않게 되는 데에도 도움이 될 것이다.

33) 이윤도 포함될 수 있으나 완전경쟁시장에서 이윤은 0(영)이 된다.

34) 이런 점에서 보험을 공적 보험으로 하는 것은 바람직한 것이 아닐 수도 있다. 하지만 행정비용에 대한 좀더 구체적인 추정 및 적절한 제도의 설계를 위해서는 기존의 보험시장 및 제도에 대한 분석은 물론 실제 상황에 대한 통계적인 분석 또한 필요할 것이다.

타인 재산에 피해가 생긴 경우에 국한될 것이고, 이에 관해서는 통계에 대한 분석을 포함하여 면밀한 검토가 필요할 것이다.[35] 보험시장이 어느 정도 활성화되어 있고, 이 글에서 제시하는 형태의 보험이 경쟁시장을 통해 원활히 제공될 수 있는 상황을 전제로 한다면, 보험제도를 통해 사고에 따른 피해에 대한 보전이 문제 없이 이루어지는 한편, 보험회사가 개별 보험가입자들의 행태에 대해 통제하고 감시하는 역할을 충실히 수행함으로써 보험이 사고의 억제와 예방에 도움이 되는 순기능을 수행하게 될 것이다.

Ⅳ. 개인정보 유출 소송의 법경제학적 분석

이 절에서는 불법행위로 인한 손해배상사건 중 최근 주목을 받고 있는 개인정보 유출 소송에 대해 지금까지 논의해 왔던 법경제학적 분석의 관점에서 살펴보기로 한다.

1. 개인정보 유출 소송의 개관

인터넷과 통신기술의 발전으로 인해 최근 들어서 인터넷 등의 공간에서 이용자들의 주민등록번호, 아이디 등의 개인정보가 유출되었음을 이유로 하는 불법행위 소송이 늘어나고 있다. 인터넷 공간의 특성상 이러한 개인정보 유출사건은 일단 사고가 발생하면 매우 많은 숫자의 동종의 피해자가 발생하는 구조를 가지고

35) 2006년 장소별 화재통계를 보면 총화재건수가 31,778건이었고, 그 중 별도의 보험체계가 적용되는 차량화재가 5,929건이었음을 고려하면 26,000 정도의 화재건수가 남게 되고, 그 중 타인 재산에 피해가 생긴 경우는 그리 많지 않을 것이다. 즉, 타인 재산 피해에 대한 강제보험이 실시된다면 26,000건 정도의 화재 중 실제 보험금 지급이 필요한 경우는 그 중의 작은 일부분이 될 것이고, 따라서 (물론 더 자세한 통계조사와 연구조사가 필요하겠지만) 총지급보험금 액수는 보험총가입자 수를 고려하면 큰 부담으로 느껴지지 않을 수준으로 책정하는 것이 일응 어렵지 않을 것으로 생각할 수 있다. 그리고 보험료율을 낮은 수준으로 유지하기 위해 필요하다면 보험금 액수에 합리적인 수준의 상한선을 정하는 방법도 생각해 볼 수 있다. 우리나라 화재발생에 대한 기초적인 통계는 소방방재청, 『2006년도 화재발생 현황 분석』 보고서(2007) 참조.

있다. 최근 우리나라에서 발생했던 대표적인 개인정보 유출사건으로는 엔씨소프트 리니지 Ⅱ 사건, 엔씨소프트 리니지 명의도용 회원가입 사건, 국민은행 고객정보 유출사건, 엘지전자 입사지원사이트 정보 유출사건, 옥션 개인정보 유출사건, GS칼텍스 개인정보 유출사건 등을 들 수 있다.[36] 이러한 개인정보 유출 소송에 있어서 중요한 법적 쟁점 중 하나가 수집된 개인정보를 관리하고 있는 인터넷사업자들에 대해 개인정보 관리에 있어서 어느 정도의 엄격한 주의의무 수준을 요구할 것인가의 문제이다. 이하에서는 개인정보 유출 소송에 있어서 비교적 가장 대표적인 선례를 남겼다고 볼 수 있는 리니지 Ⅱ 사건을 중심으로 경제적 분석을 해 보기로 한다.

이 사건의 개략적인 사실관계는 다음과 같다.[37]

가. 피고 주식회사 엔씨소프트(이하 피고 회사라고 한다)는 게임사업을 운영하며 다중 이용자 온라인 롤플레잉게임(Massively Multiplayer Online Role Playing Game: MMORPG)인 리니지 Ⅱ 게임(이하 이 사건 게임이라고 한다)을 개발하여 그 이용서비스를 제공함으로써 수익을 올리는 회사이고, 원고 정○○ 외 5인(이하 이 사건 원고들이라고 한다)은 이 사건 게임 서비스를 이용하고 있는 이용자들이다.

나. 피고 회사는 2005. 5. 11. 이 사건 게임 서버 및 네트워크 정기점검 및 업데이트 작업을 실시하는 과정에서, 담당 직원이 아이디 · 비밀번호 입력과 관련된 기능을 테스트하기 위하여 임시로 이용자들의 아이디와 비밀번호가 로그파일(log file)[38]에 기록되도록 하였다가, 테스트 종료 후 아이디 · 비밀번호 기록 기능을 삭제하지 않은 상태에서 서버 업데이트 작업을 마치는 바

36) 위 각 사건들의 사실관계, 진행경과 및 판결의 개요 등에 관해서는 허성욱(2009), pp. 75-82 참조.
37) 이 사건의 진행경과 및 법적인 판단에 관해서는 서울중앙지방법원 2006. 4. 28. 선고 2005가단240057 판결, 서울중앙지방법원 2007. 1. 26. 선고 2006나12182 판결, 대법원 2008. 8. 21. 선고 2007다17888 판결 및 허성욱(2009), pp. 75-77 참조.
38) 컴퓨터에 어떤 프로그램을 설치하였을 경우, 컴퓨터 또는 해당 프로그램에 문제가 발생하였을 때 그 원인을 진단하고 분석하기 위하여, 해당 프로그램의 접속, 접속해제, 실행, 수정, 변동 등에 관한 기록을 위하여 그에 관한 내용을 담고 해당 프로그램이 설치된 컴퓨터의 하드디스크에 시간 순으로 저장되는 파일을 말한다. 거의 모든 컴퓨터 시스템 및 프로그램은 로그파일을 자동 생성하고 있는데, 대부분 일반 텍스트 파일의 형태를 취하되 아이디, 비밀번호와 같은 보안항목은 로그파일에 기록하지 않는다. 피고 회사도 평소에는 접속자 이용자의 아이디와 비밀번호는 이 사건 게임의 로그파일이 기록되지 않도록 처리하고 있었다.

람에, 2005. 5. 11. 오전 10시부터 이 사건 게임에 접속한 이용자들에 대하여 생성된 로그파일에 이용자들의 아이디와 비밀번호가 기록되게 되는 사고(이하 '이 사건 사고'라고 한다)가 발생하게 되었다.[39)]

다. 피고 회사는 2005. 5. 16. 12:00경에서야 이용자들의 아이디와 비밀번호가 로그파일에 기록되고 있음을 알게 되었고, 즉시 이용자들의 게임서버 접속을 차단하고, 아이디와 비밀번호가 로그파일에 기록되도록 하는 기능을 삭제하였으며, 이미 개별 컴퓨터에 생성된 로그파일이 삭제되도록 하는 시스템 패치작업을 실시하였다.

라. 피고 회사는 이러한 시스템 패치 작업과 더불어, 2005. 5. 16. 13:20부터 15:45까지 이용자들의 게임서버 접속을 차단하고, 이 사건 사고기간(2005. 5. 11. 10:00-2005. 5. 16. 12:00) 동안에 이 사건 게임에 접속하였던 모든 이용자들로 하여금 주민등록번호로 동일인 확인을 거친 후에 새로운 비밀번호로 변경한 다음에만 이 사건 게임에 접속할 수 있도록 하는 조치를 취하였다.

마. 원고들은 이 사건 사고기간 동안 이 사건 게임에 접속한 이용자들이다.

바. 이 사건 게임의 로그파일은 이용자가 이용하는 컴퓨터의 하드디스크 C드라이버에 C://Program Files/ncsoft/lineageII/system/l2.log라는 경로를 가진 파일로 저장이 된다.

사. 피고 회사는 2005. 5. 16. 이 사건 사고와 관련하여 이 사건 게임 홈페이지에 이용자들에 대한 사과문을 게재하고, 유료이용자들에게 1일간의 무료사용권을 제공하는 이외에는 이 사건 사고와 관련하여 이용자들에게 별다른 보상조치를 취한 것이 없다.

2. 개인정보 유출 소송의 경제적 분석

1) 모형

전통적인 불법행위법리가 불법행위법의 목적을 가해자의 불법행위로 인해 피

39) 이 사건 사고기간 중에 리니지 II 게임에 접속한 이용자는 50만 명 이상인 것으로 추산된다.

해자에게 발생한 피해의 전보라는 측면에 더 중점을 두었음에 비해, 법의 경제적 분석의 관점에서의 불법행위법리는 특히 과실에 의한 불법행위로서 사고(accident)의 예방이라는 측면에 더 중점을 두고 있다.

그에 따르면 불법행위법은 사고가 발생할 수 있는 사회활동에 있어서 각 행위자의 주의의무 수준 또는 행위의 수준에 관한 유인체계의 설계를 통해 사회적으로 가장 최적인 수준으로 사고의 수준을 유도하는 데 그 목적이 있고, 이는 바꾸어서 말하면 사고와 관련된 사회적 비용의 합을 최소화하는 것으로 표현될 수 있다.

이를 간단한 수식을 써서 표현하면 다음과 같다.[40)]

$$\text{Min } SC = wx + p(x)A. \tag{1}$$

사고와 관련된 사회적 비용(SC)은 크게 사고회피를 위해 주의의무를 기울이는 데 드는 비용(wx)과 그 주의의무 수준에도 불구하고 발생하는 사고로 인한 피해의 기댓값($p(x)A$)의 합으로 이해할 수 있다.

주의의무를 기울이는 데 드는 단위당 비용을 w라고 하면 주의의무비용은 wx로 표시할 수 있고, 그 주의의무 수준에 따른 사고의 확률은 $p(x)$, 사고로 인한 피해액은 A로 표시하는 경우 사고로 인한 피해의 기댓값은 $p(x)A$로 표시할 수 있다.

이 경우 사회적 비용을 최소화하는 주의의무 수준은 다음과 같이 찾을 수 있다.

$$w = -p'(x^*)A. \tag{2}$$

위 조건을 충족시키는 x^*가 바로 사고와 관련된 사회적 비용을 최소화하는 주의의무 수준이 된다. 이를 그림으로 표시하면 〈그림 4-1〉과 같다.

이 경우 불법행위법의 바람직한 법정책은 사고와 관련된 사회적 비용을 최소화할 수 있는 책임법제 및 주의의무 수준 x^*를 찾아 내고, 이를 법에 의해 부과되는

40) 이하의 내용은 Cooter and Ulen(2008), p. 335 이하의 내용을 참조하였음. 이하에 제시된 간단한 수식모형은 위 II. 1.에서 설명한 비용요소 중 편의상 법률비용, 행정비용, 교섭비용 등의 '제반 비용'을 제외한 것이다. 또한 원고가 최소비용 회피자가 아니라는 전제하에, II. 2.에서 제시된 2단계 분석방법 중 제1단계 분석은 생략하고, 제2단계 분석에 대해서는 수식모형을 통해 좀 일반적인 경우로 확장시켜 분석한 것이다.

그림 4-1[41]

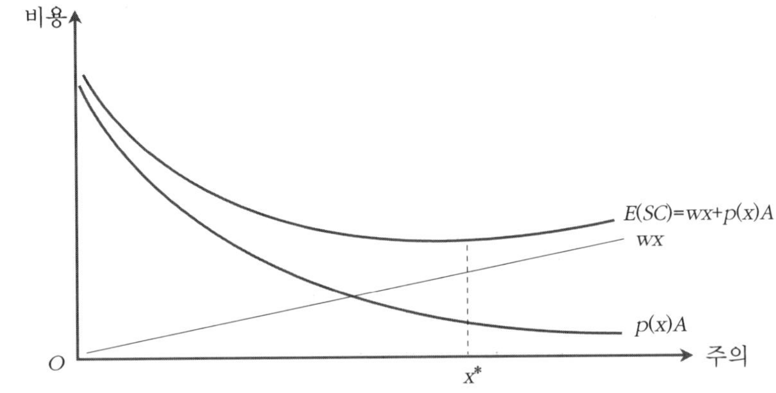

그림 4-2[42]

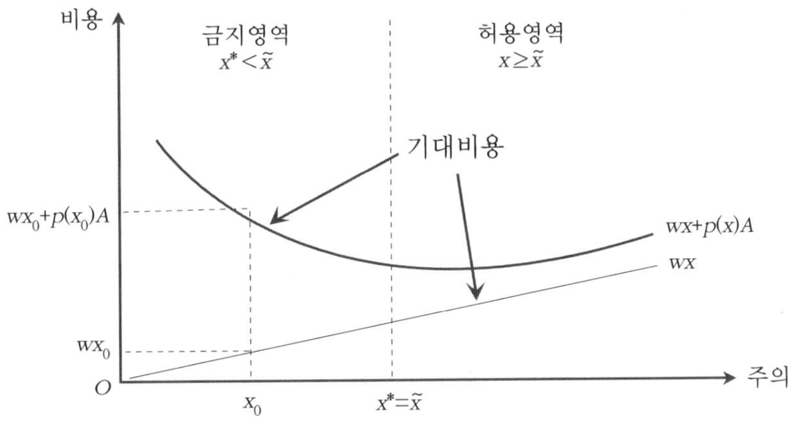

법적인 주의의무로 설정하는 것이다.

〈그림 4-2〉에서 보는 바와 같이 과실책임주의하에서 가해자는 최적주의의무 수준인 x^*의 주의의무를 기울일 유인을 가지게 되고, 그 경우 사고와 관련된 사회적 비용이 최소화된다.

41) Cooter and Ulen(2008), p. 336.
42) Cooter and Ulen(2008), p. 342.

한편, 가해자의 주의의무뿐만 아니라 피해자의 주의의무도 사고의 발생에 영향을 미치는 경우 사회적 비용함수는 다음과 같이 표현될 수 있다.

$$\text{Min } SC = w_v x_v + w_i x_i + p(x_v,\ x_i)A. \qquad (3)$$

이러한 양면적 주의의무(Bilateral Precaution)가 사고발생에 영향을 미치는 경우에는 무과실책임이나 무책임주의에 의해서는 가해자와 피해자 모두를 최적주의의무 수준으로 유도할 수 없고, 과실책임주의에 의해서만 양자 모두의 최적주의의무 수준을 달성할 수 있게 된다.[43)]

2) 법의 경제적 분석의 관점에서의 개인정보 유출사건의 검토

앞에서 검토한 바와 관련지어 생각하면 개인정보 유출 소송에 있어서 다음과 같은 쟁점이 문제가 된다.

(1) 피고 회사의 과실 여부,

(2) 개인정보 유출로 인한 손해로서 위자료 발생청구권의 발생 여부,

(3) 손해배상액의 크기.

위 각 항목을 법의 경제적 분석의 관점에서 다시 설명하면 다음과 같다. 우선 피고회사의 과실 여부는 사안에서와 같이 피고회사의 직원이 서버 업데이트 과정에서 암호화되지 않은 이용자들의 아이디와 패스워드를 로그파일에 기록되도록 한 것을 주의의무 위반으로 볼 것인지 여부이다. 이 사건과 같은 개인정보 유출을 둘러싼 사건에 관한 법정책적 관점의 차이에 따라 피고 회사에게 어느 정도의 엄격한 주의의무 부담의 책임을 지울 것인가에 관해 다른 결론에 이르게 될 것이다. 즉, 법정책적 관점에 따라 사안과 같은 정도의 피고 회사의 주의의무 위반을 개인정보 유출사고로 인한 최적사고 수준을 만드는 최적주의의무 수준 x^*를 다한 것으로 볼 것인지, 그렇지 않은 것으로 볼 것인지에 관해 다른 결론에 이르게 된다는 것이다.

43) 이에 관한 더 자세한 내용은 Cooter and Ulen(2008), p. 341 이하를 참조.

또한 위자료배상청구권의 발생을 인정할 것인지, 배상청구권이 인정되는 경우 그 금액을 얼마로 할 것인지의 문제는 앞의 식 (1)에서의 A를 정하는 문제이다. 나아가 위 A값이 어떻게 정해지느냐에 따라 식 (2)를 만족시키는 적정주의의무 수준으로서 x^*의 값이 달라지게 될 것이다.

피고 회사에게 지나치게 엄격한 과실책임을 묻는 경우에는 사고로 인한 피해의 기댓값($p(x)A$)은 줄어드는 반면 사고회피비용(wx)의 값이 너무 커지게 될 것이고, 반대로 지나치게 관대한 과실책임을 묻는 경우에는 사고회피비용의 값은 작아지는 대신 사고로 인한 피해의 기댓값이 너무 커지게 될 것이다. 결국 이 사건에서 피고회사의 과실책임 인정 여부, 손해배상책임의 발생 및 인정된 손해배상액의 크기에 관한 법관의 법판단 과정은 앞에서 본 식 (1)하에서 개인정보 유출사고로 인한 사회적 비용을 최소화할 수 있는 적정주의의무 수준과 손해배상액을 결정하는 과정과 동일한 것으로 이해할 수 있다.

물론 그와 같은 법판단의 과정과 판단의 준거기준에 관해 제대로 설명하기 위해서는 보다 심도 깊은 법발견방법론 및 법철학적 논의가 뒷받침되어야 할 것이나, 그 부분은 이 장에서 다룰 수 있는 범위를 넘어선다고 판단되므로 이는 생략하기로 한다.[44]

44) 이 부분에 관해서는 허성욱(2009), p. 83 이하 참조.

참고문헌

고학수, 「실화책임법에 관한 법경제학적 분석」, 『외법논집』, 제27집, 2007.

박세일, 『법경제학』, 개정판, 박영사, 2000.

허성욱, 「개인정보유출소송의 현황과 과제 –법관의 법발견 방법론을 중심으로–」, 『저스티스』, 통권 제110호, 2009.

Calabresi, Guido, *The Costs of Accident: A Legal and Economic Analysis*, New Haven: Yale University Press, 1970.

Cooter, Robert and Thomas Ulen, *Law and Economics*, 5th ed., Boston: Pearson Addison Wesley, 2008(한순구 역, 『법경제학』, 경문사, 2009).

Miceli, Thomas, *The Economic Approach to Law*, 2nd ed., Stanford: Stanford University Press, 2009.

Schäfer, Hans-Bernd and Claus Ott, *The Economic Analysis of Civil Law*, Cheltenham and Northampton: Edward Elgar, 2004.

Shavell, Steven, *Economic Analysis of Accident Law*, Cambridge: Harvard University Press, 1987.

______, *Foundations of Economic Analysis of Law*, Cambridge and London: Belknap Press of Harvard University Press, 2004.

______, "Liability for Accidents," in A. Mitchell Polinsky and Steven Shavell, eds., *Handbook of Law and Economics*, 1, Amsterdam: North Holland, 2007.

Spurr, Stephen, *Economic Foundations of Law*, Mason: South-Western, Thomson, 2006.

Chapter 5

윤진수 · 이동진

계약법의 법경제학

Ⅰ. 서론

Ⅱ. 계약과 계약법의 기능

Ⅲ. 계약의 무효와 취소

Ⅳ. 계약의 해석

Ⅴ. 계약위반에 대한 구제

Ⅵ. 결론

Chapter 5

계약법의 법경제학

윤진수 · 이동진

I. 서론

일반적으로 계약은 배분적 효율을 달성하는 데 가장 적합한 수단이라고 할 수 있다. 그러나 모든 계약이 효율적인 것도 아니고, 또 각 당사자가 모든 계약을 자발적으로 이행하는 것도 아니다. 계약법은 효율적인 계약은 강제하고 비효율적인 계약은 그 효력을 부정하며, 낮은 비용으로 계약이 체결될 수 있도록 하고, 나아가 계약을 이행할지 위반할지의 결정이 효율적으로 이루어지도록 함으로써 계약의 효율성을 제고한다.

이 글에서는 이러한 계약법에 관한 민법 규정과 학설, 판례를 경제적 관점에서 분석하여 보고자 한다. 계약의 효율성 또는 효율적인 계약을 체결하기 위하여 계약당사자가 사용하는 여러 기법, 전략 등은 이 글에서 직접 다루지 아니한다. 오히려 효율적인 계약체결과 이행을 뒷받침하기 위하여 계약에 관한 법규범을 어떻게 설계하고 또 운용하여야 하는지에 관심을 둔다. 다만 여건의 제약상 구체적인 논의는 계약과 계약법의 기능, 계약의 무효와 취소, 계약의 해석 및 계약위반에 대한 구제에 국한하여 살펴본다. 여기에는 계약법의 핵심 쟁점인 이중양도의 경우 제1양수인에게 어떠한 구제수단을 주어야 하는지, 어떠한 착오가 존재할 때 이를 이유로 계약을 취소할 수 있는지, 계약존중의 원칙의 근거는 무엇인지, 판례상 처분문서의 문언이 계약해석에 있어서 중요한 역할을 하는 까닭은 무엇인지, 계약위반을 이유로 한 해제에 법률규정에 없는 요건이 덧붙여지는 까닭은 무엇인지, 손해배상액은 언제를 기준으로 어떻게 산정하여야 하는지, 명문 규정이 없음에도 대상청구권을 인정하는 것은 바람직한 일인지 등이 포함된다.

계약법은 매우 방대하고 복잡한 분야이다. 이를 한두 가지 핵심 내용으로 요약하는 것은 쉽지 아니한 일이다. 그러나 경제적 관점에서 계약법은 효율적인 계약을 적은 거래비용으로 체결하고 비효율적인 계약에서는 벗어날 수 있게 해 주며, 효율적인 계약을 기회주의적으로 위반하는 것은 허용하지 아니하되 그 이행이 비효율적인 계약은 오히려 이행하지 아니하게 하여야 한다고 말할 수 있다. 따라서 이하의 논의는 거래비용, 완전계약, 기회주의의 방지, 효율적 계약위반 등의 (법)경제학적 개념을 중심으로 이루어진다.

Ⅱ. 계약과 계약법의 기능

1. 계약의 기능

여기서 말하는 계약이란 매매 또는 근로계약과 같이 일방이 자신의 재화 또는 용역을 상대방의 재화 또는 용역과 교환하는 것을 말한다. 법률적으로는 유상 · 쌍무계약이 이에 해당할 것이다.[1)]

경제적인 관점에서 계약은 어떤 기능을 수행하는가? 계약은 배분적 효율(allocative efficiency)을 달성하기 위한 가장 적합한 수단이라고 할 수 있다. 계약을 체결하는 일방 당사자는 자신이 상대방에게 제공하는 재화보다는 상대방으로부터 얻게 되는 재화에 의하여 더 큰 효용을 얻는다고 판단하므로 계약을 체결하는 것

1) 민법상 계약에는 이러한 유상 · 쌍무계약 외에 증여와 같은 무상계약도 포함된다. 무상계약 또는 유언에 의한 유증과 같은 무상행위를 경제적으로 분석하는 것도 흥미 있는 문제이지만, 이 글에서는 다루지 않는다.

이고, 이는 상대방도 마찬가지이다. 따라서 계약에 의하여 쌍방이 모두 계약체결 이전보다 더 나은 상태가 된다. 다시 말해, 양합게임(win-win game)이 되는 것이다. 다른 말로 표현한다면 계약이 이행되면 이는 계약체결 전과 비교할 때 적어도 파레토 우월(Pareto superiority)의 상태가 된다. 즉, 계약이 이행됨으로 인하여 적어도 한 사람은 종전보다 나은 상태가 되는 반면, 그 상대방도 종전보다 불리하게 되지는 않는다. 뒤에서 설명하는 것처럼 거래비용이 전혀 없는 상태를 가정한다면, 계약이 여러 번 반복됨으로써 파레토 최적(Pareto optimality)을 달성할 수도 있을 것이다.[2] 그리고 이러한 계약이 이루어지는 장소가 시장이라고 할 수 있다. 물론 계약 내지 시장에 의하지 않고 재화의 배분이 이루어지는 경우도 찾아볼 수 있다. 그러나 이는 일반적으로는 계약에 의한 경우보다 효율적이 아닌 경우가 많다. 예컨대, 사회주의 국가에서의 통제경제를 보면 알 수 있다. 그러므로 계약 내지 시장에 의하지 않는 재화의 배분은 시장이 제대로 작동하지 않는 시장실패(market failure)의 경우에 고려될 수 있는 차선책이다.

따라서 계약의 자유를 보장하는 것은 적어도 시장경제를 채택한 정치체제에서는 필수불가결하다고 할 수 있다.[3] 이러한 계약을 체결할 수 있는 계약의 자유는 민법상의 기본 원칙일 뿐 아니라, 헌법상 보장되는 기본권이기도 하다.[4]

2. 계약법의 기능과 거래비용

그러므로 계약법은 효율적인 계약은 이루어지도록 촉진하고, 나아가 그 이행도 효율적으로 이루어지도록 도와야 하며, 반대로 비효율적인 계약은 저지해야 한다고 말할 수 있다. 뒤에서 살펴보는 것처럼 현실적으로 이루어지는 모든 계약이 효율적인 것은 아니기 때문이다.

그런데 계약이 이루어지기 위하여 반드시 계약법이 존재해야 하는가? 그렇지는 않다. 계약법 내지 법 자체가 없거나, 또는 법이 계약을 금지하는 경우에도 계약

2) 파레토 최적이란 어느 한 사람이라도 불리하게 되지 않고서는 현재의 재화배분 상태를 변경시킬 수 없는 경우를 말한다.
3) 계약의 자유에 대한 경제학적 설명은, 예컨대 Hermalin et al.(2007), pp. 18ff. 참조.
4) 헌법재판소 1991. 6. 3. 선고 89헌마204 결정(『헌법재판소판례집』, 제3권, p. 268)은, 계약자유의 원칙은 헌법상의 행복추구권 속에 함축된 일반적 행동자유권으로부터 파생(派生)되는 것이라고 한다.

은 이루어진다. 예컨대, 법이 없는 원시시대에도 계약은 이루어졌다.[5] 또 마약의 거래는 법이 금지하고 있음에도 불구하고 실제로 이루어진다. 그렇다면 계약법은 어떤 기능을 하는 것인가? 우선 쉽게 생각할 수 있는 것은 계약의 이행을 담보하는 것을 들 수 있다. 이도 물론 계약법의 중요한 기능이다. 그리고 이는 법경제학적으로도 중요한 관심의 대상이 된다. 계약의 이행을 어떻게 담보하는가, 가령 강제이행(specific performance)이 좋은지 금전배상이 좋은지, 금전배상의 경우에도 이행이익을 배상하여야 하는가 아니면 신뢰이익만을 배상하여야 하는가에 관하여는 기존의 많은 연구가 있다.[6]

그렇지만 계약법의 기능이 이에 한정되는 것은 아니다. 계약법의 기능은 위의 계약이행의 문제를 포함하여 거래비용의 관점에서 설명할 수 있다. 여기서 말하는 거래비용은 광의로는 시장이라는 자발적 거래의 장을 활용하기 위해 드는 일체의 비용을 의미하는데, 예컨대 (1) 거래(교환)의 전제로서 교환의 대상이 되는 권리(재산권, property right)의 확정 및 확정된 권리의 유지비용, (2) 거래 상대방을 찾아 내고 상대방의 거래조건을 확인하는 데 드는 정보비용(information cost), (3) 최종 거래조건을 확정하는 과정에서의 교섭비용 · 계약체결비용, ④ 계약내용의 이행을 확보하기 위해 드는 집행비용(소송비용 · 강제집행의 비용 등) 등을 들 수 있다.[7]

효율적인 계약이 이루어지지 않거나 또는 많이 이루어지지 않는 것은 거래비용이 존재하기 때문이라고 할 수 있다. 나아가 계약이 체결되더라도 그 이행 또는 해소 과정에 상당한 거래비용이 발생할 수 있는데, 계약법은 이러한 거래비용을 줄이는 역할을 할 수 있는 것이다.

계약에 관하여 거래비용이 문제되는 예는 여러 가지가 있으나, 여기서는 다음 두 가지만 든다. 첫째는 세금의 문제이다. 예컨대, 부동산 거래에 양도소득세가 부과되면 부동산 거래가 위축되게 된다. 취득세 등이 과다한 경우에도 마찬가지이다. 이는 세금이라는 거래비용이 계약에 미치는 직접적인 효과이다. 물론 이는 이

5) 조현욱 옮김(2010), pp. 146ff.는 650km 떨어져 살던 오스트레일리아 원주민들 사이에 돌도끼와 노랑가오리 가시로 만든 창이 교환되었다는 예를 들고 있다. 이 책에서는 교환이 인류문명 발전 내지 기술 발전의 중요한 원인이라는 주장을 펴고 있다.
6) Hermalin et al.(2007), pp. 99ff. 참조.
7) 박세일(1986), p. 92 참조.

른바 조세중립성의 문제로서 계약법이 해결할 수 있는 문제는 아니다. 그리고 거래의 활성화를 위하여 조세를 감면해야 하는가는 단순히 효율의 관점에서만 결정할 수는 없다.

또 다른 예로는 약관(約款)의 예를 들 수 있다. 원래 고전적인 계약에서는 계약당사자가 상대방과 계약의 내용에 관하여 교섭을 거치므로 계약의 내용을 모두 알고 이를 받아들인다고 할 수 있고, 계약의 구속력도 이를 전제로 하고 있다. 그런데 약관에 의한 계약의 경우에는 그러한 교섭 과정이 생략되므로 약관을 계약의 내용으로 할 것을 제안하는 사람[8)]은 약관의 내용을 알 수 있지만, 그 상대방[9)]은 반드시 약관의 내용을 안다고 할 수 없다. 그럼에도 불구하고 약관에 의한 계약도 그렇지 않은 계약과 마찬가지로 구속력이 인정되고 있다. 그 이유는 다음과 같은 점에서 찾을 수 있다. 즉, 대량적으로 이루어지는 거래의 경우에도 일일이 개별적으로 교섭을 하여야만 계약의 구속력이 인정된다면, 그로 인한 거래비용은 매우 커서 계약이 이루어지지 않거나 또는 이루어지더라도 그러한 비용의 지출로 인하여 당사자들이 얻을 수 있는 이익은 줄어들게 된다. 약관에 의한 계약의 구속력을 인정하는 것은 이러한 거래비용을 절약할 수 있게 되는 것이다.[10)]

계약법은 거래비용을 줄여 주는 역할을 한다. 예컨대, 민법의 계약에 관한 규정은 상당수가 임의규정(default rule)이다. 이러한 임의규정은 당사자가 원한다면 그 적용을 배제할 수 있지만, 당사자가 적용을 배제하겠다는 특별한 의사표시가 없으면 당연히 계약의 내용으로 포함된다. 이처럼 법이 임의규정을 두는 이유는 당사자가 임의규정이 규율하는 사항을 일일이 별도로 약정함으로써 생기는 거래비용을 줄여 주는 데 있다고 할 수 있다.[11)] 다른 관점에서 보자면, 계약법은 거래비용이

8) 약관의 규제에 관한 법률은 이러한 사람을 '사업자'라고 부른다.

9) 약관의 규제에 관한 법률은 이러한 사람을 '고객'이라고 부른다.

10) 물론 이처럼 일방이 계약의 내용을 알지 못하는 상태에서 계약을 체결한다면 불공정한 계약이 될 소지가 많다. 이러한 불공정한 계약은 경제학적으로는 비효율적인 계약이다. 약관의 규제에 관한 법률은 이러한 불공정한 상태를 시정함으로써 효율을 높이려는 것으로 이해할 수 있다.

11) 그런데 이러한 임의규정이 단순히 거래비용을 줄이는 기능만을 하는 것은 아니다. 특히, 약관의 내용통제에 관하여는, 임의규정은 당사자 사이의 계약에 관하여 공정성의 지표가 되는 지도형상(Leitbild)의 기능을 하므로, 임의규정으로부터 지나치게 이탈하는 약관의 내용은 공정성을 잃어서 무효가 될 수 있다. 윤진수(2008a), p. 167; Grundmann and Hoerning(2007), p. 424f. 등 참조. 다른 말로 표현한다면 임의규정은 대부분의 경우에는 당사자가 계약에서 얻게 되는 효용의 합계를 극대화하는 기능을 하는 것이므로, 임의규정에서 지나치게 일탈하는 것은 당사자 중 일방의 효용은 증가시킬 수 있어도, 전체적으로 당사자 쌍방이 얻게 되는 이익은 오히려 줄어드는 결과가 되는 것이다.

없다고 가정할 때 당사자가 어떠한 내용의 계약을 체결할 것인가, 또는 계약을 체결하지 않을 것인가를 판단하여 그와 같이 계약에 관하여 규율하는 것을 목표로 한다고 말할 수 있다. 계약법이 그러한 역할을 제대로 할 수 있다면 거래비용을 낮추게 되는 것이다.[12)]

여기서 이른바 완전계약이라는 개념을 살펴볼 필요가 있다.[13)] 이는 일어날 수 있는 모든 상황에 대하여 규정하고 있는 계약이라고 할 수 있다. 이러한 완전계약이 체결된다면 그 자체로 효율적인 것이 될 것이다. 이는 코즈(Coase) 정리가 함축하고 있는 내용이다.[14)] 그러나 현실적으로는 이러한 완전계약이 존재할 수 없음은 당연하다. 이는 모든 상황을 예측하여 그에 대비하기 위하여는 무한대의 거래비용이 들 것이기 때문이다. 미국의 한 판례[15)]에서는 원고가 피고로부터 알루미늄의 원료인 알루미나를 공급받아 이를 알루미늄으로 바꾸어 주기로 하였는데, 원고가 피고로부터 지급받기로 한 비용을 계산하는 산식은 물가의 변동과 연동하여 산정되도록 설계되었다. 이 산식은 나중에 미국 연방준비제도이사회 이사장이 된 유명한 경제학자 그린스펀(Alan Greenspan)이 만든 것이었다. 그런데 이 산식에는 1970년대의 석유가 폭등은 고려되지 않아서 원고가 많은 손해를 보게 된 경우였다. 만일 당사자들이 석유가의 폭등을 예측하였다면 이 또한 산식에 포함시켰을 것이다. 그러나 이를 미리 예측할 수 있었는가는 또 다른 문제이다.

계약법의 역할은, 단순화하여 말하자면 계약당사자들 사이에 계약의 내용을 둘러싸고 분쟁이 생기는 경우에 당사자들이 완전계약을 체결하였더라면 어떤 내용으로 약정하였을 것인가를 추측하여 그와 같이 규율하는 것이라고 할 수 있다. 만일 사전에 그와 같은 법이 없다면 사후에라도 법원이 그와 같이 판결하여야 할 것이다.[16)]

그러나 법원이 항상 이처럼 완전계약을 모델로 하여 재판하여야 하는가? 반드

12) 여기서 말하는 계약법은 성문법뿐만 아니라 법원의 재판도 포함한다.
13) 영어에서는 perfect contract, complete contract, completely specified contract, complete contingent contract 등 여러 가지 표현이 사용된다. 한순구 역(2009), p. 265; Shavell(2004), p. 292; Hermalin et al.(2007), p. 96 등 참조. 이에 관한 독일의 문헌으로는 Grundmann and Hoerning(2007), pp. 423ff. 등 참조.
14) 한순구 역(2009), p. 265.
15) Aluminum Co. of America v. Essex Group, Inc., 499 F.Supp. 53(United States District Court, W. D. Pennsylvania, 1980).
16) Miceli(2009), p. 89f. 등 참조.

시 그렇게 말할 수는 없다. 법원이 그와 같이 재판하기 위하여는 그 자체로 거래비용이 발생한다. 그런데 당사자들이 문제가 되는 사항을 더 낮은 비용으로 계약에 포함시켜 규율할 수 있다면 법원이 개입하는 것이 반드시 효율적이라고는 할 수 없을 것이다. 이 문제는 계약의 해석과 관련하여 다시 다룬다.

다른 한편, 강조하여야 할 것은 계약이 효율적이라고 할 때, 이는 원칙적으로 계약체결 당시를 기준으로 한다는 것이다. 다시 말해, 여기서의 효율은 사전적(*ex ante*)인 효율을 말하고 사후적(*ex post*)인 효율을 의미하는 것은 아니다. 가령 계약체결 이후에 사정이 변하여 실제로는 계약의 이행이 어느 일방에게 손해가 되고, 상대방의 이익을 고려하더라도 전체적으로는 비효율적인 것이 된다고 하더라도, 계약체결 당시에 그 계약이 효율적이었다면 그 계약은 이행되어야 하는 것이다. 계약을 체결하는 당사자는 그러한 사정변경도 고려하여 계약을 체결하였다고 보아야 하고, 그 당시에 효율적인 계약이었다면 나중에 사정이 변경되었다는 이유로 당사자를 면책시키는 것은 결과적으로 거래비용을 증가시키게 되며, 당사자들의 기회주의적인 행동(opportunistic behaviour)을 조장하는 것이 된다. 이는 뒤에서 다룰 계약의 해석 또는 신의성실(Good Faith and Fair Dealing)의 원칙과 관련해서 문제된다.[17)]

그렇다면 계약체결 이후 사정의 변경이 당사자들로서는 전혀 예측할 수 없었던 것이었다면 어떻게 되는가? 이것이 이른바 사정변경의 원칙 내지 행위기초론(Die Lehre von der Geschäftsgrundlage)의 문제이다. 이 문제에 대하여는 또 다른 연구가 필요할 것이다.[18)] 필자의 생각으로는 이 문제는 결국 당사자가 그러한 사정을 예견하였더라면 어떻게 약정하였을 것인가를 추정하여 판단하는 것이 가장 합리적이라고 생각한다.[19)] 이는 보충적 해석의 이론과 대체로 부합한다.[20)]

17) 미국의 버튼(Burton)은 신의성실의 원칙을 계약당사자가 계약체결 당시에 포기하였던 기회(forgone opportunity)를 만회하려는 것을 막는 것이라고 설명한다. Burton(1980), pp. 369ff. 등. 또한 Hermalin et al.(2007), p. 98f. 참조. 미국법상 신의성실의 원칙에 대하여 좀더 상세한 것은 윤진수(2007a), pp. 31ff. 참조

18) 예컨대, Posner and Rosenfield(1977), pp. 83ff. 등. 미국 판례상 이 이론이 잘 받아들여지고 있다고 말하기는 어려우나, 앞에서 언급한 Aluminum Co. of America v. Essex Group, Inc.(주 15)는 이 이론을 적용한 것으로 이해된다.

19) Hermalin et al.(2007), p. 95f. 등 참조.

20) 보충적 해석과 사정변경의 원칙의 관계에 대하여는 윤진수(2007b), pp. 220ff. 참조.

Ⅲ. 계약의 무효와 취소

1. 계약효력 부정의 근거

법은 특정한 경우에는 계약의 효력을 부정한다. 즉, 계약이 성립하였으나 처음부터 그 효력이 발생할 수 없는 경우(무효) 또는 일단 효력이 발생하였지만 사후에 당사자의 의사에 따라 효력을 소급하여(*ex tunc*) 상실하게 되는 경우(취소)이다. 법은 어떤 경우에 계약의 무효나 취소를 인정하는가?

경제학적인 관점에서만 본다면 계약의 효력이 부정되는 것은 효력이 부정되는 계약이 비효율적이기 때문이라고 말할 수 있다.[21] 그런데 계약이 비효율적인 것도 크게 두 가지 경우로 나눌 수 있다. 그 하나는 계약이 계약당사자의 관점에서 효용보다는 손실을 가져오는 경우이고, 다른 하나는 계약이 계약당사자 아닌 제3자에게 손실을 끼치는 경우이다.[22] 그런데 여기서도 고려하여야 할 것은, 효율적이 아닌 계약이라 해도, 계약이 일단 성립한 후 그 효력을 부정하는 것은 그 자체로 효율의 감소를 가져오게 된다. 예컨대, 계약의 효력을 부정하는 것은 계약이 유효하게 성립하였다고 믿은 상대방의 신뢰를 깨뜨리는 것이 된다. 신뢰는 거래비용의 문제와 밀접한 관련이 있다. 신뢰가 존재하면 거래비용이 낮아지는 반면, 신뢰가 부족하면 거래비용이 높아지게 된다. 계약의 효력이 무효로 되면 당사자로서는 비록 효율적인 계약이라 하더라도 계약을 체결하는 것을 주저하게 된다. 뿐만 아니라 계약이 무효가 될 경우에 대비하여 별도의 거래나 별도의 조치를 취해야 하는데, 이 또한 거래비용이 소요된다. 나아가 계약이 일단 이행된 후에 그 효력이 부정되면 이행의 청산 내지 이행 전으로의 원상회복이 필요한데, 이 또한 거래비용이 든

21) 물론 법이 계약의 효력을 부정하는 것이 효율 외의 다른 고려에 의한 것도 많다는 것을 부정하는 것은 아니다.
22) 필자 중 한 사람은 민법 제103조가 규정하고 있는 공서양속 위반에 위반하여 무효가 되는 법률행위의 유형을 (1) 공서양속이 공공의 이익을 보호하기 위한 것인 경우, (2) 공서양속이 법률행위의 당사자 이외의 특정의 제3자의 이익을 보호하기 위한 것인 경우, (3) 공서양속이 법률행위의 당사자의 이익을 보호하기 위한 경우로 나누어서 설명한 바 있는데, 이 또한 기본적으로 같은 생각이다. 박준서(2001), pp. 435ff.(윤진수). 여기서 (1)과 (2)는 하나로 묶을 수도 있다.

다. 다른 한편, 계약의 효력이 부정되면 그 계약이 유효하다고 믿은 제3자에게도 부정적인 영향을 미치게 된다. 이는 결과적으로 거래비용의 증가를 가져오게 될 것이다. 따라서 설사 그 자체로는 비효율적인 계약이라고 해도, 그 효력을 부정하기 위하여는 이와 같은 점을 고려해야 한다.

2. 계약이 제3자에게 손실을 끼치는 경우

계약이 제3자에게 손실을 끼치고, 그것이 계약 자체가 가져오는 이익보다 크다면 그러한 계약은 허용되어서는 안 될 것이다. 경제학적으로 말한다면 이는 계약당사자 아닌 제3자에게 부정적인 외부효과(external effect) 내지 외부비용(external cost)을 미치는 것이라고 할 수 있다.[23] 가령 뇌물을 주기로 하는 계약과 같은 것이다. 이는 당사자들에게는 이익을 가져오겠지만, 다른 사람들에게는 피해를 주는 것이 된다.

민법 외의 다른 법률에서 제3자에 대한 영향을 고려하여 계약을 금지하는 예는 많이 있으나,[24] 민법 자체에서 이러한 제3자에 대한 영향을 고려하여 계약을 무효로 하거나 제한하는 것은 그다지 많지 않다. 다만 민법 제103조는 선량한 풍속 기타 사회질서에 반하는 계약을 무효로 하고 있는데, 여기서 말하는 선량한 풍속 기타 사회질서(公序良俗) 가운데에는 법률행위의 당사자 아닌 공공의 이익 내지 제3자의 이익을 보호하기 위한 것인 경우가 많다.[25]

여기서는 이중양도의 예를 가지고 경제학적으로 분석해 보기로 한다.[26] 현재의 판례는 부동산의 이중양도[27]에 관하여, 양도인이 제1양수인에 대한 양도의무를 부담함에도 불구하고 다시 제3자, 즉 제2양수인에게 부동산을 이중으로 양도하고 그 소유권이전등기까지 마치게 되면 원칙적으로 제1양수인은 그 소유권을 유효

23) Hermalin et al.(2007), pp. 30ff.도 계약 자유를 제한하는 한 근거로서 제3자에 대한 외부효과를 들고 있다.
24) 그러한 경우에도 그러한 계약이 무효인지에 관하여는 법에 명문규정을 두고 있는 예는 별로 없어서, 판례가 이 점에 관하여 개별 사안마다 유무효를 판단하는 경우가 많다.
25) 위 주 22) 참조.
26) 상세한 것은 윤진수(2007c), pp. 352ff.
27) 이는 통상적인 부동산의 이중매매뿐만 아니라 일반적으로 다른 사람에게 부동산의 양도의무를 부담하는 자가 그 부동산을 제3자에게 처분함으로써 그 양도의무를 이행불능으로 만드는 여러 가지 경우를 모두 지칭한다. 예컨대, 명의수탁자가 명의신탁된 부동산을 부당하게 처분하는 경우 및 양도담보권자가 양도담보의 목적물인 부동산을 부당처분하는 부동산을 부당하게 처분하는 경우 등이다.

하게 취득하고, 이는 제2양수인이 선행의 양도사실을 알고 있었던 경우라도 마찬가지이지만, 제2양수인이 양도인의 제1양수인에 대한 배임행위에 적극 가담한 때에는 위 제2의 양도는 민법 제103조 소정의 선량한 풍속 기타 사회질서에 위반한 것이어서 무효라고 보고 있다(이른바 배임행위 적극가담론).[28)]

이러한 판례를 옹호하는 이론으로서 이른바 효율적 위반(efficient breach)의 이론을 생각할 수 있다. 즉, 계약의 이행이 가능한 경우에도 이를 이행하지 않는 것이 경제적으로는 더 효율적일 수 있다는 것이다. 다시 말해, 계약을 이행하는 비용이 양 당사자들에게 주는 계약 이행의 이익보다 커질 때에는 계약을 이행하지 않고, 그 대신 상대방에게 그 손해만을 배상하게 하는 것이 더 효율적이라는 것이다.[29)] 가령 A가 B에게 어떤 물건을 100만 원에 팔기로 하였는데, 제3자인 C가 나타나서 A에게 그 물건을 150만 원에 팔라고 제안하였다고 하자. 그런데 이 물건은 B에게는 120만 원의 가치밖에 없다고 한다면, A는 C로부터 150만 원을 받고 그 물건을 넘겨주고, 그 대신 B에게는 120만 원을 배상하게 하는 것이 A, B와 C가 모두 이익을 얻게 되는 결과가 되어 효율적이라는 것이다.

이러한 효율적 위반의 이론을 정당화하는 근거로서 거래비용의 절감을 들기도 한다. 즉, 이 상황에서 C가 그 물건을 취득하는 방법은 위와 같이 A로부터 직접 취득하는 방법 외에, B가 일단 A로부터 그 물건을 취득한 다음 B로부터 C가 다시 취득하는 방법도 생각할 수 있다. 이 경우에 C가 A로부터 직접 취득하는 것이 B로부터 취득하는 것보다 거래비용이 적게 든다면 A의 위반을 허용하는 것이 낫다는 것이다.

실제로 미국에서는 부동산 이중매매와 같은 계약관계의 침해로 인한 불법행위(tortious Interference with Contract)[30)]의 경우에도 이러한 효율적 위반의 이론을 적용하여, 원칙적으로 채권자는 계약관계를 침해한 제3자[31)]에 대하여는 권리를 주장할 수 없고, 매도인에 대하여 손해배상을 받는 것으로 만족해야 한다는 주장도 있

28) 예컨대, 대법원 1994. 3. 11. 선고 93다55289 판결(공 1994상, 1181) 등. 최근의 판례로서는 대법원 2009. 9. 10. 선고 2009다23283 판결(공 2009하, 1632) 등.
29) 효율적 위반의 이론에 대하여 좀더 상세한 것은 아래 V. 1. 참조.
30) 이는 우리나라에서 말하는 제3자의 채권침해와 유사한 개념이다.
31) 이중양도의 경우에는 제2양수인.

다.[32)]

그러나 이러한 주장이 과연 타당한 것인가? 우선 효율적 위반의 이론은 위의 사례에서 제1양수인이 손해배상을 받음으로써 그의 손해가 충분히 전보된다는 것을 전제로 하고 있다. 그러나 손해배상의 경우에는 과소배상이 되기 쉽다는 것은 일반적으로 인정되고 있다. 위의 사례에서 과연 B의 손해가 120만 원에 그치는지, B가 그 물건에 대하여 부여하는 가치가 C보다 작은 것인지는 제3자인 법원이 판단하기 쉽지 않은 문제이다. 그런데 이러한 경우에 일단 A가 B에게 계약을 이행하게 한 다음에 C로 하여금 B로부터 그 물건을 취득하게 한다면, B가 그 물건에 대하여 부여하는 가치를 법원이 평가할 필요는 없다. 나아가 거래비용의 면에서도 C가 B의 존재를 알고 있다면, C가 A로부터 취득하는 것이 B로부터 취득하는 것보다 거래비용이 적게 든다고 단정하기도 어렵다. 다만 C가 B의 존재를 몰랐을 때에는 C가 B로부터 물건을 취득하는 것이 거래비용이 많이 든다고 할 수 있을 것이다.

그러므로 효율의 면에서 본다면, 제2양수인이 제1양수인의 존재를 알고 있었을 때에는 제1양수인은 제2양수인에 대하여 부동산의 반환을 청구할 수 있게 하는 반면,[33)] 제2양수인이 제1양수인의 존재를 몰랐을 때에는 제2양수인이 그 부동산을 보유하게 하는 것이 합리적이다.[34)] 다른 말로 표현한다면 효율적 위반의 이론은 제1양수인을 책임원리(liability rule)에 의하여 보호하는 것인 반면, 제1양수인이 제2양수인에 대하여도 권리를 주장할 수 있게 하는 것은 제1양수인을 재산원칙(property rule)에 의하여 보호하는 것이라고 할 수 있다.[35)] 근래 미국에서도 이와 같이 주장하는 견해를 찾아볼 수 있다.[36)]

다른 한편, 종래의 판례가 이러한 이중양도의 문제를 두 번째 계약의 유 · 무효 문제로 다루는 것도 적절하지 않다. 두 번째 계약이 무효로 되면 두 번째 계약을 전제로 하여 이해관계를 맺은 제3자의 이익을 해칠 수 있기 때문이다. 이 문제는 제1

32) Perlman(1982), pp. 61ff.; Dowling(1986), pp. 488ff. 등.
33) 다만 그 방법에서도 판례와 같이 제2양도행위를 공서양속 위반으로서 무효라고 하기보다는 불법행위에 의한 원상회복으로 구성하는 것이 낫다.
34) 이것이 프랑스와 미국의 판례의 태도이다. 상세한 것은 윤진수(1993) 참조.
35) property rule의 경우에는 권리자로부터 권리를 취득하기 위하여는 그 권리자의 동의를 얻어야 하는 반면, 책임원리의 경우에는 권리자의 손해를 배상하기만 하면 권리자의 권리를 빼앗을 수 있는 것을 말한다. 양자의 구별도 법경제학에서 기본적인 개념의 하나라고 할 수 있다. 박세일(2000), pp. 144ff. 등 참조.
36) McChesney(1999), pp. 131ff.

양수인의 제2양수인에 대한 손해배상으로서 원상회복을 인정하면 가장 적절한 보호가 가능하다.[37]

3. 계약당사자를 보호하기 위한 계약효력의 부정

법이 계약의 일방 당사자를 보호하기 위하여 계약의 효력을 부정하는 것도 여러 가지 이유가 있을 수 있다.[38] 그 하나는 계약이 당사자의 자유로운 의사에 기한 것이 아닌 경우이다. 강박(민법 제110조)의 경우가 그에 해당한다. 다른 한편으로는 계약당사자 사이에 교섭능력의 차이가 있는 경우에도 계약의 효력을 부정할 필요가 있다. 이때에는 공정하고 효율적인 거래가 이루어진다는 보장이 없다. 약관규제법에 의한 규제는 대체로 이에 해당한다고 할 수 있다. 계약당사자 사이에 정보의 불균형(information asymmetry)이 존재하는 경우도 이에 포함된다.[39] 사기(민법 제110조)가 그에 해당하는 전형적인 경우이지만, 착오도 정보 불균형의 관점에서 분석할 수 있다. 착오의 문제는 아래에서 따로 살펴본다.

나아가 이른바 온정주의(paternalism)도 실제로 계약의 효력을 부정하는 중요한 근거이다. 예컨대, 의사능력이나 행위능력이 없는 사람의 법률행위를 무효[40] 또는 취소할 수 있게 하는 것, 불공정한 법률행위(민법 제104조)와 같은 것 등은 온정주의의 발로라고 할 수 있다. 이러한 온정주의는 보통 사람들이 경제학에서 이념적으로 제시하는 완벽한 합리성을 갖추었다기보다는 제한된 합리성(bounded rationality)만을 가지고 있다는 것으로 정당화되고 있다.[41] 예컨대, 서울중앙지방법원 2008. 11. 5. 선고 2006가합102456 판결(미공간)의 사실관계는 다음과 같다. 즉, 카지노에서 거액의 돈을 잃은 사람이 카지노의 규정에 따라 출입제한을 받게 되자 출입제한 규정을 풀어 달라고 요청하여 규정에는 어긋나게 출입제한이 해제된 다

37) 이에 대하여는 윤진수(2008b), pp. 66ff., 특히, pp. 92ff. 참조.
38) Hermalin et al.(2007), pp. 34ff.; Miceli(2009), pp. 92ff. 등 참조.
39) Hermalin et al.(2007), pp. 34ff. 참조. 계약법에 관하여 정보불균형의 문제를 다룬 독일의 문헌으로서는 Fleischer(2001)이 있다.
40) 대법원 2002. 10. 11. 선고 2001다10113 판결; 2009. 1. 15. 선고 2008다58367 판결(공 2009상, 155) 등은 자신의 행위의 의미나 결과를 정상적인 인식력과 예기력을 바탕으로 합리적으로 판단할 수 있는 정신적 능력 내지는 지능, 즉 의사능력이 없는 사람의 법률행위는 무효라고 한다.
41) 예컨대, Hermalin et al.(2007), p. 41; Ogus(2006), pp. 230ff. 등.

음 다시 카지노에서 도박을 하다가 많은 돈을 잃게 된 사람이, 카지노를 상대로 손해배상청구를 하였다.

법원은 다음과 같은 이유로 피고의 손해배상책임을 인정하였다. 즉, 원고는 그 무렵 월평균 7회 이상 피고의 카지노에 출입하면서 이미 합계 금 200억 원 이상의 거액의 재산을 탕진한 자로서 도박중독의 징후가 농후하였고, 피고로서는 원고 스스로 사행심을 억제할 능력을 이미 상실하였음을 쉽사리 알 수 있었으므로, 설령 원고가 피고의 직원에 대하여 카지노에 다시 출입하게 해달라고 애원하였더라도, 마땅히 위 출입관리지침을 준수하여 적어도 3개월 이상 원고의 카지노 출입을 엄격히 제한함으로써 원고가 더 이상 피고의 카지노에서 거액의 재산을 탕진할 위험에 노출되지 않도록 보호하였어야 함에도, 피고 소속의 직원은 이를 저버린 채 규정에 어긋나게 원고에 대한 카지노 출입제한조치를 해제해 줌으로써 원고가 피고의 카지노에 출입할 수 있도록 하였고, 그에 따라 사행심을 제어할 능력을 이미 상실한 원고가 또다시 피고의 카지노에서 계속적으로 거액의 도박을 하게 됨으로써 재산상실의 위험에 노출되어 결국 금 2,933,000,000원에 이르는 거액의 재산을 더 잃게 되는 손해를 입게 되었는데, 이는 카지노 출입제한 규정에 위반하여 카지노 이용자인 원고에 대한 보호의무를 저버린 행위로서 불법행위를 구성한다는 것이다.

이를 다른 말로 설명한다면, 이 경우에 원고는 도박중독에 빠져서 합리적인 판단을 할 능력이 부족하였으므로, 도박장 측에서 이를 배려하였어야 하는데, 이를 방치함으로써 원고가 손실을 입었다면 비록 이는 원고 스스로의 의사에 기인한 것이라 하여도 도박장 측이 그 손실의 일부를 부담하여야 한다는 것이다.

그러나 온정주의를 법경제학적으로 설명한다는 것은 반드시 쉬운 문제는 아니다.[42] 가령 미성년자의 행위는 설령 그 미성년자가 충분한 판단능력을 가졌더라도 취소할 수 있다.[43] 또 민법 제651조는 임대차의 존속기간을 20년을 넘지 못하도록

42) Englerth(2007a), pp. 231ff.는 행동경제학(behavioral economics)이 제한된 합리성의 개념에 의하여 온정주의를 설명하는 데 대하여 비판적이다.

43) 대법원 2007. 11. 16. 선고 2005다71659, 71666, 71673 판결(공 2007하, 1926)은 행위무능력자제도는 거래의 안전을 희생시키더라도 행위무능력자를 보호하고자 함에 근본적인 입법 취지가 있으므로, 신용카드 가맹점이 미성년자와 사이에 신용구매계약을 체결할 당시 향후 그 미성년자가 법정대리인의 동의가 없었음을 들어 스스로 위 계약을 취소하지는 않으리라고 신뢰하였다 하더라도 법정대리인의 동의 없이 신용구매계약을 체결한 미성년자가 사후에 법정대리인의 동의 없음을 사유로 들어 이를 취소하는 것이 신의칙에 위반된 것이라고 할 수 없다고 하였다. 위 판결에 대하여는 윤진수(2008c), pp. 315ff. 참조.

규정하고 있다. 이 규정에 대하여 대법원 2003. 8. 22. 선고 2003다19961 판결[44]은, 그 입법 취지가 너무 오랜 기간에 걸쳐 임차인에게 임차물의 이용을 맡겨 놓으면 임차물의 관리가 소홀하여지고 임차물의 개량이 잘 이루어지지 않아 발생할 수 있는 사회 · 경제적인 손실을 방지하는 데에 있는 점 등에 비추어 볼 때 위 규정은 개인의 의사에 의하여 그 적용을 배제할 수 없는 강행규정이라고 보고 있다. 그러나 임차물의 관리가 소홀해진다는 등의 사정은 사회경제적인 문제라기보다는 임대인의 이익에 관한 문제이고, 임대인이 그러한 사정까지 감안하여 그 존속기간을 20년이 넘도록 약정하였다면 굳이 그 효력을 부정할 필요가 있을까? 위 문제된 사안에서는 임차인이 위 규정이 강행규정이라고 주장하였다.

4. 착오[45]

민법 제109조 제1항은 “의사표시는 법률행위의 내용의 중요 부분에 착오가 있는 때에는 취소할 수 있다. 그러나 그 착오가 표의자의 중대한 과실로 인한 때에는 취소하지 못한다”라고 규정하고 있다. 그런데 이 규정이 입법론적으로 문제가 있다고 하는 점은 일반적으로 인정되고 있다. 우선 민법 규정에 따르면 적어도 내용의 착오나 표시의 착오의 경우에는 착오를 이유로 취소할 수 있는가 하는 것은 전적으로 의사표시를 한 표의자의 사정에 따라 결정되고, 그 착오에 대하여 상대방에게 책임을 돌릴 수 있는가 내지 상대방이 착오 사실을 알았거나 알 수 있었는가 여부는 전혀 문제되지 않는다. 그러나 이러한 내용의 착오나 표시의 착오를 하게 된 것은 제1차적으로는 표의자의 잘못이라고 할 수 있고, 따라서 그로 인한 위험도 표의자가 부담하는 것이 타당하다. 그럼에도 불구하고 착오를 이유로 취소를 허용하는 것은 상대방의 신뢰를 깨뜨리는 것으로서, 거래비용을 증가시킨다는 점에서 비효율적이다.

다른 한편, 우리 민법은 동기의 착오는 원칙적으로 취소사유가 되지 못한다는 전제에 서 있다. 물론 동기의 착오는 원칙적으로 취소사유가 되지 못한다는 것에

44) 공 2003, 1923.
45) 윤진수(2008d), pp. 52ff. 참조.

일리가 없는 것은 아니다. 표의자가 의사표시를 하게 된 동기에 관하여 잘못 판단하였다면 그로 인한 위험은 원칙적으로 표의자 자신이 부담하여야 하는 것이다. 그럼에도 불구하고 동기의 착오라고 하여도 표의자 자신에게 그 위험을 부담하게 하는 것이 반드시 타당하지 않은 경우가 있을 수 있다. 이는 경제적 효율의 관점에서도 그러하다.

흥미 있는 것은 실제로는 판례가 이러한 민법의 규정에도 불구하고 동기의 착오를 이유로 하는 취소를 비교적 넓게 인정하고 있고, 이러한 판례는 대체로 경제적으로 합리적이라는 점이다. 이는 판례가 법의 적용에서 효율을 고려하고 있는 한 예라고 할 수 있다.[46] 필자가 판례를 분석한 바에 따르면, 판례가 착오를 허용한 사례는 대체로 상대방이 착오를 야기한 경우, 상대방이 착오사실을 알았거나 알 수 있었던 경우 및 공통의 착오 이 세 가지로 분류할 수 있다. 이는 UNIDROIT 국제상사계약원칙(PICC), 유럽계약법원칙(PECL) 및 공통참조기준초안(Draft Common Frame of Reference)과 같은 근래의 모델 입법과도 일치한다.

이 중 앞의 두 가지는 정보 불균형 내지 최소비용 착오회피자(the cheapest mistake avoider)의 관점에서 효율을 증진시킨다는 점을 쉽게 설명할 수 있다. 즉, 착오로 인한 계약체결을 방지하기 위하여는 비용이 드는데, 가장 적은 비용으로 이를 방지할 수 있는 자에게 착오로 인하여 생기는 손실을 부담시키는 것이 비용의 지출을 줄인다는 면에서 효율적이다. 그런데 상대방이 착오를 야기한 경우 및 상대방이 착오사실을 알았거나 알 수 있었던 경우에는 그 상대방이 착오를 일으킨 일방보다 더 적은 비용으로 착오로 인하여 계약을 체결하는 것을 방지할 수 있는 자이므로 취소를 허용하여야 하는 것이다.

구체적인 예를 들어 본다. 먼저 상대방이 착오를 야기한 경우로는 대법원 1997. 8. 26. 선고 97다6063 판결[47]을 들 수 있다. 여기서는 이웃 토지소유자 사이의 토지분쟁이 문제가 되었는데, 피고가 구청과 시청 등에 이웃 토지의 소유자인 원고가 건축 중인 주택의 담장이 경계를 침범하였다는 취지로 진정하고, 감사원 등에도 진정을 하려는 태도를 보이자, 원고도 그와 같이 믿은 나머지 피고와의 분쟁을 해

46) 윤진수(2009), p. 21 등.
47) 공 1997하, 2824.

결하기 위하여 피고에게 금 300만 원을 증여하였다가 나중에 원고가 피고 소유 토지의 경계선을 침범하지 않았음이 밝혀지자 위 증여는 착오에 의한 것이라고 하여 이를 취소하고 그 돈의 반환을 청구한 것이다. 대법원은 이러한 원고의 착오는 동기의 착오이기는 하지만, 착오를 이유로 증여를 취소할 수 있다고 하였다. 대법원이 그와 같이 보게 된 중요한 이유는 원고의 착오가 피고 측의 강력한 주장에 의하여 생긴 것이라는 점이었다. 이처럼 착오를 상대방이 야기한 경우에는, 설령 그 상대방에게 고의나 과실과 같은 귀책사유가 없더라도,[48] 어떤 주장을 하는 사람은 그 주장이 사실과 부합하는지를 확인하여야 하고, 이 사람은 그 주장을 믿은 사람에 비하여 좀더 확인하기에 더 나은 위치에 있다고 할 수 있기 때문이다.

그리고 상대방이 착오 사실을 알았거나 알 수 있었다는 이유를 들어 취소를 허용한 예로서는 대법원 1966. 10. 18. 선고 66다1573 판결[49]을 들 수 있다. 이 사건에서는 원고들이 그 아들이 국가공무원의 불법행위를 이유로 사망하였다고 하여 국가배상법에 따라 국가배상심의회에 위자료 각 15만 원을 청구하여 그 청구금액 중 각 15,000원의 지급인용 결정을 받자 그 결정에 동의하고 위 돈을 수령하였는데, 당시 이 사건을 원인으로 하는 일체의 다른 손해배상을 청구하지 않는다는 각서를 제출하였다. 그 후 원고들은 위 각서는 미리 부동문자로 밝혀진 문서로서 그 위자료 수령에 따르는 보통문서인 것으로 잘못 알고 각서에 날인하였다는 이유로 위 다른 일체의 손해배상을 청구하지 않는다는 의사표시의 취소를 주장하였다.

대법원은, 다른 사람의 불법행위로 인하여 아이를 잃은 부모가 도합 30,000원에 불과한 위자료만을 지급받고 다른 재산상의 일체의 손해배상의 청구를 포기한다 함은 일반 경험칙에 어긋난다고 하여, 원고들의 취소 주장을 받아들였다. 이 사건에서 대법원이 다른 사람의 불법행위로 인하여 아이를 잃은 부모가 도합 30,000원에 불과한 위자료만을 지급받고 다른 재산상의 일체의 손해배상의 청구를 포기한다 함은 일반 경험칙에 어긋난다고 한 것은, 다른 말로 한다면 통상적으로라면 이러한 처지의 원고들이 손해배상청구를 포기한다는 의사표시를 하지 않았을 것인데, 원고들이 이러한 의사표시를 한 것은 착오에 기인한 것이고, 이는 피고인 대

48) 위 판결은 원고의 손해배상청구는 피고의 고의 또는 과실이 없음을 이유로 받아들이지 않았다.
49) 판례총람 민법 제109조 22.

한민국에게도 명백하다는 취지로 이해된다. 이러한 경우에는 상대방이 착오 사실을 알았거나 알 수 있었으므로 착오를 바로잡는 데 거래비용이 많이 드는 것은 아니라고 할 수 있다.

다만 착오자도 착오에 빠진 데 과실이 있는 경우에는 어떻게 하는 것이 타당할까? 다시 말해, 착오자도 착오 사실을 발견하는 데 거래비용이 크지 않았던 경우에도 취소를 인정하는 것이 합리적인가 하는 점이다. 우리 민법은 착오자에게 중대한 과실이 있는 경우에 한하여 취소를 배제하고 있다(제109조 제1항 단서). 이 점에 관하여 입법론적으로는 착오자의 과실과 상대방의 사정을 비교하여, 착오에 빠지게 된 데 상대방보다는 착오자의 책임이 더 중할 때에는 착오로 인한 취소를 허용하지 않는 방법과, 착오자의 과실이 중대할 때에는 착오로 인한 취소를 허용하지 않는 방법을 고려해 볼 수 있을 것이다.[50)]

다른 한편 공통의 착오의 경우에는 상대방이 반드시 최소비용회피자라고 말할 수는 없다. 이 점에 관하여는 보충적 해석과 관련하여 다시 언급한다.

5. 계약존중의 원칙

계약에 관한 입법이나 판례에서는 계약이 무효로 되는 것을 되도록 회피하고, 계약의 효력이 유지되도록 하려는 경향을 찾아볼 수 있다. 이를 계약존중(favor contractus)의 원칙이라고 부른다.[51)] 즉, 계약을 유효로 볼 것인가, 아니면 무효로 볼 것인가가 문제될 때에는 되도록 유효한 쪽으로 보고, 가령 무효 사유가 있더라도 무효로 되는 범위를 되도록 제한하려는 것이다.[52)53)] 이는 유엔통일매매법(CISG)과 같은 국제협약에 있어서도 기본 원칙의 하나로 인정되고 있다.[54)] 이 또한 효율 내지 거래비용의 관점에서 설명할 수 있다.

계약존중의 원칙이 적용되는 구체적인 예를 든다면 우선 유효해석의 원칙을

50) 윤진수(2008d), pp. 84-85 참조.

51) 이 개념 자체가 국내에 잘 알려지지 않았기 때문에 우리말로는 아직까지 이에 해당하는 표현이 확립되지 않았다. 계약우호의 원칙이라는 표현도 사용되고 있으나, 여기서는 계약존중의 원칙이라고 부르기로 한다.

52) 이에 대한 비교적 상세한 설명은 Fauvarque-Cosson and Mazeaud(2008), pp. 496ff.가 있다.

53) 법규범이 위헌인지 여부가 될 때에는 합헌적인 쪽으로 해석해야 한다는 법률 존중 내지 합헌성 추정(favor legis)의 원칙도 이와 유사한 관점에서 분석할 수 있을 것으로 생각된다.

54) Schlechtriem, hrsg.(2000), Art. 7 Rdnr. 54(Ferrari/Junge/Schlechtriem).

들 수 있다. 즉, 계약의 해석에 있어서 그것이 유효하게 되는 해석과 무효로 되는 해석이 있다면 유효한 해석이 우선되어야 할 것이다.[55] 그리고 공통의 착오의 경우에 계약의 변용(adaptation) 내지 수정을 인정하는 것,[56] 사정변경의 원칙이 인정되는 경우에 법원에 의한 계약 수정을 인정하는 것[57] 등을 들 수 있다.

여기서는 일부무효의 원칙과, 효력규정과 단속규정의 구별 2가지에 관하여 좀 더 상세하게 살펴보기로 한다.

우선 일부무효의 원칙에 관하여 본다. 민법 제137조는 법률행위의 일부분이 무효인 때에는 그 전부를 무효로 하되, 그 무효부분이 없더라도 법률행위를 하였을 것이라고 인정될 때에 한하여 나머지 부분은 무효가 되지 아니한다고 규정하고 있다. 이처럼 민법이 일부무효의 경우에 법률행위의 전부가 무효로 되는 것을 원칙으로 채택하고 있는 것은 독일 민법 제139조의 영향을 받은 것인데, 비교법적으로는 이와는 반대로 일부무효 사유가 있는 경우에는 나머지 부분은 유효한 것이 원칙이고, 예외적으로만 나머지 부분도 무효라는 잔부유효의 원칙을 채택하고 있는 나라들이 많다.[58] 우리나라의 약관의 규제에 관한 법률 제16조도 약관의 전부 또는 일부의 조항이 무효로 되는 경우에도 나머지 부분만으로 유효하게 존속하는 것을 원칙으로 하고 있다. 2004년 민법개정안 제138조도 일부유효를 원칙으로 하는 것으로 규정하고 있었다.[59]

이와 관련하여 흥미 있는 것이, 판례가 이러한 전부무효의 원칙의 적용범위를 제한하려는 경향을 보이고 있다는 것이다. 예컨대, 대법원 2004. 6. 11. 선고 2003다1601 판결[60]은, 법률행위의 일부가 강행법규인 효력규정에 위반되어 무효가 되는 경우 그 부분의 무효가 나머지 부분의 유효 · 무효에 영향을 미치는가의 여부를 판단함에 있어서는 개별 법령이 일부무효의 효력에 관한 규정을 두고 있는 경우에는

55) 이에 대하여는 윤진수(2007d), pp. 269-271 참조. 우리 판례상 이러한 유효해석의 원칙이 채택된 전형적인 예로서는 대법원 1996. 12. 10. 선고 94다56098 판결(집 44권 2집 민355; 공 1997상, 288)을 들 수 있다.

56) 이에 대하여는 아래 보충적 해석과 관련하여 다시 언급한다.

57) 이에 대한 비교법적 자료로는 Von Bar and Clive(2009), pp. 716ff. 이 점은 2004년 국회에 제출되었다가 제17대 국회의 임기 만료로 폐기된 정부 제출의 민법개정안 심의 과정에서도 논의되었으나 개정안에서는 이를 채택하지 않았다. 법무부(2004), pp. 816ff., 특히 pp. 826ff. 참조.

58) "유용한 것은 무용한 것에 의하여 효용을 잃지 않는다"(utile per inutile non vitiatur). Zimmermann(1996), pp. 76ff. 참조.

59) 현재 진행되고 있는 민법개정준비위원회에서도 잔부유효를 원칙으로 하도록 방침이 정해졌다.

60) 공 2004하, 1148.

그에 따라야 하고, 그러한 규정이 없다면 원칙적으로 민법 제137조가 적용될 것이나 당해 효력규정 및 그 효력규정을 둔 법의 입법 취지를 고려하여 볼 때 나머지 부분을 무효로 한다면 당해 효력규정 및 그 법의 취지에 명백히 반하는 결과가 초래되는 경우에는 나머지 부분까지 무효가 된다고 할 수는 없다고 하여, 상호신용금고의 담보제공 약정이 효력규정인 구 상호신용금고법 제18조의2 제4호에 위반하여 무효라고 하더라도, 그와 일체로 이루어진 대출 약정까지 무효로 된다고는 할 수 없다고 하였다.[61)]

영미법에서는 이러한 일부무효의 법리에 해당하는 것이 이른바 절단가능성(severability)[62)]의 이론이다. 즉, 무효로 되는 부분을 다른 부분과 나눌 수 있으면 그 다른 부분은 여전히 효력을 유지한다는 것이다. 과거에는 이에 관하여 이른바 푸른 연필 규칙(blue-pencil rule)이라는 것이 채택되고 있었다. 즉, 문제되는 조항의 문언 중 일부만을 연필로 지움으로써 배제할 수 있을 때에는 그 조항의 나머지 부분은 유효하다는 것이다. 예컨대, 영국의 19세기 판례는 영업양도의 경우에 "런던과 잉글랜드의 다른 지역(London and other places of England)에서 경업하지 않는다"는 조항 가운데 잉글랜드의 다른 지역에서 경업하지 않는다는 부분이 문제가 되면, '잉글랜드의 다른 지역'이라는 부분만을 지우면 된다고 보았다.[63)] 반면 이처럼 일부분만을 지울 수 없다면 그 조항 전체가 무효가 된다고 한다. 다시 말해, 문언상 가분인지 아닌지가 중요한 것이 된다. 그러나 근래에는 미국법상으로는 이러한 푸른 연필 규칙을 채택하지 않고, 문언상 가분이 아닌 경우에도 무효 사유가 없는 나머지 부분의 유효를 인정할 수 있다고 봄으로써 나머지 부분이 유효로 될 수 있는 경우를 더 넓게 인정하려는 경향이 있다.[64)]

그리고 약관에 관한 이른바 효력유지적 축소(Geltungserhaltende Reduktion)도 전부무효의 원칙을 수정하는 것이라고 할 수 있다. 즉, 약관의 개별 조항이 약관규제법에 의하여 무효로 되는 경우에도, 그 조항 전부가 무효로 되는 것인가, 아니면 약관규제법에 저촉되는 부분만 무효로 되고 저촉되지 않는 부분은 유효하게 존속한

61) 같은 취지, 대법원 2007. 6. 28. 선고 2006다38161, 38178 판결(공 2007하, 1150) 등.
62) divisibility라고 부르기도 한다.
63) Mallan v. May, 152 Eng. Req. 967, 973(Ex. 1843).
64) Restatement [Second] of Contracts § 184, Reporter's Note; Farnsworth(2004), §5.8. 등 참조.

다고 볼 수 있는가 하는 것이 문제로 된다. 이를 인정할 수 있는가 하는 점에 관하여는 학설상 논쟁이 있으나, 판례는 이를 인정하고 있다. 예컨대, 사업자의 모든 행위에 대하여 고의나 중과실 여부를 묻지 않고 면책된다는 약관조항이 약관규제법 제7조 제1호에 의하여 무효라면 사업자에게 경과실만이 있는 경우에도 면책되지 않고 책임을 지는가 하는 점에 관하여, 판례는 위 면책조항은 경과실면책의 경우에 한하여는 유효하기 때문에 사업자는 경과실만이 있는 경우에는 면책된다는 것이다.[65]

다른 한편, 각종 법률에서는 일정한 계약 내지 거래를 금지하고 있는 경우가 많은데, 그 금지에 위반한 계약 내지 거래의 효력에 대하여는 대체로 명시적인 규정을 두지 않고 있다. 강학상 금지규정을 위반하면 위반행위가 무효가 되는 규정을 효력규정, 무효는 되지 않지만 형벌 등 다른 제재가 따르는 규정을 단속규정이라고 부르고, 판례도 이러한 용어를 사용하고 있다.[66] 어떤 규정이 효력규정인가 아니면 단속규정인가는 결국 판례에 의하여 결정되고 있다.

양자의 구별기준에 관하여 비교적 상세하게 설명하고 있는 학설은 다음과 같은 점을 들고 있다. (1) 그 규정이 일정한 행위 자체를 금지 내지 제한하는 것을 목적으로 하는 것인지, 아니면 그 행위의 결과에 의하여 재화 또는 경제적 이익이 귀속되는 것을 방지하려는 것인지 그 입법의 취지를 참작하고, (2) 위반행위에 대한 반사회적 반도덕성에 관한 사회적 평가나 이를 감안한 사회 · 경제정책의 방향을 고려하며, (3) 당해 법률행위의 유효성 유무가 거래의 안전에 미치는 영향 및 법률행위 당사자 사이의 신의와 형평을 비교형량하는 등 제반 사정을 구체적으로 살펴 그 위반행위의 사법상의 효력까지도 부인하여야만 비로소 그 목적을 이룰 수 있는지 여부를 판단하여야 한다는 것이다.[67]

이 점에 관하여 판례는, 대체로 그 행위가 사법상의 효력까지도 부인하지 않으면 안 될 정도로 현저히 반사회성, 반도덕성을 지닌 것이거나 그 행위의 사법상의 효력을 부인하여야만 금지규정의 입법목적을 달성할 수 있는 경우에는 그 규정을

65) 대법원 1995. 12. 12. 선고 95다11344 판결(공 1996상, 358) 등. 좀더 자세한 것은 윤진수(2008a), pp. 198ff. 참조.
66) 이 밖에 효력규정 대신에 강행규정이라는 용어도 쓰이며, 효력규정을 단속규정에 포함시키고, 효력에 영향이 없는 단속규정을 단순한 단속규정이라고 부르기도 한다.
67) 박준서(2001), p. 507(주한일).

효력규정으로 보고, 그렇지 않은 경우에는 단속규정으로 보고 있다.[68] 과연 그것만으로 실제상 확실한 기준이 될 수 있는지는 의문이지만, 이러한 판례에 따를 때에는 금지규정에 위반한 행위라도 원칙적으로는 유효하고, 다만 그 행위가 현저히 반사회성, 반도덕성을 지닌 것이거나 그 행위의 사법상의 효력을 부인하여야만 금지규정의 입법목적을 달성할 수 있는 경우에 한하여 효력규정이 될 것이다. 실제로 판례가 금지규정을 효력규정이라고 본 예는 많지 않고, 판례는 금지규정을 효력규정이라고 보아 행위의 사법상의 효력을 부인하는 데 신중한 태도를 취하고 있다.[69] 대법원 2009. 3. 19. 선고 2008다45828 전원합의체 판결[70]에서 박시환 대법관의 별개 의견은, 금융실명거래 및 비밀보장에 관한 법률(금융실명법) 제3조 제1항은 강행규정이므로, 출연자 등이 예금명의자 명의로 실명확인 절차를 거쳐 예금계약을 하면서, 금융기관과의 합의하에 출연자 등을 예금계약상의 예금반환청구권을 갖는 예금계약의 당사자로 하기로 별도로 약정한 경우 등에는, 그 별도의 약정에 관하여 당사자들이 명확한 증명력을 가진 구체적이고 객관적인 증거를 남겨 두었는지 여부와 관계없이, 그러한 별도의 약정 자체는 강행규정인 금융실명법 제3조 제1항에 위반되어 효력이 없는 것으로 보아야 한다고 주장하였다. 그러나 이에 대하여 차한성 대법관의 다수의견에 대한 보충의견은, 금융실명법의 규정들을 해석함에 있어서는 그 입법 목적과 입법 취지를 충분히 존중할 필요가 있음은 두 말할 나위가 없지만, 본래의 입법 목적과 입법 취지를 벗어나 공익적 목적을 이유로 법률적 근거 없이 국민의 재산권 행사가 제한당하지 않도록 해석하는 것 역시 중요하고, 그렇게 해석하는 것이 법률에 의한 기본권 제한의 원칙을 천명한 헌법 제23조 제1항의 규정에 합치하며 실질적 법치주의의 이념에도 부합한다고 하여 위 별개 의견을 비판하고 있다.

과연 이처럼 법의 적용에 있어서 여러 가지 경우에 되도록 계약의 효력을 유지하려고 하는 근거는 무엇인가? 이 또한 거래비용의 관점에서 어느 정도 설명이 가능하다. 즉, 계약을 무효로 하는 것은 계약당사자나 그 계약과 이해관계를 맺은 다

68) 예컨대, 대법원 2003. 11. 27. 선고 2003다5337 판결(공 2004상, 13); 대법원 2008. 12. 24. 선고 2006다53672 판결(공 2009상, 85) 등.
69) 김재형(2004a), p. 42 등 참조.
70) 공 2009상, 456.

른 제3자의 신뢰를 깨뜨리는 것이 되고, 이는 결국 거래비용을 높이는 결과가 된다. 다른 한편으로는 이처럼 계약이 무효가 되는 경우에, 당사자가 동일한 효과를 가져오기 위하여는 또 다른 계약을 맺어야 하는데 이를 위한 재협상(renegotiation)에는 비용이 들기 때문에, 계약의 효력을 유지하는 것은 이러한 재협상의 비용도 줄이는 결과가 된다.[71)]

Ⅳ. 계약의 해석

1. 계약해석의 목적과 방법

계약해석의 목적은 일차적으로는 당사자들이 계약체결 당시 의도하였던 것을 밝히는 데 있다. 계약체결 당시의 관점에서 볼 때 당사자들의 의도가 실현되는 것이 효율적이었다면, 그러한 당사자의 의도는 실현되어야 하고, 그 실현을 위하여는 당사자들이 의도하였던 것이 밝혀져야 한다. 그러므로 계약해석의 일차적인 목표는 당사자들의 일치한 의사를 밝히는 데 있다.[72)] 반대로 계약해석 당시의 당사자의 의도와는 다르게 계약이 해석된다면 결과적으로는 이는 어느 한 쪽 당사자의 기회주의를 조장하는 것이 될 것이다.

이 점을 잘 보여 주는 것으로는 이른바 오표시 무해(falsa demonstratio non nocet)의 원칙이다. 즉, 당사자의 진의가 상대방의 의사와 일치한 경우에는 그 표현이 객관적으로는 당사자들의 일치한 의사와는 다른 의미를 가지는 것이라고 하여도 당사자들의 일치된 의사가 계약의 내용이 되는 것이다.

예컨대, 부동산의 매매계약에 있어 계약서상에는 매매목적물이 A토지로 표시되어 있으나 매도인과 매수인의 일치된 의사는 이와 다른 B토지를 매매목적물로

71) 계약의 재교섭에 대하여는 Shavell(2004), pp. 314ff. 참조.
72) 이를 종래 일반적으로 자연적 해석이라고 부른다. 이 점에 대하여 상세한 것은 윤진수(2007d), pp. 228ff. 참조.

하려는 것이었다면 매매목적물은 A토지 아닌 B토지로 보아야 하는 것이다.[73] 이 경우에는 합리적인 인간이라면 어떻게 그 의미를 이해하였을까 하는 점은 문제되지 않는다.[74] 이처럼 당사자들의 일치된 의사를 쉽게 밝힐 수 있다면 계약해석이 그다지 큰 문제가 되지는 않을 것이다.

그러나 실제로는 계약의 해석은 그처럼 간단하지 않다. 우선 당사자들이 계약체결 당시에 일치된 의사를 가지고 있었더라도 사후에 이를 밝히기는 쉽지 않다.[75] 경제적으로 말한다면 여기에는 비용이 든다. 나아가 당사자가 계약을 체결함에 있어서 계약 조항의 구체적인 의미에 관하여 아무런 생각을 하지 않은 경우도 많을 뿐만 아니라,[76] 쌍방이 서로 다른 의미를 부여하는 경우도 있기 때문이다.

여기서 계약을 어떤 방법으로 해석해야 할 것인지가 문제된다. 이에 관하여는 종래 강학상 자연적 해석, 규범적 해석 및 보충적 해석으로 분류하는 것이 일반적이지만, 이 글의 필자 중 한 사람은 이를 문언해석, 객관적 해석, 주관적 해석, 규범적 해석 및 보충적 해석의 5단계로 나누어 설명하였다.[77] 여기서는 문언해석과 객관적 해석, 주관적 해석 및 보충적 해석에 대하여 살펴본다.[78]

2. 문언해석과 객관적 해석

계약이 계약서와 같은 서면에 의하여 체결된 경우에는 계약해석의 제1단계는 그 서면의 문언에서 출발하여야 한다. 판례는, 법률행위의 해석이란 당사자가 그 표시행위에 부여한 객관적인 의미를 명백하게 확정하는 것으로서, 서면에 사용된 문구에 구애받을 것은 아니지만 어디까지나 당사자의 내심적 의사의 여하에 관계없이 그 서면의 기재내용에 의하여 당사자가 그 표시행위에 부여한 객관적 의미를 합리적으로 해석하여야 하는 것이고, 당사자가 표시한 문언에 의하여 그 객관적인

73) 대법원 1983. 10. 26. 선고 93다2629, 2636 판결(공 1993, 3165).
74) Farnsworth(2004), §7. 9(p. 446).
75) Farnsworth(2004), §7. 9(p. 446)는 실제로는 한 당사자가 분쟁이 생겼을 때 쌍방이 계약체결 당시 공유하고 있던 의미를 밝힐 수 있는 경우는 드물다고 한다.
76) Farnsworth(2004), §7. 9(p. 452) 참조.
77) 윤진수(2007d), pp. 238ff.
78) 유효해석은 규범적 해석의 일종인데, 이에 대하여는 앞에서 언급하였다. 또한 작성자 불이익의 원칙도 규범적 해석의 한 가지라고 할 수 있다.

의미가 명확하게 드러나지 않는 경우에는 그 문언의 내용과 그 법률행위가 이루어진 동기 및 경위, 당사자가 그 법률행위에 의하여 달성하려는 목적과 진정한 의사, 거래의 관행 등을 종합적으로 고려하여 사회정의와 형평의 이념에 맞도록 논리와 경험의 법칙, 그리고 사회일반의 상식과 거래의 통념에 따라 합리적으로 해석하여야 한다고 판시하고 있다.[79] 즉, 계약해석의 일차적인 출발점은 계약의 문언이고, 그 문언에 의하여 객관적인 의미가 명확하게 드러나지 않는 경우에 다른 사정을 종합하여 당사자의 의사를 밝혀야 한다는 것이다. 필자는 이처럼 여러 가지의 제반 사정을 종합하여 이때에는 합리적인 당사자라면 계약 조항에 어떠한 의미를 부여하였을까 하는 점을 탐구하는 것을 객관적 해석이라고 부른다.[80]

나아가 판례는 이른바 처분문서의 증명력이라는 법리를 발전시켜 왔다. 이에 따르면 계약서와 같은 처분문서[81]의 경우에는 그 성립의 진정함이 인정되는 이상 법원은 그 기재내용을 부인할 만한 분명하고도 수긍할 수 있는 반증이 없는 한 그 기재내용대로의 의사표시의 존재 및 내용을 인정하여야 한다는 것이다.[82] 따라서 법원이 계약서에 기재되어 있는 것과는 다른 내용의 계약 조항이 있었음을 인정하기 위하여는 고도의 신빙성이 있는 특별한 증거가 있어야 한다. 이는 영미법상의 이른바 구두증거 배제의 법칙(parol evidence rule)과 유사한 이론이다.[83]

왜 이와 같이 문언이 중시되는 것인가? 이는 거래비용의 관점에서 설명할 수 있다. 계약체결 이후 분쟁이 생긴 다음에는 계약서와 같은 계약체결 당시의 사정을 잘 보여 주는 객관적인 자료를 제외하고는 계약체결 당시의 당사자의 의사를 확인하기가 쉽지 않다. 가령 증언과 같은 자료는 반드시 정확하다고 할 수 없다. 따라서 정확한 당사자의 의도를 파악할 수 없는 경우가 많을 뿐만 아니라, 파악할 수

79) 대법원 1994. 3. 25. 선고 93다32668 판결(공 1994상, 1320). 같은 취지의 판례는 매우 많다.
80) 객관적 해석(objektive Auslegung)이라는 용어에 대하여는 Kötz(1996), pp. 167ff. 참조. Von Bar and Clive, eds. (2009), p. 556은 객관적 방법(Objective Method)라는 용어를 사용한다.
81) 문서는 그 내용에 따라 처분문서와 보고문서로 구별된다. 전자는 증명할 법률적 행위를 포함하여 이를 그 문서에 의하여 구현하고 있는 것을 말한다. 이 문서에 의하여 증명주제인 법률행위가 있었다는 사실이 증명되는 것이다. 어음, 수표, 유언서, 계약서, 해약통지서 등이 이에 해당한다. 처분문서 이외의 문서는 보고문서이다. 대법원 1997. 5. 30. 선고 97다2986 판결 (공 1997하, 2017) 등 참조.
82) 대법원 1995. 2. 10. 선고 94다16601 판결(공 1995상, 1290) 등 다수.
83) 그러나 영미법상의 parol evidence rule은 실체법상의 원칙으로서, 증거법상의 원칙인 처분문서의 증명력의 법리와는 차이가 있다. 또한 처분문서의 증명력의 경우에는 그 기재내용을 부인할 만한 분명하고도 수긍할 수 있는 반증이 있는 경우에는 처분문서와는 다른 사실을 인정할 수 있는 반면, parol evidence rule의 경우에는 그러한 다른 증거를 제시하는 것 자체가 허용되지 않는다. Farnsworth(2004), §7.2.(pp. 414ff.) 참조.

있다고 하여도 그에는 상당한 비용이 든다. 그리고 이처럼 비용이 들 때에는 법원 판단의 오류가능성도 높아진다. 그러므로 만일 당사자들이 분쟁이 생기기 전에 사전적으로 계약서를 작성할 때 당사자의 의도를 명백히 하여 분쟁이 생기지 않도록 한다면 분쟁이 생긴 후의 사후적인 비용이 줄어든다.

그러나 당사자들이 사전에 계약서를 명확하게 작성하는 비용이 크다면 이처럼 사후적인 비용을 줄이는 것이 반드시 효율적인 것은 아니다. 그러므로 경제학적으로는 계약해석의 방법은 계약체결의 사전적 비용과 사후적 비용의 합을 최소화하는 것이라고 말할 수 있다.[84] 따라서 당사자들이 계약체결에 드는 사전적 비용이 그러한 비용을 들이지 않았을 때 발생할 수 있는 사후적 비용보다 적다면, 당사자들로 하여금 그러한 사전적 비용을 지출하게 하는 것이 효율적이다. 문언해석이나 처분문서의 증명력과 같은 법리는 이러한 결과를 가져온다. 다른 한편, 작성자 불이익의 원칙(contra proferentem rule)도 이러한 관점에서 이해할 수 있다. 이는 계약 내용이 불명확할 때에는 그 계약을 작성한 자에게 불이익하게 해석하여야 한다는 것이다. 이 원칙은 약관과 관련하여 가장 문제되고, 우리나라의 약관의 규제에 관한 법률 제5조 제2항도 약관에 관하여 이러한 원칙을 규정하고 있다. 경제적인 관점에서 본다면 계약 내지 약관을 작성한 자는 계약 내지 약관을 좀더 적은 비용으로 명확하게 작성할 수 있으므로, 작성자 불이익의 원칙은 그로 하여금 계약이나 약관을 좀더 명확하게 작성하도록 하는 유인을 제공하는 것이다.[85]

그런데 이러한 문언해석을 더욱 밀고 나간다면, 문언 외의 다른 증거는 극히 제한적으로만 허용될 수 있다고 하게 될 것이다. 미국에서는 전통적으로 이를 형식주의(formalism)라고 불러 왔는데, 20세기 후반에 이르러서는 이는 퇴조를 보였으나, 근래에는 또 다른 형태의 형식주의가 법경제학적인 관점에서 유력하게 주장되고 있다. 이를 신형식주의(neoformalism, new formalism)라고 부르기도 한다.[86]

84) Posner(2005), p. 1583f.는 이를 다음과 같이 표현한다. $C=x+p(x)[y+z+e(x, y, z)]$. 여기서 C는 계약해석에 관한 사회적 거래비용이고, x는 교섭 및 (계약서) 작성비용, p는 소송의 가능성, y는 당사자들의 소송비용, z는 법원의 소송비용, 그리고 e는 계약의 사적 및 사회적 가치를 감소시키는 법원의 오류로 인한 비용이다. 여기서 x는 제1단계, 즉 계약을 체결할 당시의 비용이고, $p(x)[y+z+e(x, y, z)]$는 제2단계, 즉 분쟁이 생겨 소송이 제기된 후의 비용이다. 포스너는 계약의 사법적 집행의 목표는 이 두 단계의 비용을 최소화하는 것이라고 한다. 또한 Hermalin et al.(2007), pp. 88ff. 참조.

85) Farnsworth(2004), §7.11(p. 459f.) 참조. Ayres and Gertner(1989), pp. 87ff.는 이처럼 당사자가 원하지 않았을 결과를 부과하는 방식을 'Penalty Default Rule'이라고 부른다.

계약의 해석에서 문언을 얼마나 중요시할 것인가, 문언 외의 다른 증거를 어느 정도 고려할 것인가는 상황에 따라 달라져야 할 것으로 생각된다. 다시 말해, 계약 당사자 쌍방이 대기업과 같이 계약을 충분히 명확하게 작성할 수 있는 능력을 가진 사람들이라면, 계약 작성의 비용은 상대적으로 적을 것이고, 따라서 이 경우에는 법원은 사후적으로 많은 비용을 들여 계약서와 같은 문언 외의 증거를 조사하기보다는 문언에 충실한 해석을 함으로써 거래비용을 줄일 수 있을 것이다. 반면 계약당사자들이 그러한 능력을 가지지 못하였다면, 법원이 좀더 많은 증거를 고려하는 것이 계약 작성의 사전적 비용을 줄이는 방법이 될 것이다.[87] 미국에서도 근래에는 이처럼 당사자들이 얼마나 숙련되었는지(sophisticated) 여부를 계약해석에서 중요하게 고려하여야 한다고 주장하는 문헌들이 늘어나고 있는 것으로 보인다.[88] 일반적으로 신형식주의의 대표자로 불려지는 슈워츠(Schwartz)와 스콧(Scott)도 주로 기업과 기업 사이의 상사계약에 관하여 형식주의를 주장하고 있다.[89]

다른 한편 계약해석의 기본적인 목적은 당사자들의 의도를 실현시킨다는 데 있다는 점도 염두에 두어야 할 것이다. 그러므로 계약해석에 소요되는 거래비용의 절감은 그 자체가 목적이라고는 할 수 없고, 당사자들의 의사를 실현하는 데 고려해야 할 사항인 것이다.

3. 주관적 해석[90]

그런데 계약의 쌍방이 서로 다른 의사를 가지고 있었던 경우에는 누구의 의사를 계약의 내용으로 할 것인가? 종래의 학설은 이를 규범적 해석이라고 부르고 있다. 그러나 필자는 이를 주관적 해석이라고 부르고 있으며, 규범적 해석이라는 용어는 법원이 당사자의 실제 의사와는 관계없이 어느 해석이 규범적으로 가장 바람직한 결과를 가져오는가 하는 관점에서 결정하는 경우에 관하여 사용하고 있다.[91]

86) 영국의 문헌인 Mitchell(2007), pp. 93ff., 108ff.도 거래비용의 관점에서 형식주의를 분석하고 있다.
87) Hermalin et al.(2007), pp. 98ff.
88) 가장 최근의 문헌으로는 Miller(2010), pp. 493ff. 참조.
89) Schwartz and Scott(2003), pp. 541ff.; (2010), pp. 926ff. 등. 물론 그들은 이러한 계약이 계약법의 주된 적용 영역이라고 보고 있다.
90) 윤진수(2007d), pp. 263ff. 참조.

계약의 쌍방이 서로 다른 의사를 가지고 있었던 경우에는 우선 누구의 의사가 객관적 해석과 일치하는가를 따져야 한다. 즉, 합리적인 당사자라면 계약의 문언을 어떻게 이해하였을 것인가 하는 점이다. 만일 일방의 의사가 객관적 해석의 결과와는 부합하지 않는 반면 상대방의 의사는 객관적 해석과 부합하고, 또 상대방이 객관적 해석의 결과와 부합하지 않는 일방의 의사를 알 수 없었다면 이때에는 객관적 해석과 부합하는 상대방의 의사가 계약의 내용이 될 것이다. 종래의 판례가 법률행위의 해석에 있어서 당사자의 진정한 의사를 알 수 없다고 한다면 의사표시의 요소가 되는 것은 표시행위로부터 추단되는 효과의사, 즉 표시상의 효과의사이고 표의자가 가지고 있던 내심적 효과의사가 아니므로, 의사표시 해석에 있어서도 당사자의 내심의 의사보다는 외부로 표시된 행위에 의하여 추단된 의사를 가지고 해석함이 상당하다고 한 것[92]도 주로 이러한 취지라고 이해된다. 이 경우에 상대방이 알 수 없었던, 객관적 해석에 부합하지 않는 일방의 의사를 계약의 내용으로 확정하는 것은 상대방의 거래비용을 증가시키는 것이 된다. 반면 다른 일방이 자신의 의사를 객관적 해석과 부합하는 방법으로 표시하는 것은 별다른 거래비용이 들지 않는 것이다. 따라서 이 결과는 쌍방의 거래비용의 합을 줄이는 것이 된다.

그러면 일방의 의사가 객관적 해석의 결과에 합치하지 않고, 이를 상대방이 알았거나 알 수 있었던 경우는 어떠한가? 먼저 일방의 의사가 객관적 해석에 합치하지 않는데, 상대방이 이러한 일방의 의사를 알았던 경우에는 비록 그 일방의 의사가 객관적 해석에 합치하지 않는다고 하더라도 그 일방의 의사가 계약이 의미하는 것으로 인정되어야 할 것이다. CISG, PICC, PECL 및 DCFL[93]도 모두 이를 인정하고 있다.

문제는 상대방이 일방의 의사를 알지는 못하였으나 알 수 있었다고 하는 경우이다. 이 경우에 관하여는 상대방에게 과실이 있었으면 표의자의 의사대로 의사표시가 성립한다는 견해, 상대방에게 중과실이 있는 경우에만 표의자의 진의가 법률

91) 윤진수(2007d), pp. 244, 269ff. 등 참조.
92) 대법원 1996. 4. 9. 선고 96다1320 판결(집 44권 1집 민313; 공 1996상, 1399); 1997. 11. 28. 선고 97다11133 판결(공 1998상, 49) 등.
93) II: 8-101 (2).

행위의 내용이 되고, 상대방이 단지 경과실로 표의자의 진의를 알지 못한 경우에는 표시된 바대로의 법률효과가 생긴다고 하는 견해 및 상대방이 표의자의 진정한 의사를 알 수 있었거나 알았어야 하였으나 실제로 그것을 인식하지 못한 경우는 표의자의 의사에 따라 법률효과가 생긴다는 견해 등이 주장되고 있다.[94)] CISG, PICC 및 PECL은 그 일방의 의사를 상대방이 몰랐을 수 없는 경우(could not have been unaware)에는 그 일방의 의사에 따라야 한다고 규정하고 있다.[95)]

우선 일방의 진정한 의사를 상대방이 알 수 있었고, 따라서 알지 못한 데 과실이 있다고 하더라도 그것만으로 일방의 진정한 의사가 기준이 될 수는 없다. 가령 CISG나 PICC가 상정하고 있는, 일방의 의사표시의 의미를 상대방이 그 표의자의 의사가 아닌 객관적인 해석에 따른 의미로 이해한 경우에 관하여 살펴본다. 이때에는 그 표의자로서는 자신의 의사를 상대방이 이해할 수 있도록 표시하였어야 하는 것이고, 상대방에게는 표의자의 의사표시가 과연 표의자의 의사를 제대로 반영한 것인지를 문의하여야 할 의무(Erkundigungspflicht)는 없는 것이다.[96)] 따라서 이러한 경우에는 원칙적으로 표의자가 자신의 의사가 잘못 이해된 데 대한 위험을 부담하여야 할 것이다. 특히, 표의자가 자신의 의사표시가 가지는 객관적인 의미 내지 그것이 상대방에게 어떻게 이해될 것이라는 점을 알 수 있었을 때에는 더욱 그러하다.

그러므로 이 문제는 결국 양 당사자의 책임 정도를 비교 형량하여 결정할 수밖에 없다. 즉, 표의자가 자신의 의사표시를 정확하지 않게 한 잘못이 있다고 하더라도 상대방이 표의자의 진의를 쉽게 알 수 있었고, 이를 알지 못한 상대방의 잘못이 표의자의 잘못보다 크다고 판단될 때에는 표의자의 의사가 기준이 되어야 한다. 많은 경우에는 상대방에게 중대한 과실이 있는 경우에 그렇게 되겠으나, 항상 그렇다고 단정할 수는 없다.

이 문제에 관하여 최근에 선고된 예금주 확정에 관한 대법원 2009. 3. 19. 선고 2008다45828 전원합의체 판결(주 70)을 살펴본다. 1993. 8. 12. 금융실명거래 및 비밀

94) 윤진수(2007d), p. 229 참조.
95) 반면 DCFR: 8-101 (2)는 "일방의 의사를 상대방이 알았어야 할 것을 합리적으로 기대할 수 있는 경우"(could reasonably be expected to have been aware, of the first party's intention)라는 표현을 쓰고 있다.
96) MünchKomm/H. P. Westermann, Art. 8 CISG Rdnr. 3 참조. 같은 취지, Witz/Salger/Lorenz/Witz(2000), Art. 8 Rdnr. 5.

보장에 관한 긴급재정경제명령에 의하여 이른바 금융실명제가 실시된 후, 판례는 예금의 출연자와 예금명의인이 다른 경우에 관하여, 원칙적으로 예금명의인이 예금주가 되는 것으로 보아야 하고, 다만 예외적으로 예금명의인이 아닌 제삼자에게 예금반환채권을 귀속시키기로 하는 명시적 또는 묵시적 약정이 있었다면 예금명의인 아닌 다른 사람이 예금주가 될 수 있다고 하였다.[97] 이후에도 대법원은 한동안 이러한 판례를 유지하여 왔다. 그러던 중 위 대법원 2009. 3. 19. 선고 전원합의체 판결은 종래의 판례를 변경하여, 금융기관과 출연자 등과 사이에서 실명확인절차를 거쳐 서면으로 이루어진 예금명의자와의 예금계약을 부정하여 예금명의자의 예금반환청구권을 배제하고, 출연자 등과 예금계약을 체결하여 출연자 등에게 예금반환청구권을 귀속시키겠다는 명확한 의사의 합치가 있는 극히 예외적인 경우에 한하여 예금명의자 아닌 출연자 등을 예금계약의 당사자로 볼 수 있다고 하였다.

위 판결은 그 근거로서, 처분문서의 증명력에 관한 일반적인 법리와 함께, 금융실명제가 시행된 후에는 특별한 사정이 없는 한 주민등록증 등을 통하여 실명확인을 한 예금명의자가 금융실명법 제3조 제1항 소정의 '거래자'로서 금융기관과 예금계약을 체결할 의사를 표시한 것으로 보아야 하고, 또한 대량적 · 반복적으로 이루어지는 예금거래를 신속하고 정형적으로 처리하여야 하는 금융기관으로서도 출연자가 누구인지 여부 및 출연자와 예금명의자의 내부 관계가 어떠한지에 구애받음이 없이 예금계약의 당사자 확정을 둘러싼 분쟁을 방지하고 법률관계를 명확히 하기 위하여 실명확인을 통하여 계약체결 의사를 표시한 예금명의자를 계약당사자로 받아들여 예금계약을 체결한 것이라고 보아야 하므로, 이와 같이 합치된 쌍방의 의사 및 그에 관한 금융기관의 신뢰는 존중되어야 한다는 점을 들고 있다.

이 글의 필자 중 한 사람은 과거에는 금융기관이 예금명의인 외의 출연자가 따로 있음을 알았을 때에는 출연자를 예금주로 보아야 한다고 주장하였다.[98] 그러나 현재에는 계약해석의 일반적인 법리에 비추어 볼 때, 위 대법원 판결과 마찬가지로 예금명의인 아닌 출연자를 예금주로 하겠다는 당사자 사이의 명시적인 의사의 합치가 있는 경우에 한하여 출연자를 예금주로 보아야 한다고 생각한다.[99] 위 판

97) 대법원 1998. 11. 13. 선고 97다53359 판결(공 1998하, 2855) 등.
98) 윤진수(2007e), 310ff.

례는 앞에서 언급한 문언해석의 한 예로 볼 수도 있으나, 이와 함께 주관적(규범적) 해석의 이론도 고려하면 적절한 설명을 할 수 있을 것이다.

우선 금융기관의 입장에서는 판례가 말하는 것처럼, 금융실명제하에서는 대량적 · 반복적으로 이루어지는 예금거래의 특성상 실명확인을 통하여 계약체결 의사를 표시한 예금명의자를 계약당사자로 받아들여 예금계약을 체결하려는 의사를 가진다고 봄이 합리적이다. 다른 한편, 출연자의 경우에도 이러한 금융기관의 의사를 모를 수 없었을 뿐 아니라(could not have been unaware), 자신이 예금주가 되고자 하였다면 이를 명확히 밝혔어야 하고, 그렇지 않았다면 자신이 예금주라고 주장하는 것은 금융기관의 이익에 어긋나는 것으로서 허용되어서는 안 될 것이다. 이는 예금명의인의 경우에도 마찬가지이다. 예금명의인이 내심으로는 출연자를 예금주로 하는 의사를 가지고 있었다고 하더라도, 이를 명확히 밝히지 않았다면 이러한 의사는 고려될 수 없는 것이다.[100]

그런데 이러한 경우 금융기관의 대리인인 임직원이 실명확인절차를 거친 명의인이 아닌 출연자를 예금계약의 당사자라고 합의하였다면 이때에는 출연자가 예금주가 되는 것이 아닌가 하는 의문이 있을 수 있다. 그러나 대량적 · 반복적으로 이루어지는 예금거래의 특성을 고려한다면 그와 같이 보기는 어려울 것이다. 가령 당해 임직원이 다른 곳으로 전출되었다면 그러한 합의가 명확한 문서로 남아 있지 않는 한 금융기관의 다른 임직원으로서는 이를 알 수 없는 것이다. 이 점에 관하여 위 전원합의체 판결에서의 양창수 대법관의 보충의견은, 그러한 임직원의 합의는 그의 금융기관에 대한 임무에 위배되는 행위로서, 대리권 남용에 관한 법리의 배후에 있는 대리행위에서의 위험 분배에 관한 사고가 이에 유비(類比)될 수 있다고 한다.[101]

99) 손철우(2010), p. 163은 위 판례가 반드시 묵시적인 합의의 경우를 배제한 것은 아니라고 주장하지만, 묵시적 합의가 판례가 말하는 '명확한 의사의 합치'에 해당하는 경우란 상상하기 어렵다. 오영준(2009), p. 264도 같은 취지이다.

100) 오영준(2009), pp. 256-257 참조.

101) 이와 유사한 문제는 대리인이 상대방과 통모하여 허위표시를 한 경우에 그러한 사실을 알지 못한 본인에 대한 관계에서 그 무효를 주장할 수 있는가 하는 점이다. 이에 관하여는 민법 제116조 제1항은 의사표시의 하자에 관하여는 대리인을 표준으로 한다고 규정하고 있으나, 이는 어디까지나 대리인이 행한 의사표시의 상대방을 보호하려는 취지이기 때문에, 대리인이 본인을 속일 목적으로 상대방과 통모한 경우에는 그 적용이 없다는 주장도 유력하다. 간단한 소개는 윤진수(2008e), p. 37 註 57) 참조. 이는 일종의 대리인 문제(agency problem)라고 할 수 있다.

4. 보충적 해석

보충적 해석이란 계약을 체결할 때 당사자들이 미처 생각하지 못하여 계약에서 약정한 바 없는 사항에 관하여 분쟁이 생기는 경우에, 당사자들이 그러한 사항에 관하여 약정하였더라면 어떻게 약정하였을까[102]를 추측하여 그러한 공백을 보충하는 것을 말한다.[103] 경제학적인 관점에서는 이는 전형적으로 앞에서 언급한 완전계약을 재구성하는 문제라고 할 수 있다.

이제 이러한 보충적 해석의 방법을 공통의 착오 문제에 적용하여 본다. 공통의 착오란 계약당사자 쌍방이 어떤 점에 관하여 동일한 착오에 빠진 경우를 말한다. 예컨대, A가 자신이 가지고 있던 자기가 고려자기의 모사품인 것으로 알고 싼 값에 B에게 팔았고, B도 그와 같이 믿고 샀는데, 나중에 그 자기가 진품 고려자기임이 밝혀진 경우에 어떻게 되는가 하는 점이다. 여기서는 두 가지가 문제될 수 있다. 그 하나는 A가 B에게 진품 고려자기의 값을 청구할 수 있을까 하는 점이고, 다른 하나는 이러한 경우에 착오를 이유로 하는 취소가 허용될 것인가 하는 점이다.

먼저 앞의 경우를 살펴본다. 통상적으로는 그러한 경우 B가 진품 고려자기의 값을 내고 살 의사가 있을 것으로는 생각되지 않는다. 그러나 일반적으로 그러한 경우를 배제할 수는 없다. 가령 대법원 1994. 6. 10. 선고 93다24810 판결[104]의 경우를 본다. 이 사건에서는 토지의 매수인인 피고 은행이 매도인인 원고가 부담하여야 할 양도소득세 등도 매수인이 부담하기로 하였으나, 이를 전액 부담하기로 약정하는 경우에는 과세관청이 피고가 부담하는 세금도 과세표준의 산출근거인 양도가액에 포함시켜 또다시 양도소득세 등을 부과하게 되어 피고가 부담할 세금의 액수가 거듭 늘어나고 그 액수를 확정할 수 없게 되는 문제점이 생기기 때문에 이를 예방하기 위하여 원래의 매매대금에 대한 양도소득세 등의 세금과, 피고가 위 세금을 부담할 경우 이를 양도가액에 포함시킴으로써 추가로 납부하여야 할 세금만을 피고가 부담하고, 다시 그로 인하여 추가로 부과되는 세금은 피고가 부담하

102) 이른바 가정적인 당사자의사(hypothetischer Parteiwille).
103) 대법원 2006. 11. 23. 선고 2005다13288 판결(공 2007상, 24) 참조.
104) 공 1994하, 1920.

지 않겠다는 점을 명확하게 하기 위하여 피고 은행이 세무사에게 의뢰하여 산출한 세액 532,399,720원만을 부담하고, 추가로 부과되는 액수는 부담하지 않기로 약정하였다. 그런데 실제로는 위 계산한 세액 자체가 잘못 산출되어 원고가 납부하여야 할 세금이 위 532,399,720원 외에 377,802,450원을 더 납부하여야 한다는 사실이 매매계약이 이행된 후에 밝혀졌다. 대법원은 이 경우에 원고의 착오를 이유로 하는 취소 주장을 받아들였다. 그러나 이러한 경우에 피고 은행이 세금이 더 많이 나온다는 것을 알았다면 이를 부담하고라도 샀을 것이라는 사정이 있다면, 이 경우에는 원고의 취소 주장을 받아들이기보다는 피고에 대하여 추가로 부과된 세금을 지급하라고 명하는 것이 합리적이었을 것이다. 다시 말해, 계약을 쌍방이 당사자가 착오 사실을 알았더라면 가졌을 의사(가정적 의사)에 따라 체결하였을 내용으로 수정(adaption)하게 하는 것이 가장 바람직한 것이다.[105)]

그런데 당사자의 그러한 의사를 인정할 수 없는 경우에는 어떠할까? 위 판례는 착오로 인한 취소를 인정하였다.[106)] 위 사안에서는 위와 같은 착오를 피고가 유발하였으므로 취소를 인정하는 것이 합리적일 것이다. 다시 말해, 이러한 경우에는 피고가 최소비용회피자이다. 다른 경우를 예로 든다면, 대법원 1997. 8. 22. 선고 96다26657 판결[107)]은 고려청자인 것으로 믿고 산 도자기가 진품이 아닌 것으로 밝혀진 경우에 매수인의 착오로 인한 취소 주장을 받아들였다. 이 경우에도 매도인이 그 도자기가 진품인지 여부를 매수인보다 더 잘 알 수 있는 위치에 있었을 것이므로 착오 취소를 인정하는 것이 효율적이다.

그런데 반대로 취소를 주장하는 당사자가 최소비용회피자인 경우에는 어떠한가? 가령 자신이 모사품이라고 믿고 판 도자기가 실제로는 진품인 경우에는, 그 자기가 진품인가 아닌가는 이를 보유하고 있는 사람이 더 잘 알 수 있는 문제이고, 따라서 이 경우에는 매도인에게 손해를 부담시켜야 한다고 생각할 수 있다. 그렇지 않으면 매도인은 그 자기가 진품인지 여부를 확인하는 것을 게을리하게 되고, 이는 결국 거래비용의 증가를 가져온다는 것이다.

105) 공통의 착오에 있어서 계약의 수정에 관하여는 윤진수(2007d), pp. 82ff. 참조.
106) 공통의 착오의 경우에 취소를 인정한 판례의 소개는 윤진수(2007d), pp. 89ff. 참조.
107) 공 1997하, 2786.

그러나 다른 한편으로는 위와 같은 경우에 모사품인줄 믿고 산 매수인에게 진품 도자기를 보유하게 하는 것은 그로 하여금 기대하지 않았던 이익(windfall gain)을 얻게 하는 것이다. 이러한 기대하지 않았던 이익이 생긴다는 것은 그 도자기의 효용을 매수인이 매도인보다 더 높게 평가하였다고 말하기는 어렵다는 것을 의미한다. 그렇다면 그 도자기를 매수인이 보유하게 하는 것도 반드시 효율적이라고 할 수는 없는 것이다.

그러면 이 경우에는 어떻게 하는 것이 가장 좋은 방법일까? 필자의 생각으로는 매도인의 착오로 인한 취소 주장을 받아들이되, 그 대신 매수인에 대하여 위 도자기가 모사품이었을 경우 매수인이 얻었을 이익(이행이익) 상당을 배상하게 하는 것이 합리적인 해결책이라고 생각한다. 다시 말해, 이러한 경우에는 매수인도 자신이 계약체결 당시에 가졌던 기대는 보호를 받는 것이 되므로, 계약을 체결한 목적이 거의 달성되는 결과가 된다. 이는 말하자면 앞에서 언급한 효율적 위반의 이론을 적용한 셈이다. 매수인 입장에서는 손해배상을 받을 수 있으므로 그러한 취소에 대비하여 거래비용을 지출할 요인은 최소화된다. 반면 매도인으로서도 자신이 도자기의 진품 여부를 확인하지 않고 매도하였다면 착오가 밝혀지지 않는 경우에는 그 도자기로 인하여 얻을 수 있는 이익을 잃게 되는 셈이므로, 반드시 그 도자기의 진품 여부를 확인하지 않을 도덕적 해이가 생길 것으로는 생각되지 않는다.

그런데 실제로는 그러한 해결책을 채택하고 있는 입법례를 찾기 어렵고, 대부분의 경우에는 무조건적인 착오 취소를 인정하고 있다. 다만 독일 민법 제122조 제1항은 착오를 이유로 상대방 있는 의사표시를 취소한 사람에 대하여는 그 상대방이 의사표시의 유효를 믿음으로 인하여 입은 손해를 배상하도록 규정하고 있다. 그러나 위 규정은 상대방이 의사표시의 유효를 믿음으로 인하여 입은 손해의 배상(이른바 신뢰이익, reliance interest의 배상)으로서 이행이익의 배상은 아니다. 나아가 독일의 많은 학자들은 위 규정은 공통의 착오의 경우에는 적용되어서는 안 된다고 주장한다.[108)] 왜 위와 같은 해결책이 채택되지 않고 있을까?

108) 그러나 Huber(2001), p. 13은 이러한 경우에 손해배상의무를 부담시키는 것은 착오자가 자신의 잘못된 판단의 결과를 부담하여야 한다는 점에서 정당화될 수 있다고 주장한다.

Ⅴ. 계약위반에 대한 구제

1. 손해배상의 범위

민법이 정하는 계약위반에 대한 구제수단 중 현실적으로 가장 중요한 의미를 가지는 것은 손해배상이다. 민법 제390조는 계약위반에 대하여 일반적으로 손해배상을 인정하고 있고, 통설 · 판례는 이때 손해배상이 채무자가 계약을 이행하였더라면 채권자가 얻을 수 있었을 이익, 즉 이행이익에 미친다고 본다.[109] 이러한 결론은 이미 법해석상으로는 민법 제393조 제1항의 '채무불이행으로 인한'이라는 표현, 즉 채무불이행과의 인과관계라는 개념에서 끌어낼 수 있는 것이지만, 경제적인 관점에서도 끌어낼 수 있고, 또 계약위반에 대한 구제수단의 경제적 분석의 기초를 이루는 것이기도 하다. 그 핵심은 이행이익 배상이 채무자가 계약위반 여부를 결정함에 있어 그 결정이 사회적으로 효율적이 되도록 해 주고, 채무자가 계약이행이 불능이 되지 아니하도록 주의함에 있어 최적 수준의 주의를 기울이게 해 주어, 계약이행에 있어 효율성을 달성하게 해 준다는 점에 있다.

먼저, 채무자의 고의적인 계약위반 결정에 관하여 본다. 갑이 인접한 그 소유의 B대지와 합쳐 쇼핑타운을 신축할 계획으로 을과 사이에 을 소유의 A대지를 1억 2,000만 원에 매수하기로 하는 내용의 매매계약을 체결하였고, 이때 갑이 누릴 이익, 즉 A대지의 갑에 대한 가치가 1억 5,000만 원 상당이다. 만일 병이 A대지를 1억 5,000만 원 이상의 가치로 활용할 수 있다면 을이 계약을 위반하여 A부동산을 병에게 양도하는 것이 배분적 효율을 달성하는 길이다. 이때의 계약위반을 효율적 계약위반이라고 한다. 법원이 을에게 3,000만 원(=1억 5,000만 원−1억 2,000만 원) 상당의 배상을 명한다면 을은 병이 1억 5,000만 원 이상을 제안할 때만 계약위반을 선택하도록 유인할 수 있고, 효율적 계약이행과 그 위반을 달성할 수 있다. 이는 이행이익

109) 대법원 1999. 6. 25. 선고 99다7183 판결(집 47권 1집 民308).

의 배상과 일치한다.[110)111)]

다음으로, 채무자가 계약이행을 위하여 기울일 주의 수준, 즉 과실에 의한 계약위반에 관하여 본다. 갑이 을과 사이에 을 소유의 A창고를 차임 4,000만 원에 임차하여 의류도매행사를 개최하려고 한다. A창고의 가치는 3,000만 원, 이 행사의 가치는 5,000만 원이고, 이 창고에는 30%의 확률로 화재가 발생할 위험이 있으며, 이 화재를 방지하는 데 1,000만 원의 비용이 소요된다. 임대차계약이 체결되기 전이라면 을은 화재방지조치를 취하는 데 드는 비용이 화재로 인한 손실의 기댓값 900만 원(=3,000만 원×30%)보다 크므로 화재방지조치를 취하지 아니할 것이고, 이는 그 조건에서는 효율적이다. 그러나 임대차계약을 체결하였고, 계약위반시 갑의 이행이익을 배상할 책임을 진다면 을은 화재로 인한 손실의 기댓값이 2,400만 원 [=(3,000만 원+5,000만 원)×30%]이 되어 화재방지조치를 취할 것이고, 이제는 이것이 효율적이다.[112)113)]

요컨대, 이행이익의 배상을 명함으로써 채무자가 고의 또는 과실로 계약위반을 함에 있어 최적의 계약위반 결정 내지는 주의 수준 결정을 유도할 수 있다는 것이다.

그런데 민법은 이에 그치지 아니하고 제393조 제1항에서 손해배상의 범위를 통상의 손해로 제한한 다음, 제2항에서 특별한 사정으로 인한 손해는 채무자가 예견가능하였을 때에만 배상의 대상이 된다고 한다. 이는 영국의 판례인 Hadley v. Baxendale[114)]과 맥을 같이 하는 것이고,[115)] 근래 CISG, PICC, PECL, DCFR도 대체로 비슷한 입장을 채택하고 있다. 이러한 요건을 부가하면 어떤 손해가 통상의 손해

110) 최초의 경제적 설명은 Birmingham(1969), p. 284f. 이다. 좀더 수학적인 것으로, Barton(1972).

111) 보다 일반적으로 다음과 같이 설명할 수 있다. 갑의 이익을 V, 을의 비용을 C, 매매대금을 P, 계약체결시점을 T_1, 이행시를 T_2라고 하면, 거래가능조건은 $V_1 \geq P$, $P \geq C_1$, 이 계약의 T_1에서의 (기대되는) 사회적 이익은 $V_1 - C$이고, 이 계약은 $V_1 - C_1 \geq 0$일 때 사회적으로 효율적이다. T_2에 을은 계약을 이행하면 $P - C_2$의 이익을, 계약을 위반하면 손해배상금 D의 이익을 보므로, $P - C_2 \leq D$이면 을은 계약을 위반할 것이다. 그런데 T_2에서 계약이 사회적으로 비효율적일 조건은 $V_2 - C_2 \leq 0$이므로, D는 이 조건을 항상 만족하는 $-(V_2 - P)$가 되어야 하는데, 이는 이행이익의 배상을 의미한다. 위 계약의 공동의 이익($V_2 - P$)을 행위자인 을에게 내부화(internalize)시키는 셈이다.

112) Cooter(1985), p. 11f.; Bebchuck and Png(1999), p. 323f.

113) 보다 일반적으로 다음과 같이 설명할 수 있다. 계약이행이 불능이 되는 사유가 발생할 확률을 p, 이를 방지하기 위하여 주의를 기울이는 데 드는 비용을 B라고 하면, 을은 계약이행이 불능이 되는 경우 급부 목적물 자체를 상실하여 입는 손해 C와 이행이익 배상을 해 줌으로써 입는 손해 $V-C$ 합계 V 상당 손해에 관하여 $B=p \cdot V$가 되도록 주의를 기울이게 될 것이다. 이때 을이 취할 주의 수준 B는 곧 사회적으로 최적의 주의 수준인 B^*가 된다. 이는 핸드 공식(Hand formula)의 한 적용례라고 할 수도 있다.

114) [1854] 9 Exch. 341.

115) 이 규정의 계보는 좀더 복잡하지만 이에 관하여는 다루지 아니한다.

이고 어떤 손해가 특별한 사정으로 인한 손해인지의 구별이 중요해지는데, 그 구별기준이 반드시 명확한 것은 아니다. 특별한 사정으로 인한 손해의 경우 언제 예견가능하여야 하는지, 계약체결 당시인지 아니면 이행시인지에 관하여도 다투어지고 있다.

이는 경제적으로는 다음과 같이 설명할 수 있다. 이행이익의 배상에 관한 경제적 분석이 갖고 있는 문제 중 하나는 채무자 을이 채권자 갑의 이행이익이 얼마인지 알고 있다고 가정하여야 을이 효율적인 계약위반 및 주의 수준의 결정을 할 수 있는데, 그러한 가정이 반드시 타당하지는 아니하다는 점에 있다. 채권자가 이행이익이 5,000만 원인 경우와 2,000만 원인 경우 두 유형 중 하나라면, 이행이익이 2,000만 원인 갑은 계약체결 과정에서 자신이 그러한 유형임을 밝히고 —을이 이를 믿지 아니하는 경우에는 가령 손해배상액을 2,000만 원으로 제한하는 약정을 제안하는 등으로 이를 믿게 하여— 매매대금을 감액할 유인이 있다.[116] 그러나 반대로 갑이 이와 같은 사정을 밝히지 아니하는 경우 불능이 되더라도 그 부분에 해당하는 손해배상을 받을 수 없다는 규칙이 정해져 있다면, 이번에는 이행이익이 5,000만 원인 갑이 —매매대금의 증액을 감수하면서— 을에게 그 사실을 알리게 될 것이다.[117] 그러므로 어느 쪽이든 채권자의 이행이익에 관한 정보가 전달되어 결과가 거의 같아지지만, 갑이 을에게 어떤 사실을 알리고 이를 믿게 하는 데에도 비용이 소요되므로, 갑이 이행이익이 2,000만 원일 확률이 더 높다면 예견가능성을 요구하지 아니하는 쪽이 보다 효율적이고, 이행이익이 5,000만 원일 확률이 더 높다면 예견가능성을 요구하는 쪽이 더 효율적이라고 할 수 있다. 통상의 손해와 특별한 사정으로 인한 손해를 그러한 손해가 발생할 확률이 높은지에 따라 구분한다면 정보전달비용을 절약할 수 있다. 예컨대, 상인 간 매매에서는 전매로 인한 이익 취득이 목적으로 되는 것이 통상적이므로, 오히려 전매를 목적으로 하지 아니하는 경우 매수인이 이를 알리고 대금을 감액하게 하는 것이 효율적이지만, 상인 간 매매가 아니고 목적물이 상품으로서의 성격을 가지지 아니하는 동산의 매매나 부동산의

116) 계약위반 및 손해배상 가능성을 고려한 을의 비용은 $C+B^*$ 또는 B^*의 주의를 기울이더라도 p^*의 계약이행 불능 가능성이 있다면, $C+B^*+p^* \cdot (V-C)$가 된다. B^*와 $p^* \cdot (V-C)$는 V가 증가함에 따라 증가하므로 갑의 이행이익이 커지면 $P \geq C+B^*+p^* \cdot (V-C)$인 P도 커진다.

117) Bebchuk and Shavell(1991).

매매와 같은 경우에는 매수인이 전매로 인한 이익 취득을 목적으로 하는 특별한 경우에 이를 매도인에게 알리게 하는 것이 더 효율적이라는 식이다.[118)]

판례는 특별한 사정으로 인한 손해의 예견의 시기에 관하여 이행기 내지 채무불이행이 발생할 때까지 예견가능하면 족하다고 한다.[119)] 이를 효율성의 관점에서 평가한다면, 일반적으로 계약체결시에는 예견할 수 없었지만 이행시에 예견할 수 있게 된, 이행이익을 증가시키는 사정을 고려함으로써, 을로 하여금 실제 이행이익을 기준으로 계약위반 여부를 결정하고 계약이행이 불능이 되지 아니하도록 주의를 기울이게 한다는 점에서는 효율성을 증진시킨다고 볼 수 있다. 그러나 당초의 이행이익에 대한 예상을 기준으로 계약상 대금을 결정한 을로서는 사후적으로 더 많은 비용을 지출해야 하는 문제가 있다. 특히, 이것이 갑의 행위에 의하여 조정될 수 있는 경우, 예컨대 앞서 창고 임차의 예에서 갑이 사후적으로 1억 2,000만 원의 이익을 볼 수 있는 공연을 추가로 유치하는 경우에는 갑의 기회주의적 행동을 초래하여 효율성을 감소시킬 수 있다. 반면 계약체결시 예견할 수 있었던 사정을 기준으로 삼더라도 갑은 사후 이행이익이 더 크다는 사실을 알게 되면 을과 재협상(renegotiation)을 하여 –어느 정도의 차임 증액을 받아들이고– 을의 주의 수준을 올릴 수 있을 것이다.[120)] 그러나 이때에도 재협상에 비용(거래비용)이 소요되고 그러한 한도에서는 역시 효율성이 감소한다. 이러한 효율의 증진 · 감소효과를 비교하여 효율적인 예견시점을 결정하는 것이 가장 효율적이다. 을에게 상당한 주의비용의 증가를 초래하지 아니하는 새로운 사정이라면 이행시까지 발생한 사정도 고려하여야 하지 않을까?[121)]

2. 강제이행

보통법(Common Law)이 특정 이행(specific performance)을 예외적 · 보충적으로만 인정하는 것과 달리, 민법 제389조 제1항 제1문은 계약위반에 대한 일반적 구제수

118) 윤진수(2008f), pp. 57-59 참조.
119) 대법원 1985. 9. 10. 선고 84다카1532 판결(집 33권 1집 民1)
120) 이 한도에서 이는 코즈(Coase) 정리의 한 적용례라고 할 수 있다.
121) 이 한도에서는 Goetz and Scott(1983), pp. 1012ff.

단 중 하나로 강제이행을 인정한다. 판례도 —보통법에서 특정 이행을 인정하지 아니하는 대표적인 예로 들고 있는— 불특정 대체물의 인도채무에 대하여도 강제이행도 허용함으로써[122] 이를 확인하고 있다.

강제이행의 효율성은 법경제학에서 계속적으로 논란의 대상이 되어 왔다. 강제이행이 효율적 계약위반을 방지하므로 원칙적으로 급부 목적물이 특이성(uniqueness)이 있는 경우에 한하여 허용해야 한다는 견해에서[123] 주는 채무에 관하여는 널리 허용할 수 있다는 견해,[124] 일반적으로 허용해도 된다는 견해까지[125] 다양한 견해가 주장되고 있다. 이미 명문규정으로 강제이행을 일반적으로 허용하는 우리 민법에서 이러한 논의의 의미가 보통법에서와 같을 수는 없다. 그러나 같은 태도를 취해 온 독일 민법이 근래 강제이행을 제한하는 개정을 하였음에[126] 비추어 경제적 관점에서 보통법과 우리의 입장 사이의 우열을 살펴보는 것이 의미가 없지는 아니하다.

손해배상의 경제적 효율성은, 무엇보다도 효율적 계약위반을 가능하게 한다는 점에 있다. 그러나 이와 관련하여서는 강제이행을 허용하더라도 계약위반이 효율적이라면 거래비용이 높지 아니한 이상 당사자는 재협상을 통하여 계약위반에 이를 수 있다는 점을 아울러 고려하여야 한다. 앞의 부동산 매매의 예에서 병이 1억 7,000만 원을 제의하였다면, 을은 병으로부터 1억 7,000만 원을 받아 갑에게 매매대금 및 그 이행이익의 합계액 1억 5,000만 원을 초과하는 1억 6,000만 원을 제시하고 매매계약을 합의 해제할 수 있다는 것이다.[127] 물론 실제로는 어느 정도의 거래비용이 존재하기 마련이다. 전형적으로, 손해배상에는 과소배상과 이로 인한 과다한 계약위반의, 강제이행에는 재협상 실패와 이로 인한 과다한 계약이행의 비용이 있다. 결국 이 문제는 손해배상과 강제이행의 거래비용 중 어느 쪽이 더 높은지

122) 대법원 1975. 5. 13. 선고 75다308 판결(집 23권 2호 민61).
123) Kronman(1977).
124) Shavell(2006). 재화를 생산하는 계약(contract to produce)은 일반적으로 재협상(renegotiation)이 비용이 많이 들고 특정 이행의 관리비용(administrative cost)도 높으나 재화를 인도하는 계약(contract to convey possession)에서는 그러하지 아니하다고 한다. 수학적인 설명으로는 Shavell(1984).
125) Schwartz(1979), Ulen(1984). 공통적으로 재협상의 거래비용이 높다고 볼 이유가 없다는 점, 채권자가 일반적으로 상대적 대체거래비용(relative cover cost)이 더 낮다고 볼 이유가 없다는 점 등을 지적한다. 한편, Eisenberg(2005)는 이러한 입장을 지지하면서도 더 나아가 실제 대체거래가 이루어졌을 때(이를 virtual specific performance라고 한다) 이를 기준으로 배상하는 것이 가장 바람직하다는 주장을 한다.
126) 2002년 개정된 독일 민법 제275조 제2항, 제3항.
127) 이 또한 코즈 정리의 한 적용례라고 할 수 있다.

의 문제로 환원된다. 이는 책임원칙과 재산원칙(property rule)의 선택 문제의 일종이다. 원칙적으로 경험적 연구에 의하여 결정할 일이지만, 일응 강제이행이 손해배상액의 산정과 같은 복잡한 과정이 필요하지 아니하여 대체로 비교적 적은 거래비용으로 관철될 수 있고, 손해배상에 특유한 과소배상의 문제도 피할 수 있으며, 이미 한 차례 계약체결에 이른 바 있는 당사자 사이의 재협상이 반드시 거래비용이 높다고 할 수도 없으므로, 강제이행의 거래비용이 손해배상의 거래비용보다 일반적으로 높다고 볼 근거는 없다고 보인다. 대체재(substitute)가 풍부한 경우(thick market)에는 버티기(hold-up)로 인한 재협상의 곤란과 과소배상의 문제 모두 크지 아니하고, 그렇지 아니한 경우(thin market)에는 둘 다 크기 쉽다는 것이다.[128] 따라서 어느 한 쪽이 더 낫다는 선험적인 판단은 불가능하고, 강제이행을 널리 허용하는 민법의 태도가 이를 제한적으로만 허용하는 보통법의 태도보다 효율적 계약위반을 억제하여 비효율적이라고 볼 수는 없다고 여겨진다.[129][130]

3. 계약해제

계약해제는 손해배상 및 강제이행과 함께 계약위반에 대한 구제수단의 중요한 한 축을 담당하고 있다. 이에 관하여 민법은 일정한 경우 사전에 최고(催告)하고 계약을 해제할 것을 요구할 뿐이지만(제544조), 판례는 나아가 가분급부의 경미한 일부만이 이행되지 아니한 경우나[131] 부수의무 위반에[132] 대하여 계약해제를 인정하지 아니한다. 또 민법 제551조는 계약해제에도 불구하고 손해배상을 구할 수 있

128) Goetz and Scott(1983), pp. 976ff. 이러한 경우에 대하여 Mahoney(1995)는 금전배상만을 허용하면 배상금을 지급하고 강제이행청구권을 되사는 콜옵션(call option)을 부여하는 것과 같은데, 이는 위험기피적(risk-averse)인 채무자에게는 옵션 프리미엄(option premium)만큼 보수의 변동가능성을 줄여 주고 채권자에게는 옵션 프리미엄만큼 대금을 감소시켜 모두에게 이익이므로, 위험기피적인 당사자는 손해배상만을 허용하는 계약을 선호할 것이고, 이로써 손해배상과 강제이행의 거래비용 사이에 유의미한 차이가 없는 경우 손해배상만을 허용하는 보통법의 원칙의 효율성을 설명할 수 있다고 한다.

129) Grundmann and Hoerning(2007), pp. 434ff.는 독일법에 관하여 같은 취지로 주장한다.

130) 또한 강제이행이 비효율적인 경우 중 상당수는 그로 인한 거래비용 중 관리비용이 채권자에게 내부화되어 있어 채권자 스스로 강제이행을 선택하지 아니할 것이어서 구제수단 간 선택의 효율성이 달성된다. Lando and Rose(2004). 거꾸로 강제이행이 비효율적이라면 ―그다지 거래비용, 즉 편입비용이 높지는 않을― '강제이행은 배제된다'는 계약조항이 채택되는 예가 거의 보이지 아니하는 것은 어떻게 설명할 수 있을까? 이것이 단지 현상유지편향(status quo bias)에 불과하다고 할 수 있을까?

131) 대법원 1971. 3. 31. 선고 71다352 판결(집 19권 1호 민304).

132) 대법원 2005. 11. 25. 선고 2005다53605, 52712 판결(공 2006, 30).

도록 하고 있으나, 이때의 손해배상의 범위에 관하여는 명문규정이 없어 해석상 다툼이 있는데, 판례는 계약이 해제되어 소급적으로 소멸하였음에도 이행이익의 배상이 가능하다고 한다.[133] 이러한 판례는 경제적인 관점에서 효율적이라고 볼 수 있을까?

계약의 성립 과정에 흠이 있어 계약이 무효 또는 취소되는 경우와 달리, 계약 위반이 있다는 이유로 계약의 구속력에서 벗어날 수 있게 하는 것은 결코 논리 필연적인 결론은 아니다. 계약해제가 본래 당사자 사이의 약정인 실권약관(lex commissoria)에서부터 발전하였다는 점에 비추어 보면 이것이 효율성을 달성하기 위하여 당사자들이 전형적으로 원하는 것에 속하여 임의규정이 되었다고 짐작해 볼 수 있다. 그렇다면 해제는 어떠한 의미에서 효율적인가? 대체로 다음과 같이 정리할 수 있다고 생각된다.

먼저, 쌍방 채무가 모두 이행되기 이전에 채무자가 자기 채무를 이행하지 아니하는 경우 계약해제는 한편으로는 자기 채무를 면하여 급부 목적물을 제3자에게 전매 기타 대체거래(cover transaction)할 가능성을 확보해 주고, 다른 한편으로는 상대방의 채무이행을 구하는 대신 손해배상을 받을 수 있게 해 준다.

앞서 본 두 번째 예로 설명해 본다. 이행기에 이르러 갑이 더는 창고를 필요로 하지 아니하는 경우 갑으로서는 차임을 지급하지 아니하려 할 것이다. 이때 을이 창고를 그대로 두어 창고의 사용가능성 상당의 사회적 순손실을 발생시킨 뒤 이를 갑에게 전가시키기보다 차임 3,500만 원에 정에게 임대하여 손해를 줄이는 쪽이 효율적일 것이다. 이를 위해서는 갑에 대한 임대의무를 면하여야 하므로 계약해제가 필요하다.[134] 반대로 일단 을이 창고를 임대해 줄 생각이 없다면 갑이 강제이행을 통하여 억지로 창고를 인도받는다 하더라도 전기, 수도 등 각종 부대서비스가 제대로 제공되지 아니하는 등 여러 불편이 있을 수 있고, 이는 사실상 급부의 가치를

133) 대법원 2003. 10. 23. 선고 2001다75295 판결(공 2003, 2225)은 이행이익을 원칙으로 한다고 한다. 학설에 관하여는 김재형(2004b), pp. 68ff. 참조.

134) 이때에는 실제 손해, 즉 정에게 임대한 경우에는 500만 원, 임대하지 아니한 경우에는 4,000만 원을 배상하게 할 것이 아니라(이렇게 하는 경우 갑은 정에게 이를 임대할 필요가 없게 된다. 물론 을이 갑을 설득하여 정을 소개하고 임대를 주선할 수 있겠지만, 이는 거래비용이 소요된다), 언제나 500만 원만 배상하여 갑으로 하여금 손해를 감소시킬 유인을 제공하는 쪽이 바람직하다. 대법원 2005. 7. 28. 선고 2003다12083(공 2005, 1406)도 같은 취지에서 "용선계약이 해지됨으로 인하여 용선자가 배상하여야 할 손해의 범위는 [중략] 용선시장의 사정과 거래 관행 등을 고려하여 용선계약에 투입이 예정된 선박을 위 선박의 최종항차 종료일 후 다른 곳에 정상적으로 용선하여 줄 수 있는 시점까지의 합리적인 기간 동안의 손해로 한정함이 상당하다"고 한다.

갉아먹는다. 따라서 갑으로서는 차라리 인근에 있는 정의 창고를 임차하기로 하고 을과의 계약을 해제한 다음 손해배상을 받는 쪽이 더 효율적일 수 있다는 것이다.[135)]

반면 채권자가 이미 계약의 일부 또는 전부를 이행한 경우 계약해제는 손해배상에 갈음하여 원물의 반환을 구할 수 있게 해 준다. 원물반환이 손해배상보다 더 적은 비용으로 관철될 수 있을 때에 이는 거래비용을 절감하는 효과가 있다.[136)]

그런데 이처럼 계약해제가 주로 자기 채무의 이행 또는 반대 채무의 수령과 관련된 거래비용을 절감하는 기능을 효율적으로 달성하려면, 그 점을 제외한 나머지 면에서는 손해배상과 무차별하여야 한다. 예를 들어 보자. 갑과 을이 각각 그 소유의 제1, 2대지를 교환하기로 약정하고 갑이 먼저 제1대지를 양도하였는데 을이 제2대지를 양도하지 아니하고 있다. 갑이 민법 제395조에 의하여 배상받을 수 있는 전보배상액이 1억 5,000만 원, 이행청구를 하였을 때 회복할 수 있는 제1대지의 가치가 1억 원, 신뢰이익이 3,000만 원, 소송비용 기타 거래비용이 손해배상의 경우 1,000만 원, 원상회복+손해배상의 경우 700만 원이다. 만약 민법 제551조의 손해배상이 신뢰이익의 배상에 그친다면, 갑은 계약을 해제하는 경우 1억 2,300만 원(=1억 원+3,000만 원−700만 원)을 회복할 수 있는 반면, 계약을 해제하지 아니한 채 손해배상을 구하면 1억 4,000만 원(=1억 5,000만 원−1,000만 원)을 회복할 수 있다. 따라서 갑으로서는 후자를 택하는 것이 합리적이다. 그러나 거래비용은 곧 사회적 순손실을 의미하므로 거래비용이 더 많이 드는 후자의 대안은 사회적으로는 비효율적이다. 계약해제시에도 이행이익의 배상을 인정하는 판례와 통설의 태도는 이러한 관점에서 효율적인 구제방법 선택을 가능하게 한다.

또 교환계약 당시 제1, 2대지의 시가가 모두 1억 원이었는데, 그 후 제1대지의 시가만 1억 5,000만 원으로 상승하였다고 하자. 갑은 손해가 0이므로 을에게 손해배상을 구할 수는 없지만, 계약을 해제함으로써 1억 5,000만 원 상당의 제1대지를

135) 민법 제395조는 해제를 하지 아니한 채, 즉 자기의 급부의무는 유지하면서 강제이행 대신 손해배상을 구할 길을 열어 준다. 이른바 이행거절은 민법 제544조 단서의 평가를 민법 제395조에까지 연장하는 데 의의가 있는 것인데, 이는 자기 채무는 이행하고 −이를 통하여 자기 채무의 이행과 관련된 효율성은 달성하면서− 이러한 비효율을 막는 데 기여한다.

136) 이를 강제이행이 손해배상보다 더 효율적인 경우, 재산원칙과 책임원칙의 선택 문제에 비교할 수도 있다. Kull (1993), pp. 1499ff. 조금 다른 관점에서 Ulen(1984), p. 356f.도 참조.

회복하여 5,000만 원의 이익을 볼 수 있다. 그러나 이때 갑의 해제가 효율적이라고 볼 만한 근거는 없다. 제1대지의 주관적 가치가 갑에게는 1억 5,500만원 상당에 불과하지만 을에 대하여는 1억 7,000만 원일 수도 있기 때문이다. 따라서 이 경우 을의 계약위반을 문제삼아 계약을 해제하는 것은 비효율적이다. 문제는 갑과 을이 제1대지에 부여하는 가치를 알 수 없다는 점인데, 을이 이행을 거절하지 아니한 이상 갑으로 하여금 해제 전 이행의 최고를 하게 한다든지, 급부의 극히 사소한 일부만 이행되지 아니한 경우에는 해제할 수 없게 한다는[137] 등의 규정과 판례는 이러한 비효율적인 계약해제를 막는 데 기여한다. 또 판례는 "채무불이행을 이유로 매매계약을 해제하려면 당해 채무가 매매계약의 목적달성에 있어 필요불가결하고 이를 이행하지 아니하면 매매계약의 목적이 달성되지 아니하여 매도인이 매매계약을 체결하지 아니하였을 것이라고 여겨질 정도의 주된 채무여야 하고, 그렇지 아니한 부수적 채무를 불이행한 데 지나지 아니한 경우에는 매매계약 전부를 해제할 수 없다"고 하여 이른바 급부의무와 부수의무를 구분하고, 후자에 대하여는 해제를 제한하는데, 이 또한 매수인이 결과적으로 손해를 보는 것으로 판명된 계약(losing contract)에서 벗어나기 위하여 사소한 의무위반을 트집잡음으로써 생기는 비효율을 막는 장치라고 볼 수 있다.[138]

4. 전보배상액의 산정시기

이행이익 산정의 기초가 되는 재화 등의 가격은 시간에 따라 변하기 마련이다. 이로 인하여 전보배상액의 산정에는 산정기준 시기의 문제가 생긴다. 주로 부동산매매에 관하여 발전되어 온 판례의 확고한 입장은 전보배상청구권이 발생한 시점을 기준으로 해야 한다는 것이다. 즉, 이행지체의 경우 '최고하였던 상당한 기간이

137) 급부가 많이 이행될수록 계약해제와 손해배상 사이에 차이가 커지고, 비효율적 계약해제의 유인이 커진다. 계약이 a(단, $0 \leq a \leq 1$)만큼 이행된 상황에서 $C-P \geq 0$이라고 하자(losing contract), 을이 계약을 해제하고 손해배상을 구하는 경우 보수는 원상회복된 기 지급 급부의 가치, 즉 $(1-a) \cdot C + a \cdot C = C$인 반면, 계약해제를 하지 아니하는 경우 보수는 −손해가 없으므로− 현상 그대로, 즉 $(1-a) \cdot C + a \cdot P = C - a \cdot (C-P)$가 된다. 가정상 $C-P \geq 0$이므로 a가 크면 클수록 해제의 거래비용이 높더라도 해제를 선택하는 것이 유리해진다. Kull(1993), p. 1504f.

138) 학설상으로는 부수의무 위반에 대하여 강제이행청구권을 인정해서는 아니 된다는 견해도 주장되고 있으나(곽윤직, 1995, pp. 343ff.(양창수)), 반드시 그렇게 볼 필요가 있는지는 의문이다. 부수의무 위반이라는 범주는 역시 주로 해제의 요건과 관련하여 의미가 있다고 보인다.

경과한 당시의 시가'가, 이행불능의 경우 '이행불능 사유 발생 당시의 시가'가 기준이 된다.[139] 그러나 이러한 태도는 타당하지 아니하다고 생각된다. 이를 경제적 효율성의 관점에서 검토해 본다.

고정가격(fixed price)에 계약을 체결하는 당사자는 한편으로는 급부와 반대급부 그 자체를 원하는 것이기도 하지만 다른 한편으로는 그 급부의 가치와 생산비용의 변동가능성(fluctuation)에 대하여 투기(speculation) 또는 위험배분(risk allocation)을 하고 있다고 볼 수 있다.[140] 가령 갑이 을과 사이에 갑 소유의 대지 위에 8개월 안에 쇼핑타운을 신축해 달라고 하면서 1억 5,000만 원을 지급하는 경우, 갑은 1억 5,000만 원보다 쇼핑타운 신축공사를, 을은 쇼핑타운 공사보다 1억 5,000만 원을 가치 있게 여기는 것이지만, 동시에 갑은 위 쇼핑타운의 가치가 대지의 가치 및 공사비 합계, 가령 5억 원보다 높을 위험에 투기하고 있는 반면, 을은 8개월 내 공사비가 1억 5,000만 원보다 높아지지 아니할 위험에 투기하고 있는 것이기도 하다.[141] 그렇다면 이행불능의 경우 쇼핑타운 자체에 대한 이익은 누릴 수 없다 하더라도, 갑의 부가 갑이 고정된 1억 5,000만 원의 금전보다 선호한 쇼핑타운의 가치변동 가능성에 따라 변동하게 하는 것이 사전적(*ex ante*)으로는 더 효율적이라고 할 수 있다. 따라서 손해배상시를 기준으로 손해배상액을 산정함이 효율적이다. 가격변동의 위험을 보다 잘 부담할 수 있는 사람에게 그 위험을 귀속시키는 결과가 되기 때문이다. 일반적으로 손해배상의 기준시점이 가격변동의 위험을 누가 더 잘 부담할 수 있는지에 따라 결정되어야 한다는 점은 법경제학적 분석에서 어느 정도 알려져 있다고 할 수 있으나, 더 나아가 사정변경이 문제되는 예외적인 경우가 아닌 한 계약당사자는 통상 이에 관하여 이미 결정한 것이고, 원칙적으로 계약당사자가 이 점을 가장 잘 결정할 수 있는 자라는 점은 종종 간과되어 왔다고 보인다.

139) 대법원 1997. 12. 26. 선고 97다243542 판결(공 1998, 406); 1990. 12. 7. 선고 90다5672 판결(공 1991, 427). 그러나 학설상으로는 비판적인 견해가 다수설이라고 보인다. 곽윤직(1995), pp. 570ff.(지원림).

140) 이미 수요량 공급계약(Requirements Contract)에 관하여 Mahoney(1995), pp. 156ff.이 이러한 점을 지적한 바 있으나, 본격적으로는 Scott and Triantis(2004)가 이 문제를 다루고 있다. Scott and Triantis(2004)는 대체물이 풍부한 급부(thick market)의 거래는 생산비와 급부가치의 변동가능성에 대한 투기의 성격을 가지는 경우가 많은데, 손해배상만 할 수 있다고 한다면 생산비와 급부가치의 변동가능성 중 일부를 상대방에게 이전하는 보험과 같은 효과를 가져온다면서, 이는 당사자가 통상 의도한 바가 아니므로 이때에는 위와 같은 묵시적 옵션을 인정할 것이 아니라 명시적 옵션이 없으면 선도계약(forward contract)으로 보아야 하고, 따라서 일반적으로 강제이행을 인정해야 한다고 한다.

141) 양자 중 어느 쪽이 주된 동기를 이루는지는 구체적 사정에 따라 다를 것이다. 가령 시장성이 없는 재화의 거래의 경우 앞의 동기가 압도적이겠지만 파생금융상품과 같이 뒤의 동기 외에는 생각할 수 없는 경우도 있다.

이는 이행지체와 이른바 이행거절의 경우에도 기본적으로 마찬가지이지만, 이때에는 한 가지 고려요소가 추가된다. 이 경우에는 여전히 강제이행도 가능하고, 강제이행의 경우 항상 강제이행 내지 실제 만족시의 가치와 비용이 반영되므로 손해배상에서 이와 달리 전보배상청구권 발생시를 기준으로 한다면 구제방법의 비효율적인 선택이 일어날 수 있다는 것이다. 가령 계약위반 당시를 기준으로 한 손해액이 3,000만 원, 소송 당시를 기준으로 한 강제이행의 이익이 5,000만 원이고, 손해배상의 거래비용이 300만 원, 강제이행의 거래비용이 1,000만 원이면, 손해배상의 보수(payoff)는 2,700만 원에 불과한 반면 강제이행의 보수는 4,000만 원이므로 갑은 강제이행을 선택하게 되는데, 이는 사회적으로 비효율적이다. 이 점에 비추어 보더라도 손해배상액의 산정시는 원칙적으로 강제이행의 경제적 효과와 같게 하여야 한다.[142)]

5. 과소배상의 위험에 대한 보완장치

한편, 판례는 계약위반에 대한 구제수단 중 하나로 이행이익 배상과 함께 신뢰이익 배상도 선택할 수 있게 하면서, 다만 신뢰이익의 배상은 이행이익을 한도로 한다고 한다.[143)] 학설상으로는 판례의 입장을 지지하는 것이 다수이지만, 반대하는 견해도 있다.[144)]

앞서 본 바와 같이 효율적 계약위반 및 효율적 계약이행을 유인하려면 이행이익의 배상이 이루어져야 한다. 그러나 많은 경우 이행이익은 법원이 이를 검증하기 어려워 증명 부족으로 과소배상에 이르게 된다.[145)] 어떤 종류의 계약은 특성상 이러한 경향이 매우 심하여 비효율적인 계약위반의 가능성이 특히 높을 수 있는데, 신뢰이익의 배상은 바로 이러한 증명곤란으로 인한 과소배상의 문제를 완화하

142) 위 논의에서는 원칙을 분명히 하기 위하여 의식적으로 손해경감의무(duty to mitigate)의 일종으로서 대체거래의무를 고려하지 아니하였다. 여기에서는 다만, 채권자 갑이 항상 채무자 을보다 더 저렴한 비용으로 대체거래를 할 수 있다고 전제할 만한 근거가 없고, 금융시장이 완전하지 아니한 이상 가사 을이 갑보다 다소간 대체거래에 유리하다 하더라도 갑으로부터 배상을 받기 전 –돈을 빌리거나 다른 용처의 돈을 전용하여– 대체거래를 하기는 쉽지 아니하다는 점만을 지적해 두기로 한다. 상대적 대체거래비용에 관하여는 주 125)의 문헌 참조.

143) 대법원 2002. 10. 25. 선고 2002다21769 판결(공 2002, 2834).

144) 김재형(2004b), p. 108.

145) 법경제학에서 말하는 이행이익은 급부의 객관적 가치보다는 갑의 만족을 기준으로 하고 있는데, 이는 경제학에서 말하는 주관적 효용 개념에 해당한다.

는 역할을 한다. 이 점은 배상이 이행이익을 한도로 하므로, 이행이익의 증명이 이루어질 수 있으면 이를 원용하면 족하다는 점에서도 알 수 있다.

그러나 다른 한편, 순수한 신뢰이익의 배상은 비효율적으로 과다한 신뢰투자를 유발할 수 있다. 앞서 본 두 번째 예로 이를 설명해 본다. 을이 최선의 주의를 다하더라도 창고에 화재가 발생하여 계약위반이 일어날 확률이 30%라면, 갑이 6,000만 원 상당의 광고비용을 미리 지출하는 경우 행사이익이 7,000만 원 증가한다 하여 이 광고비용을 지출하는 것이 효율적이라고 할 수는 없다. 광고비용 지출의 기대이익이 (−)1,100만원(=70%×7,000만 원+30%×0−6,000만 원)으로 사회적 순손실이 발생하기 때문이다. 이러한 신뢰투자는 비효율적인데, 신뢰이익을 모두 배상해 주면 이러한 문제가 더욱 심각해진다.[146] 그러나 판례와 같이 신뢰이익배상을 이행이익을 한도로 제한하면 과도한 신뢰투자를 어느 정도는 억제할 수 있다.

또한 판례는 장래의 일실이익 및 재산적 손해 중 구체적 손해액의 증명이 어려운 경우에 관하여 증명도를 경감하거나 법원이 제반 사정을 고려하여 자유롭게 손해액을 정할 수 있게 하고 있는데,[147] 전형적으로 과소배상의 위험이 있는 사안에 대하여 증명도의 경감 등을 통하여 비효율적 계약위반의 유인을 감소시키려는 노력의 일환으로 볼 수 있다.

나아가 이른바 법률행위에 의한 대상에 대한 대상청구권(stellvertretendes commodum ex negotiatione)도 과소배상에 대한 보완장치의 일종으로 볼 수 있다. 이는 예컨대 갑이 을로부터 그 소유의 대지를 1억 원에 매수하였는데, 병이 을로부터 1억 2,000만 원에 이를 매수하여 그 앞으로 먼저 소유권이전등기까지 마침으로써 갑에 대한 소유권이전등기의무가 불능이 된 경우, 을의 병에 대한 1억 2,000만 원 상당의 매매대금청구권을 법률행위에 의한 대상으로 보아 갑이 을에 대해 손해배

146) 이러한 문제는 이행이익배상의 경우에도 어느 정도 발생한다. 가령 위의 예에서 광고비용 3,000만 원을 지출하는 경우, 행사의 이익이 3,500만 원 증가하는 상황을 생각해 보라. 이때에도 신뢰투자는 비효율적인 것이다(이는 보상의 역설(the paradox of compensation)의 한 예이다). 물론 그 정도는 순수한 신뢰이익배상보다는 덜 심각하지만. 그리하여 Bebchuk and Png(1999), p. 328은 효율적인 신뢰투자가 있었을 때의 이행이익(이를 'hypothetical expectation measure'이라고 한다)을 손해배상액으로 할 것을 제안한다. 이러한 방법으로 손해배상액을 산정하면 이론적으로는 최적의 신뢰투자와 효율적 계약이행 및 계약위반 결정의 유인이 동시에 달성될 수 있다. 보다 직관적인 설명으로 Cooter(1985), p. 17f. 또 다른 설명방법으로는 Wittman(1981). 이 글에서는 다루지 아니하였지만, Cooter(1985), pp. 11ff.도 지적하듯 이는 널리 손해경감(duty to mitigate)의 문제의 일부를 이루는 것이다. 이에 관하여는 Goetz and Scott(1983), pp. 971ff.

147) 대법원 1991. 4. 28. 선고 91다29972 판결(공 1992, 1698).

상 외에 위 매매대금청구권의 양도를 구할 수 있는지, 그리고 대지의 시가가 1억 원임에도 1억 2,000만 원 상당의 매매대금청구권 전부에 대하여 양도를 구할 수 있는지의 문제이다. 판례의 태도는 반드시 명확하다고 할 수 없고, 학설상으로도 위 두 쟁점에 관하여 각각 논란이 있다.[148)]

이처럼 을이 고의로 부동산을 이중양도하는 경우 손해배상이 실제보다 과소하게 평가될 것을 예상하고 기회주의적 행동을 하고 있을 가능성이 높다. 따라서 이 때에는 이로 인하여 을이 취한 이득 전부의 반환을 명함으로써 기회주의적 행동가능성을 차단하는 것이 오히려 효율적 계약위반 및 계약이행을 유인하는 것이 된다.[149)] 다른 한편으로 보면, 판례는 병이 배임행위에 적극 가담한 경우 갑에게 부동산의 소유권을 확보할 수 있게 하고 있고, 나아가 일반적으로 병이 부동산 이중양도에 관하여 악의인 경우 이러한 해결은 효율적이다.[150)] 이는 병이 여전히 1억 2,000만 원에 위 부동산을 매수하고자 한다면 그 차액 2,000만 원을 을이 아닌 갑에게 주어야 함을 의미한다. 그런데 병이 선의라 하여 1억 원의 손해배상만을 받고 2,000만 원은 을이 취하여도 된다면 을로서는 계약위반이 비효율적이라 하더라도 선의의 병을 이용하여 이를 위반하는 기회주의적 행동을 하게 된다. 1억 2,000만 원 전액에 대하여 대상청구권을 인정한다면 이러한 비효율의 유인을 차단할 수 있다.

6. 매도인과 수급인의 하자담보책임

매매 목적물 또는 도급에서 완성된 일에 흠이 있는 경우 과실이 없더라도 계약해제 및 손해배상을 하여야 하는데, 이를 하자담보책임이라고 한다(민법 제580조, 제667조 이하). 그러나 손해배상의 범위에 관하여는 명문의 규정이 없고, 또 단기의 제척기간이 정해져 있어, 손해배상의 범위에 관하여는 신뢰이익설, 이행이익설 등 여러 학설이 주장되고 있고, 제척기간과 관련하여 채무불이행책임과의 경합이 문제되고 있다. 판례는 근래 하자손해에 대하여는 그대로 배상을 인정하나, 하자에

148) 곽윤직(1995), pp. 289ff.(양창수).
149) Köndgen(1992), pp. 728ff. 국내의 문헌으로 이와 같이 주장하는 것으로는 안법영(1999), pp. 550ff. 이와 달리 반드시 의도적일 필요는 없고 대체거래가 불가능한 계약남용(abuse of contract)이면 항상 이익반환(disgorgement)이 인정되어야 한다는 주장으로 Farnsworth(1984), pp. 1382ff.
150) 윤진수(2007c), pp. 352ff.

의하여 채권자의 다른 법익에 발생한 이른바 하자결과손해 내지 확대손해에 대하여는 과실이 있어야 배상의 대상이 된다는 입장을 채택하였다.[151] 하자담보책임은 역사적으로 복잡한 과정을 거쳐 형성되었고, 근래 앞서 본 점을 중심으로 집중적인 비판을 받고 있어 폐지 여부가 논의되고 있기도 하다. 그러나 경제적으로는 전혀 다른 시각에서 볼 여지도 있다고 생각된다.

무과실의 하자담보책임은 경제적으로는 보험과 같은 기능을 한다. 매도인이 매수인을 위하여 스스로 보험자가 되어 보험을 제공하는 셈인 것이다. 공급자인 매도인이 소비자인 매수인에 비하여 전형적으로 위험중립적(risk-neutral)이라면[152] 이는 경제적으로 효율적이다.[153] 그러나 이러한 고려는 하자손해에 대하여는 타당하다고 할 수 있을지 몰라도 하자결과손해에 대하여는 그러하다고 하기 어렵다. 하자결과손해는 매수인이 얼마나 많은 법익을 매매 및 도급 목적물의 흠과 관련된 위험에 노출시키는지에 따라 그 규모가 전혀 달라질 수 있는데, 이는 매수인에 따라 천차만별이고, 매도인이 사전에 그 규모를 예상하기 어렵기 때문이다. 예상하기 어려운 손해에 대하여는 적정 보험료를[154] 산출할 수 없으므로 매도인이 최적의 보험제공자가 되기 어렵다. 오히려 매수인이 그 자신의 상황에 따라 보험에 가입하는 것이 효율적이다. 즉, 하자확대손해에 대하여는 매도인이 아니라 매수인이 최적의 보험가입자(the cheapest insurer)라고 할 수 있고, 따라서 원칙적으로 하자담보책임의 범위에서 이를 제외하는 판례의 태도는 효율적이다.[155]

한편, 일반적으로 급부에 하자가 있는 경우 이는 인도받아 사용하기 시작한 시점으로부터 일정한 기간 내에 발현될 확률이 높고, 시간이 지남에 따라 그러한 확

151) 대법원 2003. 7. 22. 선고 2002다35676 판결(공 2003, 1762); 2007. 8. 23. 선고 2007다26455, 26462 판결(미공간).

152) 확정적 이익 100과 이익이 0일 확률 50%, 200일 확률 50%인 도박은 기대이익의 관점에서는 같다. 0.5 · 0+ 0.5 · 200=100. 둘 사이의 선택에 무차별한 경우를 위험중립적(risk-neutral)이라고 한다. 그러나 경제주체의 선택이 항상 그러한 것은 아니다. 확정적 이익 100을 취하는 것을 더 좋아하는 사람이 있는가 하면 도박을 더 좋아하는 사람이 있는데, 전자를 위험선호적(risk-loving), 후자를 위험기피적(risk-averse)이라고 한다. 위험기피적인 사람들 사이에도 차이가 있다. 가령 확정적 이익 100을 포기하려면 적어도 200이 될 확률이 60%는 되어야 한다고 생각하는 사람이 있는가 하면 70%는 되어야 한다고 생각하는 사람도 있는데, 후자가 더 위험기피적이다. 100의 손해를 입을 확률이 20%라고 하자. 갑이 25의 비용을 지출하고라도 기댓값 20의 위 손해를 피하고 싶어한다면, 20의 비용이면 족한 을이 갑으로부터 25를 받고 대신 손해가 발생하면 전액을 배상해 주기로 함으로써 양자 모두 이익을 얻을 수 있다. 그런데 을이 위험기피적이라 하더라도 충분히 다수의 동종의 위험을 인수한다면(pooling) 대수의 법칙에 의하여 전체적으로는 일정한 비율의 손해가 발생하므로 위험이 0에 가까워지고 확정적인 손해로 취급할 수 있다. 즉, 이때 을은 위험중립적이 된다. 바로 이것이 보험의 원리이다.

153) Priest(1981).

154) 이 보험료는 결국 매매대금액에 반영될 것이다.

155) Wehrt(1991), pp. 235ff.

률이 체감한다. 반대로 사용기간이 증가함에 따라 도급인의 관리소홀 및 과도한 사용으로 하자가 발현하거나 이에 기여할 가능성은 높아진다.[156] 특히, 도급인이 목적물을 어떻게 사용하였는지를 감시하거나 사후적으로 확인할 방법이 마땅치 않은 경우에 이러한 위험이 큰데, 이러한 문제를 도덕적 해이(moral hazard)라고 한다. 이때 주로 수급인의 영역에서 발생한 하자, 특히 수급인의 과실이라고 할 수 없어도 관리소홀 내지 과도한 사용으로 발생한 하자에 대하여까지 도급인에게 책임을 지우면, 수급인은 이를 조심스럽게 사용할 유인이 없어지고, 도급인은 수급인이 소홀하게 관리하거나 과도하게 사용하는 경우를 고려하여 높은 가격에 보험을 제공해야, 즉 공사대금을 인상해야 한다. 그러므로 일정 기간이 지나 수급인의 영역에서 발생한 흠이 발현된 것일 가능성이 높을 때는 수급인에게 책임을 지움으로써, 즉 배상을 해 주지 아니함으로써 수급인의 효율적 이용을 유인할 수 있다. 단기의 제척기간은 그러한 고려의 산물이라고 이해된다.[157]

한편, 민법 제581조와 제667조는 종류매매와 도급에 관하여 같은 담보책임임에도 하나는 하자 없는 물건의 인도청구를 인정하고, 다른 하나는 보수청구만을, 그것도 과다한 비용을 요하지 아니하는 경우에 한하여 인정하고 있다. 나아가 판례는 널리 건물신축공사 도급계약을 중도해제하는 경우 건물이 사회적으로 가치가 있고 도급인에게도 이익이 되는 한 계약해제의 소급효를 제한한다.[158] 또한 이른바 제작물 공급계약의 경우 그것이 매매인지 도급인지에 관하여 논의가 있는데, 판례는 급부 결과물이 대체물인 경우에는 매매에 준하여, 비대체물인 경우에는 도급에 준하여 처리하여야 한다고 한다.[159]

경제적으로 민법 제581조 제2항, 제667조 제1항의 규율이 목적물이 대체물인지 아닌지에 따라 구별되어 있다는 점이 주목을 끈다. 대체물에서 매도인과 매수인 중 흠 있는 물건을 적정 가격으로 쉽게 처분하여 손해를 경감시키기에 유리한 자는 매도인이다. 따라서 매수인이 목적물을 반환하고 완전물의 급부를 구할 수 있게 해 주어도 효율적인 결과가 달성된다. 반면 비대체물의 경우, 특히 건물의 경

156) 독일 민법상 매도인의 담보책임에 대하여 Leenen(1997), 수급인의 담보책임에 대하여 Michel(2004)이 같은 점을 지적한다. 이러한 사정은 실제 독일 민법상 담보책임의 단기제척기간 규정의 입법 당시 고려된 바 있다.
157) Emond(1989); Kötz(1999), pp. 283ff.
158) 대법원 1986. 9. 9. 선고 85다카1751 판결(집 34권 3호 민12).
159) 대법원 1990. 3. 9. 선고 88다카31866 판결(집 38권 1호 민121); 곽윤직(1997), pp. 431ff.(김용담).

우 그와 같은 거래는 전혀 불가능하다. 그런데 이러한 상황에서 기왕에 완성된 부분을 파괴하고 다시 완전한 급부를 하게 한다면, 기왕에 완성된 부분 상당의 사회적 순손실이 발생한다. 따라서 이러한 경우에는 추완만을 허용하고 부족한 부분은 금전배상을 통하여 전보받도록 하는 것이 효율적이다.[160] 제작물 공급계약의 성질에 대한 구별기준도 같은 맥락이라고 보인다. 한편, 어떤 대체물은 높은 정보비용 등으로 말미암아 일단 한 소비자의 손에 들어가면 그 소비자에게는 여전히 큰 가치를 갖고 있는 것이라 하더라도 제3자에게 전매할 때에는 실제 사용 정도 및 가치감소와 관계없이 큰 교환가치의 감소가 일어나기도 한다. 가령 자동차의 경우 일단 어느 정도 운행한 차는, 중고차 매수인이 그것이 사고차량인지 여부 등을 정확히 확인하기 어렵다는 등의 이유로, 감가상각폭을 훨씬 넘는 교환가치의 감소가 일어나는 것이 보통이다. 같은 물건이 최초의 매수인의 손에 있을 때 훨씬 더 큰 가치를 갖는다는 점을 고려할 때 이러한 경우 완전물급부청구 –이는 경제적으로 재매도 및 동종의 다른 제품의 재매수와 같다– 는 비효율적이다. 이러한 완전물급부청구는 신의칙에 의하여 제한될 여지가 있을 것이다.[161]

7. 위험부담과 이행보조자의 고의 · 과실

쌍무계약에서 일방의 채무가 귀책사유 없이 이행할 수 없게 되면 그 당사자는 자기 채무를 면하지만 상대방에 대한 채권도 상실한다(민법 제537조). 이를 위험부담이라고 한다. 반면, 채무자의 귀책사유가 아니라 오히려 채권자의 귀책사유로 불능이 된 경우에는 채무자는 그 채무를 면하고 상대방에 대한 채권은 여전히 보유하되(민법 제538조 제1항), 채무자가 자기 채무를 면함으로써 얻은 이익이 있으면 이를 채권자에게 상환하여야 하는데(같은 조 제2항), 이때 어떤 경우에 채권자의 귀

160) 다만 이때 손해배상의 기준이 문제될 수 있는데, 판례는 보수에 필요한 비용이 원칙이고, 가치감소가 보수에 필요한 비용보다 현저히 낮을 때에는 가치감소분으로 제한된다고 한다. 실제로 가치감소가 보수에 필요한 비용보다 현저히 낮음에도 불구하고 보수에 필요한 비용 내지 보수를 고집하는 경우 도급인은 자신의 주관적 효용의 손실을 주장하고 있다기보다는 수급인으로부터 더 많은 것을 얻어 내기 위하여 버티기를 하고 있는 것일 가능성이 높다. 그러나 위와 같은 판례의 기준이 기계적으로 관철되는 경우에는 거꾸로 도급인의 주관적 효용을 위하여 객관적 가치에 미치는 영향은 크지 않지만 특히 주의 깊게 시공되었어야 할 부분임에도 수급인이 의도적으로 저렴한 대체시공방법을 쓸 유인이 있게 된다. 이 점에서 적어도 수급인이 기회주의적으로 하자시공을 한 경우에는 그 보수비용 상당을 배상하게 하여야 한다는 주장도 가능하다. Muris(1980), pp. 571ff.

161) Goetz and Scott(1983), pp. 995ff., 1009ff.

책사유로 불능이 된 것인지 그 판단기준이 반드시 분명하다고 할 수는 없다.[162] 특히, 민법 제401조에 의하면 수령지체 중에는 채무자는 고의 또는 중대한 과실이 없으면 불이행으로 인한 모든 책임을 면하는데, 이에 비추어 수령지체 중 채무자의 경과실로 불능이 된 경우 민법 제538조 제1항에 해당하여 상대방의 이행을 청구할 수 있는 것인지가 논란이 되고 있다.[163] 그 밖에도 이른바 위험의 이전시기에 관하여는 명문규정은 없으나 동산의 경우에는 인도시가 기준이 되어야 한다고 하고 있고, 부동산에 경우 인도시를 기준으로 할지 소유권이전등기시를 기준으로 할지 다투어지고 있다.[164] 이러한 문제들에 관하여 경제적인 관점에서는 어떠한 설명을 할 수 있을까?

법경제학에서는 계약이행이 불능이 될 위험은 최소비용회피자가 부담하여야 한다고 한다.[165] 갑의 영업 중 을의 창고의 화재를 예방하는데 을이 조치하는 데 드는 비용이 500만 원이고, 갑이 조치하는 데 드는 비용이 600만 원이라면 을이 화재를 예방함이 효율적이나,[166] 반대로 갑이 조치하는 데 드는 비용이 300만 원에 불과하다면, 갑이 이를 예방하고 을로부터 차임을 400만 원 정도를 감액받음으로써 갑과 을 모두가 이익을 얻을 수 있기 때문이다. 이러한 위험이 실현되어 계약이행이 불능이 된 경우 갑에게 대금을 지급하게 하면, 갑이 이러한 위험을 내부화(internalize)하여 최적의 주의를 기울이게 된다.[167] 그러므로 민법 제538조 제1항의 채권자의 과실 및 민법 제537조의 채무자의 과실은 따로따로 또는 객관적으로 따질 것이 아니라 채권자와 채무자 중 누가 최소비용 위험회피자인지에 따라 결정함이 효율적이다. 위험이전도 마찬가지이다. 이는 계약체결 이후 최소비용 위험회피

162) 최수정(2003), pp. 234ff.
163) 최수정(2003), pp. 238ff.
164) 최수정(2003), pp. 194ff., 특히 pp. 225-226.
165) Posner and Rosenfield(1977).
166) 아울러 급부를 지배하는 자가 최소의 비용으로 급부불능의 위험을 회피할 수 있을 가능성이 높고, 통상 급부는 채무자가 이를 지배하므로, 이것이 원칙이라고 할 수 있다. 그리고 앞서 본 바와 같이 이는 이행이익의 배상을 명함으로써 달성된다.
167) 이 사안에서 민법 제538조 제1항에 의하면 계약이행이 이루어지는 경우 채권자의 보수는 $V-P$, 계약이행이 불능이 되는 경우 채권자의 보수는 $-P$가 된다. 따라서 채권자는 그의 주의비용 $B=p \cdot V$가 되는 B^*만큼의 주의를 기울일 것인데, 이는 앞서 본 바와 같이 사회적 최적 수준의 주의이다. 한편, 채무자가 불능이 될 때까지 아직 지출하지 아니한 비용 v가 있어 결과적으로 이를 절약한 경우, 실제 손실은 이행이익 $V-P$와 급부 목적물 자체의 가치 $P-v$의 합계인 $V-v$가 된다. 따라서 이에 대한 최적의 주의는 $B=p \cdot (V-v)$인 B^*인데, 이는 계약이행이 불능이 되는 경우 채권자의 보수를 $v-P$로 함으로써 달성된다. 바로 이를 명하는 것이 민법 제538조 제2항이라고 할 수 있다.

자가 변경되는 경우를 말한다고 볼 수 있고, 따라서 동산인지 부동산인지에 따라 일률적으로 정할 것이 아니라 각각의 위험의 종류와 성질에 따라 개별적으로 위험 이전시기를 정하여야 하는 것이다. 한편, 수령지체에 관한 민법 제401조는 채무자가 계약이행이 불능이 될 위험을 방지하기 위한 주의비용 및 주의를 기울이고도 손해배상을 하게 될 위험을 이행기까지만 인수하였는데, 채권자가 수령지체에 빠져 이행기 이후에도 급부가 여전히 채무자 손에 남아 있는 경우, 채권자로 하여금 계약이행 불능의 위험을 부담하게 하는데 그 취지가 있다고 볼 수 있다. 이때 채권자가 최소비용 위험회피자라고 보기는 어렵겠지만, 채무자에게 계속 계약위반에 대한 책임을 지우면 채권자의 기회주의적 행동으로 주의비용이 전가되는 문제가 있어[168] 채권자에게 부담을 지운다고 볼 수 있다.[169]

최소비용으로 그 위험을 회피할 수 있는 자의 개념을 응용할 수 있는 또 다른 예로 이행보조자의 고의 · 과실을 들 수 있다. 민법 제391조는 채무자를 위하여 이행을 보조하는 자의 고의 · 과실을 채무자의 고의 · 과실로 보고 있고, 이와 관련하여 학설상으로는 이른바 독립적 이행대행자는 일정한 경우 가령 복위임(復委任)과 같은 경우에 한하여 선임 · 감독에 대하여만 채무자가 책임을 지지만, 그 밖의 경우에는 항상 그들의 고의 · 과실에 대하여 채무자가 책임을 진다고 이해하고 있다.

일반적으로 이행보조자 및 독립적 이행대행자는 모두 채무자가 선임한 것이므로 채권자보다는 채무자가 적은 비용으로 그들의 선임 및 이행 과정을 감시 · 감독할 수 있다. 따라서 그들의 행위로 인한 손해도 채무자에게 내부화하여야 효과적으로 감시 · 감독할 유인이 있게 된다. 그런데 복수임인과 같이 그 성질상 채무자로부터도 독립적으로 일을 하는 자의 경우 선임 · 감독이 아닌 이행 과정에 관하여까지 채무자가 채권자보다 적은 비용으로 위험을 회피할 수 있는 자라고 보기는

168) 앞서 본 바와 같이 채무자는 $P \geq C+B+p \cdot (V-C)$인 P로만 계약을 체결할 것이다. 그런데 B와 p가 모두 시간 t의 함수라면, 이행기 이후까지 주의를 해야 하는 경우 P가 인상되거나(이미 계약이 체결된 이상 이는 불가능하다) 그로 인한 B의 증가분이 채권자에게 전가되어야 한다. B와 관련하여 이 점을 밝힌 것이 "채권자지체로 인하여 그 목적물의 보관 또는 변제의 비용이 증가한 때에는 그 증가액은 채권자의 부담으로 한다"는 민법 제403조이고, $p \cdot (V-C)$와 관련하여 이 점을 밝힌 것이 민법 제401조라고 이해할 수 있다. 대금을 정함에 있어서는 $p \cdot (V-C)$이지만 실제로는 0 또는 $V-C$의 조건부 책임을 인수하는 것이기 때문이다.

169) 채권자로서는 채무자와의 재교섭을 통하여 −경우에 따라서는 일정한 대가를 지급하고− 이 위험을 채무자에게 다시 지움으로써 효율적인 위험회피를 할 수 있다. 이 점에서 채권자지체의 경우에 위험이전을 인정하는 것이 '지배에 따른 위험의 배분'이라고 하는 '경제적인 관점에서의 괴리가' 생긴다는 최수정(2003), p. 250의 주장에는 재고의 여지가 있다.

어렵다. 따라서 민법 제682조 제2항, 제121, 123조는 복수임인과 채권자 사이에 직접 권리의무가 생기게 하면서 채무자에 대하여는 그 선임 · 감독상의 과실에 관하여만 책임을 지게 하는 것이다.[170)]

8. 수용보상금에 대한 대상청구권

우리는 앞서(V. 5.) 이른바 법률행위에 의한 대상에 대한 대상청구권을 과소배상의 위험에 대한 보완장치로 설명한 바 있다. 그러나 판례상 대상청구권이 문제되는 주된 영역은 오히려 법률규정에 의한 대상(stellvertretendes commodum ex re)이다. 이는 급부 목적물이 멸실 · 훼손된 경우 보험금, 수용된 경우 수용보상금 등 당사자의 계약이 아닌 법률규정에 의하여 발생한 대체물을 대신 달라고 할 수 있는지의 문제이다. 이 경우에는 채무자가 과소배상을 예상하고 이를 악용하여 고의로 계약을 위반하였다고 볼 수는 없다는 점에서 법률행위에 의한 대상(stellvertretendes commodum ex negotiatione)의 경우에 대한 경제적 설명을 원용할 수 없고, 별도의 설명이 필요하다.

이미 언급한 바와 같이 판례는 계약의 이행이 불능이 되면서 법률의 규정에 의하여 급부 목적물에 갈음하는 어떤 경제적 이익, 즉 대상이 생긴 경우 채권자가 채무자에게 그 이익의 양도를 구할 수 있는 권리, 즉 대상청구권을 인정한다.[171)] 그러나 대법원 1996. 6. 25. 선고 95다6601 판결은[172)] 당사자가 토지를 교환하였는데 그 이행 전 두 교환 목적 토지가 모두 협의매수[173)]된 사안에 관하여 "쌍무계약의 당사자 일방이 상대방의 급부가 이행불능이 된 사정의 결과로 상대방이 취득한 대상에 대하여 급부청구권을 행사할 수 있다고 하더라도 그 당사자 일방의 반대급부도 그 전부가 이행불능이 되[중략]는 등 상대방에게 아무런 이익이 되지 않는다고 인정되는 때에는, 상대방이 당사자 일방의 대상청구를 거부하는 것이 신의칙에 반

170) 그러나 복위임에 관한 이러한 인식이 오늘날 위임법이 적용되는 모든 영역에서 타당한 것인지에 관하여는 의문이 있을 수 있다. 이 문제는 위임의 역사적 전개 과정을 고려하여야 충분히 규명될 수 있는 문제인데 여기에서는 더 이상 논의하지 아니한다.

171) 대법원 1995. 2. 3. 선고 94다27113 판결(공 1995, 1150).

172) 집 44권 1호 민631.

173) 「공익사업을 위한 토지 등의 취득 및 보상에 관한 법률」에 따라 공익사업을 위하여 사업자와 토지소유자 사이에 협의를 통하여 사업자가 공익용지를 매수하는 경우를 말한다.

한다고 볼 만한 특별한 사정이 없는 한 당사자 일방은 상대방에 대하여 대상청구권을 행사할 수 없다"고 한 바 있다. 학설상으로도 대상청구권은 다른 구제수단이 없는 경우에 한하여 이를 인정해야 한다는 견해가 있다.[174)]

일반적으로 손해배상청구권이 인정되는 경우 대상청구권을 함께 인정한다면 거래비용의 절감에 기여할 수 있다. 위 대법원 1996. 6. 25. 선고 95다6601 판결도 그러한 예 중 하나인데,[175)] 대상청구권이 손해배상보다 쉽게 관철될 수 있을 뿐 아니라 그 수액도 손해배상액과 비슷하여 당사자에게 가지는 의미도 대체로 같다면 이를 부정할 까닭이 전혀 없다. 또한 쌍방 급부 중 하나만 불능이 된 경우에 대상청구권을 인정하면 불능이 되지 아니한 효율적인 급부의 이행을 통하여 그 범위에서 급부이익을 실현할 수도 있다.

나아가 위와 같은 특수한 사정이 없는 보다 일반적인 예, 가령 매매 또는 교환 목적 토지가 수용되어 채무자에게 귀책사유가 없이 이행불능이 된 경우에도 민법 제537조를 적용하는 것보다 대상청구권을 인정하는 것이 바람직하다고 보인다. 이때에는 –앞서 본 거래비용의 문제를 제외하더라도– 민법 제537조를 적용하는 경우와 대상청구권을 인정하는 경우 사이에 경제적으로 차이가 생길 수 있다. 가령 갑과 을이 각각 시가 1억 원인 제1, 2대지를 교환하였는데, 그 후 제1대지가 수용되었고 수용보상금이 1억 2,000만 원이라고 하자. 대상청구권을 인정하지 아니한다면 갑은 수용보상금 1억 2,000만 원을 받고 을은 제2대지 1억 원 상당을 보유하게 된다. 반면 계약이 이행되었다면 갑은 제2대지 1억 원 상당을, 을은 제1대지 1억 2,000만 원 상당을 가지고, 그 후 제1대지가 수용되었으나 대상청구권이 인정된다면 갑은 제2대지 1억 원 상당을, 을은 수용보상금 1억 2,000만 원 상당을 가질 것이다. 앞서 본 바와 같이 제2대지를 제1대지와 교환하고자 할 때 을은 제1대지의 사용가치를 원하였을 뿐 아니라 동시에 제1대지의 가치변동 가능성 대신 제1대지의 가치변동 가능성을 인수하고자 한 것이고, 을로서는 가사 수용으로 제1대지를 사용할 수 없게 되었다 하더라도[176)] 여전히 자신의 부가 제2대지의 가치변동에 따라

174) 견해는 소개의 곽윤직(1995), pp. 289ff.(양창수).
175) 대법원은 협의매수의 경우 채무자에게 귀책사유가 있는 이행불능이라고 한다.
176) 사실 소유권 이전 후 수용되었더라면 그 수용보상금은 을에게 귀속되었을 것이라는 점에서 수용의 위험 그 자체가 이미 을이 선택한 또는 선호한 사태집합의 일부를 이룬다.

증감 변동하는 것을 선호할 것이다. 갑도 사전적(*ex ante*)으로는 자신의 부가 제1대지의 가치변동에 따라 변하는 것을 선호하였으므로, 사후적(*ex post*)으로 이에 반하는 기대하지 아니한 우연적 이익(windfall)을 누리게 할 이유가 없다. 요컨대, 대상청구권은 상이한 재화의 가치변동 가능성의 교환을 유지시켜 교환의 사전적 효율에 기여한다.[177)]

9. 완전계약의 재구성과 손해배상액의 예정

계약법의 경제적 분석은 완전계약의 재구성을 지향한다. 이는 계약위반에 대한 구제수단의 경우에도 마찬가지이다. 현행법 중 상당 부분은 당사자가 효용극대화(utility-maximization)를 추구하는 경제인(homo oeconomicus)이라면 대다수의 계약에서 합의하였을 내용을 대체로 구현하고 있다고 보인다. 이 과정에서 일반추상적인 법 개념의 해석과 법관에 의한 법형성에 경제적 사고가 유용한 지침을 줄 수 있다.

이와 관련된 하나의 문제는 실제로 당사자가 구제방법에 관하여 합의한 경우, 가령 손해배상의 예정에 법원이 과감하게 감액(민법 제398조) 등 개입을 하는 것이 어떻게 정당화될 것인지이다. 당사자가 거래비용을 무릅쓰고 스스로 만든 계약위반에 대한 구제방법을 법원이 무시하는 근거는 여전히 논쟁거리이다. 종래 법경제학자 가운데에는 이것이 잘못되었다고 주장하는 경우가 많았으나,[178)] 근래 이것

177) 민법 제537조의 적용영역은 이처럼 불능이 된 급부에 대하여 어떠한 대상이 존재하는 경우가 아니라 그러한 대상이 전혀 없는 경우이다. 이때 민법 제537조는 급부가치 상당의 사회적 손실을 전부 채무자의 부담으로 돌리는 것이 아니라 그 중 매매대금 상당만으로 채무자의 부담으로 돌리고 나머지는 채권자에게 분배하는 효과를 가져온다. 이론적으로는 이와 달리 무과실 내지 보증책임을 관철시켜 이러한 위험을 항상 채무자에게 부담시킬 수도 있고, 그렇게 하더라도 앞서 본 바 여러 효율의 고려에 반하지도 아니한다. 다만, 과실이 없는 불능에 한하여 ―여기에서는 더이상 효율적 계약이행 내지 주의의 유인은 문제되지 아니하고 오로지 부의 재분배만이 문제된다― 채무자의 손해 중 일부를 채권자에게 나누는 것이 소득감소에 대한 양자의 효용함수의 형태에 따라서 사회적으로 더 효율적인 경우가 있을 수는 있다. 그러나 일반적으로 그러하다고 말할 수는 없을 것이다. 이 점에서 민법 제537조의 위험부담이 효율적인지에는 의문이 있다.

178) 계약위반에 대한 보험금이라는 관점에서 Goetz and Scott(1977). 한편, Scott and Triantis(2004), pp. 1428ff.는 계약위반에 대한 구제수단에 옵션(option) 모형을 적용하는 경우 통상의 이행이익의 배상과는 전혀 다른 손해배상액의 산정기준이 도출될 수 있고, 실제로 많은 계약이 그러한 구조를 갖고 있음을 지적하면서, 항공권, 철회기간이 있는 소비재 구입 등의 예를 든다. 이에 관하여 소개하는 문헌으로 고학수(2007), p. 53. 그러나 이는 강제이행이 원칙적으로 허용되지 아니하는 보통법의 법리를 전제로 한 것이고(고학수, 2007, p. 53, 주 51도 이 점을 지적한다), Scott and Triantis(2004)가 들고 있는 앞서의 예들은 우리 계약법에서는 손해배상액의 예정이라기보다는 오히려 해약금(Reugeld)으로 이해될 수 있는 것들이다. 이처럼 강제이행을 원칙적으로 허용하지 아니하는 보통법을 배경으로 전개된 법경제학적 분석을 강제이행을 원칙적으로 허용하는 우리 민법에 옮겨 올 때에는 그 맥락이 달라지는 경우가 여럿 있는데, 앞으로 우리 법의 경제적 분석에 있어 주의하여야 할 점 중 하나라고 생각한다.

이 코즈적인 재협상(Coasian renegotiation)을 촉진한다거나[179] 제한적 합리성(bounded rationality) 때문에 법원의 간섭이 필요하다는[180] 등의 주장도 제기되고 있다. 좀더 검토를 요하는 문제이다.

한편, 급부의 성질상 강제이행도 곤란하고 손해배상을 구하고자 해도 –적어도 채권자의 주관적인– 손해 및 손해배상액의 증명이 어려운 경우 당사자가 사전에 손해배상액의 예정을 하였다면, 그것이 과다해 보인다 하더라도 이를 전부 무효로 하고 강제이행 또는 법률상 손해배상에 의지하게 하는 것은 효율적이라고 할 수 없다. 이때에는 법관이 적절히 감액하는 것이 경제적으로도 효율적인 차선책이 되리라고 생각된다.[181]

Ⅵ. 결론

법경제학은 초기에는 주로 불법행위법을 대상으로 하여 발전되어 왔다. 그리하여 계약법에 대한 경제적 분석은 상대적으로 많이 이루어지지 않았다는 인상을 받게 된다. 그러나 일상생활에서나 경제적으로는 불법행위보다는 계약이 훨씬 더 중요한 의미를 가진다. 다만 분쟁으로 나타나는 빈도는 불법행위가 더 많을 뿐이다.

이 글에서는 계약법에 대한 경제적 분석도 중요한 의미를 가진다는 것을 보여주려고 노력하였다. 특히, 이 글에서 다룬 논점 중 상당수는 국내에서나 외국에서

179) Talley(1993), pp. 1997ff. 특히, 쌍방독점(bilateral monopoly)과 사적 정보로 인하여 재협상이 어려울 수 있다는 점을 지적한다.
180) Zimmermann(1996), p. 106f. 가령 과도한 낙관주의와 법원의 사후과잉확신(hindsight bias)으로 인한 과다배상의 위험을 지적하는 Rachlinski(2000), pp. 760ff. 이에 대하여 비판적인 것으로 Hillman(2000), pp. 725ff.; Englerth(2007b), pp. 115ff.
181) 근로기준법 제20조는 근로계약에 관하여 위약금 또는 손해배상액을 예정할 수 없도록 정하고 있으나, 독일에서는 이러한 규정이 없어 학설상 논란이 있다. 그러나 판례와 다수설은 이를 허용하는데, 그 주된 근거 중 하나는 근로계약에 관하여는 강제이행이 허용되지 아니하고 손해 및 손해액의 증명도 매우 곤란하여 위약금 약정조차 허용하지 아니하면 계약의 실효성을 보장할 수 없다는 점에 있다. 한인상(2008), pp. 524ff.

법경제학적인 관점에서는 제대로 다루어지지 않았던 것들이고, 이 점에서 이 글은 의미를 가질 수 있으나, 또 그만큼 오류의 가능성도 많을 것이다. 이 글이 앞으로의 생산적인 논쟁에 기여할 수 있기를 희망한다.[182)]

182) 이 글이 탈고된 후 필자 중 한 명이 공통의 착오의 경제적 분석에 관하여 좀더 자세한 분석을 시도한 글을 발표하였다. 윤진수(2010), pp. 129 이하, 특히 p. 151 이하 참조.

참고문헌

고학수, 「옵션이론을 응용한 (일부) 법원칙의 재해석」, 『법학연구』, 제17권 제1호, 연세대학교, 2007, pp. 31-57.

곽윤직(편집대표), 『민법주해 Ⅸ』, 박영사, 1995.

김재형, 「법률에 위반한 법률행위」, 『민법론 I』, 2004a, pp. 25-61.

______, 「계약의 해제와 손해배상의 범위 –이행이익과 신뢰이익을 중심으로–」, 『민법론 Ⅱ』, 2004b, pp. 68-110.

박세일, 「코-스정리(Coase Theorem)의 법정책학적 의의」, 『법학』, 제27권 2 · 3호, 서울대학교, 1986, pp. 76-98.

______, 『법경제학』, 개정판, 박영사, 2000.

박준서(편집대표), 『주석민법 총칙 (2)』, 제3판, 한국사법행정학회, 2001.

법무부, 『민법(재산편) 개정 자료집』, 법무부, 2004.

손철우, 「금융실명제와 예금주 확정」, 『민사판례연구 XXXII』, 박영사, 2010, pp. 127-174.

안법영, 「대상청구권의 발전적 형성을 위한 소고」, 『한국민법이론의 발전: 무암 이영준 박사 화갑기념 논문집 II 채권편』, 박영사, 1999, pp. 531-598.

오영준, 「금융실명제하에서 예금계약의 당사자 확정 방법」, 『사법』, 제8호, 사법발전재단, 2009, pp. 217-288.

윤진수, 「부동산 이중양도의 연구」, 서울대학교 법학박사 학위논문, 1993.

______, 「미국 계약법상 Good Faith의 원칙」, 『민법논고 Ⅰ』, 박영사, 2007a, pp. 31-83.

______, 「법률행위의 보충적 해석에 관한 독일의 학설과 판례」, 『민법논고 Ⅰ』, 박영사, 2007b, pp. 200-224.

______, 「부동산 이중양도의 경제적 분석 –배임행위 적극가담론의 비판–」, 『민법논고 Ⅰ』, 박영사, 2007c, pp. 352-387.

______, 「계약 해석의 방법에 관한 국제적 동향과 한국법」, 『민법논고 Ⅰ』, 박영사,

2007d, pp. 225-279.

______, 「계약당사자의 확정에 관한 고찰」, 『민법논고 Ⅰ』, 박영사, 2007e, pp. 280-316.

______, 「약관의 내용통제」, 『민법논고 Ⅲ』, 박영사, 2008a, pp. 161-202.

______, 「손해배상의 방법으로서의 원상회복」, 『민법논고 Ⅲ』, 박영사, 2008b, pp. 66-99.

______, 「2007년도 주요 민법 관련 판례 회고」, 『법학』, 제49권 1호, 서울대학교, 2008c, pp. 315-405.

______, 「민법상 착오규정의 입법론적 고찰」, 『민법논고 Ⅱ』, 박영사, 2008d, pp. 52-95.

______, 「차명대출을 둘러싼 법률문제」, 『민법논고 Ⅱ』, 박영사, 2008e, pp. 1-51.

______, 「채무불이행으로 인한 특별손해, 동시이행의 항변권과 권리남용」, 『민법논고 Ⅲ』, 박영사, 2008f, pp. 52-65.

______, 「법의 해석과 적용에서 경제적 효율의 고려는 가능한가?」, 고학수 · 허성욱 편저, 『경제적 효율성과 법의 지배』, 박영사, 2009, pp. 3-43.

______, 「계약상 공통의 착오에 관한 연구」, 『민사법학』, 제51호, 2010. 12, pp. 129-201.

조현욱 옮김, 『이성적 낙관주의자』, 김영사, 2010(원저: 매트 리들리, *The Rational Optimist*, Harper, 2010).

최수정, 『급부장애와 위험부담』, 소화, 2003.

한순구 역, 『법경제학』, 제5판, 경문사, 2009(원저: Robert Cooter and Thomas S. Ulen, *Law & Economics*, 5th ed., Pearson Addison Wesley, 2008).

한인상, 「정형화된 근로계약에서 무효인 위약금조항의 법률효과– 독일법상 효력유지적 축소해석(die geltungserhaltende Reduktion)에 대한 논의」, 『비교사법』, 제15권 4호, 2008, pp. 519-549.

Ayres, Ian and Robert Gertner, "Filling Gaps in Incomplete Contracts: An Economic Theory Of Default Rules," *Yale L. J.*, 99, 1989, pp. 87-130.

Barton, John H., "The Economic Basis of Damages for Breach of Contract," *J. Legal Stud.*, 1, 1972, pp. 277-304.

Bebchuck, Lucian A. and I. P. L. Png, "Damages Measures for Inadvertant Breach of

Contract," *Int'l Rev. L. & Econ.*, 19, 1999, pp. 319-331.

Bebchuck, Lucian A. and Steven Shavell, "Information and the Scope of Liability for Breach of Contract: The Rule of Hadley v. Baxendale," *J. L. Econ. & Org.*, 7, 1991, pp. 284-312.

Birmingham, Robert L., "Breach of Contract, Damage Measures, and Economic Efficiency," *Rutgers L. Rev.*, 24, 1969, pp. 273-292.

Burton, Steven J., "Breach of Contract and the Common Law Duty to perform in Good Faith," *Harv. L. Rev.*, 94, 1980, pp. 369-404.

Cooter, Robert, "Unity in Tort, Contract, and Property: The Model of Precaution," *Cal. L. Rev.*, 73, 1985, pp. 1-51.

Dowling, Donald C., "A Contract Theory for a Complex Tort: Limiting Interference with Contract Beyond the Unlawful Means Test," *University of Miami Law Review*, 40, 1986, pp. 487-520.

Eisenberg, Melvin A., "Actual and Virtual Specific Performance, the Theory of Efficient Breach, and the Indifference Principle in Contract Law," *Cal. L. Rev.*, 93, 2005, pp. 975-1050.

Emond, Winand, "On the Limitation of Warranty Contracts," *Journal of Industrial Economics*, 37, 1989, pp. 287-301.

Englerth, Markus, "Vom Wert des Rauchens und der Rückkehr der Idioten – Paternalismus als Antwort auf beschränkte Rationalität?," in Christoph Engel, Markus Englerth, Jörn Lüdemann, and Indr Spiecker, Hrsg., *Recht und Verhalten*, Mohr Siebeck, 2007a, pp. 231-259.

______, "Behavioral Law and Economics–eine kritische Einführung," in Christoph Engel, Markus Englerth, Jorn Ludemann, and Indr Spiecker, Hrsg., *Recht und Verhalten*, Mohr Siebeck, 2007b, pp. 60-130.

Farnsworth, E. Allan, "Your Loss or My Gain? The Dilemma of the Disgorgement Principle in Breach of Contract," *Yale L. J.*, 94, 1984, pp. 1339-1393.

______, *Contracts*, 4th ed., Aspen Publishers, 2004.

Fauvarque-Cosson, Benedicte and Denis Mazeaud, *European Contract Law*, Sellier European Law Publishers, 2008.

Fleischer, Holger, *Informationsasymmetrie im Vertragsrecht*, C. H. Beck, 2001.

Goetz, Charles J. and Robert E. Scott, "Liquidated Damages, Penalties and the Just Compensation Principle: Some Notes on an Enforcement Model of Efficient Breach," *Colum. L. Rev.*, 77, 1977, pp. 554-594.

______, "The Mitigation Principle: Toward A General Theory of Contractual Obligation," *Va. L. Rev.*, 69, 1983, pp. 967-1024.

Grundmann, Stephan und Andreas Hoerning, "Leistungsstörungsmodelle im Lichte der ökonomischen Theorie," in Thomas Eger and Hans-Bernd Schäfer, Hrsg., *Ökonomische Analyse der europäischen Zivilrechtsentwicklung*, Mohr Siebeck, 2007, pp. 420-470.

Hermalin, Benjamin E. et al., "Contract Law," in Polinsky, A. Mitchel and Steven Shavell, eds., *Handbook of Law and Economics*, Vol. 1, Elsevier, 2007, pp. 3-138.

Hillman, Robert A., "The Limit of Behavioral Decision Theory in Legal Analysis: The Case of Liquidated Damages," *Cornell L. Rev.*, 85, 2000, pp. 717-738.

Huber, Peter, *Irrtumsanfechtung und Sachmängelhaftung*, Mohr Siebeck, 2001.

Köndgen, Johannes, "Immaterialschadensersatz, Gewinnabschöpfung oder Privatstrafen als Sanktionen für Vertragsbruch? –Eine rechtsvergleichend–ökonomische Analyse–," RabelsZ, 56, 1992, pp. 696-755.

Kötz, Hein, Europäisches Vertragsrecht, Mohr Siebeck, 1996.

______, "Zur Verjährung der Sachmängelansprüche–Die Vorschläge der Schuldrechts-kommission im Lichte der ökonomischen Analyse des Rechts," in Volker Beuthien et al., hrsg., *Festschrift für Dieter Medicus: zum 70*, Geburtstag, C. Heymanns, 1999, pp. 283-296.

Kronman, Anthony T., "Specific Performance," *U. Chi. L. Rev.*, 45, 1977, pp. 351-382.

Kull, Andrew, "Restitution As A Remedy for Breach of Contract," *S. Cal. L. Rev.* 67, 1993, pp. 1465-1518.

Lando, Henrik and Casper Rose, "On the enforcement of specific performance in Civil Law countries," *Int'l Rev. L. & Econ.*, 24, 2004, pp. 473-487.

Leenen, Detlef, *§477 BGB: Verjährung oder Risikoverlagerung?*, Walter de Gruyter, 1997.

Mahoney, Paul G., "Contract Remedies and Option Pricing," *J. Legal Stud.*, 24, 1995, pp. 139-163.

McChesney, Fred S., "Tortious Interference with Contract versus 'Efficient' Breach: Theory and Empirical Evidence," *Journal of Legal Studies*, 28, 1999, pp.131-186.

Miceli, Thomas, *The Economic Approach to Law*, 2nd ed., Stanford Economics and Finance, 2009.

Michel, Kerstin, *§638 BGB Verjährung oder Risikoverteilung*, Peter Lang, 2004.

Miller, Meredith R., "Contract Law, Party Sophistication and the New Formalism," *Mo. L. Rev.*, 75, 2010, pp. 493-536.

Mitchell, Catherine, *Interpretation of Contracts*, Routledge-Cavendish, 2007.

Münchener Kommemtar zum BGB, 5. Aufl., C. H. Beck, 2009.

Muris, Timothy J., "Opportunistic Behavior and the Law of Contract," *Minn. L. Rev.*, 65, 1980, pp. 522-590.

Ogus, *Costs and Cautionary Tales*, Hart Publishing(UK), 2006.

Perlman, Harvey S., "Interference with Contract and other Economic Expectancies: A Clash of Tort and Contract Doctrine," *University of Chicago Law Riew*, 49, 1982, pp. 61-129.

Posner, Richard A. and Andrew M. Rosenfield, "Impossibility and the Related Doctrines in Contract Law: An Economic Analysis," *J. Legal. Stud.*, 6, 1977, pp. 83-118.

______, "The Law and Economics of Contract Interpretation," *Tex. L. Rev.*, 83, 2005, pp. 1581-1614.

Priest, George L., "A Theory of Consumer Product Warranty," *Yale L. J.*, 90, 1981, pp. 1297-1352.

Rachlinski, Jeffrey, "The 'New' Law and Psychology: A Reply to Critics, Skeptics, and Cautious Supporters," *Cornell L. Rev.*, 85, 2000, pp. 739-766.

Schlechtriem, Peter, hrsg., *Kommentar zum Einheitlichen UN-Kaufrecht*, 3. Aufl., C. H. Beck, 2000.

Schwartz, Alan, "The Case for Specific Performance," *Yale L. J.*, 89, 1979, pp. 271-306.

Schwartz, Alan and Robert E. Scott, "Contract Theory and the Limits of Contract Law," *Yale L. J.*, 113, 2003, pp. 541-619.

______, "Contract Interpretation Redux," *Yale L. J.*, 119, 2010, pp. 926-964.

Scott, Robert E. and George G. Triantis, "Embedded Options and The Case Against Compensation in Contract Law," *Colum. L. Rev.*, 104, 2004, pp. 1428-1491.

Shavell, Steven, "The Design of Contracts and Remedies for Breach," *The Quarterly Journal of Economics*, 1984, pp. 121-148.

______, *Foundations of Economic Analysis of Law*, Belknap Press of Harvard University Press, 2004.

______, "Specific Performance Versus Damages for Breach of Contract: An Economic Analysis," *Tex. L. Rev.*, 84, 2006, pp. 831-876.

Talley, Eric L., "Contract Renegotiation, Mechanism Design, and the Liquidated Damages Rule," *Stan. L. Rev.*, 46, 1993, pp. 1195-1244.

Ulen, Thomas S., "The Efficiency of Specific Performance: Toward A Unified Theory of Contract Remedies," *Mich. L. Rev.*, 83, 1984, pp. 341-403.

Von Bar, Christian and Eric Clive, *Principles, Definitions and Model Rules of European Contract Law, Draft Common Frame of Reference(DCFR) Full Edition*, Vol. 1, Sellier European Law Publishers, 2009.

Wehrt, Klaus, "Die Qualitätshaftung des Verkäufers aus ökonomischer Sicht," in Claus Ott and Hans-Bernd Schäfer, Hrsg., *Ökonomische Probleme des Zivilrechts*, Springer, 1991, pp. 235-259.

Wittman, Donald, "Optimal Pricing of Sequential Inputs: Last Clear Chance, Mitigation of Damages, and Related Doctrines in the Law," *J. Legal Stud.*, 10, 1981, pp. 66-91.

Witz, Wolfgang, Hans-Christian Salger, and Lorenz Manel, Hrsg., *International Einheitliches Kaufrecht*, Verlag Recht und Wirtschaft, 2000.

Zimmermann, Reinhard, *The Law of Obligations: Roman foundations of the Civilian Tradition*, Oxford University Press, 1996.

Chapter 6

김두얼

소송 및 분쟁해결제도의 법경제학

Chapter 6

소송 및 분쟁해결제도의 법경제학

김두얼

I. 서론

법경제학은 크게 보면 재산권 자체를 분석하는 영역과 재산권의 획정 및 집행을 어떻게 수행할 것인지를 연구하는 영역으로 구성되어 있다.[1] 본 장은 후자를 다룬다. 불분명한 재산권 혹은 재산권 침해 등으로 인해 분쟁이 일어났을 때 이것을 어떤 절차를 밟아 처리하도록 제도를 만드는 것이 효과적인지를 궁구하는 것이 본 장의 주제이다.

비록 분쟁 자체가 아니라 분쟁을 다루는 제도가 본 장의 주제이지만, 분쟁이란 무엇이며 왜 발생하는지를 이해하는 것은 보다 바람직한 분쟁해결제도를 설계하는 데 필수적인 전제이다. 따라서 먼저 제Ⅱ절에서는 분쟁은 왜 발생하는가에 대한 이론적 논의를 전개한다. 특히, 분쟁은 기본적으로 계약의 불완전성에서 비롯된다는 점, 그리고 분쟁의 해결 과정이란 누가 옳고 그른지를 판별하는 과정이라기보다는 계약체결시 예상치 못한 새로운 상황에 대응하는 재협상(renegotiation) 과정이라는 측면으로 보는 것이 보다 포괄적인 이해에 도움이 된다는 점을 부각시킬 것이다.

1) 법학의 기준으로 보면 전자는 실체법(substantive law), 후자는 절차법(procedural law)에서 다루는 영역이라고 구분해 볼 수 있다.

그림 6-1 • 분쟁해결 과정 개요

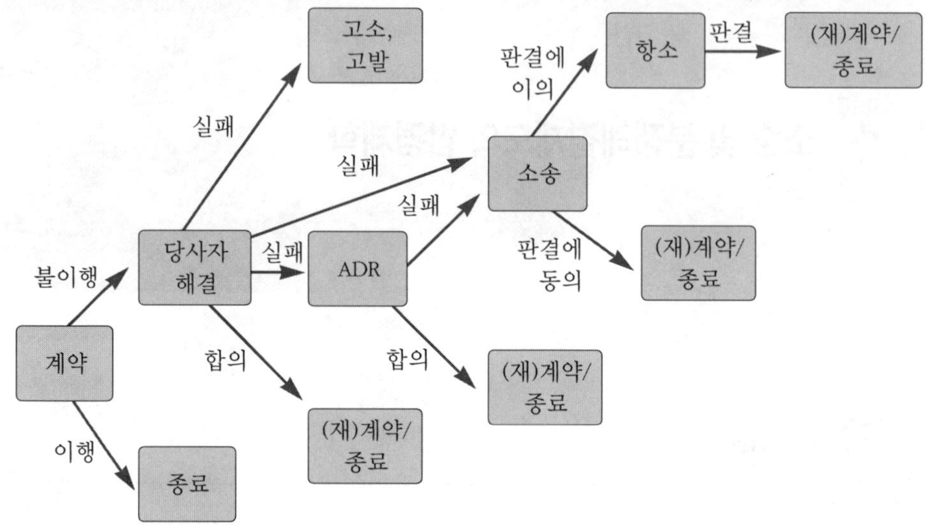

분쟁해결 과정은 기본적으로 〈그림 6-1〉과 같은 과정을 거친다. 즉, 계약의 불이행으로 인해 분쟁이 발생할 경우, 처음에는 당사자 간 해결을 추구하다가, 이것이 여의치 않을 경우, 제3자를 통한 해결을 추구하게 된다. 제3자가 누구인가에 따라 다양한 분쟁해결제도가 존재할 수 있는데, 법원은 이러한 제도들 중 하나이면서도 동시에 다른 모든 제도들과는 다른 특별한 지위를 지닌다. 편의상 제Ⅲ절에서는 다양한 제도들 간의 선택 문제를 다루기 이전에 법원이라는 분쟁해결제도에 대한 이론적 논의를 전개한다.

제Ⅲ절의 이론적 논의를 근거로 제Ⅳ절에서는 우리나라 법원의 분쟁해결 현황을 검토하기로 한다. 법원은 분쟁해결에 있어 공정성과 신속성을 추구한다. 하지만 이러한 목적을 위해 사용할 수 있는 자원은 제한되어 있기 때문에, 이 세 가지를 모두 바람직한 방향으로 변화시키는 것은 매우 어렵다. 김두얼(2008)은 이러한 관계를 '법원정책의 삼각난제'로 정의하고, 법원정책이 사건의 증가와 같은 외적 변화에 대응해서 삼각난제를 관리하는 데 있음을 제시하였다. 우리나라 법원이 어떤 방식으로 이러한 삼각난제를 관리해 왔는지를 실증적으로 검토하는 것이 본 절의 목적이다.

제Ⅴ절에서는 법원 외 분쟁해결제도(Alternative Dispute Resolution: ADR)에 대해 간략히 논의하기로 한다. 우리나라에서 법원 외 분쟁해결제도가 어떻게 논의되고 있으며, 실제로 어떤 방식으로 운영되고 있는지에 대해 살펴본다.

마지막으로 제Ⅵ절에서는 법조인력 공급의 문제를 다루기로 한다. 비록 변호사와 같은 법조인력 자체는 분쟁해결제도가 아니지만, 이러한 전문인력이 없이 분쟁해결제도가 적절하게 작동하기를 기대하기는 어렵다. 특히, 법원 외 분쟁해결제도가 활성화되려면, 법조전문인력의 충분한 공급이 전제되어야 하는데, 우리나라의 경우는 이러한 전제조건이 마련되지 못한 것이 많은 문제를 야기하고 있다. 우리나라의 법조전문인력 관련 규제의 문제점, 그리고 이로 인한 공급상의 문제가 분쟁해결에 미치는 영향을 이론적 · 실증적으로 논의한다.

본론으로 들어가기 전에, 이하의 모든 논의는 민사분쟁을 전제함을 명확히 하고자 한다. 형사사건은 기본적으로 민사분쟁의 특수한 경우로 볼 수 있기 때문에 본 장에서와 같은 기초적인 논의에 있어서는 양자를 구분해서 논의를 전개하는 것이 큰 의미가 없기 때문이다. 단, 형사철자와 민사절차 간의 선택 문제처럼 양자의 구분이 필수적인 경우에 대해서만 형사절차 문제를 민사와 구분해서 다룬다.

Ⅱ. 계약과 분쟁

1. 경제성장과 시장

경제학은 소득 수준을 설명하는 학문이다. 국가와 같은 어떤 집단 혹은 개인이 현재 벌어들이는 소득 수준이 왜 그만큼인지, 그리고 이것을 보다 높이기 위해서는 어떤 방법이 가능한지를 연구하는 것이 경제학이라는 학문의 핵심 주제이다.[2]

이와 같은 경제학의 주제, 혹은 문제의식은 근대경제학의 시조라 불리는 애덤 스미스(Adam Smith)로부터 면면히 내려오고 있다. 『국부의 본질과 원천에 대한 연구』(*An Inquiry into the Nature and Causes of the Wealth of Nations*)라는 긴 제목을 가진, 흔히 『국부론』이라 불리는 저서에서 스미스는 왜 어떤 나라가 다른 나라보다 부유하게 되었는지에 대한 설명을 제시한다. 스미스가 근대경제학의 시조로 불리는 것은 이러한 시도를 처음 수행하였기 때문이 아니라, 오늘날까지도 많은 사람들이 국부 증진의 가장 본원적인 원리라고 생각하는 것 중 하나를 명쾌하게 제시하였기 때문이다.

애덤 스미스는 이 원리를 책의 첫머리에 핀공장 우화를 통해 제시하였다. 널리 잘 알려진 이 우화를 간략히 정리하면 다음과 같다. 스미스의 관찰에 따르면, 핀을 만드는 공정은 18단계로 나누어 볼 수 있다. 만일 숙련된 장인이 혼자서 이 공정을 모두 담당하면 하루에 10개 정도를 만들기도 어렵다. 하지만 열 명이 18개의 공정을 나누어서 생산하면 하루에 4만여 개, 장인 1인당 4,000여 개를 생산할 수 있다.[3)]

핀공장 우화를 통해 제시된 가장 핵심적인 명제는 분업이 생산성을 높인다는 것이다. 경제주체들이 생산 과정을 여러 단계로 나누어 수행하게 되면 숙련도가 높아지고, 작업 전환에 필요한 비용을 줄일 수 있기 때문에 생산성이 증진된다. 이 명제는 서로 동일하지만 강조점이 다른 두 가지 방식으로 해석해 볼 수 있다. 하나는 조직 내 분업의 중요성이다. 기업과 같은 어떤 조직 내의 구성을 어떻게 짜는가가 생산성 증진 혹은 소득 증진에 큰 영향을 미친다는 것이다. 두 번째는 조직 간 분업 혹은 시장의 중요성이다.[4)] 분업을 통한 생산의 확산은 대부분의 사람들이 최종재가 아닌 중간재를 생산해서 시장에 판매하도록 만든다. 즉, 소비자가 사용할 재화는 핀이지만, 대부분의 생산자는 최종소비자가 아닌 다른 생산자가 수요하는

2) 경제학이 무엇인지에 대해서는 다양한 정의가 가능하겠지만, 크게 보면 방법론을 중심으로 한 정의와 연구의 주제 혹은 목표를 중심으로 한 정의로 나누어 볼 수 있다. 후자의 맥락을 따를 경우, 본문에 제시한 것과 같은 정의, 혹은 '성장과 분배'라는 주제는 별다른 논란 없이 받아들여질 것이다. 경제학을 방법론으로 정의하는 데 익숙한 사람들은 경제 이외의 사회적 현상에 경제학이 광범위하게 적용되는 것에 근거해서 경제학의 대상을 일의적으로 규정하는 데 거부감을 가질 수도 있다. 하지만 이러한 반응은 경제학을 일면적으로 이해한 측면이 있다. 즉, 경제학적 방법론을 이용해서 많은 다양한 주제들을 연구하더라도, 그것이 경제의 성장과 분배라는 문제에 직접적인 시사점을 주지 않을 경우, 그런 연구는 경제학에서 중요한 연구로 취급되지 않는다. 따라서 방법론으로서가 아닌 주제로서의 경제학을 정의하는 것은 경제학이라는 학문을 이해하는 데 매우 중요한 의미가 있다.

3) Smith(1992), 제1편 제1장.

4) 애덤 스미스는 인간이 분업을 하게 되는 것은 궁극적으로는 교환을 하려는 인간의 본성에서 비롯된다고 보았다. Smith(1992), 제1편 제2장.

물품을 만들게 된다. 이러한 중간재는 그 자체로써 별다른 쓸모가 없고, 교환을 통해서만이 의미를 갖게 된다. 따라서 분업의 확대는 교환 혹은 시장의 확산과 동일한 의미를 지니며, 핀공장 우화는 시장을 통한 교환이 자급자족 경제보다 높은 생산성을 누릴 수 있음을 함축한다.[5)]

분업이 어떻게 혹은 얼마나 이루어지는가가 소득 수준이나 경제성장 정도를 결정한다는 스미스의 직관은 오늘날까지도 많은 경제학자들이 중요하게 생각하는 경제학의 기본 원리이다.[6)] 여기서 더 나아가 최근 경제학자들이 관심을 가지는 주제는 시장이 잘 작동할 수 있는 전제조건이 무엇인가이다. 이러한 문제의식은 1980년대 공산권의 붕괴 이후 이행기의 문제를 관찰하면서 크게 성장하였다. 또 제2차 세계대전 이후 개발도상국들에게 아무리 원조를 제공하여도 경제개발에 성공한 나라를 찾아보기 어렵다는 현실 역시 학자들로 하여금 시장이 작동할 수 있는 제도적 기반이라는 문제에 관심을 기울이도록 하였다. 이러한 문제를 다루기 위해서는 시장에서의 교환이 현실에서 이루어지는 양태, 즉 계약에 대한 심도 있는 분석을 하는 것이 도움이 된다.

2. 시장과 계약

계약이란 시장을 통한 교환을 법적으로 표현한 것이며, 경제학자에 있어 양자는 사실상 동의어라고 볼 수 있다. 이런 점에서 볼 때 시장의 원활한 작동이 경제성장의 원천이라는 애덤 스미스의 명제는 계약의 원활한 체결과 이행이 이루어지도록 하는 사법적 기반이 경제성장의 필수조건임을 함축하는 것으로 해석될 수 있다. 과연 이러한 기반을 어떻게 마련할 수 있는지 파악하려면 우선 계약이 무엇인지에 대해 검토해 보는 것이 도움이 된다.

계약이 무엇인지는 계약이 반드시 갖추어야 할 구성요소를 열거하는 것으로 접근해 볼 수 있다. 첫째, 계약에는 둘 이상의 당사자가 관여한다. 둘째, 계약은 이

5) 이와 같은 두 가지 해석이 사실은 애덤 스미스 내에서는 명확히 구분되지 않은 채 혼재되어 있다. 기업 내에서의 분업 혹은 기업조직 문제를 시사하는 전자와 기업 간 분업 혹은 기업의 범위 문제가 지닌 차이는 코즈의 1937년 논문에 이르러 명확히 구분이 되고, 학자들에 의해 분석이 이루어지기 시작한다. Coase(1937).

6) 애덤 스미스는 분업이 얼마나 이루어지는지가 시장의 규모에 의해 결정된다고 보았다. Smith(1992), 제1편 제2장.

들 당사자 간에 이루어지는 상호작용, 혹은 한 당사자가 다른 당사자에 대해 취하는 행위를 대상으로 한다.[7] 셋째, 계약은 조건문의 형태로 구성된 언명들로 구성되어 있다. 즉, 어떤 조건에 대해서 특정한 행동을 수행한다는 언명이 계약의 기본 단위라고 할 수 있으며, 가능한 조건들에 대해 확정된 이러한 언명들의 집합을 계약이라고 할 수 있다. 넷째, 계약은 당사자들이 이행을 합의함으로써 성립된다.

만일 계약을 체결함에 있어 당사자들이 미래에 발생할 모든 조건들을 사전에 파악할 수 있고, 각각의 경우에 대해 어떤 행동을 취할지를 서로 합의할 수 있다면, 완벽한 계약이 가능하다. 그리고 이러한 상황하에서 계약의 파기 혹은 불이행은 발생할 수 없다. 왜냐하면, 이상의 정의에 따르면 계약의 파기는 특정 상황하에서 자신에게 가장 최선인 선택을 부정하는 행위가 되기 때문이다.

그러나 불행히도 현실에서는 이러한 완벽한 계약이 불가능하다. 첫째, 미래에 일어날 모든 가능한 상황(contingency)을 사전에 파악하는 것이 불가능하다. 둘째, 미래의 모든 가능성을 파악할 수 있다고 하더라도, 이것들 모두에 대해 서로 합의를 하려면 현실에서는 너무 많은 시간이 든다. 따라서 현실에 존재하는 모든 계약은 본원적으로 불완전하다.

경제학자들은 이처럼 계약이 불완전할 수밖에 없을 때 경제주체들이 어떻게 행동을 하는지, 혹은 어떻게 하면 계약당사자들이 상대방으로 하여금 보다 계약을 잘 이행하도록 만드는지와 같은 문제를 다루는 여러 가지 이론 혹은 접근방식들을 발전시켜 왔다.[8] 이러한 연구들이 제시한 중요한 개념과 명제들 가운데, 본 장과 직접적으로 관련된 것들 몇 가지를 정리해 보면 다음과 같다.

첫째는 기회주의적 행동(opportunistic behavior)의 가능성이다. 당사자 중 한 편이 불완전한 계약 조항을 근거로 원래 계약의 취지와 배치되는, 그러나 계약의 특정 조항을 위반하는 것은 아닐 수 있는 행동을 함으로써 자신의 이익을 챙기는 행위를 할 수 있다.

둘째, 계약당사자들은 이러한 기회주의적 행위의 가능성을 사전에 인지하기

7) 둘 이상의 주체 간에 이루어지는 상호작용이 모두 계약인 것은 아니다. 예를 들어, 한 사람이 다른 사람에게 가하는 폭력은 상호작용이기는 하지만 계약을 통해 이루어진다고 볼 수 없다. 아울러 다른 사람들에게 전혀 영향을 주지 않는 개인의 행위는 계약의 대상이 아니다.

8) Hart(1995)는 이러한 연구들을 불완전계약이론(incomplete contract theory)이라는 틀 속에서 집대성함으로써, 향후의 연구들에 가장 큰 영향을 미친 저작이다.

때문에, 이것을 최소화할 수 있는 방식으로 계약을 체결하도록 노력한다. 이것을 흔히 암묵적 계약(implicit contract)이라고 부른다. 암묵적 계약의 핵심은 장기적인 관계로부터 얻게 되는 프리미엄(premium)이다. 예를 들어, 자동차 생산업체인 A가 B에게 핵심 부품을 구매한다고 하자. j기에 시장가격이 p_j라고 한다면 A는 시장가격에 제품을 구매할 수 있겠지만, A는 이것보다 다소 높은 가격인 $\bar{p}$에 장기 구매하는 계약을 맺음으로써 B에게 매 기마다 $\bar{p}-p_j$만큼의 프리미엄을 제공한다고 하자. 이러한 프리미엄을 제공하는 것은 B가 보다 질 좋은 제품을 안정적으로 공급하도록 하는 유인을 제공하기 위함이며, B 역시 이러한 프리미엄 때문에 A에게 제품을 보다 성실하게 공급하고자 할 것이다.

그런데 n기에 어떤 이유로 부품가격이 $\bar{p}$보다 높아지는 상황이 발생할 수 있다. 이런 경우, B는 재계약을 요구하거나 더 좋은 조건인 시장가격으로 다른 사람에게 판매할 수도 있다. 하지만 B는 이런 가능성에도 불구하고 다소 손해를 보더라도 A에게 $\bar{p}$로 계속 공급할 수 있다. 그것은 이러한 변화가 일시적일 경우, 계약파기나 재계약 요구를 통해 얻을 수 있는 이익이 현재 확보된 장기적 이익보다 작을 수 있기 때문이다. 즉, n기에 A에게 공급하는 대신 시장가격으로 공급하게 되면 얻게 되는 단기 이익(SP)은

$$SP=p_n-\bar{p}$$

인 데 비해, n기부터 장래 N기까지 얻게 되는 장기 이익(LP)은

$$LP=\sum_{i=n}^{N}\frac{(\bar{p}-p_i)}{(1+r)^i}$$

이다. 만일 B가 n기에 어느 정도 손해를 감수하면서도 현재 조건대로 A에게 제품을 제공하였다면, 이는

$$SP<LP$$

가 되기 때문이라고 할 수 있다.

요약하면, 암묵적 계약이란 통상적으로 장기계약에 있어 프리미엄을 통해 단기적인 기회주의적 행동의 유인을 차단하는 장치이다. 프리미엄이 클수록 B가 계약을 위반할 유인은 감소할 것이다. 하지만 프리미엄이 클수록 A의 이윤은 감소한다. 따라서 어떻게 프리미엄 규모를 최적화하도록 계약을 맺는지 분석함으로써 경제주체의 행동을 연구하는 것이 암묵적 계약이론 관련 작업들의 주요 내용이다.

셋째, 뒤엎기(hold-up)이다. 암묵적 계약이 존재함에도 불구하고 때로는 계약 불이행 상황이 발생하게 된다. 이는 근본적으로 예상치 못한 상황의 발생으로 인해 미래수익의 총합보다 계약을 깨는 것이 보다 이익을 가져오기 때문이다. 즉, 위 식으로 본다면 $SP \geq LP$가 되도록 상황이 변하였기 때문이다. 흔히 기회주의적 행동과 뒤엎기는 경제학에서 혼용되는 경우가 많다. 하지만 엄밀하게는 양자가 함축하는 의미가 매우 다르며, 서로 상이한 맥락에서 발전된 개념이라는 점도 유념할 필요가 있다. 즉, 기회주의적 행위란 계약의 불완전성으로 인해 계약당사자들이 이것을 악용할 가능성이 매우 높음을 강조하는 측면이 있는 데 비해, 뒤엎기는 경제주체들이 전혀 예상하지 못한 새로운 상황의 등장이 없다면 암묵적 계약으로 인해 계약의 위반은 좀처럼 일어나지 않음을 강조하는 측면이 강하다.

넷째, 재협상(renegotiation)이다. 뒤엎기가 실제로 발생하기도 하지만, 많은 경우에는 변화된 상황에 부응하도록 계약조건을 바꾸자는 요구로 나타난다. 이런 점에서 본다면 재협상이란 계약의 불완전성하에서 일상적으로 이루어지는 과정이라고도 볼 수 있으며, 궁극적으로는 재협상 자체가 모든 계약의 한 부분이다.[9] 합당한 재계약 요구는 계약당사자 모두의 이익을 증진시키기 때문에, 소모적이기보다는 사회후생을 증진시키는 과정이라고 할 수 있다.

3. 계약과 분쟁, 그리고 분쟁해결[10]

계약에 대한 이상의 논의에 근거해 볼 때, 분쟁은 계약당사자 중 적어도 한편

9) 실제로 현실에 존재하는 많은 계약은 재계약에 관련된 규정을 내포하고 있다.
10) 본 소절의 내용은 김두얼(2010b)을 요약한 것이다.

이 계약의 이행을 거부하는 상황으로 정의해 볼 수 있다. 계약이행의 거부는 명백히 계약을 위반하는 경우, 그리고 예상치 못한 상황 등의 발생으로 인해 재산권이 누구에게 있는지 명확하지 않은 상황이 발생하는 경우로 나누어 볼 수 있다.

전자는 별다른 상황 변화가 없음에도 불구하고 돈을 갚는 것과 같은 계약 이행을 수행하지 않는 것인데, 이 경우는 사실상 당사자 간 해결이 불가능한 상황이라고 볼 수 있다. 이러한 계약위반이 발생하지 않도록 하려면 계약위반자가 자신의 행위로 인해 큰 손해를 보도록 하여야 한다. 암묵적 계약이론에서 제시한 것과 같은 프리미엄은 이러한 행위를 예방하는 한 가지 방식이다.[11] 하지만 프리미엄의 규모는 무한정 늘릴 수 없기 때문에 이것을 유인책으로 사용할 수 있는 범위는 제한적이다. 국가는 이와 같은 계약위반을 방지하기 위해 경제주체들이 만든 제도라고 할 수 있는데, 이 점에 대해서는 다음 소절에서 다루기로 한다.

후자의 경우, 즉 불분명한 재산권 관계가 분쟁 발생의 원인일 때에는 사실상 원인만 제거된다면 (재)협상을 통해 분쟁당사자들이 최선의 해결책을 찾을 가능성이 높다. 이것이 로널드 코즈(Ronald Coase)가 1960년 논문을 통해 주장한 내용이다.[12] 흔히 코즈 정리(The Coase Theorem)로 불리는 명제는 아래와 같이 정리해 볼 수 있다.

> 코즈 정리: 거래비용이 존재하지 않을 때, 재산권의 할당만 명확히 이루어진다면 재산권이 누구에게 얼마만큼 부여되는지 여부와 상관없이 효율적인 생산 수준은 달성된다.

본 장의 내용과 관련해서 이 명제가 내포하는 중요한 함의들을 열거해 보면 다음과 같다.

첫째, 코즈 정리는 상호성(reciprocity)이 문제가 되는 상황을 다룬다. 현상적으로는 어느 한 편이 다른 편에 대해 피해를 가하고 있는 것으로 보일 수 있지만, 사실은 불분명한 재산권으로 인해 누가 누구에게 피해를 가한다고 일의적으로 쉽게 정

11) 이런 맥락에서 암묵적 계약이론에서는 상대방에게 프리미엄을 제공하는 것을 떠안아야 할 손실(something to lose)을 창출하는 행위라고도 표현한다.
12) Coase(1960).

의하기 어려운, 그렇기 때문에 다툼이 발생하는 상황을 전제한다. 만일 명백히 어느 한 편이 일방적으로 그리고 폭력적으로 다른 사람의 재산권을 침해하거나 재산을 강탈하는 경우는 앞서 다룬 계약위반의 경우에 해당하며, 코즈 정리와는 다른 차원에서 다루어져야 한다.[13)]

둘째, 코즈 정리 자체가 일차적으로 표명하는 의미는 재산권의 할당이 분배 문제이지 효율의 문제가 아니라는 점이다. 즉, 재산권의 할당으로 인해 A와 B가 얻게 될 수입은 큰 차이가 발생할 수 있겠지만, 양자가 누리게 될 순편익을 합한 값 자체는 재산권 할당과 무관하게 한 가지 값으로 결정된다는 것이다. 그리고 이 값은 사회적으로 볼 때 효율적인 수준이다.

셋째, 분쟁당사자들이 고려하는 것은 사회적 효율의 달성 여부가 아니라 당연히 자신들에게 돌아올 분배 몫이다. 따라서 분쟁당사자들은 보다 많은 소득을 위해 재산권을 확보하고자 노력을 기울이게 된다.

넷째, 거래비용이 존재하는 상황이란, 바로 분쟁당사자들이 재산권을 확보하기 위해 들이는 시간과 노력만큼 생산이 이루어지지 않음을 의미한다. 따라서 재산권의 불명확한 정의는 생산의 중단을 초래함으로써 경제성장에 해를 끼친다.

코즈 정리를 해석함에 있어 이 점은 매우 중요하다. 코즈 정리를 피상적으로 해석하는 많은 사람들은 코즈가 재산권 할당 같은 법적 문제는 분배 문제일 뿐 성장과는 무관하다고 주장하였다고 이해한다. 그러나 이것은 거래비용이 존재하지 않는 상황에서 그렇다는 것이지, 현실에 있어서는 전혀 그렇지 않다. 코즈 스스로도 노벨상 수상연설에서 1960년 논문이 진정으로 제시하는 명제는 재산권 할당이 경제성장에 얼마나 중요한지를 보여 주는 데 있음을 강조하고 있다.[14)]

또 한 가지 코즈 정리와 관련해서 만연해 있는 오해는 거래비용이 존재하지 않는다는 상황설정의 의미이다. 이 전제는 기본적으로 물리학에서 이론적 분석을 할 때 마찰이 없는 상황을 설정하는 것처럼 이해되어야 한다. 즉, 마찰 없는 상태에서의 물리적 운동에 대한 이해가 전제되어야 마찰이 있는 현실에서의 운동을 보다

13) 물론 계약위반과 재산권이 불분명한 두 상황을 명확히 구분하기는 쉽지 않은 상황들이 많이 존재한다. 코즈 정리에 대해서는 Coase(1960), 그리고 코즈 정리가 전제하는 상호성의 의미에 대한 보다 상세한 설명은 본서 제4장 참조.
14) Coase(1992).

깊이 이해할 수 있는 것과 마찬가지 맥락으로 코즈 정리 역시 이해될 필요가 있다는 것이다. 불행히도 많은 대학에서 강의교재로 사용되는 유명한 법경제학 교과서나 재정학 교과서들이 거래비용이 없는 상황의 비현실성을 들어 코즈 정리가 현실 설명력이 떨어진다고 소개하고 있는데, 이는 마치 갈릴레오의 마찰 없는 운동에 대한 사고실험을 비현실적이라고 비판하는 것만큼이나 부적절한 것이다.

다섯째, 따라서 재산권 획정을 통해 분쟁을 예방하고, 일단 발생한 분쟁은 조속히 해결하도록 도모하는 것은 경제성장에 매우 중요하다. 재산권의 획정은 입법 등을 통해 사전적으로 정하는 것, 그리고 분쟁이 발생하였을 때 당사자들의 재산권을 명확히 해 주는 것을 통해 이루어진다.[15] 그런데 이 두 가지는 모두 재산권을 결정하는 제3자, 즉 국가를 통해 수행된다. 국가의 역할이 무엇이며, 어떻게 국가가 이런 활동을 수행할 수 있는지 여부가 경제학의 핵심 주제로 다루어져야 하는 것은 이런 맥락에서이다.

4. 분쟁해결과 정부

지금까지의 논의는 계약을 체결하고 이행을 유도하는 것을 당사자들 간의 관계 속에서만 살펴보았다. 여기에 국가라는 제3자의 개입은 여러 가지 중요한 변화를 가져온다.

국가는 흔히 일정한 지리적 영역 내에 무력(violence)을 독점하는 단체로 정의된다. 그 지역에 사는 사람들이 국가라는 단체에게 이러한 독점권을 허용하는 일차적인 이유는 이것이 자신들의 생명과 재산, 혹은 넓은 의미의 재산권을 보호하는 데 효율적이기 때문이다. 그런데 재산권의 보호는 누가 권리를 보유하는지 명확히 하는 것을 전제하며, 동시에 제3자에 의한 재산권의 획정은 물리적 강제가 병행하지 않을 경우 유효하지 않다. 따라서 국방 및 경찰 서비스와 사법 서비스는 국가라는 하나의 단체에 의해 독점되는 것이 현실에서 일반적으로 나타나는 양상이다.[16]

15) 물론 법원에 의한 판결은 분쟁해결에 그치는 것이 아니라 향후 경제주체의 행동에 영향을 미치는 입법적 성격도 담고 있다.

16) 흔히 경제학에서 공공재(public goods)는 비경합성과 배제불가능성이라는 성질을 가진 재화로 정의되며, 이런 재화들은 국가가 제공하는 것이 적절하다고 이해된다. 국방 · 경찰 · 사법 서비스는 공공재의 성격을 가장 잘 충족시키는 재화들로 이해되며, 이것은 현실 상황과도 잘 부합한다.

국가라는 제3자의 개입은 당사자들만의 관계와 비교할 때 계약의 이행 및 분쟁 해결에 있어 중요한 변화를 가져온다. 먼저 국가는 계약의 이행을 '강제'한다. 당사자 A와 B 가운데 A가 명백하게 계약을 위반하였을 경우, 국가는 물리력을 이용해서 A로 하여금 B가 입은 손해를 배상하도록 만든다. 국가는 일정한 영토 내에서 이러한 물리력을 행사할 수 있는 유일한 단체이기 때문에, 계약의 물리적 강제는 국가만이 합법적으로 수행할 수 있는 기능이다. 현실에서 경찰력을 통해 집행되는 물리적 강제의 존재는 경제주체들 간의 계약을 촉진하고 궁극적으로 경제성장에 기여한다. 즉, 경제주체들이 불합리한 이유로 계약을 이행하지 않을 가능성을 대폭 줄여 주기 때문에, 계약체결 단계에서 이러한 문제를 피하기 위한 여러 가지 시간과 노력을 줄여 준다.

아울러 국가는 계약이행을 위한 전제조건으로 재산권이 누구에게 속하는지 판정하는 기능을 수행한다. 제3자에 의한 판정은 계약당사자가 불필요하게 다툴 필요를 줄여 준다는 면에서 유용하다. 물론 국가 이외의 개인이나 단체도 이러한 제3자의 역할을 수행할 수 있다. 하지만 국가 혹은 이 기능을 전담하는 법원을 다른 제3자들과 구분하는 것은 역시 물리력에 기반한 구속력이다. 이러한 판단자의 존재 역시 계약의 체결과 이행과 관련된 비용을 크게 줄여 주는 기능을 한다.

한 가지 추가적으로 언급할 것은 법원의 존재로 인해 계약체결과 관련된 비용이 변화하는 측면이다. 즉, 계약이행이 순조롭게 이루어지지 못할 경우, 누가 이 문제에 책임이 있고 배상을 해야 하는지를 제3자에게 입증하는 문제가 새롭게 대두된다. 자신의 정당성이나 상대방의 잘못을 증거를 통해 법원에서 증명할 수 있는가가 계약의 내용이나 이행 여부에 중요한 영향을 미치게 되기 때문이다. 제3자의 존재로 인해 등장하는 입증가능성(verifiability)이라는 문제는 그 자체가 현실의 계약내용 등에 영향을 미치기 때문에, 계약에 대한 경제학적 분석에서 중요한 변수로 고려된다.

Ⅲ. 법원의 분쟁해결: 이론적 논의

본 장에서는 법원의 분쟁해결절차인 소송을 분석한다. 〈그림 6-1〉을 통해 보인 것처럼 소송은 경제주체들이 사용할 수 있는 다양한 분쟁해결방식 중 하나일 뿐이지만, 소송 결과가 수반하는 강제성 때문에 분쟁해결의 최종 단계로 기능한다.[17] 분쟁 발생 초기에 사용되는 여러 가지 방식들 대신 최종 단계인 소송을 먼저 다루는 것은 이것이 가장 체계화되어 있고 많은 사람들에게 상대적으로 익숙한 제도이기 때문이다. 즉, 소송에 대한 이해를 기본으로 삼고 기타의 제도들로 이해를 확장하는 것이 분쟁해결제도를 이해하는 손쉬운 방법일 수 있다. 아울러 우리나라에서는 소송 이외의 분쟁해결제도가 다른 나라들에 비해 상대적으로 덜 발달되어 있는 점도 고려될 필요가 있다.

소송을 분석한다는 것은 기본적으로 경제주체가 어떤 경우에 소송을 제기하는지 파악함을 의미한다. 이를 위해 먼저 아주 단순화된 모형을 다룬 뒤, 모형에서 부각되는 주요 요인들을 심층적으로 논의하기로 한다.

1. 단순모형

분쟁이 발생하였을 때 분쟁당사자가 소송을 제기하는 이유가 무엇인가라는 질문에 대한 경제학자들의 일반적인 답은 "이것이 이득을 주기 때문이다"일 것이다. 이 언명을 보다 체계적으로 표현한다면, 분쟁당사자는 소송으로부터 얻게 될 이득(expected returen: ER)과 이를 위해 사용해야 하는 비용(expected cost: EC)을 비교해서 전자가 후자보다 클 때 소송을 제기한다. 즉,

$$ER \geq EC \rightarrow \text{소 제기},$$
$$ER < EC \rightarrow \text{소 포기}$$

17) 보다 엄밀하게 이야기한다면, 소송 결과가 수반하는 강제성 때문에 소송 이후의 분쟁해결 노력이나 제도는 사실상 효과를 발휘할 수 없으며, 그 때문에 소송은 자연스럽게 최종 단계의 지위를 갖게 된다.

와 같이 결정을 하게 된다.[18]

소송으로부터의 이득이란 소송을 통해 확보하게 되는 재산권 혹은 배상을 의미한다. 이러한 이득을 얻을 수 있는지 여부는 판결에 의해 결정되는데, 소송당사자들은 사전에 판결이 어떻게 이루어질지 알 수 없다. 따라서 소송으로부터의 이득은 승소 확률과 배상액으로부터 계산되는 기댓값을 의미한다. 소송에 드는 비용 역시 승소 확률과 비용으로 결정되는데, 여기서 비용이란 변호사비용, 인지대, 소송으로 인해 일을 하지 못한 결과 치러야 하는 기회비용 등으로 구성되어 있다. 소송에 따른 이득 및 비용의 구성요소들에 대한 보다 상세한 검토는 다음 소절에서 진행하기로 하고, 본 소절에서는 아주 단순화된 상황을 통해 배상액, 승소율, 비용과 같은 기본 요소들이 어떤 방식으로 소제기 결정에 영향을 미치는지를 살펴보기로 한다.

A가 B에게 생산부품을 공급하였는데, B가 품질상의 이유를 들어 대금지급을 거절한 앞의 사례로 다시 돌아가 보기로 하자. 만일 A가 이러한 사실을 인정할 경우 A가 얻게 될 수입은 ₩0이 된다.[19] 하지만 소송을 제기하면 피해에 대한 보상을 받을 수 있는데, 이때 소송 결과에 따라 A가 얻게 될 수입은 달라진다. 1심의 경우, 소송에 이길 확률과 질 확률은 각각 50%라고 하고, 이기면 ₩100, 소송에 지면 ₩0을 얻게 된다고 하자. 물론 소송에 질 경우, A는 불복해서 항소를 할 수 있다. 본 예시에서는 편의상 한 번의 항소가 가능하다고 상정하였는데, 승률 즉 1심 결과를 뒤집을 가능성은 10%이고, 이때 얻게 될 배상 역시 ₩100이라 정해 보자.[20] 한편, 소송을 진행하는 데 드는 총비용은 1심과 항소심 모두 각각 ₩20이 든다고 가정한다(〈그림 6-2〉).

이상은 시간적 순서에 따라 소송의 진행 과정과 가능한 경우들을 서술한 것이

18) 보다 엄밀하게 말한다면, 소송을 통해 얻게 될 순기대이득이 소송을 하지 않을 때 취할 수 있는 기회비용보다 더 클 때 소송을 하게 된다. 소송을 하게 되지 않는 경우 본인에게 돌아오는 순편익을 T라고 하면, $ER-EC \geq T$일 때 소송을 하게 된다. 본문의 내용은 $T=0$으로 설정한 특수상황, 혹은 이론적 논의의 편의성을 위해 T를 0이라고 정규화(normalization)한 것이라고 해석할 수 있으며, 〈그림 6-2〉도 이러한 설정을 반영하였다.

19) 한 가지 언급할 것은 흔히 소송에 있어 원고와 피고를 피해를 입은 사람과 피해를 가한 사람으로 규정하는 접근이 일반적인 법경제학 교과서에서도 통상적이다. 예를 들어, Cooter and Ulen(2008)의 경우도, 모든 행위의 시발점을 상해(injury)로 설정하고, 이후의 논의를 이러한 맥락에서 전개하고 있다. 하지만 코즈적 관점에서 볼 때 이러한 접근은 누구에게 재산권이 존재하는지를 이미 사전에 정의하고 전개한다는 차원에서 적절하지 못한 측면이 있다.

20) 사실은 원고가 승소하더라도, 피고가 항소를 할 경우 원고 항소 경우처럼 가능한 경우를 따져야 한다. 단, 편의상 이것은 생략하도록 한다.

그림 6-2 • 원고(A)가 기대하는 소송으로부터의 이익

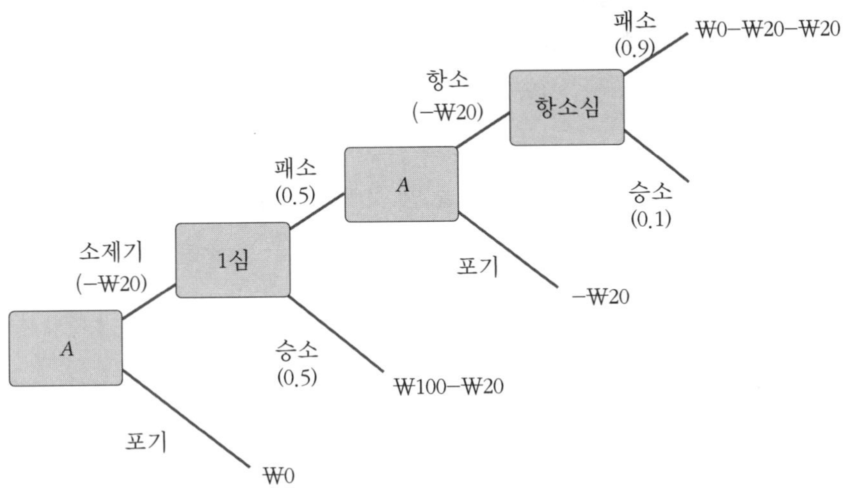

주: 소제기와 항소에서 괄호 안의 값은 비용이며, 승소와 패소에서 괄호 안의 값은 확률이다.

다. 분쟁당사자가 각 단계에서 과연 소송을 제기할지 여부에 대한 분석은 시간 순서대로 진행하기보다는 최종 단계로부터 역으로 진행하는 것이 편리하다.[21] 편의상 시간의 흐름에 따른 손실이 없다고 가정한다면, 항소심에서 원고 A의 기대수익(ERA)은

$$ERA=0.1\times ₩100+0.9\times ₩0=₩10$$

인 데 비해, 비용은

$$ECA=₩20$$

이다. ERA<ECA이므로, 1심에서 패할 경우 A는 항소를 하지 않을 것이다.

한편, 이를 전제로 1심을 살펴보면, 원고의 기대수익(ERT)과 비용(ECT)은

21) 경제학에서는 흔히 backward induction이라고 한다.

ERT=1심 승소에 따른 기대수익+2심 승소에 따른 기대수익
=0.5×₩100 + 0.5×₩10=₩52,
ECT=1심 소송비용+항소심 소송비용
=(₩20)+0.5×(₩20)=₩30

이 된다. ERT > ECT이므로 A는 소송을 할 것이다. 종합하자면, 이상과 같이 배상액과 승률이 주어진 상황에서, A는 분쟁이 일어날 경우 소송을 제기하고, 1심에서 질 경우 항소하지는 않을 것이다.

2. 소송제기의 결정요인

위에서 제시한 논의는 기대수입과 기대비용이 어떤 요인들에 의해 결정되는지, 나아가 소송이 제기될지 여부를 어떤 요소들이 결정하는지 파악하는 데 유용하다. 기대수입은 기본적으로 배상액의 크기와 심급별 승률에 의해 결정된다. 마찬가지로 기대비용 역시 심급별 승률과 비용에 의해 결정된다. 이하에서는 각 요소들에 대해 보다 상세히 살펴보기로 한다.

1) 배상액

어떤 소송에서 원고는 자신이 입은 피해액 혹은 소송가액(V)을 제시하고, 판사는 이 중 얼마만큼이 진정 피해액으로 인정될 수 있는지, 즉 피고가 얼마를 배상액(W)으로 지급해야 하는지 결정한다. 따라서 소송가액과 배상액 간에는

$$W=\alpha V$$

와 같은 관계가 성립한다. α는 판사의 판결인데, 현실적으로는 소송가액 이상의 배상을 판결하는 상황이나, 역으로 음의 손해배상을 결정하는 경우는 상정하기 어려우므로 $0\leq\alpha\leq 1$라 할 수 있다.

위의 모형에 따르면, 다른 모든 조건이 동일할 때 분쟁은 피해액이 클수록 소송이

제기될 가능성이 높다.[22] 아울러 법령이나 기존의 판례, 그리고 판사의 성향 등이 소송가액 중 피해로 인정해 주는 비율이 높다고 기대된다면, 소송을 제기할 확률이 높다.

2) 승률

어떤 사건의 승률이 높으면 기대수입이 높아지기 때문에 소송을 제기할 확률이 높아진다. 단, 여기에서 문제가 되는 것은 객관적인 승률과 분쟁당사자들이 인지하는 승률은 차이가 있을 수 있다는 점이다. 만일 분쟁당사자들이 소송에 대한 낙관적 기대를 하게 된다면, 이것은 '불필요한' 소송을 야기할 수 있다. 따라서 소송에 따른 승률을 가능한 한 정확히 예측할 수 있는 것이 불필요한 소송을 줄이는 데 매우 중요하다.

우리나라의 경우, 사건 유형별로 객관적인 승률, 보다 정확히는 법원이 정하는 α가 얼마나 되는지에 대한 객관적 정보를 얻기가 쉽지 않다. 이러한 정보의 부재는 많은 분쟁당사자들이 재판 결과에 대해 편향된 판단을 하도록 유도하며, 이것이 소송을 증가시키는 요인으로 작용하고 있을 가능성이 높다. 향후 법원이 정보를 제공한다면, 분쟁당사자 간 화해를 촉진하는 방향으로 기여할 것이다.

3) 소송비용

소송을 하는 데에는 여러 가지 비용이 수반되겠지만, 이 가운데서도 특히 아래 열거하는 요소들이 중요하다.

(1) 입증비용

자신의 주장을 판사에게 입증하려면 증거를 제시해야 하는데, 증거수집에는 많은 시간과 비용이 든다. 따라서 입증책임이 누구에게 있도록 규정되어 있는가 여부는 소송제기에 큰 영향을 미친다. 한 가지 언급할 것은 우리나라에서 민사사건이 형사사건화하는 경향, 즉 기본적으로 민사사건적 성격을 띤 분쟁들에 대해 고소, 고발이 많이 일어나고 있는 현상은 이러한 맥락에서도 이해될 수 있다는 점

22) 피해액의 몇 배를 보상 소송가액으로 청구하는 것이 가능한 미국과 같은 제도는 우리나라와 비교해 볼 때 상대적으로 더 많은 소송을 야기한다고 볼 수 있다.

이다. 즉, 민사사건인 경우에는 원고가 피해사실을 입증해야 하는 데 비해, 형사사건이 되면 검찰이 이러한 수고를 대신하기 때문에 원고는 입증비용을 크게 줄일 수 있다. 특히, 검찰은 공권력에 근거해서 증거를 강제수집할 수 있기 때문에 원고는 고소, 고발을 할 큰 유인이 존재한다.

(2) 변호사 고용비용

법률 문제의 해결을 위해서는 여러 가지 전문지식이 필요한 경우가 많은데, 법조전문가, 즉 변호사를 고용하는 데 비용이 얼마나 드는가는 소송제기에 큰 영향을 미친다. 변호사를 고용하는 데 드는 비용이 높아질수록 기대비용이 증가하게 되기 때문에 소송을 제기하지 않을 확률이 높아진다. 한편, 변호사비용을 분쟁당사자가 부담하는지 아니면 패소한 측이 부담하게 되는지도 소송을 제기할지 여부에 대해 큰 영향을 미친다고 할 수 있다.

(3) 소송수행에 따른 기회비용

소송을 제기하게 되면 소송수행에 필요한 시간만큼 일을 할 수 없기 때문에 소득을 잃게 된다. 아울러 분쟁당사자 중 어느 쪽도 분쟁대상이 되는 자산을 적절히 활용하지 못함으로써 손해가 발생할 수 있다. 기본적으로 이러한 기회비용이 얼마나 되는지는 소송지속기간에 비례한다. 즉, 소송접수로부터 최종 판결까지의 소송지속기간이 길어질수록 노동손실이나 자산손실과 같은 기회비용은 증가한다. 따라서 법원의 소송이 지나치게 오래 걸린다면, 분쟁당사자는 소송을 포기할 가능성이 높아진다.

(4) 법원 서비스 이용대금

정부가 법원을 운영하려면 판사나 법원 직원 등을 고용해야 하고, 법원 건물 등을 설립 운영해야 한다. 이러한 비용을 누구에게 얼마만큼 부과하는가가 소송제기 여부를 결정하는 데 중요한 요인으로 작용한다.

가장 먼저 생각해 볼 수 있는 방식은 사용자 부담의 원칙으로, 법원이 원고에게 법원 서비스를 사용하는 만큼 비용을 부과하는 것이다. 현재 우리나라는 민사소송의 경우, 소송가액의 일정 비율만큼을 인지대로 부과하고 있는데, 이것은 소송가액이 클수록 법원 서비스를 더 많이 사용한다고 보고, 이러한 전제하에서 사용자 부담의 원칙을 적용하는 것이라고 해석해 볼 수 있다.[23)]

과연 이러한 방식이 적절한 지를 평가하려면 매우 포괄적인 검토가 필요하겠지만, 세 가지 측면이 고려될 필요가 있다. 첫째, 우선 인지대를 원고가 부담해야 하는지, 아니면 소송 발생의 원인을 제공한 패소자가 부담해야 하는지 하는 문제이다. 둘째는 법원 판결이 창출하는 서비스의 외부성(externality)을 고려할 필요가 있다는 점이다. 법원 판결은 일차적으로는 소송당사자들에게 영향을 미치지만, 이후 유사한 분쟁에 연루된 사람들에게도 영향을 미치게 된다. 마지막으로는 형평성의 문제이다. 사용자 부담의 원칙은 법원 서비스를 국민 모두가 누릴 수 있어야 한다는 헌법에 명시된 권리와 배치될 수 있다. 향후 이상의 요인들을 고려해서 법원 이용비용의 합리적 부과를 위한 제도 개선이 이루어질 필요가 있다.

(5) 소결

이상에서 열거한 요소들 이외에도 소송당사자들은 여러 가지 비용을 부담하게 된다. 만일 소송비용이 커질 경우, 분쟁당사자는 소송으로부터 얻는 순이득이 감소하게 되므로 소송을 포기할 가능성이 높아진다.[24)] 소송의 포기가 보다 바람직한 분쟁해결의 결과라면 모르겠지만, 분쟁해결 노력의 포기를 의미하는 것이라면 높은 소송비용으로 인한 소송의 포기는 결코 바람직하다고 보기 어렵다. 이것은 법원이 적절하게 분쟁을 해결해 주는 제도로 작동하지 못함을 의미하는 것이기 때문이다. 나아가 법원이 이러한 역할을 제대로 수행하지 못한다면, 경제주체들이 계약을 체결하는 데 있어 고려해야 할 비용이 크게 증가할 것이기 때문에 경제에 궁극적으로 경제성장에 악영향을 끼친다. 따라서 법원은 가능한 한 분쟁해결에 소요되는 비용을 낮춤으로써, 분쟁당사자가 포기를 선택하기보다는 바람직한 해결을 추구하도록 도모해야 한다.

23) 물론 이것은 순전히 추론에 불과하며, 실제로는 어떤 맥락에서 이러한 방식을 취하였는지는 보다 실증적인 연구가 필요하다. 한 가지 고려해 볼 점은 현재의 인지대라는 방식이 사용자 부담의 원칙이 아니라 부담능력의 원칙에 근거한 것일 수 있는데, 만일 그러하다면 현재의 제도는 타당성이 높지 않다고 판단될 여지가 많다.
24) Cooter and Ulen(2008) 등은 소송비용의 이러한 기능을 거름장치로 설명하고 있다.

Ⅳ. 법원정책[25)]

본 절에서는 우리나라의 법원정책을 살펴보기로 한다. 본격적 논의에 앞서 한 가지 언급할 것은 법원정책과 분쟁당사자의 분쟁해결방식 선택이라는 두 가지 문제가 경제학에서 말하는 쌍대관계(dual problem)에 있다는 점이다. 즉, 사법부의 수장이 사회적 후생을 극대화하고자 노력하는, 흔히 경제학에서 상정하는 선의의 계획자(benevolent social planner)라고 한다면, 법원이 분쟁해결을 어떤 방식으로 수행해야 하는가라는 문제의 모든 결론은 앞서 살펴본 분쟁당사자의 소제기 결정 모형으로부터 도출되는 합리적 분쟁해결제도와 기본적으로 동일해야 할 것이기 때문이다. 그런 점에서 이하의 논의는 제Ⅲ절의 내용과 기본적으로 동일한 맥락에 있음을, 단지 동일한 문제를 정책당국의 입장에서 서술하고 있음을 밝혀 두고자 한다.

1. 법원정책의 삼각난제

법원 혹은 사법부의 정책목표가 무엇인지에 대해서는 다양한 견해가 있을 수 있겠지만, 재판의 공정성과 신속성이 우선적으로 추구되는 두 요소라는 점은 비교적 명확하다. 공정성은 판결이 공평무사하여야 한다는 것으로, 사법부의 존재 이유와 직결된 근본 목표라고 볼 수 있다. 사건처리의 신속성 역시 중요한데, 아무리 공정한 판결이라도 지나치게 지연될 경우 인권적 측면에서나 경제적 측면에서 많은 손실을 야기할 수 있기 때문이다. 그런데 공정성이나 신속성 같은 정책목표를 추구한다는 것, 그리고 각각에 얼마만큼의 비중을 두고 있는지 여부는 정책당국이 각각을 위해 투여하는 자원의 양에 의해 현실화된다. 정책당국이 활용할 수 있는 자원이 유한함을 고려할 때 자원의 확보와 배분 문제는 정책목표와 분리해서 볼 수 없는 핵심 요소이다.

25) 본 절의 논의는 김두얼(2008, 2009, 2010, 2011)을 일부 수정 · 보완한 것이다.

이처럼 공정성, 신속성 및 비용이라는 세 요소가 법원정책을 수립하고 집행함에 있어서 고려하여야 할 가장 기본적인 사항들임을 인지함과 아울러, 이 셋을 동시에 개선하는 방향으로 정책을 추구하는 것이 매우 어렵다는 점을 이해하는 것이 정책 결정의 근간을 이룬다. 예를 들어, 공정성을 해치지 않으면서도 보다 신속하게 판결을 내리기 위해서는 판사 증원이 절대적이기 때문에 보다 많은 비용을 치르는 것은 불가피하다. 혹은 정부의 예산제약 때문에 판사 수를 늘리는 것이 매우 어려운 상황에서 사건 수의 급격한 증가와 같은 외적 변화가 발생할 경우 판결의 공정성을 유지하려면 필연적으로 소송지연이 발생하게 된다. 물론 제도의 변화 등 예산 변동을 수반하지 않으면서도 신속성을 획기적으로 증대시킬 가능성이 없는 것은 아니다. 또 컴퓨터의 활용과 같은 기술개발 역시 행정비용을 낮춤으로써 보다 많은 자원을 공정성과 신속성 제고에 활용할 수 있도록 해 준다. 하지만 사법제도가 비교적 완비되어 있는 오늘날과 같은 상황하에서는 제도개선을 통해 예산의 추가적 소요 없이 사법 서비스의 질을 획기적으로 증진시킬 가능성은 높지 않다.[26] 아울러 사법제도의 속성상 컴퓨터와 같은 기술 변화가 공정성과 신속성을 증진시키는 데 미치는 효과는 간헐적이고 제한적이라고 보는 것이 타당할 것이다.

이처럼 법원정책을 수행하는 당국이 고려해야 하는 세 가지 주요 고려 요소 간에 상충관계가 존재하기 때문에 이들을 동시에 개선하는 것이 불가능한 현상을 삼각난제(三角難題, trilemma)로 개념화해 볼 수 있다. 세 요소 간의 상호 상충관계는 원천적인 해소가 불가능하다. 따라서 법원정책 담당자의 가장 중요한 임무는 대내외적 환경 변화하에서 사회의 바람직한 발전방향에 조응하도록 삼각난제를 관리하는 것이다. 법원정책에 대한 평가 역시 사법부가 맞이하였던 주요한 대내외적 변화가 무엇이었는지, 그리고 이에 대응해서 정책당국이 삼각난제를 적절하게 관리하였는지라는 관점에서 이루어질 수 있다.[27]

26) 한 가지 명확히 할 점은 이 언명이 제도개선을 통한 효율성 증대 노력을 무의미하다고 폄훼하는 것이 아니라는 사실이다. 여기서 지적하는 것은 종종 소송처리의 신속성을 제고한다는 명목하에서 도입되었던 여러 가지 개선방안들이 공정성과 관련해서 심대한 문제를 야기할 수도 있는 조치들이었다는 점 혹은 인력 증가가 수반되지 않을 경우 제대로 작동하기 어려운 시도들이었다는 점이다.

27) Cooter and Ulen(2008), pp. 416-418에서는 법원의 목적함수를 사회적 비용 최소화로 개념화하고 있다. 사회적 비용이란 분쟁해결에 드는 행정비용, 그리고 판단오류가 가져올 비용으로 구분한다. 따라서 수학적으로 표현하면,

$$\min SC = c_a + c(e)$$

가 된다. 이러한 구조와 본문의 개념화는 기본적으로는 동일하다. 단, Cooter and Ulen 식의 정의는 보다 추상적이고 포괄적일 수 있는 데 비해, 본문의 방식은 보다 정책지향적인 개념화에 가깝다는 차이가 있다.

2. 소송증가

법원이 담당하고 있는 업무의 기본 단위는 사건인데, 2009년에 우리나라 법원에 접수된 총사건 수는 약 1,771만 건이다. 사건들은 호적이나 등기처럼 단순 행정사무에 가까운 것에서부터 수십 명의 사람들이 고액의 재화에 대해 소유권을 다투는 복잡한 민사소송에 이르기까지 내용 면에서 매우 다양하다. 이러한 특성을 감안해서 법원에서는 사건들을 크게 소송사건과 비송사건으로 나눈 뒤, 소송사건은 다시 본안사건과 본안외사건으로 구분하여 관리한다. 〈표 6-1〉은 2009년 1심 사건의 사건 수를 이 기준에 맞추어 제시한 것인데, 총 1,771여만 건 가운데, 비송사건은 약 1,157만 건으로 65.3%를 점유하고 있으며, 본안외사건은 약 461만 건으로 26.0%를, 그리고 본안사건은 약 154만 건으로 8.7%를 차지한다.

1,771만이라는 사건 수는 1980년경 약 800만 건 수준이던 것이 29년 동안 2.1배가량 증가한 결과인데, 이 기간 동안 본안 · 본안외 · 비송사건의 비중에 큰 변화는 없었다(〈그림 6-3〉 참조). 단, 상대적 증가폭은 큰 차이가 있어서, 비송사건과 본안외사건은 1980년 각각 622만 건, 186만 건이던 것이 두 배가량 증가한 것인 반면, 본안사건은 같은 기간 동안 약 26만 건에서 154만 건으로 6.0배 증가한 것이다(〈그림 6-4〉의 (A), (B) 참조). 본안 · 본안외 · 비송사건의 증가율이 이처럼 큰 편차를 보임에도 불구하고 이들 간의 상대적 비중이 크게 변하지 않은 것은 본안사건의 절대적 비중이 작은 데 기인한다. 그러나 사건의 복잡도나 사건처리에 요구되는 판사인력의 규모 등 질적 측면을 반영할 경우, 본안사건의 상대적 급증은 사건 수 증가를 살필 때 가장 중요하게 다루어야 할 요인이다.

본안사건 가운데서도 민사소액심판사건의 증가가 두드러진다. 민사단독 · 합의사건과 형사 · 가사 · 행정사건 등이 1980–2009년 기간 동안 3배에서 3.5배가량 증가한 데 비해, 같은 기간 동안 민사소액심판사건은 20배 증가하였다(〈그림 6-4〉의 (C), (D) 참조). 그 결과, 1980년경 본안사건 가운데 민사소액사건이 차지하는 비중은 15%였지만 2006년에 와서는 53%로 과반수를 차지하였다.

한 가지 분명히 해야 할 점은 '소액'이라는 명칭 때문에 소액심판사건의 증가를 단순히 소액의 사소한 사건 증가로 치부하는 것은 잘못이라는 사실이다. 사법

표 6-1 • 법원 사건 수: 2009년 1심 접수

	민사	가사	행정	형사	소년	가정보호	인신보호	감치과태료	기타	합계
소송사건(A=A1+A2)	4,058,307	136,501	25,176	1,820,319	50,541	6,595	128	45,061	-	6,142,628
본안사건(A1)	1,074,236	55,791	16,661	287,842	50,541	6,595	128	45,061		1,536,855
합의	55,168			18,700						73,868
단독	238,848			268,765						507,613
소액	780,220									780,220
치료감호				377						377
본안외사건(A2)	2,984,071	80,710	8,515	1,532,477						4,605,773
조정	13,608	3,848								17,456
독촉	983,619									983,619
집행	699,411									699,411
비송	81,455	56,041								137,496
신청	924,694	20,821		74,002						1,019,517
도산	281,284									281,284
즉결				76,753						76,753
약식				1,028,837						1,028,837
영장				352,885						352,885
비송사건(B)									11,565,289	11,565,289
등기									11,009,569	11,009,569
가족관계 등록									345,785	345,785
공탁									209,935	209,935
합계(A+B)	4,058,307	136,501	25,176	1,820,319	50,541	6,595		45,061	11,565,289	17,707,917

자료: 『사법연감』(2010).

부는 1980년에 50만 원이던 소액사건의 한도액을 소송처리를 신속화한다는 취지에서 여러 차례 높인 결과 현재에는 2,000만 원에 이르게 하였다. 20여 년 동안 상한액을 40배 높인 것은 같은 기간 동안의 물가 상승에 비해 열 배 가량 높은 것이며, 이는 '소액'이라고 부르기 적절하지 않은 상당수의 사건들을 소액심판사건으로 분류 · 처리하도록 하였다.[28]

28) 소액심판사건제도 운영상의 문제점에 대해서는 김두얼(2007a, b) 참조.

그림 6-3 • 총사건 수 및 본안사건, 본안외사건, 비송사건의 비중: 전체(1980-2009년)

(A) 총사건 수

(B) 본안사건, 본안외사건, 비송사건의 비중

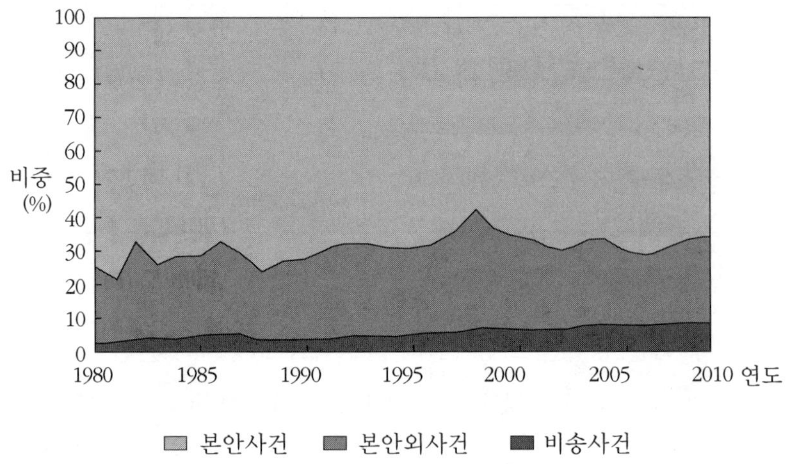

자료: 『사법연감』.

그림 6-4 • 사건 수의 장기 추이(1980-2009년)

(A) 소송사건과 비송사건

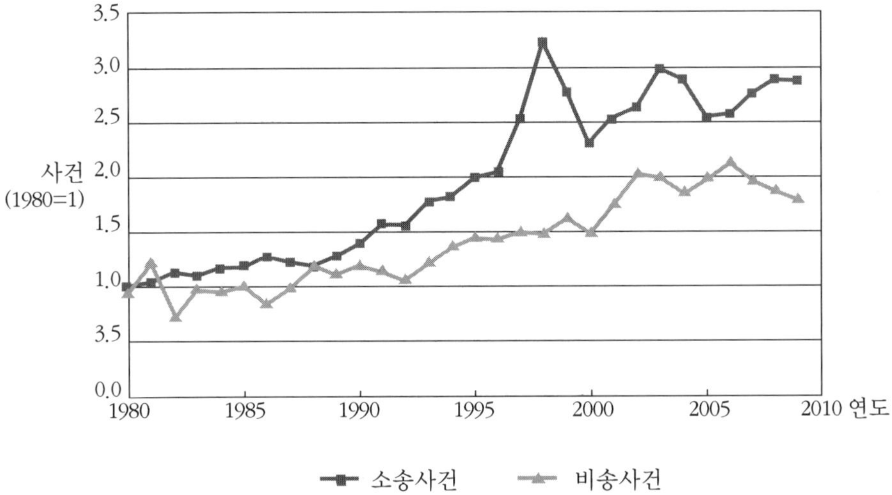

주: 1980년의 사건 수는 전체 사건=8,339,913, 소송사건=2,101,030, 비송사건=6,221,894이다.

(B) 본안사건과 본안외사건

주: 1980년의 사건 수는 본안사건=255,901, 본안외사건=1,862,118건이다.

그림 6-4 • 사건 수의 장기 추이(1980-2009년) 계속

(C) 민사소액사건과 기타 본안사건

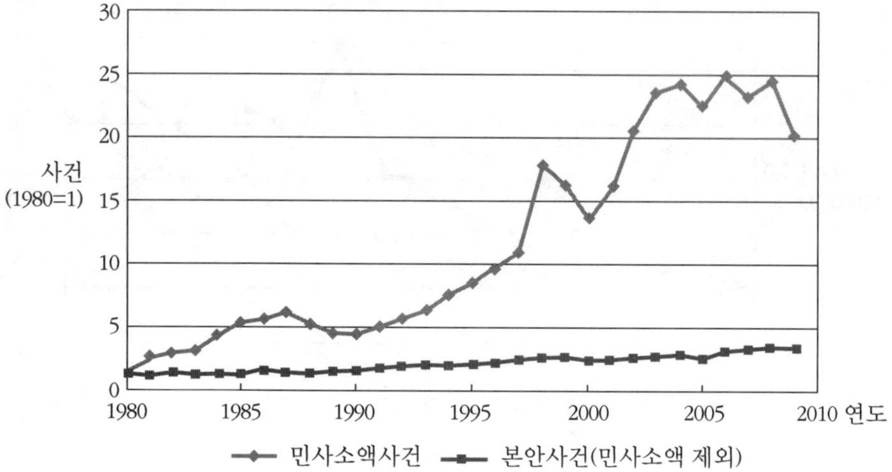

주: 1980년의 사건 수는 민사소액사건=38,837, 기타 본안사건=217,064이다.

(D) 민사소액사건을 제외한 본안사건

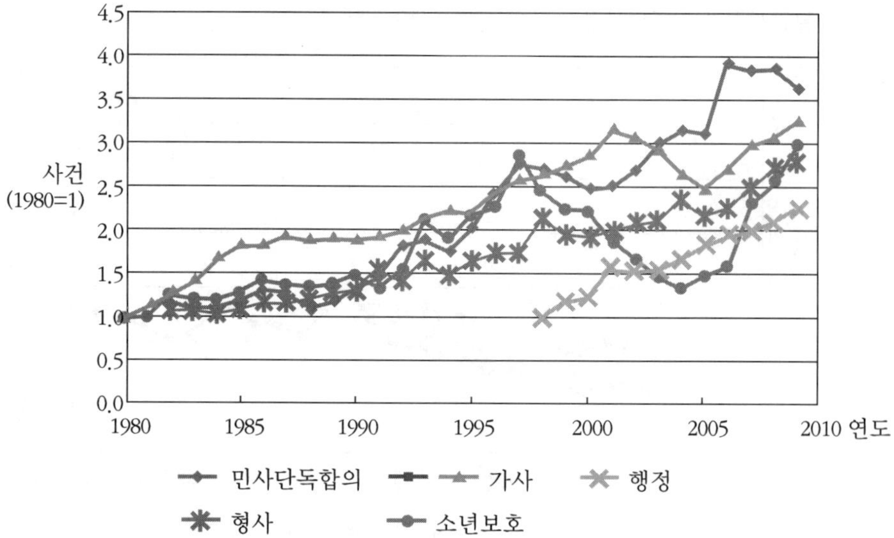

주: 1980년의 사건 수는 민사합의단독=81,493, 가사사건=17,091, 형사사건=101,491, 소년보호사건=16,989이며, 1998년 행정사건은 7,422건이다.
자료: 『사법연감』.

셋째, 소송의 양적 증가뿐 아니라 복잡성 역시 증대하고 있다. 사건의 질적 측면이 주로 문제가 되는 것은 비송사건이나 본안외사건보다는 본안사건들이라고 할 수 있는데, 이들의 난이도 수준을 포괄적으로 보여 주는 지표를 확보하기는 매우 어렵다. 단, 사건의 복잡성과 소송가액 간에 양의 상관관계가 존재함을 상정해 볼 때, 민사사건에 대해서는 소송가액을 사건복잡도의 대리변수로 사용할 수 있다. 연도별 총소송가액을 실질액으로 변환한 뒤 사건 수로 나눈 사건당 평균실질소송가액은, 1980년에서 2009년까지 전체적으로는 2.8배, 소액사건을 제외하고 계산해 보면 5.6배가량 증가하였다(〈그림 6-5〉).

물론 평균소송가액 증가는 소수의 초고액소송 등장이 초래한 결과일 수도 있다. 그럴 경우 평균소송가액은 전체적인 복잡성 변동을 적절하게 반영한다고 보기 어렵기 때문에, 소송가액의 전체적 분포 양상을 함께 검토할 필요가 있다. 〈그림 6-5〉 (B)는 소송가액 구간별로 사건 수의 변동을 보여 주는데, 10억 원을 넘는 초고액에서 100만–1,000만 원 정도의 소액사건까지 모든 구간의 사건들이 유사한 속도로 증가하고 있다. 이는 평균소송가액의 증가가 몇몇 초고액소송 증가로 인한 것이 아니라는 점에서 소송의 복잡도 변동을 적절하게 반영하는 지표임을 시사한다.

지표화하기는 어렵지만 민사소송 외의 영역에서도 사건의 복잡도가 상승하고 있는 징후는 다양하게 나타나고 있다. 예를 들어, 형사사건의 경우 최근 들어 전통적인 강력범죄에 비해 경제 관련 범죄들이나 새로운 형태의 사건들이 절대수에 있어서나 상대적 비중에 있어 증가하고 있는데, 이러한 사건들은 법원의 사건처리 부담을 증가시키고 있다. 이런 점들까지를 종합해 볼 때 본안사건의 평균적인 난이도나 복잡도는 계속 증가해 왔으며, 이것이 업무부담 증대에 기여한 것으로 추정된다.

3. 판사인력

법원은 앞서 살펴본 바와 같은 사건의 증가에 대응하고자 판사인력을 늘려 왔다. 〈그림 6-6〉은 해방 이후 「각급법원판사정원법」(이하 판사정원법)의 개정에 따른 판사정원 증가 추이를 보여 준다. 판사 정원은 1956년 292명으로 정한 이후 꾸준히

그림 6-5 • 민사소송의 소송가액 변동

(A) 민사본안사건의 실질평균소송가액(1980-2009년, 2005년 가격 기준)

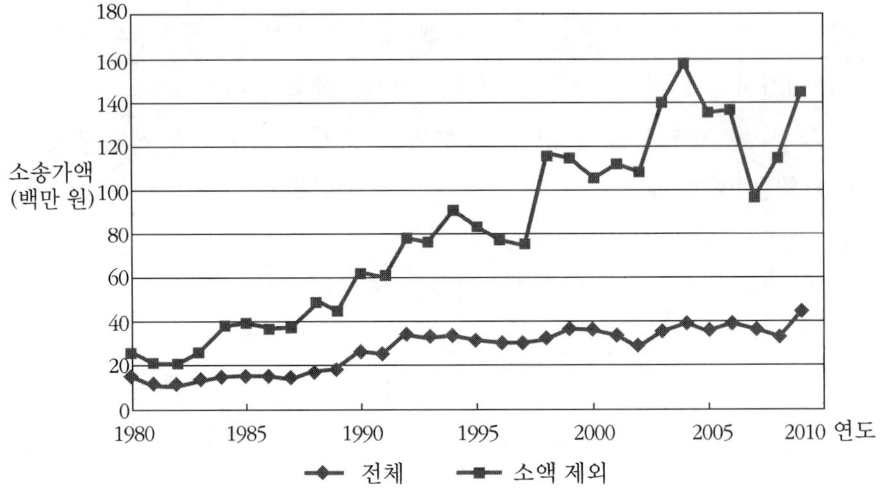

(B) 소송가액별 사건 수(명목액, 1965-2009년)

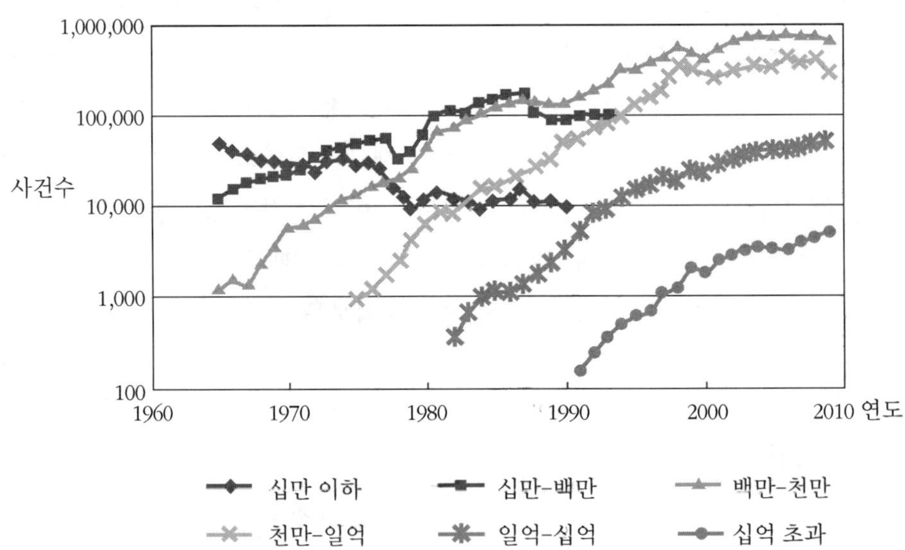

자료: 『사법연감』.

그림 6-6 • 판사 정원 추이(1964-2010년)

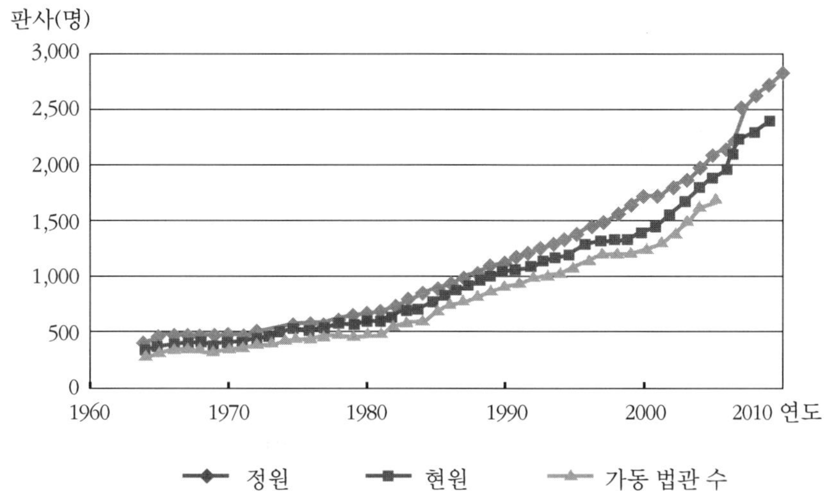

주: 대법원 판사와 예비판사는 제외하였다. 이 기준에 따르면 2006년 정원은 2,124명, 현원은 1,976명이다. 2005년의 가동 법관 수는 1,710명이다.
자료: 「각급법원판사정원법」 및 『사법연감』.

증가하여서 1980년에는 624명이 되었다가, 가장 최근에 있었던 2007년의 개정을 통해서는 예비판사 정원을 판사 정원에 통합함으로써 2010년까지의 판사 정원을 2,844명까지 상향조정하는 것으로 결정하였다.[29] 그런데 정원이 100% 충원되는 것은 아니기 때문에 판사당 업무부담을 분석하기 위해서는 실제 임용되어 업무를 담당하고 있는 인력규모를 파악하는 것이 필요하다.

우선 판사 현원, 즉 임용된 판사인원을 살펴보면 대략 정원의 80-90% 정도를 유지하고 있는데, 2000년대 들어서는 대략 정원의 90% 초반 수준에 있다. 현원 가운데서도 휴직, 파견, 연수 등과 같이 업무를 보지 않는 인력을 제외한 가동 법관 수를 보면 정원의 80% 초반 정도를 유지하고 있다. 2009년의 판사 정원과 현원은 각각 2,724명과 2,382명이며, 2005년의 가동 법관은 1,710명 정도이다.[30]

29) 원래 2005년의 개정에서는 2010년까지 2,544명으로 늘리는 것으로 정하였는데, 2007년 예비판사제도를 폐지하고 예비판사 정원 300명을 판사 정원으로 통합하였기 때문에 2010년까지의 정원이 2,844명으로 조정되었다.
30) 2006년의 사법부 현황을 다룬 『2007 사법연감』에서부터 가동 법관 수를 공표하지 않기 때문에, 가장 최근 값인 2005년 가동 법관 수를 제시하였다.

1980년과 비교해 볼 때 2009년의 판사 정원은 약 4.0배가량 증가한 것이고, 현원은 약 4.3배 증가한 것이기 때문에, 지난 29년 동안 판사인력 증가가 절대적인 면에서 적었다고 보기는 어렵다. 문제는 판사 수의 증가가 사건의 증가와 비교해 볼 때 적절한 수준으로 이루어졌는지 여부이다. 이를 평가하기 위해 판사 한 명이 t년도에 담당하여야 하는 사건부담을 판사당 평균담당사건 수 z_t로 정의하고,

$$z_t \equiv \frac{X_t}{J_t} \tag{1}$$

여기서, X_t : t년도의 총사건 수

J_t : t년도의 총판사 수

와 같이 계산해서 분석해 볼 수 있다.[31)] z_t의 수준이 얼마나 되는지, 그리고 장기적으로 늘어나는지 혹은 줄어드는지 여부가 판사 증원이 적절하게 이루어지고 있는지를 판단하는 일차적인 준거가 될 수 있다.

z_t를 구성하는 두 요소 가운데 J_t는 판사 현원이나 가동 법관 수를 적용할 수 있다. 〈그림 6-6〉에 나타난 것처럼 두 변수의 움직임에는 큰 차이가 없으므로, 어느 쪽을 사용하는가에 따라 z_t의 수준은 약간 달라지겠지만 장기적인 추이를 파악하는 데 큰 차이를 야기할 가능성은 적다. 이에 비해 X_t는 다르다. 궁극적으로는 법원의 모든 사건 업무들이 판사들의 업무영역에 해당되겠지만, 사건의 종류에 따라 판사들이 관여하는 정도는 큰 차이가 있다. 따라서 X_t의 범위를 지나치게 넓게 혹은 좁게 설정하면 z_t가 판사들의 실제 업무부담 수준을 제대로 반영하지 못할 가능성이 높다. 또 사건 종류에 따라 증가속도가 많은 차이가 있기 때문에 X_t의 정의에 따라 z_t의 추세 역시 크게 달라질 수 있다. 이런 문제 때문에 X_t에 대한 면밀한 점검이 이루어질 필요가 있다.

이런 문제점은 통상적으로 정의되는 본안사건 전체, 즉 민사소액심판사건을

31) 물론 개별 사건별로 판사들이 투여해야 할 시간 혹은 노력의 정도는 크게 다르기 때문에, 이상적으로는 사건별로 투여되어야 할 인력을 반영하는 지표 D를 설정한 뒤, $\frac{\sum_{i=1}^{N} D_i}{N}$ 와 같은 방식으로 판사당 업무부담을 계산하는 것이 바람직하다. 단, 이를 위해서는 사건의 성격에 따른 필요인력 투입에 대한 보다 상세한 정보가 필요한데, 『사법연감』만으로 이러한 정보를 확보하는 것은 불가능하다. 따라서 위의 지표는 난이도가 높은 사건과 낮은 사건들의 상대적 비중이 크게 변하지 않았다는 가정을 전제한다고 할 수 있다.

그림 6-7 • 판사당 본안사건 수(z_t) 추이(1980-2009년)

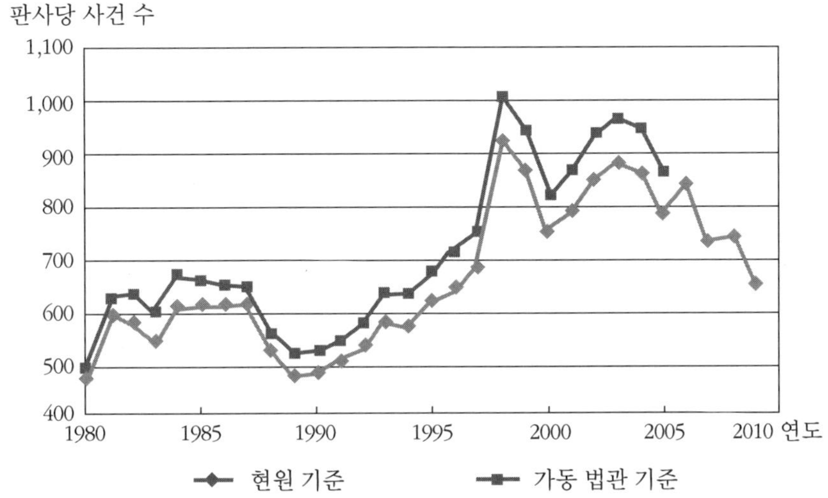

자료: 『사법연감』.

배제하지 않은 본안사건 전체를 대상으로 X_t를 추정함으로써 어느 정도 해소할 수 있다.[32] t년도의 본안사건 전체를 X_t로 정의한 뒤, 판사 현원을 이용해서 z_t를 계산한 결과가 〈그림 6-7〉이다. 1980년대에는 판사당 본안사건 수가 600건 수준이던 것이 1990년을 전후로 한 시기에는 500건까지 낮아졌다가 다시 상승하여 2000년대 중반에는 800-900건 수준에 이르렀다. 2007년 예비판사제도 폐지에 따른 판사 현원 증대 그리고 2008, 2009년 경기침체 등의 요인에 따른 사건 감소가 겹친 결과, 2000년대 말에 와서는 z_t가 급속히 하락하는 양상이 나타나고 있는데, 이것은 일시적인 양상일 가능성이 높아 보인다. 결국 2000년대의 판사당 담당사건 수는 1980년대 중엽과 비교해 보면 약 30-40%, 사건 비중이 다소 줄었던 1900년 전후반과 비교해서는 약 60% 증가한 셈이라고 판단된다.[33]

사건숫자와 아울러 본안사건 자체의 복잡성이 증가해 판사들의 부담이 증가하

32) 여러 가지 지표들에 대한 상세한 검토 과정에 대해서는 김두얼(2008) 참조.
33) 한편, 소액사건을 포함시킨다면 판사당 업무부담 측면에서 소액사건과 성격이 비슷한 본안외사건들 역시 포함시켜야 한다고 생각해 볼 수 있는데, 이러한 취지에서 X_t에 본안외사건 중 도산사건 그리고 형사사건 중 약식재판을 더하여 X_t를 정의하고 이를 이용해서 z_t를 측정해 볼 수 있다. 그 결과는 z_t가 보여 준 것과 유사한 결과를 보여 준다.

그림 6-8 • 판사당 민사본안소송물가액(1980-2009년)

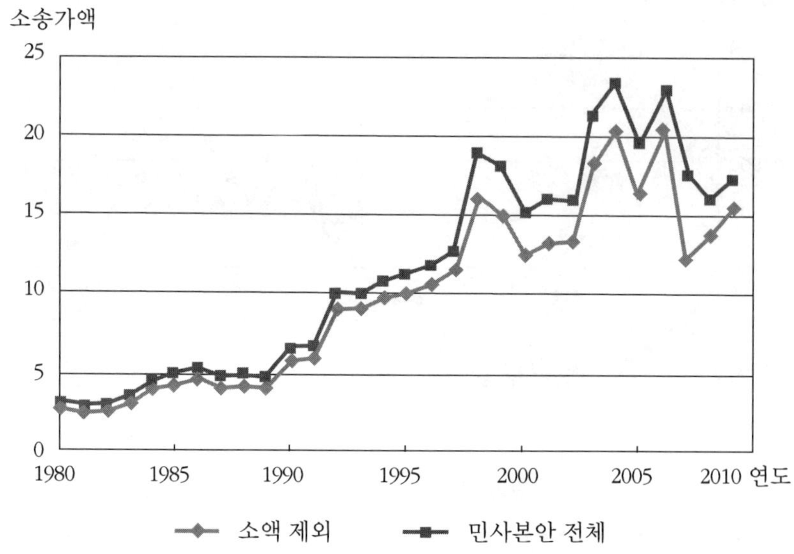

자료: 『사법연감』.

였을 가능성을 적절하게 반영할 필요가 있는데, 민사소송의 경우 소송가액을 사건 난이도의 대리변수로 해석해 볼 수 있으므로, 민사소송의 총소송가액은 난이도 수준을 반영한 총사건 수 혹은 난이도를 가중치로 해서 합산한 총사건 수로 볼 수 있다.[34] 이러한 추론에 근거해서 판사 한 명이 담당해야 하는 사건부담을 실질평균 소송가액으로 계산해 보면, 1980년에서 2009년 사이에 5-6배 증가하였다(〈그림 6-8〉 참조).[35] 평균소송가액치 변동폭을 액면 그대로 소송에 요구되는 노력의 증가폭으로 보기는 어렵지만, 사건 전체의 평균적 난이도가 크게 상승하였음은 명확하다.

이상의 논의는 1980년부터 최근까지 판사당 사건부담이 30-50%가량 증가하였음을 보여 주고 있다. 아울러 사건의 질적 측면 변화를 반영하는 지표인 민사소송의 판사당 실질평균소송가액 역시 단위사건당 평균 난이도가 적지 않게 증가하였음을 보여 준다. 이처럼 사건 부담의 양적 · 질적 측면을 반영하는 지표들의 움직

34) 달리 표현하자면 주 32)에서 언급한 D의 대리변수로 총소송가액을 사용한 것이라고 할 수 있다.
35) 실질가격 계산을 위해서는 GDP 디플레이터를 사용하였다.

임을 종합적으로 고려해 볼 때, 지난 30년 가까운 기간 동안 판사당 업무부담이 적어도 50%가량 증가하였으리라는 추론은 기각하기 어렵다. 그렇다면 이러한 업무부담 증가가 법원의 업무목표인 사건처리의 신속성과 공정성에 어떤 영향을 미쳤는지가 다음으로 살펴보아야 할 주제이다.

4. 소송기간 증가

법원의 사건처리기간 측정에는 여러 가지 방법이 있을 수 있겠지만, 『사법연감』이 제공하는 정보를 이용해서 손쉽게 측정할 수 있는 지표로는 평균처리기간과 미제사건 수 및 사건처리율 두 가지가 있다. 먼저 평균처리기간은 어느 해에 종결된 사건들이 시작부터 종결까지 얼마나 시간이 걸렸는지의 평균을 계산한 것이다. 개별 사건들의 처리기간에 대한 정보가 입수가능하다면, 평균처리기간은

$$S_t = \frac{1}{X_t}\sum_{i=1}^{N_t} S_{ti} \tag{2}$$

여기서, S_{ti}: t년도에 종결된 사건 i의 처리기간

X_t: t년도에 종결된 총사건 수

로 계산이 가능하다.

소송처리율이나 평균소송기간들의 측정 결과를 놓고 어떤 시점의 사건처리에 걸리는 시간이 적정 수준인지 여부를 평가하려면 판단의 기준이 필요하다. 하지만 소송기간의 적정 여부에 대한 절대적 기준을 설정하는 것은 매우 어렵다. 간혹 민사소송처럼 민사소송법에 소송시한을 5개월이라고 명시하는 경우도 있지만, 법원이 판례 등을 통해 이를 권고사항으로 해석하고 있는 상황에서 이것을 기준으로 소송처리 정도를 평가하는 것은 큰 의미를 부여하기 어렵다.[36] 더 근본적으로는 애시당초 왜 5개월을 시한으로 설정하였는지에 대한 근거가 명확하지 않기 때문에 이것을 법원 업무처리 능력의 기준으로 삼는 것은 적절하지 않다.

36) 대법원 2006가단199422, 서울중앙지법 2007나16334 등.

표 6-2 • 세계은행 보고서에 제시된 우리나라의 법집행 지수

연도	처리단계 (procedure)	소요기간	비용 (소가의 %)	순위
2004	17	195	4.4	-
2005	29	75	5.4	-
2006	29	75	5.4	-
2007	29	230	5.5	17
2008	35	230	10.3	10

주: 2004, 2005, 2006년에 대해서는 순위가 발표되지 않음. 측정방식 등과 관련해서는 World Bank(2007), pp. 80-81 등을 참조.
자료: World Bank(2004-2008).

절대적 기준의 확보는 불가능하더라도 다른 나라들과의 비교는 적어도 우리나라 법원의 업무처리 정도를 평가할 수 있는 유용한 방안일 수 있다. 최근 들어 사법제도와 경제성장 간의 관계에 대한 관심이 높아지면서 각국의 사법제도가 얼마나 사건을 신속하게 처리하는지를 계량화해서 비교 · 분석하는 작업이 이루어지고 있는데, 2004년부터 세계은행(World Bank)이 발간하는 *Doing Business* 보고서에 수록된 법집행 관련 항목이 대표적이다. 국가별 기업환경을 비교 · 평가하는 이 보고서에는 계약의 강제집행(enforcement)이 얼마나 효과적으로 이루어지고 있는지를 측정하기 위해 각국의 일인당 GDP의 2배에 해당하는 금액을 추심하는 소송을 수행하는 데 거쳐야 하는 절차 수, 소송기간, 그리고 비용을 조사 · 비교하였다. 2008년의 경우 우리나라는 230일이 걸리는 것으로 나타났는데, 이는 전체 조사대상 178개국 중 일곱 번째로 빠른 수준이다(〈표 6-2〉).[37]

이러한 비교는 우리나라의 현황을 평가하는 데 매우 유용하지만 액면 그대로 받아들이기는 어렵다. 우선 이 지표는 소송 전체가 아니라 민사소송 중 특정 조건을 갖춘 소송들만을 한정해서 비교한 것이기 때문에 소송기간 일반에 대한 논의의 근거로 삼기에는 다소 무리가 있다. 더 심각한 것은 자료의 신뢰성 여부이다. 〈표

37) World Bank(2007), pp. 100-102.

6-2〉에 제시한 바와 같이 우리나라 소송기간이 2004년 195일이던 것이 2005년과 2006년에는 75일로 줄어들었다가 2007년과 2008년에 와서는 다시 230일로 3배가량 증가하는 등 큰 폭으로 등락하고 있기 때문이다. 법집행과 관련된 종합순위에서도 2007년과 비교할 때 개별 집행상황이 좋아진 것이 없음에도 불구하고 2008년에 전체 순위가 오히려 7계단이나 상승하고 있는 점은 측정치의 불안정한 등락이 우리나라뿐 아니라 다른 나라들의 경우에도 적지 않음을 시사한다. 보다 신뢰할 만한 지표가 마련될 때까지 이 지표를 근거로 삼아 평가를 수행하는 것은 매우 신중해야 할 것으로 판단된다.

세계은행의 분석 이외에도 우리나라의 소송장기화 현상을 다룬 연구들 가운데에는 간혹 각국의 사법 관련 연감 자료 등에 근거해서 민사소송의 처리기간을 언급하는 경우가 있다. 이 방법 역시 포괄적이고 면밀한 자료수집과 검토가 이루어진다면 매우 유용한 평가기준을 제공할 것으로 판단된다. 하지만 지금까지 제공된 내용들을 보면 연구자들이 직접 자료를 수집하고 검토해서 제시한 결과가 아니라 다른 문헌을 재인용하는 방식으로 이루어진 경우가 대부분이며, 선정 국가도 몇몇 국가에 국한되어 있다. 따라서 현재 제공되어 있는 정보에 기대어 이루어진 평가들은 신뢰하기 어렵다.

이처럼 현시점의 어떤 기준에 비추어 현재 우리나라의 소송지연이 얼마나 심각한 문제인지를 평가하는 것이 어려운 상황에서, 차선책으로 설정할 수 있는 것은 지표들의 장기적인 추이를 조사하는 것이다. 소송처리기간이나 사건처리율 등의 장기적 추이는 여러 가지 형태를 띨 수 있겠지만, 만일 이 지표들이 장기적으로 어떤 수준에서 안정된 양상을 보이거나 감소하는 움직임을 보여 왔다면 소송지연 문제가 악화되었다는 문제제기는 정당하다고 판단하기 어렵다. 이에 반해 이 지표들이 장기적으로 상당 정도 상승하였다면, 적어도 절대 수준이 적정한지 여부와는 무관하게 원인을 파악하고 대책을 마련해야 한다는 주장은 정당성을 확보할 수 있다.

〈그림 6-9〉는 『사법연감』을 통해 1심 본안사건의 소송처리기간을 살펴본 것인데, 1980년대 중엽 2.0개월 수준이던 것이 2009년에 와서는 4.4개월로 두 배가량 증가하였다. 이러한 소송기간 증가는 앞서 보았던 사건처리율 하락과 일관된 현상이다. 〈그림 6-10〉에서는 민사 · 가사 · 행정 · 형사사건으로 나누어 소송기간을 보여

그림 6-9 • 소송기간의 추이: 1심 본안사건(1980-2009년)

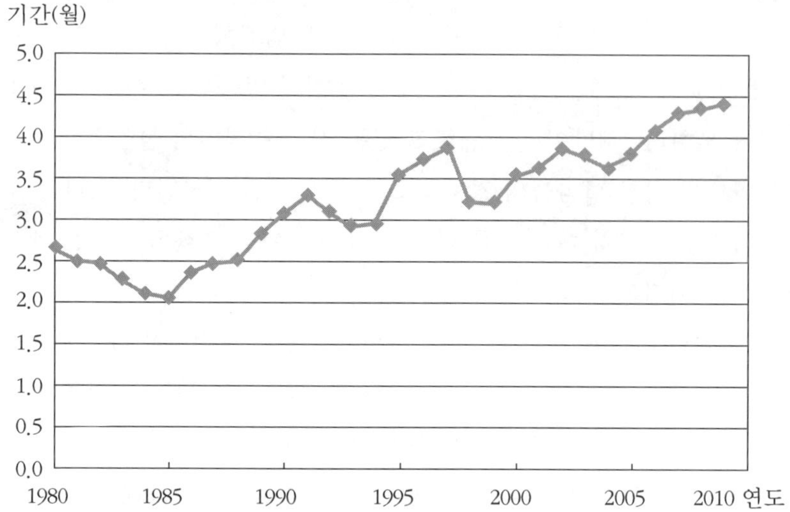

주고 있다. 주목할 만한 사실은 민사와 가사소송이 소송기간의 증가를 보이고 있는 반면, 행정소송과 형사소송은 소송기간에 큰 변화가 없었다는 사실이다. 자세히 살펴보면, 민사사건은 합의, 단독, 소액 모든 심급에서 처리기간이 두 배가량 증가하였다. 합의사건의 경우 이미 1980년대 후반, 그리고 단독사건의 경우는 2000년대 들어 평균처리기간 자체가 법정시한인 5개월을 훨씬 초과하고 있으며, 소액사건의 경우에도 1980년대 초 1.5개월이던 것이 2000년대 후반에는 4개월에 육박하고 있다. 가사사건 처리기간은 1990년대 말까지 3개월에서 4개월 정도로 안정된 추이를 유지하던 것이 이후 급격하게 증가하기 시작해서 2009년에는 6개월에 이르렀다. 이에 비해 행정소송의 경우 1심을 고등법원에서 지방법원으로 이전한 1997년 이후 소폭 하락한 측면이 있으며, 형사사건의 경우 다소 등락은 있지만 대략 3개월 수준에서 큰 변화를 보이지 않고 있다.[38)]

결국 민사사건과 가사사건, 특히 사건규모를 고려할 때 민사사건이 1심 본안

38) 1997년과 1998년에 처리기간이 큰 폭으로 하락하는 것은 행정소송이 고등법원에서 지방법원으로 이전되면서 발생한 현상이다.

그림 6-10 • 1심 본안사건의 소송기간 추이(1980-2009년)

(A) 민사사건

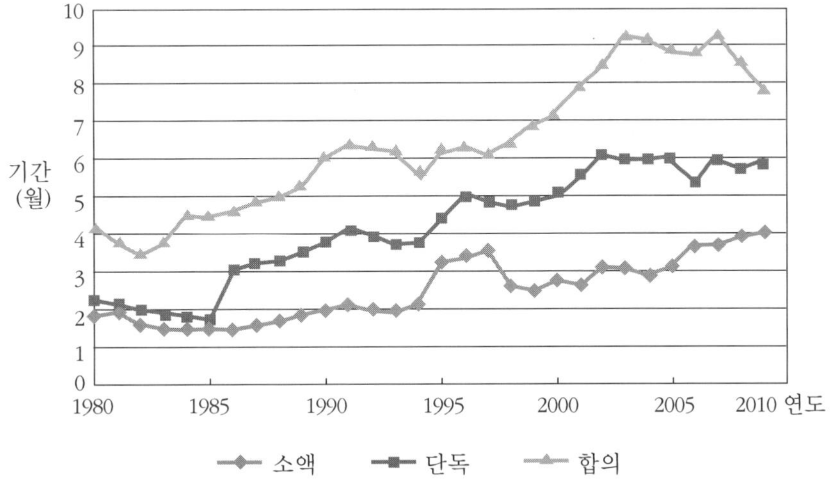

(B) 가사사건

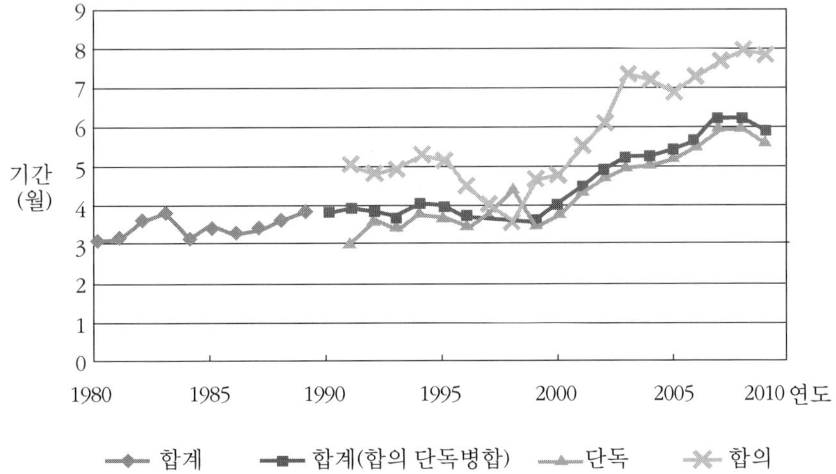

그림 6-10 • 1심 본안사건의 소송기간 추이(1980-2009년) 계속

(C) 행정소송

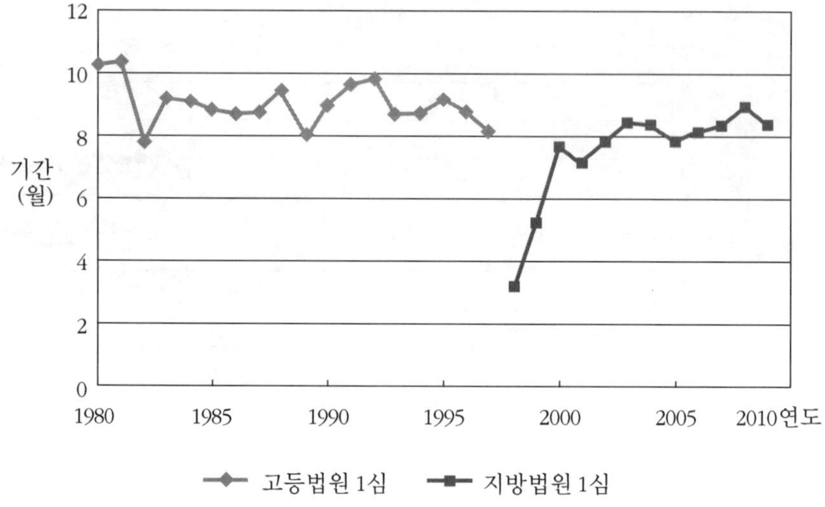

(D) 형사소송

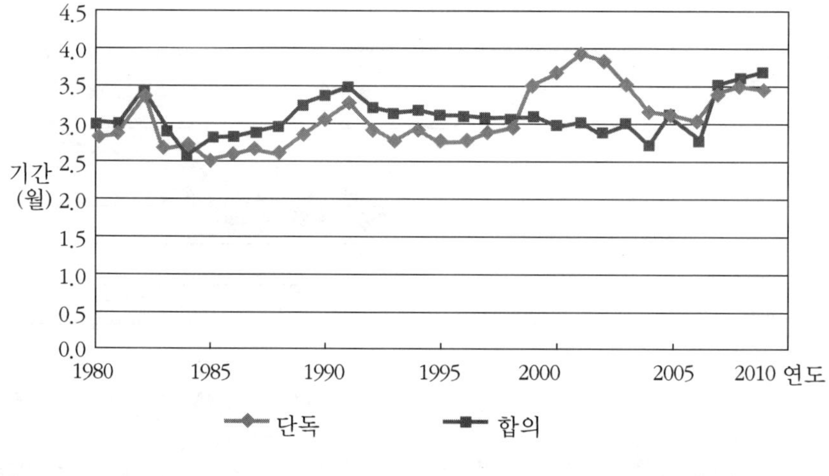

자료: 『사법연감』.

사건의 사건처리기간 증가를 주도한 요인이었다. 한 가지 강조할 점은 소액심판사건의 소송기간 증가폭이 합의심만큼 크다는 점이다. 이처럼 합의심이나 단독심 사건들에 비해 상대적으로 단순하다고 분류되는 사건들에서조차 처리기간이 크게 증가하고 있다는 사실은, 소송처리기간의 증가가 소수의 복잡한 사건들의 증가로 인한 부분적 현상 혹은 합의심 재판부 구성을 위해 필요한 경력판사의 부족이 사건처리 지연을 야기하는 것과 같은 자원배분상의 문제가 아니라, 판사인력 규모가 전체 사건 증가를 따라가지 못하는 데 따라 나타난 총량적 문제임을 보여 준다.[39]

5. 공정성

이상의 분석은 판사당 업무부담이 증가한 결과, 본안사건과 본안외사건 모두에서 사건처리율이 하락하고 사건처리기간이 장기화하는 추이가 나타났음을 보여 준다. 그렇다면 판사당 업무부담 증가가 공정성에는 어떤 영향을 주었을까? 사건처리기간에 비해서 공정성과 관련해서는 수준을 측정하는 명확한 지표를 확보하기가 훨씬 어렵다. 단, 여러 가지 한계에도 불구하고 사건처리의 공정성을 평가해 볼 수 있는 한 지표가 본안사건의 항소율이다. 만일 판사들이 업무의 증가로 인해 사건당 심의시간을 충분히 갖지 못하거나 판결문 등을 통해 판결이유 등을 충분하게 전달하지 못할 경우, 소송당사자들이 재심을 요구할 가능성이 높아진다. 따라서 항소율의 증가 여부는 법원의 판결이 공정한지에 대한 소송당사자들의 평가를 반영하는 한 가지 지표일 수 있다. 이하에서는 이 문제를 민사소송 항소율을 중심으로 논의해 보기로 한다.

2008년에 우리나라에서는 약 128만 건의 민사소송 1심 사건이 처리되었으며, 그 가운데 3.2%에 해당하는 41,000여 건에 대해 항소가 제기되었다(〈표 6-3〉). 이 중 소송가액이 2,000만 원 이상인 단독 이상 사건의 경우, 2008년에 31,000건 가량의 항소가 발생하였으며, 항소율은 9.4%이다. 물론 특정 연도의 항소율 수준이 얼마나 대표성을 가지고 있는지 선험적으로 결정할 수는 없기 때문에 항소율의 장기 추이를 살펴보는 것이 필요하다.

〈그림 6-11〉은 1970년대 말부터 2008년까지의 항소율 추이를 보여 주는데, 기

39) 아울러 같은 기간 동안 본안외사건의 사건처리율도 하락하고 있는 추세를 보이고 있는데, 이에 대해서는 김두얼(2008) 참조.

표 6-3 • 민사본안 1심 사건 항소율(2008년)

(단위: 건, %)

구분	처리사건(A)	판결사건(B)	항소사건(C)	항소율 (C/A)	판결사건 항소율(C/B)	판결사건 비율(B/A)
합의	48,880	29,794	12,305	25.2	41.3	61.0
단독	283,011	199,981	18,786	6.6	9.4	70.7
소액	952,539	620,859	10,160	1.1	1.6	65.2
합계						
단독 이상	331,891	229,775	31,091	9.4	13.5	69.2
1심 전체	1,284,430	850,634	41,251	3.2	4.8	66.2

주: '단독 이상'은 단독심과 합의심을 합한 것을 지칭한다.
자료: 법원행정처, 『사법연감』, 2009, pp. 664-671.

그림 6-11 • 민사본안 1심 사건의 항소율(1977-2008년, 5년 이동평균)

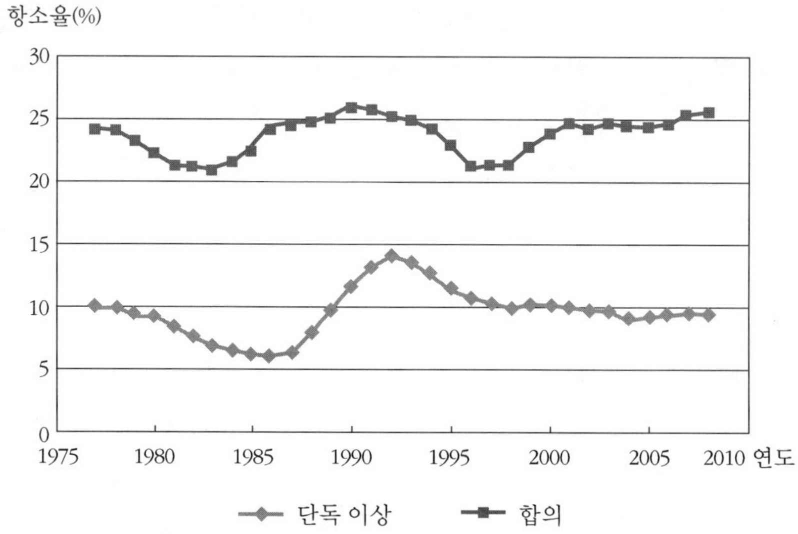

주: '단독 이상'이란 단독심과 합의심 사건의 합을 뜻한다.
자료: 법원행정처, 『사법연감』.

본적으로는 앞서 살펴본 〈표 6-3〉의 양상을 확인해 준다. 다소의 등락은 있었지만 단독 이상 사건의 경우는 10% 안팎에서, 그리고 합의심의 경우는 20-25% 정도에서 매우 안정된 양상을 유지해 왔다. 특히, 가장 최근에 소송가액 상한 조정이 있었던 1998년 이후 현재까지 약 10년 동안에는 단독 이상 사건이나 합의심 사건 모두 큰 변화가 없이 항소율이 유지되고 있다. 이는 사건 증가로 인한 판사업무 부담 증대가 공정성 저해보다는 처리기간 증가로 전가되어 왔음을 시사한다.

한 가지 추가적으로 검토할 것은 항소율의 수준이다. 그 동안 우리 법학계에서는 우리나라 민사소송의 항소율이 지나치게 높다는 전제하에 항소제도 개선방안을 논의하였다. 예를 들어, 곽태철 외(2006, p. 74)는 "우리나라는 항소율 및 상고율이 비정상적으로 높은 상태"이기 때문에 항소심 개선이 필요함을 역설하고 있다.[40] 사법부의 경우도 이용훈 대법원장이 2007년 12월 전국법원장회의 훈시에서 "우리 재판은 세계에서 유례를 찾아볼 수 없을 만큼 상소율이 높다"고 지적하고 이에 대한 대책의 필요성을 언급한 데서 나타나는 것처럼, 기본적으로는 학계와 인식을 공유하는 것으로 판단된다.[41] 미국과 비교해 보면 이러한 인식과 접근이 타당하다고 생각될 수 있지만, 일본과의 비교는 기존 접근에 대해 근본적 재검토가 필요함을 발견할 수 있다.[42] 즉, 우리나라와 유사한 민사사법제도를 가진 일본의 경우, 지방재판소의 민사소송 항소율은 9.8%로, 우리나라 단독 이상 사건 항소율 9.4%와 대동소이하다(〈표 6-4〉, 〈표 6-5〉 참조).

이러한 비교는 우리나라 법원의 항소율이 현재의 민사사법제도 그리고 주어진 판사들의 업무 부담하에서 도달할 수 있는 적정 수준일 가능성을 보여 준다. 이 사실은 항소율 관련 정책방향과 관련해서 중요한 함의를 가진다. 우리나라의 항소율이 지나치게 높다는 인식하에서는 자칫 항소율 자체를 낮추기 위해 분쟁의 원활한 해결이라는 궁극적 목적에 배치될 수 있는 정책들이 입안되고 실시될 위험이 있기 때문이다. 하지만 우리나라 민사소송의 항소율이 비정상적인 수준이라고 볼 수는 없기 때문에 이러한 식의 대증요법은 적절하다고는 볼 수 없다. 항소제도 개선은 분쟁의 원활한 해결을 촉진한다는 사법제도의 궁극적인 목적을 달성하기 위한 항

40) 이와 관련해서 한 가지 언급할 것은 우리나라의 항소율이 높다는 연구들 중 상당수는 우리나라 민사 합의심 항소율과 다른 나라의 전체 항소율을 비교하는 우를 범하고 있다는 것이다. 우리나라 항소율의 객관적 평가를 위해서는, 비록 불완전하지만 본 장에서 실시한 것처럼 동일한 사건들에 대한 항소율을 측정하고 비교하는 것이 필요하다.

41) 법률신문, 2007. 12. 10.

42) 미국 캘리포니아주의 경우, 25,000달러 이상 사건들의 항소율은 2004-2008년 평균 2.6%였으며, 일리노이주는 50,000달러 이상 사건들의 항소율이 2004-2008년 평균 6.18%로, 우리나라의 동급 사건들과 비교할 때 항소율이 절반 이하인 것으로 나타난다. 이에 대한 상세한 내용과 평가는 김두얼(2010a, 2011) 참조.

표 6-4 • 민사소송 1심 및 항소 관련 제도 비교: 한국과 일본

한국		일본	
법원	통계상의 사건 구분	법원	통계상의 사건 구분
지방법원	소액심판사건	간이재판소	소액소송
			통상소송(140만 엔 이하[1])
	단독사건	지방재판소	통상소송
	합의사건		
고등법원	항소	고등재판소	항소

주: 1) 裁判所法 제33조 제1항.
양국 모두 1심 법원에서 항소사건을 어느 정도 다루고 있으나 본 표에서는 편의상 삭제하였다.
자료: 대법원; 最高裁判所.

표 6-5 • 일본 지방재판소 민사 1심 사건 항소율(2004-2008년)

(단위: 건, %)

연도	처리사건 (A)	판결사건 (B)	항소사건 (C)	항소율 (C/A)	판결사건 항소율(C/B)	판결사건 비율(B/A)
2004	148,706	71,428	16,336	11.0	22.9	48.0
2005	135,357	63,362	15,990	11.8	25.2	46.8
2006	143,321	60,765	15,290	10.7	25.2	42.4
2007	172,975	61,368	15,141	8.8	24.7	35.5
2008	192,247	62,072	15,176	7.9	24.4	32.3
5년 평균	158,521	63,799	15,587	9.8	24.4	40.2

주: 처리사건 수는 지방재판소에서 1년 동안 처리한 사건 수이다. 여기에는 우리나라의 소액심판사건에 해당하는 사건들을 담당하는 간이재판소 사건을 포함시키지 않았다. 따라서 〈표 4-1〉의 단독 이상에 해당하는 값으로 볼 수 있다. 항소사건 수는 고등재판소의 처리사건 수로, 일본 『사법통계연보』의 〈표 37〉(p. 43)의 수치를 이용하였다. 처리사건 수와 판결사건 수는 1심통상소송기제사건 수로, 해당 연도 일본 『사법통계연보』의 〈표 19〉(p. 36)의 수치를 이용하였다.
자료: 最高裁判所, 『司法統計年報』, 2005-2009.

상적인 노력이라는 맥락에서 검토되는 것이 바람직하다.

6. 소결

본 절에서는 지난 30년간 우리나라 사법부의 법원정책을 검토하였다. 경제성장이 가져온 사건의 급격한 증가라는 외적 변화에 대응함에 있어, 우리나라 법원은 기본적으로 공정성 및 자원절약에 우선순위를 두는 반면 신속성을 어느 정도 희생하는 방향으로 정책을 수행하였다고 평가해 볼 수 있다. 우리나라 사회 · 경제 상황 등을 고려할 때 법원은 향후 소송기간이 더 이상 늘어나지 않도록 힘쓸 필요가 있다고 판단되는데, 공정성 수준을 저해하지 않는 상황에서 이러한 목표를 달성하려면 판사 수 증원이나 업무조정 등을 통한 판사인력의 실질적 증원이 필요하다. 이를 위해서는 보다 많은 자원의 투자가 불가피한데, 현재 우리나라 경제 수준 혹은 정부 예산 중 사법 관련 예산의 비중 등을 본다면 이러한 방향전환이 정부에 큰 부담을 야기한다고 보기 어렵다. 향후 보다 효과적인 분쟁해결을 통해 경제성장의 토대를 굳건히 할 수 있도록 이 같은 정책방향의 전환이 이루어지기를 기대한다.

Ⅴ. 분쟁해결제도의 선택

글머리에서 언급한 바와 같이 분쟁을 해결하는 데에는 다양한 방식이 존재할 수 있는데, 법원 외의 분쟁해결기구 혹은 제도들을 통틀어 흔히 법원 외 분쟁해결제도(alternative dispute resolution: ADR)라고 부른다. 최근 들어 우리나라에서는 ADR을 활성화하는 것이 분쟁당사자는 물론 정부가 분쟁을 해결하는 데 들이는 비용을 줄이는 길이라는 주장이 다양한 방식으로 제기되고 있다.

장기적으로 다양한 분쟁해결제도가 발전해 나가는 것이 나쁠 이유는 없다. 문제는 중 · 단기적으로 볼 때 ADR로의 분쟁 이전이 분쟁해결에 소요되는 사회적 비용을 감소시킬 수 있다는 실증적 근거가 아직도 확보되어 있지 못하다는 사실이다. 오히려 현재 우리나라에서 민간이나 정부가 운영하고 있는 여러 가지 중재 · 조정위원회들은 맡은 임무를 제대로 수행하지 못한 결과 유명무실해지고 심지어 적지 않은 자원의 낭비를 초래하기까지 하고 있다. 예를 들어, 2006년 5월 대한체육

그림 6-12 • 중앙노동위원회 판정 건수와 행정소송 건수(1998-2006년)

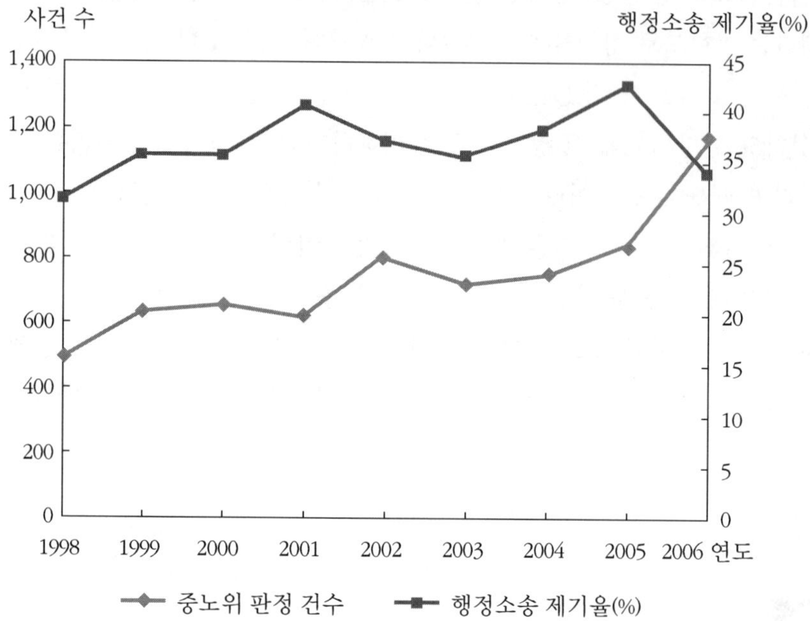

자료: 중앙노동위원회.

회가 마련한 스포츠중재위원회의 경우, 두 명의 상주 직원을 두고 매년 2억 원 가량의 예산을 소요하면서도 2007년 7월까지 4건을 접수해서 1건을 처리한 것으로 언론에 보도되었다.[43)]

이처럼 극단적인 경우는 아닐지라도 정부 부처 내에 마련되어 있는 많은 조정 · 중재위원회 가운데 제기능을 발휘하는 사례는 쉽게 찾아보기 어렵다. 가장 활성화되고 체계적으로 운영되고 있는 노동위원회조차도, 분쟁당사자들이 중앙노동위원회의 판정에 승복하지 않아서 다시 행정소송을 제기하는 경우가 전체 사건의 40%에 육박한다(〈그림 6-12〉). 장기적으로 ADR을 활성화하는 방안을 강구하는 것은 당연히 필요하겠지만, 현재와 같이 실효성이 불분명한 상황에서 무작정 ADR을 법원의 부담을 줄이는 효과적인 대안이라고 주장하는 것은 무책임한 처사이다. 적어

43) 중앙일보, 2007. 5. 18; 한겨레신문, 2007. 12. 18.

도 향후 5년에서 10년 정도를 내다볼 때 필요한 일은 현재 존재하는 ADR들을 정상화하는 것이며, 그런 면에서 중 · 단기적으로 ADR이 법원 업무를 상당 부분 줄여 줄 가능성은 매우 낮다.[44)]

Ⅵ. 법조전문인력 공급[45)]

분쟁해결제도가 적절하게 작동하려면 제도 자체의 수립만큼이나 이러한 제도 속에서 활동하는 전문인력의 공급이 충분히 이루어져야 한다. 나아가 법조전문인력의 공급은 굳이 법원으로 분쟁이 가지 않고 해결될 수 있는 다양한 제도의 성장에도 크게 기여할 수 있다는 점에서 매우 중요하다. 본 절에서는 변호사를 중심으로 우리나라 법조전문인력 공급의 문제점과 개선 방안을 짚어 보고자 한다.

1. 배타적 업무영역

변호사는 타인의 위임 · 위촉을 받아 법률 관련 사무 일반을 적절하게 수행할 수 있을 만큼 전문지식을 충분히 보유하고 있음을 정부가 인정한 자격이라고 정의할 수 있다. 우리나라에서는 변호사 자격자들에게 소송대리, 공증, 법률자문 등의 업무에 대해 영업할 수 있는 배타적 권리가 부여되고 있다. 아울러 변호사에게는 변리사와 세무사의 자격이 주어지기 때문에, 변리사나 세무사에게 부여된 배타적 업무영역, 즉 산업재산권 관련 업무나 조세 관련 업무를 수행할 수 있는 권한이 주어진다(「변리사법」 제3조, 「세무사법」 제3조 및 제20조).

근대적인 변호사제도는 대한제국기와 식민지기를 거치면서 형성되어 왔지만, 오늘날과 같은 변호사제도는 해방 이후 1949년 변호사법 제정을 통해 본격적으로

44) ADR 활성화론에 대한 비판으로는 김두얼(2007a, b) 참조.
45) 본 장의 내용은 김두얼 · 이시욱(2009, 2010)을 수정 · 보완한 것이다.

확립되었다고 볼 수 있다. 이후 변호사법 및 관련 법령들은 여러 차례 개정되었지만, 위에서 서술한 변호사의 자격과 면허범위는 계속 유지되어 왔다. 우리나라와 같이 법률 관련 업무를 수행하는 포괄적인 직역으로 변호사를 설정하는 것은 어느 나라에서나 일반적인 것으로 보인다. 하지만 소송대리 이외의 업무에 대해서는 우리나라가 다른 나라들에 비해 변호사의 배타적 업무영역을 넓게 설정하고 있는 것으로 판단된다.

우선 공증업무나 법률자문업무의 경우에는 사법제도의 발전 형태에 따라 변호사가 아닌 자에게도 허용하는 국가들이 많다. 가령, 프랑스의 경우 소송대리업무 이외에는 변호사에게 업무영역상의 독점권을 인정하지 않는다.[46] 영국에서는 변호사 자격 없이도 누구나 다양한 영역에서 개별 지식과 경험을 토대로 법률자문 서비스를 제공할 수 있으며, 학사학위 또는 이와 동등한 학력을 인정을 받은 자는 소정의 과정을 이수하면 공증인이 될 수 있다.[47] 미국의 경우에도 공증인(notary public)의 자격을 변호사 이외의 자연인에게 폭넓게 허용하고 있다.[48]

또 주요 선진국 가운데 우리나라와 같이 변호사에게 변리사와 세무사의 자격 모두를 자동적으로 부여하는 나라는 일본뿐인 것으로 알려져 있다.[49] 독일이나 미국 등에서는 변호사가 특허 관련 업무 등을 수행할 경우 변리사 등의 자격을 별도로 취득하여야 한다.[50]

요약하자면, 우리나라는 주요 선진국들과 비교할 때 변호사의 배타적 업무영역을 상대적으로 넓게 설정하고 있다고 판단된다. 배타적 영역을 얼마나 설정할 것인지 여부는 역사적 전통과 제도적 특성에 따라 다를 수 있다. 하지만 이와 같이 넓은 영역에 대해 배타적 업무영역을 설정할 경우, 이러한 업무를 수행할 만큼 충분한 인력의 공급이 수반되어야 한다.

---

46) 법무부(2001), 제4편, 특히 pp. 201, 206-215.
47) 법무부(2001), 제2편, 특히 pp. 106-107. 배리스터(barrister)나 솔리시터(solicitor)의 경우도 자동적으로 공증인 자격이 부여되지는 않기 때문에 소정의 교육 과정을 이수해야 한다.
48) 법무부(2001), 제1편, 특히 pp. 28-29. 단, 미국에서의 공증이란 문서의 내용에 관한 것이 아니고 작성자 혹은 서명자의 본인 여부를 확인한다는 측면에서 변호사에게 주어진 포괄적인 공증업무의 개념과는 상이하다.
49) 일본「변호사법」제3조.
50) 독일의 경우는 법무부(2001), p. 156. 미국의 경우는 본 절의 '3) 변리사' 참조.

2. 진입규제

현재 우리나라에서 변호사 자격을 획득하려면 정부가 시행하는 해당 자격시험을 통과하고 실무수습을 완료해야 한다. 시험은 필기시험인 1차, 2차 시험과 면접 형태인 3차 시험으로 구성되어 있다. 사법시험에 응시하려면 일정 수준의 대학교육을 이수하여야 한다. 이러한 응시자격 제한 규정은 1949년부터 1972년까지 유지되다가 1972년 「사법시험령」이 개정되면서 약 30년 간 철폐되었는데, 그 후 2001년에 다시 도입되었다(「사법시험법」 제5조).[51] 2012년부터 시행되는 변호사시험에서는 법학전문대학원 도입의 취지에 따라 법학전문대학원 졸업에 상응하는 자격을 갖춘 자들에 대해서만 응시자격을 부여하는 것으로 결정되었다(「변호사시험법」 제5조). 현재 변호사 실무수습은 국가가 운영하는 사법연수원을 통해 실시된다.[52]

정부는 건국 이래로 변호사의 숫자를 엄격하게 통제해 왔다. 정부는 1990년대 말까지 매년 사법시험의 선발예정인원을 발표한 뒤, 그 인원만큼 선발하였다.[53] 1999년 규제개혁위원회에서는 선발예정인원에 근거한 자격부여방식이 자격사제도 본연의 취지에 맞지 않는다고 보고, 자격사제도 일반에 대해 최소자격자 선발원칙에 따라 시험을 시행하도록 법 개정을 유도하였다. 아울러 시험난이도를 지나치게 높이는 부작용이 발생할 경우에 대비해서 최소합격자제도를 병행하였다. 하지만 변호사와 법무사는 적용이 유예되어 여전히 선발예정인원만큼만 자격을 부여하고 있다.

이처럼 주무관청이 자격사의 인력공급을 엄격하게 통제하고 있지만 과연 어떤 기준에 따라 선발인원을 정해 왔는지는 알려진 바가 없다. 단, 여러 가지 증거들은 해당 주무관청이 우리 사회가 필요로 하는 인력수요에 못 미치는 수준으로 선발인원을 결정하여 왔음을 보여 준다.

연도별 사법시험 선발인원은 1981년부터 1995년까지 15년간 300명 수준을 유

---

51) 「사법시험법 시행령」 제3조는 구체적으로 어떤 과목을 얼마나 이수해야 하는지, 그리고 이것을 어떻게 입증할 것인지를 명시하고 있다.
52) 법학전문대학원 체제하에서는 사법연수원에서의 연수제도가 폐지될 것으로 예상되지만, 실무수습을 어떤 방식으로 시행할지는 아직 정해지지 않았다.
53) 법무사시험에 있어서도 변호사나 변리사처럼 선발예정인원을 미리 정해 두고 선발하였다.

그림 6-13 • 등록 및 개업 변호사 수(1962-2007년)

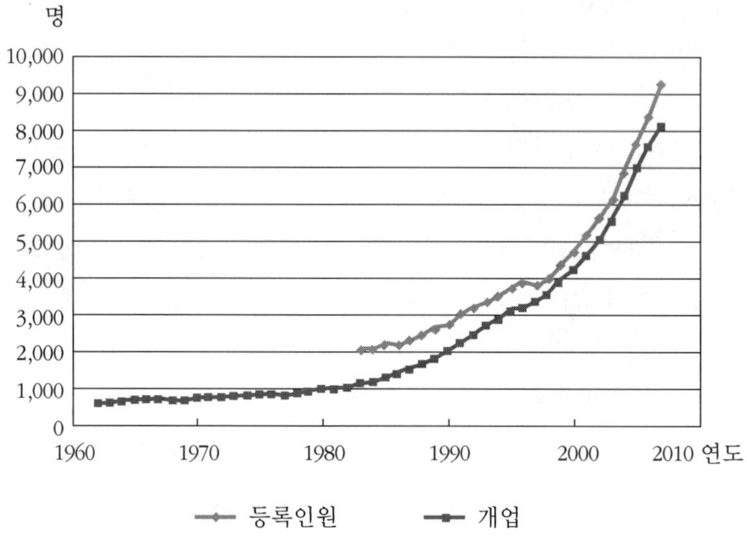

자료: 법무부, 『법무연감』, 각 연도; 신도철(2007), p. 42.

지하다가 이후 2000년까지 1,000명으로 세 배 이상 늘어났는데, 2000년대 내내 1,000명 수준을 유지하고 있다. 1990년대 후반부터의 선발인원 증가는 등록 변호사 수를 큰 폭으로 증가시켜, 1995년 3,000명이던 것이 현재에는 10,000명을 넘어섰다(〈그림 6-13〉).[54]

그러나 이러한 증가에도 불구하고, 변호사의 증가가 충분히 이루어졌다고 보기는 어려운 측면이 있다. 김두얼(2007a)에 따르면, 소송의 양적 팽창, 복잡한 소송사건의 증가 등을 고려할 때 지난 30년 동안 변호사인력 증가율은 소송 관련 업무 증가율보다도 높지 않았다. 이는 사법시험 선발인원이 소송업무는 물론 소송 외의 다양한 영역에서 우리 사회가 필요로 하는 변호사인력 수요에 못 미치는 수준으로 결정되어 왔음을 시사한다.

국제비교를 통해 살펴보더라도 우리나라의 변호사 수는 여전히 상대적으로 적

54) 대한변호사협회 웹사이트(http://www.koreanbar.or.kr/notice/02_08.asp)에 따르면, 2009년 10월 현재 협회 등록 회원 수는 개인회원 9,647명, 준회원 1,359명으로 총 11,006명이다.

표 6-6 • 변호사 1인당 인구

	미국 (2008)	영국 (2008)	독일 (2008)	일본 (2007)	캐나다 (2004)	호주 (2002)	한국 (2007)
변호사(명, A)	1,162,124[1)]	155,323[2)]	146,910[2)]	24,302[3)]	–	–	8,174[4)]
인구[5)] (백만 명, B)	311.7	61.2	82.3	127	–	–	48.2
1인당 인구 (명, B/A)	268	394	560	5,238	447[6)]	558[6)]	5,891
한국 대비(%)	5	7	10	89	8	9	100

주: 호주와 캐나다는 각각 2002년과 2004년 기준임.
자료: 1) American Bar Association. 2) The Council of Bars and Law Societies of Europe(CCBE). 3) 일본변호사연합회. 4) 한국변호사협회. 5) IMF. 6) 한국은행(2007).

표 6-7 • 우리나라와 일본의 변호사 1인당 수임 건수 비교(2006년 기준)

제1심	한국			일본		
	민사	형사	총계	민사	형사	총계
대리가능 건수(천 건, A)	2,406	213	2,619	1,097	89	1,186
대리 건수(천 건, B)	433	88	521	224	87	311
대리율(%, B/A)	18.0	41.3	19.9	20.4	97.8	26.2
변호사 수(명, C)	6,997			23,177		
1인당 수임 건수(B/C)	61.8	12.6	74.4	9.7	3.8	13.4

주: 일본변호사연합회 자료에서 2005년 4월 수치와 2007년 10월 수치의 평균값.
자료: 김도현(2007).

은 것으로 나타나고 있다. 2007년 말 현재 우리나라의 변호사 1인당 인구수는 5,891명이다(〈표 6-6〉). 이는 1990년의 23,776명에 비해 1/4 수준으로 하락한 것인데, 1990년대 중반 이후 사법시험 합격자 수의 증원에 힘입은 결과이다. 그럼에도 불구하고 〈표 6-6〉에 제시된 바와 같이 우리나라의 변호사 1인당 인구는 미국, 영국, 독일 등에 비해 10배 이상 높으며, OECD 국가 중에서도 가장 높은 수준인 것으로 나타난다.

심지어 우리나라의 변호사 수는 변호사 1인당 인구에 있어 우리나라와 함께

OECD 국가 중 가장 높은 수준에 있는 일본보다도 적은 것으로 판단된다. 〈표 6-7〉은 우리나라와 일본의 민사 · 형사 1심 소송사건에 대한 변호사 1인당 수임 건수를 비교하고 있는데, 일본은 연평균 13.4건인 데 비해 우리나라는 74.4건으로 일본의 5.6배에 달한다.

이상의 내용을 요약하면 다음과 같다. 정부는 건국 이래로 오늘날까지 변호사 선발인원을 사전에 결정하는 방식으로 자격자 공급을 제한하고 있다. 1990년대 중반 이후 선발인원을 대폭 증원하는 조치가 단행된 결과 자격자 수는 크게 늘어났다. 그러나 국제비교를 해 보면 여전히 변호사 자격자 수는 서구 선진국들에 비해서 부족한 수준이며, 법률환경이 유사하다고 판단되는 일본에 비해서도 다소 낮은 수준이다. 이는 1990년대 중반까지 얼마나 과도하게 정원을 통제해 왔는지를 역설적으로 보여 주는 결과이다. 향후 분쟁의 원활한 해결을 촉진하려면 법학전문대학원 입학정원에 대한 규제를 완화하고, 변호사시험의 경우는 최소자격 충족자들 모두에게 자격을 부여하는 방향으로의 개혁이 이루어져야 한다.

Ⅶ. 결론

본 장에서는 분쟁해결 및 관련 제도를 경제학적 관점에서 분석하였다. 이상의 논의를 통해 드러내고자 하는 핵심은 법원소송절차의 합리화 혹은 개선이라는 과제가 절차법의 개선이라는 차원에서보다는 정책이라는 시야에서 접근할 필요가 있다는 것이다. 예를 들어, 민사소송법은 민사소송이 공정하면서도 신속하고 경제적으로 이루어져야 한다고 규정되어 있다. 그러나 과연 어떻게 하면 이러한 이상을 충족할 수 있는지, 특히 법원이 사용할 수 있는 제한된 자원을 고려할 때 실제로 어떤 방식으로 자원을 사용할지 여부는 법으로 규정될 성질의 문제는 아니며, 정책적 판단이 필요한 부분이다. 행정부의 합리적 운영을 위해 정책학 혹은 행정학이라는 학문이 존재하듯이, 사법부가 법원을 보다 합리적으로 운영하기 위해서는 정책적 측면에서 보다 폭넓고 체계적인 접근이 이루어질 필요가 있다.

법원정책을 잘 수립하려면 제도 자체에 대한 이해만큼이나 분쟁의 잠재적 혹은 실제 당사자들이 주어진 제도에 대해 어떻게 반응하는가를 충분히 숙고하는 것이 필요하다. 이러한 이해에 근거하지 않을 경우 통상적으로 이야기되는 제도와 현실의 괴리가 야기될 수밖에 없다. 경제학은 이러한 측면에서 큰 기여를 할 수 있다. 경제학은 여러 사회과학분야들 가운데 인간의 행위에 대한 체계적 분석방법을 가장 많이 발전시킨 분야 중 하나이기 때문이다. 본 장은 분쟁해결제도와 이것의 운용방안을 다루는 데 필요한 기초적인 경제학 분석틀을 제시하였다. 이러한 경제학 이론의 이해와 이에 기반한 실증연구는 향후 보다 나은 법원정책 수립에 크게 기여할 것이다.

참고문헌

곽태철 · 김용석 · 김제완 · 서경환 · 황용환, 『하급심 강화방안』, 사법제도개혁추진위원회 연구용역보고서, 2006.

김두얼, 『경제성장을 위한 사법적 기반의 모색(I): 민사소송의 현황과 정책과제』, KDI 정책연구시리즈 2007-02, 2007a.

______, 「소액사건심판제도의 개선방안: 재판외 분쟁해결제도 활성화안과 법무사 소송대리권 부여안의 비판적 검토」, 『법경제학연구』, 제4권 제2호, 2007b. 12, pp. 197-213.

______, 「변호사인력 공급규제의 타당성 검토」, 김주훈 · 차문중 편, 『서비스부문의 선진화를 위한 정책과제』, 연구보고서 2007-04, 한국개발연구원, 2007c, pp. 249-285.

______, 『경제성장을 위한 사법적 기반의 모색(II): 소송장기화의 원인과 대책』, KDI 정책연구시리즈 2008-19, 2008.

______, 「경제성장의 제도적 기반: 사법정책의 현황과 과제」, 『응용경제』, 제11권 제2호, 2009.

______, 『경제성장을 위한 사법적 기반의 모색(III): 민사소송에 대한 동의수준 제고방안』, KDI 정책연구시리즈 2010-10, 2010a.

______, 「코우즈의 복권을 위하여」, 2010b(미간행 초고).

______, 「대한민국 법원은 공정한가? 민사소송 항소율의 분석」, 『경제학연구』, 2011(근간).

김두얼 · 이시욱, 「법률분야의 전문자격사제도」, 고영선 외, 『전문자격사제도 개선방안 연구』, KDI 연구보고서, 2009, 제4장.

______, 「법률분야 전문자격사제도의 개선방안」, 『법경제학연구』, 제7권 제2호, 2010, pp. 183-222.

법무부, 『각국의 변호사제도』, 법무부, 2001.

이용훈, 「대법원장 기념식사(사법 60주년)」, 법원행정처, 『사법연감』, 2009, pp.

287-289.

最高裁判所,『司法統計年報』, 2005-2009(http://www.courts.go.jp).

Coase, Ronald, "The Problems of Social Cost," *Journal of Law and Economics*, 3, pp. 1-44.

______, "The Institutional Structure of Production," *American Economic Review*, 82(4), 1992, pp. 713-719.

Cooter, Robert and Thomas Ulen, *Law and Economics*, 5th ed., Pearson, 2008.

Hart, Oliver, *Firms, Contracts, and Financial Structure*, Oxford, 1995.

Kessler, Danel, "Empirical Study of the Civil Justice System," in Mitchell Polinsky and Steven Shavell, *Handbook of Law and Economics*, 1, North-Holland, 2007, Ch. 4.

Smith, Adam, *An Inquiry into the Nature and Cuases of the Wealth of Nations*(김수행 역,『국부론』, 동아출판사, 1992).

Spier, Kathryn, "Litigation," in Mitchell Polinsky and Steven Shavell, *Handbook of Law and Economics*, 1, North-Holland, 2007, Ch. 5.

World Bank, *Doing Business*, World Bank, 2004-2008.

Chapter 7

신도철

범죄와 형벌의 법경제학

Ⅰ. 서론

Ⅱ. 형사법의 의의

Ⅲ. 형벌의 범죄억제 기능

Ⅳ. 형벌의 무력화 기능 · 재활기능 · 보복기능

Ⅴ. 형사법의 제 원리

Ⅵ. 결론

부록: 몇 가지 형사정책적 이슈 –미국 통계를 중심으로

Chapter 7

범죄와 형벌의 법경제학

신도철

I. 서론

사회적으로 바람직하지 않은 행위를 통제하기 위한 제도적 장치는 다양하다. 어느 사회에서나 고의나 과실로 타인에게 손해를 끼친 경우 그 손해를 배상하게 한다든지, 바람직하지 않은 결과의 발생을 방지하기 위해 어떤 기준에 따라 행위하도록 규제를 가한다든지, 바람직하지 않다고 판단되는 행위를 한 자에게 형벌이나 도덕적 비난을 가하는 등의 방법을 동원하고 있다.

이 글에서는 사회적으로 바람직하지 않은 행위를 통제하기 위한 제도적 장치로서 가장 기본적인 것이라 할 수 있는 형사법의 의의와 기능 그리고 형사법의 제 원리를 경제학적 시각에서 설명하고 분석한다. 우리나라에서 그 동안 범죄와 형벌에 대한 경제적 분석이 그다지 활발하게 이루어졌다고 보기는 어렵다. 법경제학(law and economics)에 대한 개설서인 박세일(2000)에 형법과 형사정책의 경제학이 소개되어 있고, 형사정책분야에 법경제학의 방법론이 사용된 연구가 얼마간 행해진 정도이다. 본 연구는 범죄와 형벌과 관련한 법경제학의 그 동안의 성과를 우리나라에 정리 · 소개한다는 의미를 가지고 있다.[1)]

1) 이 글을 작성함에 있어서는 Shavell(2004)의 Part V(Public Law Enforcement and Criminal Law; Chapters 20-24)에서의 논의를 많이 참조하였다.

이 글의 구성은 다음과 같다. 제Ⅱ절에서는 일정 범주의 행위에 대해서 이를 범죄로 규정하고 특별한 방식으로 제재를 가하는 이유를 살펴본다. 기본적으로 형사법이 필요한 이유는 사회적으로 바람직하지 않은 행위 중에는 형사제재 이외의 다른 방법으로는 적절하게 제어할 수 없는 것이 존재하기 때문이다. 제Ⅲ절에서는 형벌의 기능 중 법경제학적 접근에서 가장 중요한 것으로 여겨져 온 범죄억제 기능(deterrence)에 대해 살펴본다. 범죄억제의 측면에서 최적의 형사제재 구조는 어떤 모습으로 되어야 할지에 대한 기본 이론을 정리 · 소개한 후, 일반억제와 특별억제, 한계적 억제, 범죄자의 자수, 일반적 법집행 등의 제 이슈에 대해 논의한다. 제Ⅳ절에서는 형벌의 다른 기능들, 즉 무력화 기능(incapacitation), 재활기능(rehabilitation), 보복기능(retribution) 등에 대해 살펴본다. 제Ⅴ절에서는 형사법의 의의와 형벌의 기능에 대한 앞에서의 논의와 연관지우면서 고의, 미수, 인과관계, 책임능력, 법률의 착오, 사실의 착오, 긴급피난, 정당방위, 승낙 · 용서 · 합의 등의 주제와 관련한 형사법의 제원리를 간략히 살펴본다. 마지막으로 제Ⅵ절에서는 논의를 요약 · 정리한다.

Ⅱ. 형사법의 의의

1. 형사법의 영역

대부분의 나라에서 일정 범주의 행위는 범죄로 규정되고, 이에 대해서는 특별한 방식으로 제재가 가해진다. 범죄행위를 일의적으로 정의하기는 쉽지 않으나 보통 타인에게 상당한 손해를 가할 의도로 이루어진 행위, 상당한 손해를 가할 의도는 없었으나 추후에 은폐된 행위 등이 범죄행위에 포함된다.

범죄행위의 가장 중요한 범주는 타인에게 상당한 손해를 가할 의도로 이루어진 행위이다. 살인, 강도, 강간 등이 이 범주에 속한다. 이들 범죄를 행하는 자는 타인의 대한 가해를 의도하고 있다. 실제로 손해가 발생하지 않더라도 이들 행위는 통상적으로 범죄행위로 다루어진다. 살인을 하기 위해 총을 쏘았으나 맞히지 못하였더라도 그러한 행위는 범죄로 된다. 한편, 의도가 없었다면 어떤 행위의 결과로 타인에게 손해를 끼친 경우에도 그 행위는 범죄로 취급되지 않는다. 사냥 중 총을 쏘았는데 전혀 예기치 않게 다른 사냥꾼을 맞추었을 경우 그 행위는 범죄행위로 취급되지 않는다.

범죄로 취급되는 또 다른 행위 범주는 남에게 손해를 끼쳤거나 끼칠 수 있는 행동을 한 후 이를 은폐하여 책임을 피하려고 한 경우이다. 어떤 사람이 자동차사고 후 뺑소니를 쳤다면 이는 범죄로 취급된다. 이 경우 자동차사고가 의도적이었을 필요는 없으며, 사고손해가 심각한 것이었을 필요도 없다.

마지막으로 상당한 손해를 가할 의도가 없었고 은폐행위가 없었던 경우에도 범죄로 취급되는 행위 유형들이 있다. 예컨대, 청소년에게 주류를 판매하거나 윤락행위를 하게 하는 행위 등이 그것이다.

범죄에 대한 형벌은 사회적으로 바람직하지 않은 행위를 통제하기 위한 제재 중 가장 강력한 것으로서 국민의 자유를 심각하게 제한할 가능성이 있다. 그리하여 현대의 법치국가에서는 국가의 자의로부터 국민의 자유를 보호하기 위해 죄형법정주의의 관념이 지배하게 되었다. 우리나라 헌법 제12조 제1항의 "누구든지 … 법률과 적법한 절차에 의하지 아니하고는 처벌 · 보안처분 또는 강제노역을 받지 아니한다"는 규정, 헌법 제13조 제1항의 "모든 국민은 행위시의 법률에 의하여 범죄를 구성하지 아니하는 행위로 소추되지 아니한다"라는 규정, 형법 제1조 제1항의 "범죄의 성립과 처벌은 행위시의 법률에 의한다"라는 규정 등은 죄형법정주의를 선언한 것이라 할 수 있다.

2. 형사제재

범죄행위에 대한 제재방법으로는 수감(imprisonment), 수감 이외의 비금전적 제재, 금전적 제재 등이 있다.

수감 내지 교도소 수용은 범죄자의 자유를 제한하는 것으로서 형사법에만 있는 제재방법이다. 수감은 주로 타인에게 상당한 손해를 가할 의도로 이루어진 범죄 등 심각한 범죄에 대해 적용된다. 자유를 제한하는 제재방법으로는 수감 외에도 보호관찰, 사회봉사 등이 있다.

자유를 제한하는 제재 외의 비금전적 제재로는 곤장, 사형, 명단공개 등이 있다.

금전적 제재는 심각한 범죄에 대해서는 수감 등의 제재와 병행하여 부과되기도 한다. 그리고 그렇게 심각하지 않은 범죄에 대해서는 금전적 제재만이 부과되기도 한다.

우리나라 형법 제41조는 형의 종류로서 사형, 징역, 금고, 자격상실, 자격정지, 벌금, 구류, 과료, 몰수 등 9가지를 규정하고 있다. 사형은 생명형, 징역 · 금고 · 구류는 자유형, 자격상실과 자격정지는 명예형, 벌금 · 과료 · 몰수는 재산형으로 분류된다.

3. 형사법의 존재이유

일정 범주의 행위에 대해서는 이를 범죄로 규정하고 특별한 방식으로 제재를 가하는 이유는 무엇인가? 이 물음에 대한 답은 어떻게 보면 간단하다. 사회는 다른 방법으로는 적절하게 제어할 수 없는 사회적으로 바람직하지 않은 행위를 제어하기 위해 형사법을 필요로 한다고 볼 수 있는 것이다.

우선 살인, 강도, 강간 등 타인에게 상당한 손해를 가할 의도로 이루어지는 범죄의 경우 (불법행위법에 기초한) 금전적 제재만으로는 이들 범죄행위가 제대로 제어되지 않는 경우가 많을 것이다. 뺑소니 운전자, 공해물질을 몰래 버리는 자 등의 경우에는 비록 타인에 대한 가해가 의도되거나 손해가 크지 않더라도 확대손해를 발생시킬 수 있고 적발가능성을 낮추므로 보다 엄격한 제재가 요구될 것이다. 청소년에 대한 주류 판매, 청소년을 고용하여 윤락행위를 하게 하는 행위 등의 경우 피해자(일반국민)의 손해배상청구를 기대할 수 없고 적발 확률이 낮으므로 형사적 제재가 필요할 것이다. 그리고 형사적 제재의 낙인효과도 사회적으로 바람직하지 않은 행동의 제어에 이바지할 수 있을 것이다.

이하에서는 타인에게 상당한 손해를 가할 의도로 이루어지는 범죄는 금전적 제재만으로는 제대로 제어되지 않을 것이라는 논점에 대해 좀더 자세히 살펴보기로 하자.

범죄를 저지르는 사람은 재산이 많지 않을 수 있다. 가난한 경우 절도 등 재산범죄를 저지를 동기가 더 높아질 것이다. 그리고 가난은 낮은 교육 수준, 사회로부터의 소외 등 범죄 발생을 증가시키는 요소와 양의 상관관계가 있을 것이다. 이렇게 범죄행위를 하는 사람이 재산이 많지 않다면 금전적 제재만으로는 범죄행위를 억제하기가 어려울 것이고 따라서 비금전적인 제제가 요구될 것이다.

범죄행위의 경우 처벌 확률은 그렇게 높지 않을 수 있다. 범죄자는 많은 경우 계획적으로 체포 확률을 낮추는 방식을 택하면서 범죄를 저지를 것이기 때문이다. 이렇게 처벌 확률이 낮을 경우 범죄를 억제할 수 있기 위해서는 금전적 제재의 수준이 아주 높아져야 하고, 따라서 금전적 제재만으로는 범죄자의 재산의 크기에 비추어 보았을 때 충분한 범죄억제효과를 가질 수 없을 것이다.

그리고 주요 범죄의 경우 범죄자가 얻는 이익이 상당할 수 있다. 값진 보석을 빼앗는 자, 살인을 행하는 자, 강간을 하는 자 등이 이들 행위로부터 얻는 개인적 이익은 클 것이다. 이런 상황에서는 범죄 억제를 위해 필요한 금전적 제재의 수준은 상당히 높을 것이고, 따라서 금전적 제재만으로는 충분한 억제효과를 가질 수 없을 것이다.

뿐만 아니라 주요 범죄의 경우 기대손해의 크기는 상당할 것이다. 살인 · 강도 · 강간 등의 피해자의 손해 및 사회적 비용은 클 것이며, 이런 손해 · 비용이 발생할 확률 또한 범죄의 계획적 성격 등으로 상당히 높을 것이다. 이와 같이 범죄의 기대손해가 크다면, 범죄를 보다 잘 억제하기 위해 비록 수감 등 비금전적 제재의 사회적 비용이 금전적 제재의 경우보다 상대적으로 더 높더라도 비금전적 제재방식의 동원이 요구될 것이다.

어떤 경우에는 수감의 제재방식을 사용하더라도 범죄행위를 충분히 효과적으로 억제하지 못할 수 있다. 적발 · 처벌 확률 내지 이에 대한 주관적 평가치가 낮아 수감의 방법을 사용하더라도 기대처벌비용이 범죄의 기대이익보다 작으면 범죄는 효과적으로 억제되지 않을 수 있는 것이다. 하지만 수감 등 자유형은 이 경우에도 잠재적인 범죄자를 사회로부터 격리시켜 범죄행위를 할 수 없도록 하는 기능을 수행할 수 있을 것이다. 그리고 일반적으로 형사적 제재는 범죄는 응징되어야 한다는 사람들의 정의감정을 만족시키는 기능을 수행할 것이다.

Ⅲ. 형벌의 범죄억제 기능

형사적 제재는 잠재적 범죄자로 하여금 적발 · 처벌될 것을 두려워하여 범죄행위를 하지 않도록 하는 범죄억제 기능(deterrence), 수감의 경우와 같이 잠재적 범죄자를 사회로부터 격리시킴으로써 범죄행위를 할 수 없도록 하는 무력화 기능(incapacitation), 교화 프로그램 등을 통해 사회적으로 바람직하지 않은 행위를 할 성향을 감소키는 재활기능(rehabilitation), 범죄자가 처벌되는 것을 보기를 원하는 사람들의 욕구를 충족시켜 주는 보복기능(retribution) 등을 가질 수 있다.

형사적 제재의 무력화 기능, 재활기능, 보복기능 등에 대해서는 다음 절에서 논의하기로 하고, 여기에서는 그 동안 형사법의 경제적 분석에서 가장 큰 관심을 끌어 온 최적억제이론에 대해 살펴보기로 한다. 우선 최적억제에 대한 기본 이론을 제시하고, 나아가 그 기본 이론을 여러 방면으로 확장 · 보완한 이론들을 소개하기로 한다.

1. 최적억제에 대한 기본 이론

살인, 강도, 폭행 등 대부분의 형사범죄의 경우 당해 행위로부터 피해자 내지 사회가 입는 손해는 행위자가 얻는 이익보다 크다. 형사법은 당해 행위로부터 행위자가 얻는 이익이 사회가 입는 손해보다 오히려 크다고 인정되는 경우에는 긴급피난, 정당방위 등의 항변을 인정하여 형사제재를 가하지 않는다. 이렇게 보면 형사법은 타인 내지 사회에 손해를 끼치는 모든 행위에 대해 책임을 지우는 것(strict liability)은 아니고, 당해 행위로부터 행위자가 얻는 이익보다 피해자 내지 사회가 입는 손해가 더 크다는 의미에서 그 행위가 사회적으로 바람직하지 않은 경우에만 책임을 지우는 셈(fault-based liability)이다.[2)]

그리고 중요한 범죄에 대해서는 미수범도 처벌한다. 즉, 형사법은 타인 내지 사회에 실제로 손해를 끼친 행위에 대해서만 책임을 지우는 것(harm-based liability)은 아니고, 경우에 따라서는 손해라는 결과가 실제로 발생하지 않았더라도 기대이익이 기대손해보다 낮다는 의미에서 바람직하지 않다고 판단되는 행위에 대해서는 책임을 지운다(act-based liability).

1) 사법당국이 완전한 정보를 가진 경우

형사법은 사회적으로 바람직하지 않은 행위에 대해서만 책임을 지우므로 기본적으로 바람직한 행위에 대해서는 제재를 가하지 않는다. 그리고 바람직하지 않은 행위는 (기대)제재 수준이 충분히 높을 경우 억제될 것이다.[3)] 사법당국이 어떤 행위가 사회적으로 바람직한지 여부에 대한 정확한 정보를 가지고 있고 기대제재 수준을 충분히 높일 수 있다면, 당국은 사회적으로 바람직하지 않은 행위에 대해서만 충분한 제재를 가하고, 행위자들은 사회적으로 바람직한 행위만 하며, 따라서 실제로 제재가 이루어지는 일은 일어나지 않는 이상적인 결과가 나올 수 있다.

그러나 행위자가 당해 행위로부터 얻는 (기대)이익이 가장 높은 수준의 제재(예컨대, 사형 혹은 무기징역)가 가해질 때의 행위자의 기대비효용[4)]보다 오히려 크면, 당해 행위를 형사제재를 통해 억제하는 것은 불가능하게 된다. 이와 관련하여 미수범의 처벌은 실제로 손해가 발생하지 않은 행위에 대해서도 제재를 가함으로써

2) 남에게 피해를 줄 수 있는 행동에서 얻어지는 이익 · 만족감 등을 사회후생을 계산할 때 합산해야 하는지의 문제가 제기될 수 있으나, 사회후생의 크기는 모든 개인의 편익과 비용을 고려해야 제대로 계산될 수 있을 것이다. 예컨대, 몇 명으로 구성된 모임에서 구성원 중 누구든 다른 구성원을 놀릴 수 있고 또 누구든 놀림의 대상이 될 수 있는 상황에서 어떤 한 사람을 놀림으로써 자신 및 주위사람들이 느끼는 즐거움이 놀림을 당하는 사람의 비효용보다 크다고 하면, 놀림이 허용되지 않는 경우보다 허용되는 경우에 모든 구성원들의 효용이 더 높을 것이다. 그런데 남의 비효용으로부터 얻은 즐거움을 사회후생의 계산시 고려하지 않게 되면 놀림을 허용하지 않는 처방을 내릴 것이고, 이런 처방은 모든 구성원들의 효용 수준을 낮추게 될 것이다. Shavell(2004), Chapter 24(Criminal Law) 참조.

3) Shavell(1985)은 제재를 실행하는 데 상당한 비용이 소요된다는 점을 감안할 때 사회에 손해를 끼치는 모든 행위에 대해 책임을 지우는 방식에 비해 사회적으로 바람직하지 않은 행위에 대해서만 책임을 지우는 방식이 근본적으로 우월함을 강조하고 있다.

4) "행위자의 '기대'비효용"으로 표현한 것은 제재가 통상 확률적으로 이루어지기 때문이다. 다만 이하에서는 '기대'라는 수식어를 붙이지 않고 단순히 '행위자의 비효용'으로 표현하기도 할 것이다.

제재로 인한 행위자의 기대비효용의 최대치를 높이고, 따라서 형사제재를 통해 억제할 수 있는 바람직하지 못한 행위의 범주를 넓히는 기능을 함에 유의할 필요가 있다. 미수범의 처벌 등의 방법을 동원하더라도 행위자가 당해 행위로부터 얻는 (기대)이익이 최대기대제재[5]보다 클 경우에는 당해 행위가 사회적으로 바람직하지 않더라도 전혀 제재를 가하지 않는 것이 최적으로 된다. 왜냐하면, 이 경우 당해 행위를 억제하는 것은 불가능한 한편, 제재를 가하는 데는 사회적으로 비용이 소요되기 때문이다.[6]

결국 사법당국의 정보가 완전한 경우에는 형사제재는 실제로 부과되지는 않게 된다. 사회적으로 바람직한 행위는 허용되고, 사회적으로 바람직하지 않은 행위로서 억제가능한 것은 충분한 크기의 제재의 위협만으로 억제되며, 억제불가능한 것은 제재가 가해지지 않고 행해지게 되는 것이다.

2) 사법당국이 불완전한 정보만을 가진 경우

사법당국이 당해 행위로부터 행위자가 얻는 이익과 피해자 내지 사회가 입는 손해에 대하여 불완전한 정보밖에 가지고 있지 않고, 따라서 그 이익과 손해를 제대로 평가할 수 없을 경우에는 앞에서와 다른 결과가 나타나게 된다. 첫째, 사회적으로 바람직하지 않은 행위로 잘못 판단되어 제재를 받을 것을 두려워하여 바람직한 행위인데도 행위자가 이를 행하지 않는 경우가 있을 것이다. 둘째, 제재 수준이 너무 낮게 설정되어 바람직하지 않은 행위인데도 억제되지 않는 경우가 있을 것이다. 셋째, 바람직한 행위인데도 잘못 제재가 이루어진다든지, 바람직하지 않은 행위인데도 제재 수준이 너무 낮아 억제되지 않고 따라서 그 제재가 이루어진다든지, 최고 수준의 제재로도 억제할 수 없는 것인데도 제재가 이루어진다든지 하여, 실제로 제재가 이루어지고 따라서 사회가 관련 비용을 지불하게 되는 경우가 있을 것이다. 최적제재체계는 이러한 사법당국의 정보 불완전성의 제 결과를 고려하여

---

5) 보다 엄밀히 표현하면, "제재로 인한 행위자의 기대비효용의 최대치"이다. 이하에서는 '제재로 인한 행위자의 기대비효용'을 '(기대)제재' 혹은 '(기대)비효용' 등의 용어로 줄여 쓰기도 할 것이다.

6) 최대제재를 통해서도 억제가 불가능한 행위에 대해서는 전혀 제재를 가하지 않는 것이 바람직하다는 결과는 우리가 형사제재의 범죄억제 기능만을 보고 있기 때문이다. 무력화 기능의 측면에서 보면 당해 행위의 이익이 최대기대제재보다 클 경우에도 잠재적 범죄자를 사회로부터 격리시키기 위해 수감 등의 제재를 가하는 것이 요구될 수 있고, 보복기능의 측면에서도 반사회성이 높은 범죄는 억제가능성 여부를 떠나 응징이 요구될 수 있다.

설계되어야 할 것이다.

예시를 통해 최적제재의 성격을 살펴보기로 한다. 100의 사회적 손해를 끼치는 행위를 함으로써 A부류의 행위자는 500, B부류의 행위자는 40, C부류의 행위자는 70의 기대이익을 각각 얻는다고 하자. 그리고 최대기대제재는 50이라고 하자. 따라서 A의 행위는 사회적으로 바람직하고, B의 행위는 바람직하지 않지만 40 이상의 제재를 통해 억제될 수 있으며, C의 행위는 바람직하지 않으면서 억제가 불가능한 상황이다.

사법당국이 완전정보를 가지고 있을 때 범죄억제의 관점에서 본 최적제재체제는 A와 C의 행위에 대해서는 제재를 가하지 않고 B의 행위에 대해서는 40 이상의 제재를 가하는 것인바, 이 경우 B의 행위만 억제되고 결과적으로 아무런 제제도 이루어지지 않게 된다.

한편, 사법당국이 B부류의 행위와 C부류의 행위를 구별할 수 없다는 의미에서 불완전정보를 가지고 있을 경우[7)]의 최적제재는 어떤 모습일까? 사법당국은 행위자가 A부류인지 아닌지는 알고 있고, 따라서 최적제재체계하에서 A부류 행위자는 제재를 받지 않는다. 그러나 사법당국은 A부류가 아닌 행위자들에 대해서는 이들이 B부류인지 C부류인지를 모르므로 동일한 제재를 가할 수밖에 없다. 이들에 대한 제재가 40이면 B부류는 억제되겠지만[8)] C부류는 억제되지 않는다. 그리고 제재가 40보다 크면 B부류는 억제되지만 C부류는 억제되지 않는다는 효과는 동일하면서 C부류에 대한 제재비용이 더 소요되므로 사회적 비용은 더 커지게 된다. 한편, 40보다 작은 양(+)의 크기의 제재는 B 및 C부류 모두를 억제하지 못한다는 점에서 0의 제재와 효과는 같으나 사회적 비용은 더 커지게 된다. 결국 최적제재는 B부류를 억제할 수 있는 최저제재인 40, 혹은 어떤 부류도 억제하지 못하는 0의 제재로 된다. 어느 쪽이 최적으로 될 것인지를 결정하는 주요 요인 중 하나는 B부류와 C부류의 상대적 크기인바, 예컨대 B부류 행위자의 비중이 충분히 크면 40의 제재가, C부류 행위자의 비중이 일정 수준 이상으로 되면 0의 제재가 최적으로 될 것이다.

---

7) 예컨대, 주거침입을 통해 얻는 이익이 긴급피난의 사유가 있을 때에는 500으로 됨을 알지만, 그런 사유가 없는 통상의 상황에서는 40으로 될 확률이 몇 %, 70으로 될 확률이 몇 %라는 식으로 불완전하게만 알고 있는 경우이다.
8) 여기에서 기대제재 수준이 행위자의 기대이익과 같을 때에는 당해 행위는 억제된다고 가정한다.

최적제재의 수준은 기본적으로 범죄억제로 인한 후생증가효과와 제제로 인한 비용증가효과를 조화시키는 선에서 결정된다.[9] 최적기대제재의 크기는 대부분의 잠재적 범죄자가 당해 행위로부터 얻을 것으로 기대하는 이익을 조금 상회하는 수준에서 정해질 것이다.[10] 한편, 최적제재 수준은 행위자가 얻는 이익의 크기나 당해 행위가 끼치는 사회적 손해의 크기에 영향을 받게 될 것이다. 당해 행위가 형사제재를 통해 억제가능한 한, 행위자가 당해 행위로부터 얻는 이익이 클수록 억제를 위해서는 더 높은 수준의 제재가 요구될 것이며, 타인 내지 사회에 끼치는 손해가 클수록 당해 행위의 억제로부터 얻는 사회적 이익이 크기 때문에 비용이 더 많이 들더라도 제재 수준을 높일 것이 요구될 것이다.

3) 제재강도와 제재확률을 동시에 선택하는 경우

지금까지 우리는 위험중립적인 행위자를 대상으로 기대제재 수준을 선택하는 문제 내지 제재확률이 일정 수준으로 주어진 것으로 가정하면서 제재강도를 선택하는 문제를 다루어 왔으나, 여기에서는 제재강도와 아울러 제재확률을 함께 선택하는 문제를 살펴본다. 일반적으로 제재강도는 높이고 제재확률은 낮추는 것이 바람직한 것으로 되는바(Becker, 1968 참조), 이를 예시를 통해 설명해 보기로 한다.

제재확률이 40%이고 제재강도가 5년의 수감인 경우와 제재확률이 10%이고 제재강도가 20년의 수감인 경우를 비교해 보자. 두 경우 모두 기대제재는 2년이고, 따라서 행위자가 위험중립적(risk-neutral)인 경우 동일한 범죄억제효과를 가지고 있다. 그리고 두 경우 모두 수감자의 기대 연인원은 2명 · 년이므로 제재를 가하는 데 드는 사회적 비용은 동일하다고 볼 수 있다. 그러나 제재확률을 40%에서 10%로 줄임으로써 적발 · 체포에 소요되는 사회적 비용이 절감되므로, 결국 제재확률이 낮고

---

9) 어떤 행위로부터 행위자가 얻는 이익을 g, 그 행위로부터 사회가 입는 손해를 h라 하자. 그리고 사법당국은 개별 행위자가 얻는 이익에 대한 정보는 가지고 있지 않고 행위자들이 얻는 이익의 확률밀도함수 $f(g)$에 대한 정보만 가지고 있다고 하자. 제재 수준을 s라 하면, $g \leq s$인 행위자는 당해 행위를 하지 않을 것이고 $g > s$인 행위자는 당해 행위를 할 것이다. 따라서 제재 한 단위당 사회적 비용을 k라 하면 당해 행위와 관련된 사회적 후생(그 부호가 음수이면 사회적 비용)은 $W = \int_S^{\infty}(g - h - s - ks)f(g)dg$로 표현된다. W의 값을 극대화시키는 s의 값을 구하기 위해 1계 조건을 구하면, $(h+ks)f(s) - (1+k)(1-F(s)) = 0$으로 된다. 여기에서 $F(s)$는 물론 $\int_0^s f(g)dg$이다. 1계 조건의 첫째 항은 제재의 수준을 한 단위 높였을 때의 범죄억제로 인한 후생증가효과를, 그리고 두 번째 항은 제재로 인한 비용증가효과를 나타내고 있다. 한편, 우리는 2계 조건으로부터 최적의 s값에서는 $f'(s) < 0$로 됨을 쉽게 확인할 수 있다.

10) 위의 주에서 언급한 바와 같이 최적의 s값에서는 $f'(s) < 0$로 되므로, 정점이 하나인 확률밀도함수 $f(g)$를 가정하면 최적의 s값은 적어도 $f(g)$의 값을 가장 크게 만드는 g의 값보다는 커야 함을 알 수 있다.

제재강도가 높은 후자가 더 바람직한 선택으로 되는 것이다.

행위자가 위험기피적(risk-averse)일 때에는 제재강도를 가능한 한 높이는 것이 바람직하다는 명제는 더욱더 강화된다. 앞의 예에서 수감기간이 20년으로 되면, 행위자가 위험기피적일 때에는, 제재강도가 5년의 수감이고 제재확률이 40%인 경우와 동일한 억제효과를 가져오는 제재확률은 10%보다 작은 예컨대 5%로 되는바, 이렇게 되면 적발 · 처벌비용이 줄어들 뿐만 아니라 제재를 가하는 데 드는 비용도 줄어들게 된다(수감자의 기대 연인원은 20×5% =1명 · 년으로 됨). 즉, 위험기피적인 경우에는 수감기간 내지 제재강도를 높이는 대신 제재확률을 낮추는 것의 사회적 비용절감효과가 위험중립적인 경우보다 상대적으로 더 크게 나타나는 것이다.

그러나 행위자가 수감 등의 제재에 대해 위험선호적(risk-preferring)인 경우에는 제재강도를 가능한 한 높이는 것이 바람직하다는 명제는 약화된다. 예컨대, 행위자의 관점에서 일단 수감되었다는 사실의 낙인효과가 중요하고 수감기간 자체는 크게 중요하지 않다면 큰 형량을 더 작은 확률로 받는 것을 조금의 형량을 더 큰 확률로 받는 것보다 선호하는 셈이므로 행위자는 위험선호적이라 할 수 있다. 이 경우 제재의 강도를 높이는 것보다는 제재의 확률을 높이는 것이 더 경제적인 범죄억제방법일 수 있는 것이다.

그리고 제한된 합리성을 가진 범죄자들이 현재의 상황에 대해 지나치게 높은 가치를 부여하여 미래에 대해 별로 걱정을 하지 않는 경우에도 장기간 교도소에 감금시키는 것의 효과는 제한적인 데 반해 제제의 확률을 높이는 것의 효과는 더 클 것이다. 최근의 한 연구에 의하면 청소년 범죄자들은 처벌강도에 별 영향을 받지 않는다고 한다(Lee and McCrary, 2006 참조).

4) 금전적 제재와 비금전적 제재의 결합사용

일반적으로 수감 등 비금전적 제재를 가하는 데 드는 비용은 벌금 등 금전적 제재를 가하는 데 드는 비용에 비해 클 것이다. 따라서 비금전적 제재는 금전적 제재만으로는 적절한 범죄억제효과를 가질 수 없을 경우에 사용하는 것이 바람직하다. 금전적 제재를 가능한 한 최대한으로 사용한 연후에야 비금전적 제재를 사용하는 것이 바람직한 것이다(Polinsky and Shavell, 1984 참조). 앞에서 형사법의 존재이유를 이야기하면서 언급한 바 있지만, 당사자의 자산이 작을수록, 제재를 회피할 확률이 높을수록, 해당 행위로부터 얻는 사적 이익이 클수록, 그리고 해당 행위로 인한 사회적 기대손해가 클수록 금전적 제재만으로는 적절한 범죄억제효과를 기대할 수 없고 따라서 비금전적 제재가 추가적으로 요구될 것이다.

이러한 논의는 금전적 제재를 가하는 데 드는 사회적 비용은 상대적으로 작다는 가정에 기초한 것이다. 그러나 경우에 따라서는 당국이 행위자의 재산을 찾아내고 징수하는 데 많은 비용이 들 수 있으며, 행위자가 재산을 숨기는 등의 노력을 열심히 할 수 있다. 이와 같이 금전적 제재의 사회적 비용이 큰 경우에는 금전적 제재를 우선적으로 사용해야 한다는 명제가 성립하지 않을 수도 있다. 어떤 부유한 행위자에 대해 1,000만 원의 벌금과 2일 간의 자유형이 동일한 억제효과를 가지는 한편, 1,000만 원 징수와 관련한 사회적 비용(당국이 재산을 찾아 내는 비용, 행위자가 재산을 숨기는 비용 등을 포함)이 2일 간의 자유형과 관련한 사회적 비용보다 더 클 수 있는 것이다.

2. 최적억제이론의 확장

여기에서는 앞에서 논의한 최적억제에 대한 기본 이론을 여러 방면으로 확장·보완한 이론들을 소개한다. 특별억제, 한계적 억제, 범죄자의 자수, 일반적 법집행 등의 주제들에 대해 간략히 논의하기로 한다.

1) 일반억제와 특별억제

지금까지는 주로 제재의 일반억제(general deterrence)효과, 즉 범죄에 대한 제재가 이전에 형사제재를 받은 경험이 없는 일반인들로 하여금 범죄행위를 하지 않도록 하는 효과에 대해 논의하였다. 한편, 범죄행위로 형사제재를 받은 자는 그 이후에 범죄를 덜 저지르게 되는 것은 아닌지에 대한 논의가 있어 왔다. 예컨대, 과속운전으로 범칙금 제재를 받은 사람이 그렇지 않은 사람보다 과속을 덜하게 될 수 있다. 제재를 받은 사람으로 하여금 범죄행위를 덜 하게 하는 효과를 제재의 특별억제(individual deterrence; particular deterrence; special deterrence)효과라 부른다.

특별억제의 문제는 과거에 재제를 받았다는 사실 자체가 범죄억제효과를 가지느냐의 문제이다. 전과자를 경찰이 더 엄중하게 감시하고 재범자를 더 엄격하게 처벌함으로써 실제의(actual) 제재확률과 제제강도가 높아졌다면 그리하여 범죄를 덜 저지르도록 만들었다면, 그것은 여기에서 이야기하는 특별억제가 아니다. 특별억제는 제재를 받은 사람이 실제로 동일한 제재확률과 제제강도하에서도 범죄를 덜 저지르는 경우를 이야기한다.

이론적으로 특별억제효과가 발생할 수 있다. 행위자가 제재확률을 정확히 모르는 경우 범죄행위에 대해 제재를 받게 되면 주관적으로 평가하는 제재확률은 높아질 것이다. 제재강도에 대한 예상치도 제재 후 상향조정될 수 있을 것이다. 그리고 형사제재는 제재를 받는 사람에게 책임 있는 행동을 하지 못했다는 죄의식 내지 자책감을 불러일으킬 수도 있을 것이다. 그러나 제재강도에 대한 예상치가 제재 후 하향조정될 가능성 등으로 행위자는 형사제재 후 범죄행위를 오히려 더 많이 할 수도 있을 것이다.

그 동안의 실증적 연구 결과에 의하면, 일반적으로 제재의 일반억제효과는 존재하는 것으로 나타나고 특별억제효과는 별로 존재하지 않는 것으로 나타난다.[11)]

2) 한계적 억제

지금까지는 한 개인이 하나의 위해행위를 저지를 것인지 말 것인지를 결정하는 문제를 중심으로 논의를 전개하였다. 그러나 개인은 예컨대 적은 양의 오염물질을 하천에 방류할 것인지 많은 양의 오염물질을 방류할 것인지, 유괴를 하는 데 그칠 것인지 유괴 후 살인도 할 것인지 등의 예에서 보는 바와 같이 여러 단계적인 위해행위 중 어디까지 행할 것인지를 결정해야 하는 경우가 있다. 형사적 제재가 범죄로 인한 손해의 크기가 증가함에 따라 더 엄중해진다면, 행위자는 가벼운 범죄만 저지르고 더 무거운 범죄는 저지르지 않을 인센티브를 가질 수 있다. 더 무거운 범죄에 대한 기대제재가 더 가벼운 범죄에 대한 그것보다 커서 더 무거운 범죄를 억제하게 되는 것을 한계적 억제(marginal deterrence)라고 부른다.[12)]

11) 형사제재의 일반억제효과에 대한 실증적 분석으로는 Erlich(1973), Phillips and Votey(1981) 등을 들 수 있고, 특별억제효과에 대한 분석으로는 Wright(1994) 등을 들 수 있다.

12) 한계적 억제의 관념은 일찍이 Beccaria([1767] 1995), Bentham([1789] 1973) 등에서 언급된 바 있었다. '한계적 억

형사적 제재는 어떤 위해행위를 한 사람이 더 중한 위해행위를 하지 않도록 한계적 억제효과를 가지는 것이 바람직할 것이다. 형사적 제재의 체계가 한계적 억제효과를 가지기 위해서는 제재의 정도는 위해의 정도가 커질수록 커져야 하고, 따라서 위해의 정도가 가장 큰 범죄행위가 아니라면 제재가 최고 수준으로 높아져서는 안 된다. 비교적 가벼운 범죄에 대해 너무 과중한 제재를 가할 경우에는 한계적 억제효과가 침해될 것이다. 예컨대, 살인의 경우와 절도의 경우를 똑같이 사형에 처한다면 절도자는 증인을 없애기 위해 살인을 할지 모른다.

한계적 억제효과는 더 중한 범죄에 대하여 제재의 강도뿐만 아니라 적발의 확률을 높임으로써 제고될 수 있다. 예컨대, 단순유괴의 경우에 비하여 유괴하여 살인한 경우에 범인 체포를 위해 더 많은 경찰력을 동원한다면, 유괴범은 살인까지 나아가는 것을 더 주저하게 될 것이다.

한계적 억제효과를 확보하는 가장 간명한 방법은 기대제재 수준을 범죄로 인한 손해의 크기와 같도록 만드는 것이다. 이것은 더 중한 위해를 가한 자에 대해서는 제재강도나 제재확률 혹은 두 가지 모두를 높여야 한다는 것을 의미한다.[13)]

3) 범죄자의 자수

지금까지는 범죄자가 경찰 등 법집행기관에 의해 적발되어 제재를 받는 경우를 상정하면서 논의를 전개해 왔다. 그러나 범죄자는 자신의 범죄사실을 자수(self-reporting)할 수 있다. 우리 형법 제52조 제1항은 "죄를 범한 후 수사책임이 있는 관서에 자수한 때에는 그 형을 감경 또는 면제할 수 있다"고 규정하고 있다.

자수를 할 경우 형사제재를 경감시켜 주게 되면 범죄자는 자수를 할 유인을 가질 수 있다. 뿐만 아니라 자수자에 대한 제재 경감은 제재의 범죄억제효과를 심각하게 손상시킴이 없이 이루어질 수 있다. 예를 통해 설명해 보기로 하자. 위험중립적인 범죄자가 형사제재를 받을 확률이 50%이고 제재의 크기는 100이라고 하자. 따라서 기대제재는 50이다. 자수자에 대한 제재의 경감조치가 없는 한 범죄자는 자수를 하지 않을 것이다. 그러나 자수할 경우 제재의 크기가 49로 줄어든다고 하면

제'(marginal deterrence)라는 용어를 처음으로 사용한 학자는 아마도 Stigler(1970)였다.

13) 한계적 억제에 대한 보다 상세한 논의는 Wilde(1992), Shavell(1992), Friedman and Sjostrom(1993), Mookherjee and Png(1994) 등 참조.

범죄자는 자수를 할 유인을 갖게 된다. 그리고 자수시의 기대제재는 49로서 자수를 하지 않을 때의 기대제재 50과 거의 같기 때문에, 기대제재 수준에 의존하는 범죄억제효과도 자수자에 대한 제재의 경감조치로 인해 크게 작아지지 않을 것이다.

자수를 유도하는 제재구조를 구축하는 것은 사회적으로 바람직한 일이다. 우선 자수는 범죄자의 적발 · 체포에 소요되는 비용을 줄여 준다. 자수는 또한 범죄자가 직면하는 위험을 줄여 주기 때문에 범죄자가 위험기피적이라면 범죄자의 후생 수준을 그만큼 높여 준다. 나아가 자수 내지 자발적 고지는 유해물질의 하천 유입, 교통사고에 의한 상해 발생 등의 예에서 알 수 있듯이 범죄행위로 야기된 사태를 지체 없이 알 수 있게 함으로써 추가적인 손해가 발생하는 것을 막을 수 있게 한다.[14)]

4) 일반적 법집행

법집행기관의 활동은 여러 가지 다른 종류의 범죄행위를 적발하는 경우가 많다. 예컨대, 길가에 서 있는 경찰은 쓰레기를 무단으로 버리는 사람, 타인을 폭행하는 자, 적색 교통신호를 무시하고 달리는 운전자 등을 적발할 수 있다. 이와 같이 법집행이 특정 범죄행위만을 적발하는 개별적(specific) 성격을 띠는 것이 아니라 여러 가지 범죄행위를 함께 적발하는 일반적(general) 성격을 띠는 경우, 범죄행위들에 대한 제재확률은 서로 독립적인 것이 아니라 높은 상관관계를 갖게 된다.

이와 같이 법집행이 일반적인 성격을 띠는 경우에는, 제재비용 내지 법집행비용을 낮추기 위해 제재확률은 줄이고 제재강도는 높이는 전략이 더 이상 항상 바람직한 것으로는 되지 않는다. 예컨대, 집행비용을 줄이기 위해 이중주차의 적발확률을 아주 낮게 하고 그에 대한 제제강도는 아주 높게 할 경우, 법집행이 일반적인 성격을 가지는 때에는, 보다 중한 법위반행위를 적발하는 확률도 함께 낮아질 것인바, 보다 중한 법위반행위에 대한 제재강도가 이미 높아 더 이상 높이는 것이 불가능하다면 그러한 보다 중한 법위반행위는 제대로 억제되지 않을 것이다.

일반적 법집행의 경우 최적의 법집행방식은 어떤 모습을 띨 것인가? 가장 중한

14) 법집행과 관련하여 자수에 대한 기본 이론을 제시한 연구로는 Kaplow and Shavell(1994)을 들 수 있다. 또한 Innes(1999)도 참조할 것.

범죄행위를 억제하기 위해서는 최대로 부과할 수 있는 제재의 강도에 비추어 최소한 일정 수준 이상의 제재확률이 요구된다고 하자. 이러한 제재확률을 보장하는 법집행은, 그 집행이 일반적인 성격을 띠는 경우, 하나의 부산물로서 다른 상대적으로 가벼운 범죄행위에 대해서도 일정 수준의 제재확률을 보장하게 된다. 이와 같이 상대적으로 가벼운 범죄행위에 대해서 일정 수준의 제재확률이 확보되면 제재강도는 거기에 맞추어 기대제재가 범죄로 인한 손해와 같아지도록 하는 수준에서 정해질 수 있게 된다. 이렇게 되면 중한 범죄행위에 대해서는 제재강도가 보다 높아지고 보다 경미한 범죄행위에 대해서는 제재강도가 보다 낮아지는 경향이 나타날 수 있다(Shavell, 1991 참조).

Ⅳ. 형벌의 무력화 기능 · 재활기능 · 보복기능

앞 절에서는 형사적 제재의 범죄억제 기능에 대해 살펴보았다. 여기에서는 형사적 제재의 무력화 기능, 재활기능, 보복기능 등과 관련된 이슈들을 살펴보기로 한다.

1. 무력화 기능

수감은 개인을 사회로부터 격리시킴으로써 바람직하지 못한 행위를 하지 못하도록 한다. 운전면허의 취소는 당사자가 운전행위를 할 수 없도록 함으로써 교통사고가 발생하는 것을 방지한다. 이와 같이 관련 활동에 참가할 수 없도록 함으로써 바람직하지 못한 결과의 발생을 방지하는 것을 무력화(incapacitation)라고 한다. 형사적 제재가 이러한 무력화 기능을 가질 수 있음은 물론이다. 이 기능은 범법행위에 대한 제재의 위협을 통해 범죄행위를 하지 않도록 하는 억제기능과는 다른 것이다. 억제기능은 당사자가 제재의 가능성을 알고 그것을 부담으로 느낄 때에만 작동하는 데 비해 무력화 기능은 이러한 요소와는 무관하게 작동한다.

형사적 제재의 무력화 기능에 초점을 맞추기 위해, 재제에는 억제기능이 존재하지 않고 따라서 사람들은 제재와는 무관하게 일정한 범죄 성향을 지니고 있다고 가정하여 보자. 나아가 범죄자에 대한 제재확률을 높이고 또 수감 등 제재를 가하는 데에 비용이 소요된다고 하자. 이러한 가정하에서 우선 이미 체포된 범죄자는 얼마 동안 수감 등을 통해 사회와 격리시키는 것이 좋을까? 당해 범죄자가 사회에 나갔을 때 범죄를 통해 사회에 끼칠 손해의 기대치가 수감 · 격리비용보다 큰 한 수감 · 격리를 계속하는 것이 최적으로 될 것이다. 만약 나이가 들어 감에 따라 범죄성향이 줄어든다면, 일정 기간 후에는 수감되어 있던 범죄자를 풀어 주는 것이 바람직할 것이다. 다음으로 체포확률 내지 제재확률은 어느 수준으로 만드는 것이 좋을까? 제재확률의 제고에 수반되는 체포 · 제재실행 등의 비용의 증가와 수감 · 격리를 통해 범죄가 감소함으로써 얻는 사회적 이익의 증가를 비교 형량함으로써 최적 법집행 정도를 정할 수 있을 것이다. 수감의 무력화 기능만 고려한다면 범죄행위를 이미 한 자만을 수감할 내재적인 이유는 없다 하겠으나, 범죄행위를 이미 행하였다는 것이 앞으로도 범죄행위를 할 가능성이 높음을 나타낸다면 범죄자에 대해서만 수감의 제재를 가하는 것이 바람직할 수 있을 것이다.[15)]

형사적 제재가 범죄억제효과와 무력화 효과를 동시에 가지고 있다고 하면, 억제효과의 측면만 보면 수감을 하지 않는 것이 바람직하지만 두 효과를 동시에 고려하면 수감을 하는 것이 바람직한 경우도 있게 될 것이다.[16)]

Spelman(1994)은 미국의 경우 수감으로 인한, 즉 잠재적인 범죄자가 사회로부터 격리되어 있음으로 인한 범죄감소의 정도가 실제 범죄 수준의 약 20%에 해당한다는 분석을 내놓은 바 있다. 이러한 수감 · 격리의 이익은 수감 · 격리에 소요되는 비용을 훨씬 능가하는 것으로 평가되고 있다(Shavell, 2004 참조).

15) 범죄자일 경우에만 수감할 수 있도록 제한을 가하는 것은 형사당국의 권한남용 위험을 줄이는 의미도 있을 것이다.
16) 형사적 제재의 무력화 기능에 대한 기본 이론은 Shavell(1987b)에 제시되어 있다.

2. 재활기능

재활(rehabilitation)이란 반사회적 행위를 할 성향이 감소하는 것을 의미한다. 이러한 재활은 수형자에 대한 국가의 교육 프로그램을 통한 것일 수도 있고, 범죄자가 수형을 계기로 자신을 반성하고 좀더 책임감 있게 사회생활을 하기로 작정한 결과 나타난 것일 수도 있다.

형사적 제재가 재활기능만을 가진다고 가정해 보자. 그러면 제재로 인한 재활의 이익, 즉 장래의 범죄감소가 재활적 제재를 가하는 비용보다 클 경우에만 제재를 가하는 것이 바람직하다. 예컨대, 음주운전자를 운전자 책임에 관한 교육 과정에 넣는 것은, 이로 인한 교통사고 손해의 감소라는 이익이 교육 프로그램 운영비용보다 큰 경우에만 바람직하다.

형사적 제재가 재활기능을 가질 경우, 무력화 목적의 최적수감기간은 짧아지게 될 것이다. 재활로 인해 범죄성향이 줄어들게 되면 사회에 복귀하더라도 당사자의 범죄행위로 인한 사회적 비용은 수감 · 격리비용에 비해 크지 않게 될 것이기 때문이다.

수감 경험자가 석방되었을 경우 범죄성향이 줄어든다는 실증적 증거는 찾아보기 힘들다. 따라서 형사적 제재의 재활기능에 대해서는 많은 학자들이 회의적인 시각을 가지고 있다(Schwartz, 1983; Wright, 1994 등 참조). 오히려 수감기간 중 나쁜 버릇이 들고 동료 수감자로부터 범죄기술을 배움으로써 수감 경험자는 범죄성향이 높아진다는 주장도 있다. 그러나 이러한 분석 · 주장은 현 상황에 대한 것이고, 형사적 제재가 재활기능을 갖는 것이 불가능함을 이야기하는 것은 아니다. 교도소 운영을 개선하고 다양한 재활교육 프로그램을 마련하여 형사적 제재의 재활기능을 제고시키는 것은 형사정책의 주요 과제로 될 것이다.

3. 보복기능

사람들은 범죄자가 벌을 받는 것을 확인함으로써 효용을 얻을 수 있다. 많은 사람들은 범죄가 극히 반사회적인 경우 범인이 적발되지 않거나 처벌되지 않으면 사회정의가 실현되지 않고 있다는 감정을 갖는다. 그리고 범죄행위의 피해자는 가해자가 처벌되는 것을 확인함으로써 얻는 효용이 상당히 클 것이다.

보복 내지 응징(retribution)의 욕구는 사람들로 하여금 침범자가 있을 때 이를 물리치고자 하는 동기를 더 강하게 갖도록 하고 법집행당국에 더욱더 기꺼이 신고하도록 만든다. 사람들이 가지는 보복충동은 범죄발생을 줄이고 범죄적발 확률을 높여 주는 기능을 한다 하겠다(Posner, 1980 참조).

형사적 제재가 보복기능만 가진다면, 최적제재강도와 제재확률은 사람들이 보복욕구 충족으로 얻는 효용과 범죄자의 적발 · 체포 · 제재비용이 조화되는 수준에서 정해질 것이다.

사람들이 보복욕구를 가질 때에는 최적제재확률이 높아질 것이다. 적발비용이 적어질 것이고 나아가 범죄자가 확실하게 처벌받는 것에서 사람들이 효용을 느끼기 때문이다. 한편, 보복욕구의 존재는 최적제재강도를 낮출 수도 높일 수도 있을 것이다. 상대적으로 경미한 범죄의 경우에도 범죄억제 기능의 측면에서 본 최적제재강도는 상당히 높을 수 있으나, 보복기능의 측면에서 본 최적제재강도는 비교적 낮을 것이므로 두 기능을 고려한 최적제재강도는 억제기능만 고려한 최적제재강도보다 낮아질 것이다. 한편, 예컨대 정신이상적인 충동에 의한 살인에서와 같이 제재강도가 높아도 범죄행위를 억제할 수 없는 상황이라면, 억제기능만 고려할 경우 비용이 소요되는 제재의 강도는 낮아야 하겠지만, 보복기능의 측면에서 본 최적제재강도는 더 높을 것이다.

Ⅴ. 형사법의 제 원리

여기에서는 형사법의 의의와 형벌의 기능에 대한 앞에서의 논의와 연관지우면서 고의, 미수, 인과관계, 책임능력, 법률의 착오, 사실의 착오, 긴급피난, 정당방위, 승낙 · 용서 · 합의 등과 관련한 형사법의 제 원리를 간략히 살펴보기로 한다.

1. 고의

고의(intent)는 형사법에서 중요한 의미를 가진다. 일반적으로 행위자가 어떤 결과의 발생을 원하고, 그 결과 발생의 확률을 높일 것으로 믿는 방식으로 행동할 경우 고의가 있다고 할 수 있을 것이다. 고의는 범죄의 성립 여부와 형벌의 강도를 결정하는 데 있어 주요한 요인으로 고려된다.

고의의 유무가 왜 형사제재의 유무 내지 강도에 영향을 미치는가? 범죄억제(deterrence)의 관점에서 볼 때, 고의는 손해 발생의 확률과 손해의 크기를 높이고 행위자가 당해 행위로터 얻는 기대이익을 높이며 적발 내지 제재의 확률을 낮출 것이므로, 고의범에 대해서는 제재강도를 높일 필요가 있게 된다.[17] 이렇게 보면, 예컨대 A가 B를 조준하였으나 C를 사망시킨 경우와 같이 원한 결과와 다른 해로운 결과가 발생하였더라도 고의범으로 처벌하는 것은 이해할 만하다.

무력화(incapacitation)의 관점에서 보면, 고의는 행위자의 장래의 범죄가능성에 대한 정보를 제공해 주는 기능을 할 수 있다. 고의로 타인에게 위해를 가하였다는 사실은 그 행위자의 성격 내지 미래의 행동양태에 대해 일정한 추측을 할 수 있게 할 것이기 때문이다. 그러나 향후 범죄가능성이 얼마나 클 것인지에 대한 이러한 추측은 구체적인 상황에 따라 다를 것인바, 예컨대 직장을 가져본 적이 없는 가난한 자가 절도를 하였다면 앞으로도 절도행위를 할 가능성이 높다고 보아야 하겠지만, 다른 여인과 함께 살기 위해 아내를 살해하였으나 향후 그런 상황이 다시 일어날 것 같지는 않은 경우라면 앞으로 살인행위를 할 가능성은 그다지 크지 않다고 보아야 할 것이다. 이와 같이 고의가 행위자의 향후 위험성에 대해 일정한 정보를 제공하는 것은 사실이겠지만 그 정보는 상당히 불완전할 것이므로 고의의 중요성을 주로 무력화의 관점에서 설명하는 것은 한계가 있을 것이다.

우리 형법 제13조(범의)는 "죄의 성립요소인 사실을 인식하지 못한 행위는 벌하지 아니한다. 단, 법률에 특별한 규정이 있는 경우에는 예외로 한다"고 규정하고 있다. 이 조문의 표현에 의하면 고의는 죄의 성립요소인 사실을 인식함으로써 성

17) 범죄억제의 관점에서 제재강도 결정시 고려해야 할 요인들(손해 발생의 확률 등)과 고의 사이의 관계를 논하고자 하였던 초기 저작으로는 Holmes([1881] 1963)를 들 수 있다.

립하는 것으로 보이지만, 대부분의 학자들은 고의를 인지적 요소와 의지적 요소의 통합으로 보면서 "객관적 행위상황을 인식하고 구성요건을 실현하려는 의사"로 정의하고 있다.

일반적으로 고의가 없으면 벌하지 않지만, 예외적으로 정상적인 주의를 태만함으로써 심각한 손해가 발생할 확률을 크게 높인 경우에는 형사처벌을 받을 수 있다. 형법 제14조(과실)는 "정상의 주의를 태만함으로 인하여 죄의 성립요소인 사실을 인식하지 못한 행위는 법률에 특별한 규정이 있는 경우에 한하여 처벌한다"고 규정하고 있다. 형법에 규정하고 있는 과실범으로는 과실치상죄(제266조), 과실치사죄(제267조), 실화죄(제170조), 과실폭발성물건파열죄(제173조의2) 등이 있다.

한편, 고의가 있었더라도 당해 행위가 더 큰 손해를 회피한다는 측면에서 사회적으로 바람직한 행위일 경우 범죄가 성립하지 않을 수 있다. 후술하는 긴급피난, 정당방위 등이 이에 해당한다.

2. 미수

형사법은 범죄의 실행에 착수하였으나 행위를 종료하지 못하였거나 의도한 결과가 발생하지 아니한 때에도 제재를 가하기도 한다. 미수범의 처벌은 사회적으로 바람직하지 못한 행위에 대한 제재의 확률을 높임으로써 범죄억제에 이바지한다.[18] 범죄의 준비와 실행에 오랜 시간이 걸리는 경우, 원격사격과 같이 성공하지 못할 가능성이 상당한 경우 등과 같이 기수범으로보다는 미수범으로 체포될 확률이 높은 때에는 미수범 처벌의 범죄억제효과는 그만큼 커지게 될 것이다. 한편, 미수도 행위자의 향후 위험성에 대해 일정한 정보를 제공한다 할 것이므로 미수범의 처벌은 무력화 측면에서도 합리화될 것이다.

행위자의 의사에 반하여 범죄를 완성하지 못한 경우, 즉 장애미수(interrupted attempts, 협의의 미수)의 경우 당해 행위가 타인 혹은 사회에 얼마 만한 손해를 가져올 것인지에 대한 증거가 약하므로 그에 대한 처벌은 기수에 비해 낮을 수 있다. 우

18) 실제로 손해가 발생하지 않았더라도 제재를 하게 되면 실제로 손해가 발생한 때에만 제재를 하는 경우에 비해 제재확률은 그만큼 높아지게 된다. 그리고 미수범의 처벌을 통해 제재확률을 높이는 방법은 기수범만 처벌하면서 적발 · 체포 확률을 높이는 방법에 비해 사회적 비용이 적게 들 것이다. Shavell(1990) 참조.

리 형법 제25조(미수범)는 "① 범죄의 실행에 착수하여 행위를 종료하지 못하였거나 결과가 발생하지 아니한 때에는 미수범으로 처벌한다. ② 미수범의 형은 기수범보다 감경할 수 있다"고 규정하고 있다. 다만, 미수에 대한 처벌은 기수에 비해 낮을 수 있다는 논점의 중요성은 범죄기도의 성격, 장애가 일어난 시점 등에 의존할 것이다. 예컨대, 치사량의 독약을 음료수에 이미 탔고 상대방이 언제라도 마실 수 있는 상태에 이르렀다면 형을 감경할 이유가 미약할 것이다. 한편, 독약을 약국에서 구입하려는 단계에서 적발되었다면 그 독약이 얼마나 위험한 방식으로 사용되었을지가 불분명하고 따라서 형은 기수에 비해 상당 정도 감경될 수 있을 것이며, 경우에 따라서는 미수 자체가 성립하지 않을 수도 있을 것이다.

범죄의 실행에 착수한 자가 그 범죄가 완성되기 전에 스스로 이를 중지하거나 결과의 발생을 방지한 경우, 즉 중지미수(abandoned attempts)의 경우에는 형을 감경 또는 면제함으로써 그러한 실행의 중지 내지 결과 발생의 방지라는 사회적으로 바람직한 행위를 유도할 수 있을 것이다. 우리 형법 제26조(중지범)는 "범인이 자의로 실행에 착수한 행위를 중지하거나 그 행위로 인한 결과의 발생을 방지한 때에는 형을 감경 또는 면제한다"고 규정하고 있다.

행위의 성질상 의도한 결과의 발생이 불가능한 경우인 이른바 불능미수는 크게 두 가지 유형으로 나누어 볼 수 있다. 마네킹을 자신의 적으로 착각하여 총으로 쏜 경우에는 사람으로 보이는 물체에 사격을 가하는 행위의 사회적 위험성이 크므로 제재가 가해져야 할 것이다. 한편, 자기가 미워하는 사람을 죽일 의도로 그 사람 모습의 인형을 만들어 바늘로 여러 곳을 찔러 놓는 행위는, 이런 방법의 살인에 실패한 후 다른 보다 유효한 살인방법을 채택할 가능성이 엿보이지 않는 한, 제재를 가할 필요가 별로 없을 것이다. 우리 형법 제27조(불능범)는 "실행의 수단 또는 대상의 착오로 인하여 결과의 발생이 불가능하더라도 위험성이 있는 때에는 처벌한다. 단, 형을 감경 또는 면제할 수 있다"고 규정하고 있다.

3. 인과관계

예컨대, X가 Y에게 독약을 먹였으나 약효가 일어나기 전에 Y가 심장마비로 사망한 경우 X의 행위는 Y의 사망에 대한 원인으로 작용하였다고 할 수는 없을 것이다. 이 경우 X의 행위와 Y의 사망이라는 결과 사이에는 당해 행위가 없었다면 결과가 발생하지 않았을 것이라는 의미에서의 필요적 인과관계(necessary cause)가 없으므로 X는 기수범이 아니라 미수범으로 처벌될 것이다.[19] 다만, Y의 사망과의 인과관계가 없다 하더라도 X의 행위의 위험성이 낮아진 것은 아니므로 형을 감경할 근거는 약할 것이다.

필요적 인과관계가 있는 경우에도 당해 행위가 결과 발생의 확률이나 결과의 심각성을 얼마나 높였느냐에 따라 그 형사적 취급이 달라질 것이다. X가 Y를 폭행하였고 Y가 얼마 후 병원에서 내출혈로 사망하였다면 X의 행위와 Y의 사망 사이에는 밀접한 인과관계(proximate cause)가 인정되겠지만, X가 Y를 폭행하였고 Y가 병원으로 이송되던 중 교통사고로 사망하였다면 X의 행위와 Y의 사망 사이의 인과관계의 밀접성은 크지 않을 것이다. 내출혈로 인한 사망은 폭행의 강도에 대한 정보를 제공하는 셈이지만, 교통사고로 인한 사망은 그러한 정보를 제공하지 않고 따라서 후자의 경우 형벌의 강도는 전자에 비해 낮을 것이다.

우리나라 형법은 제17조(인과관계)에서 "어떤 행위라도 죄의 요소되는 위험 발생에 연결되지 아니한 때에는 그 결과로 인하여 벌하지 아니한다"고 규정하고 있다.

4. 책임능력

형사미성년자, 심신장애자(심신상실자와 심신미약자) 등 책임능력이 없거나 부족한 자의 행위는 벌하지 아니하거나 형을 감경한다. 우리 형법 제9조(형사미성년자)는 "14세 되지 아니한 자의 행위는 벌하지 아니한다"고 규정하고, 제10조(심신장애자)는 "① 심신장애로 인하여 사물을 변별할 능력이 없거나 의사를 결정할 능력이 없는 자의 행위는 벌하지 아니한다. ② 심신장애로 인하여 전항의 능력이 미약한 자의 행위는 형을 감경한다. ③ 위험의 발생을 예견하고 자의로 심신장애를 야기한 자의 행위에는 전2항의 규정을 적용하지 아니한다"고 규정하며, 제11조(농아

19) 불법행위법에서는 일반적으로 필요적 인과관계가 없을 경우 책임을 묻지 않는다. Shavell(1987a)의 제5장 참조.

자)는 "농아자의 행위는 형을 감경한다"고 규정하고 있다.

이러한 형사법의 태도는 억제이론의 관점에서 정당화될 수 있는 측면이 있다. 예컨대, 병적 정신장애(치매, 명정 등 포함) 상태에 있는 자의 경우 형사제재의 위협이 범죄행위를 억제하는 효과를 가질 것으로 기대하기는 어려울 것이다(Bentham, [1789] 1973 참조). 그러나 당사자는 형사책임을 면할 목적으로 심신상실 등의 상태에 이르거나 이를 가장할 수 있을 것이며, 간질병 환자가 자동차를 운전하는 경우와 같이 행위자의 정신적 · 육체적 상태에 비추어 당해 행위가 특별히 위험한 것이 될 수도 있을 것인바, 이 경우에는 가벌성을 인정하여야 할 것이다.

무력화의 관점에서 보면, 책임능력은 없지만 광폭한 분노에 휩싸여 있거나 억제할 수 없는 범죄충동을 자주 느끼는 자는 사회적으로 위험하므로, 이들을 사회에서 격리시키기 위한 조치가 필요할 수 있다. 한편, 형사미성년자, 비자발적 명정 등의 경우에는 책임무능력이 반드시 장래의 위험성을 나타내는 것으로 되지는 않으므로 무력화의 측면에서 사회격리의 필요성은 희박할 것이다.

5. 법률의 착오와 사실의 착오

잘 알려진 법이나 상당한 노력을 기울이면 알 수 있는 법을 위반한 경우 자신의 행위가 죄가 되지 아니하는 것으로 오인하였더라도 형사책임을 지게 되는바, 이러한 법원칙은 행위자에게 법을 알고 준수할 인센티브를 제공할 것이다(Bentham, [1789] 1973 참조). 그러나 변호사나 담당공무원의 조언을 듣고 당해 행위가 위법성이 없는 것으로 잘못 알게 된 때에는 형사책임이 조각된다 할 것인바, 행위자는 당해행위가 형사제재를 받게 된다는 사실을 알고 있는 경우에 한하여 제재위협에 의해 억제될 수 있을 것이기 때문이다. 우리 형법 제16조(법률의 착오)는 "자기의 행위가 법령에 의하여 죄가 되지 아니하는 것으로 오인한 행위는 그 오인에 정당한 이유가 있는 때에 한하여 벌하지 아니한다"고 규정하고 있다.

모조품이라 생각하면서 값진 보석을 훔치거나, 사람이라고 생각하면서 인형에 총을 쏜 경우처럼 행위자가 생각한 것보다 실제로는 더 큰 손해 혹은 더 작은 손해를 끼치게 되는 경우에, 제재의 강도를 결정함에 있어서는 기본적으로 실제의 손해보다는 행위자가 어떻게 생각하였는지를 기준으로 삼아야 할 것이다. 첫째, 행위자가 당해 행위로부터 얻으리라고 기대하는 이익은 자신이 실제로 한 바보다는 하고 있다고 믿는 바에 의존할 것이다. 둘째, 당해 행위와 관련한 기대손해도 행위자가 스스로 어떤 일을 하고 있는 것으로 믿는지에 더 밀접하게 관련되어 있을 것인바, 행위자가 훔치면서 모조품이라고 생각하였다면 목표물이 실제로 모조품일 가능성이, 그리고 총을 쏘면서 사람이라고 생각하였다면 목표물이 실제로 사람일 가능성이 더 클 것이기 때문이다. 우리 형법 제15조(사실의 착오)는 "① 특별히 중한 죄가 되는 사실을 인식하지 못한 행위는 중한 죄로 벌하지 아니한다. ② 결과로 인하여 형이 중할 죄에 있어서 그 결과의 발생을 예견할 수 없었을 때에는 중한 죄로 벌하지 아니한다"고 규정하고 있다.

그러나 사실의 착오의 경우에 제재의 강도 결정시 실제의 손해를 고려할 필요성도 있다. 행위자의 생각 여하만을 기준으로 할 경우 행위자는, 예컨대 사람인 줄 알면서 총을 쏘았더라도 인형인 줄 알았다고 주장할 유인이 존재한다. 따라서 실제의 손해가 행위자가 주장하는 인식상황에서 발생하였을 손해보다 큰 경우에는, 제재강도 결정시 실제의 손해를 고려할 필요성이 어느 정도 있을 것이다. 한편, 실제의 손해가 행위자가 생각한 것보다 작은 경우에는 실제의 작은 손해를 고려하여 제재를 낮출 이유는 별로 없을 것이다.

6. 긴급피난과 정당방위

형법 제22조 제1항은 "자기 또는 타인의 법익에 대한 현재의 위난을 피하기 위한 행위는 상당한 이유가 있는 때에는 벌하지 아니한다"고 규정하고 있다. 긴급피난의 항변은 두 개의 패해 중에서 하나를 택하지 않을 수 없는 상황에서 더 작은 손해를 택하였을 때 인정된다고 할 수 있다. 손해를 최소화하는 것이 사회적으로 바람직하므로 이러한 긴급피난의 항변은 억제이론의 관점에서 정당화되며, 더 작은 손해를 택한 행위자는 사회에 위험을 부과하지 않고 오히려 손해를 감소시키므로 무력화 이론의 관점에서도 정당화된다 할 것이다.

형법 제21조 제1항은 "자기 또는 타인의 법익에 대한 현재의 부당한 침해를 방위하기 위한 행위는 상당한 이유가 있는 때에는 벌하지 아니한다"고 규정하고 있다. 정당방위의 항변을 인정하는 것은 부당한 침해의 억제에 기여할 것이다. 한편, 기본적으로 피침해자보다는 법원이 제재의 적절한 방법과 정도에 대해 더 잘 판단할 수 있다고 본다면, 정당방위에 상당성을 요구하고 그 범위와 방법에 제한을 가하는 것은 합당하다 하겠다.

7. 승낙과 용서 · 합의

피해자가 승낙한 행위에 대해서는 많은 경우 행위자가 형사책임을 지지 않을 것이다. 그러나 피해자가 승낙하였다 하더라도, 예컨대 심각한 신체적 손상을 입힌 경우라면 행위자는 형사책임을 지게 될 것이다. 승낙을 하는 피해자가 상황을 잘못 인식할 수도 있고, 피해자의 가족 등이 해당 가해행위로 영향을 받을 수도 있을 것이며, 가해자는 피해자의 승낙과 관련하여 법원을 속일 수도 있을 것임을 감안하면, 피해자의 승낙에도 불구하고 가해자를 처벌하는 것이 합당한 경우도 있을 것이다. 우리 형법 제24조(피해자의 승낙)는 "처분할 수 있는 자의 승낙에 의하여 그 법익을 훼손한 행위는 법률에 특별한 규정이 없는 한 벌하지 아니한다"고 규정하고 있다.

다른 한편 피해자가 피해를 입은 후 사후적으로 가해자를 용서하거나 가해자와 합의하였다 하여 형사책임이 면제되는 것은 아니다. 피해자의 용서 내지 합의로 가해자의 책임이 면제된다면, 피해자의 용서 내지 합의에 이르게 하는 가해자의 사과, 재산의 반환, 금전지급 등은 법원이 부과할 제재보다는 가해자에게 더 적은 부담을 지울 것이므로 억제기능이 약화될 것이고, 나아가 자유형이 배제되므로 무력화 기능이 작동하지 못하게 될 것이다. 그리고 피해자의 이해관계는 범죄의 억제와 무력화와 관련한 사회적 이익과 비용관계와 다를 것인바, 피해자의 용서 내지 합의로 가해자의 책임이 면제된다면 아마도 사회적 관점에서 지나치게 많은 용서 내지 합의가 이루어질 것이다. 마지막으로 피해자의 용서 · 합의로 가해자의 책임이 면제된다면 피해자는 가해자로부터 '용서' 내지 '합의'를 강요당할 위험에 직면할 수도 있을 것이다.

Ⅵ. 결론

일정 범주의 행위는 범죄로 규정되고 이에 대해서는 특별한 방식으로 제재가 가해진다. 범죄행위에 대한 제재방법으로는 수감, 수감 이외의 비금전적 제재, 금전적 제재 등이 있다. 형사법이 필요한 이유는 사회적으로 바람직하지 않은 행위 중에는 형사제재 이외의 다른 방식으로는 적절하게 제어할 수 없는 것이 존재하기 때문이다. 예컨대, 살인, 강도, 강간 등 타인에게 상당한 손해를 가할 의도로 이루어지는 범죄의 경우, (불법행위법에 기초한) 금전적 제재만으로는 이들 범죄행위가 제대로 제어되지 않는 경우가 많을 것이다.

형사적 제재의 가장 중요한 기능은 범죄의 억제(deterrence)라 할 수 있을 것이다. 어떤 행위로부터 행위자가 얻는 이익과 당해 행위가 사회에 끼치는 손해 등에 대한 사법당국의 정보가 완전한 경우에는, 최적제재체계하에서 바람직한 행위는 허용되고, 사회적으로 바람직하지 않은 행위로서 억제가능한 것은 충분한 크기의 제재의 위협만으로 억제되며, 억제불가능한 것은 제재가 가해지지 않고 행해지게 된다. 사법당국의 정보가 불완전한 경우에는, 바람직한 행위인데도 잘못 제재가 이루어진다든지, 바람직하지 않은 행위로서 억제가능한 것인데도 제재 수준이 너무 낮아 억제되지 않는다든지, 최고 수준의 제재로도 억제할 수 없는 것인데도 제재가 이루어지는 경우가 발생할 수 있다. 사법당국의 정보가 불완전한 경우의 최적기대제재의 크기는 대부분의 잠재적 범죄자가 당해 행위로부터 얻을 것으로 기대하는 이익을 조금 상회하는 수준에서 정해질 것이다. 당해 행위가 형사제재를 통해 억제가능한 한, 행위자가 당해 행위로부터 얻는 이익이 클수록 억제를 위해서는 더 높은 수준의 제재가 요구될 것이며, 타인 내지 사회에 끼치는 손해가 클수록 당해 행위의 억제로부터 얻는 사회적 이익이 크기 때문에 비용이 더 많이 들더라도 제재 수준을 높일 것이 요구될 것이다. 한편, 제재강도와 제재확률을 함께 선택하는 때에는 많은 경우 제재강도를 가능한 한 높이고 제재확률을 낮추는 것이 바람직하다. 그리고 비금전적 제재는 일반적으로 금전적 제재만으로는 적절한 범죄억제효과를 가질 수 없을 경우에만 사용하는 것이 바람직하다.

범죄행위로 형사제재를 받은 자는 그 이후에 범죄를 덜 저지르게 되는 것은 아닌지, 즉 형사제재의 특별억제(individual deterrence)효과가 존재하는 것은 아닌지에 대한 논의가 있어 왔으나, 실증적 연구는 이에 대해 소극적인 결과를 내놓고 있다. 어떤 위해행위를 한 사람이 더 중한 위해행위를 하지 않도록 형사제재의 체계는 이른바 한계적 억제효과(marginal deterrence)를 가지는 것이 바람직한바, 이를 위해서는 제재의 정도는 위해의 정도가 커질수록 커져야 한다. 자수(self-reporting)는 범죄자의 적발 · 체포에 소요되는 비용을 줄여 주고, 범죄자가 직면하는 위험을 줄여주며, 추가적인 손해 발생을 방지하므로, 자수를 유도하는 제재구조를 구축하는 것은 사회적으로 바람직한 일이다. 일반적 법집행(general enforcement)의 경우 일련의 범죄행위에 대한 제재확률은 더 이상 독립적인 것이 아니기 때문에, 개개의 범죄에 대하여 제재확률을 최대한 낮추고 제재강도를 최대한 높이는 전략은 더 이상 가능하지도 바람직하지도 않게 된다.

형사제재는 잠재적 범죄자를 사회로 격리시킴으로써 범죄행위를 하지 못하도록 하는 기능, 즉 무력화 기능(incapacitation)도 가지는바, 이 기능은 현실적으로 범죄감소에 상당 정도 이바지하는 것으로 알려져 있다. 형사제제가 재활기능(rehabilitation)을 가지는지의 문제와 관련한 실증적 분석은 소극적인 결과를 내어놓고 있지만, 재활기능의 제고는 여전히 형사정책의 주요 과제 중 하나로 되어야 할 것이다. 범죄자가 처벌되는 것을 확인하고 싶어하는 사람들의 보복(retribution) 욕구는 범죄발생을 줄이고 범죄적발 확률을 높여 주는 기능을 할 것이다.

형사법의 제 원리도 위에서 언급한 형사제재의 억제 · 무력화 등의 기능과 연관되어 있는 것으로 이해할 수 있다. (1) 고의는 범죄의 성립 여부와 형벌의 강도를 결정하는 데 주요한 요인으로 작용하는바, 범죄억제의 관점에서 볼 때 고의는 손해 발생의 확률과 손해의 크기를 높이고 행위자가 당해 행위로터 얻는 기대이익을 높이고 적발 내지 제재의 확률을 낮출 것이며, 무력화의 관점에서 볼 때 고의는 행위자의 장래의 범죄가능성에 대해 일정한 정보를 제공해 줄 수 있을 것이다. (2) 미수범의 처벌은 이를 통해 사회적으로 바람직하지 못한 행위에 대한 제재의 확률을 높임으로써 범죄억제에 이바지한다는 데에서 그 기본적인 이유를 찾을 수 있을 것이다. (3) 필요적 인과관계(당해 행위가 없었다면 결과가 발생하지 않았을 것이라는 의미에서의 인과관계)가 존재하지 않더라도 당해 행위의 위험성이 인정되면 미수로 처벌될 것이며, 필요적 인과관계가 있는 경우에도 당해 행위가 결과 발생의 확률이나 결과의 심각성을 얼마나 높였느냐에 따라 그 형사적 취급은 달라질 것이다. (4) 책임능력이 없거나 부족한 자의 행위는 벌하지 아니하거나 형을 감경하는바, 예컨대 병적 정신장애 상태에 있는 자의 경우 형사제재의 위협이 범죄행위를 억제하는 효과를 가질 것으로 기대하기는 어려울 것이다. (5) 잘 알려진 법이나 상당한 노력을 기울이면 알 수 있는 법을 위반한 경우 자신의 행위가 죄가 되지 아니하는 것으로 오인하였더라도 형사책임을 지게 되는바, 이러한 법원칙은 행위자에게 법을 알고 준수할 인센티브를 제공할 것이다. 행위자가 생각한 것보다 실제로는 더 큰 손해 혹은 더 작은 손해를 끼치게 되는 경우에 제재의 강도를 결정함에 있어서는 기본적으로 실제의 손해보다는 행위자가 어떻게 생각했는지를 기준으로 삼아야 할 것이다. (6) 긴급피난의 항변을 인정하는 것은 더 큰 손해를 회피하고 더 작은 손해를 택하도록 유도하는 데에서, 그리고 정당방위의 항변을 인정하는 것은 이를 통해 부당한 침해행위를 억제하는 데에서 각각 그 기본적인 이유를 찾을 수 있을 것이다. (7) 피해자가 사전적으로 승낙한 행위에 대해서는 많은 경우 행위자가 형사책임을 지지 않을 것이다. 그러나 피해자가 피해를 입은 후 사후적으로 가해자를 용서하거나 가해자와 합의하였다 하여 형사책임이 면제되는 것은 아닌바, 그 경우 형사책임이 면제되면 억제기능의 약화, 피해자가 강요당할 위험 등의 부작용이 나타날 것이다. 여타의 여러 가지 형사법의 원리도 당사자의 인센티브에 대한 영향이라는 관점에서 이해될 수 있는 측면을 다분히 가지고 있는 것으로 보인다.

형사법의 의의와 형벌의 기능 등에 경제학적 시각에서의 논의는 앞에서 본 바와 같이 형사법의 제 원리에 대한 이해를 높일 뿐만 아니라, 보다 나은 형사정책의 설계에도 이바지할 것이다.[20] 예컨대, 형사제재의 방법으로는 벌금형 내지 재산형이 수감 등 자유형에 비해 사회적 비용이 적게 드는 경향이 있으므로 벌금형이 충분히 이용되고 있는지 점검해 볼 만할 것이며, 자수에 대한 인센티브가 충분한지,

20) 〈부록〉에서는 미국 통계를 중심으로 몇 가지 형사정책적 이슈를 소개한다.

내부자고발이 활성화되고 있는지 등도 적발 · 제재 확률의 제고 차원에서 검토해 볼 필요가 있을 것이다.

이 글은 부족하나마 형사법에 대한 경제적 접근방법을 소개 · 개관하고자 하였다. 법경제학적 방법이 형사법을 이해하고 관련 제도 운용의 효율화와 형사정책의 개선방안을 모색함에 있어 유용한 틀이 될 수 있다는 인식이 확산되기를, 그리고 이 분야에서도 법경제학 연구가 보다 활성화되어 나갈 것을 필자는 기대해 마지 않는다.

부록: 몇 가지 형사정책적 이슈—미국 통계를 중심으로[21]

여기에서는 앞에서의 이론적 논의를 범죄와 형벌 관련 통계에 적용해 보기로 한다. 주로 미국 통계를 사용하여 범죄율, 범죄와 처벌의 사회적 비용, 마약정책, 총기규제, 1990년대 미국의 범죄율 감소 요인 등에 대해 살펴봄으로써 형사정책적 시사점을 얻고자 한다.

1. 범죄율과 범죄 · 처벌의 사회적 비용

미국에서 1930년대 중반 이후 1960년대 초반까지 대부분 종류의 범죄율이 감소한 것으로 나타난다. 그러나 1960년대 초반부터 1970년대 후반까지는 범죄가 급속히 증가한 것으로 나타난다. 그 후 1980년대 초반에서 1990년대 초반까지 대부분의 비폭력적 범죄는 성인의 경우 현저히 감소하였고, 폭력적인 범죄는 성인의 경우 조금 감소하였으나 청소년의 경우 증가하였다. 1991-2001년 기간 동안 강력범죄 등 대부분 종류의 범죄율은 현저히 감소하였다. 미국의 살인사건 발생률은 유럽의 어

21) 여기에서의 논의는 주로 Cooter and Ulen(2008)의 Chapter 12(Topics in the Economics of Crime and Punishment)를 참조하였다.

느 국가에 비해서도 높은 편이지만, 최근에는 살인 건수가 감소하고 있어 1991년에 2만 4,700건이던 것이 2004년에는 1만 6,600건으로 줄어들었다. 그리고 미국에서 젊은 남성과 흑인의 범죄비율이 높은 것으로 나타난다.

미국 정부가 매년 범죄와 관련하여 지출하는 비용은 2002년 기준으로 1,000억 달러를 넘는데, 그 중 1/3 가량이 경찰에게, 1/3 가량이 교도소 운영비용으로, 나머지 1/3 정도가 검찰, 국선변호사, 법원 등에 지출된다. 민간이 보안을 위해 사용하는 비용은 2003년 기준으로 900억 달러에 이를 것으로 추정된다. 범죄로 인해 피해자들이 입는 재산상 및 신체상의 피해는 계산이 쉽지 않으나, 1992년도에 도난당한 모든 물건의 가치는 450억 달러라는 보고가 있다. 이들 비용을 모두 합하면 미국에서 범죄와 관련한 비용은 연간 5,000억 달러 정도로서 대략 GDP의 4%에 해당한다고 한다.

1980년에서 2002년 사이에 미국의 수감자 수는 50만 명에서 200만 명으로 늘어났다. 수감자의 증가를 가져온 두 가지 주요한 요인은 판사나 교도소 당국의 재량권을 줄인 의무적 실형판결(mandatory sentencing)과 세 번째로 검거된 범죄자에게 거의 종신형에 가까운 중형을 받도록 한 삼진아웃제(three strikes and out)의 도입이었다고 한다. 수감자 수의 증가로 인해 강력범죄의 수도 줄었지만 비용도 많이 들게 되었는데, 추정에 의하면 수감자 1인당 연평균 4만 6,000달러의 정부예산이 들어간다고 한다.

미국은 유럽 국가들에 비해 감금형을 많이 이용하는 데 반해 유럽 국가들은 상대적으로 벌금형을 많이 이용하는 것으로 나타난다.

2. 마약정책과 총기규제

현재 미국의 마약정책은 마약 공급의 억제에 주안점을 두고 있다. 그러나 일부 경제학자들은 이런 정책에 문제가 있다고 말하고 있다. 이들 주장에 따르면 마약에 중독되지 않은 사람의 수요곡선은 가격탄력적이어서 공급억제정책이 적절하겠지만, 이미 마약에 중독된 사람의 경우 수요곡선은 비탄력적이어서 마약가격이 오르면 비싸진 마약을 구매할 돈을 마련하기 위하여 오히려 더 많은 범죄를 저지를 수 있다는 것이다.

영국에서는 일단 마약중독자로 정부에 등록을 하면 의사에게서 진단과 처방을 받아 낮은 가격에 합법적으로 마약을 구입할 수 있는 반면, 중독자로 등록하지 않은 사람들은 높은 가격을 내고 불법적으로 마약을 구입할 수밖에 없다. 주류 불법화가 범죄율을 높였듯이 마약 불법화가 범죄조직들 사이의 전쟁을 초래하여 범죄율을 더 높이고 있는 것은 아닌지 생각해 볼만하다.

1960-1970년대에 미국의 절도사건은 6배, 살인사건은 2배 증가하였는데, 총기보급률도 2배로 증가하였다. 한편, 1980-1990년대에는 총기보급률이 급속히 증가하였지만 범죄율은 크게 줄었다.

미국과 캐나다 그리고 영국의 경우 집에 도둑이 들어올 확률은 비슷하지만, 개인의 총기소유가 일반적으로 허용되는 미국의 경우 집주인이 있는 상황에서 도둑이 든 사건이 전체 집 도둑 사건의 10% 정도인 데 비하여 개인 총기소유가 일반적으로 허용되지 않는 캐나다와 영국에서는 50% 정도라고 한다.

총기사고가 많이 나고 있으나, 총기소지의 범죄억제효과 역시 존재한다. 총기소지와 범죄율의 관계는 간단하지 않으며, 따라서 총기규제정책은 세심하게 이루어질 필요가 있다는 것이 많은 법경제학자들의 조언이다.

3. 1990년대 미국에서의 범죄율 감소 요인

1991-2001년 기간 동안 미국에서 강력범죄는 30% 정도 감소하였고, 다른 종류의 범죄도 현저히 감소하였다. 분석에 의하면 이러한 범죄 내지 범죄율의 감소는 경찰관 수의 증가, 수감자 수의 증가, 마약사용의 감소, 낙태의 합법화 등의 요인에 기인하는 것으로 나타난다.

1990년대 미국의 경찰관 수는 14% 증가하였다. 분석에 의하면 경찰 수가 10% 증가하면 범죄가 4% 감소하는 것으로, 즉 경찰 수에 대한 범죄의 탄력성은 −0.4 정도인 것으로 나타난다. 결국 경찰관 수의 증가로 범죄율이 5-6% 감소한 것으로 되고, 이는 범죄율 감소의 1/5 정도를 설명하는 것으로 된다.

1990년대에 수감자 수는 40% 정도 증가하였다. 처벌강도에 대한 범죄의 탄력성을 폭력범죄의 경우 −0.3이라고 하고 재산 관련 범죄의 경우 −0.2라 하면, 수감자 수의 증가 내지 처벌의 강화는 폭력범죄를 12% 감소시키고 재산 관련 범죄를 8% 감소시킨 셈이다. 이는 이 시기 범죄 감소의 1/3을 설명하는 수치이다.

이 기간 크랙 코카인 사용의 감소로 살인사건이 15% 정도 감소한 것으로 분석된다. 다만 크랙 코카인 사용의 감소는 다른 범죄율의 감소에는 큰 영향을 미치지 못한 것으로 나타난다.

1973년 미국의 대법원이 낙태를 합법화한 것이 1990년대 범죄율 감소에 크게 기여한 것으로 보인다. 낙태의 합법화 이후 낙태수술이 현저히 증가하였는데, 그 결과 1991년에 18세가 되었을 젊은 남성의 숫자가 현저하게 줄었다는 것이다. 특히, 낙태를 결심한 여성은 십대미혼모 등 경제적으로 어려운 상황에 처한 여성이었을 확률이 높기 때문에 낙태를 하지 않고 아이가 태어났다면 그들 중 범죄자가 나올 확률이 높았을 것으로 추론할 수 있다. Donohue and Levitt(2001)에 의하면 1990년대 범죄율 감소의 절반 정도를 이런 젊은 남성인구의 감소로 설명할 수 있다고 한다.

1990년대에는 미국 경제가 호황을 누렸지만, 일반적으로 경기변동과 범죄율 사이에는 별 상관관계가 없는 것으로 나타난다.

사형집행 건수는 1991년의 14건에서 2001년의 66건으로 증가하였지만, 그것의 범죄율 감소효과는 불확실하거나 극히 미미할 뿐이라고 한다.

참고문헌

박세일, 『법경제학』, 박영사, 2000.

Beccaria, Cesare, *On Crimes and Punishments, and Other Writings*, edited by Richard Bellamy, translated by Richard Davies, with Virginia Cox and Richard Bellamy, New York: Cambridge University Press, [1767] 1995.

Becker, Gary S., "Crime and Punishment: An Economic Approach," *Journal of Political Economy*, 76, 1968, pp. 169-217.

Bentham, Jeremy, "An Introduction to the Principles of Morals and Legislation," in *The Utilitarians*, reprint of 1823 edition, Garden City, N.Y.: Anchor Books, [1789] 1973.

Cooter, Robert and Thomas Ulen, *Law and Economics*, 5th ed., Pearson Education, Inc., 2008.

Donohue III, John J. and Steven D. Levitt, "The Impact of Legalized Abortion on Crime," *Quarterly Journal of Economics*, 116, 2001, pp. 379-420.

Ehrlich, Isaac, "Participation in Illegitimate Activities: A Theoretical and Empirical Investigation," *Journal of Political Economy*, 81, 1973, pp. 521-565.

Friedman, David and William Sjostrom, "Hanged for a Sheep– The Economics of Marginal Deterrence," *Journal of Legal Studies*, 22, 1993, pp. 345-366.

Holmes, Oliver Wendell, Jr., *The Common Law*, Mark DeWolfe Howe, editor, Boston: Little Brown, [1881] 1963.

Innes, Robert, "Remediation and Self-Reporting in Optimal Law Enforcement," *Journal of Public Economics*, 72, 1999, pp. 379-393.

Kaplow, Louis and Steven Shavell, "Optimal Law Enforcement with Self-Reporting of Behavior," *Journal of Political Economy*, 102, 1994, pp. 583-606.

Lee, David S. and Justin McCrary, "Crime, Punishment, and Myopia," NBER Working Paper 11491, 2006.

Mookherjee, Dilip and Ivan P. L. Png, "Marginal Deterrence in Enforcement of Law,"

Journal of Political Economy, 102, 1994, pp. 1039-1066.

Phillips, Llad and Harold L. Votey, Jr., *The Economics of Crime Control*, Sage Publications, Inc., 1981.

Polinsky, A. Mitchell and Steven Shavell, "The Optimal Use of Fines and Imprisonment," *Journal of Public Economics*, 24, 1984, pp. 89-99.

Posner, Richard A., "Retribution and Related Concepts of Punishment," *Journal of Legal Studies*, 9, 1980, pp. 71-92.

Schwartz, Richard D., "Rehabilitation," in *Encyclopedia of Crime and Justice*, 4, edited by Sanford H. Kadish, New York: Free Press, 1983, pp. 1364-1374.

Shavell, Steven, "Criminal Law and the Optimal Use of Nonmonetary Sanctions as a Deterrent," *Columbia Law Review*, 85, 1985, pp. 1232-1262.

______, *Economic Analysis of Accident Law*, Cambridge, Mass.: Harvard University Press, 1987a.

______, "A Model of Optimal Incapacitation," *American Economic Review*: Papers and Proceedings, 77, 1987b, pp. 107-110.

______, "Deterrence and the Punishment of Attempts," *Journal of Legal Studies*, 19, 1990, pp. 435-466.

______, "Specific versus General Enforcement of Law," *Journal of Political Economy*, 99, 1991, pp. 1088-1108.

______, "A Note on Marginal Deterrence," *International Review of Law and Economics*, 12, 1992, pp. 345-355.

______, *Foundations of Economic Analysis of Law*, Harvard University Press, 2004.

Spelman, William, *Criminal Incapacitation*, New York: Plenum Press, 1994.

Stigler, George J., "The Optimum Enforcement of Laws," *Journal of Political Economy*, 78, 1970, pp. 526-536.

Wilde, Louis L., "Criminal Choice, Nonmonetary Sanctions, and Marginal Deterrence: A Normative Analysis," *International Review of Law and Economics*, 12, 1992, pp. 333-344.

Wright, Richard A., *In Defense of Prisons*, Contributions in Criminology and Penology, number 43. Westport, Conn.: Greenwood Press, 1994.

Chapter 8

김태진 · 김현종 · 송옥렬 · 송웅순

주식회사법의 법경제학

Ⅰ. 서론

Ⅱ. 주식회사와 주식회사법

Ⅲ. 대리인 문제

Ⅳ. 주주의 유한책임

Ⅴ. 비대칭정보와 회사거래: 거래비용 감소를 위한 논의

Ⅵ. 불확실성하에서의 기업가치 평가: 경제분석과 법원의 판례연구

Ⅶ. 결어

Chapter 8

주식회사법의 법경제학

김태진 · 김현종 · 송옥렬 · 송웅순

Ⅰ. 서론

회사와 회사법을 어떻게 이해하느냐는 현행 회사법의 해석 및 향후의 입법에 커다란 영향을 미친다. 과거에는 회사법이 단체법이기 때문에 강행법규가 원칙이라는 식으로 총론적 차원에서 강행규정성을 설명하기도 하였다. 하지만 최근에는 넓은 의미에서 법경제학의 성과 아래, 회사의 기능에 입각하여 보다 실용적 입장에서 해석론과 입법론을 제시하는 경향이다. 이러한 경향은 회사법상의 개별적 문제에 대한 분석과 해답을 도출하는 개별 논문의 차원을 통해 이루어지기도 하고, 회사법 문제를 전반적으로 다루는 교과서에서 제반 문제에 대한 이해와 해결책 제시를 통해 나타나기도 한다. 그러나 교과서의 경우 통상 회사법의 장절에 따라 조문 중심으로 이슈를 다루는 것이 일반적이기 때문에, 초심자가 기능적 입장에서 입체적으로 회사와 회사법의 구조를 이해하기가 쉽지 않다. 회사라는 제도의 경제적 기능, 이로 인한 문제점, 그 해결수단 등을 입체적 · 종합적으로 이해하여야 현행 회사법의 개별 요소들과 수단을 적절히 해석 · 적용하고 향후 입법에 있어서 보다 나은 선택과 조합을 할 수 있다. 이러한 이유에서 본 장에서는 기능적 접근방법을 통해 회사법의 구조를 살펴보고자 한다.[1)]

1) 본 장은 기능적 접근방법으로 미국, 영국, 독일, 프랑스, 이탈리아, 일본 등 6개국 회사법을 분석한 Kraakman

Ⅱ. 주식회사와 주식회사법

재화와 용역을 생산하려면 경영자, 자금제공자, 근로자, 물품용역 제공자 등이 공급하는 생산요소를 조합하여야 한다. 생산요소를 조합하는 데에는 시장가격기구를 활용하는 방법과 기업을 활용하는 방법이 사용될 수 있다. 거래비용이 없는 가상적인 세상에서라면 시장가격기구만을 통한 생산요소 결합이 가능하겠으나, 현실세계에서는 가격확인, 협상 및 계약체결 등에 각종 거래비용이 소요되므로 기업을 활용하는 것이 효율적이다. 기업가(entrepreneur)가 용역, 근로를 공급받을 때 공급자 전체와 개별적으로 요소의 가격을 협상하는 방법은 많은 비용이 소요되거나 혹은 계약체결 자체가 불가능하기 때문이다. 따라서 기업가는 일정한 제약하에서 널리 지시를 하고, 생산요소 공급자는 이러한 지시를 받는 일반적 · 장기적 계약을 체결함으로써 기업이 탄생하게 된다.

기업은 단독기업이나 공동기업 등 여러 가지 형태로 존재할 수 있지만, 그 중에서도 가장 많이 활용되는 형태가 바로 주식회사이다. 주식회사의 경우 일반적으로 근로자에 대한 경영자의 지시관계를 설정하며 자금공급자(특히, equity 공급자)와 경영자를 일반적 · 장기적 관계로 기업 내부화한다. 또한 주식회사는 기업에 대한 또다른 자금공급자인 대출자, 원료나 부품 등의 공급자 등과 시장가격기구를 통한 거래관계도 맺고 있다.

1. 주식회사

각국 법에 반영된 주식회사의 보편적 특징으로는 법인격, 유한책임, 주식의 양도성, 이사회 구조에 의한 경영의 위임, 투자자의 소유권을 들 수 있다. 이러한 특징은 대규모 기업의 경제적 필요를 반영하는 것으로, 생산요소의 조합 또는 생산

(2009)을 많이 참고하였으며, 특히 Ⅲ. 2.와 Ⅲ. 3.의 법적 수단의 분류에 있어서 동 서적의 체제를 그대로 따라서 서술하였다.

활동의 조직을 용이하게 하기 위한 것이다. 주식회사의 5가지 특징을 상세히 살펴보면 다음과 같다.

1) 법인격

회사는 법인격을 부여받아 공급자, 근로자, 고객 등과의 계약에서 공통의 계약당사자가 된다. 이에 따라 계약상의 권리를 통하여 이들의 활동을 조정(coordinate)하고, 회사의 주주 및 경영자가 공동사업을 수행하는 것을 수월하게 한다. 회사의 재산은 주주의 재산으로부터 분리함으로써 주주의 채권자로부터 이를 보호하여(entity shielding) 회사채권자가 회사재산권에 대한 우선권을 가지게 함으로써 회사의 약속을 신뢰할 수 있도록 한다. 회사의 주주는 그 몫의 재산을 회사로부터 인출할 수 없고, 주주의 채권자가 강제집행할 수 없도록 하여 청산을 방지한다(liquidation protection). 또한 회사가 계약당사자로서 효율적으로 작동하기 위해서는 제3자가 회사의 외관을 믿고 거래할 수 있어야 하므로, 회사의 명의로 매매계약을 체결할 수 있는 대표자에 대한 규칙을 명확히 한다.

2) 유한책임

주식회사의 채권자는 회사 소유의 재산에 대해서만 청구권을 가질 수 있고, 회사 주주의 재산에 대한 청구는 할 수 없다. 유한책임은 사업위험을 주주로부터 채권자에게로 이전하여, 채권자로 하여금 회사경영자를 감독할 수 있게 하는데, 특히 주식이 분산된 경우에는 채권자가 주주보다 감독을 잘 할 수 있다는 장점이 있다. 단, 여기에서 유한책임은 계약상의 채권을 갖는 채권자에 대한 계약상의 유한책임만을 의미하며, 불법행위 채권자에 대한 유한책임은 회사 형태에 필요한 요소는 아니다.

유한책임은 소유자 재산보호(owner shielding)로서, 앞서 법인격의 요소로 기술된 법인 재산보호(entity shielding)의 반대 개념이라고 할 수 있다. 이러한 법인 재산보호와 소유자 재산보호를 통해 재산칸막기(asset partitioning)가 이루어지면, 사업재산은 회사의 사업채권자들에게 담보제공되고, 개인재산은 개인채권자들을 위하여 보전된다. 재산칸막기는 사업채권자와 개인채권자가 각각 사업재산과 개인재산을 더 잘 평가할 수 있다는 점에서 회사 및 그 소유자의 자본비용을 감소시킨다. 회사는 신용제공자들이 평가하여 신용제공할 수 있도록 특정 사업을 분리함으로써 신용을 획득할 수 있다. 또 주주와 채권자는 위험과 성과를 탄력적으로 배분할 수 있고, 회사와 주주개인의 파산을 쉽게 운용할 수 있으며 회사주식의 유통성을 부여하고 위임경영까지 가능하게 한다.

3) 주식의 양도성

주식의 양도성으로 인해 회사는 주주의 변동에 구애받지 않고 경영을 지속할 수 있다. 더욱이 주식의 유통성이 증가하면 주주는 분산된 투자 포트폴리오를 설정하고 유지할 수 있다. 그러나 만약 주식의 양도성에 더하여 청산보호(liquidation protection, 법인격의 특성) 및 유한책임이 없다면, 주주의 변경에 따라 회사의 신용이 변경될 것이다. 이러한 경우 매수인은 주식을 사기가 어렵게 되고, 매도인은 매수인의 부(wealth)에 따라 다른 주주에 대하여 양 또는 음의 외부효과를 초래하게 될 것이다.

4) 이사회 구조에 의한 경영위임

회사는 주주총회에서 선임하는 이사로 구성된 이사회에 업무 전반에 대한 권한을 위임한다. 조합이 조합원에게 업무에 관한 권한을 주는 것과는 달리, 주주는 그 숫자가 많고 항상 변경되기 때문에, 회사는 주주에게 업무 전반에 대한 권한을 부여할 수 없다. 이사들은 주주에 의해 선임되지만, 주주와는 명백히 분리되며 통상 복수로 하여 상호간에 견제한다. 이사회 역시 공식적으로는 회사의 경영진과는 별도이다.

5) 투자자의 소유

회사는 투자자를 소유자로 한다. 여기서 소유는 회사에 대한 지배권과 순이익에 대한 배당청구권을 주 요소로 하는바, 회사법은 이 두 가지 요소, 즉 이사의 선임, 중요 사항의 결정과 같은 지배권과 배당청구원이 투자금에 비례하도록 함으로써 자본의 투자에 연계되도록 구성한다. 투자자에게 소유권을 부여하는 근거에 관하여 참고할 이론을 소개한다. 헨리 한스만(Henry Hansmaan)[2)]은 회사제품의 구매자, 회사에 대한 공급자인 물품제공자, 근로자 또는 다른 생산요소 공급자 등 회사와 거래하는 자를 통틀어 후견인(patron)이라고 하고, 소유권이 일단의 후견인에게 주어진 기업을 조합(cooperative)이라고 하며, 조합에는 소유권이 생산자에게 주어지는 생산자조합(producer cooperative)과 소비자에게 주어지는 소비자조합(consumer cooperative)이 있는데, 회사는 이러한 조합의 한 형태로서 기본적으로 자본을 빌려준 투자가가 소유하는 대부자조합(lenders' cooperative)이라고 한다.[3)] 그리고 소유권은 통상 후견인에게 주어지는데, 그 이유는 소유권은 시장계약에 의한 거래에 소요되는 비용을 절약하기 위하여 사용될 수 있기 때문이며, 모든 후견인의 총거래비용을 최소화하도록, 즉 (1) 소유자가 아닌 후견인의 시장계약비용과 (2) 소유자의 소유비용의 합이 최소화되도록 소유권이 부여된다고 한다.

2. 주식회사법

생산요소의 조합은 시장가격기구를 활용하는 방법과 기업을 활용하는 방법을 결합하여 이루어진다는 것을 앞서 소개한 바 있다. 이 경우 시장가격기구의 거래는 물론이고 기업 관계 당사자 간의 관계설정도 계약으로 할 수 있다. 기업의 조직을 위한 계약에는 유한책임, 주식의 양도성, 경영기구 마련 등 생산요소의 결합방식과 여기에 수반되는 대리인 문제를 해소하는 수단에 관한 약정이 모두 포함된다. 회사법은 이와 같이 복잡한 계약을 맺기 위한 거래비용을 낮추어 쉽게 기업을 조직하기 위한 표준계약을 제공하는 동시에 정보가 많은 내부자(insider)의 기회주의, 계약협상의 기회가 없는 제3자, 집단행동 문제(collective action problem) 등의 존재로 권리가 제대로 행사되지 못해 계약이 실패할 수 있다는 점을 이유로 당사자의 권리의무관계를 일정한 내용으로 강제하고자 한다.

회사참여자 간의 관계를 규율하는 법으로서는 자본시장법(증권거래법)과 같은

---

2) Hansmann(1996).

3) Hansmann(1996), p. 16. 한스만 교수는 통상의 기업회사들은 성질상 이와 같이 내부자조합이지만, 통상의 관행에 따라 투자자 소유의 회사 이외의 후견인이 소유하는 회사만을 동 저서에서 '조합'이라고 칭하기로 하고 있다.

회사관계법과 증권거래소 규정 등 여러 가지 중요한 법규가 존재하지만 단행법인 회사법이 제일 중요하다고 할 수 있다. 여기에서는 주식회사의 특징 중 법인격 이외에는 참여자들의 관계를 모두 계약으로 규율할 수 있음에도 불구하고, 굳이 왜 법으로 규율하고 있는지 여부를 임의규정(default rule)과 강행규정(mandatory rule)으로 나누어 살펴보고자 한다.

1) 임의규정

회사법의 상당 부분을 차지하는 임의규정(default rule)의 기능은 세 가지로 볼 수 있다. 첫째, 회사법의 임의규정은 표준계약의 역할을 하고 당사자들은 표준계약에서 벗어나는 사항만 특정함으로써 계약체결을 쉽게 한다. 임의규정이 표준계약으로서의 기능을 잘 수행하기 위해서는 정보를 충분히 가진 계약당사자 대부분이 채택할 만한 내용이어야 한다. 경제학적으로 보면 임의규정은 당사자들 간의 거래비용을 감소시키고, 공공재 역할을 수행한다고 할 수 있다.

둘째, 임의규정은 정보의 공개를 촉진하는 기능을 수행한다. 어느 당사자가 다른 당사자보다 우위의 정보를 가지고 있는 경우, 임의규정의 적용이 부적절하기 때문에, 그 정보를 공개하고 명시적으로 협상함으로써 보다 양질의 계약관계를 설정하는 것이다.

셋째, 임의규정은 처음 계약 당시 예견할 수 없는 상황 변화를 수용할 수 있는 수단으로서의 기능을 가진다. 회사의 정관과 같이 장기간에 걸쳐 복잡한 법률관계를 규율하는 계약은 불완전할 수밖에 없다. 어떤 상황에 대한 확실한 예견이 불가능할 뿐만 아니라, 가능하다 하더라도 과도한 비용이 소요되기 때문이다. 이러한 문제점 때문에 많은 회사들이 법원의 해석들이 축적되어 있는 표준정관을 따르며, 향후 상황 변경에 따라 현실에 맞지 않게 되는 각종 정관 규정을 유연하게 변경 혹은 해석할 수 있는 임의규정을 통하여 예견불가능한 상황의 변화에 대처할 수 있게 된다. 그 반면에 개별 정관의 경우에는 현행 규정에 따라 이익을 보는 당사자가 편파적인 이익을 추구하며 기회주의적 면모를 보일 수 있다는 위험을 내포하고 있다.

임의규정의 이러한 순기능이 발휘되기 위하여는 양질의 임의규정이 신속하게 개정 및 해석될 수 있는 입법 · 사법절차와 법원의 전문성이 뒷받침되어야 한다. 사법절차가 제대로 갖추어져 있지 않으면, 법규의 해석을 두고 일어난 분쟁에 대한 법원의 해결이 오히려 특정 당사자의 편파적 이익을 추구하는 길이 될 수도 있다.

임의규정은 당사자들이 다른 정함이 없으면 그대로 적용하는 방식이 통상적이지만, 회사법 자체에서 복수의 방안 중 선택할 수 있도록 규정하는 경우도 있다. 또 다른 방식으로는 임의규정을 정하되 절대 다수의 주주가 결의하여 다른 규정으로 변경을 원하는 경우에 그것이 가능하도록 하는 등, 요구되는 특별한 절차를 따르면 임의규정 변경이 가능하도록 하기도 한다.

2) 강행규정

강행규정(mandatory rule)은, 첫째 대부분 계약의 실패를 교정하고자 채택한다. 즉, 정보가 부족한 당사자가 착취당하는 것을 막거나, 제3자의 이익을 보호하려는 경우, 집단행동 문제 때문에 비효율적이거나 불공정한 계약이 체결되는 것을 방지하기 위함이다. 둘째, 모든 사람이 같은 규정을 준수하면 그로 인한 이익이 증가하는 경우(예: 회계기준), 강행규정으로 하여 표준화 기능을 수행하고자 한다. 이하에서는 일부 회사법 규정을 강행규정으로 해야 하는 근거와 범위에 관하여 살펴본다.

(1) 강행규정의 근거

회사법의 규정이 기본적으로 강행규정이라고 하지만, 다양한 회사 형태가 제시되고 그 중에서 선택할 권리가 주어질 경우에는 당사자에게 어느 정도 선택의 자유가 부여된다는 점에서 보면, 넓은 시각에서 임의규정과의 괴리가 좁혀진다. 또한 미국과 같이 회사 설립지에 따라 회사법을 선택할 수 있는 경우에는 회사법이 강행규정이라고 하더라도, 설립지를 변경하여 이를 피할 수 있으므로 강행규정을 채택하는 것이 큰 의미가 없다(Romano, 1989). 그러나 미국 이외의 국가에서는 필요에 따라 회사 설립지를 선택할 수 있는 경우가 거의 없고, 법제 자체에도 선택가능한 다양한 회사 형태가 제시되어 있지 않은 경우가 많으며, 또 선택할 수 있는 회사 형태가 존재한다고 하더라도 각 회사 형태 자체가 경직적이어서 보통 관련 당사자의 다양한 필요를 수용할 수 없는 것이 대부분이다. 그러므로 당사자의 선택이 존중될 수 있도록 임의규정을 출발점으로 하되, 어떤 근거로 어느 범위에서 강행규정화하는 것이 바람직한가를 밝히는 것이 과제이다.

기업은 생산요소를 결합하는 한 형태이다. 특히, 회사 형태인 경우 앞서 살펴본 바와 같이 법인(legal entity)으로 만들어 대외적인 거래의 편의를 도모하는데, 실질적으로 회사는 내부 또는 외부에 관계없이 투자자, 노동자, 채권자, 공급자, 소비자들과의 계약 연결점이 되는 법적 의제로서 '한 세트의 계약관계를 위한 연결점'(a nexus for a set of contracting relationships among individuals, Jensen and Meckling, 1976) 혹은 '계약의 연결체'(nexus of contract) 즉 '한 세트의 계약관계'(a set of implicit and explicit contracts, Easterbrook and Fischel, 1989)라고 하는 견해가 널리 받아들여지고 있다.

현실에 존재하는 다수의 강행규정에 대해 계약주의자들은 회사법의 강행규정성을 완화하고 임의규정을 확대하는 경향으로 자연스럽게 이행해야 한다는 입장이다. 그러나 계약주의자들도 강행법규의 필요성 자체를 부정하는 것은 아니어서, 계약의 자유가 부(wealth)의 극대화를 실현하는 것이 아니고 강행법규의 의하여 보다 우수한 계약이 나올 수 있음을 인정한다. 벱척(Bebchuck)은 계약주의가 규제완화론자들의 전유물이 아니며 계약주의에 바탕을 두면서도 규제론을 펼 수 있다고 하고 있다.

강행규정의 역할은 여러 가지로 설명될 수 있는데, 이 문제에 대해서 논할 때 가장 널리 인용되는 제프리 고든(Jeffrey Gordon)의 '가설'에서는 강행규정의 역할에 대한 견해를 투자자보호가설, 불확실성가설, 공공재가설, 혁신가설, 기회주의적 개정 가설의 5가지로 구분한다. 그는 투자자보호가설 이외에는 모두 강행규정의 경직성에 의한 손실보다 계약체결 과정에서의 흠을 교정하는 이익이 더 크다는 주장이라고 하며, 5가지 가설 중 특히 공공재가설, 혁신가설, 기회주의적 개정 가설이 설명력을 갖는다고 본다. 각각의 가설에 대해 자세히 살펴보면 다음과 같다.

가. 투자자보호가설

투자자보호가설은 투자자들이 회사에 대한 정보를 충분히 취득하지 않고 투자하기 때문에, 회사의 정관에 투자자의 이익에 반하는 규정을 넣어도, 투자자 입장에서는 이에 대해 충분히 파악하지 못하고 가격을 지급하게 될 위험에 노출될 수 있으므로, 이러한 위험으로부터 투자자를 보호하기 위해 강행규정이 필요하다는 것이다.

나. 불확실성가설

강행규정보다 임의규정 쪽에 힘이 실려, 정관에 대한 자유가 널리 인정되는 경우에는 발기인들과 예비주주들의 선택에 따라 다양한 맞춤조항을 포함한 정관이 채택되게 될 것이다. 이에 따라 회사의 형태도 매우 다양하게 될 것임이 자명하다. 이러한 경우 정관의 유연성을 보장함과 동시에 다양한 조항들에 대한 불확실성도 발생하게 되는데, 강행규정이 이러한 불확실성으로부터 발생할 수 있는 비용을 제거하기 위한 것이라는 설명이 바로 불확실성가설이다.

불확실성의 원천은 (1) 맞춤조항의 제반 상황에서의 작동이 예측불가능하다는 점, (2) 맞춤조항의 불확실성이 주주에게는 불리하고 회사에는 유리하게 작동한다는 점, (3) 맞춤조항이 법원의 변덕에 의하여 당사자들의 의도와 다르게 작동할 수 있다는 점, (4) 맞춤조항이 법원에서 덜 다루어지므로 법원의 해석에 대한 신뢰도가 떨어질 수 있다는 점 등이다. 그러나 계약주의자들의 입장에서는 비표준정관이 초래하는 불확실성의 비용은 발기인의 부담하기 때문에 비용에 관한 이러한 설명들이 법이 개입할 근거가 되지 못한다고 본다.

다. 공공재가설

비표준정관을 채택하여 발생할 수 있는 비용은 회사(발기인)가 부담한다는 것은, 개별 회사 차원에서 부담하는 비용만을 본 것이고, 그 밖에도 사회 전체에 일종의 외부효과가 발생한다. 비표준정관 때문에 법원이 표준정관을 덜 다루게 되어, 표준정관을 채택한 회사에도 비용을 더 부담시키게 되고, 종국에는 표준정관 자체도 손상시키게 되기 때문이다. 따라서 공공재인 표준 회사형 정관을 유지하기 위해서 강행규정이 필요하다는 것이 공공재가설이다.

라. 혁신가설

혁신가설은 강행규정체제가 회사정관 규정의 혁신에 도움이 된다는 설명이다. 통상 혁신은 투자자들에게 부정적인 일로 비추어져 회사의 주식가격을 내리는 효과가 있으나, 표준정관 조항을 변경 혹은 완화하는 국가의 행위는 일반주주들로 하여금 혁신이 바람직한 것이라는 생각을 가지도록 하기 때문에 혁신으로 말미암아 발생할 수 있는 비용을 피할 수 있다. 예를 들어, 발기인이 이사의 책임에 관한 표준조항을 수정하여 그 책임을 완화하고자 하면, 예비주주들은 이 회사의 이사들이 책임을 덜 지고자 하거나 또는 이 회사의 사업이 매우 위험할지도 모른다고 생각하고 주식가격을 낮추어 잡게 될 것이다. 그러나 법상 강행규정으로 된 이사의 책임조항을 임의규정으로 하면, 이러한 변경이 일반주주를 위한 것으로 받아들여질 수 있다. 이에 따라 이사들이 저렴한 비용으로 주주들을 위하여 여러 유리한 결정을 쉽게 내릴 수 있도록 한다는 것이 바로 혁신가설이다.

마. 기회주의적 개정 가설

기회주의적 개정 가설은 강행법규를 통하여 기회주의적으로 발생할 수 있는 정관 개정을 확실히 방지할 수 있다는 것이다. 예를 들어, 처음 정관을 채택할 때에는 정관 조항에 대한 비용을 발기인이 부담한다. 그러나 후에 정관 변경을 할 때에는 경영자 및 지배주주와 같은 내부자가 발생하는 비용 전부를 부담하는 것은 아니므로, 사전에 봉쇄하지 않으면 발기인이 비용을 부담하게 되는 기회주의적 개정을 할 수가 있다. 그러므로 강행규정은 이러한 상황을 초래하지 않기 위해서도 필요하다고 볼 수 있다.

물론 회사계약은 불완전한 것이 당연하므로 기회주의적 개정 역시 가능할 수밖에 없다. 당사자들은 계약비용과 인식능력의 한계로 사후 발생할 모든 상황에 대하여 사전에 완벽하게 계약하여 둘 수 없고, 결국 주주총회 또는 이사회 등에 의해 조항을 변경하도록 정하기 때문이다. 정관 개정을 제안하는 내부자들은 개정이 주주들의 이익을 증진할 것이라고 주장하겠지만, 주식이 분산된 일반주주들은 집단행동의 문제 등을 안고 있어, 주주들에게 제안된 개정안에 대한 승인 여부를 결정할 수 있는 의결권을 부여받아도 제대로 작동할 수 없게 된다. 따라서 내부자들은 그들의 우위를 이용하여 일반주주들의 부를 감소하는 개정을 단행할 수 있어, 강행규정을 두는 것이다. 결국 강행규정으로 기회주의적 개정을 제거하는 이익이 강행규정에 의하여 초래될 수 있는 경직성을 초과하는 경우에 강행규정이 채택되는 것이다.

로마노(Romano)는 고든의 '가설'에 대한 코멘트에서, 고든이 회사법의 강행규정성에 대한 전통적인 설명인 거래비용 측면을 다루지 않는다고 하면서, 불확실성 가설이 이와 가장 가깝지만, 더 복잡하다고 한다. 그는 고든의 가설을 모두 비판하였으나, 그 중 기회주의적 개정 가설은 강행규정의 근거로서 일부 고려할 점이 있다고 하였다. 그는 회사법에 있어서 강행규정에 대하여 우려하면서, 다만 외부효과가 존재할 때에는 강행규정이 필요하다는 입장이다.

(2) 강행규정의 대상

회사에 관한 어떤 사항을 강행규정으로 할 것인가는 결국 강행규정의 근거에 입각하여 기준이 도출되고, 각 사항이 특정되어야 할 것이다. 그러나 체계적 기준에 관한 활발한 논의와 합의의 결여로 강행규정에 대한 명확한 정의가 부족하다. 그도 그럴 것이 회사의 생산요소 조합 형태(특히, 소유구조), 회사 운영에 관한 문화, 법원의 역량 등의 여건에 따라 그 해답이 달라질 것이기 때문이다. 여기에서는 강행규정의 대상을 결정짓는 기준으로서 고든이 네 가지로 구분한 강행규정 내용을 참고하기로 한다.

가. 절차규정

절차규정은 권한과 현금흐름에 대한 분배의 절차를 정하는 규정이다. 절차규정을 강행규정으로 하는 이유는, 첫째 절차규정에 대한 소송은 드물게 발생하지만, 매우 큰 이해관계가 달린 문제에 대하여 발생하므로 동 규정에 대한 해석을 축적하는 공공재 조성이 중요하고, 둘째 그러한 규정에 대한 개정은 지배에 관한 다툼에서 전략적으로 추진될 수 있기 때문이다.

나. 권한 분배

회사계약은 매우 불완전하기 때문에 많은 미래의 결정을 지배구조에 맡기고 있다. 따라서 대다수의 중요한 경제적 성과는 권한의 배분에 대한 변경에 매우 민감하다. 그래서 회사법상의 많은 강행규정이 이사회의 권한이나 이사선임에 관한 주주총회 의결권 등 이사(회)와 주주들 간의 힘의 균형에 영향을 미치는 지배구조에 관한 것이다.

다. 경제적 변경

회사의 경제적 구조를 변경하는 거래도 강행법규에 의하여 규율한다. 합병, 중요 재산의 처분, 회사의 해산 등이 여기에 해당한다. 이러한 사건은 회사의 일생에 한 번 일어날 정도로 드문 일이지만, 상이한 조항을 적용하여 상이한 결과를 초래할 가능성이 있으므로, 표준형을 두고 선례를 축적하여 공공재의 형태로 형성하는 것이 바람직하다는 것이 이를 강행규정화하는 이유이다.

라. 신의성실의무의 기준 설정(Fiduciary Standard Setting)

이사, 임원, 지배주주의 신의성실의무를 강행규정으로 하는 데는 두 가지 이유가 있다. 첫째, 신의성실의무의 내용이, 거래비용이 없었더라면 당사자 간의 협상을 통해 약정할 내용이라도, 계약 과정상의 흠과 외부효과가 존재하기 때문에 당사자가 임의로 신의성실의무를 배제할 수 있게 허용할 수 없다. 내부자들은 개정과정에 대하여 상당한 영향력이 있으므로 그들의 행동을 지배하고, 그들을 책임에 노출시키는 신의성실의무의 기준을 완화하고자 할 것이다. 그래서 강행규정을 통해 이러한 기회주의적 위협을 제거하고, 적정한 경우 법률에 의하여 이 기준을 변경·혁신할 수 있게 한다. 신의성실의무에 대한 하나의 동일한 기준을 설정하고 적용하여, 이 개념이 안정적으로 확립되면 결과적으로 공공재로 자리매김할 수 있기 때문에 이를 강행규정으로 설정한다. 둘째, 신의성실의무는 내부자가 미리 예측가능하지 않기 때문에 미리 약정할 수 없는 문제에 관하여 내부자가 회사와 주주에 대한 재량권을 행사할 때 적용할 기준을 설정하는 것인데, 당사자들은 내부자의 힘과 유리한 지위를 고려하여 사후적으로 측정된 공정성의 기준을 선택할 가능성이 있고, 따라서 당사자들에게 신의성실의무를 배제할 수 있는 선택권을 맡겨 두어서는 곤란하기 때문에 강행규정화한다.

(3) 법원의 역할

법원이 임의규정과 강행규정의 균형에 있어서 어떠한 역할을 담당하여야 되는지에 대한 존 커피(John Coffee) 교수의 견해를 소개한다. 그는 강행규정화 필요 여부 판단에 관하여 경제적 관점에만 집중할 경우, 모든 장기 관계적 계약에 있어서 보편적으로 법원이 그 통제와 해석에 적극적이고 불가결한 역할을 수행해 왔다는 특징을 망각하게 된다고 주장한다. 미국이 다른 나라보다 회사계약의 자유를 넓게 인정하는데, 여기에는 미국 법원이 적극적으로 회사계약 내의 묵시적 합의를 읽어 내고, 기회주의를 통제하는 측면이 함께 전제되어 있다는 것이다. 즉, 계약의 자유 문제는 제도적 능력의 문제와 얽혀 있기 때문에, 성문법의 기준에서 벗어날 수 없는 규제에 의존할 것인지, 아니면 계약의 자유를 인정하되 법원의 사후적 통제를 통해 균형잡을 것인지의 양자택일 문제라고 보는 것이다.

그는 이러한 관점에서 보면, 계약주의자와 비판자는 모두 문제를 잘못 파악하고 있다고 지적한다. 회사법 중 가장 강행법적인 것이 법원의 통제제도라고 본다면, 계약의 혁신은 회사법의 강행법적 요체와 조화될 수 있다. 장기 관계적 계약은 불완전하기 때문에 법원은 어느 당사자가 계약을 통해 모든 주주를 위하여 행사하도록 자기에게 주어진 권리를 자신만을 위해 행사하는 것을 방지하는 역할을 수행한다. 이는 다시 계약당사자들로 하여금 법원이 −경영자가 정관상 주어진 권한을 어떻게 행사하여야 하는지를 조정해 주는− 조정자의 역할을 통하여 각자의 상대방이 할 수 있는 기회주의적 행동을 막아 줄 것으로 기대하고 계약을 맺게 된다는 것이 그의 의견이다. 또한 법원은 사후적 판단을 하는 견지에서 약자에 대한 기회주의적 이익 취득이 있었는지를 쉽게 판단할 수 있다.

커피는 정책적 관점에서 회사법의 전통적 기준에서 이탈하는 계약혁신을 허용할 것인지 여부는 법원이 이러한 이탈을 통제하고, 기회주의를 방지할 수 있는 능력이 있는지에 달려 있다고 하며, 법원이 이 이탈을 어떻게 통제하여야 하는지에 관한 기준을 제시하고 있다. 즉, 법원은 계약 조항이 다음과 같은 조건을 갖춘 경우 그 효력을 인정해야 한다고 한다.

(1) 계약 조항이 회사의 수탁자(fiduciary)가 공정하게(fairly) 거래하고 선의로(in good faith) 행동할 의무를 감소하거나 제한하지 않을 것,

(2) 계약 조항이 성문법 조항의 명백한 목적이나 주주 아닌 자의 이익을 보호하고자 하는 확립된 공익에 반하지 않을 것,

(3) 계약 조항이 적용에 있어서 충분히 구체적이고 제한적이어서 당사자들이 승인할 당시 조항의 효과를 합리적으로 이해할 수 있거나, 또는 계약 조항이 적절한 대체적 절차의 교체이어서 당사자들이 그들이 이익에 도움이 된다고 합리적으로 믿을 수 있을 것,

(4) 만일 조항이 정관 개정에 의하여 채택되었다면, 그들의 상황이 개정의 불승인에 의하여 개정의 제안 전 그들의 상황보다 나빠지지 않을 상황에서, 주주 중 이해관계 없는 자의 다수로 동 조항이 승인되었을 것.

Ⅲ. 대리인 문제

1. 의의

회사는 생산요소의 소유자인 참여당사자들을 조정하여 효율적인 생산을 하고자 한다. 그 결과 앞서 언급한 각 특징을 가진 회사를 조직하게 되지만, 참여당사자 간의 정보 차이, 결정권, 계약실패 등의 문제로 인해 대리인 문제(agency problem)가 발생한다. 이에 따라 대리인비용(agent cost)도 발생하게 된다. 대리인 문제는 어느 당사자(principle)의 복지(welfare)가 다른 사람(agent)의 행동에 달려 있을 때 발생한다.

회사에서 발생할 수 있는 대리인 문제는 다음과 같다. 첫째, 주주(principle)와 경영자(agent) 사이에서, 경영자는 주주의 이익을 위해 행동하여야 하는 수임인임에

도 불구하고 통상 주주보다 많은 정보를 가지고 있기 때문에 본인 자신의 이익을 추구하는 기회주의적 행동(opportunistic behavior)을 할 수 있다. 그런데, 주식이 분산되어 있는 경우, 주주들은 서로 협조하여 지배권을 행사하는 데 비용이 많이 들고(coordination cost) 단독으로는 비용부담이 커서 행동하기 어려워(collective action problem) 기회주의적 행동을 감독하기(monitor) 어려운 문제가 발생할 수 있다. 둘째, 대주주와 소수주주 사이에는 대주주가 회사에 관한 정보를 보다 많이 갖고 있기도 하고 또 회사에 관한 결정권을 갖기 때문에 소수주주의 희생하에 대주주의 이익을 추구하는 문제가 발생할 수 있다. 셋째, 주주(회사)와 채권자, 피용자, 고객 사이에서 발생할 수 있는 문제로, 회사의 유한책임이 따르는 사익 추구(채권자에 대한 단계)가 이루어지거나 회사가 특정적 투자를 하는 근로자의 버티기(hold-up) 혹은 이를 방지하는 계약의 불완전성을 이유로 그 이익을 주주(회사)가 누리는 문제가 발생할 수 있다. 셋째, 주주(회사)와 채권자, 피용자, 고객 사이에는 회사의 유한책임에 따른 사익 추구(채권자에 대한 단계) 또는 회사가 특정적(firm-specific) 투자를 하는 근로자의 버티기와 이를 방지하는 계약의 불완전성 때문에 그 이익을 주주(회사)가 누리는 문제가 있다.

2. 법적 수단

대리인 문제를 해결하기 위하여, 회사법은 다양한 법적 전략수단을 활용하고 있다. 법적 전략수단은 우선 크게 규제수단(regulatory strategy)과 지배수단(governance strategy)으로 구분할 수 있다. 첫째, 규제수단은 규칙(rule), 기준(standard)과 같이 관계당사자(주인과 대리인) 사이의 관계에 대하여 직접 실체적 내용을 정하여 줌으로써 대리인의 행동을 직접 제약하는 것이다. 둘째, 지배수단은 (이사)선임권, 회사경영에 관한 결정권, 유인들(incentive)과 같이 주인이 대리인의 행동에 대하여 제어권을 갖게 해 주는 것이다.

여기에서 규제수단의 유효성은 법원과 행정청과 같은 외부 당국이 대리인이 일정한 규제내용을 준수하였는지 여부를 판단하는 능력에 달려 있다. 한편, 지배수단의 유효성은 주인(principle)이 그에게 주어진 제어권을 행사할 수 있는 능력에 달려 있는데, 주인 간의 협조비용이 많이 소요되는 경우 대리인이 제대로 하고 있는지 감독하고 잘못된 점을 교정하는 것이 어렵게 된다.

1) 규제수단

규제수단에는, 첫째 대리인이 주인의 이익을 해하는 의사결정이나 거래를 하지 못하도록 명함으로써 대리인을 제약하는 규칙과 기준이 있다. 규칙은 사전적으로 특정한 행위를 명하는 것으로 배당제한, 최소자본규제와 같이 채권자나 소액투자자들의 보호를 위하여 채택되는 경우가 많다. 반면 내부자의 자기거래와 같은 복잡한 회사 내부거래에 있어서는 구체적 금지를 정하는 것이 너무 경직적이어서 부적절하므로 열린 기준을 정하여 행동이 기준에 부합하였는지 여부를 사후에 판단하는 방식을 취하는 경우가 많다. 규제수단의 두 번째 방식은 주인이 대리인과의 관계를 설정하는(affiliate) 조건을 규제하는 것이다. 이는 규칙과 기준이 관계설정(entry) 이후의 대리인의 행동을 규제하는 것과는 구별된다. 관계설정시 먼저 대리인이 주인과 계약을 맺기 이전에 대리인에 관한 정보를 제공하도록(disclosure)하고, 관계종료(exit)시에는 주주에게 주식을 매각할 수 있는 기회를 부여(appraisal right)하는 것이 이에 속한다.

2) 지배수단

지배수단에는, 첫째 주인(principle)이 대리인을 선임 및 해임할 수 있는 권리(appointment right)를 부여하는 것, 둘째 주인에게 경영에 관한 의사결정을 제안하거나 승인하는 의사결정권(decision right)을 부여하는 것, 셋째 대리인이 주인의 이익을 증진하는 정도에 따라 보상하거나(reward), 대리인이 양심, 자존심, 명예와 같은 incentive에 따라 주인의 이익을 위하여 행동하도록 하는 등, 둘 사이의 이해 충돌을 제거하는 방법이다. 그 예로는 독립이사(사외이사)가 있다.

3. 주요 대리인 문제에 대한 법적 수단

여기에서는 앞서 정의한 대리인 문제를 주요국 회사법이 어떠한 법적 수단으로 해결하고 있는지 간단히 살펴본다. 통상의 거래(ordinary transaction)에서 주주와 경영자, 소액주주와 지배주주, 회사와 채권자의 대리인 문제와 법적 수단을 아래 1), 2), 3)에서 각각 살펴보고, 이해당사자 거래, 정관 변경, 주식발행, 합병 등 주요 거래, 회사의 지배권 인수와 같은 특수한 상황에서의 대리인 문제와 법적 수단을 아래 4), 5), 6)에서 각각 살펴본다. 각국은 회사의 소유 형태(주식소유의 집중 또는 분산)의 제약과 주주중심제도나 경영자중심제도의 기본 구조하에서 대리인 문제의 당사자와 성질에 적합한 법적 수단을 적절히 조합하여 대처하고자 한다. 이 같은 여러 상황들에 있어서 대리인 문제와 법적 수단이 각각 어떻게 나타나는지를 살펴보자.

1) 주주와 경영자

첫째, 주주와 경영자 간에 존재하는 대리인 문제는 우선 주주가 이사에 대한 선임권 및 해임권을 행사함으로써 통제할 수 있는데, 그 유효성은 이사회의 역량과 주주들이 집단행동을 수행하는 역량에 달려 있다. 이사후보는 보통 경영진이 제안하는데, 주주들이 얼마나 자유롭게 이사후보 추천을 하여 경영진 추천의 후보들과 경쟁할 수 있게 하느냐와 의결권 행사에 있어서(통상 과반수의 찬성을 요하는) 절대적 다수제인지 상대적 다수제(이사회 추천의 단일후보로만 있는 경우 모두 그대로 당선된다)인지도 주주의 선임권의 유효성에 상당한 영향을 미친다. 주식이 분산된 경우 주주의 지배권 행사에 집단행동 문제가 생기기 때문에, 의결권을 대리행사하는 방법 이외에 우편에 의한 의결권 행사를 허용하는 방법으로 이 문제를 감소시킬 수 있다.

둘째, 경영자의 대리인 문제는 독립이사(사외이사)가 윤리와 명예의 동기에 의하여 경영자 및 대주주를 통제함으로써 감소될 수 있다.

셋째, 주주(총회)가 회사의 업무에 관한 결정을 통하여 경영자를 통제할 수 있다. 주식회사는 다수의 주주들이 의사결정을 경영자에게 맡기고자 하는 성질을 갖고 있으므로 주주(총회)의 직접 의사결정권을 널리 인정하지 않으려는 경향이 있지만, 회사의 구조에 대한 중요한 결정사항이나 이사의 이해상충 등에 대하여는 주주에게 직접 의사결정할 수 있는 권한을 부여한다. 통상적으로 이사회의 의안이나 결정을 승인하는 권한을 부여하는 경우가 많고 의안의 제안을 인정하는 경우는 그보다 적지만, 대리인 문제의 발생 정도, 선임권 등 대리인 문제에 대한 다른 통제수단의 유효성, 다른 회사 행태의 제공 여부 등에 따라 나라마다 주주(총회)의 의사결정권을 인정하는 정도가 다르다. 그러나 대부분의 나라들은 폐쇄회사일 경우에는 주주(총회)의 의사결정권을 매우 넓게 인정하고 있다.

우리나라의 경우는 법에 주주총회의 권한으로 정한 사항 이외의 사항도 정관에 의하여 주주총회 권한으로 추가할 수 있고, 주주의 의안제안권도 인정하고 있다. 그래서 우리나라 주주(총회)는 상당히 넓은 범위의 의사결정권을 행사할 수 있다. 다만 정관에 의하여 주주총회 권한을 확장할 수 있는 범위에 관하여는, 상법이 이사회 권한으로 하면서도 명문으로 주주총회의 권한으로 할 수 있음을 정한 사항 외에, 유보조항이 없는 사항을 주주총회의 권한으로 할 수 있는지에 관하여서는 다투어지고 있다. 이에 대해 다수설은 주주총회의 최고기관성 또는 권한배분의 자율성을 이유로 이를 긍정하고(확장설), 유력한 소수설은 소유와 경영의 분리의 상법 이념에 역행한다고 하여 이 내용을 부정한다(제한설). 다수설인 확장설이 타당성을 인정받는 이유는 일반적으로 회사의 규모나 복잡성, 주주 구성 등에 따라 주주총회와 경영자 사이의 적합한 권한 배분의 차이가 있고, 우리나라의 경우 회사법이 폐쇄회사에 관하여 예외를 정하는 것이 없는 상황에서 일률적으로 권한 배분을 정하는 것은 관계당사자의 이익에 반하기 때문에 당사자에게 선택의 자유를 보장하는 것이 필요하다고 여겨지기 때문이다.

넷째, 경영자가 주주의 이익을 성공적으로 증진함에 따른 보상을 성과에 연동하여 제공하는 것으로, 스톡옵션이 매우 흔히 사용되는 방법이다. 이 수단은 적절히 사용되면 경영자의 회사를 위한 노력을 증진할 수 있는 유효한 수단이 된다. 그러나 미국의 사례에서 알 수 있듯이 CEO에 대한 지나친 보상의 제공이 회사의 성과에 대한 과장과 왜곡을 초래하는 부작용을 초래할 수 있어, 적정한 보상 수준을 설정할 수 있도록 하는 규제방안을 도입하고 있다.

다섯째, 경영자에 대한 신의성실의무의 부과이다. 미국에서는 경영판단의 원칙을 적용하므로 경영자가 신의성실의무를 위반한 것으로 판단하는 예가 매우 드물지만, 독일 등 유럽에서는 이보다는 넓게 경영자의 신의성실의무 위반을 인정한다.

여섯째, 의무공시도 매우 중요한 역할을 한다. 공시대상에는 회사의 소유구조(주식소유관계), 이사에 대한 보상 등이 포함되어 있다. 이와 같은 광범위한 공시는 회사지배구조의 질 향상에 상당한 기여를 한다.

2) 소액주주와 지배주주

첫째, 소액주주에게 이사선임권을 주어 그 권한을 강화할 수 있다. 이를 위한 방법으로는 소액주주가 지명하는 이사의 자리를 두거나(그러나 소액주주가 지명하는 이사를 두도록 하는 나라는 거의 없다), 소액주주의 투표권을 증폭하는 것이 있다. 소액주주가 선임하는 이사들이 이사회의 일부만 차지하고 있어도 정보에 접근할 수 있고, 사외이사와 연합할 수도 있다. 또한 집중투표제도를 통해서도 이와 같은 목적을 달성할 수 있다. 반대로 소액주주의 이익을 위하여 대주주의 투표권을 일정한 한도로 제한하는 등의 방법으로 이사선임권을 약화할 수도 있지만 이러한 수단을 채택하는 경우는 상대적으로 드물다. 지배주주에 대한 또 하나의 통제방법은 그들의 경제적 지분 이상으로 투표권을 행사하지 못하도록 하는 것이다. 차등의결권(dual class equity structure), 주식의 순환 보유에 대한 규제가 이에 포함된다. 우리나라에서 무의결권 우선주식을 총발행주식의 25%(상장회사는 50%)로 제한하는 것도 그 예이다.

둘째, 회사법은 소액주주의 의사결정권을 높여 줌으로써 소액주주를 보호하기도 한다. 개별 주주 또는 소수주주에게 회사 의사결정권을 주는 경우가 이에 해당하는데, 그 예로 개별 주주 또는 소수주주가 가진 이사에 대한 대표소송권을 들 수 있다. 소액주주들 다수에게 회사 의사결정권을 주는 것도 효과적인 수단인데, 대주주와 회사 간의 거래의 승인권을 주는 것이 예이다. 이 밖에도 소액주주의 의사결정권을 강화하기 위한 방법으로 회사의 근본 문제에 관한 의사결정시 의결정족수를 높여 특별결의를 하도록 하는 것이 있다.

셋째, 독립이사(사외이사)를 이사회와 주요 위원회에 넣어 소액주주를 보호할 수 있다. 입법자들도 독립이사가 도덕성, 전문성, 개인적 명성 등의 동기에서 (회사의 이익을 위하여) 지배주주와 맞서 줄 것으로 생각한다. 독립이사의 독립성에 영향을 미치는 요인으로는 독립성의 내용과 정도 그리고 선임권의 소재 등을 들 수 있다.

넷째, 동일 종류의 주주에 대한 평등대우는 회사법상의 기본 원칙이고, 이 원칙이 지배주주를 구속하면 지배주주는 소액주주를 포함한 모든 주주의 이익을 위하여 행동할 것이다. 이 원칙의 작동에는 두 가지 문제가 있는데, 하나는 이 원칙이 적용되는 회사 결정 또는 주주행위의 범위이며, 둘은 이 원칙 자체의 의미이다. 주주평등은 성문법 국가에서는 넓게 보아 법의 원천으로서 강하게 적용하고, 보통법 국가에서는 판례법 또는 성문법에 따라 특정하여 좁고 약하게 적용한다.

다섯째, 충실의무와 같은 규제에 의하여 소액주주를 보호한다.

여섯째, 소액주주 보호수단으로서 의무공시에 의한 주식매수(entry)와 주식매수청구권(appraisal right)에 의한 주식매각(exit) 등도 활용된다.

3) 회사와 채권자

(1) 대리인 문제

회사와 채권자 사이의 대리인 문제는 계약체결 전의 회사가 재산 상태에 대하여 기망을 하고 계약을 하는 것도 있으나 회사법의 관점에서 더 중요한 문제는 계약체결 후의 회사가 채권자와의 계약을 어기고 회사의 위험을 변경하는 것에 있다(도덕적 해이). 이러한 대리인 문제는 회사의 법인격으로 인하여 발생하는데, 주주는 회사의 성공에 의한 이익을 보유하지만, 반대로 실패의 경우 손실은 채권자에게 부담시킬 수 있기 때문에 발생한다. 주주의 이러한 경향은 다음과 같은 문제를 야기한다. 첫째, 주주는 재산을 회사에서 빼낼 위험이 있다(asset dilution). 둘째, 저위험재산을 고위험재산으로 대체하는 재산의 대체(asset substituation)를 통하여 사업의 위험을 증가시킬 수 있다. 셋째, 회사가 차입을 증가시켜(debt dilution) 채권자의 비용으로 이익을 볼 수 있다. 이는 차입이 증가된 상황을 기준으로 하였을 때 기존 채무자로부터는 오히려 저렴하게 차입한 셈이 되기 때문이다. 회사는 이러한 대리인 문제를 방지하여 조달비용을 절감하고자 이와 같이 채권자에게 위험을 초래할 수 있는 능력을 제한하기로 합의하는 확약(loan covenants, bond covenants)을 제공하는데, 이익배당, 중요 재산에 대한 거래, 추가차입 등의 제한이 그 예이다. 이처럼 법률보다 계약에 의존하는 것이 바람직한 이유는, 회사의 사업내용과 채권자의 이해관계에 따라 달리 정해야 할 부분을 법률을 통하여 규제하게 되면 불필요한 경우에도 제한하는 과잉규제나 필요한 경우를 제한할 수 없는 과소규제가 발생할 수 있기 때문이다. 이하에서는 회사의 재무 상태에 따라 법률이 어떻게 채권자를 보호하고 있는지 간단히 살펴본다.

(2) 회사가 건전한 경우의 법적 수단

첫째, 회사의 의무공시에 의하여 채권자를 보호한다. 회사는 회사 형태, 정관(회사 명칭, 법정자본, 이사 책임에 대한 제한 등의 정보 포함) 등 기본 정보를 공개하여야 하며, 회사의 소유 형태에 따라 다른 정보의 공시도 해야 한다. 공개회사의 공시는 엄격히 규제하고 있는데, 통상 투자판단에 영향을 미칠 수 있는 중요 정보는 모두 공시하도록 한다. 의무공시의 질은 외부감사인과 같은 신뢰성 있는 제3자(gate keepers)에 의하여 증진된다. 따라서 주요국에서는 공개회사가 재무제표를 외부감사인으로부터 감사받도록 의무화하고 있으며, 아울러 감사인 자격요건, 감사기준 확립, 감사인 책임인정 등 외부감사인의 신뢰성을 증진하기 위한 조치도 취한다.

둘째, 법적 자본의 규제를 통하여 채권자를 보호한다. 우선 최소자본금을 법정하기도 하는데, 법정하더라도 그 액수가 많지 않아 큰 의미가 없다. 다음으로 배당 또는 자기 주식 취득과 같은 주주에 대한 분배를 제한하여 자산희석화(asset dilution)를 저지하는데, 통상 회사의 순재산이 법적 자본(납입자본)을 넘는 금액까지만 분배를 허용하고 그 이상의 분배를 금지한다.

(3) 회사가 파탄 상태인 경우의 법적 수단

첫째, 널리 기준(standard)수단을 사용한다. 파탄 상태(distressed)에 처한 회사의 관계자들(이사, 지배주주, 제3자와 내부채권자)에게 기준에 따른 책임을 사후적으로 추궁하는 방법이 바로 그것이다. 우선, 회사가 지급정지(insolvent) 상태일 때 이사회가 채권자에 대한 과실이나 사기의 귀책사유를 가지는 경우 채권자가 입은 손해의 증가에 대한 책임을 이사들에게 부과한다. 다음, 주주에게 책임을 부담시키는 세 가지 주요 수단은 사실상 이사(de facto director, 우리나라 회사법에서 '업무집행 지시자')로서의 책임, 지배주주의 파산재산에 대한 청구권을 후순위로 하는 것, 법인격을 부인하여(pierce the corporate veil) 지배주주의 책임을 인정하는 것 등이다. 마지막으로, 제3자에 대한 것으로, 회사가 지급정지(insolvency)에 근접한 상태에서 채무자 회사에게 불리한 거래를 수행한 제3자에게 해당 거래의 효력을 부인하거나, 또는 다른 채권자들에게 불리한 방법으로 파탄 상태의 채무자에게 영향력을 행사한 내부채권자(insider creditor)에게 책임을 부과하는 것이 있다.

둘째, 지배수단(governance strategy)으로서, 파산 또는 회생절차의 개시 및 이사회를 대체할 관리인의 선임, 파산 또는 회생절차의 종료 제안 및 결정 등에 있어서 채권자의 권한과 역할을 통하여 채권자의 이익을 보호한다.

4) 이해당사자와의 거래

회사에서 대리인 문제가 등장하는 가장 중요한 맥락은 회사를 지배하는 자가 그 지배권을 이용하여 회사와 거래하는 경우에 발생한다. 경영진 또는 지배주주는 자신이 회사의 의사를 결정할 수 있기 때문에 자신이 회사와 거래하는 경우 그 거래조건을 자신에게 유리하게 만들 인센티브가 있기 때문이다. 이러한 이해당사자 거래를 회사법에서 규제하는 수단으로 생각해 볼 수 있는 것은 다음과 같다.

첫째, 의무공시는 주주와 시장으로 하여금 이해당사자 거래에 주목하게 하기 때문에 경영진과 대주주의 사익 추구에 대하여 중요한 통제수단이 된다. 의무공시에 의하여 자본시장, 노동시장, 재무분석가, 미디어는 주가의 하락, 명예실추의 위협 등을 통하여 의심스러운 거래를 방지한다. 또한 의무공시는 사익 추구에 대한 법적 조치 가능성을 높여 준다. 그러나 의무공시가 합법적인 자기거래는 제약하지 않는다는 최대의 장점을 가짐에도 불구하고, 이의제기가 순수한 의심으로 또는 사익 추구의 동기로 합법적인 자기거래마저 이의하는 과잉제재를 초래하기도 한다.

둘째, 해산에 의한 관계 종료도 이해당사자 거래의 통제수단이 된다. 지배주주가 그 가족에게 급여를 받게 하는 방법으로 회사의 이익을 가로채는 남용이 조직적으로 일어나는 경우에는 폐쇄회사의 소수주주에게 회사의 해산을 강제할 권리를 부여한다. 그러나 실제로는 회사를 해산하기보다는 소수주주가 지배주주에게 적정 가격에 주식을 매각하는 것으로 귀착한다.

셋째, 관계당사자 거래에 관한 이해관계가 없는 이사들의 승인을 요구하는 것이다. 이 방안은 저렴하고 통상 적절히 작동할 수 있지만, 사외이사들의 선임이 최고경영자 또는 지배주주의 영향하에 있는 경우 이들을 이해관계가 없는 수탁자로 간주할 수 없다는 문제가 있다.

넷째, 주주총회 승인을 요구하는 것도 한 방안이 될 수 있다. 상장회사의 경우 이사 및 임원의 보수에 대해 주주총회의 승인을 받는 것이 일반적이다. 영국의 경우에는, 상장회사의 경우 이사 또는 지배주주와의 통상적 거래가 아닌 특별한 거래에 대해서는 주주총회의 승인을 받도록 한다. 그러나 주주총회의 승인을 받도록 강제할 수는 없다.

다섯째, 이해당사자와의 거래를 아예 금지하는 경우도 있다. 전에는 널리 금지한 경우도 있었지만 요즘에는 신용거래, 내부자거래(insider trading) 등 몇몇 경우에만 금지한다.

여섯째, 일반적인 방법으로 충실의무의 기준을 부과할 수 있다. 충실의무는 이해당사자 거래에 의하여 주주들이 손해를 입었는지 여부를 법원이 사후적으로 판단함에 있어서 적용할 수 있는 기준이다. 나라마다 기준의 엄격성이 다르고, 입증책임의 분배도 기준의 효과성에 결정적 영향을 미치며, 준수기제(compliance mechanism), 구제수단 등에 따라 강행성에 차이가 있다.

5) 회사구조의 변경

여기에서는 회사 참여자 간의 관계의 근본적 변경과 이러한 변경에 수반되는 기회주의를 감소시키는 수단으로서 이사회의 권한을 제한하는 방법을 본다. 회사법은 이사회에게 널리 결정권한을 주고 있지만, 회사의 행위나 의사결정이 참여자의 회사에 대한 이해관계에 비하여 상대적으로 중요하고 또 이사회의 이해관계가 상충되는 경우에는 이사회의 권한을 제한하는 것이 통상이다. 회사 소유구조(분산 또는 집중)에 따라 대리인 문제가 다르게 나타나므로, 근본적 변경 해당 여부 및 규제방법은 각각의 상황에 따라 다르겠지만, 보통은 정관변경, 합병, 회사분할, 회사재산의 양도, 주식발행, 상장폐지, 해산 및 청산 등이 근본적 변경에 해당한다.

정관변경의 경우 지역별로 그 기준이 다르다. 델라웨어주법에 따르면 이사회의 제안과 주주들의 과반수 승인을 받아야 하는 한편, 영국과 일본의 경우에는 이

사회의 관여없이 주주들이 압도적으로 찬성하는 경우 정관변경이 가능하다. 또한 델라웨어주법 제도하에서는 주식소유가 분산되어 있을 때 주주와 경영진 쌍방의 비토가 허용되지만, 주식소유가 집중되어 있는 경우에는 지배주주가 이사회를 구성할 수 있으므로 경영진의 거부권이 큰 의미를 가지지 못한다. 이 경우 주총결의 요건을 초다수결(supermajority)로 강화하여 소수주주에게 거부권을 주면 지배주주와 소수주주가 쌍방의 거부권을 갖게 된다. 정관규정의 변경은 경영진과 주주, 지배주주와 소수주주의 이해관계와 직결되는 문제이다. 정관을 통해 각 이해당사자가 가지는 권한을 강화하는 방법으로는 정관변경시 주주의 승인을 요건화하여 경영진의 권한을 강화하는 것, 주총결의시 압도적 다수의 지지를 받는 요건, 종류주주의 결의요건, 주식매수청구권 등을 포함하여 소수주주를 보호하는 것이 있다.

신주발행은 의결권(지배권)과 배당권 등에 변경을 가함으로써 주주의 이해관계에 지대한 영향을 미치게 되기 때문에, 주주총회가 신주발행에 대하여 통제권을 갖는 것이 보통이다. 미국과 일본의 경우 수권자본은 주주총회에서 정하고, 그 범위 안에서의 신주발행만 이사회의 권한으로 하고 있다. 다만 미국의 경우 상장요건으로 이사회에 대한 지배를 변경할 만한 주식발행에 대해서는 주주총회의 결의를 받도록 하고 있다. EU는 신주발행을 주총 권한으로 하고 있지만, 정관 또는 주주총회 결의로 일정 기간 이사회에 그 권한을 위임할 수 있도록 한다. 전체 주주로서는 이와 같은 통제권을 가지고 있지만, 주주 간에는 지배주주로부터 소수주주를 보호할 필요가 있으며, 주로 신주인수권을 통해 이를 행하고 있다. 간혹 입법 예에 따라서는 주주의 신주인수권을 원칙으로 하되, 정관으로 달리 정할 수 있거나 또는 반대로 정관에 정한 경우에 한하여 주주에게 신주인수권을 부여하는 경우도 있다. 한국은 주주의 신주인수권을 원칙으로 정하고, 정관에 의해서만 제3자에 대한 신주배정을 허용하고 있으며, 법이 그 허용범위를 엄격히 정하고 있다.

합병의 경우, 합병이 주주를 위해 바람직하다고 하더라도 경영진 자신들의 지위보전을 비롯한 사익을 위하여 이를 반대할 수 있고, 반대로 합병 후 존속회사 또는 신설회사로부터 자리, 이익을 확보하기 위하여 주주들에게 불리한 합병조건을 합의할 위험이 있다. 전자의 경우, 미국과 같은 이사회중심제도하에서는 사외이사에 대한 신탁(trusteeship), 보상, 주주의 이사선임권, 선관주의 의무 등을 결합하여 통제한다. 영국과 같은 주주중심제도하에서는 매수자가 거래내용을 합병 아닌 주식취득으로 변경하여 경영진이 합병결의에 필요한 주주총회를 소집하지 않음으로써 합병을 방해하는 경영진의 시도를 무력화하는 등의 방법을 택하고 있다. 후자의 경우, 합병에 대한 주주총회의 승인요건, 신뢰성 있는 제3자에 의한 합병조건의 승인요건, 주식매수청구권 등을 이용하여 통제한다.

앞서 살펴본 각 수단들은 경영자로부터 주주를 보호하기 위하여 사용됨과 동시에 지배주주로부터 소수주주를 보호하는 기능도 수행한다. 지배주주와 소수주주 간의 이해상충이 제일 심한 것은 소수주주 축출(freeze-out merger)의 경우인데, 지배주주가 소수주주의 의사에 반해 소수주주의 지분을 취득할 수 있는 것을 말한다. 우리나라는 최근 상법(회사편)을 개정하여 소수주식의 강제매수제도를 채택하였는데, 2012년 4월 15일부터 시행된다. 합병에 있어서는 기준(standard)이 중요한 기능을 수행하며, 이를 위반하는 경우 나라에 따라 공정한 가격을 받을 수 있도록 하거나 또는 합병을 무효화하는 방식으로 소수주주를 보호한다.

6) 지배권 거래

제3자(인수자)가 회사의 지배주식을 주주로부터 시장거래 또는 공개매수(우호적 또는 적대적) 등을 통하여 취득하는 거래의 경우에도 대리인 문제가 발생한다. 지배주주가 없는 경우에는 경영진이 자신들의 지위유지 또는 개선을 위하여 주주들로 하여금 바람직한 지배주식 거래를 하지 못하도록 할 수 있고, 혹은 바람직하지 않은 거래를 지지할 수도 있다.

지배주주가 있는 경우에는 지배주주가 새로운 주주에게 주식을 매각하여 소수주주들이 불리한 상황에 처하게 될 수 있는데, 특히 그룹회사에 주식을 매각하여 기존에 수행하던 업무가 그룹의 타 회사에게 이전되는 경우가 문제이다. 지배주식의 이전은 단순히 주식양도의 자유가 관철되어야 한다고 생각할 수도 있지만, 지배권의 이전을 초래하기 때문에 회사의 정책에 영향을 미칠 수 있고 그 결과 이해관계자에게 큰 영향을 줄 수 있다는 점에서 단순한 주식양도와는 다른 대리인 문제가 발생할 수 있다. 따라서 일반회사법 법리 이외에 지배주식 이전에 적용되는 특칙을 정할 것인지 문제가 되는데, 주요국 회사법에서는 양자를 모두 활용하지만 양 극단의 입법 예로서 델라웨어주에서는 일반회사법 법리에 따라 매도회사 이사의 신의성실의무를 적용하여 규율하는 반면, EU에서는 지배주식 취득에 관하여 절차와 실체에 관한 많은 특칙을 정하여 규율하고 있다.

Ⅳ. 주주의 유한책임

1. 유한책임과 위험배분

1) 유한책임과 과다투자의 문제

상법 제331조는 주주의 책임을 주식의 인수가액, 즉 주주가 이미 투자한 금액으로 제한함으로써 주주의 유한책임을 선언하고 있다. 회사가 채무초과 상태가 되더라도 주주는 이를 직접 변제하거나 추가로 출자해야 할 책임이 없다. 주주의 유한책임은 주식회사의 가장 핵심을 이루는 본질적 특성이므로 정관이나 주주총회의 결의로 주주의 책임을 이보다 가중할 수 없다. 그러나 이는 회사법적 관계에서 정관으로 그렇게 할 수 없다는 것에 불과하고, 주주가 자발적으로 회사 채무를 부담하는 것이 금지되는 것은 아니다(1983. 12. 13. 82도735). 실제로 회사의 지배주주 또는 모회사가 회사의 채무를 보증하는 경우도 많다.

그런데 경제학적으로 보면 주주의 유한책임은 사업으로 인한 손실의 위험 일부를 채권자에게 이전시키는 메커니즘으로 볼 수 있다. 그러나 단순히 이러한 위험의 이전이 문제라기보다는, 주주가 이러한 이유로 사회적으로 비효율적인 선택을 할 수 있다는 점이 더 중요한 문제이다. 손실의 위험이 높아진다고 하더라도 주주는 그 일부만 부담하기 때문에, 주주는 회사의 위험을 사회적으로 바람직한 수준보다 더 증가시킬 인센티브를 가진다. 이로 인하여 사회적으로는 일어나지 말아야 할 투자가 이루어지는 것을 과다투자(overinvestment) 문제라고 한다. 과다투자는 유한책임으로 인해 발생하는 주주와 채권자 사이의 이익상충의 한 가지 유형에 불과하지만, 재무이론에서는 가장 중요하게 취급되는 형태이다.

(1) 기본 사례

간단한 사례를 가지고 이러한 현상을 살펴보자. 논의의 단순화를 위해서 모든 투자자는 위험중립적이라고 가정한다. 현재 시점에서 회사는 두 가지 투자안을 비교하고 있다. 투자안 A는 1년 후 수익률이 60%와 −40%로 각각 50%의 확률로 예측되고 있으며, 다른 투자안 B는 1년 후 수익률이 80%와 −60%로 각각 50%의 확률로 예측되고 있는 투자안이다. 이 투자안의 기대수익률은 모두 10%로 동일하지만 대신 위험이 다르다. 회사에는 현재 주주로부터 조달한 100원과 채권자로부터 조달한 100원밖에 없다고 하자. 그리고 채권자에게는 10%의 이자를 지급해야 한다고 하자. 각 투자안에 따른 1년 후 회사의 상황은 다음과 같다.

	투자안 A(안전)			투자안 B(위험)		
	회사	채권자	주주	회사	채권자	주주
50% 성공	320원	110원	210원	360원	110원	250원
50% 실패	120원	110원	10원	80원	80원	0원
기댓값	220원	110원	110원	220원	95원	125원

투자안 B에서 채권자는 사업실패의 경우 회사에 80원밖에 남지 않으므로 원금도 회수할 수 없게 된다. 이렇게 채권자가 사업의 위험을 일부 부담하기 때문에 반사적으로 주주의 기대값은 높아진다. 그런데 자세히 보면 그 근본적인 이유는 사업실패의 경우 주주의 부가 마이너스로 되지 않기 때문이다. 좋은 상황인 경우 증가된 이익은 모두 주주에게 귀속되는 반면, 나쁜 상황에서의 손실은 유한책임을 통하여 일부를 채권자에게 전가시킬 수 있기 때문에, 사업의 위험이 커지면 주주의 기대이익이 증가하는 것이다.

주주는 심지어 기대값이 더 낮더라도 더 위험한 사업을 선택할 인센티브도 있다. 예를 들어, 투자안 C는 수익률이 역시 반반의 확률로 70%와 −70%라고 가정하고, 계산을 반복해 보면 다음 표와 같다.

	투자안 A(안전)			투자안 C(위험)		
	회사	채권자	주주	회사	채권자	주주
50% 성공	320원	110원	210원	340원	110원	230원
50% 실패	120원	110원	10원	60원	60원	0원
기댓값	220원	110원	110원	200원	85원	115원

투자안 C는 기대수익률이 0%이기 때문에 사회적인 관점에서 보면 당연히 투자안 A를 선택해야 하겠지만, 주주는 투자안 C를 선택하는 것이 더 이익이다. 이러한 주주의 인센티브는 옵션이론을 이해한다면 더 쉽게 납득할 수 있다. 현재 회사의 자산을 채권자가 소유하고, 주주는 회사의 자산을 기초자산으로 하고 부채의 원리금을 그 행사가격으로 하는 콜옵션을 가지고 있다고 볼 수 있기 때문이다. 콜옵션의 가치는 기초자산의 분산과 양의 상관관계를 가지고 있기 때문에, 결국 회사의 자산의 변동성이 커지면 주주가 가지는 콜옵션의 가치가 증가하므로, 주주는 자산의 변동성을 키우려는 인센티브를 가진다는 것이다. 이러한 주주의 인센티브는 분배의 측면에서는 채권자의 부를 주주에게 이전시키는 문제가 있고, 효율의 측면에서는 사회적으로 비효율적인 투자안을 선택하도록 만든다는 문제가 있다. 이를 종합하면 주주는 유한책임을 통하여 사회적 비효율로 인한 손실을 채권자에게 부담시킬 수 있기 때문에, 사회적으로 비효율적인 수준까지 사업의 위험을 추구한다는 것으로 요약할 수 있다. 이러한 주주의 왜곡된 인센티브 문제를 어떻게 해결할 것인지는 회사법의 매우 중요한 쟁점 가운데 하나이다.

(2) 협상의 가능성과 대리비용의 부담

채권자와 주주 사이의 관계는 전형적인 대리 문제이며, 재무이론에서는 위에서 설명한 과다투자의 문제를 타인자본의 대리비용으로 파악한다. 이러한 사회적 비효율, 즉 대리비용은 누가 부담하는가? 그것은 채권자가 얼마나 자신을 보호할 수 있는가에 달려 있다. 채권자가 정보나 협상력의 측면에서 주주와 대등하다고 하면, 채권자는 위와 같은 부의 이전행위의 가능성을 사전에 인지하고, 이를 사전적으로 이자율의 결정에 충분히 반영할 수 있을 것이다. 다시 말해, 채권자로서는 위와 같은 상황에서 회사가 투자안 C를 택할 것이라고 예상할 수 있기 때문에, 이 경우에도 기댓값을 110원으로 만들기 위해서 성공시 받는 이자율을 10%가 아니라 60%를 요구할 것이고, 이러한 요구가 받아들여지지 않는다면 돈을 빌려 주지 않을 것이다. 이처럼 채권자의 몫이 투자안 A와 동일하게 된다면, 사회적으로 비효율적인 투자안 C를 선택함으로 인한 손실은 당연히 전부 주주가 부담하게 된다. 이를 재무이론에서는 "타인자본의 대리비용은 주주가 부담한다"고 말한다.

그러나 만일 이러한 협상이 불가능하다면 어떻게 될까? 협상을 할 수 없는 채권자의 전형적인 사례가 바로 채권자가 불법행위 피해자인 경우이다. 이러한 채권자를 비자발적 채권자(unadjusted creditor)라고 하는데, 이에 대해서도 위와 비슷한 논리를 전개할 수 있다. 주주는 불법행위로 인한 손실을 채권자에게 일부 전가시킬 수 있기 때문에 보다 위험한 선택을 할 인센티브가 있다는 것이다. 불법행위의 상황에서 위험한 선택이라 함은 결국 회사가 주의를 덜 기울이거나 과도한 위험을 인수한다는 것을 의미한다. 예를 들어, 어느 회사에서 1,000원의 손해를 발생시키는 사고가 주의 수준에 따라 다음과 같은 확률로 발생한다고 하고, 논의의 편의를 위하여 회사는 무과실책임을 진다고 하자. 여기서 총사고비용은 사고방지를 위한 주의비용과 사고로 인한 기대사고비용을 합한 것이다.

주의 수준	주의비용	사고확률	기대사고비용	총사고비용
0	0원	20%	200원	200원
1	30원	12%	120원	150원
2	70원	6%	60원	130원
3	120원	2%	20원	140원
4	180원	1%	10원	190원

위 표에서 사회적으로 가장 바람직한 주의 수준은 2 수준이다. 회사가 무과실책임을 진다면 기대사고비용을 모두 회사가 부담하기 때문에, 회사는 2 수준의 주의를 기울일 것이다. 그런데 만일 회사의 재산이 500원밖에 없다면 결과가 달라진다. 이 경우에는 손해가 발생하더라도 주주의 유한책임 원칙에 따라 회사로서는 500원만 배상하면 그만이기 때문에, 기대사고비용은 각각의 확률에 1,000원이 아니라 500원을 곱한 금액이 된다. 따라서 회사가 설사 무과실책임을 지더라도, 다음

표에서 보는 바와 같이 회사는 사회적 최적 주의 수준보다 과소한 1 수준의 주의를 기울이게 된다. 물론 회사의 재산이 더 적어지면 회사가 기울이는 주의 수준이 더 낮아지는 것도 쉽게 보일 수 있다.

주의 수준	주의비용	사고확률	기대사고비용	총사고비용
0	0원	20%	100원	100원
1	30원	12%	60원	90원
2	70원	6%	30원	100원
3	120원	2%	10원	130원
4	180원	1%	5원	185원

주주의 유한책임이 유의미한 상황이란 회사의 재산으로 손해배상책임을 완전히 이행하지 못할 경우이다. 위 표에서 알 수 있듯이, 주주의 유한책임으로 인하여 분배의 측면에서는 피해자가 완전한 배상을 받지 못하는 문제가 발생하고, 효율의 측면에서는 사회적으로 비효율적인 수준으로 위험이 증가함을 알 수 있다. 불법행위 채권자의 경우에는 주주와 사전적으로 협상할 수도 없기 때문에, 이 문제를 사적 협상으로 해결할 수도 없다. 따라서 법인격 부인이나 자본 개념과 같은 채권자 보호를 위한 다양한 회사법적 장치가 더욱 중요시되는 것이다.

2) 유한책임의 필요성

주주의 유한책임은 사업위험을 채권자에게 일부 이전함으로써 사회적으로 비효율적인 수준으로 위험을 추구하도록 한다. 그럼에도 불구하고 주주의 유한책임을 인정하고 있는 이유는 무엇일까? 그것은 다수의 일반투자자로부터 자금을 모으기 위해서는 그 투자의 성격이 어떠하든 상관없이 투자자에게 유한책임을 인정하지 않을 수 없기 때문이다. 주주가 무한책임을 지는 경우와 비교하여 유한책임은 다음과 같이 주주가 투자에 수반하여 부담해야 하는 비용을 낮추는 효과가 있다.

(1) 경영진에 대한 감시비용을 절약할 수 있다. 만일 경영자들의 경영실패로 인한 손실을 모두 투자자가 책임져야 한다면 투자자들로서는 사소한 경영판단까지 모두 감시해야 할 것이다. 주주가 유한책임을 지기 때문에 이러한 감시의 필요성

이 줄고, 그 결과 경영진에 대한 감시에 소극적이 된다. (2) 주주 간 감시비용을 절약할 수 있다. 투자자가 무한책임을 지게 되면, 갑이라는 투자자가 얼마나 책임을 질 것인지는 같은 회사에 투자한 을이라는 투자자의 재산이 얼마인지에 따라서 달라진다. 따라서 갑으로서는 항상 다른 투자자의 재산이 얼마나 되는지, 혹시 그들이 재산을 다른 곳으로 이전시키지는 않는지 감시해야 한다. (3) 주식의 자유로운 양도를 가능하게 한다. 주주가 유한책임을 지면 주식은 누가 소유하든 상관없이 동일한 가치를 가지므로 그 자유로운 양도가 가능하다. 그러나 무한책임의 경우에는 주식이 주주마다 서로 다른 상품이어서 서로 개별적인 교섭이 필요하고, 서로 조건이 맞는 거래 상대방을 찾기가 어렵다. (4) 기업가치가 반영되는 주가의 형성이 가능하다. 주주가 무한책임을 지는 경우에는 주주의 감시비용과 재산상황에 따라 동일한 기업의 동일한 주식이 서로 다른 가치를 가질 수 있다. (5) 주주의 분산투자를 가능하게 한다. 재무이론에서 분산투자(diversification)를 통하여 회사의 고유위험으로부터 자유로워질 수 있다고 하는데, 이는 유한책임을 전제로 하는 것이다. 주주가 무한책임을 진다면 어느 한 회사의 경영실패로 자신의 전체 재산을 잃을 가능성도 있다. 투자하는 회사 수를 늘릴수록 그러한 위험은 더 커질 뿐이다. 따라서 무한책임 원칙하에서 최적의 전략은 투자하는 회사의 수를 가능하면 줄이는 것이다. (6) 투자안의 현재가치에 의한 경영판단을 가능하게 한다. 유한책임의 경우 투자안의 개별적 위험은 주주가 분산투자를 통하여 제거할 수 있으므로 경영자로서는 투자안의 현재가치만을 가지고 투자판단을 하게 된다. 그러나 무한책임에서는 주주가 투자안의 개별적 위험을 제거하는 방법이 없기 때문에, 비록 현재가치가 크더라도 위험이 크다면 경영자로서는 그러한 투자안을 선택할 수 없다. 이러한 이유에서 주주가 유한책임을 지는 것은 사회적으로 바람직하다.

이상의 논리를 자세히 음미해 보면 현대의 자본시장이나 재무이론, 회사법에서 공리처럼 당연하게 생각하는 속성들이 모두 주주의 유한책임에 근거하고 있음을 알게 된다. 주주의 유한책임은 그만큼 주식회사에 있어서 핵심적인 요소인 것이다. 그러나 이는 모두 일반투자자로부터 대규모로 자본을 조달하는 경우를 전제로 할 때 유용성이 인정되는 속성들이다. 사실상 개인기업 또는 소규모의 공동기업에서도 이러한 속성들이 유의미한 것인지는 다시 생각해 볼 일이다. 이러한 사회적 효용이 인정되는 않는 경우에도 주주의 유한책임을 인정하는 것은 앞서 설명한 바와 같이 사회적 비효율만을 초래하는 것이다.

2. 기본 모형의 응용

기본 모형에서는 주주의 유한책임을 둘러싸고 주주의 인센티브와 협상의 문제를 살펴보았다. 이러한 기본 모형은 회사와 관련된 다양한 쟁점에 응용될 수 있는데, 이 글에서는 최적자본구조론, 사채의 재무제한특약, 법인격 부인의 법리, 회생절차에서의 절대우선의 원칙 등에서 어떻게 응용될 수 있는지 살펴본다.

1) 자본구조이론

재무이론에서는 위에서 설명한 비효율을 간접파산비용이라고 하여 부채를 이용하는 경우 기업가치를 감소시키는 요소로 이해한다. 이를 간단히 설명한다. 일반적으로 기업가치(firm value)는 회사가 벌어들일 미래의 현금흐름의 현재가치로 정의하는데, 이러한 현재가치를 구하기 위해서는 회사의 자본비용을 가지고 그 현금흐름을 할인하게 된다. 미래의 동일한 현금흐름이라고 하더라도 할인율이 낮아지면 그만큼 현재가치는 더 높아진다. 결국 기업가치는 이러한 자본비용의 함수가 되는데, 여기서 전통적으로 제기되었던 문제는, 그렇다면 회사의 가치를 최적화할 수 있는 자기자본비용과 타인자본비용의 믹스가 존재하는가 하는 점이다.

(1) MM이론

만일 어떤 친구가 피자를 주문하면서 "지금 배가 많이 고프니 3조각으로 나누지 말고 대신 6조각으로 나누어 주세요"라고 말하면 다른 친구들은 그 친구를 어떻게 생각할까? 아마도 이상한 눈으로 쳐다볼 것이다. 1960년대 초반, 전통적 재무이론에 혁명을 몰고 온 MM이론은 바로 이렇게 피자를 6조각으로 나누더라도 전체가 먹을 수 있는 피자의 크기에는 차이가 없다는 간단한 이야기이다. "피자를 나누는 방법이 사전적으로 피자에 들어가는 밀가루와 토핑의 양에 영향을 미치지 못한다"는 전제를 한다면, 당연히 피자를 나누는 방법을 가지고 사전적으로 피자의 크기를 변화시키지 못한다.

그러나 1958년 모딜리아니(Modigliani)와 밀러(Miller) 교수의 논문이 발표되기 전까지는 타인자본의 적절한 이용으로 기업의 가치를 높일 수 있다는 생각이 지배적이었다. 왜 피자를 나누는 방법이 피자의 크기에 영향을 미친다고 생각하였을까? 여러 이유가 있으나, 근본적으로 부채는 저렴한 자본조달수단이라는 점이 중요하다. 자기자본이 잔여지분(residual claim)인 것과 달리 타인자본은 고정지분(fixed claim)이기 때문에 현금흐름의 위험이 낮다. 따라서 타인자본은 그 위험을 보상하기 위한 비용이 자기자본비용보다 낮다. 그렇다면 타인자본을 많이 사용하면 자기자본비용과 타인자본비용의 가중평균을 낮출 수 있게 되는 것이다. 물론 과도한 부채의 사용에 따라 파산의 위험을 높인다거나 하는 여러 부담이 있기 때문에, 막연히 어느 수준에서 최적자본구조(optimal capital structure)가 존재한다고 생각한 것이다.

그러나 모딜리아니와 밀러 교수는 1958년, 저렴한 타인자본의 사용으로 인한 이점은 이에 따른 재무위험의 증가로 인한 자기자본비용의 상승으로 정확히 상쇄되므로 궁극적으로 가중평균자본비용은 변하지 않는다는 이론을 제시하여, 자본구조와 기업가치와의 무관련성을 주장하였고, 나중에 노벨상을 수상하게 된다. 간단히 말해서, 피자를 3조각으로 나누든 6조각으로 나누든 먹을 수 있는 총량은 변하지 않는다는 것이다. 자세한 증명 과정은 일반적인 재무교과서에서 쉽게 찾을 수 있으므로 이 글에서는 특별히 다루지 않는다.

이후의 재무이론은 이를 극복하기 위한 시도라고 할 수 있는데, 학자들은 이러한 무관련성 명제의 전제에 주목하게 된다. 모딜리아니와 밀러 교수는 무관련성의 결론을 도출하기 위해 많은 전제를 하였는데, 명시적인 전제는 아니지만 결국 미래에 주주와 채권자에게 배분될 현금흐름은 현재의 자본구조에 영향을 받지 않는다고 전제하고 있음을 알 수 있다. 다시 말해, 경영진의 투자안 선택은 그 현금흐름의 크기에 의하여 좌우되는 것이므로, 그 투자자금을 어떻게 조달하였는가 하는 점과는 아무 상관이 없다는 것이다. 이를 흔히 '투자와 자본구조의 무관련성' 명제라 부르는데, 왜냐하면 미래에 회사가 지급할 현금흐름을 결정하는 것은 투자 수준이기 때문이다. 쉽게 비유하자면, 피자를 나누는 방법이 사전적으로 피자에 들어가는 밀가루와 토핑의 양에 영향을 미치지 못한다고 전제하고, 그렇다면 피자를 나누는 방법은 피자의 크기를 변화시키지 못한다고 결론을 내리는 것이다. 그러나 앞서 설명한 주주의 유한책임으로 인한 대리비용을 생각하면, 주주와 채권자 사이의 사후적 위험배분이 사전적으로 투자의 수준에 영향을 준다. 이후 재무이론에서는 이를 '도덕적 해이(moral hazard) 모형'으로 발전시켰다.

(2) 과소투자와 과다투자의 문제

일반적으로 주주는 자기자본가치와 타인자본가치의 합인 기업가치의 극대화가 아니라 단지 자기자본가치의 극대화를 추구한다. 일반적으로 주주는 잔여지분청구권을 가지기 때문에 기업가치를 키우는 것이 자기자본가치를 키우는 방법이 되지만, 경우에 따라서는 설사 전체 기업의 가치를 줄이는 정책이라도 주주지분의 가치를 키울 수 있는 경우가 있다. 앞서 살펴본 유한책임으로 인한 위험의 추구가 바로 그러하다. 그렇게 되면 주주는 기업의 가치를 줄이는 방향으로 의사결정을 하게 될 가능성이 있다. 이처럼 주주와 채권자의 이익상충을 강조하게 되면, 투자에 필요한 자금을 모두 자기자본으로 조달한 기업과 일부를 타인자본으로 조달한 기업의 정책은 서로 달라짐을 보일 수 있다. 자본구조가 다른 기업은 사전적으로 서로 다른 투자를 하게 된다는 것이다. 기업이 투자자금을 일부 타인자본으로 조달한 경우, 그 투자의사결정은 무부채기업과 어떻게 달라질까? 일반적으로 과소투자의 문제와 과다투자의 문제가 있다고 설명한다.

가. 과소투자의 문제

먼저 과소투자의 문제(debt overhang problem)를 살펴보자. 1977년 발표한 논문에서 마이어스(Myers) 교수는, 부채를 사용하는 기업은 만일 부채가 없었더라면 채택하였을 좋은 투자안을 폐기할 가능성이 있다는 점을 지적하였다. 좋은 투자안임에도 불구하고 실제로는 투자가 일어나지 않으므로 과소투자의 문제가 된다.

예를 들어, 어느 제약회사가 신약개발을 위해 10억 원을 무이자로 2년 간 부채로 조달하였다고 하자. 1년 간 연구한 끝에 신약을 개발하였다. 그런데 여기서 자금난이 생겨 다시 자금을 조달하여야 하는데, 만일 10억 원을 다시 조달할 수 있다면 1년 후에는 상품화를 통하여 100% 확실하게 15억 원의 수익을 올릴 수 있다고 하자. 제약회사의 다른 재산은 없다고 가정하고, 제약회사는 필요한 10억 원을 조달할 수 있을까? 우선 이 투자안은 양의 현재가치를 가지고 있음을 주의할 필요가 있다. 이미 소모한 연구비 10억 원은 매몰비용(sunk cost)으로서 투자안의 평가에 고려되지 않고, 따라서 이 투자안은 10억 원을 들여 15억 원의 수익을 올리는 투자안이므로 사회적으로 바람직하다.

그러나 여기 자금조달의 문제가 있다. 만일 제약회사가 처음에 10억 원을 자기자본으로 조달하였더라면, 1년 후 10억 원을 다시 조달하는 것은 쉬울 것이다. 신규 채권자로서는 확실하게 15억 원이 생기므로 1년 후 10억 원에 대한 원리금을 받을 수 있기 때문이다. 그러나 현재 10억 원의 부채가 이미 있는 상황이라면, 그 부채보다 선순위 증권을 발행하지 않는 한 10억 원을 조달할 수 없다. 왜냐하면, 신규 투자자의 입장에서 본다면 회사가 15억 원을 벌더라도 그 중 10억 원은 기존의 채권자에게 우선하여 지급될 것이기 때문이다. 설사 순위가 같다고 하더라도 역시 투자원금조차 건지지 못하는 것은 마찬가지이다. 따라서 위 투자안에 자금을 투자할 신규 투자자는 없다. 그 결과 위 투자안은 자본조달이 되지 않아 폐기된다는 것이다.

그러나 이러한 과소투자의 문제는 사실 사후적 협상이 이루어지지 않아서 생기는 문제임을 정확하게 인식할 필요가 있다. 다시 말해, 사후적 효율성에 관한 논리인 것이다. 코즈 정리의 직관에 따라 당사자들은 거래비용이 낮다면 당연히 협상을 통하여 사후적 효율성을 달성할 수 있다. 어차피 기존의 채권자는 새로 자금이 조달되지 않으면 전혀 투자를 회수할 수 없기 때문에, 자신의 채권을 감액하는 것에 동의할 인센티브가 있다. 이러한 협상 과정을 워크아웃(workout)이라고 하는데, 다수의 채권자가 존재하는 경우에는 무임승차나 용의자의 딜레마 등의 이유로 사실상 이루어지지 않는 경우가 많다. 도산법상 회생절차는 다수결의 원리를 도입하여 이러한 협상의 문제를 극복하고자 하고 있다.

나. 과다투자의 문제

앞서 살펴본 기본 모형에 따르면, 부채를 가지고 있는 기업은 만일 무부채기업이라면 취하지 않았을 위험을 선택하는 경향이 있다. 주주가 그 유한책임을 통하여 사업의 위험을 채권자에게 이전시킬 수 있기 때문이다. 주주는 사업이 잘못되면 유한책임의 보호를 받고, 사업이 잘 되었을 경우 그 과실을 전부 가져갈 수 있기 때문에 가능하면 수익의 변동폭이 큰 투자안을 선택할 유인을 가지고 있으며, 이는 설사 그 투자안이 비효율적으로 위험하더라도 마찬가지이다. 그러나 이러한 과다투자의 문제는 무부채기업에서는 전혀 나타나지 않기 때문에, 기업이 부채를 사용하는 비용이라고 할 수 있다.

기본 모형을 도산 시점에서의 의사결정 문제로 변형하면 청산기피(reluctance to liquidate)의 문제가 된다. 역시 주주는 나쁜 상황에서도 별로 잃을 것이 없는 반면, 좋은 상황에서는 그 과실을 전부 자신이 차지할 수 있기 때문에 생기는 문제로서, 본질적으로 주주의 위험선호와 동일한 논리적 구조를 가진다. 예를 들어, 기업을 계속 경영하는 것보다 지금 바로 청산하는 것이 그나마 가치가 큰 경우를 생각해 보자. 청산가치는 100% 확실하게 120억 원이고, 계속기업가치는 미래의 불확실성이 있으므로 반반의 확률로 40억 원과 180억 원인 경우를 생각해 보자. 계속기업가치의 기대값은 110억 원에 불과하므로, 만일 회사가 무부채회사였다면 바로 청산해서 주주에게 120억 원을 분배하는 의사결정을 하게 될 것이다. 그런데 만일 이 회사에 부채가 80억 원이 있다고 하면 어떻게 될까? 청산을 한다면 주주는 40억 원을 가지게 되지만, 계속 기업을 경영한다면 주주는 반반의 확률로 0원과 100억 원, 즉 50억 원의 기댓값을 가지게 된다. 따라서 이 경우 사업을 그만두는 것이 기업가치를 극대화함에도 불구하고, 부채가 존재하는 기업은 사업을 계속하는 비효율적 선택을 하게 되는 것이다.

이처럼 부채가 존재하게 되면 주주는 기업가치를 오히려 줄이는 투자의사결정을 할 가능성이 있다. 그리고 이러한 가능성은 부채가 증가할수록 더 커지기 때문에, 부채의 사용이 기업가치의 감소를 가져온다는 결론에 이르게 된다. 피자를 어떻게 나누는지가 사전적으로 피자의 크기에 영향을 주는 것이다. 이러한 간접파산비용의 인식은 현대의 최적자본구조 이론을 이해하는 중요한 요소의 하나이다.

2) 재무제한특약

기본 모형에서 설명한 직관은 사채권자나 은행의 보호를 위하여 영미에서 발전한 재무제한특약(restrictive covenant)의 설명에 매우 유용하다. 일반적으로 유한책임을 누리는 주주는 채권자의 이익을 희생시키면서 자신의 이익을 추구할 인센티브를 가지는데, 그 행위를 (1) 자산희석화(asset dilution), (2) 청구권 희석화(claim dilution), (3) 위험증대(variance enhancement; overinvestment), 이렇게 세 가지 유형으로 나눌 수 있다. 자산희석화란 주주는 채권자에 앞서 회사의 자산을 회수해 가려는 인센티브를 가진다는 것이고, 청구권 희석화는 부채가 증가할수록 주주의 자기자본수익률이 증가되기 때문에 주주는 계속 부채를 빌리고자 한다는 것이다. 위험증대는 앞의 기본 모형에서 살펴보았다. 여기에서는 자산희석화의 예를 보자.

(1) 주주의 비효율적 의사결정의 가능성

모든 이해관계자가 위험중립적이라고 가정된 기본 모형을 생각해 보자. 회사는 1년 수익률이 각각 절반의 확률로 70%와 −40%으로 예측되는 투자안을 가지고 있으며, 기대수익률이 15%이므로 이 투자안은 사회적으로 바람직하다. 현재 회사의 자본구조는 주주지분 100원으로 구성되어 있는데, 이제 회사가 100원의 자금을 사채발행을 통하여 조달하고자 한다. 논의의 편의상 시장이자율 및 명목이자율은 모두 10%로 가정한다. 주주는 여기서 두 가지 선택이 가능하다고 하자. 하나는 자기자본 100원과 타인자본 100원으로 구성된 200원을 모두 투자하여 1년 후 투하자본을 회수하는 것이고, 다른 하나는 먼저 40원을 회수한 다음, 160원만 투자하여 그 나머지를 1년 후 회수하는 것이다. 논의의 편의상 오직 두 가지 가능성만 주주에게 부여되어 있다고 하자. 기본 모형에서와 같이 두 방법에 따른 주주의 이익을 비교해 보면 다음 표와 같다.

	200원 투자			160원 투자		
	회사	채권자	주주	회사	채권자	주주
50% 성공	340원	110원	230원	272원	110원	162원+40원
50% 실패	120원	110원	10원	96원	96원	0원+40원
기댓값	230원	110원	120원	184원	103원	81원+40원

주주는 회사의 지배권을 가지기 때문에, 여러 방법을 통하여 채권자에 앞서 자신의 투하자본을 회수할 수 있다. 배당이나 자기 주식 취득 등 전형적인 방법도 있

고, 보수나 대출의 형태로 편법적으로 회수하는 방법도 있다. 이렇게 주주가 채권자보다 먼저 투하자본을 회수하게 되면 당연히 채권자를 해하게 된다. 위 표가 그 사실을 잘 보여 주고 있다. 원래 40원은 미래의 상황이 사후적으로 나쁜 것으로 확정될 경우 채권자를 위하여 유보해 둔 완충금액(equity cushion)의 일부인데, 이를 주주에게 유출함으로써 채권자에게 7원의 손실이 발생한 것이다.

여기서 이러한 자산희석화가 사회적으로 비효율적임을 확인할 수 있다. 전체 자산이 230원에서 103원+121원=224원으로 6원만큼 줄어들었다. 물론 6원의 사회적 손실은 40원의 자금이 15%의 기대수익률을 가져오는 투자에 제공되지 못하였기 때문에 발생한 것이다. 따라서 주주에게 따로 15%의 수익률을 제공하는 다른 투자기회가 없는 한, 이러한 자산유출은 사회적 효율성의 관점에서 문제가 된다. 위 표는 40원에 대해서는 따로 투자수익을 계상하지 않았으므로, 주주에게 다른 투자기회가 없음을 전제하고 있다. 주주에게 별다른 투자기회가 없어 사회적으로 비효율적이더라도, 주주는 이러한 자산유출을 시도할 충분한 인센티브를 가진다.

(2) 채권자와의 협상

여기서 다음과 같은 질문을 할 수 있다. 주주가 채권자를 해할 수 있다는 것이 법의 개입을 정당화하는가? 다시 말해, 회사법상 채권자 보호를 위한 규정들은 위와 같은 상황에서 채권자를 보호하기 위하여 등장한 것인가? 기본 모형에서 살펴본 바와 같이, 그 해답은 채권자가 스스로 보호할 수 있는 정보와 협상력이 있는지 여부에 달려 있다. 만일 채권자가 충분한 협상력을 가지고 있다면, 채권자는 주주가 위와 같은 기회주의적 행동을 할 인센티브가 있음을 알고, 사전적으로 10%의 기대수익률을 얻기 위하여 24%의 명목이자율을 요구할 것이다. 나쁜 상황에서 96원밖에 받을 수 없다면 좋은 상황에서 124원을 받아야 110원의 기댓값을 얻을 수 있기 때문이다. 이처럼 채권자가 스스로를 보호할 수 있다면 법이 '채권자의 보호'를 위하여 개입할 필요는 없다.

그러나 이러한 이자율에 의한 보호는 채권자와 주주의 협상에서 균형이 될 수 없다. 그 이유는 이자율을 24%로 증가시켜 주주의 도덕적 해이의 비용을 모두 주주가 부담하도록 만드는 경우 주주로서는 여전히 40원을 미리 배분받는 것이 이익이기 때문이다. 다음은 명목이자율을 24%로 인상한 경우를 계산한 것이다. 주주는 200원을 모두 투자한 경우에는 108원을 얻는 것에 그치지만 160원을 모두 투자한 경우에는 114원을 얻으므로, 여전히 비효율적인 의사결정을 하게 된다.

	200원 투자			160원 투자		
	회사	채권자	주주	회사	채권자	주주
50% 성공	340원	124원	216원	272원	124원	148원+40원
50% 실패	120원	120원	0원	96원	96원	0원+40원
기댓값	230원	122원	108원	184원	110원	74원+40원

이처럼 160원을 투자하는 것은 사후적으로 효율적인 상태가 아니므로 명목이자율을 24%로 올리는 것은 코즈식 협상(coasian bargaining) 결과가 아니다. 협상의 균형은 이자율을 올리는 것이 아니라, 주주가 40원을 먼저 회수하지 않겠다고 약속하고 대신 이자율은 그대로 10%로 유지하는 것이다. 이 결과는 사후적으로 효율적이기 때문에 당연히 주주의 이익도 114원에서 120원으로 증가한다. 실제로 채권자는 회사와 이러한 협상을 하고 그 결과를 재무제한특약(restrictive covenant)이라고 하여 사채계약서나 대출계약서에 기재한다. 그러나 현실에서 이러한 재무제한특약이 사후적 효율성을 보장하는가는 생각해 볼 점이 있다.

(3) 재무제한특약의 유형

재무제한특약은 앞서 설명한 바와 같이, 자산희석화, 청구권 희석화, 위험증대의 문제에 대응하기 위한 조항으로 구성된다. 먼저 자산희석화에 관한 특약은 대부분 주주에게 회사 재산의 유출을 금지하는 내용이며(restricted payment), 이익배당을 금지하는 것이 대표적이다. 자기 주식 취득 역시 배당과 동일한 경제적 효과를 가져오므로 마찬가지로 금지된다. 자회사가 시장에서 모회사 주식을 매입하는 것도 모회사 주주에게 그룹의 자산이 유출되는 것이므로 규제하는 경우가 많다. 그러나 효율적인 재산의 분배까지 가로막는 것은 기업가치를 감소시켜서 채권자의 이익에도 도움이 되지 않기 때문에, 일정한 기준에 따라 허용하는 것이 보통이다. 예를 들어, 회사가 사채를 발행한 이후 발생한 수익이나, 신주를 발행하여 다시 조달한 자금의 한도 내에서는 회사 재산의 유출을 허용하는 경우가 많다.

청구권 희석화를 막기 위해서는 추가적인 부채발행을 금지하는 것(restriction on additional debt)도 중요하지만, 기존의 부채에 대해서 새로운 담보제공을 규제하는 것(negative pledge)도 중요하다. 일반적으로 추가적인 부채발행은 회사가 투자할 수 있는 자금이 증가한다는 측면도 있기 때문에, 무조건적인 금지가 아니라 일정한 재무비율을 기준으로 하여 규제하거나, 선순위채와 후순위채를 나누어 선순위 부채만 규제하는 경우가 많다. 청구권 희석화의 논리에 비추면 후순위 청구권이 많아지는 것은 문제가 없기 때문에 후순위채 발행을 규제하는 경우는 찾아보기 힘들다. 나아가 회사가 지배하는 자회사가 부채를 발행하는 것도 제한의 범위에 포함시키는 것이 일반적인데, 모회사의 채권자들은 자회사의 자산에 대해서는 자회사의 채권자들보다 구조적으로 후순위자가 되기 때문이다(structurally-sub ordinated).

재무제한특약 가운데 가장 다양하고 복잡한 것이 회사의 위험을 증대시키는 것을 규제하는 부분이다. 이 제한은 직접적으로 회사의 투자를 제한하는 것이기 때문에 일률적으로 금지할 수 없고 재무비율이나 투자조건 등 복잡한 요건을 지정하게 된다. 또한 위험을 증가시키는 형태가 매우 다양하기 때문에 다양한 제한행위를 열거하기 때문에 결국 복잡한 규정이 되는 것이다. 전형적으로는 일정한 재무비율을 계속 유지하도록 하거나, 인수합병을 통하여 다른 사업에 진출하는 것을 제한하는 규정이 대표적이다. 자회사가 하는 인수합병 또는 자산양수는 어떠한가? 예를 들어, 모회사가 100% 지배하는 자회사의 유일한 자산이 100원의 가치를 가지는 공장 A라고 하자. 이 자회사가 다른 100원짜리 공장 B를 인수하기 위해 신주를 제3자배정으로 발행하였고, 그 결과 모회사의 지분은 50%로 감소하였다. 자회사에 다른 채권자가 없다고 하고, 이 거래는 모회사의 채권자에게 어떠한 영향을 미치는가? 모회사의 채권자 입장에서는 그룹의 재산이 100원에서 200원으로 증가하였다는 점에서 찬성할 수도 있으나, 다른 측면에서 본다면 모회사의 투자가 100% 공장 A에 대한 것에서 50% 공장 A, 50% 공장 B로 변경되었다고 생각할 수 있다. 이 과정에서 자산의 위험이 변경될 수 있기 때문에, 자회사의 거래도 규제하는 것이 일반적이다. 채권자에게는 분산투자(diversification)을 통한 위험의 감소는 없다는 점을 인식하는 것이 중요하다.

(4) 재무제한특약의 효율성

재무제한특약은 그 강제를 위하여 위반시 기한이익의 상실(acceleration)을 약정하는 것이 보통이다. 따라서 그 위반 여부를 쉽게 판단할 수 있도록 예측가능성이 높은 식으로 규정을 만들게 된다. 그 결과 재무제한특약은 대단히 기계적이고 경직된 방식으로 운영되는데, 이러한 점까지 고려한다면 재무제한특약이 체결되는 것이 사회적으로 효율적인지는 확실하지 않다.

구체적으로 재무제한특약은 몇 가지 비효율성을 내포하고 있다. (1) 먼저 계약 자체가 불완전할 수밖에 없다. 미래에 예상되는 부의 이전행위를 모두 예측하여 계약조항으로 기재하는 것은 사실상 불가능하기 때문이다. 재무제한특약의 속성상 포괄적인 조항을 넣기는 쉽지 않기 때문에, 계약에 포함되지 않는 행위를 통하여 주주가 비효율적인 의사결정을 하는 것까지 막을 수 없다. (2) 계약의 집행비용이 있다. 계약조항의 작성 및 그 위반 여부를 감시하고 적발하기 위한 거래비용이 있으며, 특히 사채와 같이 채권자가 분산되어 있는 경우에는 이러한 계약의 집행을 위하여 수탁회사 등 독립적인 주체가 필요하기 때문에 거래비용이 더욱 증가하게 된다. (3) 마지막으로 가장 중요한 요소는 재무제한특약이 회사의 효율적인 행위까지도 금지할 수 있다는 점이다. 재무제한특약이 행위 유형에 주목할 뿐, 그 행위의 경제적 효과를 고려할 수 없기 때문이다. 예를 들어, 회사에 투자기회가 없거나 주주에게 좋은 투자기회가 있어서 주주에게 배당을 하는 것이 사회적으로 바람직한 경우, 추가적인 부채의 조달로 회사의 수익이 더 커질 수 있는 경우, 위험한 투자로의 전환이 기대수익의 증가를 가져오는 경우 등에도 재무제한특약이 기계적으로 작동될 수 있기 때문이다. 계약에 의하여 주주의 자유를 제약하는 것은 기회주의적 행위로 인한 비효율(efficiency cost from opportunism)은 감소시킬 수 있으나, 비탄력적인 운용으로 인한 비효율(efficiency cost from inflexibility and overinclusiveness)을 초래할 수 있다. 따라서 재무제한특약의 효율성을 일률적으로 말할 수 있는 것은 아니고, 구체적으로 특약의 구조를 분석이 뒤따라야 한다.

재무제한특약의 이러한 경직성을 극복하고, 보다 그 경제적 효과에 주목하여 주주의 기회주의적 행동을 규제할 수 있는 방법은 없는가? 이론적으로 생각해 볼 수 있는 한 가지 방법은 바로 주주 또는 계열사의 보증(guarantee)이다. 재무제한특약은 궁극적으로 채권자가 원금의 상환을 확보하기 위해서 체결하는 것이기 때문에, 이렇게 복잡한 계약을 체결할 필요가 없이 바로 주주 또는 계열사의 보증으로 문제를 해결할 수 있을 것으로 보인다. 실제로 IMF 금융위기 이전 우리나라에서 발행되는 사채는 대부분 은행의 보증채였기 때문에, 위와 같이 복잡한 재무제한특약을 두지 않았다. 보증채의 경우에는 회사의 사업실패가 다른 계열사 또는 금융권으로 이전되어 연쇄적인 도산이 발생한다는 점에서 우리나라에서는 보증채를 좋지 않은 것으로 보는 경향이 있으나, 재무제한특약과 결합된 무보증채와 비교하여 효율성의 측면에서 어떠한지는 더 생각해 볼 문제이다.

3) 법인격 부인의 법리

(1) 의의

기본 모형에서 살펴본 문제는 유한책임으로 인하여 주주가 사업위험의 일부 또는 전부를 채권자에게 이전할 수 있기 때문에 발생하였다. 법인격 부인의 법리(piercing the corporate veil)는 이러한 위험의 이전이 부당하게 판단되는 경우 주주에게 무한책임을 물을 수 있는 법리이다. 일반적으로 법인격이 남용되어 회사가 사원과 독립된 실체를 갖지 못하는 경우 회사와 특정의 제3자와 문제된 법률관계에 있어서만은 회사의 법인격을 인정하지 않고 회사의 책임을 사원에게 묻는 것을 말하는데, 우리나라도 1988년 처음 대법원이 편의치적된 선박과 관련하여 이러한 이론을 전개한 바 있고(1988. 11. 22. 87다카1671), 이후 2001년 본격적으로 채무불이행 사건에서 법인격 부인이 인정된 이후(2001. 1. 19. 97가21604) 대법원 판결에서 자주 등장하고 있다.

그러나 법인격 부인이라는 용어로 인하여 그 본질을 오해하지 않도록 주의하여야 한다. 법인격 부인이란 본래 회사의 책임을 그 배후자인 사원에게 추궁할 수 있다는 이론이므로, 여기서 부인되는 것은 회사의 '법인격'이 아니라 정확히 말하자면 주주의 '유한책임'으로서 법인격 부인이란 주주에게 무한책임을 인정하기 위한 이론이다. 법인격은 주주의 채권자가 회사재산에 접근하는 것을 막는 장치이고, 유한책임은 반대로 회사의 채권자가 주주의 개인재산에 접근할 수 없도록 하는 장치이기 때문에, 회사의 책임을 그 배후자인 주주에게 추궁하기 위해서는 주주의 유한책임을 부인해야 한다. 따라서 무한책임사원이 존재하는 합명회사 · 합자회사의 경우에는 이러한 법리가 불필요하다. 따라서 법인격 부인이란 그 실질을 정확히 표현한 것은 아니다.

(2) 법인격 부인의 요건

법인격 부인을 위한 요건이 무엇인지는 아직 일관적으로 정리되지 못하고 있다. 이 이론이 판례에 의해서 발전된 것이고 이제 상당수의 판례가 축적되어 있기 때문에, 요건을 파악하기 위해서는 그 판례를 자세히 검토하는 것이 필요하다. 초기의 판례는 "그 실질에 있어서는 완전히 그 법인격의 배후에 있는 타인의 개인기업에 불과하거나 그것이 배후자에 대한 법률 적용을 회피하기 위한 수단으로 함부로 쓰여지는 경우"(2001. 1. 19. 97다21604), "기존 회사가 채무를 면탈할 목적으로 기업의 형태 · 내용이 실질적으로 동일한 신설 회사를 설립한 경우"(2004. 11. 12. 2002다66892) 등 추상적 원칙을 제시하고 있을 뿐이어서 구체적 요건을 추출할 수 없었으나, 이후 보다 구체적 요건을 언급한 판례가 다수 등장하고 있다. 법인격 부인이 문제된 판례는 크게 (1) 주주 또는 모회사에 책임을 묻는 경우와, (2) 채무면탈을 위하여 새로운 회사를 설립한 경우로 나누어진다. 앞서 언급한 바와 같이, 전자는 주주의 유한책임을 부인하는 전통적인 법인격 부인이라고 할 수 있지만, 후자는 이러한 이론으로는 설명하기 힘든 판례들이다. 따라서 그 판단기준에서도 차이가 있는데, 이 글에서는 전자를 법인격 형해화(法人格形骸化), 후자를 법인격 남용(法人格濫用)이라고 구분하여 설명한다.

가. 법인격 형해화

법인격을 부인하여 주주에게 책임을 지우기 위해서는 회사가 그 법인격의 배후에 있는 사람의 개인기업에 불과하다고 인정되어야 한다. 법인격이 행해화되었는지 여부는 객관적 사정에 의해서 판단하며, 주관적 요건을 요하지 않는다. 판례(2006. 8. 25. 2004다26119; 2008. 9. 11. 2007다90982)에서 중시한 요소를 보면, (1) 주주의 지배가 완전하여야 한다. 단순히 모자회사 사이에 임원의 겸직이 이루어지고 있다거나 주주가 회사 주식 전부를 소유하고 있다는 것만 가지고는 법인격의 형해화가 인정되지 않는다. 적어도 "자회사가 독자적인 의사 또는 존재를 상실하고 모회사가 자신의 사업의 일부로서 자회사를 운영한다고 할 수 있을 정도로" 완전한 지배력을 행사하고 있어야 한다. 주주총회나 이사회를 개최하지 않는 등 법률이나 정관에 규정된 의사결정 절차를 밟지 않을수록, 영업의 규모가 작거나 직원의 수가 적을수록 개인기업에 불과한 것으로 보기 쉬워진다.

(2) 주주의 개인재산과 회사재산이 혼융되어야 한다. 완전한 지배가 이루어진다고 하더라도 재산이 분명하게 구분된다면 회사채권자가 책임재산을 파악함에 별 문제가 없을 것이기 때문이다. 주주와 회사 사이에 각자의 재산과 업무, 그리고 대외적인 기업활동이 서로 명확하게 구분되지 않아야 하는데, 특히 회사의 자본이 부실하다는 것은 이러한 혼융의 한 징표가 된다.

나. 법인격 남용

법인격 부인을 인정한 많은 사례는 채무면탈을 위해서 새로운 회사를 설립하는 경우인데, 판례는 "신설 회사의 설립은 기존 회사의 채무면탈이라는 위법한 목적달성을 위하여 회사제도를 남용한 것"이라고 하면서, 신설 회사의 법인격을 부인하여 두 회사를 동일한 회사로 보고 있다(2004. 11. 12. 2002다66892; 2008. 8. 21. 2006다24438). 일반적으로 이러한 경우를 사해설립(詐害設立)이라고 하는데, 이 경우 판례는 법인격의 형해화까지 요구하지 않는 대신 법인격을 남용하려는 주관적 요건이 필요하다고 본다(2006. 8. 25. 2004다26119; 2008. 9. 11. 2007다90982). 물론 이러한 주관적 요건이라는 것은 당사자의 실제 의도라기보다는 객관적 사정으로 미루어 추단되는 것이므로, 구체적인 사실을 입증하는 것이 중요하게 된다.

판례는 신설 회사의 설립이 채무를 면탈할 의도로 한 것인지 여부는 단지 신설 회사가 기존 회사의 대표이사에 의하여 지배되고 있다는 사정만을 가지고 인정할 수는 없으며, 기존 회사의 폐업 당시 경영 상태나 자산 상황, 신설 회사의 설립시점, 기존 회사에서 신설 회사로 유용된 자산의 유무와 그 정도, 기존 회사에서 신설 회사로 이전된 자산이 있는 경우 그 정당한 대가가 지급되었는지 여부 등과 같은 사정을 종합적으로 고려해야 한다고 본다(2008. 8. 21. 2006다24438). 또한 친척이 경영하던 회사를 그대로 인수하여 종전과 동일한 영업을 한 사안에서, 기존 회사의 주주와 신설 회사의 주주가 완전히 다른 점, 기존 회사로부터 무상으로 이전받은 자산이 없다는 점 등을 들어 채무면탈의 목적을 부정한 것이 있다(2010. 1. 14. 2009다77327).

사해설립과 관련하여 법인격 부인의 역적용 문제가 있다. 이러한 판례를 전통적인 법인격 부인론의 입장에서 본다면, A회사의 채무를 면탈을 목적으로 B회사를 설립한 것에 대해서, 일단 A회사의 법인격을 부인하여 그 책임을 그 배후자인 주주에게 귀속시킨 다음 그 주주의 책임을 다시 B회사에 묻는 것으로 구성할 수 있다. 여기서 후반부의 논리, 즉 주주가 지는 책임을 그 주주가 지배하는 회사에 부담시키는 것을 법인격 부인의 역적용(逆適用)이라고 한다. 이렇게 역적용을 인정할 것인지에 대해서는 견해가 나뉜다. (1) 부정설의 입장에서는, 주주가 소유한 회사의 주식에 대하여 강제집행을 하는 것으로 충분하고, 경우에 따라서는 설립목적이 불법적인 경우라고 보아 제176조 제1항 제1호에 따라 해산명령을 신청할 수 있으며, 민법상 채권자취소권을 행사하여 설립행위 자체를 취소할 수 있다고 한다. (2) 그러나 주식을 강제집행하는 것은 재산을 직접 강제집행하는 것과 달리 환가가 쉽지 않고 회사의 재산에 대해서 채권자보다 후순위에 머물게 되므로 그 효용이 떨어지고, 설립목적이 불법이라는 것은 주로 공익적 사유를 의미하는 것이라 사해설립의 경우 받아들여지지 않을 가능성이 높고, 채권자취소권은 단체법상 행위인 회사의 설립에 대해서는 적용되기 힘들다는 점에서 법인격 부인의 역적용이 필요하다는 긍정설이 보다 설득력이 있다.

이렇게 그 필요성은 인정되지만, 법리적으로만 본다면 전통적인 법인격부인론은 주주의 유한책임을 부인하는 것에 지나지 않으므로, 그 논리를 그대로 가지고 주주의 책임을 회사에 물을 수 있는지는 의문이다. 특히, 주주가 지배하는 회사에 책임을 묻게 되면 그 회사의 다른 주주들에게도 영향을 미치기 때문에, 단순히 특정 주주가 지배하고 있다는 것에 근거하여 회사에 책임을 묻는 것은 생각할 점이 많다. 따라서 역적용을 인정할 것인지 여부는 전통적인 법인격부인론의 연장선상에서 논의할 것이 아니라, 독립적인 정책적 판단에 따라 결정되어야 할 것이다. 판례가 위와 같은 사해설립 사안에서, 이러한 복잡한 논의를 생략하고 단순히 "두 회사가 별개의 법인격을 갖고 있음을 주장하는 것은 신의성실의 원칙상 허용될 수 없다"고 하여 단순히 법인격 부인으로 이론을 구성하고 있으므로, 아직 법인격 부인의 역적용을 인정할 것인지 정책적 판단을 하지 않았다고 볼 수 있다.

(3) 법인격 부인의 경제학

가. 적용범위

어느 경우에 법인격 부인을 할 것인지, 법인격 부인이 과연 사전적으로 당사자들에게 효율적인 인센티브를 제공할 것인지에 대해서는 경제학적인 관점에서 생각해 볼 여지가 있다. 기본 모형에서 살펴본 논리에 따르면 법인격 부인은 주로 회사와 협상할 수 없는 수동적 채권자(involuntary creditor), 예를 들어 회사의 불법행위로 인한 피해자를 보호하기 위한 법리가 된다. 계약상 채권자와 같은 능동적 채권자는 회사의 재무상황에 대해서 충분한 정보를 가지고 거래에 임하였을 것이므로, 회사의 법인격 남용의 가능성까지도 충분히 고려하여 협상할 수 있었기 때문이다. 설사 그러한 정보가 부족하였다고 하더라도, 최소한 능동적 채권자는 책임재산의 부족이 염려되는 경우에는 회사와 계약을 하지 않을 수 있었다. 따라서 계약책임에 대해서 법인격 부인이 적용되어야 하는지는 이론적 논의가 있을 수 있다. 실제로 주주의 유한책임의 폐지를 주장하여 큰 논쟁을 일으킨 1991년 한스만(Hansmann)과 크라막(Kraakman) 교수의 논문에서도 주로 공격대상이 되었던 것은 회사의 불법행위책임이었다.

그런데 실제로 법인격이 부인된 사례를 보면 계약책임의 경우가 더 많다는 재미있는 현상을 발견하게 된다. 우리나라에서 법인격 부인을 최초로 인정한 대법원 판결(2001. 1. 19. 97다21604)은 물론이고, 그 이후에 계속된 법인격 부인 인정 사례도 모두 계약책임을 묻는 사안이다. 이러한 사정은 법인격 부인이 활발하게 이용되는 미국의 경우에도 마찬가지이다. 실제로 1985년까지 미국 법원에서 법인격 부인이 쟁점이 된 약 1,600여 개의 판결을 분석한 결과, 계약책임의 경우에는 약 40%의 판결이 법인격을 부인하고 있으며, 이에 비하여 불법행위책임이 문제된 경우에는 약 13%의 판결만이 법인격을 부인하고 있다고 한다. 법원은 오히려 계약책임을 묻는 사안에서 보다 쉽게 법인격 부인을 인정한다는 결론이다.

이처럼 법원이 계약책임의 경우 더 쉽게 법인격 부인을 인정하는 이유는 무엇일까? 물론 법원이 잘못하고 있다는 단순한 반응도 가능하지만, 아마도 사기 또는 신뢰위반과 같은 요소가 단순히 제3자에 대한 불법행위의 경우보다는 구체적인 거래상황에서 보다 많이 나타나기 때문이라는 해석이 있다. 아직 이 문제에 대한 명쾌한 해답은 없으나, 과연 과소자본(inadequate capital) 같은 요소를 법인격 부인의 중요한 요건으로 삼을 것인지 등의 논의와 관련된 매우 중요한 쟁점이다.

나. 사전적 인센티브

주주에게 무한책임을 묻게 되면 회사가 사회적으로 적정한 주의를 하게 될 것인가? 앞서 살펴본 기본 모형에서는 당연히 그렇게 된다. 회사가 과소주의를 하는 것은 불법행위로 인한 책임을 피해자에게 일부 부담시킬 수 있었기 때문이고, 따라서 피해자에게 전부 보상을 해야 한다면 회사, 정확히 말하자면 주주는 적정 주의를 기울이게 될 것이다. 그런데 이러한 단순한 직관이 사실이 아닐 수도 있다. 왜냐하면, 주주가 책임을 피할 수 있는 방법은 유한책임 이외에도 또 있기 때문이다.

예를 들어, 어느 회사가 화학제품을 생산하는 공장을 가지고 있는데, 이 공장에서 이 회사 제품의 원재료를 모두 생산한다고 하자. 회사는 자산이 충분하기 때문에 적절한 책임원칙하에서 적정주의를 하게 될 인센티브가 있다. 그런데 이 화학공장이 상당히 위험하기 때문에, 이 회사가 화학공장을 100% 자회사로 분리하는 계획을 세웠다고 하자. 물론 유한책임을 이용하여 책임을 제한하고자 하는 것이다. 그렇게 되면 주의 수준과 행위 빈도에 있어 사회적으로 비효율성이 발생될 것이다. 이 경우 법인격 부인을 통하여 모회사가 불법행위책임을 모두 지도록 하면 어떤 결과가 될까? 모회사가 효율적인 주의를 기울일 가능성도 있지만, 한편으로는 아예 이 공장을 전혀 독립적인 제3자(independent contractor)에게 매각하여 그로부터 원재료를 조달받을 가능성도 있다. 독립적인 제3자의 책임을 회사에게 지우는 법리는 없기 때문에 회사는 비용을 외부화시킬 수 있다. 코즈의 직관에 따르면 기업(firm) 대신 보다 거래비용이 낮은 시장(market)을 이용하여 거래를 조직화하는 것이다.

이러한 결과는 사회적으로 바람직하지 않을 수 있다. 회사가 화학공장으로부터의 원재료 공급을 필요로 한다면, 이는 어떠한 방식으로든 이루어지기 마련이고 회사는 보다 거래비용이 낮은 방식을 택하게 된다. 원재료가 필요한 이상 화학공장은 없어지지 않는다. 바뀌는 것은 누가 화학공장을 지배하는가뿐이다. 문제는 이러한 위험한 공장이라면 누구도 떠맡지 않으려고 할 가능성이 크다는 것이다. 그럼에도 불구하고 회사가 독립적인 제3자를 찾는다면, 그리고 그 운용비용이 그렇게 높을 수 없다면, 아무래도 그 제3자는 제대로 시설과 능력을 갖춘 사람보다는 그렇지 못할 사람이 될 가능성이 높다. 다시 말해, 회사가 자회사로 운영할 때보다 주의를 덜 기울이게 될 가능성도 있다는 것이다. 이러한 시나리오는 결과적으로 법인격 부인을 통하여 사회적으로 위험이 오히려 증가되는 것을 보여 주고 있다. 반드시 그렇게 되는 것은 아니지만, 이처럼 사회적 위험을 감소시키기 위한 법제도가 오히려 위험을 증가시킬 수도 있음을 주의하여야 한다.

(4) 도산법상 절대우선원칙

가. 도산 상태에서 주주와 채권자의 몫나누기 게임

기업의 자금수지가 악화되었으나 당장 기업을 청산하여 분배하는 것보다는 그래도 계속 유지하면서 경영의 정상화를 도모하는 것이 유리한 경우가 있다. 도산절차 가운데 기업회생절차는 이러한 경우에 이용된다. 회생절차에 들어간 기업의 경우 당장은 이해관계자의 권리를 충족시켜 줄 수 없으므로 그들의 권리가 일정 부분 제약됨은 어쩔 수 없다. 문제는 누구의 권리를 얼마나 제약할 것인가 하는 점이다. 도산절차 이전의 법률관계에 이미 우선권의 개념이 포함되어 있고, 사실 그 우선권이 정작 필요한 때가 바로 도산절차임을 고려하면, 상식적으로는 당연히 후순위 권리자의 권리가 제약될 것으로 예상할 수 있다. 그런데 이해관계자의 권리를 제약함에 있어 채무자 회생 및 파산에 관한 법률(이하 '도산법'이라고 함)에서 마련하고 있는 회생절차는 이러한 일반적인 인식과는 다소 차이가 있다.

특히, 채권자와 주주의 사이에서 회사법이 전제하는 우선권에 관한 질서가 적용되지 않는다. 일반적으로 회사법에서는 채권자의 권리는 주주에게 우선한다고 하면서 주식의 잔여지분청구권(residual claim)으로서의 성격을 강조한다. 실제로 회사법에서 다루는 주주와 채권자의 이해관계에 관한 경제적 논의는 거의 대부분 주식의 이러한 성격에서 도출된다고 해도 과언이 아니다. 그러나 실제로 기업에 남은 것이 별로 없는 상황이 되면 그렇지 않다. 회사의 재산이 채권을 상환하기에도 모자란다면 주주는 당연히 아무 것도 받을 수 없어야 하지만, 실제로 주주는 채권자가 전액 변제를 받지 못하였음에도 불구하고 회사에서 일정한 몫을 가져가는 것이 일반적이다. 이것은 주식이 잔여지분청구권이라는 관념에 반한다.

도대체 이러한 결과는 어떻게 가능한 것인가? 미국과 우리나라의 도산법이 다소 차이가 있기 때문에 그 이유는 약간 다르다. 우선 미국의 회생절차(Chapter 11)에서는 회생계획의 인가요건으로서 절대우선원칙(絕對優先原則, absolute priority rule)을 선언하고 있다. 여기서 절대우선원칙이란, 우선순위가 다른 각 권리자가 있으면 우선하는 권리자가 충분하고 완전한 보상을 얻기 전에는 후순위 권리자에게 권리를 부여할 수 없다는 원칙을 말한다. 따라서 회생채권자는 회생담보권자가 100% 변제받기 전에는 어떠한 권리도 받을 수 없으며, 주주도 마찬가지로 회생채권자가 100% 변제받기 전에는 아무런 권리를 받지 못한다. 그렇다면 미국에서는 어떻게 절대우선원칙에 위반되는 결과가 관찰될 수 있는가? 그 이유는 이러한 절대우선원칙이 언제나 요구되는 것이 아니라 일부의 조가 부동의하는 이른바 강제인가(强制認可, cramdown)의 경우에만 요구되기 때문이다. 절대우선원칙은 모든 조가 동의하는 경우에는 인가요건으로 되지 않기 때문에 위반될 수 있다. 실증연구를 보면, 실제로 채권자들은 자발적으로 주주에게 일정한 몫을 부여하는 회생계획에 동의하는 것으로 알려져 있다. 미국에서는 주주를 하나의 독립적인 조로 보아 회생계획에 대한 인가에 동의할 수 있는 권한을 부여하고 있기 때문에, 주주는 회생계획에 신속하게 동의하여 주는 대가로 또는 주주가 가진 옵션가치를 포기하는 대가로 채권자들로부터 일정한 지분을 얻어 낼 수 있는 것이다.

우리나라에서도 원칙적으로 주주에게 회생계획에 동의할 수 있는 권한을 부여하고 있기 때문에(도산법 제146조 제1항, 제236조 내지 제238조), 주주는 채권자와의 협상을 통하여 미국에서와 비슷하게 일정한 지분을 확보할 수 있다. 그러나 부채초과인 기업의 경우에는 주주의 의결권이 박탈되기 때문에(도산법 제146조 제3항), 이러한 협상의 가능성은 미국보다 상당히 제한적이다. 그렇다면 어떻게 후순위자가 일정한 지분을 확보할 수 있는가? 그것은 제도적으로 절대우선원칙이 강제되지 않기 때문이다. 일부 채권자가 회생계획에 동의하지 않더라도, 절대우선원칙에 위배되는 회생계획이 제244조에 따라 법원에서 인가결정이 내려질 수 있다. 여기서 절대우선원칙에 위배되는 회생계획이 제243조 제1항 제2호 및 제244조 제1항 제4호에서 말하는 '공정하고 형평에 맞는'(fair and equitable) 계획 또는 권리보호 조항이라고 볼 수 있는지에 대해서는 학설상 다툼이 있으나, 다수설 및 실무는 상대우선설의 입장에서 별 문제가 없는 것으로 본다. 그 근거로는 회생절차를 화해적인 성격으로 파악하여, 회사를 회생시키기 위해서는 이해관계자 모두가 서로 조금씩 양보하여야 하므로, 아무리 우선순위가 있다고 하더라도 후순위자에게 조금도 몫을 배분하지 않는 것은 이러한 화해적 성격에 맞지 않는다는 것이다.

나. 절대우선원칙 위배의 사전적 인센티브

도산절차는 마지막 단계의 게임이라고 할 수 있기 때문에, 도산절차에서 어떻게 몫이 정해지는지는 역진귀납의 논리에 따라 그 이전의 투자의사결정에 영향을 준다. 이 글에서 강조하는 한 가지 문제는 도산절차에서 절대우선원칙이 지켜지지 않으면, 주주의 유한책임 및 기회주의적 행동으로 인한 사회적 비효율이 더욱 심해질 수 있다는 점이다. 직관적으로 생각해 보면, 회생절차에서 절대우선원칙이 지켜지지 않으면 주주는 채권자가 모두 변제를 받지 않았음에도 불구하고 일정한 몫을 배분받을 수 있게 되기 때문에, 주주로서는 상황이 좋은 경우는 물론, 이제는 상황이 나쁜 경우에도 어느 정도 수익을 올릴 수 있으므로, 더욱 위험을 선호하는 의사결정을 하게 된다는 것이다.

기본 모형을 가지고 이를 쉽게 보일 수 있다. 기본 모형에서 주주는 수익률이 반반의 확률로 60%와 −40%인 투자안 A와 수익률이 반반의 확률로 70%와 −70%인 투자안 C 가운데 후자를 선택하였다. 그리고 협상력이 충분한 채권자라면 이러한 가능성을 예견하여 60%의 명목이자율을 요구함으로써 스스로를 보호할 수 있고, 따라서 사회적 비효율에 따른 비용은 주주가 부담한다는 점을 지적한 바 있다. 그런데 그 계산을 보면 50%의 확률로 실패하여 회사가 도산하게 된 경우 주주는 0원을 배분받고 있다. 도산법적 용어를 빌리자면, 위 계산은 주주와 채권자 사이에 절대우선원칙에 따라 몫이 배분되는 것을 전제로 한 것이다.

그런데 만일 주주와 채권자 사이에 상대우선원칙에 따라 몫이 배분된다면 어떠한 결과가 되는가? 예를 들어, 주주는 도산절차에서 전체 회사 재산의 20%를 배분받을 수 있다고 한다면, 기본 모형의 표는 다음과 같이 바뀐다.

	투자안 A(안전)			투자안 C(위험)		
	회사	채권자	주주	회사	채권자	주주
50% 성공	320원	110원	210원	340원	110원	230원
50% 실패	120원	110원	10원	60원	48원	12원
기댓값	220원	110원	110원	200원	79원	121원

투자안 C의 경우 주주는 투자가 실패한 경우에도 12원을 받고 있고, 그 결과 주주의 기댓값은 절대우선원칙이 적용되는 경우의 115원보다 12원×50%=6원이 더 증가하였다. 따라서 주주로서는 절대우선원칙에 따라 전혀 몫을 배분받지 못하는 경우보다 위험한 투자안을 더욱 선호하게 된다. 예를 들어, 안전한 투자안 A의 투자수익률을 평균 15%로 만들면 주주의 몫은 120원이 되어, 절대우선원칙에서는 주주가 A를 선택하지만, 절대우선원칙을 위배할 수 있다면 C를 선택한다는 것을 보일 수 있다. 따라서 절대우선원칙을 위배하는 분배는 주주와 채권자 사이의 이익상충으로 인한 비효율을 더욱 심화시키는 결과를 가져오게 된다. 물론 주주와 채권자 사이의 협상과 같은 설명은 모두 동일하게 적용된다.

최근 도산법의 개정에서 절대우선원칙의 도입이 논의되고 있다. 도산법의 입장에서 본다면 절대우선원칙의 도입은 이상에서 설명한 과다투자의 문제보다도, 주주와 채권자 사이에 협상이 결렬되었을 경우에 어떠한 분배가 이루어지는지를 확정함으로써 주주와 채권자 사이의 협상을 촉진시킨다는 의미가 더욱 크다. 현행 상대우선원칙에서는 협상이 없을 경우의 기준이 되는 분배가 명확하지 않아서 당사자 사이에 협상이 잘 이루어지지 않을 가능성이 높기 때문이다.

Ⅴ. 비대칭정보와 회사거래: 거래비용 감소를 위한 논의

1. 논의의 배경

회사를 중심으로 한 법률관계 및 관련 규정(이를 통하여 구현되는 법원칙 내지는 법정책)은 개별 기업의 의사결정뿐 아니라 우리나라 경제 전반에 큰 영향을 준다. 따라서 회사법의 원칙 내지는 정책을 어떻게 정할 것인지, 또 회사와 관련된 계약을 어떻게 해석할지는 법학뿐 아니라 경제학적으로도 매우 중요한 문제라 할 수 있다. 계약법분야에 대한 일반적인 분석은 이미 다른 곳에서 다루고 있으므로, 여기서는 회사의 거래(그 중에서도 주식양수도거래)와 관련한 문제를 중심으로 검토하고자 한다.

먼저, 시장에서 이루어지는 일반적인 거래의 매도인(판매자)과 매수인(구매자) 사이에는 정보가 중요한 역할을 하게 되는데, 근본적으로 매도인과 매수인 사이에는 거래대상에 대한 정보가 비대칭적으로 존재한다. 정보의 비대칭성은 거래비용을 야기하게 되어 거래가 원활하게 진행되는 데에 장애요소가 되므로 정보의 비대칭성을 완화하기 위하여 매도인과 매수인 또는 제3자에 의한 다양한 시도[4)]가 이루어지고 있다. 경제학에서는 정보의 비대칭성하에 더 많은 정보를 보유한 경제주체, 즉 매도인(판매자)이 정보를 제공하기 위하여 취하는 일련의 행동을 '신호'(signalling)라고 정의한다. 반면 정보의 비대칭성하에서 더 적은 양의 정보를 갖고 있는 경제주체, 즉 매수인(구매자)이 정보를 획득하기 위해 취하는 일련의 행동을 '선별'(screening)이라고 정의한다.[5)] 이러한 정의를 주식거래에 대입시켜 보면 주식을 매도하고자 하는 자가 그 주식 및 대상 회사에 관한 정보를 매수인이 되고자 하는 자에게 제공하는 것을 '신호'로, 매수인이 계약체결 전과 후에 실사(due diligence)

4) 예컨대, 판매자는 품질보증서를 제공하거나 명시적인 환불 규정을 둠으로써 거래대상에 대한 정보를 제공하고자 한다.

5) 예컨대, 노동시장에서 구매자인 기업은 취업희망자들에 대해 인터뷰를 실시하며 학점 및 영어점수, 자격증 등을 요구하게 되는데, 이는 취업희망자들에 대한 정보를 획득하기 위한 것이 주된 목적이다.

과정을 통하여 그와 같이 제공된 각종 정보를 분석하고 추가 질문을 하면서 정보를 획득하는 것을 '선별'이라고 할 수 있다.

한편, 회사 경영권을 포함한 주식거래의 경우 정보의 비대칭성 외에 계약체결 후 거래가 종결되기까지 시간적 간격이 있기 때문에 계약체결 시점으로부터 거래종결 전까지 발생하게 될 우발적인 사태에 관한 리스크를 당사자들이 어떻게 분배할 것인지, 또 계약목적물에 관한 추가 정보를 어떻게 교환할 것인지가 실무적으로는 특히 문제된다.

이에 관한 적절한 룰이 제시되지 않는다면 주식거래는 큰 규모의 거래비용을 야기할 수 있다. 왜냐하면, 주식거래에서는 정보의 비대칭성으로 인하여 정보가 악용될 소지가 있기 때문이다. 매도인은 해당 기업에 대해 더 많은 정보를 보유하고 있으며 높은 판매가격 설정을 위해 정보를 왜곡하거나 의도적으로 숨길 유인이 있다. 그리고 이와 같이 정보의 비대칭성에 관한 악용가능성은 주식거래가 원활하게 이루어지지 못하게 하는 근본적인 저해요소이다.[6] 또한 현실적인 문제로서 리스크 배분에 있어서 계약에 규정이 없는 사안이라면 법원이 대신하여 그 리스크를 배분하여야만 할 것이다.[7] 이때 경제적 효율성의 관점에서 법원은 장래의 계약 행동이 보다 효율적으로 되는 형태로 그 손실을 배분할 필요가 있다(즉, 우발적 사태에 관한 손실 리스크를 가장 싼 비용으로 부담할 수 있는 당사자에게 발생한 손실을 부담하도록 하여야 한다).

이하의 논의는 이러한 문제점을 인식한 다음 거래비용 감소를 위하여 어떠한 논의를 할 수 있는지에 관한 것이다.

---

6) 정보의 비대칭성하에서는 매수인은 기업가치에 대한 불확실성을 고려하여 가격을 할인하여 줄 것을 요구하게 될 것이다. 특히, 매도인이 매매목적물인 대상기업에 대한 부정적인 정보를 숨길 가능성이 있다면 이는 단순히 기업가치에 대한 불확실성이 증가하는 것에 더하여 기업가치의 하락가능성을 증대시키는 것으로 이해할 수도 있다. 이러한 상황에서는 적절한 수준의 가격에 거래가 이루어질 수 있었던 기업의 주식은 매물에서 빠지게 된다. 이는 중고차시장에서 나타나는 레몬 마켓(lemon market)과 동일한 현상이다. 예컨대, 100원의 가치를 가지는 중고차와 50원의 가치를 가지는 중고차가 매물로 등장한 시장을 상정해 보자. 특정 중고차가 100원의 가치를 보유할지 50원의 가치를 보유할지에 대해서는 구매자가 판단하기 어렵다. 따라서 구매자는 100원과 50원의 평균인 75원 정도를 지불할 용의가 있게 된다. 하지만 가격이 75원으로 설정된다면 100원의 가치를 가지는 중고차는 매매시장에서 사라지게 될 것이다. 판매자는 100원의 가치를 갖고 있는 중고차를 75원에 팔려고 하지 않기 때문이다. 따라서 시장에는 50원의 가치를 가지는 중고차만이 매물로 남게 된다. 이러한 상황에서 가격은 50원으로 설정될 것이며, 중고차시장에서는 낮은 가치를 가진 중고차만이 매매되는 현상이 나타난다. 이는 정보의 비대칭성으로 인한 효과를 명시적으로 보여 주는 예이다.

7) 太田勝造 譯(2005), p. 3.

2. 회사의 거래: 거래비용을 중심으로 한 고찰

1) 서설

거래비용(transaction cost)은 코즈(Ronald Coase)에 의하여 주목받게 된 용어인데, 시장에서 적절한 거래자를 탐색하여 협상하고 계약을 체결하며 나아가 집행하기까지 경제주체들이 자발적 거래를 하는 데에 소요되는 제반 비용을 통칭한다. 거래비용이 존재한다는 것은 권리의 자발적인 조정과 교환이 그만큼 매끄럽게 진행되지 못함을 의미하며, 이때 어떤 식으로 재산권을 설정하는가에 따라서 효율성에 상당한 영향을 미칠 수 있다.

그러나 현실적으로 장래 발생할 수 있는 모든 상황과 그에 대한 대응을 완벽하게 기재한 계약을 체결하기란 매우 어렵고, 또 가능하다고 하더라도 그 내용을 얼마나 치밀하게 갖추어 나가는지에 따라 비용이 급격하게 증가할 것이다. 따라서 실제 계약은 그 내용이 완전할 수 없고, 재협상의 여지를 남기게 되는 것이다. 앞서 본 바와 같이 불완전한 계약(incomplete contract)이라 부르는 이유도 이 점에 기인한다. 따라서 회사는 계약을 통하여 이러한 분쟁가능성을 가능한 한 최소화하고 계약의 완전한 이행을 자동적으로 보장받기를 원하게 된다. 잘 작성된 계약은 회사로 하여금 이러한 비용들, 즉 거래비용을 줄일 수 있도록 하는 역할을 수행한다.

일반적으로 약속에 의하여 이행되는 거래에 있어서 약속한 사람에 대하여 그 약속이 가지는 가치는 이행의 이익(benefit), 이행의 가능성(probability) 그리고 불이행시 그 자가 얻을 수 있는 것에 의한다.[8)]

현실에서의 계약은 언제나 완전히 이행되는 것은 아니다. 특히, 회사가 거래주체로 되어 있는 많은 계약에서 분쟁이 발생하고 법률상의 문제가 등장하고 있다. 계약의 불이행이나 손해배상에 관한 문제는 계약의 이행 내지는 실현(enforcement)에 관한 문제로서 경제학적으로는 그다지 많이 검토되지는 아니하였지만,[9)] 손해배상의 역할도 매우 중요하다.

8) Bernstein(1995), pp. 189, 191.
9) 이는 경제학에서 계약대로 이행되는 것을 당연히 가정하였기 때문이다. 신고전파의 경제이론에 의하면 각 경제주체 간에는 자유로운 거래가 이루어지고, 그것이 파레토 최적을 실현하는 기본적인 구조로 되어 있어 당사자 사이에 합의된 거래가 완전히 이행된다는 것을 전제로 한다.

2) 거래의 계약상 가치와 거래비용 감소의 의의

(1) 거래의 계약상 가치 산정

계약체결시 그 계약이 이행된 거래의 가치는 (1) 계약이 이행될 확률×계약자의 이행이익(계약이 그대로 이행되었을 때에 계약자가 가질 이익)으로 계산한 금액과 (2) 계약이 불이행될 확률×(만약 계약위반이 발생한 경우 계약자가 가질 법적 구제수단의 기대가치－소송 등 법적 비용)으로 계산한 금액의 합(=(1)+(2))으로 나타낼 수 있다.[10)]

Ⅰ예시Ⅰ A라는 제품을 100원에 사고자 하는 자(buyer: B)가 있는데, B는 이 제품을 인도받으면 다시 200원에 재판매할 수 있다. 이 경우 B가 기대한 이익(이행이익: profit or benefit of performance)은 100원이다. 그런데 매도인 1(seller 1: S1)이 그 계약을 이행할 확률이 65%이고, 만약 S1이 불이행하면 B는 법적 절차(legal remedy)를 밟아야 하는데, 그 경우의 법적 비용은 15원이고, B가 S1에게 승소할 확률이 더 크다고 할 때(B의 승소 확률은 70%로 가정한다) B가 가지게 될 그 계약의 가치는 아래 산식을 통해 도출된 84.25원이다.

$$(100원 \times 65\%)+\{(100원 \times 70\%-15원) \times 35\%\}=84.25원.$$

그런데 제2의 공급자(seller 2: S2)가 동일한 제품을 103원에 제공하는데, S2가 계약을 이행할 확률은 75%이고, 만약 S2가 불이행할 경우 B가 승소할 확률은 70%이며, 그때 부담하여야 할 법적 비용은 15원이라고 한다면 두 번째 계약의 가치는 얼마가 되는가?

두 번째 예에서 B가 얻을 수 있는 전매차익은 97원이므로 첫 번째 예보다 이익 자체는 3원이 적다. 그러나 아래 산식에서 보는 바와 같이 두 번째 계약에 대하여 B가 가지는 가치를 계산해 보면 85.97원이 되므로, 결국 두 번째 계약이 B에게는 더

10) Bernstein(1995), pp. 192-193.

유리한 계약이라고 할 수 있다(즉, 보다 확실하게 이행할 매도인을 선택하는 것이 더 바람직한 선택이 된다).

$$(97\text{원} \times 75\%)+\{(97\text{원} \times 70\%-15\text{원}) \times 25\%\}=85.975\text{원}.$$

세 번째 예로서, 지금 당장 B에게 동일한 A제품을 인도할 수 있는 매도인(seller 3: S3)이 있다고 하자. 이 경우는 S3이 제시한 금액이 114원 이하로 설정되기만 하면 B에게는 위 두 사례보다 더 나은 결과를 가져온다. 왜냐하면, 그 가격으로 거래할 경우에는 B가 얻을 수 있는 이익이 최소한 86원(=200원-114원) 이상이므로 두 번째 사례보다 B가 가지는 계약가치는 더 크기 때문이다.

물론 이 경우 그 계약내용 중 면책(indemnity)과 같이 (당사자들이 예상하지 못한) 우발적인 사건이 발생한 경우에만 이행되어야 하는 것이라면, 이행이익은 그러한 우발적인 사건이 발생할 가능성을 반영하여 차감(discount)되어야 한다.[11)]

그런데 거래비용을 줄인다는 의미는, 회사가 보다 큰 금액을 제기한 매수인과 거래하기 위하여 계약을 파기할 자유를 의미하는 것은 아니라고 본다. 왜냐하면, 제3자로부터 보다 유리한 조건으로 제안을 받은 경우 계약을 파기할 자유를 인정하는 것이 효율적인지, 아니면 인정하지 않는 것이 효율적인지 검토하는 방법론(비용-편익 분석)에 대하여 비판하는 견해가 있듯이 단순히 시장 메커니즘에 의한 해결이 반드시 바람직한 결과를 가져오는 것이 아니라, 별도의 조치(계약 또는 제도)가 필요하기 때문이다. 따라서 다양한 당사자가 존재하고 때로는 상대방에 관한 정보가 부족한 상태에서 거래를 위하여 교섭하고 그 결과 원하는 결과에 이르기 위한 환경을 설정해 주기 위한 적절한 룰을 설계한다는 측면이 더 중요하다고 본다.[12)]

교통사고나 환경오염 사례와 달리(이 경우는 피해자와의 교섭이 존재하지 않으므로 법제도에 의한 해결이 필요하다), 상거래 내지는 기업조직처럼 당사자가 자발적으

11) Bernstein(1995), p. 193.
12) 藤田友敬(1999), p. 70.

로 관계를 맺는 상황에서는 법제도의 존재의의(그 중에서도 당사자의 명시적 · 묵시적 합의에 우선하는 것과 같은 법적 규율의 존재)를 찾기란 매우 어렵다. 여기에서 고려해 볼 수 있는 것이 (위에서 본) 당사자의 거래비용을 절감하기 위하여 체결된 가정적인 계약(hypothetical contract)이라는 데에 의의를 찾는 것이다.[13)]

그런데 현실에서는 많은 거래가 법률적인 효력을 가진 계약서의 존재와는 전혀 무관한 이유로 보호되는 경우가 있다.[14)] 예컨대, 법적 제재가 아닌, 기업 평판에 금이 가는 것을 두려워해서 상대방에게 계약 불이행시에는 그 상대방에게 보상을 해 주는 경우도 있고, 계약위반을 방지할 만한 아무런 현실적인 불이익이 없지만 계약자가 반대급부를 수령하기 위하여는 일단 계약이행이 가장 최선이라고 생각하는 경우라면 기회주의적인 계약위반(opportunistic breach) 가능성이 적을 수 있다.

따라서 계약에 의하여 거래에 부과되는 진정한 가치는 계약에 의하여 이행되는 거래의 가치에서 그 계약을 법적으로 이행을 강제할 수 있는 형식으로 만드는 데에 드는 비용과 자발적으로 이행하는 가치를 뺀 것이라 할 수 있다.[15)] 그리고 자발적인 이행의 가치는 이행이익에다가 그 계약이 유효한 계약이 없더라도 이행되었을 가능성을 곱한 다음, 계약자가 불이행시에는 자발적으로 제공받을 것으로 믿은 보상의 가치를 불이행가능성으로 곱한 금액을 더한 것이다.[16)]

(2) 거래비용 기술자(Transaction Cost Engineer)로서의 중재자

거래비용이 발생하는 대부분의 사례에서 비용을 최소화할 수 있는 방향으로 정책을 결정하여 당사자들의 이익을 극대화하는 것이 바람직하다. 계약의 강제이행에 관한 전통적인 이론 중에는 계약 자체가 여러 우발사건(contingency)들을 모두 명기한, 완전한 계약에 가까울 때에는 양 당사자에게 이로울 가능성이 크므로 굳이 법원이 개입하는 것보다 이행시키는 것이 더 우월하다고 주장하기도 한다.[17)]

1937년 코즈(Ronald Coase)는 경제활동이 어떻게 구성되는지 그 핵심 요소로서 거래비용에 관심을 가졌고, 기업 내부에서 생산활동을 조직하거나 아니면 시장에

13) Frank H. Easterbrook and Daniel R. Fischel(1991) 등.
14) David Charny(1990), p. 375.
15) Bernstein(1995), p. 193.
16) Bernstein(1995), p. 194.
17) 김일중(2008), pp. 338-340.

서 조직할 경우 그에 따른 기업의 내부 구조를 어떻게 정할 것인지, 계약 유형을 어떻게 할 것인지 등의 선택은 거래비용을 경제적으로 만드는 측면에서 결정된다고 보았다. 이와 관련해서, 불완전한 시장에서 거래비용을 감소시키는 통상의 제도적인 메커니즘으로서 중개자 역할을 하는, 변호사를 포함한, 전문가들(intermediaries-specialists)의 역할이 중요하다는 길슨(Gilson) 교수의 견해는 경청할 가치가 있다.[18]

길슨 교수는, 이러한 전문가들이 회사에 속한 자인지, 외부의 자인지 여부를 불문하고 거래비용을 줄이기 위하여 중재자로서 계약과 조직비용을 개선하기 위하여 노력한다는 점에 주목하였다. 거래비용을 효율적인 계약과 내부적인 조직구조를 설계함으로써 줄이고자 노력한다는 의미에서 길슨은 '거래비용 기술자'(transaction cost engineer)라는 용어를 사용하였다(특히, 기업변호사(business lawyer)가 이러한 거래비용 기술자의 대표적인 예이다).

길슨 교수는, 전문가들이 해당 거래에 보다 가치를 부가하는 방법으로서는 현실 세계의 거래를 이상형의 세계(즉, 이것은 재무학(financial literature)에서는 자본자산가격결정모형(Capital Assets Pricing Model)으로 알려져 있는 것이다)에 근접시켜 관련된 비용(joint cost)을 줄일 수 있는 계약서의 조항을 그 계약에 넣음으로써 이른바, '거래비용 기술자'로서의 역할을 담당하여야 한다고 제안하였다. 즉, 법률적 기술(legal skill)과 거래의 가치(transaction value)는 거래비용을 줄이고 그리하여 보다 정확한 자산 금액으로 되는 거래구조를 창조하는 기업변호사(business lawyer)의 능력에 달려 있다고 제시하였다.

다만, 실무에서는 간혹 일부 변호사는 자신의 고객의 이익만을 철저히 고려하는 경우도 볼 수 있는데, 이것은 그 변호사가 전체 거래의 가치를 증가시키는 많은 행위가 일방 당사자인 자신의 고객에 대하여는 가치를 감소시킨다고 보아 관련된 거래비용을 줄이는 것이 그들 고객에게 도움이 되지 않는다고 생각하였기 때문이다.

그런데 거래가격과, 관례상 변호사들에 의하여 협상이 이루어지는 계약서 조항 사이의 관계를 분석해 보면, 가격은 대개 변호사에게 상담하기 이전에 결정되어 있거나 변호사가 다른 계약 조항을 협상함에 따라 계속하여 바뀌지는 않기 때

18) 이하의 내용은 Gilson(1984), pp. 253-256을 참조하였다.

문에 보통은 변호사에게 도움을 요청하지 않는다. 따라서 실무에서는 주로 증가된 거래위험의 내역을 나누거나(breakdown), 다른 협상비용을 통하여 간접적으로 상대방에게 비용을 부과하는 효과를 누린다. 따라서 이와 같이 거래비용 감소를 위하여 노력하는 중재자의 역할 역시 중요하다.

한편, 거래의 기본이 되는 계약을 해석하는 판단자의 역할 역시 계약 체결 전후에 걸쳐서 투자자의 투자 인센티브에 영향을 주는 것이므로 매우 중요하다고 할 수 있는데, 이러한 계약해석과 관련한 내용을 아래에서 별도의 항으로서 살펴보기로 한다.

3. 거래비용 감소를 위한 제도적 설계의 한 예 -기업인수계약을 중심으로

1) 가격결정 조항

그러면 전형적인 회사의 기업인수계약의 특정 조항에 의하여 거래비용이 조정되는 문제를 검토한다.

통상 매도인과 매수인은 기업이윤을 토대로 하여 가격을 정하게 되는데, 미래의 이윤(future earnings)이 얼마가 될지 서로 합의하지 못한 경우 계약은 종종 확정금 지급(fixed payment)과 불확정금 지급(contingent payment)을 결합해서 결정할 수도 있다. 확정금의 지급은 양 당사자가 기대한 미래의 이윤의 수준을 근거로 하는데, 일정한 기간 동안 이 금액을 초과한 실제 이윤이 있으면 그에 연동하여 일정 금액(즉, 위에서의 불확정금)을 지급받기로 약정하는 것이다.

따라서 목적물 가액에 관하여 이와 같은 조정 조항을 두면, 매도인은 실제 결과물에 근거한 가치의 전액을 지급받을 수 있고, 또 매수인은 자신이 사고자 하는 대상물이 이윤창출능력(earning power)에 관한 불확실성이 제거되기 때문에 기업이윤보다 더 높은 가격을 지급하고자 하는바,[19] 이로써 가치가 창출되었다고 볼 수 있다.

19) Gilson(1984), p. 260.

2) 진술 및 보장 조항 (1)

(1) 법적 시스템 비용

현실에서는 시장참여자들이 얻는 정보는 완전하지도 투명하지도 않으며, 누구는 정보가 많고 누구는 정보가 적다.[20] 특히, 기업인수계약(주식양수도거래)의 매도인의 진술 및 보장(representations and warranties)은 정보를 획득하는 데에 비용이 없다는 가정(즉, costless availability of information assumption)이 잘못된 것임을 잘 보여 주는 예이다.[21]

그런데 여기서 고려해야 할 요소가 한 가지 더 있음에 유의하여야 한다. 계약당사자 중 일방이 계약을 위반하여 위반하지 않은 상대방 당사자가 소를 제기할 경우, 우선 소송이 지연될 우려가 있고(prospect of delay), 또 소송비용뿐 아니라 법원이 계약이나 손해배상액을 산정하는 데 있어서 원래 계약이 체결될 때에 당사자들이 예상하였던 것과 달리 해석할 위험과 법원이 법적 판단이나 사실관계의 인정에 있어서 오류를 범할 위험에도 직면하게 되는바, 이것을 거래상의 법적 시스템 비용(legal system cost)이라고 부르기로 한다.[22]

(2) 계약적 약속으로서의 진술 및 보장 조항의 가치

그러면 사업양도시 매도인이 매수인에게 관례적으로 제공하는 진술 및 보장 조항의 가치(그리고 관련된 면책)를 검토해 본다.

만약 매수인이 양도대상에 관하여 확실한(verifiable) 정보에 접근할 수 있다면, 매도인에게도 좋은 일이다. 왜냐하면, 정보가 공개되지 아니한다면 매수인은 그 사업가치를 부정적으로 보는 등 부정적인 평가를 하여 적정 수준보다 낮은 가격을 제시하게 할 것이므로 이는 매도인에게 불리하게 작용하지만, 거꾸로 매수인이 정보를 획득하고 이것이 진실임을 입증하는 데에 드는 비용이 낮아진다면 매도인과 매수인은 단지 그 몫을 나누기만 하면 되고, 이는 거래의 가치를 증가시키게 되기

20) 정보의 비대칭성이다. 서경호, 「해외투자자 관심끌기 위한 에너지는 국민에게서 나온다 – 정보의 비대칭성 연구 '정보경제학' 대가 마이클 스펜스 교수」, 중앙일보, 2010. 7. 14., 경제 p. 11 .
21) Gilson(1984), p. 271.
22) Bernstein(1995), p. 198.

때문이다. 그러므로 매도인이 계약을 통하여 진술 및 보장을 제공하는 것이야말로 매수인에게 진실임이 입증된 정보를 제공하는 가장 저렴한 방법이라고 할 수 있다.

한편, 매수인이 진술 및 보장 조항에 대하여 가지는 가치는 매수인이 면책되는 범위에 국한되는 것이 아니며, 오히려 분쟁에 대한 판결을 얻기까지 소요된 시간적 · 경제적 비용, 법원의 판단에 있어서 오류가능성으로 인하여 매수인이 패소할 위험 등의 요소를 모두 고려하여 감액된 면책금액이 된다.[23)]

한편, 매도인의 입장에서 보면 자신의 진술 및 보장이 진실임에도 불구하고 매수인이 유효하지 아니한 주장을 제기한 데에 대한 방어비용 부담가능성, 법원이 오판가능성 등은 매도인이 매수인에 대하여 면책시켜 줄 금액을 상승시킨다. 그러므로 면책과 관련하여 비용이 높은 거래에서는 정보의 진실성 여부에 관한 확인을 위하여 다양한 정보기술(information technique)이 선호될 수밖에 없는데, 3자를 사용하여 확인하는 것을 포함하여,[24)] 매도인의 변호사가 제공하는 법률의견서 역시 제3자를 통하여 정보를 인증하는 확인절차의 한 예로 들 수 있다.[25)]

이와 같이 당사자들이 거래가치 증대를 위해 계약서라는 형식을 이용할 때 반드시 부담해야 하는 거래비용의 또 다른 유형으로서 법적 시스템 비용이 고려되어야 한다.

(3) 진술 및 보장 조항 해석상의 문제점[26)]

계약에 관한 해석은 당사자의 투자 인센티브에 영향을 주고, 또 투자의 수준을 바꾸는 요인이 되기도 한다.

일반적으로 진술 및 보장을 둘러싸고 발생하는 분쟁은 기본적으로는 진술 및 보장 조항의 해석에 관한 이견에서 비롯된다. 그리고 이를 나누어 보면, 첫째 과연 매도인이 진술 및 보장에 위반한 사실이 있는지(즉, 매도인이 진술 및 보장한 내용 중 어느 조항을 위반하였는지)에 관한 판단과 그러한 위반사실에 대하여 이미 매수인이 알고 있었으므로 위반에 따르는 보상책임이 제한 내지는 면제된다는 매도인의 항

23) Bernstein(1995), p. 199.
24) Bernstein(1995), p. 199.
25) Gilson(1984), pp. 290-293.
26) 이 점에 관한 상세한 논의는 김태진(2009) 참조.

변 부분으로 구분된다.

진술 및 보장 위반 자체를 매매목적물인 주식의 하자로 볼 수 있는지는 명확하지 않다. 그러나 기업의 인수를 주식매매의 형태로 실행하는 M&A거래에서 주식에 관한 법률적인 하자뿐만 아니라 기업가치에 불리하게 영향을 미치는 사항은 진술 및 보장이라는 형식으로 계약서에 반영되어 있으므로 단순한 내심의 동기와는 분명히 구별되고 당사자의 효과의사를 구성한다고 해석된다. 따라서 매도인의 진술 및 보장은 원래 M&A 거래에 있어 당사자가 의도하고 있는 거래의 전제가 된 기업의 상태를 명확하게 하고 하자담보책임에서 대처할 수 없는 경우를 보완하기 위하여 등장한 것이므로 하자담보책임과 유사한 면이 있다.

그러나 M&A 계약의 진술 및 보장 내용은 목적물 자체에 존재하는 하자에 국한되는 것이 아니라, 목적물의 가치 산정을 위한 제반 사정까지도 포함한다는 점, 보상 범위에 있어서도 당사자 간 약정에 의하여 신뢰이익에 국한하지 않고 정하고 있는 점, 보상청구의 내용 중에는 대금 감액이나 손해배상, 계약해제 등 다양한 방법이 마련되어 있는 데에 비하여 민법상의 하자담보책임은 대금감액청구권에 대하여는 아무런 언급이 없고, 그 대신 민법 제580조 및 제575조 제1항에 따라 물건의 하자가 있는 경우 손해배상만을 청구할 수 있다고 규정하고 있는 점, 진술 및 보장에 대한 보상책임은 영미법계의 계약책임에 기원을 둔 것인 데 비하여 하자담보책임은 로마법계에서 대륙법계로 이어지는 계약책임에 기원을 둔 것이라는 점 등 차이가 있다. 따라서 진술 및 보장 위반으로 인한 보상책임의 본질은 채무불이행책임에 가깝다고 볼 수 있다.

그러므로 매수인이 매도인의 진술 및 보장 위반에 대하여 알았거나 과실로 인하여 이를 알지 못하였다고 하더라도 이러한 매수인의 주관적 사정은 과실상계에 의한 감액사유는 될지언정, 매도인의 보상책임의 성립에는 아무런 문제가 없다고 보아야 한다. 그러나 현실에서 더 중요한 문제는 매수인의 주관적 사정이 보상책임에 미치는 영향이 아니라, 언제 무엇을 기준으로 매수인에게 이러한 주관적 사정이 있었다고 볼 것인가라는 점이다.

M&A 실무상 매도인의 입장에서는 원래 실사 과정에서 개시된 사실에 관하여는 모두 진술 보장의 예외로 한다는 취지의 예외 규정을 두거나 기술적으로 진술

및 보장의 각 조항마다 예외사항이 있음을 명시하고 그러한 예외사항들에 관하여는 별첨 서류(disclosure schedule)로서 첨부하는 등의 방법을 통하여 보상청구로부터 면책되기를 희망한다. 협상 과정에서 매수인 역시 실사를 통하여 매도인이 진술 및 보장에 위반한 사실을 발견한 경우 이것이 직접적으로 계약대금의 감액을 요청할 수 있는 금액으로 산정할 수 있는 사항이라면 당연히 이를 지적하고 감액을 요청할 것이다.

그런데 협상 시점에는 현실적인 금액으로 산정하기 어려운 위반사항인 경우라면 매수인은 매도인이 그 부분에 대하여 문제 없다는 진술과 보장을 믿고 전략적으로 그대로 협상을 진행하는 경우가 종종 있다. 매수인의 의도는 실사 과정에서 진술 및 보장 위반 사실에 관한 정보가 제공되거나 발견되었는지 여부에 상관없이 나중에 매도인을 상대로 진술 및 보장 위반으로 책임을 물을 수 있도록 하고자 하는 것이다. 따라서 대개의 경우 매수인의 인식의 근거가 되는 실사 결과가 매도인의 진술 및 보장의 효과에 영향을 주지 않도록 정하는 규정을 계약에 넣어 두게 된다. 따라서 매수인이 위반사항을 알면서도 아무런 조치를 취하지 아니하였다고 하여 그러한 사유를 들어 금반언의 법리를 적용하여서는 아니 된다.

이와 같이 M&A 거래에서 매도인의 진술 및 보장 위반에 대한 매수인의 악의 내지는 과실을 어떻게 해석할 것인지에 관하는 양 당사자들이 첨예하게 대립하는 부분이므로, 법원은 법적 판단을 내릴 때에 진술 및 보장 조항의 이러한 기능을 고려하여야 한다. 또 법원의 해석 내지는 판단은 향후 M&A 실무에 많은 영향을 줄 수밖에 없으므로 판단시에는 거래비용을 감소하기 위해서는 어떠한 관점에서 접근하여야 하는지를 검토하여야 한다.

Ⅵ. 불확실성하에서의 기업가치 평가: 경제분석과 법원의 판례연구

1. 논의의 배경

이해관계 조종이나 손해배상을 위해서는 올바른 가치평가가 수행되어야 한다. 최근 우리나라에서도 사적 소송을 통한 손해배상청구사건이 다수 제기되고 있어 이와 관련된 추정방법에 대한 논의가 활발히 전개되고 있다. 비록 경제학적 추정방법은 법원의 결정적 증거로서 채택되지 못하는 경우가 많으나, 외국의 사례에서와 같이 점차 중요한 근거로서 활용되는 비중이 늘어날 것으로 예상되고 있어 이에 대한 검토가 필요하다고 판단된다. 여기서는 경제분석을 통해 정상적인 가격·가치를 추정하는 방식에 대해 소개·평가하고 이에 대해 법원이 어떻게 수용하고 있는지를 검토해 보고자 한다.

최종원·김현종(1994)은 손해배상 규모를 추정하는 방식으로서 전후비교론(before and after theory), 표준시장비교론(yardstick theory), 시장점유율이론(market share theory)이 있다고 설명하였다.[27] 전후비교론은 위법행위 기간 동안의 가격과 해당행위 이전의 가격을 비교해 분석하는 방법이다. 이러한 분석에서는 얼마나 정확하게 차이를 추정할 수 있는지 여부가 법적 근거로서 관건이 된다. 표준시장비교론은 위반행위가 없는 지역 혹은 기간에 대해 가격을 추정한 후 이를 바탕으로 위반행위로 인한 손해규모를 측정하는 방법이다. 이러한 분석방식은 방법론의 정합성과 함께 얼마나 객관적인 기준을 가지고 추정하는지가 중요한 관건이 된다. 한편, 시장점유율이론은 해당 행위가 없었을 경우 점유하였을 기업의 점유율을 추정하여 손해규모를 산정하는 방식이다.

표준시장비교법이든 전후비교분석법이든 어느 한 방식이 절대적 우위를 갖는 것은 아니며 사건 사례에 따라 적합성이 달라질 수 있다. 경제분석의 경우 그 분석

27) 최종원·김현종(1994), pp. 59-61 참조.

방식의 학술적 우월성이 아니라 분석 결과의 신뢰도가 재판부의 채택 여부에 결정적으로 영향을 준다. 여기서는 입찰담합의 손해배상 소송과 주식가격의 평가소송 등에 적용될 수 있는 전후비교법과 표준시장비교법을 설명하고, 분석방법의 장단점에 대해서도 평가하도록 하겠다. 또한 이러한 경제학적 분석방법이 제시한 결과에 대해 법원이 어떻게 수용하거나 판단하고 있는지에 대해서도 살펴보도록 하겠다.

2. 정상입찰가격에 대한 경제분석

일반 카르텔에 대해 경쟁가격을 추정하는 방법으로서는 1880년대 미국 철도 카르텔이었던 Joint Executive Committee를 연구한 Porter(1983)의 전환회귀분석법을 들 수 있다. 포터(Porter)는 수요충격요인을 통제하면서 수요함수와 공급함수를 추정함으로써 철도 카르텔로 인한 화물수송요금의 인상폭이 40% 정도였음을 밝힌 바 있다.[28)] 일반 카르텔의 경우 경쟁가격을 측정하기 위해 수요함수와 공급함수를 추정해야 하지만 입찰담합의 경우는 도출된 축약형 입찰함수를 통해 카르텔로 인한 가격변화를 추정할 수 있다. 여기서는 입찰함수에 대한 기본 설명과 정상 입찰가격을 추정하는 방법론, 그리고 법원의 판례와 경제학적 검정방법에 대해 살펴보도록 하겠다.[29)]

1) 입찰함수와 추정모형

입찰 과정에는 대개의 경우 다수의 판매자가 참여하는 데 비해 구매자는 한 사람으로서 구매자는 전체 입찰절차를 상당한 수준으로 통제할 수 있다. N개 기업이 입찰에 참여하며 제시한 가격 중 최저가격이 구매자의 예상가격(reservation price)인 r보다 낮을 경우 최저가격을 제시한 기업에게 낙찰된다. 2개 기업 이상이 동일한 최저가격을 제시하였을 경우에는 확률에 의해 낙찰자가 결정된다. 기업 i는 비용

28) Porter(1983)는 1880년대 철도 카르텔이었던 Joint Executive Committee 관련 자료를 이용하여 분석한 결과 카르텔의 와해와 가격경쟁은 불황기에 발생한다는 사실을 입증하였다. Porter(1983)는 철도산업 내 경쟁과 담합 간의 차이를 연구하기 위하여 경쟁시기와 담합시기를 나누어 두 시절의 추측행위탄력성(conjectural variation elasticity) 격차를 분석하였다. 각 시기별 공급함수를 추정하여 획득한 담합시와 비담합시의 공급함수 차이가 바로 두 시기의 경쟁도 차이를 의미한다고 해석하면서 Porter(1983)는 담합의 붕괴로 인한 내쉬경쟁 시기의 확률은 28% 정도라고 밝혔다.

29) 입찰담합과 관련된 추정분석 방법론에 대한 보다 구체적인 설명은 Connor(2007), 이인권(2008)을 참조.

c_i를 가지고 있는데, 이러한 비용은 분포함수 f와 누적분포함수 F를 가지며, 기업별 비용의 범위는 $c_i \in [\underline{c}, \bar{c}]$에 해당된다. 여기서는 기본 이론을 설명하기 위해 1차 가격입찰(the first price auction)로 가정하고 기업들은 독립적이고 개별적인 가치(independent private values)를 가진다고 가정한다. 기업 i가 입찰가격 b_i로 낙찰을 받은 경우 이윤은 $\pi_i = b_i - c_i$가 되며, 낙찰을 받지 못한 경우 이윤은 영(0)이 된다.

(1) 입찰함수

기업 i가 비용 c를 가진 경우 입찰가격을 $b(c)$로 하여 낙찰받는다고 하면 이윤은 $b(c)-c$가 된다. 또한 입찰가격 $b(c)$가 낙찰받을 확률은 입찰에 참여한 $N-1$개의 다른 기업들이 $b(c)$보다 높은 가격을 제시한 경우이다. 입찰가격 $b(c)$를 제시할 경우 경쟁기업들이 대응하여 $b^{-1}(b(c))$를 입찰가격으로 제시한다고 하면 낙찰될 확률은 $[1-F\{b^{-1}(b(c))\}]^{N-1}$이 된다. 입찰에 참여하는 기업들의 입장에서는 입찰가격 $b(c)$를 높게 책정하면 기업이윤이 증가하지만, 낙찰 확률은 감소된다. 따라서 아래와 같이 기업이윤의 기댓값을 극대화시킬 수 있는 입찰가격 b를 제시하고자 한다.

$$\max_{\{b(c)\}} \pi(c) = (b(c)-c)\{1-F[b^{-1}(b(c))]\}^{N-1}. \qquad (1)$$

위 극대화 문제의 1계 조건은 식 (2)와 같다.

$$[1-F\{b^{-1}(b(c))\}]^{N-1} + (b(c)-c)(N-1)\Big[-\{1-F[b^{-1}(b(c))]\}^{N-2} f\{b^{-1}(b(c))\}\frac{db^{-1}}{db}(b(c))\Big] = 0. \qquad (2)$$

위의 수식을 활용하여, 식 (3)과 같은 입찰함수 $b(c)$를 도출할 수 있다.

$$b(c) = c + \int_c^r \Big\{\frac{1-F(s)}{1-F(c)}\Big\}^{N-1} ds. \qquad (3)$$

(2) 추정모형

Porter and Zona(1993)는 도출된 입찰함수 식 (3)을 아래의 식 (4)와 같은 축약형 로그선형입찰방식(log-linear bidding rule)으로 전환하였다.[30)]

$$\log(b)=\alpha_t+\beta X_{it}+\varepsilon \,. \qquad (4)$$

여기서 α_t는 입찰 t의 특이적인 요인을 나타내며, $X_{i,\,t}$는 기업 i가 입찰 t에서 입찰가격을 결정하는 데 영향을 주는 요인을 나타내는 변수들로서 비용조건 및 낙찰 확률과 관련된 사항들이다. Porter and Zona(1993)는 입찰가격에 대한 설명변수 $X_{i,\,t}$로 기업별 설비규모, 가동률, 사업체와 프로젝트 간 거리 등을 이용하였다. 경쟁입찰 시의 정상가격에 대한 추정은 위의 식 (4)를 기본으로 이용하여 후술하는 방법들로 수행된다.

2) 추정방법

(1) 전후비교법

가. 더미변수 추정법

입찰함수 식 (3)의 도출 과정에서 살펴본 바와 같이 낙찰가격은 입찰기업의 비용조건과 낙찰 확률에 영향을 주는 요인에 의해 결정된다. 더미변수를 활용한 계량분석은 전체 표본 중 담합행위가 발생한 표본에 대해 더미변수를 통해 낙찰가격의 차이를 산정하는 방식이다. 기본적인 더미변수 분석법의 추정식은 아래의 식 (5)와 같이 나타낼 수 있다.

$$b_t=\beta_0+\beta_1 X_t+\beta_2 D_t+\varepsilon_t\,, \quad {}^{\forall}t=1,\,\cdots,\,T. \qquad (5)$$

여기서 b_t는 사업 t의 낙찰가격을 나타내며, X_t는 사업 t의 낙찰가격에 영향을 미치는 비용요인, 생산설비규모, 사업 t에 참여한 경쟁자의 수 등 가격과 낙찰 확률에 영향을 줄 수 있는 k개의 변수를 포함한 벡터행렬을 나타낸다. D_t는 입찰 t에 담합행위가 있었으면 1, 아니면 0의 값을 갖는 더미변수이다. 추정치 β_2는 담합행위로

30) Porter and Zona(1993)는 1979년 4월부터 1985년 5월 동안 뉴욕주 Nassau and Suffolk 카운티(county) 교통국(department of transportation)이 고속도로 건설계약으로 발주한 116개 입찰사업을 대상으로 분석하였다.

인해 인상된 낙찰가격 차이를 나타내는 기준이 되므로 β_2를 기초로 입찰담합에 의한 손해배상규모를 산정할 수 있다.

나. 이중차분법

전술한 더미변수 접근법으로 추정된 담합효과는 단순한 담합의 효과뿐 아니라 담합시장의 특성과 담합시기의 특성을 모두 포함하여 추정함으로써 추정의 오류를 가져올 수 있다. 즉, 담합이 군납시장에서 발생하였다면 더미변수의 추정식에는 담합의 특성뿐 아니라 군납시장의 특성도 포함되며, 담합이 발생하였던 기간 동안의 시계열적 특성도 포함되어진다는 단점이 있다. 이러한 문제를 해결하기 위해 이중차분법(difference in difference)을 이용하여 추정할 수 있다.[31] 이중차분법에서는 아래의 식 (6)과 같은 형태의 추정식을 회귀분석에 이용한다.

$$b_t = \beta_0 + \beta_1 X_t + \beta_{21} D_{M,t} + \beta_{22} D_{C,t} + \beta_{23} D_{M,t} D_{C,t} + \varepsilon_t, \quad \forall t = 1, \cdots, T. \qquad (6)$$

여기서 $D_{M,t}$는 입찰 t가 군납시장을 대상으로 하였으면 1, 아니면 0인 값을 갖는 더미변수이며, $D_{C,t}$는 입찰 t가 담합기간에 해당되면 1, 아니면 0인 값을 갖는 더미변수이다. 군납시장과 다른 입찰시장 간의 낙찰가격에 대한 차이는 β_{21}로 나타나며, 담합기간과 비담합기간 간의 낙찰가격에 대한 차이는 β_{22}로 나타난다. 따라서 군납시장에서 담합기간에 해당하는 입찰의 영향을 나타내는 β_{23}은 군납유류 입찰담합으로 인해 추가적으로 인상된 낙찰가격분을 나타낸다.[32]

더미변수 접근법이나 이중차분법은 전체 표본을 분석에 이용할 수 있다는 장점이 있지만, 반면에 강한 가정을 전제하고 있어야 한다는 단점이 있다. 즉, 입찰담

31) 군납유류 담합행위에 대한 손해배상사건에서 피고인 측과 감정인 측은 이중차분법을 활용한 추정방법을 이용하였다.

32) 예를 들어, 아래의 표와 같이 각각의 상태에 따라 입찰의 낙찰가격이 달라졌다고 하자.

	군납시장	담합이 발생하지 않는 일반시장
담합기간	A	B
비담합기간	C	D

이중차분법을 통해 획득한 추정치들 중 β_0는 D를 의미하고, β_{21}은 $C-D$를 의미하며, β_{22}는 $B-D$를 의미한다. 그리고 β_{23}은 $(A-C)-(B-D)$를 나타내는 계수이다.

합이 행해진 경우이든 담합이 없었던 경우이든 비용요인이나 입찰자 수가 낙찰가격에 주는 영향은 동일하다는 가정이다. 입찰담합에 가담한 기업의 입찰함수가 경쟁적 행동을 하는 기업의 입찰함수와 동일한 함수를 갖지 않을 수 있어 동일 함수에 대한 가정이 성립하지 않을 수 있다.

(2) 표준시장비교법

표준시장비교법(yardstick method)은 전체 표본에서 담합이 발생하지 않는 표본만을 추출하여 별도로 분석한 이후 여기서 결정된 추정가격을 정상가격으로 판단한다. T개의 전체 표본 중 담합이 발생하지 않은 $\tau(<T)$개의 표본을 대상으로 아래와 같은 입찰가격 추정식을 이용해 분석한다.

$$b_t=\beta_0+\beta_1 X_t+\varepsilon_t, \quad {}^{\forall} t=1, \cdots, \tau. \tag{7}$$

전술한 바와 같이 경쟁적 가격으로 입찰하는 기업의 입찰함수와 담합기업의 입찰함수는 동일한 추정함수를 갖지 않을 수 있어 전후비교법적 추정방식은 가정상의 문제가 발생할 수 있으나, 담합이 없는 표준시장을 기준으로 경쟁적 낙찰가격을 추정하는 방법은 입찰함수에 대한 가정으로부터 자유로울 수 있다. 위의 식 (7)을 추정하여 획득되는 추정치 $\hat{\beta}_0$와 $\hat{\beta}_1$을 담합입찰가격의 설명변수인 X_t^c에 적용하여 담합시 낙찰가격 b_t^c로부터 경쟁시 표준가격이 되는 $\hat{\beta}_0+\hat{\beta}_1 X_t^c$를 제외한 규모를 손해배상금으로 추정한다. Porter and Zona(1993)나 Bajari and Ye(2003)에서 검증된 바와 같이 이러한 방식은 입찰함수의 편의(bias)를 제거시켜 주지만, 표준시장비교법은 누락변수(omitted variable)가 있을 경우 추정치의 정확성이 감소될 수 있다는 문제와 표본의 부족 문제가 단점이 될 수 있다.[33)]

3) 군납유류 입찰담합 손해배상사건에 대한 법원의 판결

우리나라의 경우 군납유류 입찰담합 손해배상사건은 2010년 8월 현재 대법원

---

33) 이러한 문제에 대하여 이인권(2008)은 '비편의성(unbiasedness)과 효율성(efficiency) 간의 타협적 거래'라는 표현을 하였다. 이인권(2008), p. 90 참조.

에서 심사를 하고 있는 등 1심과 2심 재판 과정을 거치면서 경제적 실증분석방법과 법원의 판례가 형성된 사례에 해당한다. 정유 5개사가 1998년부터 2000년까지 3년 동안 군용유류를 납품하는 과정에서 입찰물량을 나누어 낙찰하기로 담합하였다. 공정거래위원회는 해당 행위에 대해 부당공동행위로 판단하고 과징금을 부과한 바 있다.

군납유류 입찰담합 손해배상사건 1심 재판(서울지방법원 2007. 1. 23. 선고 2001가합10682 판결)에서 원고측은 석유제품의 싱가포르 현물시장가격(이하 MOPS)을 기준으로 한 표준시장비교법으로 손해액을 산정하였다. 원고측은 입찰담합이 없었으면 경쟁 낙찰가격은 싱가포르 현물시장가격(MOPS)에 운반비, 통관료, 일반관리비 등 추가비용을 추가한 금액이 되었을 것이라고 추정하였다.[34] 반면, 피고측과 법원 감정인은 각각 이중차분법을 이용한 낙찰가격과 손해배상규모를 추정하였다. 1심 법원은 비담합시기와 담합시기 간 차이 및 군납시장과 비군납시장의 차이를 고려하여 정상낙찰가격을 산정해야 한다고 언급하면서 피고측과 법원 감정인이 지지하였고, 원고측도 신뢰할 수 있는 방법이라고 평가한 이중비교법을 채택하였다.

그러나 2심 법원(서울고등법원 2009. 12. 30. 선고 2007나25157 판결)은 계량경제학적 회귀분석의 합리성을 인정하였지만 이중비교법 추정식에 포함되는 변수에 의해 손해배상규모가 달라져 경제전문가의 분석이 판이하게 다르다는 문제를 지적하였다. 2심 재판에서 법원은 원고나 피고나 모두 경제학적 논거에 근거하여 분석하였기 때문에 어느 한 모형이 반드시 우월하다고 보기 어려우며, 법원이 모형의 타당성 여부를 판단하기도 곤란하다고 인정하였다. 그런데 동일한 이중차분법을 이용한 추정 결과, 손해액의 편차가 5.5배를 초과할 정도로 매우 크다는 점을 지적하면서 이중차분법을 이용한 회귀분석 결과를 수용하기에는 현실적인 제약이 있다고 인정하였다. 2심 법원은 대신 경쟁가격 예측 신빙성이 가장 높았던 원고측의 표준시장비교법 분석 결과를 채택하였다.[35]

34) 원고측은 '정상가격=MOPS+추가비용(운임보험료, 신용장 개설료, 통관료, 국내 운반비, 저유비, 품관비, 첨가제 가격, 일반관립, 이윤, 석유기금, 관세 등의 부대비용)'으로 산정하였다. 또한 원고는 추가로 피고들이 대한항공, 철도청, 수산업협동조합, 한국전력 등 국내 대량수요처에 공급한 거래실례가격에 특수유종에 들어가는 빙결방지제와 같은 첨가제 비용 또는 수송비용 등의 부대비용을 추가한 금액을 기준으로 손해액을 산출하는 방법을 제시하면서 원고가 주장하는 손해배상금액의 정당성을 비교하는 형식으로 보충하였다.

35) 군납유류 입찰담합이 종료된 2001년 이후 9년 동안 MOPS 추이가 국방부 유류구입가격과 연평균 약±5% 정도의

4) 추정모형에 대한 경제학적 검정방법: 입찰함수의 교환가능성 검정

군납유류 입찰담합 손해배상소송에서는 1심 법원과 2심 법원이 이중차분법과 표준시장비교법에 대해 상반되게 평가하였다. 그러나 계량경제학적 관점에서는 두 분석방법을 수용할 것인지 여부는 곧 하나의 입찰함수로 담합과 비담합 시기의 가격결정행위를 추정할 수 있는지 여부가 관심의 대상이 된다. 이와 같이 동일한(identical) 입찰함수를 가지고 가격을 제시한다는 가정을 교환가능성(exchangeability)이라고 부르는데, 이러한 교환가능성이 존재하는지를 분석해야 할 필요가 있다. 2심 법원이 수용한 MOPS를 기준으로 산정하는 방식은 표준비교법 추정식 (7)의 단순화된 형태로 이해할 수 있다. 이 추정식 (7)을 사용할 것인지 아니면 이중차분법 추정식 (6)을 사용할 것인지는 계량경제학적인 방법으로 교환가능성을 검정함으로써 확인할 수 있다. Bajari and Ye(2003)는 교환가능성을 확인하기 위해 기업별 추정치를 획득한 다음 이들 추정치 간 교환가능성을 추정하였는데, 이 분석방법을 활용해 볼 수 있다. 즉, 입찰담합이 있었던 표본만을 대상으로 회귀분석한 추정치 β_{1k}와 입찰담합이 없었던 표본만을 대상으로 회귀분석한 추정치 β'_{1k}가 동일하다는 귀무가설($\beta_{1k}=\beta'_{1k}, \forall k$)이 기각되는지 여부를 검정하는 방법이다. 귀무가설이 기각되지 않는다면 전술한 이중차분법 추정식을 이용할 수 있으나, 귀무가설이 기각될 경우 표준시장비교법을 사용하는 것이 적절할 수 있다. 혹은 만약 표본의 성격에 따라 영향이 달라 동일한 입찰함수를 가진다는 가정이 성립하지 못하지만 이중차분법을 적용하려 한다면 최소한 아래와 같은 추정식을 이용하여 표본 간 추정치의 차이를 통제해 주어야 한다.

$$b_t=\beta_0+\beta_{11}X_t+\beta_{12}X_tD_{M,t}+\beta_{13}X_tD_{C,t}+\beta_{14}X_tD_{M,t}D_{C,t}+\beta_{21}D_{M,t}+\beta_{22}D_{C,t}+\beta_{23}D_{M,t}D_{C,t}+\varepsilon_t, \quad \forall t=1,\cdots,\tau. \quad (8)$$

이 추정식을 이용하여 분석할 경우 군납시장에서 담합으로 인한 낙찰가격의 추가 인상분은 $\beta_{14}X_t^C+\beta_{23}$이 된다. 만약 귀무가설이 기각된다면 2심 법원이 수용한 바와 같이 표준비교법으로 비담합시의 낙찰가격을 추정하여야 한다.

편차범위 내에서 일치한다는 사실이 설득력을 얻어 재판부는 MOPS에 추가비용을 더한 원고측 산정규모를 적정 손해액으로 판단하였다.

3. 적정 주식가격에 대한 경제분석

적정한 기업가치를 평가하는 것은 주주들 간 이해갈등을 해소하는 데 있어서 중요한 역할을 수행한다. 분식회계, 허위공시, 부실감사, 회사 보유주식의 저가매각 등 경영자의 행위로 회사에 손해가 발생하여 주주가치가 감소하였다면 이에 대한 적절한 보상을 위해서도 정확한 기업가치의 판단이 필요하다. 이하에서는 상장회사 혹은 비상장회사에 대한 가치평가에 이용되는 추정방법에 대해 소개하고 법원의 판례 성향에 대해 살펴보도록 하겠다.

1) 전후비교법

(1) 자본자산가격결정모형[36)]

주식과 같은 위험자산의 가격결정을 설명하는 이론으로서 대표적인 분석모형이 자본자산가격결정모형(Capital Asset Pricing Model: CAPM, 이하 CAPM분석법)이다.[37)] CAPM분석법은 기본적으로 위험자산의 수익률을 추정하는 모형이다. CAPM분석법에서는 일정한 가정을 전제로 자본시장에서 기업 i의 주식에 대한 예상수익은 전체 주식시장 위험 대비 보상규모에 β_i만큼을 곱한 아래와 같은 관계가 성립한다고 본다.

$$E(R_i)-R_f=\beta_i[E(R_M)-R_f]. \tag{9}$$

여기서 R_i는 기업 i의 주식 수익률이며, R_f는 무위험자산의 수익률을 나타내고, R_M은 주식시장 전체의 수익률을 나타낸다. 따라서 $E(R_i)-R_f$와 $E(R_M)-R_f$는 각각 기업 i 주식의 초과수익률과 주식시장 전체의 초과수익률을 의미한다.

---

36) CAPM이론에 대한 구체적 설명은 Campbell, Lo, and MacKinlay(1997), Grinblatt and Titman(1998), Brealey, Myers, and Marcus(1999), 국찬표 · 구본열(1994), 정한규(1985) 등 참조.

37) CAPM은 전후비교법이라고 고정적으로 볼 수는 없으며, 표준시장비교법으로도 활용될 수 있으나, 상장주식의 경우 거래가격이 존재하므로 해당 행위의 전후를 비교해 보는 것이 가능하므로 여기서는 CAPM분석법을 전후비교법으로 이용할 수 있는 평가방식으로 포함하였다.

CAPM분석법에서는 기업 i의 초과수익률이 시장 전체의 초과수익률보다 높은 것은 기업 i의 주식이 보다 더 높은 위험도를 갖고 있다고 판단하여 더 높은 수익률은 높은 위험도에 비례한다고 본다. 즉, 해당 주식의 수익률과 시장 전체 수익률 간 공분산이 시장 전체 수익률의 분산보다 클수록 β_i가 증가한다. 그러므로 CAPM분석법에서 β_i는 아래와 같이 정의된다.

$$\beta_i = \frac{\mathrm{Cov}(R_i, R_M)}{\mathrm{Var}(R_M)}. \tag{10}$$

CAPM분석법에서는 실증적으로 주식 수익률을 분석하기 위해 아래와 같은 추정식을 이용한다.

$$R_{i,t} - R_{f,t} = \alpha + \beta_i [R_{M,t} - R_{f,t}] + \mu_{i,t}, \quad i=1, \cdots, n, \quad t=1, \cdots, T \tag{11}$$
$$\Leftrightarrow r_{i,t} = \alpha + \beta_i r_{M,t} + \mu_{i,t}, \quad i=1, \cdots, n, \quad t=1, \cdots, T.$$

여기서 $r_{i,t}$와 $r_{M,t}$는 각각 주식 i의 초과수익률($r_{i,t}=R_{i,t}-R_{f,t}$)과 시장 전체의 초과수익률($r_{M,t}=R_{M,t}-R_{f,t}$)을 의미한다. CAPM분석법에서 수익률은 위험도를 수익률 비율에 조정한 것으로서, 기업 i 주식의 기대수익률이 CAPM분석을 통한 추정치보다 높다면 해당 주식에 대한 투자를 선택하게 된다.[38)]

CAPM분석법에 대해 실증적으로 분석한 연구들은 CAPM이론은 단기적으로는 지지되지 않으나 장기적으로 성립된다는 결과를 보여 주었다.[39)] 그리고 실증분석 결과, 수익률과 추정치 β 간의 선형관계가 존재한다는 사실도 확인하였다. 또한 기업의 수익률은 체계적 위험요인 이외에 기업규모나 배당수익률 등 다른 요인들에 의해서도 영향을 받는다는 것을 확인하였다.

그러나 CAPM분석법을 현실에 적용하는 데 있어서 여러 가지 문제점들도 함께 고려하여야 한다. 먼저 CAPM분석법은 이론적으로 상당히 강한 가정에서 출발하고

38) 즉, 기대수익률이 추정치인 $\hat{R}_i = \alpha + R_f + \hat{\beta}_i(R_M - R_f)$보다 높다는 것은 위험률을 할인한 수익률을 상회한다는 의미이므로 해당 프로젝트 혹은 해당 주식에 투자하는 것이 수익이 된다는 의미이다.

39) CAPM이론에 대한 실증연구 결과에 대해서는 Black, Jensen, and Sholes(1972), Miller and Scholes(1972), Fama and MacBeth(1973) 등 참조.

있다. 즉, CAPM분석은 (1) 위험자산에 투자시 최적 포트폴리오에 투자, (2) 투자시 자본자산의 기대수익률과 분산 등 위험률에 대해 동질적으로 예측(homogeneous expectation), (3) 무위험자산을 무제한으로 이용가능, (4) 주식시장은 거래시 세금, 거래비용 등이 존재하지 않는 완전시장, (5) 수요와 공급이 일치되는 균형주식시장 등과 같은 가정을 전제로 하고 있다. 이러한 가정이 성립하지 않을 경우 CAPM이론의 적용이 제한을 받을 수 있다. 한편, CAPM분석법은 실증적으로도 이용하는 데 한계가 존재한다. 먼저 CAPM분석법을 활용하기 위해서 과거 수익률을 미래의 기대수익률로 대체사용하고 있는데, 미래수익률의 확률분포가 과거의 경우와 일치한다고 단정할 수 없어 문제가 될 수 있다. 또한 CAPM분석법에서는 시장 포트폴리오에 대해 투자가능한 모든 자산의 경우로 가정하고 있지만, 현실적으로는 주식시장의 종합주가지수를 대용지표로 분석에 이용하고 있어 전체 시장에 대비한 수익률을 비교하는 데 한계가 있다.

(2) CAPM모형 추정법

가. 더미변수 추정법

경영자의 위법행위로 주가에 손실이 발생하였을 경우 CAPM분석법 추정식에 더미변수를 비교분석을 위한 도구로 활용하여 손해배상규모를 추정할 수 있다. 경영자의 당해 행위가 주식시장 전체 기간($t=1, \cdots, T$) 중 일부 기간($\tau, \tau+1, \cdots, \tau+h$) 동안에 발생하였으며, 해당 기업 i의 주식이 수익률에서 손실을 보았다고 하자. 류근관 · 송옥렬 · 이상승(2004)은 손해배상규모를 추정하기 위한 방법으로서 아래와 같은 추정식을 제안하였다.

$$r_{i,t}=\alpha+\beta_i r_{M,t}+\gamma_i D_i D_t+\mu_{i,t}, \quad i=1, \cdots, n, \quad t=1, \cdots, T. \tag{12}$$

여기서 D_i는 기업 i의 주식이면 1, 아니면 0인 더미변수이며, D_t는 기간 t가 당해 행위가 발생한 기간($\tau, \tau+1, \cdots, \tau+h$)에 포함되면 1, 아니면 0인 더미변수이다. γ_i는 기업 i 주식가격이 위해행위가 발생하였을 경우 시장 전체 수익률과 비교하여 낮아진 정도를 나타내므로 이에 기초하여 손해배상규모를 산정할 수 있다.

나. 이중차분법

류근관 · 송옥렬 · 이상승(2004)이 제안한 위의 추정식은 입찰담합의 적정 낙찰가격 추정방법에서 설명한 바대로 더미변수 접근법에 해당하며 이중비교분석법은 아니다. 위의 방식으로는 기업 i 주식의 특성과 당해 행위가 발생한 기간($\tau, \tau+1, \cdots, \tau+h$)의 특성을 통제해 주지 못한다. 이를 통제하기 위해서는 아래의 추정식과 같이 더미변수를 추가하여 보완할 필요가 있다.

$$r_{i,t}=\alpha+\beta_i r_{M,t}+\gamma_{1i}D_i+\gamma_{2i}D_t+\gamma_{3i}D_iD_t+\mu_{i,t},\quad i=1,\cdots,n,\quad t=1,\cdots,T. \tag{13}$$

여기서 γ_{1i}는 기업 i 초과수익률과 전체 주식시장 초과수익률 간의 차이를 추정한 값이며, γ_{2i}는 위해행위가 발생한 기간의 전체 주식시장 초과수익률과 전체 기간 동안 전체 주식시장 초과수익률 간의 차이를 추정한 값이다. 따라서 위의 추정식을 이용해 획득한 γ_{3i}에 기초하여 손해배상규모를 산정한다.

2) 표준시장분석법

상장회사의 경우 전술한 CAPM이론을 활용하여 이중차분법으로 위해행위가 없는 경우의 정상가격을 산정하는 것이 가능하다. 그리고 한편으로 상장회사는 여기서 소개하는 표준시장분석법을 이용하여 산정하는 것도 가능하다. 그러나 비상장회사의 경우 비교가능한 시장거래가격이 없기 때문에 CAPM이론을 활용한 정상가격의 추정이 곤란하다. 그러므로 기업가치 평가에 있어서 비상장회사의 경우에 적절한 비교대상이 되는 상장회사가 없으면 표준시장분석법으로 주식가치를 산정하고 있다.

비상장회사의 경우 저가발행 배임행위로 인한 손해배상, 강제축출(squeeze-out)로 인한 소액주주 보유주식의 적정 평가, 상장기업과의 합병에서 비상장기업 주주에게 합병기업의 주식배정, 상장시 IPO 기업의 주식가치 산정 등 다양한 사건에서 정상적인 주식가치의 산정이 요구되고 있다. 재무경제학(financial economics)은 비교

대상이 되는 상장회사의 주식가격을 찾기 어려운 사실을 고려하여 비상장주식을 적절하게 평가할 수 있는 분석방법들을 개발해 왔다. 표준비교분석으로서의 기업가치 평가법은 크게 기업의 자산을 기준으로 평가하는 자산가치평가법과 기업의 미래수익을 기준으로 평가하는 수익가치평가법으로 분류할 수 있다. 그리고 우리나라는 상속세 및 증여세법상의 평가기준으로 비상장기업의 주식에 대한 가치를 평가하도록 하고 있다. 여기서는 이러한 평가방법에 대해 살펴보도록 하겠다.

(1) 수익가치평가법

가. 미래가치의 현재화

수익가치평가법은 미래의 가치를 현재화시키는 분석방법이다. 기업이 미래의 t기에 X_t만큼의 미래수익을 획득한다고 가정할 경우 그러한 수익이 더해지면 해당 기업의 전체 수익규모가 된다. 예를 들어, 현재 1,000원을 수익으로 받았으며 이자율이 5%라고 가정한다면 t년 후에 복리로 계산하여 $1{,}000(1.05)^t$원의 가치를 갖게 될 것이다. 즉, t년 후의 미래가치(future value)를 X라고 하고 t년 후의 미래가치를 할인한 현재가치(discounted present value)를 PV라고 하며, 이자율 혹은 자기자본비용을 R이라고 하면 아래와 같은 관계를 갖게 된다.

$$X=PV\cdot(1+R)^t. \tag{14}$$

즉, t년 이후의 미래가치를 할인한 현재가치는 아래의 식으로 다시 표현할 수 있다.

$$PV=\frac{X}{(1+R)^t}=X(1-d)^t. \tag{15}$$

여기서 d는 할인율(discount rate)로서 $\frac{R}{(1+R)^t}$에 해당한다. 이제 다음 1기부터 T기까지 t기마다 미래수익 X_t를 획득한다고 가정할 경우 해당 기업의 현재가치는 아래와 같이 나타낼 수 있다.

$$PV=\sum_{t=1}^{T}\frac{X_t}{(1+R)^t}. \tag{16}$$

수익가치평가법에서는 X_t를 어떤 요소로 놓고 추정할 것인지 여부에 따라 주식의 수익가치에 대한 평가규모가 달라진다. X_t를 잉여현금흐름, 배당, 초과이익, 부가가치로 놓고 계산하는 데에 따라 각각 미래현금흐름할인분석법, 배당할인분석법, 초과이익평가법, 경제적 부가가치법 등으로 분류된다.40)

나. 자본비용의 산정

수익가치 평가모형에서 평가대상 기업의 주식가치는 할인율(discount rate) R의 영향을 받는데, 이러한 할인율을 산정하는 방법 또한 다양하다. 할인율을 추정하는 적절한 방법 중 하나는 평가대상 기업의 자기자본비용(cost of equity) R_E와 부채비용(cost of debt) R_D를 산정하여 가중평균하는 것이다. 자기자본비용을 계산하는 데에는 CAPM방식으로 추정한 β값을 이용한다. 구체적 설명을 위해 CAPM분석법으로 추정한 β_i는 기업 i 주식의 체계적 위험도를 나타내는 지표로서 기업 i의 주식 수익률이 전체 주식시장 수익률의 동향에 얼마나 민감하게 반응하는지를 나타낸다. 따라서 이를 응용하여 기업의 주식가치를 활용할 때 위험조정이 된 할인율로서 활용할 수 있다. 즉, 자기자본비용은 곧 해당 기업 주식의 위험조정할인된 수익률을 의미하므로 CAPM이론에서 설명한 $E(R_i)$에 해당한다. 그러므로 자기자본비용만을 자본의 전체 비용으로 고려하여 기업 i 주식의 수익가치를 평가할 경우 추정모형은 아래와 같이 된다.

$$PV_i=\sum_{t=1}^{T}\frac{X_{i,t}}{(1+E(R_i))^t}=\sum_{t=1}^{T}\frac{X_{i,t}}{(1+[R_f+\beta_i\{E(R_M)-R_f\}])^t}. \tag{17}$$

비상장회사의 경우는 평가대상 기업과 유사한 규모의 기업의 β값을 자기자본비용의 산정에 이용한다. CAPM분석법을 통해 산정한 β추정치가 높게 나타나면 이

40) 구체적 분석방법론은 Pratt(2008), Kihlstrom and Wachter(2005), 황인태 · 김문철 · 전영순(2005), Feltham and Ohlson(1995), Ohlson(1995) 등 참조

는 평가대상 기업의 할인율이 높다는 것을 의미하며, 할인율이 높다는 것은 다시 미래현금흐름에 비해 현재가치가 상대적으로 더 낮다는 의미를 가진다. 자기자본비용을 추정하는 방식에 비해 부채비용은 상대적으로 계산하기 용이하다. 즉, 평가대상 기업이 지불하기로 결정한 시장요율이 곧 부채의 비용으로 계산된다. 자기자본비용과 부채비용을 각각의 자기자본가치와 부채가치의 비중으로 가중치를 두고 산술평균한 값을 가중평균자본비용(weigthed average cost of capital: WACC)이라고 부르며, 이를 할인율로 산정하여 분석에 이용한다.

다. 현금흐름할인분석법

현금흐름할인(discounted cash flow: DCF)방식은 평가대상 기업의 자산에서 창출하는 미래현금흐름을 현재가치화하여 산정하는 방법이다. 구체적으로 미래 t기의 미래현금흐름 CF_t에서 영업활동을 위한 투자액 IF_t를 제외한 잉여현금흐름(free cash flow) FCF_t를 수익가치평가법의 X_t로 놓고 산정하는 방식이다. 즉, 현금흐름할인방식에서 주식가치는 아래의 수식과 같이 구해진다.

$$PV^{DCF} = \sum_{t=1}^{T} \frac{FCF_t}{(1+R)^t} - DV = \sum_{t=1}^{T} \frac{CF_t - IF_t}{(1+R)^t} - DV. \tag{18}$$

여기서 DV는 평가대상 기업의 부채가치를 나타낸다.

이러한 현금흐름할인(DCF)방식은 기업이 보유하고 있는 프로젝트별로 현재가치를 계산하고 이를 더하면 해당 기업의 가치를 산정할 수 있다는 장점을 가지고 있다. 그리고 현금흐름할인방식은 기업이 배당가능한 잉여현금흐름을 기준으로 계산하는 분석방법이기 때문에 이론적 타당성을 인정받고 있다. 또한 현금흐름할인방식은 기업이 상장회사이든 비상장회이든 기업의 주식가치를 평가할 수 있는 방식이라는 점에서 상장회사에 한하여 주식가치를 평가할 수 있는 CAPM 분석방법보다 다양하게 적용할 수 있다는 장점이 있다. 그러나 이러한 현금흐름할인방식은 미래의 잉여현금흐름의 가치를 어떻게 산정할 것인지에 따라 크게 변동될 수 있는 우려가 있다. 즉, $FCF_0, \cdots, FCF_T$의 값들이 어떤 경로(path)를 갖고 증가 · 감소하는지를 예측하는 것이 기업가치를 결정하는 데 중요한 판단이 된다. 특히, 이러한 추정시 종료가치에 크게 의존하게 될 우려도 있다. 이러한 요인으로 인해 기업가치를 평가하는 데 있어서 불확실성이 높고 정확도가 떨어질 수 있다는 단점을 갖고 있다. 또한 현금흐름할인방식은 현재까지 지속된 투자의 성격에 대한 고려는 포함되어 있지 않아 현재까지의 경영활동에 대한 평가가 제외될 수 있다. 그리고 프로젝트 간에 상호 보완성이나 연관성이 있는 경우 이러한 관계가 평가에 포함되지 않게 된다.[41)]

라. 배당할인분석법

배당할인모형(dividend discount model: DDM)에서는 기업의 주식가치가 미래의 배당수익을 현재가치화한 것으로 정의하고 있다. 즉, 배당할인모형에서 평가대상 기업의 주식가치는 수익가치평가법에서 X_t를 t기의 배당수익 D_t로 대체한 것으로서 아래의 수식과 같다.

$$PV^{DDM} = \sum_{t=1}^{T} \frac{D_t}{(1+R)^t}. \tag{19}$$

이러한 배당할인모형은 평가대상 기업의 배당에 대한 추정이 용이한 경우 주식가치 평가방법으로 적절하지만, 배당이 여러 요인에 의해 민감하게 영향을 받게 될 경우 활용하기 어려워진다. 또한 평가대상 기업의 배당성향이 낮을 경우 주식가치 분석법으로서 부적절하다. 무엇보다 배당할인모형은 기업의 미래가치에서 배분된 가치인 배당을 기준으로 하고 있다는 점에서 기업가치를 직접적으로 고려하지 못할 수 있다는 단점을 갖고 있다.

마. 초과이익할인분석법

초과이익할인(discounted abnormal earnings valuation model: DAE)분석법에서는 현재의 주식 장부가치에 미래의 초과이익을 현재가치화시킨 값을 더한 것이 곧 주주지분 가치 PV^{DAE}가 된다.[42)] 여기서 미래의 초과이익이란 곧 미래 t기의 회계이익 I_t에

41) 설성수 · 유창석(2002), pp. 44-58 참조.
42) 초과이익할인(DAE)분석법은 초과이익평가모형(residual income valuation model)으로도 불린다.

서 장부가치 주식(BV_{t-1})의 비용(곱하기 r)을 제외한 것이다. 이를 수식으로 나타내면 아래와 같다.

$$PV^{DAE}=BV_0+\sum_{t=1}^{T}\frac{I_t-r\cdot BV_{t-1}}{(1+R)^t}=BV_0+\sum_{t=1}^{T}\frac{(ROE_t-r)BV_{t-1}}{(1+R)^t}. \tag{20}$$

현재의 주식 장부가치 BV_t는 파악할 수 있으므로 초과이익할인(DAE)분석법에서는 미래의 ROE만을 정확히 추정하면 주주가치를 추정하는 것이 가능해진다는 장점이 있다. 배당할인모형에서는 미래의 배당을, 그리고 미래현금할인법에서는 미래의 잉여현금흐름을 예측해야 하는 반면, 여기서는 ROE만을 추정한다는 점에서 추정상의 오류를 줄일 수 있다는 장점이 있다.[43] 즉, 평가대상 기업이 배당성향이 낮거나 현금흐름의 동향이 매우 불안정할 경우 배당할인모형이나 현금할인법에 비해 초과이익평가법을 이용하는 것이 적절할 수 있다. 그러나 장부가치나 ROE를 추정하기 곤란한 경우이거나 평가대상 기업이 순수잉여(clean surplus) 관계공시가 아닌 혼합잉여(dirty surplus) 관계공시를 하는 경우 성과측정이 어려워져 초과이익할인분석법을 적용하는 것은 적절하지 않다.

(2) 자산가치평가법

자산가치평가법은 평가대상 기업의 자산에 대한 적정한 가격을 산정하고 이로부터 해당 기업의 부채가치를 제외시켜 계산하는 방식이다. 자산가치평가법에서는 먼저 주당 순자산을 계산하고,[44] 주가를 주당 순자산으로 나눈 순자산가치를 추정한다. 주당 순자산이란 청산을 가정할 경우 채무변제 후 1주당 분배를 받을 수 있는 금액이다.

$$\text{주당 순자산}=\frac{\text{자산총액}-\text{부채총액}}{\text{기말 발행주식수}},$$

43) 여기서 ROE에 대한 예측은 기업의 미래 수익성과 성장성을 고려하여 가치를 계산하게 된다.
44) 기업의 순자산은 '총자산–총부채'로 계산되지만 회계계정 항목당 무엇이 자산이고 부채이냐에 대해서는 해당 기업별로 다르게 판단할 수도 있다.

$$주가순자산비율=\frac{주가}{주당\ 순자산}.$$

이론적으로 주가는 주당 순자산보다는 높아야 하며, 주가순자산비율(price book-value ratio: 이하 PBR)이 1 이하가 된다면 주주의 입장에서는 회사를 청산하는 것이 더 이득이다. 그렇지만 주식시장의 충격이나 일시적 요인으로 인하여 PBR이 1보다 작을 수 있다. 장기적인 관점에서 주식가격은 주당 순자산가치를 상회하게 되므로 순자산가치를 기업가치의 평가기준의 하나로 활용할 수 있다.

주당 순자산은 청산단계에서 구체화되는 개념으로서 청산시 주주들에게 부여되는 가치와 같은 의미를 갖지만 정상적인 기업활동을 하는 기업의 주식을 평가하는 기준으로서 적절하지 않을 수 있다는 평가를 받고 있다. 순자산가치를 통해 주식가치를 평가하는 방법은 상대적으로 산정하기 용이한 측면이 있지만, 현재의 자산이 향후 미래에 유발할 수익가치에 대해서는 고려하지 못하고 있다. 즉, 자산가치평가법은 재무제표상의 장부가치를 기준으로 주식가치를 평가하고 있을 뿐, 기업의 미래수익에 대한 평가가 제외되어 있다는 문제을 내재하고 있다. 자산가치평가법의 이러한 장점과 단점은 전술한 수익가치평가법의 단점 및 장점과 서로 상반되는 성향이 있다. 재무경제학 이론들은 기업의 재무구조(자본과 부채 간 비율)와 기업의 투자와는 무관하다고 밝히고 있는데, 이는 자금조달이 최적화되도록 재무구조를 형성하는 반면, 조달된 금액을 이용해서 최적투자를 선택하기 때문이다.[45)]

(3) 상속증여세법상의 주식가치 평가방법[46)]

상속세 및 증여세법 시행령 제54조 제1항에서는 비상장주식의 가치평가에 대해 아래와 같은 비율로 순손익가치와 순자산가치를 가중평균하도록 규정하고 있다.[47)]

45) 이는 Modigliani-Miller 이론, Fisher의 분리이론(separation theorem) 등으로 설명된다.
46) 정성훈 · 염성수 · 노준화(2007) pp. 278-281 참조.
47) 단, 소득세법 시행령 제158조 제1항 제1호 가목에 해당하는 부동산 과다보유 법인의 경우에는 순손익가치가 2/5, 순자산가치가 3/5로 가중평균한다.

$$\text{비상장주식} = \frac{3}{5}(\text{순손익가치}) + \frac{2}{5}(\text{순자산가치}).$$

여기서 순자산가치와 순손익가치는 아래와 같이 산정된다.

$$\text{순자산가치} = \frac{\text{자산총액}-\text{부채총액}}{\text{발행주식총수}},$$

$$\text{순손익가치} = \frac{\text{1주당 3년간 순손익액 가중평균}}{\text{할인율*}}.$$

순손익가치 산정에 분모로 들어가는 할인율은 금융기관이 보유한 3년 만기 회사채의 유통수익률을 감안하여 기획재정부 장관이 정하여 고시하는 이자율(순손익가치환원율)을 의미한다. 주당 3년간 순손익액 가중평균은 아래와 같은 비율로 가중산술평균한다.

$$\begin{aligned}\text{1주당 3년간 순손익액 가중평균} &= \frac{1}{6}(\text{평가기준일 이전3년 전 사업연도의 1주당 순손익액}) \\ &= \frac{2}{6}(\text{평가기준일 이전2년 전 사업연도의 1주당 순손익액}) \\ &= \frac{3}{6}(\text{평가기준일 이전1년 전 사업연도의 1주당 순손익액}).\end{aligned}$$

(4) 합병시 주식가치 평가방법[48)]

자본시장과 금융투자업에 관한 법률 시행령 제176조의5에서는 기준주가의 산정방법에 있어서 아래와 같이 규정하고 있다.

그러나 비상장기업과의 합병의 경우 금융위원회 고시(제2009-14호) 「증권의 발행 및 공시에 관한 규정」은 제5-13조에서 금융감독원장이 순손익가치와 손자산가치 및 그 가중산술평균방법과 상대가치의 산출방법을 규정하도록 하고 있다. 따라서 「증권의 발행 및 공시에 관한 시행세칙」 제4조 내지 제7조에서는 아래와 같이 각각을 산정하도록 규정하고 있다.

48) 삼일회계법인 · 삼일인포마인, 『기업금융과 M&A』 참조.

표 8-1 • 기준주가 산정방법

합병대상 회사		합병가액 평가방법	
합병회사	피합병회사	합병회사	피합병회사
비상장*	비상장*	제한 없음.	제한 없음.
상장	비상장	MAX(기준주가, 자산가치)	(본질가치+상대가치)/2 상대가치를 산정할 수 없는 경우에는 본질가치로 산정
상장	상장	기준주가	기준주가
분석기준일		주요 사항 보고서를 제출하는 날의 5일 전일	
규정		자본시장법시행령 제176조의5	• 자본시장법시행령 제176조의5 • 발행 · 공시규정시행세칙 제4-8조

주: * 특수관계자인 비상장법인 간 합병의 경우 부당행위 계산 부인 및 합병에 따른 이익의 증여에 대한 검토를 위하여 세무상 비상장주식의 평가 필요.

(5) 재무경제학적 실증분석 동향

기업의 주식가치를 평가하는 분석방법에 대해 실증적으로 연구한 결과들은 대체로 수익가치평가분석의 유용성에 대해 지적하고 있다.[49] Ou and Penman(1993)은 올슨(Ohlson) 모형을 이용하여 주식의 시장가치에 가장 많은 영향을 주는 요인을 분석하였는데, 재무제표상의 항목 중 ROE가 미래이익과 배당정보를 이용하여 계산한 주가 대비 장부가치비율에 대해 가장 큰 설명력을 가졌다고 지적하였다. 또한 Benard(1993)는 현재의 ROE를 통제할 경우에는 미래 ROE와 장부가치가 장부가치 대비 주가비율을 거의 설명하지 못하지만, 장부가치와 이익을 통해 주식가치의 2/3 정도는 설명할 수 있다고 밝혔다. Collins, Maydew and Weiss(1997)는 과거의 여러 학술문헌들이 기업이익과 장부가치 간의 관련성이 감소하고 있다고 지적한 바와 달리 두 항목의 관련성은 다소 증가되고 있다고 밝혔다.

한국에서 기업가치 평가법의 적용가능성을 연구한 문헌에 따르면 분석평가법

49) 기업가치 평가방법에 대한 연구들은 분석방법의 유용성을 검증하는 분석, 새로운 분석방법의 개발, 법제도 기준의 문제점 등 다양한 주제들에 대해 분석하고 있다. 실증연구문헌에 대한 주요 논의는 Collins, Maydew, and Weiss(1997), 홍정화(2002), 이정란(2006) 등 참조.

의 적절성도 다양한 결과를 보여 주고 있다. 정혜영(1995)은 실증분석을 통해 기업가치를 평가하는 데 있어서 장부가치만 이용하기보다는 미래현금흐름, 성장률, 기업위험도 등을 고려할 경우 보다 더 높은 설명력을 가진다는 사실을 밝혔으며, 정혜영 · 이현 · 장상기(1995)는 기업가치에 대해 높은 설명력을 가지는 장부가치, 현금흐름, 성장률, 기업위험도를 이용한 추정모형을 제시하였다. 그러나 오웅락 · 전규안 · 이용규(2004)는 수익가치평가법의 하나인 올슨 모형을 이용하여 신규 등록한 코스닥 기업을 대상으로 분석한 결과, 추정치가 실제 주가보다 과대하게 산정한 것으로 나타났다고 밝혔다. 홍정화(2002)는 기존 실증연구의 결과는 기업의 수익성이 높거나 성장성이 높은 기업일수록 장부가치가 기업결정에 적합한 변수로 판명되고 있다고 언급하면서도 기업의 경영성과와 회계정보 간 신뢰성을 검증하는 등의 후속 연구가 필요하다고 지적하였다. 또한 유사한 상장회사의 주식가치와 비교하여 분석한 이우택 · 김대식(2005)은 다수의 유사 상장회사를 대상으로 평가하여야 실제 주식가격에 근접해 갈 수 있다고 설명하였다.

한편, 상속증여세법상의 방법을 대상으로 분석한 연구들은 다양한 실증 결과를 보여 주었다. 이준규 · 황인태 · 심충진(2000)은 상속세법상의 가치평가법을 적용하여 산정하였는데,[50] 상속증여세법상의 추정치가 실제 주가보다 과대추정하였다고 지적하였다. 또한 정성훈 · 염성수 · 노준화(2007)는 상속세 및 증여세법상의 보충적 평가방식으로 산정한 결과에 비해 주식가격은 순손익가치의 62%, 순자산가치의 74%였고, 평균적으로 약 55% 정도 낮았다고 밝히면서 상증세법상 평가방식의 과대산정 문제를 지적하였다. 그러나 이은상 · 이준규(1998)와 김권중 · 박태승 · 이은상(1998)은 상속세법상의 평가방식은 각각 실제 주가의 47%와 71%만을 반영하고 있다고 언급하면서 상속세법상 평가방식의 과소추정 문제를 지적하였다.

50) 이준규 · 황인태 · 심충진(2000)은 순자산가치 산정시 토지가격의 과소계산 문제를 해소하기 위해 장부가격 대신 공시지가를 이용하였다.

3) 정상주식가격 분석법에 대한 미국 법원의 판례 성향

(1) 재무경제학적 방법론의 수용 성향

델라웨어주 대법원이 시장에서 사용되는 모든 가치평가기법을 적용하도록 판결한 와인버거(Weinberger) 사건[51] 이전까지는 미국에서도 법원들은 자산가치, 수익가치, 시장가치 등을 가중평균하는 Delaware Block Approach를 가치평가방법으로 사용하였다. 와인버거 판결에서 델라웨어주 대법원은 기업의 공정가치는 역사적 자료보다 미래가치를 포함한 모든 관련 요소들에 기초해야 한다고 판시하였다.[52] 그러나 와인버거 판결 이후에도 다른 주는 물론 여전히 델라웨어주에서도 가중평균방식이 이용되었다.[53] Delaware Block Approach인 가중평균방식의 문제점이 가중치를 정하는 기준이 주어지지 않았던 것처럼 현금흐름할인방식 등 수익가치평가법을 이용하는 데에도 미래의 수익경로와 할인율을 어떻게 결정할 것인지에 대해 여러 차이가 있을 수 있어 법원이 평가방식으로서 수용하기 쉽지 않다. 구체적으로 와인버거 사건 이후 미국 법원이 수용한 평가방식을 살펴보기 위해 Campbell(2003)의 연구 결과를 인용하도록 하겠다. 이 연구는 와인버거 판결 이후 1999년까지 기업 인수합병시 주식가치 평가가 관련되었던 76개 소송사건들에서 미국 법원이 수용한 평가방법을 분류하여 검토한 것이다.

Campbell(2003)의 연구 결과에 따르면 〈표 8-2〉에서와 같이 와인버거 사건 이후 미국 법원이 가장 많이 수용하고 있는 주식가치 평가법은 DCF(31%), 자산가치평가법(20%) 및 가중평균방식(30%)이었다. 이 연구 결과는 델라웨어주에서조차도 와인버거 사건 이후 1999년까지 주식가치 평가 관련 사건에서 현금흐름할인(DCF)방식이 수용된 사건 비율은 49%로 절반 정도에 머물러 있음을 알려 주고 있다. 한편, 델라웨어주 외의 다른 주에서는 DCF방식이 적용된 사건 비율은 겨우 9%에 머물고 있다.

Campbell(2003)은 와인버거 사건 이후 미국 법원의 수용방식을 시계열적으로

51) Weinberger v. UOP, inc., 457 A. 2d 701 (Del.1983).

52) 김화진(2009)은 우리나라 대법원이 비장상주식의 객관적 교환가치 산정에 있어서 정상적인 거래사례가 없는 경우 보편적으로 인정되는 방법을 토대로 거래 특수성을 고려하여 적정거래가액을 결정해야 한다고 판결(대법원 2005.10.28. 선고 2003다69638 판결)한 취지는 와인버거 판례와 동일한 취지라고 평가하였다. 김화진(2009) pp. 641-645 및 각주 74번 참조.

53) 송옥렬(2010)은 델라웨어주에서는 DCF분석법이 상당히 선호되고 있기는 하지만, 그 외의 주에서는 DCF분석법에 대한 선호가 이보다 낮은 가운데, 여전히 다양한 평가방법이 동원되고 있다고 정리하였다.

표 8-2 • 와인버거 사건 이후 미국 법원이 수용한 주식가치 평가방법 추이

	대상기간	사건수	DCF	자산가치	거래가치*	비율비교**	가중평균	기타
델라웨어주 사건	1990년 이전	16건	44%	31%	0%	6%	13%	6%
	1991년 이후	27건	52%	11%	7%	7%	15%	7%
	전체 기간	43건	49%	19%	5%	7%	14%	7%
델라웨어주 외 사건	1990년 이전	18건	6%	28%	0%	0%	44%	22%
	1991년 이후	16건	13%	13%	0%	13%	56%	6%
	전체 기간	34건	9%	21%	0%	6%	50%	15%
전체 사건	1990년 이전	34건	24%	29%	0%	3%	29%	15%
	1991년 이후	43건	37%	12%	5%	9%	30%	7%
	전체 기간	77건	31%	20%	3%	7%	30%	10%

주: * 유사한 기업의 거래가격을 참조하는 평가방법.
** 비교대상 기업의 주가와 설명변수 간 비율을 차용하는 평가방법.
자료: Campbell(2003)의 〈표 1〉-〈표 9〉를 종합편집한 것임. Campbell(2003), pp. 18-25 참조.

표 8-3 • 와인버거 사건 이후 미국 법원이 수용한 미래수익의 구성요소 추이

사건 수	배당	장부상 이익	비현금지급 이전 현금흐름	이자지급 전 현금흐름	세전 현금흐름	초과운전자본 포함 현금흐름
14건	14%	14%	36%	57%	29%	14%

자료: Campbell(2003), p. 32 〈표 14〉.

살펴보기 위해 1990년 이전과 1991년 이후를 분류하였는데, 이를 통해 델라웨어주 뿐 아니라 델라웨어주 외의 다른 주에서도 DCF방식을 통한 주식가치 평가가 증가하고 있음을 확인할 수 있었다. 특히, 현저하게 나타나는 현상은 DCF분석법의 수용 비율이 높아지는 반면 자산가치평가법의 수용비율이 감소하고 있다는 점이다. 이러한 경향은 델라웨어주 및 다른 주를 모두 포함한 전체 사건에서도 나타난다.

한편, Campbell(2003)은 수익가치평가법에 활용되는 미래수익의 구성요소별로 검토하였는데, 〈표 8-3〉에서와 같이 법원은 배당이나 장부가치보다 현금흐름을 이용한 방식을 더 많이 수용하는 것으로 나타났다. 또한 할인율을 산정하는 방식에 대해서 검토한 결과, 주당 순이익률(PER)로 산정한 사례가 가장 많았던 것(전체 사건의 57%)으로 나타났다. 그러나 다른 주에 비해 델라웨어주 법원이 CAPM방식이나

표 8-4 • 와인버거 사건 이후 미국 법원이 수용한 할인율 평가방법 추이

	대상기간	사건수	PER*	CAPM	WACC	CAPM 혹은 WACC**
델라웨어주 사건	1991년 이후	13건	39%	15%	46%	61%
	전체 기간	19건	47%	16%	37%	53%
델라웨어주 외 사건	전체 기간	9건	78%	11%	11%	22%
전체 사건	전체 기간	28건	57%	14%	29%	43%

주: * PER는 주당 순이익률(price earnings ratio)로서 주가를 주당 순이익(earning per share: EPS)으로 나눈 비율.

**CAPM은 WACC 추정에 이용되므로 두 방식이 혼합되어 분석되었다고 보고된 사건.

자료: Campbell(2003)의 〈표 15〉-〈표 18〉을 종합편집한 것임. Campbell(2003), pp. 34-36 참조.

WACC방식을 수용하는 비율이 높았으며, 시간이 갈수록 그 비율이 증가된 것으로 나타났다(〈표 8-4〉 참조).

4) 한국 법원의 판례

(1) 대법원이 제시한 평가기준(대림정보통신 사건 및 삼성특검 사건)

주식의 정상가격 산정에 있어서 우리 법원의 판례는 보수적인 평가기준에서 현실적인 상황을 고려하여 평가하는 기준을 도입하는 방향으로 전환되어 왔다. 공정거래위원회가 주식을 저가로 양도해서 부당지원으로 시정조치한 대림정보통신(주) 사건에서 원심 법원(서울고등법원 2004. 5. 20. 선고 2001누1804 판결)은 주식가격의 평가방식으로 상속세 및 증여세법상의 보충적 평가방식이 적절하다고 판결한 바 있다. 그러나 이 사건의 상고심에서 대법원(대법원 2005. 6. 9. 선고 2004두7153 판결)은 "급속히 발전할 것으로 전망되는 정보통신 관련 사업을 영위하면서 장래에도 계속 성장할 것으로 예상되는 기업의 주식가격은 기준시점 당시 당해 기업의 순자산가치 또는 순손익가치를 기준으로 하여 산정하는 방법보다는 당해 기업의 미래의 추정이익을 기준으로 하여 산정하는 방법이 그 주식의 객관적인 가치를 반영할 수 있는 보다 적절한 방법"이라고 판결하였다. 또한 대법원은 이 사건에 대해 "미래의 추정이익은 그 기준시점 당시 당해 기업이 영위하는 산업의 현황 및 전망, 거시경제 전망, 당해 기업의 내부 경영 상황, 사업계획 또는 경영계획 등을 종합적으로 고려하여 산정해야 한다"라고 판단하였다. 또한 삼성특검 관련 환송 판결에서 대법원(대법원 2009. 5. 29. 선고 2008도9436 판결)은 정상주식가격에 대해 "기존 주식의 시가 또는 주식의 실질가액을 반영하는 적정 가격과 더불어 회사의 재무구조, 영업전망과 그에 대한 시장의 평가, 금융시장의 상황, 신주의 인수가능성 등 여러 사정을 종합적으로 고려하여 합리적으로 인정되는 가격을 의미한다"고 판결하였다. 주식가격 평가방식에 대한 대법원의 이러한 판결은 법원이 경제현실을 반영하여 판단할 수 있는 방법을 적용할 수 있는 기준을 제시하였다고 볼 수 있다. 주식가격 평가방식에 대한 이러한 대법원의 판단기준 제시는 이후 LG석유화학 사건, 삼성 에버랜드와 삼성 SDS 사건 등에서 법원의 판단에 영향을 주었다.

(2) LG석유화학 사건(서울남부지법 2006. 8. 17. 선고 2003가합1176 판결)

LG화학의 이사회 임원은 1999년 6월 28일 이사회에서 LG화학이 100% 소유하고 있던 비상장기업 LG석유화학 주식 중 70%를 지배주주에게 매각하기로 결정하였는데, 여기서 매각한 주식가격이 정상가격에 비하여 저가로 평가되었는지 여부가 쟁점이 되었던 사건이다. 피고측은 LG석유화학의 주식가격을 산정함에 있어서 상속세 및 증여세법 시행령에서 정한 평가방법에 따라 산정한 결과, 주당 순자산가치는 3,889원이었고, 주당 순손익가치는 3,353원이었으며, 이를 산술평균한 3,621원에 지배주주 거래할증률 10%를 가산하여 주당 3,983원으로 평가하였다고 밝혔다. 피고측은 이 가격이 주식의 액면가액인 5,000원에도 미치지 못하자 액면가액에 10%를 할증한 5,500원에 매각하였다고 주장하였다.[54)]

주식시장에서의 실제 거래가격을 보면, LG석유화학은 사건발생 이후인 2001년 7월 18일, 공모가격 주당 6,700원으로 상장되었는데 이후 상승하여 2002년 6월

54) 이 사건에 대해 공정거래위원회는 주당 5,500원으로 매각한 사실은 부당지원행위에 해당한다는 이유로 2001년 1월 15일, 전원회의 의결 제2001-07호로 시정명령과 함께 과징금납부명령을 의결하였고 2002년 3월 21일, 전원회의 의결 제 2002-065호로 위 시정명령 중 공표명령을 일부변경한 바 있다. LG화학은 서울고등법원에 2001누9686호로 공정거래위원회의 처분 취소를 구하였는바, 서울고등법원은 2005년 1월 13일, 이 사건의 매각을 통한 지원행위가 공정한 거래를 저해할 우려가 있는 행위라는 점을 인정할 증거가 없다는 이유로 위 처분을 취소하는 판결을 선고하였다. 공정거래위원회는 이에 불복하고 대법원에 상고하였다.

18일에는 주당 20,000원에 이르렀다. 원고측은 LG석유화학이 결손누적을 털어 내고 잉여를 창출하기 시작하였고, 더 나아가 성장을 앞둔 시점에 있었으므로 중립적 평가방법(순자산가치방식, 수익가치방식, 유사업종 비교방식 등)으로 주식가치를 평가했어야 하였다고 주장하였다. 또한 원고측은 LG화학 이사회 임원들이 1997년경, LG석유화학이 2000년 이후 기업공개를 할 수 있다고 예상하고 연도별 주식가치를 예측하면서 1999년에 주당 자산가치가 6,839원, 수익가치가 9,864원에 이를 것으로 평가한 바 있으며, 이를 LG화학 금융담당 상무가 주지하고 있었고, 1999년 5월경 산업은행이 보유하고 있던 LG석유화학의 전환사채에 대해 주식전환청구 여부를 검토하면서 LG석유화학의 주당 가격이 8,500원 이상 되어야 전환권을 행사할 것이라고 판단하고 있었다고 주장하였다. 또한 원고측은 감정인을 통해 자산가치를 산정한 결과 LG석유화학의 순자산가치는 주당 8,628원이었다고 밝혔다.

법원은 자산가치평가방식으로 검토하여 계산한 결과, LG석유화학의 주당 순자산가치는 7,810원이라고 판단하였다. 따라서 피고측이 주장한 LG석유화학의 주당 순손익가치가 3,353원이면 이는 주당 순자산가치의 50%에 못 미치므로 상속세 및 증여세법에 따라 산정한다고 하더라도 LG석유화학의 주당 가격은 7,810원이 되었을 것이라고 밝혔다.

법원은 수익가치평가법 중 현금흐름할인방식에 대해서는 감정인들마다 평가 결과(신진영 12,136원, 정용선 6,233원)가 다르며, 감정 결과에 대한 김대식의 평가 결과도 경우에 따라 6가지로 차이가 났음을 언급하였다. 법원은 이러한 현금흐름할인방식 평가 결과에 대해 평가자의 주관적인 추정으로 인해 결과의 객관성을 담보하지 못하는 경우가 있다고 지적하였다. 법원은 감정인 신진영의 감정 결과는 주당 가격이 높은 방향으로, 감정인 정용선의 감정 결과는 주당 가격이 낮은 방향으로 편의되었다고 보면서 그 산술평균액인 주당 9,184원을 이 사건에서 현금흐름할인방식으로 평가한 주식가격으로 산정하였다. 그러나 법원은 이 가격에 대해서는 적정거래가격을 산정하는 참고자료로만 삼는다고 밝혔다. 한편, 법원은 수익가치평가방법 중 PER배수법 및 EV/EVITDA배수법에 의한 평가방식에 대해서도 적정 거래가격을 산정할 때 참조할 수 있는 하나의 기준 정도로 사용하여도 무방하다고 판단하였다. 법원은 PER배수법 등의 주된 용도가 투자판단의 지표일 뿐이라는 피고측 주장에 대해서 그러한 이유만으로 비상장주식의 적정 거래가액을 판단하는 기준으로 사용할 수 없는 것은 아니라고 판단하였다. 또한 법원은 감정인 비교대상 기업의 수가 객관성을 담보할 정도로 충분하지 않다는 주장에 대하여[55] 비상장주식인 이 사건의 주식에 대해 회계상의 정확한 가치를 판단하고자 하는 목적이 아니라 손해액을 산정하기 위해 당시 거래당사자로서 가격을 판단할 경우 고려할 수 있었던 대강의 주관적인 가치를 판단하려는 목적하에서는 당시 거래당사자들이 비교대상으로 삼을 수 있었던 회사라면 비교대상 회사가 1개뿐이고 평가대상 회사와 완전히 유사하지 않더라도 그 목적 달성에 문제가 없다고 밝혔다. 따라서 감정인 신진영이 제시한 PER배수법 결과인 8,905원과 EV/EVITDA배수법의 결과인 17,336원을 해당 사건에서 참조할 수 있는 기준 정도로 판단하였다.

결론적으로 법원은 순자산가치방식으로 산정한 주당 가격과 PER배수법으로 산정한 가격이 유사하고 현금흐름할인방식에 의한 비교값과도 큰 차이가 없는 점 등을 지적하면서 주식의 매각에 있어서 가장 보수적으로 보아도 최소한 주당 적정 거래가액은 순자산가치방식으로 산정한 주당가치인 7,810원이라고 판결하였다.[56]

(3) 삼성에버랜드 사건: 대법원 환송 전 2심 고등법원 판결 (서울고법 2007. 5. 29 선고 2005노2372 판결)

삼성에버랜드 관련 사건에 있어서 피고인측은 1996년 삼성에버랜드가 전환사채 발행 당시 100억 원의 자금조달이 필요하였는데, 80여만 주였던 주식수를 200만 주로 늘리기 위해 100억 원을 추가 주식 120만 주로 나누어 1주당 CB가격을 7,700원으로 산정하였다고 주장하였다. 또한 회계법인에 의뢰해 미래현금흐름할인법(DCF)을 적용하여 에버랜드의 적정 주가를 평가한 결과,[57] 추정치 기준으로 5,446원, 실적치 기준으로 10,412원으로 보고 1주당 7,700원은 적정한 수준이라고 밝혔다.

55) 본 사건의 감정인 신진영은 호남석유화학(주)을 비교대상 기업으로 이용하였다.

56) 원고측은 본 사건에서 매각주식 비율이 전체 주식의 70%로서 경영권이 이전되는 결과가 발생하므로 이에 대한 가치증가액(경영권 프리미엄)도 고려해야 한다고 주장하였으나 법원은 이 사건에서 LG화학이 대주주를 거래상대방으로 정한 이유가 경영권 방어를 목적으로 한 것이며 경영권에 위협을 줄 수 있는 물량에 해당하지만, 해당 주식의 매도를 통해 경영권이 이전되는 것이 아니라고 밝히면서 원고측 경영권 프리미엄 주장을 이유 없다고 판단하였다.

57) 이 사건에서 피고인 측은 삼성에버랜드의 현금흐름할인분석에 CAPM이론을 적용한 β값을 산정하는 데 유사기업인 호텔신라의 자료를 이용하였다.

대법원 환송 전 2심 재판에서 고등법원은 거래 사례로 나타난 주식가격은 다음과 같다고 확인하였다. 즉, 1993년 7월 1일 한솔제지가 에버랜드 주식을 (주)한국오마야 등에 85,000원에 매각하였고, 구매자들은 한솔 계열사에 89,150-89,290원에 재매각하였으며, 1995년 12월 31일, 삼성물산은 삼성건설과 합병하면서 삼성건설이 보유하고 있었던 에버랜드 주식을 주당 14,825원으로 인수하였다. 그리고 1998년 12월 31일, 중앙일보가 삼성할부금융주식회사와 삼성카드에 주당 10만 원에 매도한 바 있으며, 1999년 4월 18일, 상속세 및 증여세법상 보충평가기준에 따라 1주당 자산가치를 100,365원으로 평가하고 이를 기준으로 주당 10만 원에 유상증자한 사례가 있었다. 또한 재판부는 장부가액으로 나타난 주식가격을 검토하였는데, 1996년을 기준으로 재무제표상 에버랜드의 주가는 주식보유기업인 신세계백화점(125,000원), 제일제당(234,985원), 중앙일보(4,878원), 제일모직(5,000원), 한솔제지(5,000원), 삼성문화재단(9,283원), 삼성물산(14,825원), 한솔화학(89,150원)별로 차이가 발생하였다고 언급하였다. 대개의 경우 자산재평가로 1997년 말, 1998년 말 기준으로 8만-9만 원 수준으로 상향조정되었으며, 1996년 말 기준 중앙일보(4,878원), 제일모직(5,000원), 한솔제지(5,000원), 삼성문화재단(9,283원)과 같이 현저하게 낮게 기재된 장부가격은 1960-1970년대 최초 취득가를 기재한 것이기 때문이라고 지적하였다.

판결에서 재판부는 공정 주식가격의 산정을 위한 다양한 평가방식에 대해서도 검토하였다. 먼저 자산가치법의 일환인 순자산가치평가법에 대해서는 에버랜드처럼 자산보유가 많은 기업의 경우에는 일응의 판단기준이 될 수 있음을 인정하였으나, 기업의 동태적 측면에서의 평가가 제외되었으며 미래가치가 반영되지 못해 평가방법으로 완전하다고 할 수 없으며, 기업손실이 많으면 순자산가치보다 주가가 낮을 수 있다고 판단하였다. 또한 상속세 및 증여세법상의 판단기준에 대해서는 상속 · 증여에 대해 과세를 함에 있어 과세의 형평성과 편의 등을 고려하여 과세관청으로서 용인할 수 있는 범위의 과세표준을 정하는 목적의 보충적 기준일 뿐이라고 판단하였다. 한편, 수익가치평가법 중 하나인 배당환원방식에 대해서는 배당만을 기대하는 일반투자자의 경우에는 가장 합리적인 방법이라 할 수 있으나 기업의 배당성향이 투자수익과 관계없는 경우에는 적용에 한계가 있다고 지적하였다. 현금흐름방식에 대해서는 미래의 수익가치를 기준으로 평가한다는 점에서 급속히 발전할 것으로 전망되는 기업의 주식가치 평가에 적합하지만 미래의 '현금흐름'과 이를 현재가치화하기 위한 '할인율'의 두 기본 요소를 산정함에 있어서 평가자의 주관성이 개입될 가능성이 많다는 단점이 있다고 판단하였다. 또한 비교가치법에 대해서는 유사한 비교대상 선정이 곤란하다고 판단하였다. 결론적으로 법원은 모든 평가방법을 동원한 주가 평가영역 14,825-223,659원 중 최소한의 기준인 14,825원에 비해서도 7,700원은 저가발행이라고 판단하였다.

(4) 삼성SDS 사건

가. 1심 법원 판결(서울중앙지법 2008. 7. 16. 선고 2008고합366 판결)

신주인수권부사채(BW)가 발행된 1999년 2월 26일을 전후하여 삼성SDS 주식이 거래되었고, 그 직전 거래가격이 55,000원 상당인 사실이 있지만 거래규모가 전체 주식수의 4.8%로 극히 적은 물량에 해당하며 해당 거래가 장외거래의 교환가치를 대변하지 못한다고 판단하여 인정하지 않았다. 대신 1심 법원은 삼일회계법인의 주식평가보고서에 기재된 자료들을 기초로 상증법상 보충적 평가방법에 따른 주식가치를 계산하되, 그 순손익가치는 구 상증법 시행령 제56조 제1항 제2호에 따라 미래수익가치를 적용하는 방법으로 계산함이 행위자의 예측가능성 범위 내에서 회사의 특성을 적절히 반영할 수 있는 타당한 평가방법이라고 판단하였다. 이러한 과정을 거쳐 법원은 해당 행위 당시 삼성SDS 주식의 공정가격을 9,740원으로 산정하였다.

나. 대법원 환송판결 후 고등법원 판결(서울고등법원 2009. 8. 14. 선고 2009노1422 판결)[58]

대법원 환송 판결 후 고등법원은 삼성SDS 주식의 공정가격을 산정하는 데 있어서 환송 판결(대법원 2009. 5. 29. 선고 2008도9436 판결)이 제시한 "공정한 신주인수권 행사가격이라 함은 기존 주식의 시가 또는 주식의 실질가액을 반영하는 적정

58) 1심 법원의 판결 이후 항소심은 삼성SDS 신주인수권부사채의 저가발행은 조세회피 목적이었기 때문에 삼성SDS에 손해가 발생되지 않았다고 판단하여 주식가격에 대해서는 산정하지 않았다.

가격과 더불어 회사의 재무구조, 영업전망과 그에 대한 시장의 평가, 금융시장의 상황, 신주의 인수가능성 등 여러 사정을 종합적으로 고려하여 합리적으로 인정되는 가격" 기준을 원칙으로 삼았다. 재판부는 신주인수권부사채(BW)가 발행된 1999년 2월 26일 직전인 실제 거래된 가격(주당 53,000-60,000원 범위)에 대해 1998년 11월에 2만원대에 거래된 사실에 비추어 3배가량 급등한 것으로 보이는 등 항상성을 유지하면서 거래된 가격으로 볼 수 없고 따라서 1심 재판 결과와 마찬가지로 특검이 주장하는 55,000원이 객관적 교환가치를 반영한 실거래라 단정할 수 없다고 판단하였다. 그러나 재판부는 1심 법원의 판결과 달리 상속세 및 증여세법의 평가규정은 조세부과를 위한 목적에서 행해지는 평가의 특성상 매우 보수적이고 엄격한 기준에서 마련되었기 때문에 영리추구 목적에서 발행된 신주인수권부사채에 대한 공정가격을 평가하는 방법으로 합당하지 않다고 판단하였다.

또한 재판부는 순자산의 가치를 평가하는 자산가치평가법에 대해서는 기업의 미래가치와 시장의 실제 선호도를 반영하지 못하는 단점이 있으나 대부분의 자산이 유형자산으로 구성된 기업의 가치를 평가하는 데에는 객관적으로 평가할 수 있다고 판단하였다. 수익가치평가법 중 배당환원방식에 대해서는 배당성향이 투자수익과 관계없는 경우에 적용하는 데 한계가 있다고 판단하였다. 현금흐름방식에 대해서는 미래 수익가치를 기준으로 평가한다는 점에서 급속히 발전할 기업의 가치를 평가하는 데 유용하다고 인정하였으나, 미래의 '현금흐름'과 현재가치화를 위한 '할인율'을 산정하는 데 있어서 평가자의 주관성이 개입될 가능성이 크다는 단점이 있다고 판단하였다. 또한 비교가치법은 유사한 비교대상 회사를 선정하기 어렵다는 단점이 있다고 지적하였다.

결론적으로 재판부는 「유가증권 인수업무에 관한 규정」(유가증권시행세칙) 제16조에서 정하고 있는 자산가치와 수익가치를 각각 1:1.5로 가중산술평균한 가액기준을 정상주식가치 평가방법으로 선택하였다. 특히, 삼성SDS처럼 정보기술산업에 속하는 기업의 주식가치 평가에는 수익가치가 더 많은 비중으로 고려되어야 하는데, 「유가증권 인수업무에 관한 규정」이 이에 부합한다는 점을 강조하였다. 법원은 순수익가치에 대해 「유가증권 인수업무에 관한 규정」에 따라 1999년 주당 순수익과 2000년 주당 순수익을 1.5:1 비율로 가중산술평균한 금액을 자본환원율(5개

표 8-5 • 한국 법원이 적용한 비상장주식 가격평가기준 사례

		대림정보통신(행정소송) -서울고등법원 2004. 5. 20. -대법원 2005. 6. 9.				LG석유화학(손해배상) - 서울남부지법 2006. 8. 17.			삼성 에버랜드(형사소송) - 서울고등법원 2007. 5. 29.			삼성 SDS(형사소송) - 서울중앙지법 2008. 7. 16. - 서울고등법원 2009. 8. 14.			
		피고(공정위)	원고(매도자)	(원심)고등법원	대법원	피고(매도자)	원고	지방법원	피고(매도자)	원고	2심법원	피고(매도자)	원고	1심법원	환송 후 2심법원
상속세 및 증여세법(가중평균방식)			O	O		O								O	
자본시장법 규정(가중평균방식)															O
자산가치평가법								O		O 감정인의 순자산가치 결과	O 감정인의 순자산가치 결과				
수익가치평가법	현금흐름							참고 (두 감정 결과 산술평균)	O (안진회계법인)		X (자의적)				X (자의적)
	β							"			X (자의적)				X (자의적)
	할인율							"			X (자의적)				X (자의적)
	배당														
	PER배수							참고 (원고성향 감정인 결과)							
비교대상법		O (다른 SI 업체와 비교)									비교상대 없음				비교상대 없음
실제 거래가격							O			O	O				
장부가격											O				
기업 내부 평가자료							O								
판결기준 / 가격					여러 다른 평가방식 활용할 것			순자산가치 방식 7,810원			영역중 최저 실제거래 가격: 14,825원				자본시장법 (구 증권거래법) 상 규정

시중은행의 1년 만기 정기예금 최저이율 평균치의 1.5배)로 나눈 값으로 판단하였다.

Ⅶ. 결어

원래 경제학의 전통적인 특징으로는 효율성(efficiency), 합리적인 판단, 계약의 완전성 등을 들 수 있다. 이에 비하여 법학은 합리적이지 않은 인간상을 전제하는 경우가 많다. 예를 들면, 미성년자나 한정치산자의 법률행위는 취소할 수 있는 것으로 규정(민법 제5조, 제10조 등)한 것도 이들이 합리적이지 않은 판단을 할 것이라는 것을 상정한 것이다.

그런데 경제학과 법학 간의 관계를 효율성 대 공정성의 형태로 대립하는 것으로만 이해하는 것은 경제학의 여러 특색 중 '효율성'의 측면만이 기존에 너무 강조되다 보니 발생한 오해라고 생각된다.[59)] 물론 신고전파의 견해를 참조하여, 자유로운 경쟁이야말로 경제활동을 가장 효율적인 형태로 만들어 준다고 간단히 결론내릴 수도 있다.

그러나 일상에서 인간은 때로는 비합리적으로 판단하기도 하며 당사자들의 계약은 거의 대부분의 경우 완벽할 수 없고 경제학에서 말하는 여러 가정들(합리적인 판단, 계약의 완전성 등)은 현실의 세계에서는 불가능한 것이므로 근래에는 이러한 변수까지도 고려한 연구가 이루어지고 있다.[60)] 그러므로 실제로는 합리적인 판단

59) 효율성(efficiency)이라는 개념은 어떤 상황의 이익의 총합과 손실의 총합과의 관계로서 나타낼 수 있는 데 비하여, 형평(equity)은 개인 간의 소득분배를 의미한다. 예컨대, 효율성은 빵의 크기에 대응하는 것이며, 형평은 그 빵을 자르는 방법과 관련된 것이다. 따라서 많은 경우 경제학에서는 경제 전체의 크기(빵의 크기)를 최대화하려는 경향이 있음을 부인하기는 어렵고 이 점에서는 공정성의 기준과 배치되는 듯 보인다. 그러나 만약 당사자들의 인센티브를 효율성의 요소로서 중시한다면 그 경우에는 공정성 기준이 효율성이라는 이름으로 사후적으로 고려되고 있다고 볼 수 있다.

60) 다양한 유형의 경제행위를 설명하기 위하여 시장의 불완전성에 초점을 맞춘 제도경제학의 입장이 그러하다(Williamson, 1985 등): Gilson(1998). p. 508에서 재인용. 고전적인 경제학의 완전경쟁시장과 시장 메커니즘 모형에 대하여, 현실세계에서는 완전경쟁시장은 발생하기 어렵다는 등의 이유로 법경제학적 접근방식 자체를 비판하는 견해도 있었으나, 1980년대 이후부터 법경제학의 관심은 시장 메커니즘 이외의 다른 영역(정보의 경제학, 당사자의 인식능력의 한계나 법원의 정보 · 능력의 한계로 인한 사적 계약의 한계 등)으로까지 확대되고 있어 이러한 비판은 더 이상 타당하지 않게 되었다.

이나 계약의 완전성에 관한 영역에서 문제가 발생하고 있는데, 경제학에서의 합리적인 판단 및 계약의 완전성에 대한 가정을 완화해 본다면 –즉, 합리적인 판단을 어렵게 만드는 정보의 비대칭성 문제나 계약의 불완전성을 가정할 때– 동일한 사회 · 경제적인 현상에 대하여 법학과 경제학에서도 결론에 있어서는 큰 차이가 나지는 않을 것으로 생각된다.[61)]

법률가는 어쩔 수 없이 법적인 문제로 늘 고민하면서 살아간다. 그리고 때로는 이론이나 법리(판례를 포함)만으로는 결론을 내리기 어렵고 판단자의 직감적인 가치판단에 의하여 해답을 찾아야 하는 상황도 발생한다. 그러나 경제학적 연구가 법학과 접목하여 이러한 결론에 이르는 과정을 뒷받침할 수 있다면, 사회에서 보편적으로 수용되는 많은 가치판단의 과정이 단순한 직감적인 결론이 아니라 하나의 판단기준으로도 승화될 수 있을 것이다. 아직은 본인들의 연구가 부족하여 이러한 큰 흐름에 혹여 누가 되지는 않을까 하는 우려도 있지만, 한국에서의 법경제학 연구의 발전에 보탬이 되기를 바라는 간절한 마음에서 이 글을 마무리한다.

61) 따라서 "회사법 관계에서 효율성의 추구는 형평성의 본질에 반하지 않는 범위에서만 가능하다"(이상 인용문은 홍복기 외 4인, 2010, p. 51)고 하여 꼭 대립적인 것으로 볼 필요는 없다고 본다.

참고문헌

국찬표 · 구본열, 『현대재무론』, 비봉출판사, 1994.

김권중 · 박태승 · 이은상, 「상속세법의 비상장주식 평가와 회계변수평가모형의 유용성」, 『회계학연구』, 제23권 제3호, 1998, pp. 57-79.

김동석 · 김인준 · 이용, 「전환가격 재조정이 포함된 전환사채의 가치평가에 관한 실증연구」, 『선물연구』, 제9권 제2호, 2001, pp. 195-216.

김유찬, 『비상장주식의 과세평가방법에 대한 연구』, 한국경제연구원, 2003.

김일중, 『법경제학 연구: 핵심이론과 사례분석』, 한국법제연구원, 2008.

김태진, 「M&A계약에서의 진술 및 보장 조항 및 그 위반」, 저스티스, 2009. 10.

김화진, 『기업지배구조와 기업금융』, 박영사, 2009.

노상섭, 「군납유류담합 관련 손해배상액 산정의 경제분석」, 공정거래위원회 심결판례연구회 발표자료, 2010. 3. 22.

류근관 · 송옥렬 · 이상승, 「증권집단소송의 손해배상액 산정방법에 관하여」, 『기업소송연구』, 2004, pp.199-219.

박권의, 「주식회사법의 강행법규성과 주주의 자치에 관한 연구」, 서울대학교 대학원 법학과 법학석사학위논문, 2004.

박세일, 『법경제학』, 박영사, 1994.

박세화, 「회사법에 있어서 강행법규 체제의 역할과 한계」, 『상사판례연구』, 2007. 9.

설성수 · 유창석, 「기술 및 투자 가치평가를 위한 실무형 실물옵션」, 『기술혁신학회지』, 제5권 제1호, 2002, pp. 44-58.

송옥렬, 「기업가치평가를 둘러싼 법적분쟁의 이해」, 한국경제학회-한미경제학회 공동주최 국제세미나 법경제학회 분과 발표논문, 2010. 8. 11.

오웅락 · 전규안 · 이용규, 「상속세법상 비상장주식 평가방법의 개선방안에 관한 연구」, 『회계학연구』, 제29권 제4호, 2004, pp. 277-307.

이우택 · 김대식, 「비상장주식의 평가방법에 관한 연구 – 유사 상장회사 주식과의 비교평가」, 『세무학연구』, 제22권 제3호, 2005, pp. 91-117.

이은상 · 이준규, 『현행 세법상 주식평가의 문제점과 개선방안』, 한국조세연구원, 1998.

이인권, 『부당공동행위에 대한 실증연구 고찰』, 한국경제연구원 연구보고서, 2008.

이정란, 「비상장주식 평가에 있어서 유사상장법인 비교평가방법의 유용성에 관한 연구」, 『회계정보연구』, 제24권 제4호, 2006, pp. 187-219.

이준규 · 황인태 · 심충진, 「세법상 비상장주식에 대한 보충적 평가방법의 적정성」, 『회계학연구』, 제25권 제1호, 2000, pp. 55-73.

이철송, 『회사법강의』, 18판, 2010.

정성훈 · 염성수 · 노준화, 「상속세 및 증여세법상 비상장주식 평가방법의 타당성」, 『세무학연구』, 제24권 제4호, 2007, pp. 275-294.

정한규, 『재무관리』, 경문사, 1985.

정혜영, 「회계수치에 의한 가격결정모형」, 『회계학연구』, 제20권 제1호, 1995, pp. 3-27.

정혜영 · 이현 · 장상기, 「재무제표분석과 기업의 내재가치결정에 의한 투자전략」, 『회계학연구』, 제20권 제1호, 1995, pp. 101-130.

주진열, 「사채저가발행의 배임죄 법리에 대한 법경제학적 고찰: 2009년 삼성SDS 판결을 중심으로」, 증권법학회 제162회 정기세미나 발표논문, 2010. 9. 28.

최종원 · 김현종, 『공정거래법상 과징금 및 손해배상제도의 발전방향』, KDI 정책보고서 94-25, 1994.

홍동표, 「손해배상액 추정방법론에 대한 경제학적 검토: 미국의 사례를 중심으로」, 『법경제학연구』, 제5권 제2호, 2008. 12, pp. 255-273.

홍정화, 「기업가치평가에 대한 연구동향 및 향후 연구과제」, 『재무와 회계정보저널』, 제2권 1호, 2002, pp. 71-97.

황인태 · 김문철 · 전영순, 『비상장주식의 합리적인 평가모델 연구』, 한국회계학회 연구보고서 05-07, 2005.

江頭憲治郎, 『株式會社法』, 3版, 有斐閣, 2009.

太田勝造 譯, 『法と經濟學』, 新版(ロバート · D · クーター＝トーマス · S · ユーレン, *Law and Economics*, 3rd ed.), 商事法務, 2005.

三輪芳朗・神田秀樹・柳川範之,『會社法の經濟學』, 東京大學出版會, 1998.

藤田友敬,「商法と經濟學理論」,『ジュリスト』, No. 1155, 1999. 5.

Bajari, P. and L. Ye., "Deciding Between Competition and Collusion," *Review of Economics and Statistics*, 85(4), 2003, pp. 971-989.

Benard, V. L., "Accounting-Based Valuation Methods, Determinants of Market－to Book Ratios, and Implications for Financial Statement Analysis," Working Paper, University of Michigan, 1993.

Bernstein, Edward A., "Law & Economics and the Structure of Value Adding Contracts: A Contract Lawyer's View of the Law & Economics Literature," *Or. L. Rev.*, 74, 191, 1995.

Black, Fischer, M. C. Jensen, and M. Sholes, "The Capital Asset Pricing Model: Some Empirical Tests," *STUDIES IN THE THEORY OF CAPITAL MARKETS*, ed. by M. Jensen, Praeger Publishers Inc., 1972, pp. 79-121.

Brealey, Richard A., Stewart C. Myers, and Alan J. Marcus, *Fundamentals of Corporate Finance*, 1999.

Campbell, John Y., Andrew W. Lo, and A. Craig MacKinlay, *The Econometrics of Financial Market*, 1997.

Campbell, Rutheford B., "The Impact of Modern Finance Theory in Acquisition Cases," *Syracuse Law Review*, 53(1), 2003, pp. 1-56.

Charny, David, "Non-legal Sanctions in Commercial Relationships," *Harvard Law Review*, 104, 1990.

Coase, R. H., "The Nature of the Firm," *Economica*, 4, Nov. 1937.

Coffee, John C., Jr., "The Mandatory/Enabling Balance in Corporate Law: An Essay on the Judicial Role," *Columbia Law Review*, 89, Nov. 1989.

Collins, D., E. L. Maydew, and I. S. Weiss, "Changes in Value-Relevance of Earnings and Book Values over the Past Forty Years," *Journal of Accounting and Economics*, 24, 1997, pp. 39-67.

Connor, J. M., "Price-fixing Overcharges: Legal and Economic Evidence," *Research in*

Law and Economics, 22, 2007, pp. 59-153.

Easterbrook, Frank H. and Daniel R. Fischel, "The Corporate Contract," *Columbia Law Review*, 89, Nov. 1989.

Fama, E. F. and J. D. MacBeth, "Risk, Return, and Equilibrium: Empirical Tests," *Journal of Political Economy*, 81, 1973, pp. 607-636.

Feltham and Ohlson, "Valuation and Clean Surplus Accounting for Operating and Financial Activities," *Comtemporary Accounting Research*, 11(2), Spring 1995, pp. 689-731.

Gevurtz, Franklin, *Corporation Law*, West Group, 2000.

Gilson, Ronald J., "Value Creation by Business Lawyers: Legal Skills and Asset Pricing," *Yale Law Journal*, 94, 1984, pp. 253-256.

Gordon, Jeffrey N., "The Mandatory Structure of Coporate Law," *Columbia Law Review*, 89, Nov. 1989.

Grinblatt, Mark and Sheridan Titman, *Financial Markets and Corporate Strategy*, 1998.

Hansmannm, Henry, *The Ownership of Enterprise*, Belknap Harvard, 1996.

Hansmann, Henry and Reinier Kraakman, "Toward Unlimited Shareholder Liability for Corporate Torts," *Yale Law Journal*, 100, 1991.

Jensen, Michael C. and William H. Meckling, "Theory of the Firm: Managerial Behavior, Agency Costs and Ownership Structure," *Journal of Financial Economics*, 3, Oct. 1976.

Kihlstrom, Richard E. and Michael L. Wachter, "Corporate Policy and the Coherence of Delaware Takeover Law," *University of Pennsylvania Law Review*, 2005.

Kraakman, Reinier, *The Anatomy of Corporate Law*, Oxford, 2009.

Miller, M. H. and M. Scholes, "Rates of Return in Relation to Risk: A Reexamination of Some Recent Findings," *STUDIES IN THE THEORY OF CAPITAL MARKETS*, ed. by M. Jensen, Praeger Publishers Inc., 1972, pp. 47-78.

Modigliani, Franco and Merton H. Miller, "The Cost of Capital, Corporation Finance, and the Theory of Investment," *American Economic Review*, 48, 1958.

_____, "Corporate Income Taxes and the Cost of Capital: A Correction," *American Economic Review*, 53, 1963.

Myers, Stewart C., "The Determinants of Corporate Borrowing," *Journal of Financial Economics*, 5, 1977.

Ohlson, J. A., "Earnings, Book Values, and Dividends in Equity Valuation," *Contemporary Accounting Research*, 11(2), 1995, pp. 661-687.

_____, "The Theory of Value and Earnings, and an Introduction to the Ball-Brown Analysis," *Contemporary Accounting Research*, 8(1), 1991, pp. 1-19.

Ou, J. A. and S. H. Penman, "Financial Statement Analysis and the Prediction of Stock Returns," *Journal of Accounting and Economics*, 1993, pp. 295-359.

Porter, Robert, "A study of cartel stability the joint executive committee, 1880-1886," *Bell Journal of Economics*, 14, 1983, pp. 301-314.

Porter, Robert and J. Douglas Zona, "Detection of bid rigging in procurement auctions," *Journal of Political Economy*, 101(3), 1993, pp. 518-538.

Pratt, Shannon P., *VALUING A BUSINESS – The Analysis and Appraisal of Closely Held Companies*, McGraw Hill, 2008.

Romano, Roberta, "Answering the Wrong Question," *Columbia Law Review*, 89, Nov. 1989.

Thompson, Robert B., "Piercing the Corporate Veil: An Empirical Study," *Cornell Law Review*, 76, 1991.

Weiss, Lawrence A., "Bankruptcy Resolution: Direct Costs and Violation of Priority of Claims," *Journal of Financial Economics*, 27, 1990.

Chapter 9

김차동 · 주진열

공정거래법의 법경제학

Chapter 9

공정거래법의 법경제학

김차동 · 주진열

I. 서론

우리나라「독점규제 및 공정거래에 관한 법률」(이하 '공정거래법' 또는 '법')의 실체법 조항은 '시장', '거래', '가격', '공급', '수요', '경쟁', '효율성' 등과 같은 경제용어로 채워져 있으며, 공정거래법의 집행이나 사법적 판단에서 경제이론이나 경제적 증거가 주요한 역할을 하는 경우가 많다. 공정거래법은 원칙적으로 어떤 기업업무(a firm's practice)의 경쟁제한성을 '위법성'으로 파악하고 다양한 재제를 가하기 때문에, 경쟁제한적 행위 여부를 어떻게 판단하고 이에 대한 적절한 재제수단을 어떻게 찾아 내는지에 관한 근본적인 쟁점 분석에 있어서 법경제학적 분석은 효용성이 대단히 크다. 게다가 최근 공정거래법 관련 주요 사건들을 보면 소송당사자들이 경제분석 보고서를 증거로 제출하는 경향이 크게 증가하고 있기 때문에, 공정거래소송에서 경제분석의 역할은 빠르게 확장되고 있다.

본 장에서는 먼저 공정거래법의 목적, 경쟁제한성, 시장구조와 전략적 행위 등에 관한 총론적 쟁점을 법경제학적으로 분석한 뒤(제Ⅱ절), 시장지배적 지위 남용, 부당공동행위(특히, 가격담합), 기업결합, 불공정거래행위(특히, 부당지원행위), 손해배상액 산정 등에 관한 주요 판례에 나타난 법경제학적 쟁점을 분석한다(제Ⅲ절).

Ⅱ. 총론적 쟁점에 관한 분석

1. 경쟁

공정거래법 제1조는 “이 법은 사업자의 시장지배적 지위의 남용과 과도한 경제력의 집중을 방지하고, 부당한 공동행위 및 불공정거래행위를 규제하여 공정하고 자유로운 경쟁을 촉진함으로써 창의적인 기업활동을 조장하고 소비자를 보호함과 아울러 국민경제의 균형 있는 발전을 도모함을 목적으로 한다”라고 규정하고 있다. 또 헌법 제119조에서는 “대한민국의 경제질서는 개인과 기업의 경제상의 자유와 창의를 존중함을 기본으로 한다”(동조 제1항)와, “국가는 균형 있는 국민경제의 성장 및 안정과 …시장의 지배와 경제력의 남용을 방지하며, …”(동조 제2항)라고 규정하고 있다.

공정거래법이 자유로운 경쟁을 촉진[1)]하는 데 목적을 둔다면, 그 이유가 무엇인지 이해하기 위해 경쟁이 무엇이고 경쟁이 가져다 주는 이익이 무엇인지를 생각해 볼 필요가 있다. 우선 경쟁은 일차적으로는 완전경쟁을 지칭한다고 한다. 그렇다면 완전경쟁시장이란 무엇인지 검토해 보자. 완전경쟁시장이란 가격의 매개변수적인 기능을 중심으로 한 무한의 기업 사이에 무한의 경쟁이 존재하는 시장이다.[2)] 완전경쟁의 조건은 다음과 같다.

(1) 소비자들은 그들이 구매하고자 하는 상품과 서비스에 대한 완전한 정보를 보유하고 있을 것,

(2) 생산자들은 기술적 변동이나 규모에 따라서는 변하지 않는 공급곡선을 갖고 있을 것,

(3) 소비자들은 주어진 예산하에서 효용을 극대화하고자 하고, 생산자들은 주

1) 경쟁을 아래에서와 같이 완전경쟁이라고 이해하면, 공정거래법의 목적을 완전경쟁의 회복(restoring a perfect competition in the market)이라고 설명하는 편이 더 타당할 것이다.

2) 정호열(2008), p. 65; 권오승(2005), p. 80.

어진 공급곡선하에서 이윤을 극대화하고자 할 것,

(4) 모든 대리인들은 가격순응자들이고, 대리인 외부효과는 없을 것,

(5) 균형가격이 정해질 것[3] 등이다.

이러한 조건이 달성되어 완전경쟁시장이 된 경우에는 아래와 같은 이점이 있는 것으로 본다. 첫째, 배분효율성(allocative efficiency)이 달성된다. 배분효율성은 일정한 자원이 주어져 있는 경우 그러한 자원을 가장 높은 가치평가자(one who values it the most)에게 배분함으로써 달성할 수 있는 효율성을 지칭한다. 완전경쟁시장에서 공급곡선과 수요곡선이 만나는 곳에서 가격과 생산량이 결정된다는 의미는 공급곡선으로 대표되는 최저비용 생산자와 수요곡선으로 대표되는 최고효용 부여자가 그 재화의 거래에 참여하였다는 것을 의미하여 결과적으로 그 재화를 최저비용으로 생산하여 최고효용 부여자에게 배분해 주었다는 의미를 갖는다. 재화를 최저비용으로 생산한다는 점에서 생산적 효율성(productive efficiency)이라는 개념도 포함하고 있다.[4]

둘째, 아울러 사회적 후생이 최대화(the maximization of social welfare)된다. 〈그림 9-1〉은 수요와 공급에 의해 수량과 가격이 결정되는 통상적인 분석틀을 보여 주는데, 이때 균형점인 D에서 가격과 생산량이 결정되면, 시장에서의 거래총액은 P^*OQ^*D가 된다. 그러나 그 거래에 참여한 모든 소비자들의 총효용 합계는 AOQ^*D가 되어 $AP^*D(ADQ^*O-P^*OQ^*D)$의 소비자잉여(consumer surplus)가 발생하게 된다. 또 그 거래에 참여한 모든 생산자들의 총비용 합계는 BOQ^*D로서 $P^*BD(P^*OQ^*D-BOQ^*D)$의 생산자잉여(producer surplus)가 발생한다. 이 생산자잉여와 소비자잉여의 합계인 삼각형 ABD를 사회적 후생(social welfare, 또는 사회적 총후생이라고도 한다)이라고 한다. 완전경쟁시장에서 이러한 사회적 후생이 최대화된다. 이는 균형점 D 좌측에서 생산되는 Q'를 상정하거나 우측에서 생산되는 Q''의 경우를 상정하면 왜 균형점 D에서 사회적 후생이 극대화되는지를 잘 알 수 있다.

3) Viscusi et al.(2005).

4) Gavil, Kovacic, and Baker(2002), pp. 22-33 참조.

그림 9-1 • 완전경쟁시장과 사회적 후생

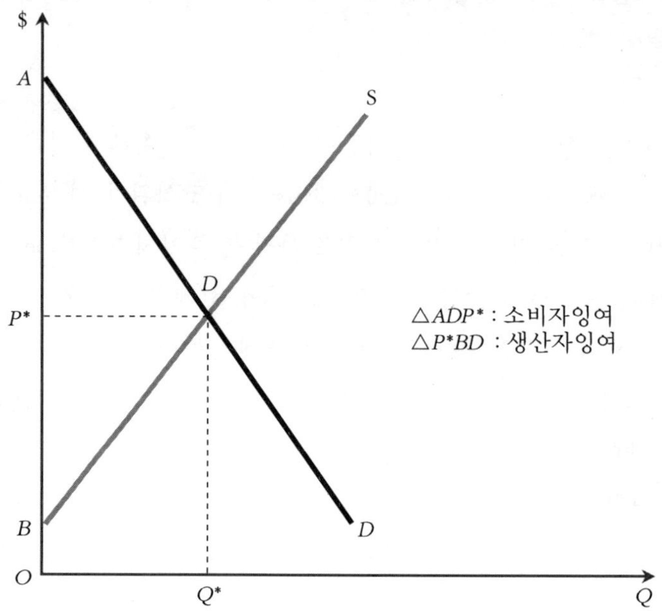

2. 경쟁제한성

공정거래법은 경쟁을 제한하는 행위들을 제재한다. 공정거래법에서는 그 경쟁제한행위의 유형들로서 제2장 시장지배적 지위의 남용 금지, 제3장 기업결합의 제한, 제4장 부당한 공동행위의 제한, 제5장 불공정거래행위의 금지, 제6장 사업자단체, 제7장 재판매가격유지행위의 제한 등을 나열하고 있다. 공정거래법이 이러한 행위들을 제재하는 가장 핵심적인 이유는 이들 행위가 경쟁을 제한한다는 것인데, 이때 경쟁제한성의 의미를 둘러싸고 많은 논의는 있으나 구체적으로 제시하는 바가 없어 이 분야 초학자들이 항상 큰 애를 먹고 있는 실정이다. 물론 공정거래법 제2조 제8의2호에는 '경쟁을 실질적으로 제한하는 행위'에 관한 정의 규정[5]을 두고

5) 공정거래법 제2조 제8의2호에서는 " '경쟁을 실질적으로 제한하는 행위'라 함은 일정한 거래분야의 경쟁이 감소하여 특정 사업자 또는 사업자단체의 의사에 따라 어느 정도 자유로이 가격 · 수량 · 품질 기타 거래조건 등의 결정에

있다. 이 규정은 대법원에서 1995년경 (사)대한약사회의 사업자단체 금지행위 위반 사건에서 판단한 "시장에서의 유효한 경쟁을 기대하기 어려운 상태를 초래하는 행위, 즉 일정한 거래분야의 경쟁상태가 감소하여 특정 사업자 또는 사업자단체가 그 의사로 어느 정도 자유로이 가격 · 수량 · 품질 및 기타 조건을 좌우할 수 있는 시장지배력의 형성을 의미한다"[6]라는 취지를 입법화한 것이라고 보고 있다. 그 내용은 시장지배력(market power)을 지칭하는 것처럼 읽혀진다. 공정거래법 제2조 제8의2호에서의 '경쟁을 실질적으로 제한'한다는 것과 거의 같은 규정이 등장하는 외국의 입법례로서는 미국의 클레이튼법(Clayton Act) 제3조와 제7조에서 발견되는 '경쟁의 실질적 감소'(substantial lessening of competition)라는 부분과 일본 독점금지법 제2조 제5항, 제6항에서 발견되는 '경쟁을 실질적으로 제한하는 것'이라는 문언이다. 영어에서 실질적(substantial)이란 용어는 종종 양적인 의미를 갖는 것으로 de minimus가 아닌 상당한 정도의 양이라는 의미로 사용되고 있다. 이와 같은 실정법의 해석론에도 불구하고 위반행위 유형에 따라 경쟁제한성의 실질적 내용이 달라지고 또 같은 위반행위 유형 내에서도 경쟁제한성을 파악하는 입장의 차이에 따라 전혀 다른 접근을 하는 경우가 있어 과연 경쟁제한성이 뜻하는 바가 무엇인지에 관하여 많은 논란이 있다.

경쟁제한성에 대한 심도 있는 논의를 진행하기 위해 경쟁이 제한되는 대표적 경우인 독점의 폐해를 살펴보자. 독점의 폐해를 살펴봄으로써 경쟁제한성의 판단을 어떻게 할 것인가에 대한 많은 시사점을 얻을 수 있다. 또한 독점의 폐해는 과점의 경우도 그 정도의 차이는 있을지라도 질적인 측면에서는 대동소이하고, 부당한 공동행위의 경우도 인위적으로 독점과 유사한 상황을 조장한다는 측면을 제외하고는 큰 차이가 없다. 그 밖에도 경쟁제한적인 기업결합, 불공정거래행위에 나타난 폐해도 이러한 독점의 폐해와 질적으로 큰 차이가 없다. 그러므로 이하에서는 독점의 폐해를 살펴보기로 하자.

독점의 폐해는 완전경쟁의 이점과 표리의 관계가 있다. 독점의 경우 생산량은 한계수입(marginal revenue: MR)곡선과 한계비용(marginal cost: MC)을 나타내는 공급곡

영향을 미치거나 미칠 우려가 있는 상태를 초래하는 행위를 말한다" 라고 규정하고 있다.
6) 대법원 1995. 5. 12. 선고 94누13794 판결.

그림 9-2 • 독점시장과 사회적 후생

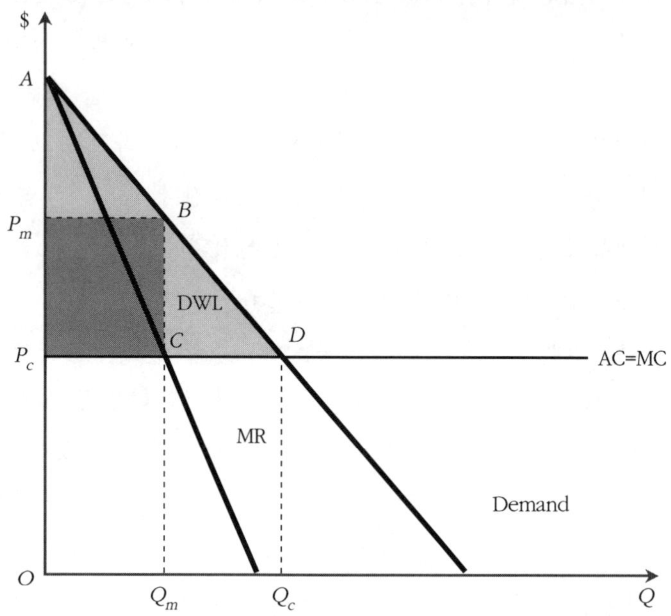

선이 교차하는 지점에서 결정되는데, 그 생산량에서 형성되는 독점가격은 그 생산량에 대응하는 수요곡선상의 지점에서 결정된다. 〈그림 9-2〉에서는 B지점이 된다.[7] 독점의 균형점 B는 완전경쟁의 경우 형성될 균형점 D보다는 더 왼쪽에 위치하여 생산량은 균형생산량보다 적고, 가격은 균형가격보다 높게 설정된다.

그런 독점의 성과는 완전경쟁의 경우 달성될 소비자잉여 AP_cD를 AP_mB로 축소시켜 축소된 부분 중 P_mP_cCB 부분만큼은 독점이윤으로 돌리고, BCD만큼은 사회에서 사라지게 만드는 것이다. 즉, 독점생산자는 완전경쟁시의 소비자잉여 중 P_mP_cCB만큼을 희생시켜 그 중 P_mP_cCB 부분은 자신이 차지하고 그런 행위의 과정에서 BCD만큼은 우리 사회에서 사라지게 하는 것이다. 이처럼 사라진 BCD는 자중손실(deadweight loss: DWL)이라고 하는데, 이는 독점이 우리 사회에 끼치는 비용이라

7) 이해를 돕기 위해 한계비용은 현재 생산량에 상관없이 동일하다고 가정하였기 때문에 한계비용(MC)곡선이 평행성으로 표시된다.

할 것이다. 즉, 독점자는 독점이윤을 추구하는 과정에서 완전경쟁시의 소비자잉여 중 일부를 자중손실이라는 형태로 그 사회적 비용을 지불하고 자신은 그 소비자잉여 중 일부를 취하는 것이다. 그러므로 자중손실이란 비용부분이 사라졌다는 점에서 사회적 후생도 최대화되지 않았고, 소비자잉여는 크게 침해를 당하게 된 것이다. 이처럼 생산자와 소비자 사이에도 잉여가 최대화되게 재화가 배분되지도 않았다는 점에서 자원의 배분적 효율성도 실현되지 않았으며, 자중손실이 존재한다는 점에서 사회적 후생도 최대화되지 않았으며, 소비자의 희생하에 생산자의 이익을 극대화하였으므로 파레토 최적도 실현되지 않았다는 것이다.

이처럼 경쟁제한성을 파악하는데 독점이 초래하는 사회적인 비용인 자중손실을 제대로 계산하는 것이 필요하다. 그 동안 많은 경제학자들은 독점에 따른 사회적 손실을 추정하고자 시도하였다. 아놀드 하버거(Arnold Harberger)는 한계비용(MC)을 알 수 있을 때 자중손실[8]은 $\frac{1}{2}\eta d^2 P^* Q^*$라는 계산식으로 계산해 낼 수 있다고 하였다(이때 η는 해당 시장의 수요탄력성의 절대값을 의미하고, d는 가격-비용을 의미한다. 위 식에서 P^*는 P_m, Q^*는 Q_m에 해당된다). 이러한 계산식을 사용하여 실제 자료들을 모아 하버거는 η=1이란 가정하에 자중손실은 미국 GNP의 1%의 10분의 1(GNP의 0.1%란 의미) 정도라고 계산하였다. 만약 η가 다섯 배나 크다(수요탄력성이 5가 되는 경우는 거의 드묾)고 하더라도 미국 GNP 1%의 2분의 1 정도(GNP의 0.5%)가 되기 때문에 η=1이라는 기울기 가정이 큰 문제는 없다. 어쨌든 그는 독점으로 인한 자중손실의 값은 사실 매우 작다고 주장하였다.[9] 결국 독점의 사회적 비용이 그리 크지 않기 때문에 이를 규제할 필요가 없다는 셈이 된다. 그러나 하버거의 추산은 1920년대의 자료를 기초로 이루어진 점, 독점의 폐해는 자중손실 외 다른 손실도 있다는 점,[10] 그 밖에도 경험적으로 독점의 폐해는 상당하다는 점 등에 비추어 볼 때 그의 위와 같은 추산은 문제가 있다.

한편, 케이스 코윙(Keith Cowing)과 데니스 뮬러(Dennis Mueller)가 비슷한 연구를 하였는데 하버거와는 다른 분석 결과를 발표하였다. 그들은 $(P-MC) \div P = \frac{1}{\eta}$이라는

8) 자중손실은 삼각형이기 때문에 가로×세로×1/2이란 식으로 계산할 수 있다. 즉, $1/2(P_m-P_c)(Q_c-Q_m)$ 또는 $1/2(P^*-P_c)(Q_c-Q^*)$으로 표시할 수 있다.
9) Viscusi et al.(2005), pp. 90-93 참조.
10) Viscusi et al.(2005), p. 92 참조.

수식을 적용하여 자중손실은 해당 사업자의 이익의 1/2에 해당된다고 하였다.[11] 그들에 따르면 독점으로 인한 손실은 자중손실과 기타 광고 등의 손실을 합산하면, 미국 GNP의 4%에서 13% 사이이다.[12]

이처럼 독점, 담합, 규제 등을 통하여 시장가격이 한계비용보다 높게 설정될 때 발생하는 자중손실 등 후생의 감소를 측정하는 것은 매우 중요하다. 불행하게도 자료부족 때문에 그 측정은 항상 불완전하다. 그러나 독점, 담합, 규제 등으로 인한 후생손실이 GNP의 1% 이하라면 그 피해는 너무 작아 특별히 반독점법을 제정하여 제재할 필요는 없었을 것이다. 그런데 세계 모든 나라들에서 독점의 폐해를 규제하고 있는 등 인류역사로부터 추출되는 경험에 비추어 볼 때 독점으로 인한 손실은 그 나라 GNP의 1%보다 높다는 것을 알 수 있다.[13] 향후 이 부분에 대한 보다 정밀한 연구들이 더 나타나 보아야 할 것이다.

3. 과점과 담합

1) 과점

과점이란 적은 수의 사업자(a small number of firms)로 말미암아 높은 수준의 상호의존성(a high degree of interdependence)이 발생하는 산업구조를 일컫는다. 참여사업자의 숫자가 적다는 점에 관한 이론적이나 실무적인 단정은 아직 존재하지 않는다. 그럼에도 불구하고, 과점시장에서 사업자는 자신의 행위에 대한 의사결정을 함에 있어 경쟁상대방의 행동을 의식하여 결정하는 경향이 있다. 달리 말하자면, 과점의 본질은 사업자들 사이에 인식 있는 상호의존성(interdependency)에 있다.

전 세계 각 나라들의 사정을 살펴볼 때 완전경쟁은 거의 존재하지 않고, 독점은 드무나, 과점은 매우 많다고 할 수 있다. 따라서 과점시장에 대하여 어떤 철학과 이념을 갖고 규제에 나서는가는 각 나라들의 경제성과를 좌우할 매우 중요한 정책적 과제가 되고 있다. 대한민국의 경우도 대부분의 산업이 과점화되어 있기 때문

11) Viscusi et al.(2005), p. 91 참조.
12) Viscusi et al.(2005), p. 91 참조.
13) Viscusi et al.(2005), p. 92 참조.

에 사정은 다르지 않다.

완전경쟁(perfect competition)에서는 가격=한계비용이란 등식이 성립된다. 그러나 독점(monopoly)에서는 생산량이 한계수입과 한계비용이 일치되는 지점에서 결정되기 때문에 (독점)가격은 그 생산량에 대응하는 수요곡선상의 지점에서 결정되어 결국 한계비용보다 높은 수준에서 정해진다. 하지만, 과점에서는 과점가격은 한계비용보다는 높은 수준에서 결정되지만 독점가격보다는 낮은 수준에서 결정된다. 한계비용보다 높은 수준의 가격은 자원배분의 비효율을 초래하고 자중손실을 초래하는 등 사회적 비용이 발생한다. 이런 과점의 폐해에 초점을 맞추어 과점 자체를 위법화하여 규제함으로써 점차 과점시장을 완전경쟁시장으로 이행하게 해야 한다는 관점이 있다. 이런 관점을 가진 사람들은 과점의 구조에 중점을 두고 그 폐해를 강조하면서 구조적인 접근을 한다. 이런 견해는 대개 과점사업자를 시장지배적 사업자로 보아 그 지위를 남용하는 것을 규제하는 정책을 찬성한다.

한편, 독과점은 규모의 경제, R&D를 통한 지적재산권의 취득, 경영수완의 발휘 등을 통한 경쟁우위의 확보로 형성된 경우가 많기 때문에 그 자체를 유형화하여 전부 위법화하는 것은 효율적인 기업을 단죄하는 방법으로 바람직하지 않다고 비판하면서 과점에 대한 구조적 관점에서의 규제에 반대하는 견해가 있다. 이러한 입장은 과점사업자의 자연스런 상호의존성은 공정거래법상 규제대상에서 제외하고, 더 나아가 줄어든 사업자 수로 말미암아 담합하기가 더 쉬워져 명시적 또는 묵시적으로 담합에 나아가 자연스럽게 형성된 과점가격을 초과하여 거의 독점이윤에 가까운 초과이윤을 추구하고자 할 때 과점사업자의 이러한 행동을 담합규제의 방법으로 제재하여야 한다며 과점시장을 담합의 관점에서 규제하여야 한다고 주장한다. 원래 담합은 사업자들의 수와는 관계없는 개념이나 사업자들의 수가 적은 과점적 시장에서 매우 빈번하게 발생하고 있다. 후자의 주장은 이러한 사정에 착안한 것이다.

그러므로 두 주장의 장단점을 비교하여 바람직한 정책을 제안하기 위해 이하에서는 대표적인 과점이론인 쿠르노 모형을 통해 과점시장의 균형결정 과정을 검토한 다음, 과점시장에 대한 최적의 규제가 무엇일지를 검토해 보기로 한다.

2) 과점이론-쿠르노 모형[14)]

19세기 프랑스의 경제학자인 오거스트 쿠르노(Augustin Cournot)는 과점이론을 제시하였는데, 그의 이론은 과점 현상을 분석하는 대표적인 모형으로 현재까지도 널리 사용되고 있다. 쿠르노 모형을 간략하게 설명하면 다음과 같다.

가정: 기업의 한계비용은 $40에서 고정되어 있고, 시장수요곡선은 $P=100-Q$라고 가정한다.

이론의 전개: 쿠르노 모형에서는 사업자들은 가격이 아닌 생산량을 통해 경쟁한다. 만약 해당 시장 내에서는 기업 1과 기업 2만이 존재한다고 가정하면 기업 1의 생산량은 q_1, 기업 2의 생산량은 q_2라고 하였을 때 그에 따른 시장가격은 $P=100-q_1-q_2$가 된다. 따라서 이윤함수 π는 다음과 같이 표현될 수 있다(π_1은 기업 1의 이윤함수이고, π_2는 기업 2의 이윤함수이다).

$$\pi_1=(100-q_1-q_2)q_1-40q_1,$$
$$\pi_2=(100-q_1-q_2)q_2-40q_2.$$

위 이윤함수는 과점을 특정 짓는 상호의존성을 잘 드러내 주고 있다. 기업 1의 이윤은 자신의 생산량뿐만 아니라 기업 2의 생산량에도 많이 의존한다. q_2가 많으면 많을수록 기업 1의 이윤은 작아진다.

이러한 전제를 기초로 과점시장에서 이윤극대화의 기업목표가 과점사업자의 행동에 미치는 영향을 쿠르노 모형을 사용해 살펴보기로 한다. 기업 1의 이윤을 극대화하는 생산량을 정하는 것은 기업 2의 이윤을 극대화하는 생산량을 검토함이 없이 불가능하다. 기업 1은 기업 2의 예상생산량을 고려하면서 자신의 이윤 π_1을 극대화시키는 자신의 생산량을 결정하게 된다. 이처럼 과점사업자는 경쟁자의 생산량이 정해져 있다는 전제하에 이윤을 극대화하는 자신의 생산량을 찾게 되고, 이런 상태를 쿠르노 모형의 해[15)]라고 한다.

14) 아래 과점이론은 다음의 문헌에 많이 의존하였다. Viscusi et al.(2005), p. 101 이하 참조.
15) 내쉬 균형(Nash equilibrium)이라고도 할 수 있다. 내쉬 균형은 각 기업의 생산량은 다른 기업의 생산량이 주어졌

그림 9-3 • 쿠르노 모형

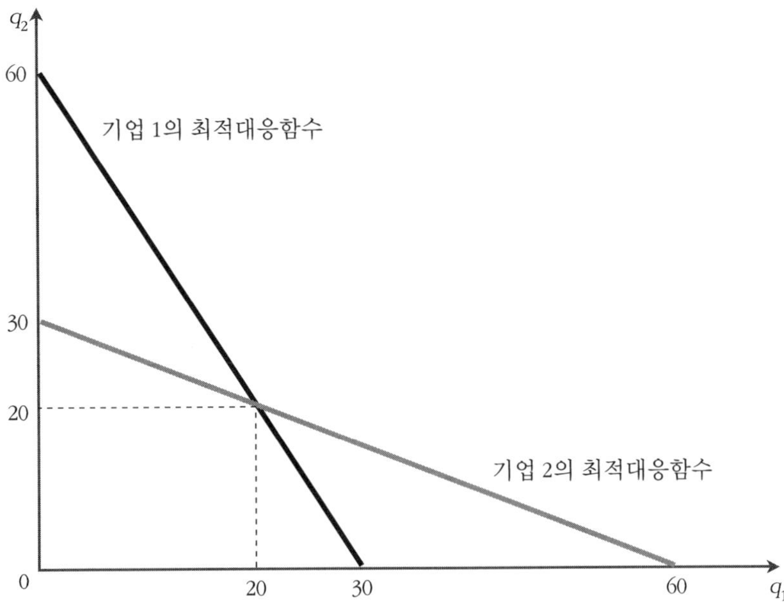

구체적인 수치를 사용하여 좀더 살펴보기로 한다. 먼저 과점사업자 기업 1은 경쟁사업자 기업 2가 10개를 생산할 것을 예상하고 있다고 가정하자. q_2가 10인 경우 이를 위 식에 대입하면 시장가격은 $P=90-q_1$이 되고, 기업 1의 수입은 $(90-q_1)q_1$이 된다. 따라서 총수입을 미분하여 도출되는 한계수입은 $90-2q_1$이 된다. 이때 기업 1은 자신의 이윤을 극대화하는 q_1을 선택하기 위해서는 자신의 한계수입과 한계비용을 일치시켜야 하기 때문에 $90-2q_1=40$이 되고, 이를 풀이하면 $q_1=25$가 된다. 따라서 (25, 10)의 조합이 가능하다. 한편, 기업 2가 그 생산량 q_2를 위 10에서 30으로 변화시켰다고 가정하면, 위와 같은 풀이 과정을 거쳐 기업 1이 그 이윤을 극대화시키는 생산량 q_1은 15로 여겨 이를 생산하려 할 것이다. 따라서 또다른 점 (15, 30)의 조합이 도출된다. 이 (25, 10)과 (15, 30)의 두 점을 지나는 1차함수를 구하면

을 때 그 기업이윤을 극대화하는 생산량으로서 조합을 이루는 것을 의미한다. Viscusi et al.(2005), p. 108 참조.

$q_1=30-0.5q_2$이 되고, 이를 기업 1의 최적대응함수(best reply function)라고 한다(〈그림 9-3〉). 왜냐하면, 이 함수는 기업 2의 생산량(q_2)에 대응하여 이윤을 극대화하는 기업 1의 최적생산량(q_1)을 도출하는 함수이기 때문이다. 과점사업자의 최적대응함수는 우하향이다. 왜냐하면, 기업 2의 생산량이 많아질수록 기업 1의 이윤극대화 생산량 q_1은 작아지기 때문이다. 위와 유사한 과정을 통하여 기업 2의 최적대응함수를 구하면 $q_2=30-0.5q_1$이 된다. 이 두 기업의 최적대응함수가 교차하는 점은 ($q_1=20$, $q_2=20$)인데, 이 점이 쿠르노 모형의 균형수량이 된다.

요약하면, 쿠르노 모형에서 균형은 $q_1=20$, $q_2=20$이 되고 이때의 이윤은 $\pi_1=400$, $\pi_2=400$이 되고, 가격은 $P=60$이 된다. 그런데 완전경쟁시장이었다면 경쟁가격은 한계비용과 일치하는 40이 될 것이므로 쿠르노 균형에서의 과점가격은 경쟁가격보다 높게 된다. 그리고 독점가격은 한계수입과 한계비용이 일치되는 점에서 형성되는데, 위에서 본 바와 같은 한계수입 $100-2Q=100-2(100-P)$로 변환될 수 있고 $100-2(100-Q)=40$으로 식을 만들어 이를 풀이하면 $P=70$이 된다. 이 70이란 독점가격보다 위 과점가격은 낮다.

3) 과점시장에서의 담합

과점시장에서 과점사업자들은 쿠르노 해법에서 자신의 이익을 최대화하여 균형을 이루게 되지만, 양 사업자가 협력할 수만 있으면 동시에 그들의 이윤을 더 증가시켜 독점이윤까지 추구할 수 있게 된다. 즉, 쿠르노 해법상의 위 생산량 20(그때 이윤은 각각 400임)에서 독점에 해당하는 생산량인 15(이때 이윤은 각각 450임)로 동시에 감소시킴으로써 쿠르노 해법에서의 이윤보다 더 증대시킬 수 있다. 하지만, 문제는 어느 사업자도 먼저 그렇게 행동할 유인이 없다는데 있다. 만약 기업 1이 기업 2가 자신의 생산량을 15까지 생산할 것이란 약속을 믿고 15를 생산하게 되면 기업 2는 약속을 어기고 22.5까지 생산함으로써 양자가 15를 생산할 때 얻을 수 있었던 수익 450보다 더 큰 수익(506.25)을 남길 수 있는 가능성이 존재하게 된다. 따라서 기업 1은 기업 2가 약속을 반드시 지켜 15를 생산할 것이란 확신이 없는 이상 선불리 자신의 생산량을 15로 감소시켜 기업 2로 하여금 22.5까지 생산하여 이윤극대화를 할 수 있는 기회를 제공하진 않을 것이다. 게임이론에서는 이를 용의자의 딜레마(prisoner's dilemma)라고 표현한다. 양자에게 모두 가장 유리한 선택이 있는데, 서로 불신한 결과 차선의 선택으로 균형에 이르게 된다는 이론이다. 쿠르노 해법상의 균형은 각 회사들이 합심하여 행동함으로써 그들의 이익을 증가시킬 수 있는 여지를 남겨 놓았다는 점에서 파레토 비효율 상태라고 할 수 있다.[16)]

이처럼 과점적 경쟁은 사업자들이 담합하여 이윤극대화할 수 있는 생산량을 초과하여 생산한다. 즉, 과점사업자들이 자신의 이윤을 극대화하기 위하여 생산하여도 독점 수준까지는 생산하지 못한다. 그러나 만약 다른 사업자들이 협력할 수 있고, 그 협력으로 인하여 그들이 생산량을 15 수준까지 줄일 것이라고 확신할 수 있다면 자신의 이익을 극대화하기 위하여 참가사업자들의 이익 전체를 극대화하기 위한 행동에 나서게 될 것이다. 과점시장에서 협력을 통하여 더 높은 이윤을 얻겠다는 유혹은 담합이 일어나는 가장 중요한 유인이 된다.

4) 과점사업자의 수와 담합

사업자의 수가 증가하면 담합이 어렵게 되다. 과연 그런가를 살펴보기로 한다. 직관적으로 볼 때 사업자의 수가 증가함에 따라, 두 가지 상반되는 유인이 존재하게 된다. 첫째, 각 사업자는 그 수가 많기 때문에 시장점유율이 분산되게 된다. 즉, 공동이윤 극대화 지점에서 사업자들은 보다 낮은 시장점유율을 갖게 된다. 이러한 점은 사업자가 담합을 깨고 기망행위(cheating)를 하면 더 높은 수준의 이윤을 실현할 가능성이 있다는 것을 의미한다. 둘째, 사업자의 수가 많을수록 기망행위에 대한 보복을 조율하기 어렵기 때문에 기망행위가 발생하기 쉽다. 그런데 한 번 기망행위가 발생하면 사업자들은 경쟁적으로 가격인하에 동참하게 된다. 이처럼 기망행위가 초래하는 가격인하 경쟁의 치열화는 오히려 사업자들로 하여금 되도록 기망행위를 자제하게 만든다. 그렇다면 어느 유인이 더 강한가? 기존의 여러 연구들에 의하면 대체로 첫 번째 효과가 지배적이어서 기망행위로 인한 순이익은 사업자의 수가 많으면 증가한다는 것을 나타내는 것으로 파악하고 있다.[17)] 그래서 담합은 사업자의 수가 많을수록 더 어려워진다. 이러한 분석을 통해 볼 때, 사업자의 수

16) 좀더 자세하게는 Viscusi et al.(2005), pp. 110-113 참조.
17) Viscusi et al.(2005), pp. 120-121 참조.

가 많으면 시장의 가격은 낮아진다는 결론에 도달하게 된다.

5) 과점시장의 규제방향

(1) 시장지배적 사업자의 지위남용 규제방법

헌법 제111조 제2항에서 "시장의 지배와 경제력의 남용을 방지하며"라고 규정하는 등 독과점의 규제 근거를 제공하고 있고, 이러한 헌법의 이념을 구현하기 위하여 제정된 공정거래법 제2조 제7호에서 시장지배적 사업자를 "일정한 거래분야의 공급자나 수요자로서 단독으로 또는 다른 사업자와 함께 상품이나 용역의 가격 · 수량 · 품질 기타의 거래조건을 결정 · 유지 또는 변경할 수 있는 시장지위를 가진 사업자를 말한다"라고 규정하고 있을 뿐만 아니라, 같은 법 제3조의2에서 이러한 시장지배적 사업자가 하는 남용행위의 유형을 규정한 다음 이를 금지하고 위반할 경우에는 시정조치(제5조), 과징금 부과(제6조), 형사처벌(제66조) 등의 제재를 규정하고 있다. 이어 공정거래법 제4조에서는 시장지배적 사업자의 추정조항을 두어 "3 이하의 사업자의 시장점유율이 합계가 100분의 75 이상"일 때 그 3 이상의 사업자 전부를 시장지배적 사업자로 추정하고 있다. 따라서 시장지배적 사업자의 정의규정에 "다른 사업자와 함께"라는 규정과 시장지배적 사업자의 추정규정을 종합할 때 공정거래법에 규정된 시장지배적 지위남용행위는 과점사업자를 규제하는 근거규정이 된다고 해석하고 있다.[18] 국내에서는 독일이나 EU 등지에서 논의되고 있는 공동의 시장지배력(collective dominance)이라는 개념으로 이러한 쟁점을 다루고 있기도 하다.

대한민국의 공정거래위원회도 시장지배적 지위 남용 규정을 과점사업자들에게 적용한 사례가 발견된다. 즉, 원래 공정거래위원회는 시장지배적 지위 남용행위의 적용사례가 거의 없다가 1997년경 IMF경제위기 이후 그 적용사례가 간간히 발견되다가 최근에 다소 사례가 늘고 있다.

18) 권오승(2005), p. 159 이하.

(2) 담합규제방식

공정거래법 제19조 제1항에 의하면 "사업자는 계약 · 협정 · 결의 기타 어떠한 방법으로도 다른 사업자와 공동으로 부당하게 경쟁을 제한하는… 행위를 할 것을 합의하거나 다른 사업자로 하여금 이를 행하도록 하여서는 아니 된다"라고 규정하고 있고, 같은 조 제5항에서는 "2 이상의 사업자가 일정한 거래분야에서 경쟁을 실질적으로 제한하는 제1항 각 호의 1에 해당하는 행위를 하고 있는 경우 동 사업자간에 그러한 행위를 할 것을 약정한 명시적인 합의가 없는 경우에도 부당한 공동행위를 하고 있는 것으로 추정한다"라는 담합의 추정규정을 두고 있다. 이러한 담합에 관한 규정은 명시적 합의는 물론 묵시적 합의도 담합의 일종을 보고 규제의 대상으로 삼고[19] 있을 뿐만 아니라, 합의추정의 규정까지 두어 과점사업자들의 의식적 병행행위(conscious parallelism)를 추가요소(plus factors)가 있음을 전제로 묵시적 담합행위로 볼 수 있는 경우를 포함하여 위와 같은 전제사실에 해당하는 객관적 사정들만으로 담합을 추정할 수 있도록 하고 있다. 담합으로 인정되는 경우에는 시정조치(제21조)는 물론 과징금 부과(제22조), 담합계약의 무효화(제19조 제4항), 형사처벌(제66조) 등의 제재를 하고 있다.

공정거래위원회는 묵시적 담합이나 담합추정의 규정을 매우 활발히 적용하여 규제에 나서고 있기 때문에 많은 과점사업자가 자신들의 가격설정행위가 담합이라는 이유로 제재를 받은 경우가 많았다.

(3) 법 적용상의 문제

대한민국의 경쟁법 학계에서는 시장지배적 지위 남용행위 적용사건 또는 담합적용사건을 개별적으로 검토하여 해당 규정 적용의 타당성을 검토하는 단계에 있을 뿐 양 규정이 과점사업자에게 적용될 때 본질적으로 차이점이 있다는 점을 체계적으로 검토하는 관점은 아직까지 제시된 적이 없다. 공정거래위원회의 실 사례에서 종종 나타나는 바와 같이 과점사업자를 시장지배적 지위 남용으로 규제하게 될 때는 해당 사업자의 가격이 원가에 비해 지나치게 높다거나 최근 수년 간 영업

19) 권오승(2005), p. 295 이하 참조.

이익이 크게 증가하였다는 등의 증거를 제출하면서 위법성을 입증하려고 하는데, 이러한 태도는 아래에서 검토하는 바와 같이 균형 상태의 과점가격도 한계비용보다 높은 수준에서 결정된다는 점을 간과하는 태도란 점에서 과점 자체를 위법화하고 있다는 비난을 피하기 어렵다. 따라서 과점시장 자체를 문제삼아 그 구조를 개혁하겠다고 입법적 의사결정을 하지 않는 한 단순히 과점사업자의 가격이 한계비용보다 높다거나 영업이익이 증가하였다는 정도의 주장만으로 과점사업자를 시장지배적 지위 남용으로 규제할 수는 없다고 할 것이다.

(4) 향후 논의전개

이처럼 과점시장에서는 쿠르노 모형의 해법에서 알 수 있듯이 전혀 담합이 없는 상황하에서도 각자가 이윤극대화를 추구하다가 보면 상호의존성에서 오는 당연한 결과로 과점가격은 경쟁가격보다는 높고 독점가격보다는 낮은 수준에서 책정이 된다. 만약 이러한 과점가격을 한계비용보다 높게 형성되었다는 단 한 가지의 이유로 위법하다고 판단하게 된다면 과점시장 자체의 구조를 문제삼아 과점을 전혀 허용하지 않겠다는 정책의 채택이 된다. 대한민국의 공정거래법은 제3조의2와 제4조에 의하면 시장지배적 지위 남용을 규제하면서 동 규정이 과점사업자에게 적용될 수 있는 여지를 남기고 있다. 물론 공정거래위원회는 당연히 동 조항을 과점사업자에게도 적용하고 있다. 그렇다면 과연 위와 같은 조항이 쿠르노 해법상의 과점가격보다 더 높여 독점가격 수준까지 가격을 올려 추가적인 이윤을 추구한다는 담합행위에 대한 아무런 증거도 없이 다만 시장지배적 사업자에 해당하고, 한계비용 수준 이상에서 과점가격을 형성하였다는 이유로 규제를 하여 과점사업자를 구조적으로 제재하고자 하는 정책적 목적에서 도입되었는지는 향후 추가적인 논의를 기다려 볼 필요가 있다.

독점 자체는 규모의 경제, 탁월한 경영수완의 발휘, R&D를 통한 지적재산권의 확보 등을 통하여 자연스럽게 형성된 경우에는 이를 제재하지 않는 것이 경쟁법의 대체적인 합의임에도 과점시장이 쿠르노 해법에 이르게 되는 과정에 대한 이해가 없이 과점의 구조 자체를 문제삼아 제재하려고 하는 움직임은 여러 가지로 많은 문제점이 있다는 점은 꼭 지적해 둘 필요가 있다.

4. 시장구조와 전략적 경쟁

1) 경쟁제한성의 간접적 인정방식[20)]

경쟁제한성은 사업자의 행위로 인한 자중손실과 같은 사회적 비용과 비용절감 효과와 같은 효율성 증대효과를 비교하여 직접적으로 판단할 수 있다. 그러나 이러한 파악이 원초적으로 불가능하거나 어려운 경우나 종래의 관행에 따른 간접적이고 구조주의적인 방식인 관련 시장의 획정, 시장점유율의 산정, 진입장벽의 고려 등을 통하여 경쟁제한성을 판단하는 방식이 존재한다. 흔히 SCP이론(structure-conduct-performance paradigm)이라 불리는 이 접근은 1930년대부터 1940년대에 걸쳐 하버드대학교에서 활약한 경제학자들의 연구에 의하여 시작되었다.

SCP이론의 핵심을 이루는 세 가지 개념은, 첫째 구조(structure), 둘째 행위(conduct), 셋째 성과(performance)[21)]이다. 하버드 경제학자들은 이 세 가지 개념들이 인과적 관계가 있다는 가설을 정립하였다. 즉, 구조는 사업자의 행위를 결정하고, 그 행위는 시장성과를 결정한다고 주장하였다. 이러한 성과를 바탕으로 1950년대부터 1960년대까지는 실증연구에 매달려 모든 산업에 적용될 수 있는 관련성을 확인하려고 하였다. 예를 들면, 사업자 하나가 더 추가되면 가격에 미치는 영향력을 측정하는 것을 나타내는 일반계수를 찾아 내는 작업 등이다. 하지만 이러한 노력은 실패한 것으로 평가되고 있다. SCP이론은 이후 여러 가지 비판에도 불구하고 그 적용상의 편리성으로 말미암아 아직도 시장집중도라는 도구를 통하여 경쟁제한성을 측정하는 주요 논거로서 거론되고 있다.

(1) 관련 시장의 획정

시장지배력에 대한 분석을 위해서는 먼저 관련 시장(relevant market)의 범위를 획정하여야 한다. 경제이론상으론 관련 시장의 획정방법에 관하여 누구나 동의할 수 있는 보편적인 방식은 존재하지 않는다. 보통 경제학자들은 관련 시장은 주어

20) Viscusi et al.(2005), pp. 62-68 참조.
21) 구조 개념은 시장참여자의 수, 진입장벽 등이 중심을 이루고 있었고, 행위는 가격설정, 광고 등이 중심을 이루고 있었고, 성과는 효율성, 기술적 진보 등이 그 중심을 이루고 있었다.

진 외생변수로 취급한다. 그러나 실증적 연구를 할 때 어떤 상품과 생산자로서 관련 시장이 구성되는지 결정하여야 하는 경우가 많다. 예를 들면, 미국에서 매우 유명한 반독점법 사건[22]도 관련 시장이 셀로판인지 가변성 포장물질(즉, 셀로판 이외에도 사란, 알루미늄 호일, 갈색 종이 등을 포함한 가변성 포장물질 전체)인지에 따라 결론이 났었다. 시장획정은 소비와 생산의 양 측면에서 나타난 대체성을 고려하여야 한다. 조지 스티글러(George Stigler)는 이와 같은 입장을 다음과 같이 표현하였다. "관련 시장은 장기 대체적 관계에 있는 최대 지역과 최대 생산활동을 포괄하여야 한다. 만약 구매자가 상품 A 또는 지역 A로부터 상품 B 또는 지역 B로 큰 규모로 수요이전이 된다면 그 두 상품 및 지역은 관련 시장으로 묶여져야 한다. 생산자들은 B로부터 A로 생산량을 큰 규모로 변동시킬 수 있으면 이 또한 같은 관련 시장으로 보아야 한다. 경제학자들은 이것을 다른 형태로 표현하였다. 공급과 수요에 있어 장기 교차탄력성을 가진 모든 상품과 사업자는 하나의 관련 시장 내에 있다고 보아야 한다."[23] 그리고 관련 시장을 획정한 후 시장집중도를 산정하기 위해서는 관련 시장 내의 총매출액 정보와 그 사업자의 매출액에 관한 정보가 있어야 한다.

공급측에서 관련 시장을 획정하는 요소로서의 공급 측면에서의 대체성을 인정하여야 하는데, 이러한 대체성은 진입장벽으로서의 진입요건과 구분하기 매우 어렵다. 즉, 어떤 기준에서 관련 시장 개념은 더 이상 기능치 못하고 잠재적 시장진입이란 쟁점의 문제라고 보아야 하는가는 매우 복잡한 문제이다. 쉐러(F. M. Scherer)는 공장이나 장비나 노동력에 상당한 신규 투자를 함이 없이도 단기적으로 전용될 수 있는 기존의 생산설비만을 관련 시장 획정시 공급 측면에서의 대체재에 포함시키고, 나머지는 시장진입조건으로서의 잠재적 경쟁을 논할 때 참작하여야 한다는 주장을 하기도 하였다.[24]

(2) 사업자집중도

경제학자들은 시장집중 정도를 측정하기 위한 여러 지표들을 개발해 왔지만, 가장 널리 사용되는 것은 사업자집중도(the concentration ratio)이다. 사업자집중도란

22) United States v. E. I. duPont de Nemours and Co., 351 U.S. 377(1956).
23) Viscusi et al.(2005), p. 156에서 재인용. 원문은 Stigler(1955), p. 4에 있음.
24) Viscusi et al.(2005), p. 157에서 재인용. 원문은 Scherer(1980), p. 61 참조.

표 9-1 • 사업자집중도 측정 사례

사업자 수	산업 X(%)	산업 Y(%)
1	20	60
2	20	10
3	20	5
4	20	5
5	20	5
6	–	5
7	–	5
8	–	5
합계	100	100

단순히 m개수의 사업자의 합산매출액을 관련 시장의 총매출액으로 나눈 m개수 사업자들의 시장점유율을 뜻한다. 사업자집중도의 단점은 사업자집중도가 공급자의 전체 공급량에서 오직 한 시점에서만의 지표를 나타낼 뿐이라는 데 있다. 〈표 9-1〉에서 나타난 바와 같이 두 가상의 관련 시장 X, Y에서 공급량을 검토해 보자. 관련 시장 X, Y에서 상위 4개 사업자는 같은 시장집중도(80%)를 갖고 있지만, 대부분의 경제학자들은 두 관련 시장에서 사업자들은 전혀 다른 경쟁형태를 보인다고 본다. 상위 3개 사업자집중도를 계산해 보면 관련 시장 Y는 관련 시장 X보다 훨씬 더 집중되어 있다고 보인다. 이런 단점에도 불구하고, 사업자집중도는 공급자의 단순한 숫자를 합산하는 방식보다는 더 우수한 지표이다.

(3) HHI지수

미국 법무부의 반독점국과 연방거래위원회(Federal Trade Commission: FTC)는 1992년도에 기업결합에 관한 새로운 가이드라인을 공포하였는데, 이 가이드라인에는 HHI지수를 사용하고 있었다.[25] HHI는 단순한 사업자집중도보다는 판매자들에 대한 규모분산에 관한 더 많은 정보를 포함하고 있는 이점이 있다. 만약 S_i를 S라는 산

25) 허핀달(O. C. Herfindahl)과 허쉬맨(A. O. Hirschman)이 공동으로 개발한 집중도지수이다.

업의 총매출액에 대한 i란 사업자의 비율을 지칭한다면, 산업에서의 HHI는 다음과 같은 수식으로 계산된다.

$$S_1\left(\frac{P^c-c_1}{P^c}\right)+S_2\left(\frac{P^c-c_2}{P^c}\right)+\cdots+S_n\left(\frac{P^c-c_n}{P^c}\right)=\frac{\text{HHI}}{10{,}000\cdot\eta}.$$

여기서, η: 수요의 가격탄력성의 절대값

P^c: 쿠르노 가격

만약 어느 관련 시장이 독점되어 있어 사업자 하나로 구성되어 있다면, HHI는 최대값 10,000을 가질 것이다. 그 지표는 사업자의 수가 증가하면 감소하고, 주어진 수의 사업자들의 점유율 비중이 증가하면 증가한다. 그래서 〈표 9-1〉의 HHI를 계산해 보면,

관련 시장 X: HHI$=20^2+20^2+20^2+20^2+20^2=2{,}000$,

관련 시장 Y: HHI$=60^2+10^2+5^2+5^2+5^2+5^2+5^2=3{,}850$

이 된다. 이처럼 관련 시장 X, Y의 HHI지수에 비추어 볼 때 관련 시장 X에서 참여사업자들은 경쟁적 행동을 더 보여 줄 것이란 점을 알 수 있다. 미국 법무부와 연방거래위원회가 공동으로 공포한 기업결합 심사기준에 따르면 HHI지수 크기와 결합 이후 HHI지수의 변동폭을 고려하여 기업결합의 경쟁제한성을 추정하고 있다. HHI의 장점 중 하나는 이 지수가 쿠르노의 과점이론에서 유래되었다는 것이다. 사업자들은 동질의 제품을 생산하고, 쿠르노 경쟁을 하고 있고, 또 사업자들은 다른 비용함수를 가졌다고 가정할 때, c_i는 사업자 i의 (일정한) 한계비용을 뜻하고, i는 1, 2, …, n이 된다. 쿠르노 해법은 사업자의 시장점유율은 자신의 한계비용과 반비례 관계에 있음을 나타낸다. 사업자 i의 한계비용이 낮을수록 이윤을 극대화하는 생산량은 더 커지고, 그래서 그 사업자의 시장점유율도 더 높아진다. 중요한 것은 쿠르노 해법의 관점에서 볼 때 HHI가 사업자의 가격-비용 차액의 가중평균과 직접적인 관련이 있다는 것이다. HHI가 높을수록 그 산업의 이윤율은 더 크게 된다.[26)]

(4) 집중도지수와 경쟁제한성과의 상관관계

앞에서 살펴본 바와 같이 SCP이론에서는 시장구조와 성과 사이에 인과관계가 있다고 보아 시장구조의 집중도에 관심을 가졌고, 이런 집중도지수를 경쟁제한성의 간접적인 대리변수로 널리 사용되어 왔다. 또 많은 학자들은 역으로 집중도가 높은 관련 시장에서 사업자들이 높은 가격-비용 마진을 누리고 있다는 실증적 연구의 결과물들을 발표하여 왔다. 그래서 시장집중도와 경쟁제한성과의 상관관계는 이론적으로나 실제적으로나 매우 연관성이 높은 것으로 받아들여져 왔다.

이러한 상호연관성이 어디에서 유래하는지에 관해서는 전통적으로 두 가지 중요한 가설이 있었다. 첫째, 담합의 가설(collusion hypothesis)은 산업이 더 집중될수록 덜 경쟁적이 되고 가격-비용 마진이 더 커진다는 것이다.[27] 쿠르노 해법에 의하면 사업자의 수가 더 적어질수록(그래서 집중도가 더 높아질수록) 가격-비용 마진은 더 커지게 된다. 첨언하면, 담합은 사업자의 수가 감소함에 따라 더 쉬워진다는 것이다. 이러한 경쟁제한적 효과에 대한 경쟁정책에 있어 정책적 함의는 고도로 집중된 산업에서는 집중도를 해소하여야 한다는 것이다.

둘째, 위와 같은 담합의 가설과는 달리, 해럴드 뎀세츠(Harold Demsetz)는 효율성 차이 가설(differential efficiency hypothesis, 혹은 우월적 효율성 가설)을 정립하였다. 그는 높은 집중도가 높은 가격-비용 마진을 초래하는 것이 아니라, 경쟁자보다 낮은 비용 수준이나 더 질 좋은 제품의 생산능력을 보유함으로써 생기는 높은 가격-비용 마진이 높은 집중도를 초래하는 경향이 있음을 주장하였다. 만일 효율적인 생산자로서 높은 집중도 수준을 달성한 사업자를 단지 그 이유만으로 제재하면 경쟁우위적인 사업자를 처벌하는 부당한 결과를 초래하게 된다는 것이다.

이 두 가지 대립하는 가설 중 어느 것이 옳은가에 대한 실증적인 연구들이 행해졌는데, 실증적인 증거들은 효율성 차이 가설이 옳다는 것을 매우 강하게 지지하고 있다.[28] 이러한 실증적인 증거들 중 하나가 규모의 경제와 관련된 것이다. 이하에서는 절을 바꾸어 설명하기로 한다.

26) 이상 Viscusi et al.(2005), pp. 159-162 참조.
27) Viscusi et al.(2005), p. 161 참조.
28) Viscusi et al.(2005), p. 162 참조.

(5) 규모의 경제

규모의 경제(economy of scale)를 달성할 수 있는 생산량이 전체 시장수요에서 보다 큰 비중을 차지할수록 효율성을 향상시키는 방향으로 시장이 집중되고, 이러한 경우 비록 시장집중이 일어났다고 하더라도 이를 경쟁제한적인 행위로 규제하는 것은 부적절하다. 다시 말하자면, 한 사업자가 자신의 장기 평균비용의 최저점에서 생산할 수 있는 생산량이 그 관련 시장의 총생산량에서 차지하는 비중을 따져 그 생산량이 높은 시장집중도 수준이라도 이를 들어 경쟁제한적이라고 하여서는 아니 된다. 예를 들면, 자동차산업은 낮은 단위생산비용을 달성하기 위하여 대량생산에 의존한다. 그래서 자동차시장에는 소수의 대규모 생산업자들에 의하여 시장이 집중되는 것이다. 반면에 주유소 사업자들은 어느 수준의 생산량을 초과하여서는 대규모 생산으로 인한 비용절감효과를 기대하기 어렵다. 그래서 상대적으로 덜 집중된 사업분야가 된다.

쉬러(Scherer), 베켄스타인(Beckenstein), 카우퍼(Kaufer), 머피(Murphy)는 1975년경 효율적인 공장규모와 회사규모에 관하여 연구[29]를 하였다. 그 연구 결과에 의할 때(〈표 9-2〉 참조) 규모의 경제는 12개 산업분야 대부분에서 그리 큰 문제가 아니었다. 오직 냉장고와 냉동고 시장에서만 규모의 경제를 달성하기 위하여 20% 정도의 시장점유율이 필요하다는 것이다. 그렇다면 실제 시장주도적 회사들이 보유하고 있는 시장점유율은 효율적인 회사규모를 위하여 필요한 시장점유율을 상당히 상회하고 있는 것이 대부분인데, 이러한 높은 시장점유율은 규모의 경제 이외에, 예를 들면 경쟁제한적인 행위로 말미암은 것일 수 있다. 한 가지 예로, 전지산업에서는 미국에서 당시 상위 4개사 평균시장점유율은 15%인데, 효율적인 회사규모를 달성하기 위하여 필요한 시장점유율은 2%만으로도 족하기 때문에 현실세계에서는 너무 지나치게 집중화되어 있다는 비판을 받았다.

그리고 공학적 연구방법을 사용한 다른 두 가지 연구들[30]에 따를 때도 다른 산업들에서 위와 비슷한 결론을 도출하였다. 다시 말하자면, 각 연구에 따를 때 효율적인 시장점유율이 오직 소수의 산업군에서만 시장주도 회사들이 보유하고 있는

29) 그 연구는 연구대상 산업에서 근무하고 있는 기술 관련 인사들에 대하여 개별 면접을 통하여 연구를 실시하였다. 12개 사업에 대한 연구 결과를 얻기 위하여 6개국에 있는 125개 회사에 대하여 면접을 실시하였다.

30) 하나는 베인에 의하여, 다른 하나는 Pratten에 의하여 행해졌다.

표 9-2 • 미국 시장에서 점유율로 본 규모의 경제의 효율적인 최소규모

(단위: %)

사업분야	전체 시장에서 차지하는 개별 사업장(plant)의 시장점유율로 본 규모의 경제의 효율적인 최소규모	전체 시장에서 차지하는 개별 사업자(firm)의 시장점유율로 본 규모의 경제의 효율적인 최소규모	상위 4개 사업자의 시장점유율 합계
맥주제조업	3.4	10-14	40
담배제조업	6.6	6-12	81
면방직업	0.2	1	36
페인트 등 제조업	1.4	1.4	22
정유업	1.9	4-6	33
신발 및 고무제조업	0.2	1	26
유리용기제조업	1.5	4-6	60
시멘트	1.7	2	29
철강업	2.6	3	48
보울링제조	1.4	4-7	54
냉장고 및 냉동고	14.1	14-20	73
전지제조	1.9	2	61

자료: Viscusi et al.(2005), p. 164에서 재인용. 원문은 Scherer, Beckernstein, Kaufer, and Murphy(1975) 참조.

현실의 시장점유율에 육박하는 것으로 조사되었고, 대부분은 효율적인 시장점유율을 크게 상회하는 것이라고 한다.

그러나 규모의 경제에 대한 위와 같은 연구는 너무 공학적인 연구여서 현실을 제대로 평가하지 못하고 있는 비난도 있고, 현재 경제학계에서 이러한 연구 결과의 유효성은 널리 받아들여지고 있는 것은 아니다. 특히, 존 맥기(John McGee)와 같은 사람은 위와 같은 공학적인 연구 결과에 심각한 문제가 있다고 주장하고 있다.[31)]

2) 시장진입

시장진입(entry)이 얼마나 자유로운가는 두 가지 측면에서 중요하다. 첫째, 시장

31) Viscusi et al.(2005), p. 164 참조.

참여 사업자의 숫자는 시장진입비용 또는 규모의 경제와 같은 요소들에 의해 부분적으로 영향을 받아 결정된다. 그래서 시장진입조건들은 시장집중을 결정하는 주요 요소이다. 둘째, 시장진입조건들은 잠재적 경쟁의 정도를 결정한다. 시장진입이란 위협은 시장참여 사업자들이 격렬하게 경쟁하도록 유도한다. 현존하는 시장참여자들이 격렬하게 경쟁하지 않아 높은 가격-비용 마진을 누리고 있다면, 시장진입이 발생하게 될 것이고, 가격이 떨어지게 된다. 그래서 잠재적 경쟁을 가로막는 시장진입조건들은 경쟁제한성을 판단할 때 중요한 고려요소가 되는 것이다.

시장진입에는 비용이 필요하다. 이러한 비용은 생산설비에 대한 투자를 의미할 수도 있고, 시장진입에 필요한 허가가 될 수도 있다. 시장진입에 허가가 필요하다면, 그 허가를 취득하는 데 드는 비용도 시장진입비용의 일부분이 된다. 소비시장에 진입하게 되면 광고비용도 진입비용의 일부가 된다. 사실, 공정거래법상으로는 현존 사업자들이 잠재적 시장진입에 직면하게 될 때의 시장진입조건들이 경쟁제한성을 판단하는 중요한 고려요소가 된다. 가격을 비용에 가깝게 유지시키기 위하여 잠재적 경쟁압력의 효용성이 매우 중요한 쟁점이 된다.[32)]

시장진입장벽에 관한 최협의의 견해는 정부가 관련된 진입장벽만을 의미한다고 한다. 예를 들면, 정부가 인가권을 갖고 있는 케이블 TV망이나, 뉴욕시에서 택시영업을 하기 위하여 필요한 택시면허증이나, 특허권자에게 20년 간의 독점권을 준다는 점에서 특허가 포함된다. 최광의의 견해는, 사업을 시작하기 위하여 필요한

32) 시장진입조건들을 고려하는 최초 단계는 경쟁사업자들의 수와 시장진입비용 사이의 관계에 관하여 검토하는 데서 출발을 해야 한다. 모든 현재 및 장래의 사업자들은 동일한 생산기술과 생산요소 조달비용을 갖고 있어 같은 생산비용곡선을 갖고 있는 산업분야를 상정해 보라. 모든 사업자들은 같은 상품을 생산한다고 가정하자. $\pi(n)$은 그 사업분야에 n개수의 사업자가 존재할 때 기간당 각 사업자의 이윤이라고 상정하자. 예를 들면, 동시 산출량으로서 현존 시장참여 사업자로 두고 모델을 개발하게 된다면, 쿠르노 해법이 적용되어 $\pi(n)=P^c q^c-C(q^c)$가 된다(이때 q^c는 쿠르노 해법상의 그 사업자의 생산량이고, P^c는 쿠르노의 가격이고, $C(q^c)$는 q^c를 생산하는 각 사업자의 비용을 나타내는 함수이다). 사업자이 이윤 $\pi(n)$은 사업자의 수에 따라서 감소한다고 가정하자. 이러한 가정은 시장참여 사업자의 수가 늘면 이윤은 감소하기 때문에 합리적인 가정이 된다. 시장참여 사업자들은 영원히 그 사업분야에서 사업을 한다고 가정하고, r은 할인율이라고 하자. 그 사업자들은 균형에 도달하였고, 그때의 사업자의 수를 n이라고 하자. 그러면 각 기존 사업자들은 이윤의 합계를 할인하여 현존가치로 계산하면 $\pi(n)/r$이 된다. 사업자의 이윤은 시장참여 사업자의 수가 증가함에 따라 감소한다는 조건을 사용하면, 한 사업자의 현재가치를 나타내는 그래프가 될 것이다. 새로운 사업분야여서 많은 사업자들이 동시에 그 사업분야에 진출할 것을 고려하고 있다고 상정하자. 시장진입비용이 존재하지 않는 상태에서의 균형은 시장진입 사업자의 수, n^e로 나타낼 때 그에 의하여 결정된다. n^e 시장진입자들은 시장진입이 가능할 정도로 충분한 이윤을 내고, 시장진입을 포기한 사업자들은 이윤창출의 가능성이 없기 때문이다. K를 시장진입비용이라고 하면,

$$\frac{\pi(n^e)}{r}-K>0>\frac{\pi(n^e+1)}{r}-K$$

가 성립한다.

대규모의 초기투자비용이라는 접근법이다. 최협의의 정의인 정부 관련 문제라면 입법정책을 바꾸는 이외에 공정거래법상으로는 특정한 해결책을 제시할 수 없다. 진입장벽에 개척자적 역할을 한 사람은 조 베인(Joe Bain)이다. 그는 진입장벽을 "장기적으로는 기존 사업자들이 그 사업분야에 잠재적 신규 시장 참여를 유인하지 않고 생산과 유통의 비용 이상으로 가격을 인상하는 정도"[33]라고 정의하였다. 이는 결과의 측면에서 진입장벽을 정의한 것이다. 진입장벽은 규모의 경제, 진입에 필요한 초기 투하자본의 규모, 관세 및 특허와 같은 정보규제 및 기존 사업자들의 절대적인 비용우위를 포함한다. 기존 사업자들의 절대적인 비용우위의 원인은 해당 업체의 기술적 우위, 싼 원료공급선의 확보, 및 숙련곡선을 의미하기도 한다. 이 진입장벽들은 매우 다양하고, 많은 다른 후생적 함의를 함축하고 있다. 관세와 같은 정부의 규제는 전형적으로 후생을 감소시키는 요소가 된다. 그래서 그것은 경쟁제한적인 진입장벽이 된다. 반대로 기존 사업자들의 효율성 우위는 좋은 진입장벽의 예이다. 베인이 정의한 진입장벽은 사회후생을 증진시키기 위하여 제거해야 하는 대상만이 포함되어 있는 것은 아니라는 것이다.

조지 스티글러는 진입장벽에 대한 다른 정의를 하였는데, 그는 "진입장벽은 해당 시장에서 존재하는 기존 사업자들은 부담하지 않지만 신규 진입하는 사업자들이 부담하여야 하는 생산비용이다"[34]라고 정의하였다. 이 견해의 탁월함은 기존 사업자와 시장진입자 사이에 비용의 차이에 중점을 두었다는 데 있다. 예를 들면, 후발 시장참여자들은 기존 사업자들은 자신의 제품을 광고할 필요가 없는 상황에서도 자신들은 광고비용을 지출하여야 하는 경우가 이에 해당된다. 이런 의미에서 스티글러의 정의가 베인의 정의보다는 더 좁은 정의인 것이다.

세 번째 견해는 크리스티안 폰 바이츠제커(Christian von Weizsacker)에 의한 것이다. 그는 "시장진입장벽은 기존 시장참여자들을 보호하기 위하여 신규 진입을 사회적으로 바람직하지 않는 방향으로 제한하는 것이라"[35]고 정의하였다. 이 정의도 베인의 정의와 같이 결과에 초점을 맞춘 것이다.

베인의 진입장벽에 관한 정의에 포함되는 요소들을 둘러싸고 그 진입장벽 여

33) Viscusi et al.(2005), p. 168에서 재인용. 원문은 Bain(1968), p. 252 참조.
34) Viscusi et al.(2005), p. 169에서 재인용. 원문은 Stigler(1968), p. 67 참조.
35) Viscusi et al.(2005), p. 169에서 재인용. 원문은 Von Weizsacher(1980), p. 13 참조.

부에 관하여 논의가 진행되고 있다. 예를 들면, 시장진입에 필요한 투하자본규모는 신규 진입자들이 직면할 비용불이익의 원인이 되는 것이다. 포즈너는 베인의 견해에 대하여 동의하지 않는다. “어떤 시장수요에 충족하기 위하여 최소규모는 1,000만 달러이라고 가정하자. 그러면 1,000만 달러를 진입장벽이라고 주장할 수 있다. 시장에 진입하기 위하여 신규 사업자가 부담해야 할 장벽이다. 정말 장애가 있는가? 1,000만 달러짜리 공장이 10년 정도의 수명을 갖고 있다면, 신규 진입자에 대한 연간 투자비용은 100만 달러 정도에 불과하다. 기존 사업자들도 그 정도의 연간 비용은 부담한다. 그래서 이 비용은 신규 진입자에게 장애가 되는 것은 아니다.”[36] 포즈너도 신규 진입자는 기존 사업자보다 성공이 불확실하다는 리스크로 말미암은 조달비용의 증가하기 때문에 대규모 자본요건이 장벽이 될 수 있다는 데는 동의한다. 때문에 대규모 초기투자가 필요한 사업분야에서는 신규 진입이 잘 일어나지 않는다. 이러한 위험도는 진입을 제한하지 않아도 늦출 수는 있다. 그러나 규모의 경제가 가장 문제가 있는 진입장벽의 한 예이다. 또 소비자의 특정 사업자의 상품에 대한 충성도도 진입장벽의 한 형태가 될 수 있다.

한편, 시장진입을 고려함에 있어 윌리엄 보몰(William Baumol), 존 판저(John Panzar), 로버트 윌리그(Robert Willig)에 의한 제기된 가쟁시장이론(可爭市場理論, contestable market)[37]은 시장진입에 관한 또다른 논쟁거리이다. 세 가지 조건이 충족되었을 때 그 시장은 완전히 가쟁적이다라고 한다. 첫째, 신규 사업자는 기존 사업자에 대하여 전혀 불이익이 없고, 둘째 매몰비용(sunk costs)이 전혀 없고, 셋째 진입시간차가 기존 사업자들이 가격변동에 적용하는 차이보다 더 적다는 것이 그것이다. 시장이 완전하게 가쟁적이라면 사회적 효율성을 달성할 수 있다. 가쟁시장이론은 잠재적인 경쟁이 경쟁적 행동을 야기하는 결정적인 역할을 하게 되는 이유를 잘 설명하는 이론이다. 매몰비용이 존재한다면, 신규 사업자는 비용을 지불함이 없이 시장에서 나갈 수 없다. 시장퇴거비용이 크다면, 현존 사업자가 대응하기 전에 평균이윤에 빠질 수 있다. 그러나 매몰비용이 0에 가까우면 기존 사업자가 설정하는 가격은 p^*에 가까워진다. 보물 등은 매몰비용을 진입장벽이라고 본다. 이러한

36) Viscusi et al.(2005), p. 169에서 재인용. 원문은 Posner(1979), p. 929 참조.
37) Viscusi et al.(2005), p. 172 이하에서 재인용. 원문은 Baumol, Pansar, and Willig(1982) 참조.

정의는 스티글러의 것에 가깝다. 또 포즈어의 이론에도 가깝다.

하지만, 가쟁시장이론은 이론의 여지가 많다. 그 한 이유로는 이 이론은 몇 가지 전제에 조그만 변화를 주어도 유용성이 급격히 떨어진다는 점이다. 특히, 진입시간차가 가격적응시간차를 초과하기만 하면 가격은 p^* 이상이 된다. 비록 이 이론은 매몰비용의 크기와 경쟁제한성의 관계에 대하여는 이론적 확실성이 있지만, 대부분의 사업들에서 매몰비용이 존재하기 때문에 매몰비용이 0이란 전제는 적용되는 예는 그리 많지 않다. 그러나 가쟁시장이론은 잠재적 경쟁에 대한 가장 강력한 근거가 되므로 그 범위 내에서는 어느 정도 설득력이 있다.

5. 경제적 증거[38)]

1) 경제적 증거의 역할

최근 공정거래법 관련 주요 사건을 보면 소송당사자들이 자신의 주장을 설득력 있게 뒷받침하기 위하여 실증적 경제분석 자료를 증거로 자주 이용하고 있는데, 이에 따라 공정거래소송에 있어서 경제적 증거의 중요성도 과거에 비하여 훨씬 커져 가고 있음을 알 수 있다. 실제로 공정거래법의 주요 실체법 조항은 '시장', '거래', '가격', '공급', '수요', '경쟁', '효율성' 등과 같은 경제용어로 채워져 있는바, 어떤 기업의 특정 행위가 경쟁제한성을 갖는지 여부를 판단함에 있어서 실증경제분석의 역할은 대단히 중요하다.

공정거래소송에 있어서 경제적 증거는 사안에 따라 수량적 데이터를 일정한 방식으로 단순하게 구성한 것일 수도 있고, 복잡한 계량경제학적 분석을 통해 얻어 낸 통계적 추정자료일 수도 있다. 특히 공정거래소송에 있어서 계량경제학은 특정 경제이론에 근거한 주장을 입증하거나 반박하기 위하여 실증적 논거를 개발하는 데 이용될 수 있다.[39)] 그러나 다른 한편 추론에 근거한 경제적 증거의 '신뢰성'과 관련하여 많은 문제점[40)]이 있다는 점에 주의를 요한다.

38) 이하 내용은 다음 문헌에 주로 의존하였다. 주진열(2009), 주진열(2010).
39) American Bar Association Section of Antitrust Law(2005), p. 1 참조.
40) 보다 자세한 논의는 다음을 참조. American Bar Association Section of Antitrust Law(2005), pp. 115-117; Werden(2002); Werden(2004); Gotts and Hemli(2006).

산업조직론 학자인 슈말렌지(Schmalensee) 교수는 산업조직학은 물리학처럼 '정확한 측정방법'을 갖고 있는 학문분야가 아니며, 경제학자는 탄도학자나 지문 감식 전문가가 하는 정도의 확신을 갖고 감정하기도 어려우며, 그렇게 해서도 안 된다고 지적한 바 있고,[41] 법경제학자인 루빈펠트(Rubinfeld) 교수는 21세기에 이르러서도 독점규제법 집행에 있어서 경제학자들의 다양한 시각이 여전히 좁혀지지 않고 있음을 지적한 바 있다.[42] 이와 같이 독점규제의 역사가 오래된 미국에서도 독점규제와 관련한 경제이론의 다양성 및 경제분석의 오남용 가능성 문제는 풀기 힘든 난제로 남아 있다.

2) 객관적 평가 문제

공정거래소송에 있어 복잡한 경제적 증거를 과연 어떻게 객관적으로 평가할 수 있을 것인가? 미국의 경우 경제적 증거의 과학적 성격에 주목하여, 연방대법원의 과학적 증거 법리인 다우버트(Daubert) 기준[43]을 독점규제소송에 있어서 경제적 증거 평가에 적용하고자 하는 시도가 있어 왔다.[44] 유럽의 경우, 2010년 1월경 EU 경쟁당국은 기업들이 계량경제적 분석 등을 포함한 실증분석 자료 제출과 관련하여 모범관행(Best Practices for the Submission of Economic Evidence and Data Collection in Cases Concerning the Application of Article 101 and 102 TFEU And in Merger Cases: 이하 '2010년

41) Schmalensee(1987), p. 42("[i]ndustrial organization economics is hardly an exact science. Economists cannot testify with the confidence of experts on ballistics or fingerprints – or at least they should not.") 참조. 슈말렌지 교수는 효율성 증대효과의 측정 또는 예측과 관련한 입법에 부정적인 태도를 취하고 있다.

42) Rubinfeld(2008), p. 56.

43) 1993년 미국 연방대법원은 Daubert v. Merrell Dow Pharmaceuticals, Inc. 판결(509 U.S. 579 (1993). 임신부의 구토 증세 억제제인 벤딕틴이라는 약재 복용과 기형아 출산과의 인과관계 유무에 관한 사건)에서 과학적 증거의 평가기준에 관한 선도적 판결을 내린 바 있다. 연방대법원은 위 판결에서 연방증거법규칙(Federal Rules of Evidence) 제702조 소정의 '과학적 지식'(scientific knowledge)의 의미를 최초로 해석하였다. 이 사건에서 연방대법원은 1923년 Frye v. United States 판결(293 F.1013 (D.C.Cir. 1923))에서 제시된 이른바 관련 과학계에서의 '일반적 인정기준'(general acceptance test)을 폐기하고 '신뢰성 기준'(reliability test)을 제시하였다. 연방대법원은 '법적 신뢰성'(legal reliability)은 '과학적 신뢰성'(scientific reliability)에 의존할 수밖에 없다고 밝히면서, (1) 검증가능성(testability), (2) 오차율(rate of error), (3) 동료집단 심사(peer review), (4) 관련성(fit) 등 4가지의 판단기준을 제시하였는바, 통상적으로 이를 Daubert rule이라고 칭한다.

44) 다음 문헌을 참조. Blair and Herndon(2000), Bruce(1999), Gavil(1997), Gavil(2000), Lanzillotti(1998), Molyneaux(2003), Solow and Fletcher(2006), Zohn(2005). 다우버트 판결 이후에 법관이 구체적 사건에서 다우버트 기준을 적절하게 적용하는 것 자체가 극히 어려운 작업이기 때문에, 차라리 사법적 판단기준으로는 Frye 기준이 더 실용적이라는 비판이 제기되었다. 이에 대해서는 다음 문헌을 참조. Mansfield(1996), p. 1; Beecher-Monas(1999), p. 1049; Development in Law: Confronting the New Challenges of Scientific Evidence(1994), p. 1533; Polentz(1996), p. 1213; Milich(1994), p. 920 등. 당시 렌퀴스트(Rehnquist) 대법원장은 다우버트 기준을 사법적 판단기준으로 이용하기에는 대단히 모호한 점이 많으므로 부적절하다는 반대 의견을 제시한 바 있다. 2004년 현재 연방증거법규칙으로부터 자유로운 주 법원의 경우 9개 주를 제외한 대다수의 주 법원은 여전히 Frye 기준을 적용하고 있다. Bernstein and Jackson(2004), p. 357 참조.

EU 모범관행')을 공표한 바 있다. 2010년 EU 모범관행은 실증분석의 건전성 및 신뢰성 문제를 20여 페이지 분량에 걸쳐 다루고 있는데, 그 핵심적 내용은 미국 연방대법원의 다우버트 기준과 크게 다르지 않다.

한편, 최근 공정위는 '2010년 EU 모범관행'을 참조하여, "피심인 또는 심사관이 경제분석 증거를 제출하고자 하는 경우 경제분석 증거내용의 기본 원칙, 증거 제출 및 진술의 방법, 제출기한 등에 관한 명확하고 구체적인 기준을 정하여 법집행의 합리성을 제고"하기 위하여, 「경제분석 증거 제출에 관한 지침」(2010. 7. 21. 제정)(이하 '경제분석지침')을 만든 바 있다. 경제분석지침은 "공정거래위원회 소관 법령의 집행 과정에서 시장획정, 경쟁제한성, 효율성, 소비자 후생 등에 대한 판단이 필요한 행위" 또는 "경제분석이 필요한 경우"에 적용된다(제3조 본문 및 제4호 참조). 경제분석지침에 따르면, 공정위에 제출되는 경제분석 증거는 설정된 가설, 사용한 데이터, 분석방법론 등을 상세하게 제시하여야 하며, (1) 적절한 가설의 설정, (2) 정확하고 객관성 있는 데이터의 분석, (3) 타당성 있는 분석방법론의 선택, (4) 경제분석 결과의 신뢰성 확보 등을 충족하여야 한다(제4조 제1호 내지 제4호 참조).

그런데 공정위의 경제분석지침은 다음과 같은 일정한 한계를 갖고 있다. 첫째, 공정위의 경제분석지침은 공정위의 내부적 사무처리에 관한 사항으로서 법원을 구속하지는 않는다. 둘째, 법원이 공정위의 경제분석지침을 적극 참조한다고 하더라도, 실제 사건에서 법관은 재판부에 제출된 특정 경제적 증거로부터 데이터 또는 분석방법론상의 오류가 있는지 여부를 알아 내기가 힘들 수 있다. 이러한 경우에는 민사소송법상의 감정인제도나 전문심리위원제도(법 제164조의2)[45]를 적극 활용할 필요가 있다. 전문심리위원제도가 도입되기 전에는 민사소송법 제430조 제2항 및 「대법원에서의 변론에 관한 규칙」 제4조 제1항에 따라 상고심에서만 변론을 열어 참고인의 진술을 들을 수 있었고, 하급심에서의 경제전문가 참여 제도는 전문적 지식과 경험을 가진 자로 하여금 법규나 경험칙 또는 이를 구체적 사실에 적용하여 얻은 사실판단을 법원에 보고하게 하는 증거조사방식인 민사소송법 제333

45) 입법기록은 전문심리위원제도 도입의 이유를 "첨단산업분야, 지적재산권, 국제금융 기타 전문적인 지식이 요구되는 사건에서 법원 외부의 관련 분야 전문가를 소송절차에 참여시켜 전문적인 지식에 의한 설명 또는 의견을 담은 서면을 제출하게 하거나 기일에서 전문적인 지식에 의하여 설명이나 의견을 진술하도록 하여 재판의 전문성을 보완함으로써 재판절차를 보다 충실하게 하려는 것"이라고 밝히고 있다. 「민사소송법 일부개정법률안」(이상민의원 대표발의), 의안번호 5244(2006. 11. 3.). p. 1 참조.

조 및 제341조 소정의 감정인제도가 유일한 것이었다.[46] 군납유 입찰담합과 관련한 손해배상사건[47]에서 경제전문가를 감정인으로 한 사례가 있다. 법관이 난해한 경제적 쟁점에 직면하였을 때, 중립적인 경제전문가를 감정인이나 전문심리위원으로 선정한다면, 법관은 경제분석방법과 관련한 기술적 문제를 보다 효과적으로 해결하는 데 일정한 도움을 얻을 수 있을 것이다.

3) 관련 문제

여러 가지 비현실적인 가정(hypothesis)을 전제로 한 경제이론과 귀납(induction) 방법론에 의존하는 경제분석이 일관된 규범판단기준을 제시해 주는 것은 아니다.[48] 법률용어의 모호성에 못지않게 경제이론이나 실증경제분석 결과도 모호한 경우가 많으며, 법률에 해석이 필요한 것처럼 실증경제분석 결과에도 해석이 필요하다. 그렇다면 독점규제에 있어 경제분석에 너무 큰 비중을 둘 필요가 없다는 주장도 가능하다.[49] 경제이론이나 경제적 증거를 통해 일관된 규범판단기준을 얻을 수 없다면, 노련한 법관의 'rule of thumb'에 따라 공정거래사건을 처리하는 것이 차라리 더 효율적이고 더 정확할 수 있다는 견해도 가능할 것이다. 물론 'rule of thumb'는 복잡한 의사결정을 효율적으로 단축시키는 긍정적인 역할도 할 수 있으나, 반대로 인지편향(cognitive bias)으로 인한 의도하지 않은 착오 또는 오류와 같은 부정적 효과도 같이 가져올 수 있음에 유의할 필요가 있다.

46) 법원이 감정을 명할 때는 감정인에게 선서의무를 부여하나, 전문심리위원에 대하여는 설명 등 요구사항을 감정사항과 같이 명확히 확정할 필요가 없으며, 감정에 비하여 신속하게 도움을 받을 수 있는 장점이 있다. 감정은 증거자료가 되는 반면에, 전문심리위원의 설명 또는 의견은 증거자료가 되지 않는다. 법원행정처, 「전문심리위원 제도 해설」, pp. 1-3 참조.

47) 정유회사들의 군용 유류 입찰담합으로 인해 피해를 본 대한민국 정부가 당해 정유회사들에 대해 손해배상을 청구한 사건. [제1심] 서울중앙지법 2007. 1. 23. 선고 2001가합10682 판결; [항소심] 서울고법 2009. 12. 30. 선고 2007나25157 판결(2010년 12월 현재 상고심 계속 중).

48) 현대 주류 경제학의 방법론상의 문제점에 대해서는 다음을 참조. Blaug(1992), pp. 237-248; Boland(2003), pp. 13-26; Knight(1940), pp. 1-32; Knight(1933), pp. 428-429.

49) 예컨대, Goldschmid(2008), pp. 123-128.

Ⅲ. 각 위반행위 유형[50)]

1. 서설

현재 우리나라 독점규제사건에서의 경제이론이나 실증경제분석이 차지하는 의미는 판례 분석을 통해 가장 분명하게 파악할 수 있는데, 특히 원심 선고일 기준으로 지난 2001년부터 2011년 4월 현재까지 약 10년의 기간 동안 선고된 공정거래 관련 판결 중에는 중요한 경제적 쟁점이 반영되어 있는 판결이 다수 집적되어 있다. 향후 공정거래사건에서 경제이론이나 실증경제분석의 효용과 한계를 보다 명확하게 이해하기 위해서는, 이들 판례에 나타난 여러 쟁점들 중에서 특히 경제적 쟁점만을 선별하여, 이를 미국 및 유럽연합(EU)의 경우와 비교하여 개괄적으로나마 검토해 볼 필요가 있다고 생각된다(이하 본고에서 간략하게 언급된 각 사건, 각 쟁점에 대한 심도 있는 분석은 다음 기회로 미루기로 한다). 이에 본고는 「독점규제 및 공정거래에 관한 법률」(이하 독점규제법 또는 법)에서 규율하고 있는 시장지배적 지위 남용행위, 기업결합 제한, 부당공동행위(특히, 가격담합), 불공정거래행위(특히, 부당지원행위), 재판매가격 유지 등에 관한 주요 판례에 나타난 경제적 쟁점만을 선별적으로 소개하고 그 의미를 비교법경제학적 관점에서 개괄적인 차원에서 검토하고자 한다.

2. 시장지배적 지위 남용행위

시장지배적 지위 남용행위(법 제3조의2)와 관련하여 의미 있는 경제적 쟁점을 포함한 사건으로는 포스코 사건,[51)] 멜론 사건,[52)] 티브로드 사건,[53)] 네이버 사

50) 이하 내용은 주진열(2011)에 기초한 것이다.
51) 대법원 2007. 11. 22. 선고 2002두8626 판결; [원심] 서울고법 2002. 8. 27. 선고 2001누5370 판결. 포스코 판결에 대한 평석으로는 다음을 참조. 윤인성(2008), 이봉의(2008), 이황(2008), 이호영(2008), 조성국(2009), 홍명수(2010), 황창식(2008).

건,[54] 씨제이케이블넷 사건[55] 등이 있다.

1) 관련 시장 획정

법 제3조의2 제1항은 시장지배적 사업자의 일정한 행위를 남용행위로서 금지하고 있는데, '시장지배적 사업자'란 "일정한 거래분야의 공급자나 수요자로서 상품이나 용역의 가격 · 수량 · 품질 기타의 거래조건을 결정 · 유지 또는 변경할 수 있는 시장지위를 가진 사업자"를 말한다(법 제2조 제7호). 따라서 어떤 사업자의 행위가 시장지배적 지위 남용행위로서 금지되는지 여부를 판단하기 위해서는 논리적으로 먼저 당해 사업자가 '일정한 거래분야'[56]에서 시장지배적 지위에 있는지 여부가 판단되어야 한다.

대법원은 2007년 포스코 판결에서 사업자가 시장지배적 지위에 있는지 여부를 판단하기 위해서는 경쟁관계가 문제될 수 있는 '관련 상품시장' 및 '관련 지역시장' 등을 정하고 그 시장에서 지배가능성이 인정되어야 한다고 설시한 바 있다. 위 판결은 더 나아가 (1) 관련 상품시장이란 "상품의 가격이 상당 기간 어느 정도 의미 있는 수준으로 인상 또는 인하될 경우 그 상품의 대표적 구매자 또는 판매자가 이에 대응하여 매입 또는 판매를 전환할 수 있는 상품의 집합"을 의미하고, (2) 관련 지역시장은 "다른 모든 지역에서의 가격은 일정하나 특정 지역에서만 상당 기간 어느 정도 의미 있는 가격인상 또는 가격인하가 이루어질 경우 당해 지역의 대표적 구매자 또는 판매자가 이에 대응하여 구매 또는 판매를 전환할 수 있는 지역 전체"를 의미한다고 밝혔는데(대법원 2007. 11. 22. 선고 2002두8626 판결), 이는 2008년 티브로드 판결(대법원 2008. 12. 11. 선고 2007두25183 판결)에서도 재확인되었다.

대법원이 포스코 판결 및 티브로드 판결에서 시장획정방법으로 'SSNIP'[57] 테스트를 인정함으로써, 시장지배적 사업자 여부 판단에 실증경제분석이 중요한 역할을 하게 되었다.

52) 서울고법 2007. 12. 27. 선고 2007누8623 판결(상고심 계속 중).
53) 대법원 2008. 12. 11. 선고 2007두25183 판결; [원심] 서울고법 2007. 11. 8. 선고 2007누10541 판결.
54) 서울고법 2009. 10. 8. 선고 2008누27102 판결(상고심 계속 중).
55) 대법원 2010. 2. 11. 선고 2008두16407 판결; [원심] 서울고법 2008. 8. 20. 선고 2007누23547 판결.
56) 법 제2조 제8호는 일정한 거래분야를 "경쟁관계에 있거나 경쟁관계가 성립될 수 있는 분야"로 정의하고 있다.
57) '작지만 의미 있고 비일시적인 가격인상'을 의미하는 'Small but significant non-transitory increase in price'의 약자.

2) 부당성 판단

시장지배적 사업자의 모든 행위가 금지되는 것은 아니며 '부당한' 행위만 금지된다. 부당성 판단기준과 관련하여, 대법원은 2007년 포스코 판결에서 아래와 같이 설시하였다.

> "…시장에서의 독점을 유지 · 강화할 의도나 목적, 즉 시장에서의 자유로운 경쟁을 제한함으로써 인위적으로 시장질서에 영향을 가하려는 의도나 목적을 갖고, 객관적으로도 그러한 경쟁제한의 효과가 생길 만한 우려가 있는 행위로 평가될 수 있는 행위로서의 성질을 갖는 거래거절행위를 하였을 때에 그 부당성이 인정될 수 있다.…"
>
> "시장지배적 사업자의 거래거절행위가 그 지위남용행위에 해당한다고 주장하는 피고로서는 그 거래거절이 상품의 가격상승, 산출량 감소, 혁신 저해, 유력한 경쟁사업자 수의 감소, 다양성 감소 등과 같은 경쟁제한의 효과가 생길 만한 우려가 있는 행위로서 그에 대한 의도와 목적이 있었다는 점을 입증하여야 할 것이고… 거래거절행위로 인하여 현실적으로 위와 같은 효과가 나타났음이 입증된 경우에는 그 행위 당시에 경쟁제한을 초래할 우려가 있었고 또한 그에 대한 의도나 목적이 있었음을 사실상 추정할 수 있다.…"

2007년 멜론 판결에서, 원심은 2007년 포스코 판결의 법리를 참조하여 문제된 행위의 부당성을 부인하였다(서울고법 2007. 12. 27. 선고 2007누8623 판결). 한편, 2008년 티브로드 판결에서 대법원은 2007년 포스코 판결의 법리를 참조하여 아래와 같이 판시하였다.

> "시장지배적 사업자의 불이익 강제행위가 그 지위남용행위에 해당한다고 주장하는 피고로서는 그 불이익 강제행위가 경쟁제한의 효과가 생길 만한 우려가 있는 행위로서 그에 대한 의도와 목적이 있었다는 점을 입증하여야 할 것이고, 불이익 강제행위로 인하여 현실적으로 위와 같은 효과가 나타

났음이 입증된 경우에는 그 행위 당시에 경쟁제한을 초래할 우려가 있었고, 또한 그에 대한 의도나 목적이 있었음을 사실상 추정할 수 있다 할 것이지만, 그렇지 않은 경우에는 불이익 강제행위의 경위 및 동기, 불이익 강제행위의 태양, 관련 시장의 특성, 불이익 강제행위로 인하여 그 거래상대방이 입은 불이익의 정도, 관련 시장에서의 가격 및 산출량의 변화 여부, 혁신 저해 및 다양성 감소 여부 등 여러 사정을 종합적으로 고려하여 불이익 강제행위가 위에서 본 경쟁제한의 효과가 생길 만한 우려가 있는 행위로서 그에 대한 의도나 목적이 있었는지를 판단하여야 할 것이다."

위에서 살펴본 것처럼 대법원은 부당성 판단에 있어 경쟁제한성에 대한 실증경제분석을 요구하고 있음을 알 수 있다. 그런데 최근 대법원은 법 제3조의2 제1항 제5호 후단 '부당하게 소비자의 이익을 현저히 저해할 우려가 있는 행위'와 관련한 2010년 씨제이케이블넷 판결에서, 부당성 판단기준에 경쟁제한성 요건을 명시적으로 요구하지는 않았다(대법원 2010. 2. 11. 선고 2008두16407 판결). 다만 대법원은 "소비자의 이익을 '현저히' 저해할 우려가 있는지 여부는… 거래조건 등의 변경을 전후한 시장지배적 사업자의 비용 변동 정도, 당해 상품 또는 용역의 가격 등과 경제적 가치와의 차이 등 여러 사정을 종합적으로 고려하여 구체적 · 개별적으로 판단하여야 한다"고 설시하였는데, 이로부터 제5호 후단 소정의 '현저성' 판단에 실증경제분석이 요구됨을 알 수 있다.

3) 소위 '시장지배력 전이이론' 문제

법 제3조의2가 금지하는 것은 '시장지배적 지위의 남용'이므로, 시장지배적 지위에 있지 않은 사업자는 개념상 '남용행위' 자체를 할 수가 없음은 자명하다. 그런데 2007년 티브로드 판결[58]에서 원심은 "시장지배적 지위의 남용은 바로 당해 시장에서의 행위만 그 대상이 되는 것인지 해석상 문제"가 된다고 하면서, "시장지배적 사업자가 자신이 지배하는 시장뿐만 아니라 그 이전 또는 다음 단계의 인

58) 서울고법 2007. 11. 8. 선고 2007누10541 판결.

접시장에서 자신의 지배력을 전이(轉移)하여 그 시장에서 다른 사업자의 활동을 부당하게 방해하는 경우도 시장지배적 지위의 남용에 해당된다는 것이 현행법의 해석"이라고 하였다. 원심은 이러한 해석의 근거를 "…법은 시장지배적 지위의 남용이리는 일반규정의 형식을 채택하였고, 법 제3조의2 제3호는… '다른 사업자의 사업활동을 부당하게 방해하는 행위'라고 되어 있어 반드시 동일 시장의 '경쟁사업자'에 대한 것에 한정할 필요가 없기 때문이며, 위와 같은 경우에도 공정경쟁을 해치는 행위로서 규제하는 것이 입법 취지라고 볼 것이기 때문이다(비슷한 규정형식을 가진 독일과 일본의 판례나 학설도 같은 입장이고, 이러한 경우 일반규정에 해당하는 법 제23조 제1항 제4호의 거래상의 지위남용에도 해당된다고 볼 수 있지만, 특히 시장지배적 사업자의 거래상의 지위남용은 특별규정인 법 제3조의2의 규정에 의하여 규제된다고 해석되는 것이다)"라고 하면서, "이 사건의 경우, 원고들이 프로그램 송출시장에서 지배적 지위를 가지고 있는 SO로서 인접시장인 프로그램의 공급과 송출 서비스 시장에서 그 지배력을 전이하여 다른 사업자인 피고의 사업활동을 부당하게 방해하였다면 그 지위의 남용에 해당하여 위법하게 된다"라고 하였다.

위와 같은 원심 판단에 대해, 2008년 대법원은 "그러나 원심이 스스로 인정한 바와 같이 별개의 시장인 프로그램 송출시장에서의 시장지배적 사업자가 곧바로 프로그램 송출 서비스 시장에서도 시장지배적 사업자가 되는 것이 아니며, 또한 위 양 시장의 거래내용, 특성, 시장지배적 지위 남용행위의 규제목적, 내용 및 범위 등을 비롯한 여러 사정을 종합적으로 고려하면, 프로그램 송출시장에서 시장지배적 사업자인 원고의 시장지배력이 프로그램 송출 서비스 시장으로 전이된다고 볼 만한 근거를 찾아 볼 수도 없다. 따라서 이 사건 채널 변경행위가 이루어진 이 사건 관련 시장에서 원고가 시장지배적 사업자의 지위에 있다고 볼 수는 없다"고 설시한 후, "그럼에도 불구하고, 원고가 이 사건 관련 시장에서 시장지배적 사업자의 지위에 있다고 판단한 원심 판결에는 법 제3조의2 제1항 제3호에 규정된 시장지배적 사업자의 지위남용행위 성립요건에 관한 법리 등을 오해하여 판결에 영향을 미친 위법이 있다"고 하였다.[59)]

---

59) 대법원 2008. 12. 11. 선고 2007두25183 판결: 대법원은 원고가 이 사건 관련 시장에서 시장지배적 사업자의 지위에 있다고 볼 수 없는 이상, 이 사건 채널 변경행위가 법 제3조의2 제1항 제3호에 규정된 시장지배

한편, 2009년 네이버 판결[60]에서 공정위는 이른바 양면시장(two-sided markets)이론[61]에 근거한 시장지배력 전이를 주장하였는데, 원심은 포스코 판결 (및 티브로드 판결) 법리에 근거하여 공정위의 주장을 배척하였다.

4) 검토

(1) 포스코 판결의 적용 범위

포스코 판결 및 티브로드 판결(이하 '포스코 판결 등')에 나타난 대법원의 법리에 따르면, 설령 특정 사업자가 시장지배적 사업자로 인정된다고 하더라도, 문제된 행위가 시장지배적 지위 남용행위로서 위법하다고 판단하기 위해서는, 당해 행위가 관련 시장에 경쟁제한효과를 실제로 초래하였다는 실증경제분석이 필요함을 알 수 있다. 이로써 경쟁제한효과의 존재 유무에 관한 경제적 증거 평가는 비단 사실인정에 그치는 것이 아니라 위법성 판단에 관한 법률 문제로서의 성격도 가질 수 있게 되었다.[62]

그런데 포스코 판결 등에 나타난 (경쟁제한성 여부에 기초한) 부당성 판단기준은 법 제3조의2 제1항 제3호(다른 사업자의 사업활동을 부당하게 방해하는 행위)에 관한 것이어서, 당해 법리를 제1호(가격을 부당하게 결정 · 유지 또는 변경하는 행위), 제2호(상품의 판매 또는 용역의 제공을 부당하게 조절하는 행위), 제4호(새로운 경쟁사업자의 참가를 부당하게 방해하는 행위), 제5호(부당하게 경쟁사업자를 배제하기 위하여 거래하거나 소비자의 이익을 현저히 저해할 우려가 있는 행위) 등에 규정된 행위의 부당성 판

적 지위 남용행위로서 부당성을 갖는지 여부를 더 나아가 살필 필요가 없다고 하면서도, 설령 이 사건 관련 시장에서 원고가 시장지배적 사업자의 지위에 있다고 하더라도, 이 사건 채널 변경행위가 법 제3조의2 제1항 제3호에 규정된 시장지배적 지위 남용행위로서 부당성을 갖는다는 원심의 판단은 포스코 판결에 나타난 부당성 판단 기준에 비추어 볼 때 수긍하기 어렵다고 하였다.

60) 서울고법 2009. 10. 8. 선고 2008누27102 판결.

61) 예컨대, 케이블TV 사업자는 일반시청자에게 값싼 시청료를 받는 대신 기업에게 광고료를 비싸게 받는 전략을 택함으로써, 일반시청자로부터 시청료를 비싸게 받는 경우보다, 더 큰 이익을 얻을 수 있다. 신용카드 사업자는 카드 사용자에게 값싼 수수료를 받는 대신 가맹점에게 수수료를 비싸게 받음으로써, 카드 사용자에게 비싼 수수료를 받는 경우보다 더 큰 이익을 얻을 수 있다. 케이블 방송처럼 하나의 상품 또는 플랫폼을 두고 두 종류의 최종 소비자(일반 시청소비자, 기업 광고소비자)가 연결되어 있어 있는 경우를 양면시장이라고 한다.

62) 이러한 점에서 시장지배적 지위 남용행위의 위법성 판단기준으로서의 경쟁제한효과 발생 여부에 관한 경제적 증거를 통해 인정되는 사실은 순수사실(pure fact)이라기보다는 영미법상의 이른바 규범사실(jurisdictional or constitutional fact)과 유사한 성격을 갖는 것으로 보인다.

단에도 적용될 수 있는지 여부가 문제될 수 있는데, 이에 대해 아직까지 대법원의 판단은 없는 것으로 보인다.

(2) 시장획정 문제

SSNIP 테스트에도 여러 가지 유형이 있으며 시장의 특성에 따라 구체적으로 어떤 테스트가 적합한지와 관련하여 논란이 있을 수 있으므로,[63] 단지 SSNIP 테스트를 실행하였다고 해서 관련 시장 획정의 정확성이 항상 보장되는 것은 아님에 주의할 필요가 있다. 또한 SSNIP 테스트와 관련하여, 몇 퍼센트(%)의 가격인상을 '어느 정도 의미 있는 수준'이라고 볼 것인가라는 문제가 제기될 수 있다. 미국은 일반적으로 가격인상 폭을 5%라고 보고, 유럽은 10% 또는 30%로 본 사례도 있다. 우리나라 공정위는 실무적으로 10%라고 보는 경우가 많다. 한편, 현재가격이 이미 독점가격에 근접하고 있음에도 불구하고 현재가격을 기준으로 SSNIP 테스트를 실행할 경우, 시장을 너무 넓게 잘못 획정하게 되는 이른바 셀로판 오류(cellophane fallacy)[64]가 발생할 수 있다.

한편, 미국의 대표적 산업조직론 학자인 칼턴(Carlton) 교수는 시장지배력 남용과 관련한 시장획정에 있어 경제분석의 모호성 및 오남용 문제에 대해 지적한 바 있다.[65] 그러나 그럼에도 불구하고 누가 시장지배자인지 여부를 확인하기 위해서는 관련 시장을 무엇인지 획정할 수밖에 없고, 관련 시장 획정은 경제이론이나 실증경제분석에 크게 의존할 수밖에 없다. '소송'이라는 관점에서 볼 때, 문제는 경제이론이나 실증경제분석이 내포하고 있는 본질적 한계에 있는 것이 아니라, '증거법' 차원에서 어떤 증거를 신뢰할 수 있고 어떤 증거가 보다 더 우세한지 여부를 어떻게 객관적으로 판단할 수 있겠는지 여부에 있을 것이다.

미국은 위 문제를 과학적 증거 법리에 따라 해결하고자 시도해 왔고,[66] EU는

63) 예컨대, 다음 문헌을 참조. Coate and Simons(2009), Filistrucchi(2008), Moresi, Salop, and Woodbury (2008).

64) Stocking and Mueller(1955), pp. 29-63 참조. 이와 반대의 경우에는 이른바 역셀로판 오류(reverse cellophane fallacy)가 발생할 수 있다. 이에 대해서는 다음을 참조. Aron and Burnstein(2008).

65) Carlton(2007), p. 3("ambiguity in what [economic] analysts mean by market power (price above marginal cost, or excess profits) cannot be resolved by market share... In Section 2 cases, the full antitrust analysis is difficult because any increase in market power typically has to be weighed against any benefits of the alleged bad act.").

66) 보다 자세한 설명은 다음을 참조. 주진열(2010), pp. 76-77.

최근 경쟁법 사건에서 경제분석의 중요성이 증가함에 따라, 2010년 1월경 EU 경쟁당국은 경제적 증거에 관한 모범관행(Best Practices for the Submission of Economic Evidence and Data Collection in Cases Concerning the Application of Article 101 and 102 TFEU And in Merger Cases)[67]을 공표한 바 있다. 우리나라 공정위도 EU의 모범관행을 참조하여 2010. 7. 21. 「경제분석 증거 제출에 관한 지침」[68]을 제정한 바 있다.[69] 물론 이러한 시도들이 경제분석에 내재하고 있는 근본적 불확실성을 제거해 줄 수는 없겠지만, 경제적 증거의 신뢰성을 평가하는 데 어느 정도 유용하게 이용될 수 있을 것으로 보인다.

(3) 시장지배력 전이이론과 양면시장이론

티브로드 사건에서 원심이 '시장지배력 전이'라는 용어를 미국 독점규제법상의 이른바 '독점력 레버리지'(monopoly leverage)를 염두에 두고 썼는지는 여부를 알 수 없지만, 원심이 언급한 시장지배력 전이이론은 사실상 미국의 '독점력 레버리지' 이론과 유사한 것으로 보인다. 미국에서 '독점력 레버리지' 이론은 2004년 Trinko 사건[70]을 계기로 폐기되었다는 학계 평가가 있다.[71] 한편, 양면시장의 경우 독점력 레버리지가 가능하다는 주장도 가능하겠지만, 사안에 따라 개별적으로 판단되어야 할 문제이다.

2009년 네이버 사건에서 등장한 양면시장이론은 원래 독점규제법이 아니라 2000년대 초반 기업의 전략적 가격설정이론 분석 차원에서 프랑스 경제학자 로쉐(Rochet) 교수와 티롤(Tirole) 교수가 공동으로 개발한 것이다.[72] 그 후 양면시장이론

67) European Commission Competition DG, Best Practices for the Submission of Economic Evidence and Data Collection in Cases Concerning the Application of Article 101 and 102 TFEU And in Merger Cases(http://ec.europa.eu/competition/consultations/2010_best_practices/best_practice_submissions.pdf).

68) 경제분석지침은 "공정거래위원회 소관 법령의 집행 과정에서 시장획정, 경쟁제한성, 효율성, 소비자 후생 등에 대한 판단이 필요한 행위" 또는 "경제분석이 필요한 경우"에 적용된다(제3조 본문 및 제4호 참조). 경제분석지침에 따르면, 공정위에 제출되는 경제분석 증거는 설정된 가설, 사용한 데이터, 분석방법론 등을 상세하게 제시하여야 하며, (1) 적절한 가설의 설정, (2) 정확하고 객관성 있는 데이터의 분석, (3) 타당성 있는 분석방법론의 선택, (4) 경제분석 결과의 신뢰성 확보 등을 충족하여야 한다(제4조 제1호 내지 제4호 참조).

69) 공정위의 경제분석지침은 공정위의 내부적 사무처리에 관한 사항이므로 법원을 구속하지는 않지만, 법원도 이를 유용하게 활용할 수 있을 것으로 보인다. 다만 법원이 경제분석지침을 적극 참조한다고 하더라도, 소송당사자가 제출한 실증경제분석에 데이터 또는 분석방법론상에 어떤 오류가 있는지 여부를 알아내기가 힘들 수 있다. 이러한 경우에는 민사소송법상의 감정인제도나 전문심리위원제도를 활용할 필요가 있다.

70) Verizon Communications, Inc. v. Law Offices of Curtis V. Trinko, LLP. 540 U.S. 308.

71) Gellhorn et al.(2007), p. 477 참조.

은 다면시장이론(multiple market theory)으로도 발전해 왔으며, 이에 따라 다면시장의 경쟁법적 시사점을 찾고자 하는 시도가 있어 왔다.[73] 그러나 양면 또는 다면시장 이론의 독점규제법적 시사점은 여전히 분명하지 않으므로, 이러한 경제이론의 법적 의미를 찾음에 있어서는 큰 주의를 요한다.

(4) 이른바 다중혁신시장에서의 시장지배적 지위 남용행위 문제

최근 정보기술(IT)분야의 혁신의 결과로, 컴퓨터, 소프트웨어, 멀티미디어, 모바일(mobile) 통신, 인터넷 등이 서로 복잡하게 얽혀 있는 새로운 개념의 상품이나 서비스가 빠른 속도로 개발되면서, 이른바 '다중혁신시장'(multi-sided platforms and innovation market)[74]이 등장하고 있다. 다른 한편 전 세계 IT 혁신을 주도하고 있는 애플(Apple), 인텔(Intel), 마이크로소프트(Microsoft), 구글(Google)과 같은 다국적기업들의 일부 영업관행이 전형적인 시장지배력 남용행위라는 주장이 제기되면서, 독점규제 차원에서 복잡한 논의가 진행되어 왔다.[75] 전통적인 상품 · 서비스 시장과는 달리 다중혁신시장의 경우, 겉으로 보기에는 경쟁제한 현상이 목격되지만, 그러한 현상이 바로 IT 혁신 · 경쟁의 본질적 속성인지 아니면 독점규제법이 금지하고자 하는 전형적인 경쟁제한인지 판단하기가 극히 어려워, 국가별로 규제당국이나 법원의 판단도 다르며, 학자들 간에도 일치된 견해도 없는 실정이다.[76]

우리나라의 경우 2005년 공정위는 마이크로소프트사가 '윈도우'에 윈도우미디어서비스(Window Media Service), 윈도우미디어플레이어(Window Media Player), 윈도우메신저(Window Messenger)를 결합하여 판매한 행위는 시장지배적 지위 남용행위인 끼워팔기에 해당한다고 보고, 분리명령과 과징금을 부과하였다. 이에 원고 측이 항소하였으나, 2007년에 소를 취하하였고, 공정위도 이에 동의하여, 법리적 판단 없이 사건이 종결되었다.[77] 앞서 살펴본 바와 같이 멜론의 DRM 사건은 아직 상고

72) Rochet and Tirole(2001), pp. 1-4; Tirole(2005), pp. 2-3.
73) 보다 자세한 논의는 다음을 참조. E. Glen Weyl(2006), pp. 52-59.
74) 이 용어는 편의상 필자가 만들어 낸 말이다.
75) 마이크로소프트사 독점규제소송을 계기로 다중혁신시장과 독점규제 문제를 다루고 있는 논문은 일일이 소개하기 어려울 정도로 많다. 최근 간행된 단행본으로는 다음을 참조. Page and Lopatka(2006), Ellig(2005), Schmidt(2009).
76) 예컨대, 최근 구글(Google)과 관련한 다양한 독점규제 쟁점에 대해 서로 다른 견해들이 존재하고 있는바, 이에 대해서는 다음 문헌을 참조. Manne and Wright(2010), Evans(2008), Hahn and Singer(2009), Pollock(2009), Devine(2008).

심에 계류 중이다. 최근 2011. 4. 15. 네이버(NHN)와 다음커뮤니케이션은 구글(Google)이 스마트폰용 운영체제인 '안드로이드'를 통신업체와 제조업체에 제공하면서 스마트폰에 구글의 검색엔진만을 탑재하도록 하고 자신들의 검색엔진은 탑재하지 못하도록 하였다는 이유로 공정위에 신고하였는데, 향후 사건 추이에 귀추가 주목된다.

IT 기술 혁신이 갈수록 빠른 속도로 일어나고 있음을 감안할 때 향후 다중혁신시장에서는 20세기의 전통적 산업을 염두에 두고 개발된 기존의 산업조직이론이나 독점규제 법리가 맞지 않을 수 있다. 그러나 다중혁신시장을 새로운 시각에서 분석하고자 하는 여러 경제이론도 독점규제의 목적상 일치된 견해를 제시하지 못하고 있는 것으로 보인다. 이는 곧 다중혁신시장의 경우 합리의 원칙을 적용하더라도, 과잉규제와 과소규제의 오류로부터 자유로울 수는 없음을 의미한다.

3. 수평적 기업결합

법 제7조 제1항은 경쟁을 실질적으로 제한하는 기업결합을 금지하고 있다. 독점규제법상 기업결합과 관련한 판결은 많지 않으며, 수평적 기업결합 제한과 관련하여 무학소주 사건,[78] 삼익악기 사건,[79] 오씨아이 사건[80] 등 3건이 있다.[81]

1) 관련 시장

특정 기업결합이 경쟁을 실질적으로 제한하는지 여부를 판단하기 위해서는 먼저 '일정한 거래분야'부터 정해야 한다. 2008년 삼익악기 판결에서 대법원은 "…제7조에 규정된 기업결합의 제한에 해당되는지 여부를 판단하기 위해서는 그 경쟁관계가 문제될 수 있는 일정한 거래분야에 관하여 거래의 객체인 관련 상품에 따른 시장(이하 '관련 상품시장'이라 한다) 등을 획정하는 것이 선행되어야 한다"고 밝힌

77) 다만 마이크로소프사의 윈도우미디어플레이어 끼워팔기와 관련한 손해배상 민사사건에서, 2009년 서울중앙지법은 당해 행위가 법이 금지하는 끼워팔기에 해당한다고 인정한 바 있다.
78) 서울고법 2004. 10. 27. 선고 2003누2252 판결(확정).
79) 대법원 2008. 5. 29. 선고 2006두6659 판결; [원심] 서울고법 2006. 3. 15. 선고 2005누3174 판결.
80) 대법원 2009. 9. 10. 선고 2008두9744 판결; [원심] 서울고법 2008. 5. 28. 선고 2006누21148 판결.
81) 이에 대한 논의는 다음을 참조. 곽상현(2010), 주진열(2010), 최충규(2005).

뒤, 관련 상품시장이란 "일반적으로 서로 경쟁관계에 있는 상품들의 범위를 말하는 것으로서, 구체적으로는 거래되는 상품의 가격이 상당 기간 어느 정도 의미 있는 수준으로 인상될 경우 그 상품의 대표적 구매자가 이에 대응하여 구매를 전환할 수 있는 상품의 집합을 의미"한다고 설시하였다(대법원 2008. 5. 29. 선고 2006두6659 판결).

위의 판시는 시장지배적 사업자 특정의 경우와 마찬가지로 수평적 기업결합 사안에 있어서도, '일정한 거래분야'를 획정함에 있어 원칙적으로 SSNIP 테스트가 적용되어야 함을 밝힌 것인데, 이로써 실증경제분석이 관련 상품시장의 획정에 있어서 중요한 역할을 하게 되었다.

2008년 삼익악기 판결의 경우 원고가 관련 지역시장에 대해 다투지 않았기 때문에 이에 대한 판시는 없었으나, 기업결합과 관련한 관련 지역시장 획정에서도 SSNIP 테스트가 적용될 수 있을 것으로 보인다. 관련 지역시장 획정이 문제된 2004년 무학소주 사건에서 서울고법은 '임계매출감소 분석'(critical loss analysis)을 "경쟁정책 목적상의 관련 지역시장 획정방법인 'SSNIP 방법론'을 구체적인 사건에서 과학적이고 정확하게 적용하기 위한 방법으로 개발된 것"으로 인정하였다(2004. 10. 27. 선고 2003누2252 판결(확정)).[82]

2) 효율성 항변

법 제7조 제2항 제1호는 "당해 기업결합 외의 방법으로는 달성하기 어려운 효율성 증대효과가 경쟁제한으로 인한 폐해보다 큰 경우"에는 당해 기업결합을 인정하고 있는데, 이 조항의 취지는 경쟁제한 가능성이 있는 기업결합은 원칙적으로 인정되지 않지만, 만약 당해 기업결합을 통해서만 달성가능한 효율성 증대가 있다면, 당해 결합회사는 효율성 증대효과(+)가 경쟁제한 폐해(−)보다 크다는 점을 항변, 즉 '효율성 항변'(efficiency defense)을 할 수 있고, 효율성 증대효과(+)가 경쟁제한 폐해(−)보다 크다고 인정되면, 당해 기업결합은 인정될 수 있다는 것이다.

82) 이 사건에서 서울고등법원은 "임계매출감소 분석을 한 결과, 부산 및 경남지역에서의 가격상승에 따른 소비자들의 구매전환과 그에 상응하는 실제 매출감소율을 추정하는 '임계매출감소 분석'을 한 결과, 가상의 독점사업자가 부산 및 경남지역에서 10% 이상 가격인상시 임계매출감소율보다 실제매출감소율이 적게 나타나 이 사건 기업결합에 관한 관련 지역시장을 전국 지역으로 확장할 필요가 없다는 것이 판명되었고… 이 사건 기업결합에 관한 지역시장을 부산 및 경남지역으로 획정한 것은 타당하다"고 하였다.

기업결합 제한 사건에서 법원이 효율성 항변을 인정한 사례는 2011년 4월 현재까지 단 1건도 없다. 삼익악기 판결 원심에서 서울고법은 약 147억 원 상당의 기업결합 특유의 효율성 증대효과가 있다고 한 피아노 제조업체인 원고들의 주장을 인정하지 않았고(2006. 3. 15. 선고 2005누3174 판결), 대법원도 이러한 원심 판단을 수긍하였다.[83] 오씨아이 사건에서도 원고들의 효율성 항변이 있었으나, 원심은 이를 배척하였고,[84] 대법원도 이러한 원심 판단을 수긍하였다.[85]

3) 검토

(1) 시장획정

기업결합 제한에서도 시장지배적 지위 남용 규제와 마찬가지의 시장획정 문제가 발생한다. 최근 개정된 2010년 미국 DOJ/FTC 수평적 합병 가이드라인(Horizontal Merger Guideline)은 만약 경쟁제한효과를 직접 판단할 수 있는 증거가 있다면 반드시 시장획정부터 시작해야 하는 것은 아님을 명시적으로 밝힌 바 있다.[86] 이는 삭제된 개정안에서 언급된 바와 같이 시장획정이 그 자체로서 목적이 아니라 경쟁효과를 판단하기 위한 하나의 도구에 불과하다는 점을 간접적으로 밝힌 것인데,[87] 현실적으로는 미국 독점규제당국의 시장획정과 관련한 실무상의 어려움을 반영한 것으로 보인다.

83) 대법원 2008. 5. 29. 선고 2006두6659 판결: 대법원은 "법 제7조 제2항에서는 당해 기업결합 외의 방법으로는 달성하기 어려운 효율성 증대효과가 경쟁제한으로 인한 폐해보다 큰 경우(제1호)에 해당한다고 공정거래위원회가 인정하는 기업결합에 대하여는 법 제7조 제1항의 규정을 적용하지 아니하며, 이 경우 해당 요건을 충족하는지에 대한 입증은 당해 사업자가 하여야 한다고 규정하고 있는바, 이러한 당해 기업결합으로 인한 특유의 효율성 증대효과를 판단함에 있어서는 기업의 생산·판매·연구개발 등의 측면 및 국민경제의 균형발전 측면 등을 종합적으로 고려하여 개별적으로 판단하되, 이러한 효율성 증대효과는 가까운 시일 내에 발생할 것이 명백하여야 한다"는 일반론을 제시하였다.

84) 서울고법 2008. 5. 28. 선고 2006누21148 판결: 카본블랙 생산업체인 원고들은 자신들의 기업결합으로 인해 총 197억 3,300만 원의 효율성 증대효과가 있다고 주장하였으나, 재판부는 그 중 일부액인 총 88억 9,700만 원을 효율성 증대 효과액으로 인정하고, 이 정도의 효율성 증대효과로 인한 국내 고무용 카본블랙시장에서의 가격인하효과는 크지 않으므로, 이 사건 기업결합으로 인한 효율성 증대효과가 경쟁제한으로 인한 폐해보다 크다고 인정하기에 부족하다고 하였다.

85) 대법원 2009. 9. 10. 선고 2008두9744 판결.

86) U.S. DOJ/FTC, Horizontal Merger Guideline (Issued: August 19, 2010), p. 7("The Agencies' analysis need not start with market definition. Some of the analytical tools used by the Agencies to assess competitive effects do not rely on market definition")(http://www.justice.gov/atr/public/ guidelines/ hmg-2010.pdf); Shapiro(2010), p. 8 참조.

87) U.S. DOJ/FTC, Horizontal Merger Guideline for Public Comment (Released on April 20, 2010), p. 7("Market definition is not an end in itself: it is one of the tools the Agencies use to assess whether a merger is likely to lessen competition.")(http://www.ftc.gov/os/2010/04/100420hmg.pdf).

우리나라도 2010년 미국의 수평적 합병 가이드라인을 참조하지 못할 바는 아니다. 다만 미국과는 달리 우리나라의 독점규제당국은 경제분석 역량을 지금부터 만들어 가고 있는 단계이고, 시장획정 단계를 생략할 경우 과소 시장획정으로 인한 과잉규제의 오류가 발생할 수 있다는 문제점도 있기 때문에, 시장획정의 중요성을 그대로 유지하는 것이 타당하다고 본다.[88]

(2) 효율성 항변

효율성 항변 판단에 있어서 가장 어려운 문제는 효율성 증대효과와 경쟁제한 폐해가 얼만 큼인지를 서로 비교할 수 있는 정확한 산정기준이 없다는 점인데, 이와 관련하여 경제학계에서도 통일된 견해는 없다.[89] 기업결합 제한 사건 경험이 많은 미국에서도 효율성 증대효과(원가절감으로 인한 가격경쟁력 증대)와 경쟁제한 폐해효과(가격인상으로 인한 소비자 후생 침해) 중 어느 하나가 다른 하나에 비해 압도적 크다고 확신할 수 있는 경우는 많지 않으며, 대부분의 사안에서는 어느 효과가 다른 효과보다 큰지 여부가 극히 모호하다고 한다.[90]

한편, 공정거래위원회의 기업결합심사기준 Ⅷ. 1.은 '효율성 증대효과의 판단기준'을 두고 있으나, 효율성 증대효과의 산정방법에 대해서는 침묵하고 있으며, 경쟁제한 폐해의 산정방법에 대해서는 어떠한 규정도 두고 있지 않다. 이 때문에 효율성 증대효과와 경쟁제한 폐해의 정확한 산정방법을 두고 갑론을박이 항상 있을 수 있으며, 효율성 증대효과를 경쟁제한으로 인한 폐해와 비교형량하는 것 자체가 지극히 복잡하고 어려운 작업일 수밖에 없다.[91] 기업결합으로 인한 경쟁제한 폐해는 결국 가격인상 및 생산량 감소로 인한 소비자 후생 감소라고 할 것인데, 그

88) 이 점은 2010년 가이드라인과 관련하여 미국의 독점규제경제학자에서도 동일하게 지적되었다. 예컨대, 다음을 참조. Willig(2010), pp. 1-2("The 2010 Guidelines draft deliberately declares that delineation of a relevant market may be unnecessary for assessment of unilateral competitive effects arising from a merger involving differentiated products... [T]he 2010 Guidelines should assert that relevant markets and corresponding market shares will be addressed and articulated wherever there are competitive effects of concern."(http://www.ftc.gov/os/ comments/ hmgrevisedguides/548050-00015.pdf); Carlton(2010), p. 7("The proposed Guidelines deemphasize the use of market definition as a tool in merger analysis... [I]t would be a mistake for courts, which generally have less antitrust experience than antitrust agencies, to do so... [E]ven though market definition may be a crude tool to use, it does provide some structure to an antitrust analysis and its use likely prevents courts from making egregious errors."(http://www.ftc.gov/os/comments/ hmgrevisedguides/548050-00034.pdf).
89) Viscusi et al.(2000), p. 201.
90) Hovenkamp(2005), p. 501.
91) Fisher and Lande(1983), p. 1692 참조.

렇다면 효율성 항변이 받아들여지기 위해서는 기업결합으로 인한 효율성 증대로 얻은 가격경쟁력으로 인해 기업결합 이후의 가격이 오히려 기업결합 이전의 가격 수준보다 낮게 책정될 수 있음이 실증경제분석을 통해 충분히 입증되어야 할 것이다.

만약 관련 데이터의 부족 등으로 인한 경제분석 그 자체의 한계로 인해 기업결합의 효율성 증대효과와 경쟁제한효과를 명확하게 비교할 수 없는 경우라면, 효율성 항변 인정 여부는 결국 '입증책임'을 누가 부담하는지 여부에 따라 좌우될 것이다. 현행 독점규제법의 태도처럼 효율성 증대효과에 대한 입증책임을 기업들이 부담하는 이상, 구체적 소송에서 효율성 항변이 성공하기란 대단히 어려울 것으로 보인다.[92)]

4. 부당공동행위(가격담합)

법 제19조 제1항 제1호는 '가격을 결정 · 유지 또는 변경하는 행위'를 부당한 공동행위의 하나로서 금지하고 있는데, 주요 경제적 쟁점이 포함된 가격담합 사건으로는 가성소다 담합사건,[93)] 철강 담합사건,[94)] 비씨카드 담합사건,[95)] 밀가루 담합사건,[96)] 컨테이너운송료 담합 사건,[97)] Lexus 딜러 담합사건[98)] 및 BMW 딜러 담합사건,[99)] 군납유 입찰담합 손해배상 (민사)사건[100)] 등이 있다.

1) 시장획정과 경쟁제한성

2010년 5월 Lexus 딜러 담합 판결에서, 원심(서울고법 제6부)은 법 제19조 제1항의 문언상 "어떠한 공동행위가 부당한 공동행위에 해당되는지를 판단함에 있어서

92) 주진열(2010) 참조.
93) 대법원 2008. 10. 23. 선고 2007두12774 판결; [원심] 서울고법 2007. 5. 16. 선고 2005누29411 판결.
94) 대법원 2008. 9. 25. 선고 2006두14247 판결; [원심] 서울고법 2006. 7. 20. 선고 2004누14832 판결.
95) 대법원 2008. 8. 21. 선고 2007두4919 판결; [원심] 서울고법 2007. 1. 25. 선고 2005누21233 판결.
96) 대법원 2009. 5. 28. 선고 2007두24616 판결; [원심] 서울고법 2007. 10. 25. 선고 2006누22288 판결.
97) 대법원 2009. 7. 9. 선고 2007두26117 판결; [원심] 서울고법 2007. 11. 14. 선고 2007누1783 판결.
98) 서울고법 2010. 5. 19. 선고 2009누1930 판결(상고심 계속 중).
99) 서울고법 2010. 7. 22. 선고 2009누9873 판결(상고심 계속 중).
100) 정유회사들의 군용 유류 입찰담합으로 인해 피해를 본 대한민국 정부가 당해 정유회사들에 대해 손해배상을 청구한 사건. [제1심] 서울중앙지법 2007. 1. 23. 선고 2001가합10682 판결; [항소심] 서울고법 2009. 12. 30. 선고 2007나25157 판결(상고심 계속 중).

는… 시장의 획정을 당연히 전제로 한다"고 보고, 공정위의 기업결합심사기준의 SSNIP 테스트에 따라 관련 시장을 획정하여야 하며, 이 사건 관련시장은 Lexus 자동차와 대체관계에 있는 수입승용차 및 국산 고급승용차 시장 전체로 보았다. 그 다음 원심은 원고들의 관련 시장에서의 시장점유율 합계는 15%보다 훨씬 낮은 수준에 불과할 것으로 보고, 이 사건 담합으로 인하여 관련 시장에서의 경쟁이 감소하여 가격 · 수량 · 품질 기타 거래조건 등의 결정에 영향을 미치거나 미칠 우려가 없다고 하였다(서울고법 2010. 5. 19. 선고 2009누1930 판결).

한편, 2010년 7월 BMW 딜러 담합 판결에서, 원심(서울고법 제7부)은 위의 Lexus 판결과 마찬가지로 가격담합의 경우에도 관련 시장의 획정이 반드시 필요함을 밝혔다. 특히, 원심은 "이 사건 공동행위가 원고들 간의 브랜드 내(Intra-brand) 경쟁을 넘어서 다른 수입자동차와의 브랜드 간(Inter-brand) 경쟁에까지 영향을 미치기는 어렵다"고 보고 이 사건 관련 시장을 국내 BMW 신차 시장으로 판단하고, 이 사건 공동행위는 부당하게 시장의 경쟁을 축소시켰다고 보았다(서울고법 2010. 7. 22. 선고 2009누9873 판결).

2) 정황증거에 의한 가격담합의 존재 추정

2007. 8. 3. 법률 제8635호로 개정된 현행 법 제19조 제5항은 "2 이상의 사업자가 제1항 각 호의 어느 하나에 해당하는 행위를 하는 경우로서 해당 거래분야 또는 상품 · 용역의 특성, 해당 행위의 경제적 이유 및 파급효과, 사업자 간 접촉의 횟수 · 양태 등 제반 사정에 비추어 그 행위를 그 사업자들이 공동으로 한 것으로 볼 수 있는 상당한 개연성이 있는 때에는 그 사업자들 사이에 공동으로 제1항 각 호의 어느 하나에 해당하는 행위를 할 것을 합의한 것으로 추정한다"고 규정하고 있다.

한편, 2007. 8. 3. 법률 제8635호로 개정되기 전의 구법 제19조 제5항은 "2 이상의 사업자가 일정한 거래분야에서 경쟁을 실질적으로 제한하는 제1항 각호의 1에 해당하는 행위를 하고 있는 경우 동 사업자 간에 그러한 행위를 할 것을 약정한 명시적인 합의가 없는 경우에도 부당한 공동행위를 하고 있는 것으로 추정한다"고 규정하고 있었다. 대법원은 (2002. 3. 15.선고 1999두6514, 1999두6521(병합) 판결)에서 구법 제19조 제5항의 문리적 해석에 따라, 동 조항의 추정은 사실상 추정과 구별되는 법률상 추정으로 보고, “법 제19조 제5항에 기하여 ‘사업자들의 합의’를 추정하기 위해서는 ‘행위의 외형상 일치’와 ‘경쟁제한성’의 입증만으로써 족한 것이지, 이에 추가하여 사업자들의 합의 내지 암묵적인 양해를 추정케 할 정황사실이 입증되어야만 하는 것은 아니”라고 판시하였다. 그런데 구법 제19조 제5항에 대한 위와 같은 문리적 해석은 사업자가 독자적 판단에 의해 독자적으로 행한 적법한 가격 결정 · 유지 · 변경행위에 대해서도, 가격담합 합의의 추정을 할 수 있다는 문제를 발생시켰다. 즉, 시장에서 이례적인 병행행위가 관찰되면 구법 제19조 제5항에 의해 가격담합이 존재하는 것으로 쉽게 추정될 수 있음으로 인해, 우연하게 발생한 병행행위까지 가격담합으로 잘못 규제할 수 있는 위험이 발생하게 된 것이다.

위와 같은 문제 발생을 방지하기 위하여, 대법원은 2003년 제주도 주유소 담합사건[101]에서 가격담합 합의의 추정을 받은 사업자는 자신의 가격결정행위가 독자적 판단에 따른 독자적 행위임을 입증하면 추정을 번복시킬 수 있다는 취지로 “법 제19조 제5항에 따라 부당한 공동행위의 합의 추정을 받는 사업자들로서는 외부적으로 드러난 동일 또는 유사한 행위가 실제로는 아무런 합의 없이 각자의 경영판단에 따라 독자적으로 이루어졌음에도 마침 우연한 일치를 보게 되는 등 부당한 공동행위의 합의가 없었다는 사실을 입증하거나, 또는 외부적으로 드러난 동일 또는 유사한 행위가 합의에 따른 공동행위가 아니라는 점을 수긍할 수 있는 정황을 입증하여 그 추정을 복멸시킬 수 있다”고 판시하였다.[102]

한편, 2007년 개정된 현행 법 제19조 제5항은 구법 제19조 제5항[103]과 마찬가지로 어떤 시장에서 경쟁기업들 사이에 가격담합이 없었다면 발생하기가 힘든 이례적인 ‘병행행위’(parallel behavior)[104]가 관찰되어 가격담합의 혐의가 짙으나, 가격담합의 직접증거를 찾을 수 없는 경우 여러 가지 추가적인 정황증거들을 통해 가

101) 대법원 2003. 12. 12. 선고 2001두5552 판결; [원심] 서울고법 2001. 6. 5. 선고 99누10898 판결.
102) 대법원은 합의의 추정을 복멸시킬 수 있는 사정을 판단함에 있어서, “당해 상품 거래분야 시장의 특성과 현황, 상품의 속성과 태양, 유통구조, 가격결정 구조, 시장가격에 영향을 미치는 제반 내외부적 영향, 각 개별 업체가 동종 거래분야 시장에서 차지하고 있는 지위, 가격의 변화가 개별 사업자의 영업이익, 시장점유율 등에 미치는 영향, 사업자의 개별적 사업여건에 비추어 본 경영판단의 정당성, 사업자 상호간의 회합 등 직접적 의사교환의 실태, 협의가 없었더라도 우연의 일치가 이루어질 수도 있는 개연성의 정도, 가격모방의 경험과 법위반 전력, 당시의 경제정책적 배경 등을 종합적으로 고려하여 거래 통념에 따라 합리적으로 판단하여야…” 한다고 설시하였다. 대법원 2006. 10. 27. 선고 2004두7160 판결, 대법원 2008. 2. 29. 선고 2006두10443 판결도 같은 취지이다.
103) 구법 제19조 제5항에 대한 논의로는 다음을 참조. 신영수(2005), 이호영(2005).
104) 외견상 가격담합 카르텔 행위로 보이는 행위(같은 시기에 경쟁기업들의 가격인상폭이 동일하거나 또는 가격이 같은 수준에서 결정되는 행위)로서, 미국이나 EC는 이러한 병행행위 그 자체를 불법으로 규제하지는 않는다.

격담합 존재의 추정을 인정하는 데 활용될 것으로 보인다. 아직까지는 현행 법 제19조 제5항에 의한 추정의 번복에 대한 대법원의 법리는 없다. 다만 구법 제19조 제5항에 따른 추정의 번복과 관련하여, 대법원은 2008년 철강 담합사건에서 "과점적 시장구조하에서 시장점유율이 높은 선발업체가 독자적인 판단에 따라 가격을 결정한 뒤 후발업체가 일방적으로 이를 모방하여 가격을 결정하는 경우에는, 선발업체가 종전의 관행 등 시장의 현황에 비추어 가격을 결정하면 후발업체들이 이에 동조하여 가격을 결정할 것으로 예견하고 가격 결정을 하였다는 등의 특별한 사정이 없는 한, 법 제19조 제5항에 따른 공동행위의 합의 추정은 번복된다"고 하면서, "원고의 1차 가격인상행위는 선발업체들의 가격인상을 단순히 모방한 행위로서 과점적 시장구조하에서의 상호의존성에서 비롯된 병행적 가격책정에 해당한다고 보여지고, 따라서 이 부분 부당한 공동행위의 합의 추정은 복멸되었다"(대법원 2008. 9. 25. 선고 2006두14247 판결)고 하였는데, 이와 같은 판시는 현행 법 제19조 제5항에 따른 추정의 번복 문제에도 적용될 수 있는 여지가 있는 것으로 보이며, 이때 관련 실증경제분석이 필수적으로 요구될 것으로 보인다.[105)]

2009년 밀가루 담합사건에서 공정위의 시정명령과 관련하여 정보교환금지명령[106)]의 적법성 여부가 다투어졌는데, 대법원은 가격담합에 대한 시정조치로서 "현재 또는 장래에 관한 공개되지 아니한 정보의 교환만을 금지"하는 명령은 적법한 것으로 보았다.[107)] 이로부터 경쟁기업들 간의 비공개 가격정보 교환이 있을 경우, 가격담합의 존재를 추정할 수 있음을 알 수 있다.

3) 가격담합의 종기

법 제19조 제1항 제1호는 '가격담합'을 금지하고 있을 뿐, 가격담합의 시기와 종기에 대해서는 침묵하고 있다. 직접증거에 의해 입증된 명시적 가격담합의 경우 그 담합의 시기는 비교적 특정하기가 용이하나, 일부 담합 참여자의 배신행위가 일어날 수 있는 가격 카르텔의 속성상 담합의 종기와 관련하여 상당히 복잡한 문

---

105) 주진열(2009), pp. 165-167.
106) "8개사는 시장을 통한 정보수집의 경우를 제외하고 직접 또는 협회를 통하는 방법, 기타 여하한 방법으로 상호 간의 가격, 밀가루 판매량 또는 생산량에 관한 정보를 교환하여서는 아니 된다."
107) 정보교환에 카르텔 문제에 대해서는 문헌을 참조. 홍명수(2009).

제가 발생할 수 있다.

가격담합의 종기와 관련하여 대법원은 2006년 흑연전극봉 사건[108]에서 "…제19조 제1항 제1호 소정의 가격 결정 등의 합의 및 그에 기한 실행행위가 있었던 경우 부당한 공동행위가 종료한 날은 그 합의에 기한 실행행위가 종료한 날"이라고 설시한 바 있으나, 이러한 기준만으로는 구체적으로 실행행위가 종료한 날로 어느 시점을 특정하기란 쉽지 않다.

이에 대법원은 2008년 가성소다사건에서 가격담합의 종기 판단기준에 대해 보다 구체적으로 아래와 같이 설시하였다.[109]

> "합의에 참가한 일부 사업자가 부당한 공동행위를 종료하기 위해서는 다른 사업자에 대하여 합의에서 탈퇴하였음을 알리는 명시적 내지 묵시적인 의사표시를 하고 독자적인 판단에 따라 담합이 없었더라면 존재하였을 가격 수준으로 인하하는 등 합의에 반하는 행위를 하여야 하며, 합의에 참가한 사업자 전부에 대하여 부당한 공동행위가 종료되었다고 하기 위해서는 합의에 참가한 사업자들이 명시적으로 합의를 파기하고 각 사업자가 각자의 독자적인 판단에 따라 담합이 없었더라면 존재하였을 가격 수준으로 인하하는 등 합의에 반하는 행위를 하거나 또는 합의에 참가한 사업자들 사이에 반복적인 가격경쟁 등을 통하여 담합이 사실상 파기되었다고 인정할 수 있을 만한 행위가 일정 기간 계속되는 등 합의가 사실상 파기되었다고 볼 수 있을 만한 사정이 있어야 한다."

위와 같은 법리에 따르면, 가격담합에 참여한 원고 사업자가 자신은 독점규제당국의 적발 시점 이전에 이미 가격담합에서 탈퇴하였다고 주장하는 경우에는, 다른 사업자에 대하여 담합에서 탈퇴하였음을 알리는 의사표시를 하고, 독자적인 판단에 따라 담합이 없었더라면 존재하였을 가격 수준으로 인하(또는 책정)하는 등 합의에 반하는 행위를 하였음을 입증하여야 한다. 이는 단순히 자신을 제외한 다른

108) 대법원 2006. 3. 24. 선고 2004두11275 판결; [원심] 서울고법 2004. 8. 19. 선고 2002누6110 판결.
109) 표현상의 차이는 있지만 같은 날 선고된 2007두2586 판결도 같은 취지이다.

담합 참여자에 대하여 탈퇴하였음을 알리는 의사표시를 하였다는 증거만으로는 부족하고 "독자적인 판단에 따라 담합이 없었더라면 존재하였을 가격 수준으로 책정"하였음을 경제적 증거로 입증하여야 함을 의미한다. 한편, 원고가 다른 사업자의 배신행위로 인해 가격담합 전체가 붕괴되었다고 주장하는 경우에는, 합의에 참가한 사업자들 사이에 '반복적인 가격경쟁' 등을 통하여 담합이 파기되었다고 인정할 수 있을 만한 행위가 '일정 기간 계속'되는 등 합의가 사실상 파기되었다고 볼 수 있을 만한 사정이 있음을 경제적 증거로 입증하여야 한다.[110)]

4) 부당성 인정의 예외

대법원은 2008년 비씨카드 담합 판결에서 비씨카드와 11개 회원은행 간의 발급사 보전수수료율 내지 가맹점 수수료율 합의를 법 제19조 제1항 제1호 위반으로 본 원심 판단을 수긍한 바 있다. 이 사건 상고심에서 원고들 간의 가맹점 수수료율 합의에는 이른바 미국 판례법상의 '조인트벤처(joint venture)의 부수적 제한(ancillary constraints) 법리'[111)]를 적용하여야 한다는 원고들의 주장이 있었으나, 대법원은 이를 배척하였다.[112)] 부수적 제한(ancillary constraints)에 해당한다면, 외견은 가격담합이지만 그 실질은 친경쟁적이라는 점에서 부당성 자체가 인정되지 않는다. 이 사건에서 대법원은 조인트벤처의 부수적 제한에 대해 직접 언급하지는 않았지만, 원고들 간의 가맹점 수수료율 합의가 경제적 효율성을 달성하는 데 유용한 점이 있다는 사정을 감안하더라도 경쟁제한성이 인정되므로 법 제19조 제1항 제1호 위반이라고 판단하였다. 이러한 판시는 경쟁기업 간의 명시적 가격담합이 법 제19조 제1항 제1호에 위반되는지 여부를 판단함에 있어서, 미국이나 EU와는 달리 이른바 '정식 합리의 원칙'(full blown rule of reason)을 적용한 것처럼 이해될 수 있는 여지가 있다.[113)] 그러나 다른 한편으로 이 사건 합의의 경우 법원이 소비자 후생을 포함한

110) 주진열(2009), pp. 163-165.

111) 대표적인 판결로는 다음을 참조. Chicago Board of Trade v. United States, 246 U.S. 231, 38 S.Ct. 242 (1918); Broadcast Music, Inc. v. Columbia Broadcasting System, Inc. (BMI), 441 U.S. 1, 99 S.Ct.1551 (1979).

112) 대법원은 이 사건에는 조인트벤처의 부수적 제한에 해당되지 않는다고 본 것일 뿐, 당해 법리 자체를 배척한 것은 아니다. 따라서 효율성 항변과 결합된 부수적 제한 주장은 향후 다른 사건에서 얼마든지 주장될 수 있을 것이다.

113) 미국의 경우 가격담합은 경쟁제한효과를 명백하게 초래하는 반면 친경쟁적 효과는 전혀 없기 때문에, 경쟁제한효과와 친경쟁적 효과(효율증진)를 비교 · 형량할 필요 없이, 즉 '정식(full blown) 합리의 원칙'을 적용할 필요 없이, 당연위법이라고 판단해 왔다. Fixing the Price Fixing Confusion: A Rule of Reason Approach, 92 *Yale Law*

기타 경제적 효율성을 크게 증진시키는 것이 명백하여 실질적으로 독점규제법이 추구하는 목적에 반하지 않는다고 충분히 인정할 만한 사정이 없다고 보아, 이 사건 합의의 부당성을 인정한 것으로 이해될 수도 있다. 이렇게 본다면 대법원은 수평적 가격담합에는 사실상 당연위법의 원칙을 적용하는 것으로도 이해할 수 있을 것이다. 이러한 이해가 수평적 가격담합 규제 법리의 세계적 추세와도 부합된다.

한편, 대법원은 2009년 컨테이너 운송료 담합 판결에서 가격담합은 원칙적으로 부당하지만, "그 공동행위가 법령에 근거한 정부기관의 행정지도에 따라 적합하게 이루어진 경우라든지 또는 경제 전반의 효율성 증대로 인하여 친경쟁적 효과가 매우 큰 경우와 같이 특별한 사정이 있는 경우에는 부당하다고 할 수 없다"고 설시하고, 이 사건 담합의 경우 "정부가 컨테이너 운임의 덤핑을 방치할 경우 출혈가격경쟁이 발생하여 이로 인한 전국적인 산업분규, 물류의 차질 및 교통안전 위해 등의 문제가 발생할 수 있고, 이를 해결하기 위하여 추가되는 사회적 비용은 육상화물 운송시장에서의 가격경쟁으로 인한 소비자 후생 증대효과에 비교하여 적다고 볼 수 없는 점 등에 비추어 볼 때, 친경쟁적 효과가 매우 커 공동행위의 부당성이 인정되지 않을 여지가 있다"고 판단하였다. 이처럼 대법원은 가격담합의 경우에도 "경제 전반의 효율성 증대로 인하여 친경쟁적 효과가 매우 큰 경우"가 있음을 인정하였다. 다만 '매우 큰'이라는 표현에 비추어 볼 때, 대법원은 이 사건에 '정식 합리의 원칙'이 아니라 '약식(quick- look) 합리의 원칙'[114]을 적용한 것이라 생각된다. 그렇다면 경쟁자들 간의 수평적 가격담합에도 정식 합리의 원칙이 적용된다고 보기에는 힘든 점이 있다. 다만 판결문에서 '경제 전반의… 친경쟁적 효과'라는 표현은 의문이다. 이 사건의 경우 운송료 담합으로 인한 경쟁제한성은 분명하므로 친경쟁적 효과는 없지만, 다만 경쟁제한성에도 불구하고 보호해야 할 공익(전국적 물류대란 방지, 과속 · 과적 방지, 운전노동자의 최소한의 경제적 생활 수준 보장 등)이 더 커 부당성이 조각되었다고 보는 것이 법리적으로 더 타당하다고 생각된다.

Journal 706(1983), p. 708; Elhauge and Geradin(2007), p. 61. 다른 한편 Chicago Board of Trade v. United States, 246 U.S. 231 (1918) 판결을 예로 들면서, 가격담합에 대한 당연위법의 원칙도 결국 합리의 원칙이라는 큰 틀에서 다시 평가됨을 지적한 문헌으로서는 다음을 참조. Montague(1958).

114) 미연방대법원도 가격담합사건인 Chicago Board of Trade v. United States, 246 U.S. 231, 38 S.Ct. 242 (1918); Broadcast Music, Inc. v. Columbia Broadcasting System, Inc. (BMI), 441 U.S. 1, 99 S.Ct.1551 (1979) 등에서 '약식 합리의 원칙'을 적용한 바 있다.

5) 가격담합으로 인한 피해 손해액 산정

가격담합으로 인한 피해 손해액 산정에 있어 계량경제학 증거가 쟁점이 된 사건으로는 군납유 입찰담합 손해배상사건[115)]이 있다. 법 제56조 제1항은 사업자 또는 사업자단체의 법 위반으로 인해 피해를 입은 자는 당해 사업자 또는 사업자단체에 대하여 손해배상을 청구할 수 있도록 규정하고 있다. 그런데 소송실무에서 법 위반행위로 인한 손해액을 산정하는 작업은 경우에 따라 극히 어려울 수 있다. 예컨대, 가격담합으로 인해 소비자가 피해를 입은 경우 정확한 손해액을 산정하기 위해서는 가격담합이 '없었더라면'(but for) 존재하였을 경쟁가격과 담합을 통해 그 경쟁가격보다 높게 책정된 가격의 차이를 알아야 한다. 2004. 12. 31. 법률 제7315호로 개정된 법 제57조는 "이 법의 규정을 위반한 행위로 인하여 손해가 발생된 것은 인정되나, 그 손해액을 입증하기 위하여 필요한 사실을 입증하는 것이 해당 사실의 성질상 극히 곤란한 경우에는, 법원은 변론 전체의 취지와 증거조사의 결과에 기초하여 상당한 손해액을 인정할 수 있다"고 규정하고 있는바, 가격담합 관련 사안의 경우 계량경제학적 분석을 통해 가격담합이 없었더라면 존재하였을 경쟁가격의 추정 등과 관련한 경제적 증거가 문제된다.[116)]

군납유 입찰담합 손해배상 사건 제1심에서, 재판부는 "계량경제학상의 중회귀분석을 통한 이중차분법에 의하여 피고들의 담합행위로 인한 원고의 손해를 산정"하기로 하고, "원고의 손해 및 피고들의 담합행위와의 인과관계는… 계량경제학적 분석방법을 통하여도 통계적으로 유의미하게 뒷받침된다"고 하였다. 이 사건에서 원고는 손해액 계산방법으로서 싱가포르 현물시장에서 유류를 구입하여 국내에서 원고에게 공급할 때까지 드는 비용을 산정하는 것이 가장 합리적이라고 주장하면

115) [제1심] 서울중앙지법 2007. 1. 23. 선고 2001가합10682 판결; [항소심] 서울고법 2009. 12. 30. 선고 2007나25157 판결(상고심 계속 중).

116) 학생복 가격담합으로 인한 손해액 산정과 관련하여, 서울중앙지법은 2005. 6. 17. 선고 2002가합590 판결에서 "…국내 학생복시장의 현황, 특징, 규모, 피고들의 매출액, 제조원가, 유통구조, 마진율, 위법행위의 정도, 학생복 공동구매로 형성된 가격, 일반 중소업체 제품의 판매가 및 학생들의 브랜드 제품의 선호경향 등 이 사건 변론에 나타난 여러 가지 사정을 고려하면, 공정한 경쟁상태에서 형성되었을 적정 가격은 원고들이 실제로 지급한 총구입가격의 80% 정도"라고 판단한 반면, 이 사건 항소심인 서울고법은 "…피고들의… 불법행위가 없었더라면 형성되었을 공정한 경쟁 상태에서의 적정 가격은 나머지 원고들이 실제로 지급한 총구입가격의 85% 정도"라고 판단하였는데(서울고법 2007. 6. 27. 선고 2005나109365 판결), 이들 사건에서 계량경제학적 분석은 이용되지 않은 것으로 보인다. 가격담합으로 인한 손해배상사건인 서울지법 1996. 11. 22. 선고 95가합16511 판결 및 서울고법 1998. 5. 20. 선고 97나4465 판결(확정), 서울중앙지법 2008. 1. 18. 선고 2005가합88973 판결에서도 사안의 성격상 경제적 분석이 이용되지는 않았다.

서, 구체적으로는 싱가포르 현물시장에서 형성된 거래가인 MOPS에 각종 부대비용을 더하여 산출한 경쟁시장가격에다가 「국가를 당사자로 하는 계약에 관한 법률 시행령」 제64조 제1항, 제4항에 따른 계약금액 조정을 한 금액이 피고들의 담합행위가 없었을 경우 형성되었을 가격이라고 보고, 소장에서 합계 158,419,669,721원의 손해액을 주장하였다.[117] 이에 비해 피고는 통계학적 추론방법을 적용한 계량경제학적 분석방법을 이용하여 손해액이 302억 원이라고 주장하였다. 한편, 제1심 재판부가 선정한 감정인단은 중회귀분석(multiple regression analysis)을 통한 이중차분법(difference in difference method)을 통해 원감정 결과 손해액을 1,140억 원으로 추정하였다. 이러한 원감정 결과에 대하여 피고들은 원감정 결과에 대한 자료의 부정확성과 중복 입력, 자료처리의 일관성 결여, 기타 이론적 문제점 등을 지적하였다. 이에 감정인단은 보완감정 결과 손해액을 112,008,785,163원으로 다시 추정하였다. 제1심 재판부는 회귀분석모형의 추정방법으로 통상최소자승법(ordinary least squares method)을 채택하여, 감정인단이 제시한 원고의 손해액을 90,252,965,539원으로 산정하고, 여기서 피고들이 원고에게 무상으로 공급한 유류의 가액으로 인정된 9,255,580,141원을 공제한 80,997,385, 398원을 손해액으로 인정하였다(서울중앙지법 2007. 1. 23. 선고 2001가합10682 판결).[118]

위의 제1심 판결은 난해한 공정거래사건과 관련하여 감정인제도가 적절하게 성공적으로 활용되었다는 점에서뿐만 아니라 계량경제학 분석방법론의 신뢰성 내지 적절성이 심도 있게 다루어진 최초의 사건이라는 점에서 주목할 가치가 크다. 그런데 2009년 항소심에서 서울고법은 가격담합으로 인한 손해배상액 산정과 관련하여 제1심이 채택한 계량경제학적 분석방법을 배척하고,[119] 이 사건 담합기간이 종료된 지 약 9년의 시간이 경과하여 상당 기간의 실증적 자료를 비교 · 검토할 수 있는 여건이 되었다는 이유로 '표준시장 비교방법'에 따라 손해액을 산정하였다(서울고법 2009. 12. 30. 선고 2007나25157 판결).

117) 그 후 원고는 재판부가 선정한 감정인의 감정 결과를 원용하면서 손해액을 증액하였다.
118) 이 판결에 대한 평석으로는 다음을 참조. 홍대식(2007).
119) 재판부는 "계량경제학상의 중회귀분석을 통한 손해액 산정의 방법이 그 자체로서 매우 합리적인 방법임에는 틀림이 없으나, 경제적 논증에 대한 규범적 통제의 어려움, 이 사건 각 모형에 의하여 추정된 각 손해액의 편차가 5.5배를 초과할 정도로 매우 큰 점, 우리의 손해배상제도가 3배 배상의 원칙을 인정하지 아니하는 점 등 이 사건 손해액의 산정방법으로 위의 방법을 채택하는 데에는 여러 가지 현실적 제약이 있는 점"을 고려하였다.

6) 검토

(1) 시장획정 · 경쟁제한성 문제

2010년 Lexus 판결은 관련 시장을 수입자동차 및 국내 고급자동차 시장으로 획정하고, BMW 판결은 관련 시장을 BMW자동차 시장으로만 획정하였다. 이들 두 판결의 결론은 다르지만, 두 판결 모두 법 제19조 제1항의 문언해석에 근거하여, 가격담합의 경우에도 관련 시장 획정이 반드시 필요하고 그 다음 경쟁제한성이 필요하다고 본 점은 같다. 물론 순수 법해석 관점에서만 본다면 이러한 해석은 얼마든지 가능하다. 그러나 이들 사건처럼 노골적인 수평적 가격담합에 대해서는 미국, EU를 비롯한 대부분의 국가들이 당연위법으로 보고 있다. 물론 가격담합도 극히 예외적인 경우[120]에는 부당성이 부정되지만, 노골적인 가격담합사건에서까지 관련 시장 획정이 필수적이라는 접근방식이 타당한지는 의문이다. Lexus 사건이든 BMW 사건이든 딜러들 간의 가격담합은 경쟁자들 간의 수평적 가격담합이므로, 관련 시장 획정이나 경쟁제한성에 대한 분석 없이 당연위법이라 보는 것이 법정책적 관점에서 타당하다고 생각된다. 노골적인 수평적 가격담합에 대해서도 법 제19조 제1항의 문언을 들어, 관련 시장 획정과 경쟁제한성 판단을 하는 것은 비교법적으로 볼 때 유례가 없는 접근방식이다.[121] 한편, BMW 사건에서 원심은 관련 시장 획정에 있어 이 사건 담합이 경쟁에 미치는 영향을 브랜드 내(Intra-brand) 경쟁과 브랜드 간(Intra-brand) 경쟁을 구별하여 분석하였는데, 이러한 접근방식이 타당한지는 의문이다. 주지하다시피 2007년 Leegin 판결[122]에서 미국 연방대법원이 독점규제법이 보호하고자 하는 경쟁은 '브랜드 간 경쟁'이라고 강조한 바 있으나, 이는 어디까지나 재판매가격 유지와 같은 수직적 제한에 관한 것이지, 노골적인 가격담합에 관한 것이 아니었음에 유의할 필요가 있다.

120) 예컨대, (1) 외견상 가격담합이나 그 실질은 효율성 증대에 있어 부당성 자체가 부인되는 경우[예: 부수적 제한, Chicago Board of Trade v. United States, 246 U.S. 231, 38 S.Ct. 242 (1918); Broadcast Music, Inc. v. Columbia Broadcasting System, Inc. (BMI), 441 U.S. 1, 99 S.Ct.1551 (1979)], (2) 노골적인 가격담합이어서 부당성(경쟁제한성)이 인정되지만, 가격담합을 인정함으로써 보호되는 공익이 더 커서 부당성이 조각되는 경우.

121) Lexus 판결에서 원심은 '공동행위심사기준'에 따라 가격담합은 당연위법으로 판단할 수 있다는 공정위의 주장을, 공동행위심사기준은 피고의 내부준칙에 불과하므로 법원에 대하여 구속력이 없다는 이유로, 배척하였다. 이러한 원심 판단에 법리적인 문제는 없지만 법정책적 관점에서 보면 하드코어(hard core) 카르텔 규제에 대한 세계적 추세에 역행하고 있다.

122) Leegin Creative Leather Products, Inc. v. PSKS, Inc., 551 U.S. 877 (2007).

(2) 가격담합으로 인한 손해배상액 산정 문제

가격담합이 없었더라면 존재하였을 경쟁가격을 정확하게 산정하는 것 자체가 불가능하기 때문에, 손해배상액은 계량경제학과 같은 통계적 기법을 통해 추정할 수밖에 없다.[123)] 가격담합으로 인한 손해배상액 산정에 있어 계량경제학 증거(econometric evidence)는 배심원에 의한 3배 손해배상이 인정되는 미국에서 활발하게 이용되어 왔다.[124)] 미국의 경우 계량경제학은 특정 경제이론에 근거한 주장을 입증하거나 반박하기 위하여 실증적 논거를 개발하는 데 이용될 수 있으며,[125)] 계량경제학적 분석이 적용된 경제적 증거는 아래와 같은 효용이 있는 것으로 평가받아 왔다.

> "(1) 경제적 증거는 어떤 요인이 다른 요인 또는 사건에 영향을 미쳤는지 또는 미치지 않았는지 여부를 증명하는 데 이용될 수 있고, (2) 어떤 사건 또는 사실이 다른 사건과 인과관계가 있을 수 있음을 증명하는 데 이용될 수도 있으며, (3) 제한적이고 대표성이 없는 데이터만을 수집하고 평가하는 위험을 피함으로써, 특정 쟁점에 관한 주요한 모든 데이터를 총체적으로 다룰 수 있다."[126)]

그러나 다른 한편 독점규제 소송에서 경제분석 결과의 모호성 문제가 지속적으로 제기되고 있는데, 특히 신뢰성과 관련하여 다음과 같은 문제가 제기되고 있다. 첫째, 경제분석은 '가설'에 근거한 방법론에 바탕을 두고 있다.[127)] 따라서 가설이 잘못된 것이라면 경제분석 결과 역시 잘못된 것일 수밖에 없다. 둘째, 경제분석 결과의 신뢰도는 분석대상인 데이터의 신뢰도에 따라 좌우된다.[128)] 따라서 분석에 사용된 데이터 자체가 부정확한 경우에는, 분석 결과 그 자체의 신뢰도는 상당

123) Blair and Kaserman(2008), pp. 79-86 참조.
124) Conwood Co. v. U.S. Tobacco Co., 290 F.3d 768 (6th Cir. 2002), cert. denied, 537 U.S. 1148 (2003); *In re Industrial Silicon Antitrust Litigation*, 1998-2 Trade Cas. (CCH) ¶ 72, 348 (W.D. Pa.1998). American Bar Association Section of Antitrust Law, *Econometrics: Legal, Practical, and Technical Issues* (ABA Publishing, 2005), pp. 167-178 참조.
125) American Bar Association Section of Antitrust Law(2005), p. 1 참조.
126) American Bar Association Section of Antitrust Law(2005), pp. 3-4.
127) American Bar Association Section of Antitrust Law(2005), p. 117 참조.
128) Werden(2002), p. 57 참조.

히 떨어질 수밖에 없다. 셋째, 특정 사실에 부합되면서도 주요 쟁점과 관련성이 있는 방법론을 채용하는 것이 중요하다.[129] 그러나 경제적 증거에는 분석방법론의 한계나 오류가능성에 대한 정보가 담겨 있지 않는 경우가 많다.[130] 넷째, 건전한 경제분석 방법론이 채용되었다고 하더라도, 법관은 당해 방법론의 의미와 그 적용결과를 이해하기 곤란할 수 있다.[131] 이러한 문제는 가격담합으로 인한 손해배상액 산정에서도 동일하게 제기될 것으로 보인다.

5. 불공정거래행위(부당지원행위)

법 제23조 제1항 제7호는 "부당하게 특수관계인 또는 다른 회사에 대하여 가지급금 · 대여금 · 인력 · 부동산 · 유가증권 · 상품 · 용역 · 무체재산권 등을 제공하거나 현저히 유리한 조건으로 거래하여 특수관계인 또는 다른 회사를 지원하는 행위"를 금지하고 있다. 부당지원행위 사건에서 중요한 경제적 쟁점이 포함된 사건으로는 에스케이앤씨 사건,[132] 대우 등 사건,[133] 금호산업 등 사건,[134] 글로비스 등 사건[135]이 있다.

1) 부당성 판단기준

2004년 에스케이앤씨 판결에서 대법원은 부당성 판단기준을 아래와 같이 제시하고 있는데, 이 판결을 시작으로 2010. 12. 현재까지 부당성 판단기준에 대한 대법원 법리는 변함이 없다.

> "지원주체와 지원객체와의 관계, 지원행위의 목적과 의도, 지원객체가 속한 시장의 구조와 특성, 지원성 거래규모와 지원행위로 인한 경제상 이익 및 지원기간, 지원행위로 인하여 지원객체가 속한 시장에서의 경쟁제한이

129) American Bar Association Section of Antitrust Law, ed.(2005), p. 115 참조.
130) Werden(2004) 참조.
131) Gotts and Hemli(2006), p. 1231 참조.
132) 대법원 2004. 3. 12. 선고 2001두7220 판결: [원심] 서울고법 2001. 7. 24. 선고 2000누11064 판결.
133) 대법원 2004. 10. 14. 선고 2001두2935 판결: [원심] 서울고법 2001. 3. 8. 선고 99누3746 판결.
134) 대법원 2008. 6. 26. 선고 2006두8792 판결; [원심] 서울고법 2006. 4. 12. 선고 2005누13614 판결.
135) 서울고법 2009. 8. 19. 선고 2007누30903 판결(상고심 계속 중).

나 경제력 집중의 효과 등은 물론 중소기업 및 여타 경쟁사업자의 경쟁능력과 경쟁여건의 변화 정도, 지원행위 전후의 지원객체의 시장점유율 추이, 시장개방 정도 등을 종합적으로 고려하여 당해 지원행위로 인하여 지원객체의 관련 시장에서 경쟁이 저해되거나 경제력 집중이 야기되는 등으로 공정한 거래가 저해될 우려가 있는지 여부."

대기업 계열사 간 자금지원행위의 부당성 여부에 관한 2004년 대우 등 판결에서 대법원은 "자금지원행위가 부당성을 갖는지 유무는 오로지 공정한 거래질서라는 관점에서 평가되어야 하는 것이고, 공익적 목적, 소비자 이익, 사업경영상 또는 거래상의 필요성 내지 합리성 등도 공정한 거래질서와는 관계없는 것이 아닌 이상 부당성을 갖는지 유무를 판단함에 있어 고려되어야 하는 요인의 하나라고 할 것이나, 지원행위에 단순한 사업경영상의 필요 또는 거래상의 합리성 내지 필요성이 있다는 사유만으로는 부당지원행위의 성립요건으로서의 부당성 및 공정거래 저해성이 부정된다고 할 수는 없다"는 일반론을 설시하였다.

한편, 2009년 글로비스 등 판결에서 이른바 '물량몰아주기'가 문제되었는데, 서울고법은 2004년 대우 등 판결을 원용하면서, 부당지원행위의 부당성은 "오로지 공정한 거래질서라는 관점에서 평가되어야 하는 것이고, 공익적 목적, 소비자 이익, 사업경영상 또는 거래상의 필요성 내지 합리성 등도 공정한 거래질서와는 관계없는 것이 아닌 이상 부당성을 갖는지 유무를 판단함에 있어 고려되어야 하는 요인의 하나라고 할 것이나, 지원행위에 단순한 사업경영상의 필요 또는 거래상의 합리성 내지 필요성이 있다는 사유만으로는 부당지원행위의 성립요건으로서의 부당성 및 공정거래 저해성이 부정된다고 할 수는 없다"고 하였다.

부당성 판단기준에 있어서 핵심적 판단기준은 (1) '경쟁 저해' 또는 (2) '경제력 집중의 야기'인데, 문제는 과연 구체적으로 어느 경우에 '경쟁 저해성'이나 '경제력 집중의 야기'를 인정할 수 있겠는지 여부이다. 이에 관한 구체적인 판단기준은 아직 제시되지 않았는데, 향후 대법원이 경쟁 저해성이나 경제력 집중의 야기와 관련하여 공정위가 이를 '객관적인 경제적 증거'로 입증해야 한다고 요구하면, 부당지원행위의 규제는 보다 엄격하게 운영될 것으로 보인다.

2) 현저성

법 제23조 제1항 제7호에 따라서, 기업들 간에 설사 유리한 조건의 거래가 있었다고 하더라도 '현저성'이 부인되면 당해 거래행위는 불공정거래행위에 해당되지 않는다. 2006년 에스케이텔레콤 등 판결[136]에서 대법원은 "현저히 유리한 조건의 거래에 해당하는지 여부를 판단함에 있어서는 급부와 반대급부 사이의 차이는 물론 지원성 거래규모와 지원행위로 인한 경제상 이익, 지원기간, 지원횟수, 지원시기, 지원행위 당시 지원객체가 처한 경제적 상황 등을 종합적으로 고려하여 구체적 · 개별적으로 판단"하여야 한다고 밝힌 바 있다.

한편, 대기업집단의 계열회사들 간의 후순위 대여행위가 법 제23조 제1항 제7호가 금지하는 '현저히 유리한 조건의 거래'에 해당하는지 여부를 판단함에 있어서 '금리'가 주요 고려요소인데, 이와 관련하여 대법원은 2004년부터 2008년 사이에 선고된 여러 판결에서 "…급부와 반대급부가 현저히 유리한지 여부를 판단하는 기준이 되는 정상금리는 지원주체와 지원객체 사이의 자금거래와 시기, 종류, 규모, 기간, 신용 상태 등의 면에서 동일 또는 유사한 상황에서 그 지원객체와 그와 특수관계에 없는 독립된 금융기관 사이에 자금거래가 이루어졌다면 적용될 금리, 또는 지원주체와 지원객체 사이의 자금거래와 시기, 종류, 규모, 기간, 신용 상태 등의 면에서 동일 또는 유사한 상황에서 특수관계 없는 독립된 자 사이에 자금거래가 이루어졌다면 적용될 금리…"라고 설시한 바 있다.[137]

그런데 2006년 금호산업 판결에서, 원심은 후순위 대여 및 후순위 사채 매입행위 등이 부당지원행위에 해당하는지 여부와 관련하여 "부당지원행위가 성립함에 있어 반드시 정상금리의 존재를 전제로 한다고 할 수 없다"고 하면서, 실제 적용금리와 정상금리를 비교하지 않고 지원행위의 현저성을 인정하였다(서울고법 2006. 4. 12. 선고 2005누13614 판결).[138] 이러한 원심 판단에 대해 대법원은 "후순위 자금거래에 실제로 적용된 금리와 정상금리를 서로 비교하여 그 차이가 현저한지 여부를

136) 대법원 2006. 2. 10. 선고 2003두15171 판결; [원심] 서울고법 2003. 11. 25. 선고 99누3814 판결.
137) 대법원 2004. 10. 14. 선고 2001두2935 판결, 대법원 2006. 2. 10. 선고 2003두15171 판결, 대법원 2006. 7. 27. 선고 2004두1186 판결, 대법원 2007. 1. 25. 선고 2004두1490 판결, 대법원 2008.3.27. 선고 2005두9972 판결 등.
138) 원심은 피고 공정거래위원회가 의결서에서 부당지원행위 판단에 기초가 된 정상금리를 '부당한 지원행위의 심사지침' (2004. 8. 18. 전문 개정되기 전의 것)에서 제시한 산정기준에 따라 확정하여 명시하지 않았다거나 표시한 정상금리의 객관적 근거나 기준을 제시하지 않았다는 사정만으로 바로 시정명령 등의 처분이 위법하다고 할 수는 없다고 하였다.

판단하기 위하여는 먼저 무엇을 정상금리로 볼 것인지부터 확정하여야 하고, 그러한 정상금리의 존재에 대한 입증책임은 시정명령 등 처분의 적법성을 주장하는 피고에게 있다"고 밝히면서, "…피고가 위 각 거래행위에 대하여 정상금리라고 주장하는 금리들을 제시하고 있으므로, 이러한 경우 원심으로서는 피고가 제시하는 위 금리들이 위 각 거래행위의 실제 적용금리와 비교할 만한 정상금리에 해당하는지 여부 및 그 차이 등에 관한 심리를 해 본 후 위 각 거래행위가 현저히 유리한 조건의 거래인지를 판단하였어야 함…"을 지적하고, "원심 판결에는 정상금리의 확정 필요성 및 입증책임에 관한 법리를 오해하여 심리를 다하지 아니함으로써 판결에 영향을 미친 위법"이 있다는 이유로 원심 판결을 파기환송하였다(대법원 2008. 6. 26. 선고 2006두8792 판결). 이러한 법리에 따라 특정 자금거래의 특성상 실제 시장에서의 당해 자금거래의 정상금리를 산정할 수 없는 경우라고 할지라도, 당해 자금거래가 현저히 유리한 조건의 거래로서 불공정거래에 해당한다고 하기 위해서는 사안에 따라 경제분석에 따라 추정된 '정상금리'에 대한 경제적 증거가 필요하게 되었다.

3) 검토

앞서 언급한 바와 같이 독점규제법상 부당지원행위 규제는 우리나라 특유의 법제도로서, 선진 외국에 유사한 입법례가 없다. 부당지원행위 규제는 이른바 재벌규제정책 맥락에서 나온 것이며, 실제로 대부분의 주요 판례도 대기업집단 계열사 간 지원행위에 관한 것이다. 한편, 일각에서는 대기업 계열사 간 지원행위는 법으로 규율할 사안이 아니며, 계열사 간 내부거래는 사후적으로 이해관계인의 사적 책임추궁의 방식으로 규율하는 것이 바람직하다는 비판이 제기되기도 한다.

에스케이앤씨 사건(대법원 2004. 3. 12. 선고 2001두7220 판결)을 시작으로 현재까지 부당성 판단기준에 대한 대법원 법리는 변함이 없다. 이 판결은 부당성 판단기준으로서 (1) '경쟁 저해' 또는 (2) '경제력 집중의 야기'로 제시하고 있으나, 이후 판례를 보면 '불공정거래'를 강조한 사례도 있고, '경제력 집중 방지'를 강조한 사례도 있어 일관된 법적 판단기준을 제시하고 있지 못하고 있는 것으로 보인다. 그런데 이러한 문제는 부당지원행위 규제 입법상 체계적 혼란(대기업집단의 경제력 집중 억제를 불공정거래 조항에 둠)에 기인하는 것인바, 이러한 이유로 법원의 판단에 일관성이 없다고만 비판하기에는 힘든 측면이 있다. 부당지원행위 규제와 관련한 법리상의 혼란은 결국 입법적으로 해결되어야 할 문제로 보인다. 그런데 부당지원행위 규제는 우리나라 특유의 이른바 '재벌규제'라는 정치적 성격도 갖고 있어, 위헌 결정이 나지 않는 한 법개정이 쉽지는 않을 것으로 보인다.

글로비스 사건에서 문제된 이른바 '물량몰아주기'에 대해 시민단체는 대기업집단의 편법 상속 · 증여수단이라고 비판을 제기하여 왔는바, 조세법정책상의 문제는 별론으로 하고, 독점규제법으로 규율하기에는 다소 어려움이 있는 것으로 보인다. 대기업집단 계열사 간 대량거래(이른바 '물량몰아주기') 중에는 거래비용 최소화 측면에서 '효율성 증진'효과만 존재하는 거래도 있을 수 있으므로, 부당성 판단에서 효율성 증대효과가 반드시 고려되어야 할 것이다. 최근 2010. 12. 22. 개정된 공정위의 '부당한 지원행위의 심사지침 Ⅲ. 4. 나'는 효율성 증대효과를 부당성 판단이 아닌 '지원행위' 해당 여부의 판단에서 고려하도록 하고 있으나, 이러한 공정위의 입장이 타당한지는 의문의 여지가 있다.

물론 대기업집단의 편법 상속 · 증여는 규제되어야 한다.[139] 그러나 대기업집단의 편법 상속 · 증여라는 특수문제를 해결하기 위해 이른바 물량몰아주기를 부당지원행위로 규제한다면, 부당지원행위 관련 법해석 일반이 왜곡되는 부작용이 초래될 위험이 있으며, 이로부터 헌법 제199조 제1항이 보장하는 '기업의 경제상의 자유 및 창의'의 본질적 내용 침해 문제가 제기될 수도 있을 것으로 보인다.

6. 재판매가격유지

법 제19조 제1항 제4호는 "사업자는 재판매가격유지행위를 하여서는 아니 된

---

139) 최근 정부는 사실상 편법 상속 · 증여의 수단으로 이용되고 있는 대기업집단의 물량몰아주기에 대해 과세방안을 검토하고 있기는 하나, 구체적인 실행까지에는 적지 않은 어려움이 있어 보인다. 보다 자세한 논의는 다음 기사 참조: 동아일보, "대기업, 이익 몰아주며 편법 富 대물림," 2011. 4. 5.(http://news.donga.com/3/all/20110404/36155291/1); 조선일보 "자녀회사 매출 90%까지도 몰아줘… 대기업 관행 첫 과세," 2011. 4. 1.(http://biz.chosun.com/site/data/html_dir/2011/04/01/2011040100100.html); 매일경제, "비상장 계열사 일감 몰아주기 통한 편법상속에 과세 추진," 2011. 3. 31.(http://news.mk.co.kr/v3/view.php?year=2011&no=204146); 이데일리 "일감 몰아주기에 과세…첫 타자 누가 될까," 2011. 3. 31.(http://www.edaily.co.kr/news/NewsRead.edy?SCD=DA13&newsid=03325926596188896&DCD=A00106& OutLnkChk=Y).

다. 다만, 상품이나 용역을 일정한 가격 이상으로 거래하지 못하도록 하는 최고가격유지행위로서 정당한 이유가 있는 경우에는 그러하지 아니하다"라고 규정하고 있다.[140)]

1) 최고재판매가격유지

법 제19조 제1항 후단 문언상 최고재판매가격유지행위(이하 '최고RPM')에 합리의 원칙이 적용된다는 점에는 의문이 없다.

2) 최저재판매가격유지

한편, 법 제19조 제1항 본문의 문언("사업자는 재판매가격유지행위를 하여서는 아니 된다.")상 최저재판매가격유지행위(이하 '최저 RPM')의 경우 당연위법의 원칙이 적용되는지 합리의 원칙이 적용되는지 여부가 문제될 수 있다.[141)] 당해 규정을 문리적으로만 해석해 본다면, 최저 RPM에는 당연위법이 적용된다고 볼 여지가 있다. 대법원은 2010년 한미약품 판결[142)]에서 최저RPM은 당연위법(per se illegality)이 아닌 일응위법(presumptive illegality)이라는 취지의 판시를 내림으로써, 이러한 의문점을 해소하였다. 관련 판시 부분을 보면 아래와 같다.

> "최저재판매가격유지행위가 해당 상표 내의 경쟁을 제한하는 것으로 보이는 경우라 할지라도, 시장의 구체적 상황에 따라 그 행위가 관련 상품시장에서의 상표 간 경쟁을 촉진하여 결과적으로 소비자 후생을 증대하는 등 정당한 이유가 있는 경우에는 이를 예외적으로 허용하여야 할 필요가 있다. 그리고 그와 같은 정당한 이유가 있는지 여부는 관련 시장에서 상표 간 경쟁이 활성화되어 있는지 여부, 그 행위로 인하여 유통업자들의 소비자에 대한 가격 이외의 서비스 경쟁이 촉진되는지 여부, 소비자의 상품선택이 다양화

140) 법 제2조 제6호는 "재판매가격유지행위라 함은 사업자가 상품 또는 용역을 거래함에 있어서 거래 상대방인 사업자 또는 그 다음 거래단계별 사업자에 대하여 거래가격을 정하여 그 가격대로 판매 또는 제공할 것을 강제하거나 이를 위하여 규약 기타 구속조건을 붙여 거래하는 행위"라고 정의하고 있다.
141) 이에 관한 논의로는 다음을 참조. 이봉의 · 전종익(2010).
142) 대법원 2010. 11. 25. 선고 2009두9543판결: [원심] 서울고법 2009. 5. 14. 선고 2008누2530 판결. 우리나라 의료산업 영업관행 전반에 대한 경쟁법적 평가에 대해서는 다음 문헌을 참조. 이봉의(2009).

되는지 여부, 신규 사업자로 하여금 유통망을 원활히 확보함으로써 관련 상품시장에 쉽게 진입할 수 있도록 하는지 여부 등을 종합적으로 고려하여야 할 것이며, 이에 관한 증명책임은 관련 규정의 취지상 사업자에게 있다고 보아야 한다."

위 판시는 2011년 캘러웨이골프용품 판결[143]에서 재확인되었는바, 대법원은 이 사건 최저RPM을 당연위법으로 본 원심[144]을 파기환송하였다. 최저RPM의 경우 당연위법까지는 아니지만 일응 부당성이 추정되므로, 공정위로서는 합리의 원칙과는 달리 부당성에 대한 입증을 따로 할 필요는 없을 것이다. 한편, 원고의 경우 부당성 추정을 깨기 위해서는, 자신의 최저RPM이 소비자 후생 또는 경쟁을 촉진시킨다는 점을 실증적 경제분석 증거를 통해 명확하게 입증하여야 할 것으로 보인다.

3) 검토

미국이나 EU에서는 최저RPM은 경쟁제한성 여부에 초점을 둔 수직적 제한행위로 규제되고 있다. 미국 연방대법원은 2007년 Leegin 판결[145]에서 1911년 Dr. Miles 판결[146]을 시작으로 90년 넘게 유지해 오던 당연위법 법리를 폐기하고, 최저RPM에도 합리의 원칙이 적용된다고 판례를 변경하였다.[147] 최저RPM을 사실상 당연위법으로 보아 왔던 EU도 최근 2010년 5월 개정된 '수직적 제한 가이드라인'(Guidelines on Vertical Restraints)[148]에서 최저RPM에도 효율성 항변을 인정하는 것으로 태도를 바꾸었다. 그런데 우리나라의 경우 2010년 한미약품 판결이 나오기 이전

143) 대법원 2011. 3. 21. 선고 2010두9976 판결: [원심] 서울고법 2010. 4. 21. 선고 2009누5482 판결.
144) 최저 RPM에 대한 원심 판단은 다음과 같다: "공정거래법 제29조 제1항 본문은… 재판매가격유지행위가 있으면 경쟁제한성을 별도로 판단하지 않고 위법한 것으로 판단하도록 규정하고 있어… 별도로 당해 행위의 경쟁제한성 여부를 판단함이 없이 위법한 행위로 보아야 하고… 재판매가격유지행위가 부당하지 않다는 또한 정당한 사유가 있다는 주장은 허용되지 않는다.…" 이러한 원심의 판단은 법정책적 판단보다는 문언해석에 충실하였던 것으로 보인다. 원심의 판단은 2010년 한미약품 판결보다 약 6개월 이전에 내려졌음을 감안하면, 일단 문언해석에 충실을 기한 하급심의 판단을 비판하기도 힘들다.
145) Leegin Creative Leather Products, Inc. v. PSKS, Inc., 551 U.S. 877 (2007).
146) Dr. Miles Medical Co. v. John D. Park & Sons Co., 220 U.S. 373 (1911).
147) 물론 당해 사건은 Sherman법 1조 위반 여부에 관한 것이어서, FTC법 하에서의 최저RPM에도 합리의 원칙이 적용된다고 볼 수 있겠는지 여부는 아직 분명하지 않다.
148) Eurpean Commnission, *Guidelines on Vertical Restraints (2010/C 130/01)*, pp. 45-46 ("RPM may not only restrict competition but may also, in particular where it is supplier driven, lead to efficiencies.")

까지만 해도, 법 제29조 제1항 본문의 표현방식 때문에, 현실적으로 경쟁제한성이 없는 최저RPM을 잘못 규제할 수 있는 과잉규제 오류의 위험이 있었다. 이러한 점에서 최저RPM을 일응 위법으로 보고 원고 측에 추정을 복멸할 수 있는 기회를 부여함으로써 과잉규제 문제를 법리적으로 해소한 대법원의 판단은 법정책적 관점에서 정당화될 수 있다고 생각된다.

Ⅳ. 결론

지금까지 살펴본 바와 같이 최근 대법원이 효과주의에 기초한 합리의 원칙을 적용하거나 당연위법의 법리를 완화한 사례가 증가함에 따라 경제적 증거의 역할도 자연히 커져 가고 있다. 이에 따라 공정위로서는 향후 독점규제 사건에서 경제분석 역량을 강화하여야 할 것으로 보이며, 여기에는 관련 예산의 증대도 마땅히 뒤따라야 할 것으로 생각된다. 현재 독점규제 경제분석이 가장 발달한 것으로 평가받고 있는 미국과 비교해 볼 때, 우리나라는 아직 미흡한 점이 많다는 점을 부인하기란 힘들 것이다. 그러나 미국도 셔먼법 집행 초기부터 최소한 70-80년의 기간 동안에는 경제분석을 그리 활발하게 이용한 것은 아니라는 점을 고려해 볼 때, 우리나라 공정위나 법원이 여러 가지 악조건에도 불구하고 비교적 짧은 기간 내에 집중적으로 이루어 낸 경제분석에 대한 노력은 높이 평가되어야 할 것이다.

한편, 법원에 증거로 제출되는 실증경제분석 자료는 객관적인 학술적 연구 목적이 아니라 당해 소송 사건만을 위해 만들어진 것이 대부분이어서, 어느 정도 결론을 미리 염두에 두고 이에 맞추어 분석된 것일 가능성도 배제할 수 없으므로, 경제적 증거의 신뢰성 문제는 여전히 풀기 힘든 난제로 남아 있다. 이는 비단 우리나라뿐만이 아니라 미국이나 EU도 동일하게 겪고 있는 문제이다. 그런데 우리나라는 미국과 달리 법원이 선정하는 감정인제도나 전문심리위원제도를 갖고 있어, 법제도적 측면에서 볼 때 우리나라가 미국보다 오히려 더 선진적인 법제를 갖고 있다고 해도 과언은 아니라고 본다. 다만 우리나라 학계의 보편적 정서와 문화를 고려해 볼 때, 동료 경제학자의 경제분석에 나타난 결함을 다른 동료 경제학자가 공식적으로 비판하기가 쉽지 않을 것으로 보이고, 이러한 현실적인 이유로 전문심리위원제도의 운영에도 어느 정도 한계가 있을 것으로 생각된다. 감정인이나 전문심리위원제도를 활용하였음에도 불구하고, 어떤 행위가 경쟁제한성을 갖는지 여부가 여전히 명확하지 않은 경우에는, 합리의 원칙이 적용되는 사안에 한하여 경쟁제한성이 없는 것으로 판단하는 것이 타당하다고 본다. 다만 현실적으로는 동시대의 지배적인 법감정이나 담당 법관의 법가치관에 따라 당해 행위의 위법성 여부가 판단될 가능성도 있어 보이며, 이 경우 과잉규제 또는 과소규제의 오류가 발생할 수도 있을 것으로 보인다. 독점규제법의 올바른 집행에 있어 경제이론이나 실증경제분석의 역할이 중요함에도 불구하고, 실증분석이 규범적 가치판단을 대체할 수 없는 것과 같은 맥락에서 독점규제법은 독점규제경제학으로 환원되거나 대체될 수는 없을 것으로 보인다. 향후 시장과 기업경제 현상이 더 복잡해질수록 경제분석의 역할도 증대되겠지만 다른 한편으론 실증분석의 한계도 커질 수 있기 때문에, 독점규제법의 올바른 해석과 적용을 위해서는, 예컨대 인본적 사회질서(Civitas humana)나 사회시장경제(Soziale Marktwirtschaft)와 같이 보다 근본적인 가치 문제에 대한 숙고가 더 필요할 것으로 생각된다.

참고문헌

권오승, 『경제법』, 제5판, 법문사, 2005.

곽상현, 「수평결합에 대한 경쟁제한성 판단기준」, 『저스티스』, 제116호, 2010.

신영수, 「의식적 병행행위의 규제논거」, 『경쟁법연구』, 제11권, 2005.

윤인성, 「포스코열연코일 공급거절 판결의 주요 쟁점 및 향후 과제에 관한 소고」, 『BFL』, 제30호, 2008. 7.

이봉의, 「포스코판결과 방해남용의 향방」, 『경쟁저널』, 통권140호, 2008.

______, 「보건의료산업 리베이트관행의 경쟁법적 쟁점과 과제」, 『법학연구』, 제50권 제4호, 서울대학교, 2009.

이봉의 · 전종익, 「독점규제법상 재판매가격유지행위 금지의 헌법적합성 판단」, 『법학연구』, 제51권 제3호, 서울대학교, 2010.

이호영, 「독점규제법상 과점기업의 묵시적 사업조정(tacit coordination)의 규제」, 『인권과 정의』, 제348호, 2005.

______, 「공정거래법상 시장지배적사업자 규제의 쟁점과 과제」, 『저스티스』, 통권 제104호, 2008.

______, 「경쟁법 사건절차상 경제전문가 증언의 활용에 관한 연구」, 『경쟁법연구』, 제20권, 2009.

이 황, 「공정거래법상 단독의 위반행위 규제의 체계: 시장지배적 지위 남용행위로서의 거래거절행위의 위법성, 그 본질과 판단기준」, 『사법』, 5호, 2008.

전성훈, 「시장획정 방법론으로서 임계매출감소분석의 발전과 논쟁」, 『경쟁법연구』, 제21권, 2010.

정호열, 『경제법』, 제2판, 박영사, 2008.

조성국, 「미국 카르텔 규제법리의 발전과 우리나라에 주는 시사점」, 『중앙법학』, 제9집 제1호, 2007.

______, 「시장지배적지위 남용행위에 대한 위법성 판단기준에 관한 연구 -최근 대법원 판결을 중심으로」, 『경쟁법연구』, 제19권, 2009.

주진열, 「가격담합과 조인트벤처의 부수적 제한 법리: 대법원 2008.8.21. 선고 2007두4919 판결을 중심으로」, 『경제법연구』, 제7권 2호, 2008.

_____, 「공정거래소송에 있어서 경제적 증거 평가에 대한 일고찰」, 『경쟁법연구』, 제19권, 2009.

_____, 「기업결합규제와 효율성 항변 판단기준에 대한 법경제학적 고찰」, 『경제법연구』, 제9권 1호, 2010. 6.

_____, 「최근 독점규제법 주요 판례에 나타난 비교법경제학적 쟁점 분석」, 『경쟁법연구』, 제23권, 2011.

최충규, 『기업결합심사의 후생기준과 효율성 증대효과의 판단』, 한국경제연구원, 2005.

허 선, 「공정거래사건에서의 경제분석의 증거력을 논의해 보자」, 『경쟁저널』, 통권 132호, 2007. 5.

홍대식, 「카르텔로 인한 손해액의 산정: 이론과 실제」, 『비교사법』, 제14권 제3호, 2007a.

_____, 「공정거래법상 부당지원행위에 관한 판례상 쟁점」, 『경영과 법』, 제1권, 2007b.

_____, 「부당한 공동행위의 성립: 사례연구」, 『서강법학』, 제10권 제1호, 2008.

홍명수, 「독점규제법상 기업결합의 규제체계와 효율성 항변에 관한 고찰」, 『비교사법』, 14권 1호, 통권 36호, 2006.

_____, 「정보 교환과 카르텔 규제」, 『법과 사회』, 제36권, 2009.

_____, 「시장지배적 지위 남용으로서 거래거절의 의의와 위법성 판단」, 『법학연구』, 51권 1호, 부산대학교, 2010.

황창식, 「공정거래법상 시장지배력 남용 규제의 해석 및 집행 상의 문제점: 불공정거래행위 규제와의 법적용 관계를 중심으로」, 『경쟁저널』, 통권139호, 2008.

American Bar Association Section of Antitrust Law, *Econometrics: Legal, Practical, and Technical Issues*, ABA Publishing, 2005.

Aron, Debra J. and David E. Burnstein, "Regulatory Policy and the Reverse Cellophane Fallacy," June 1, 2008(http://ssrn.com/abstract=1171292).

Baumol, William J., John C. Pansar, and Robert D. Willig, *Contestable Markets and the Theory of Industry Structure*, San Diego: Harcourt Brace Jovanovich, 1982.

Beecher-Monas, Erica, "A Ray of Lights for Judges Blinded by Science: Triers of Science in Scientific Evidence," *Ga. L. Rev.*, 71, 1999, pp. 1047-1112.

Bernstein, David E. Bernstein and Jeffrey D. Jackson, "The Daubert Triology in the States," *Jurismetrics*, 44, 2004, pp. 351-366.

Blair, Roger D. and David L. Kaserman, *Antitrust Economics*, 2nd ed., Oxford University Press, 2008.

Blair, Roger D. and Jill Boylston Herndon, "The Implications of Daubert for Economic Evidence in Antitrust Cases," *Wash. & Lee L. Rev.*, 57, 2000, pp. 801-830.

Blaug, Mark, *The Methodology of Economics or How Economists Explain*, 2nd ed., Cambridge University Press, 1992.

Boland, Lawrence A., *The Foundation of Economic Method: A Popperian Method Routledge*, 2003.

Bruce, Johnsen D., "Daubert, the Scientific Method, and Economic Expert Testimony," *Kan. J. L. & Pub. Pol'y*, 1999, pp. 149-165.

Carlton, Dennis W., "Market Definition: Use and Abuse," *Competition Policy International*, 3(1), 2007, pp. 3-27.

______, *Comment on Department of Justice and Federal Trade Commission's Proposed Horizontal Merger Guidelines*, June 4, 2010(http://www.ftc.gov/os/comments/hmgrevisedguides/548050-00034.pdf).

Coate, Malcolm B. and Joseph J. Simons, "Critical Loss vs. Diversion Analysis: Clearing Up the Confusion," *The CPI Antitrust Chronicle*, 1, December 2009, pp. 2-15.

Cooter, Robert and Thomas Ulen, *Law and Economics*, 5th.ed., Addison Wesley, 2007.

Development in Law: Confronting the New Challenges of Scientific Evidence, Harv. L. Rev., 101, 1994.

Devine, Kristine Laudadio, "Preserving Competition in Multi-Sided Innovative Markets: How Do You Solve a Problem Like Google," *North Carolina Journal of Law &*

Technology, 10(1), 2008, pp. 59-118.

Easterbrook, Frank H., "The Limits of Antitrust," *Tex. L. Rev.*, 63(1), 1984, pp. 1-40.

Elhauge, Einer and Damien Geradin, *Global Antitrust Law and Economics*, Foundation Press, 2007.

Ellig, Jerry, *Dynamic Competition and Public Policy: Technology, Innovation, and Antitrust*, Cambridge University Press, 2005.

Evans, David S., "Antitrust Issues Raised by the Emerging Global Internet Economy," *Northwestern University Law Review*, 102(4), 2008, pp. 1987-2008.

Filistrucchi, Lapo, "A SSNIP Test for Two-Sided Markets: The Case of Media," NET Institute Working Paper No. 08-34, 2008(http://ssrn.com/ abstract=1287442).

Fisher, Alan A. and Robert H. Lande, "Efficiency Considerations in Merger Enforcement," *Cal. L. Rev.*, 71(6), 1983, pp. 1580-1696.

Gavil, Andrew I., "After Daubert: Discerning the Increasingly Fine Line between the Admissibility and Sufficiency of Expert Testimony in Antitrust Litigation," *Antitrust L. J.*, 65(3), 1997, pp. 663-712.

______, "Defining Reliable Forensic Economics in the Post-Daubert/Kumho Tire Era: Case Studies from Antitrust," *Wash. & Lee L. Rev.*, 57(3), 2000, pp. 831-878.

______, William Kovacic, and Jonathan B. Baker, *Antitrust Law in Perspective: Cases, Concepts and Problems in Competition Policy*, Thompson/West, 2002.

Gellhorn, Ernest et al., *Antitrust Law and Economics*, 5th ed., 2004.

Gerber, David, *Law and Competition in Twentieth Century Europe: Protecting Prometheus*, Clarendon Press, 1998.

Goldschmid, Harvey J., "Comment on Herbert Hovenkamp and the Dominant Firm: The Chicago School Has Made Us Too Cautious About False Positives and the Use of Section 2 of the Sherman Act," Robert Pitofsky, ed., *How the Chicago School Overshot the Mark: The Effect of Conservative Economic Analysis on U.S. Antitrust Law*, Oxford University Press, 2008.

Glossner, Christian L., *The Making of the German Post-War Economy: Political*

Communication and Public Reception of the Social Market Economy after World War Two, Tauris Academic Studies, 2010.

Gotts, Ilens Knable and Daniel E. Hemli, "Just the Facts: The Role of Customer and Economic Evidence in M&A Analysis," *Geo. Mason L. Rev.*, 13(6), 2006, pp. 1217-1246.

Hahn, Robert W. and Hal J. Singer, "An Antitrust Analysis of Google's Proposed Acquisition of DoubleClick," AEI-Brookings Joint Center Related Publication, No. 07-24, 2009.

Harrison, Jeffrey L. and Jules Theeuwes, *Law and Economics*, W. W. Norton & Company, 2007.

Hasse, Rolf H. et al., eds., *Social Market Economy: History, Principles and Implementation – From A to Z*, Verlag Ferdinand Schoningh GmbH, 2008.

Hovenkamp, Herbert, *Federal Antitrust Policy*, 3rd ed., West Group Publishing, 2005a.

______, *The Antitrust Enterprise: Principle and Execution*, Harvard University Press, 2005b.

Jackson, Howell E. et al., *Analytical Methods for Lawyers*, Foundation Press, 2003.

Knight, Frank H., "Pseudo-Scientific Method in Economics: A Reply," *Econometrica*, 1(4), Oct. 1933, pp. 428-429.

______, "'What is Truth' in Economics?," *The Journal of Political Economy*, 48(1), Feb, 1940, pp. 1-32.

Koslowski, Peter, *The Social Market Economy: Theory and Ethics of the Economic Order*, Springer, 1998.

Lanzillotti, Robert F., "Coming to Terms with Daubert in Sherman Act Complaints: A Suggested Economic Approach," *Neb. L. Rev.*, 77(1), 1998, pp. 83-131.

Manne, Geoffrey A. and Joshua D. Wright, "Google and the Limits of Antitrust: The Case Against the Antitrust Case Against Google," George Mason Law & Economics Research Paper, No. 10-25, 2010(http://ssrn.com/abstract =1577556).

Mansfield, John H., "Scientific Evidence under Daubert," *St. Mary's L. J.*, 28(1), 1996, pp. 1-46.

Milich, Paul S., "Controversial Science in the Courtroom: Daubert and the Law's Hubris,"

Emory L. J., 43(3), 1994, pp. 913-926.

Molyneaux, Michele, "Quality Control of Economic Expert Testimony: The Fundamental Methods of Proving Antitrust Damages," *Ariz. St. L. J.*, 35(3), 2003, pp. 1049-1076.

Montague, Gilbert H., "'*Per Se* Illegality' and the Rule of Reason," *A.B.A. Antitrust Section*, 12, 1958, pp. 69-104.

Moresi, Serge, Steven C. Salop, and John Woodbury Ⅲ, "Implementing the Hypothetical Monopolist SSNIP Test with Multi-Product Firms," January 26, 2008(http://ssrn.com/abstract=1087536).

Page, William H. and John E. Lopatka, *The Microsoft Case: Antitrust, High Technology, and Consumer Welfare*, University Of Chicago Press, 2006.

Polentz, Michael C., "Post-Daubert Confusion with Expert Testimony," *Santa Clara L. Rev.*, 36(4), 1996, pp. 1187-1218.

Pollock, Rufus, "Is Google the Next Microsoft? Competition, Welfare and Regulation in Internet Search," April 2009(http://ssrn.com/abstract=1265521).

Posner, Richard A., "The Chicago School of Antitrust Analysis," *University of Pennsylvania Law Review*, April 1979.

Rochet, Jean-Charles and Jean Tirole, "Platform Competition in Two-Sided Markets," 2001(http://www.dauphine.fr/cgemp/Publications/Articles/TirolePlatform.pdf).

______, "Two-Sided Markets: A Progress Report (2005)"(http://idei.fr/doc/wp/2005/2sided_markets.pdf).

Rubinfeld, Daniel L., "On the Foundations of Antitrust Law and Economics," in Robert Pitofsky, ed., *How the Chicago School Overshot the Mark: The Effect of Conservative Economics Analysis on U.S. Antitrust*, Oxford University Press, 2008.

Scherer, F. M., *Industrial Market Structure and Economic Performance*, 2nd ed., Rand-McNally, 1980.

Scherer, F. M., A. Beckernstein, E. Kaufer, and R. D. Murphy, *The Economics of Multi-Plant Operation: An International Comparison Study*, Cambridge, Mass.: Harvard University Press, 1975.

Schmalensee, Richard, "Horizontal Merger Policy: Problems and Changes," *Economic Perspectives*, 1(2), Fall 1987, pp. 41-54.

Schmidt, Hedvig, *Competition Law, Innovation and Antitrust: An Analysis of Tying and Technological Integration*, Edward Elgar, 2009.

Shapiro, Carl, *The 2010 Horizontal Merger Guidelines: From Hedgehog to Fox in Forty Years*, September 10, 2010(http://ssrn.com/abstract =1675210).

Solow, John L. and Daniel Fletcher, "Doing Good Economics in the Courtroom: Thoughts on Daubert and Expert Testimony in Antitrust," *J. Corp. L.*, 31(2), 2006, pp. 498-502.

Stigler, George J., *The Organization of Industry*, Homewood, Ill..: Richard D. Irwin, 1968.

______, *Business Concentration and Price Policy*, Princeton, N.J.: Princeton University Press, 1955.

Stocking, George W. and Willard F. Mueller, "The Cellophane Case and the New Competition," *The American Economic Review*, 45(1), Mar. 1955, pp. 29-63.

U.S. DOJ/FTC, Horizontal Merger Guideline(Issued: August 19, 2010)(http://www.justice.gov/atr/public/guidelines/hmg-2010.pdf).

______, Horizontal Merger Guideline for Public Comment(Released on April 20, 2010)(http://www.ftc.gov/os/2010/04/100420hmg.pdf).

Vain, Joe S., *Industrial Organization*, 2nd ed., New York: Wiley & Sons, 1968.

Viscusi, W. Kip et al., *Economics of Regulation and Antitrust*, 3rd ed., The MIT Press, 2000.

______, *Economics of Regulation and Antitrust*, 4th ed., The MIT Press, 2005.

Von Weizsacher, Chritian C., *Barriers to Entry*, Berlin: Springer-Verlag, 1980.

Werden, Gregory J., "A Perspective on the Use of Econometrics in Merger Investigations and Litigation," *Antitrust*, 2002.

______, "Economic Evidence on the Existence of Collusion: Reconciling Antitrust Law with Oligopoly Theory," *Antitrust L. J.*, 71(3), 2004, pp. 719-800.

Weyl, E. Glen, "The Price Theory of Two-Sided Markets," 2006(http://economics.

uchicago.edu/Weyl_011507.pdf).

Willig, Robert, *Public Comments on the 2010 Draft Horizontal Merger Guideline*, 2010(http://www.ftc.gov/os/comments/hmgrevisedguides/548050-00015.pdf).

Zohn, Molly L., "How Antitrust Damages Measure up with Respect to the Daubert Factors," *Geo. Mason L. Rev.*, 13(3), 2005, pp. 697-734.

Chapter 10

고학수 · 남재현

지적재산권의 법경제학

Chapter **10**

지적재산권의 법경제학

고학수 · 남재현

Ⅰ. 서론

경제활동을 통해 여러 가지 형태의 자산이 창출된다. 이러한 자산에 대해 법적인 보호가 없으면 경제적 자산을 새로이 창출하기보다는 타인이 창출해 놓은 자산을 무단으로 이용하거나 타인의 자산에 무임승차하고자 하는 유인이 존재하게 된다. 이는 궁극적으로 경제활동에 대한 유인을 감소시킨다. 개인이건 기업이건 경제주체들이 자신이 창출한 자산으로부터 수익을 제대로 얻지 못한다면 장기적으로 경제활동은 저해될 수밖에 없다. 경제활동에 대해 이에 상응하는 사회적 보상체계를 유지하는 것은 경제활동을 촉진하기 위해 기본적으로 요구되는 것이다. 일반적으로 재산권에 대한 보호는 경제활동을 촉진시키고자 하는 목적을 지닌다. 이러한 재산권의 일반적인 목적은 지적재산권에도 그대로 적용된다.

그런데 지적재산권은 일반적인 재산권과는 다른 성격을 지니고 있다. 이는 지적재산권의 공공재적(public goods) 성격에서 오는 것이다. 지적재산권은 일반적인 재산권과 달리 한 번 창출되면 이를 타인이 추가로 사용하는 데 드는 비용은 영(0)에 가깝다(비경합성). 다수의 사람들이 공동으로 사용하여도 이에 따른 비용증가 또는 효용감소가 발생하지 않는다. 일반적인 재산권의 경우에는 한 사용자가 그 재산권을 사용함으로써 타인의 접근이나 이용을 배제할 수 있으나 지적재산권에서는 특정인의 사용을 통해 타인을 배제할 수가 없는 것이 보통이다. 또한 추가적인 사용에 따른 비용이 매우 낮으므로 이미 개발된 지적재산권에 대해서는 많은 사람들이 접근 또는 활용하도록 하는 것이 오히려 사후적으로 사회후생을 극대화시켜준다. 지적재산권의 경우 일반적인 자산과 비교하여 타인을 배제하는 데 따른 사회적 자중손실(deadweight loss)이 높게 발생하는 것이다.

동시에 새로운 지적인 창조활동은 기존의 지적 생산물에 의존하여 이루어지는 것이 보통이다. 특히, 기술개발은 연속성의 성격을 지니고 있는 경우가 많기 때문에 새로운 기술의 개발은 현실적으로 기존의 기술에 의존하여 이루어지게 된다. 새로운 기술진보 또는 지적 활동은 기존의 기술이나 지적재산권에 의존할 수밖에 없다. 영국의 물리학자 뉴튼은 이를 “거인의 어깨 위에 서기”(standing on the shoulders of Giants)라고 표현하였다. 그로 인해서 기존 기술에 대한 보호는 새로운 기술개발에 비용으로 작용할 수 있다는 문제가 발생한다. 따라서 지적 창조활동에 충분한 유인을 주면서, 그와 동시에 일단 창출된 결과물은 널리 활용될 수 있도록 하고 기존의 결과물을 통해 새로운 지적 활동이 충분히 이루어지도록 촉진시키는 것이 지적재산권법의 기본적인 목적이 된다.

지적 활동에 따른 보상(compensation)은 일반적으로 시장을 통해 이루어진다. 기술개발을 통해 특허를 취득한 기업의 경우, 그 기술에 대해 시장에서의 실시허락(라이선스)을 통해 수익을 얻거나 또는 그 기술을 가지고 만들어진 재화의 판매를 통해 기술개발에 대한 보상을 얻는다. 재화시장 또는 기술시장의 경쟁이 왜곡되는 경우 지적 활동에 따른 정당한 보상을 얻을 수 없게 되고, 이는 궁극적으로 지적인 창작과 기술개발활동을 저해시키는 결과를 야기한다. 지적재산권은 권리자로 하여금 타인의 이용을 배제할 수 있는 권한을 부여하는 데 이러한 지적재산권이 부당하게 활용될 경우에는 경쟁사업자 배제 등 관련 시장에서의 경쟁이 왜곡될 수 있다는 문제가 있다. 이러한 경쟁왜곡은 궁극적으로 기술혁신의 저해와 소비자 후생의 감소로 이어지게 된다. 이러한 측면에서 지적재산권과 공정경쟁쟁책은 상호보완적으로 기술혁신을 촉진하고 소비자 후생을 증대하는 역할을 한다.

지적재산권은 많은 나라에서 지속적으로 증가하고 있는 추세이다. 특허의 경우 국내 출원은 현재 연간 15만 건 이상이 되고 있고, 미국에서는 90년대 중반에 연간 10만 건 정도의 출원이 있던 것이 지금은 연간 20만 건에 육박할 정도로 지속적인 증가를 보이고 있다. 이와 같은 증가 추세에 대해서는 긍정적인 시각과 부정적인 시각이 공존하고 있다. 긍정적인 시각을 가지게 되면 지적재산권의 축적을 통한 창작이나 발명활동의 촉진에 주로 초점을 맞추어 상황을 파악하게 된다. 다른 한편, 부정적으로 보는 시각에서는 산업혁명 시기의 인클로저운동(enclosure movement)이나 냉전시기의 군비경쟁과 비교하면서 낭비적인 요소를 강조하게 된다. 부정적인 시각에서는, 경쟁회사의 특허출원이 늘어나는 것을 보면서 실제 활용도와 직접적인 관계없이 수세적인(defensive) 태도나 전략적인 목적을 가지고 경쟁적으로 출원을 늘리는 현상이 발생하고, 이와 같은 경쟁적인 특허출원 증가가 많은 나라에서 특허출원의 전반적인 증가를 가져오게 되는 순환현상이 진행되는 것에 주목한다. 이에 더해서 특허가 많이 늘어남에 따라 상호실시허락(cross-license)의 필요가 늘어나면서 이로 인한 비용도 늘어나고 특허 관련 분쟁 또한 증가하고 있는 것도 문제이다. 수많은 특허 중에서 5% 미만 수준의 상당히 낮은 비율의 특허만이 상업적 가치를 가지는 것이 현실인데, 다른 한편으로는 분쟁은 적지 않고 오히려 늘어날뿐더러 전반적으로 규모도 커지고 있는 추세이다. 이러한 이유로 기존 지적재산권제도를 개혁하여야 한다는 논의도 활발히 진행되고 있다.

본 장에서는 지적재산권에 대한 법경제학적 분석의 이론적 틀을 개관함으로써 지적재산권법 제도에 대한 기존의 통념을 재조명하고 새로운 문제의식을 제시하고자 한다(제Ⅱ, Ⅲ, Ⅳ절). 아울러 기존 법체계에 대한 보완 혹은 대안으로 제시되는 내용들에 대해서도 검토하기로 한다(제Ⅴ절). 마지막으로 지적재산권 특히 특허와 공정거래법의 문제를 보고 최근 이슈가 되고 있는 몇 가지 주요 사항들(역지불, 특허분쟁, 특허 풀, 상호실시계약 등)에 관해 살펴보고자 한다(제Ⅵ절).

Ⅱ. 지적재산권의 특성

1. 지적 재산의 기본적 성질

지적재산권은 다양한 영역을 포함하는데, 그 중 가장 대표적인 것은 특허(patent)와 저작권(copyright)이 될 것이고, 그 밖에 상표(trademark), 실용신안, 영업비밀(trade secret) 등 많은 영역을 포괄한다. 지적재산권의 각 영역은 일정 부분 서로 공통적인 특성을 보이지만 이와 동시에 명확한 차이점 또한 보이고 있으며, 이로 인해 지적재산권을 정의하는 것 자체가 간단하지 않은 측면이 있다.

대부분의 지적 재산은 다른 형태의 재산과 달리 실체가 없이(intangible) 존재하기 때문에 그 정확한 외연을 확정하기가 어렵고, 이로 인해 보호대상으로 삼아야 하는 지적 재산의 경계를 정하는 것도 어렵다. 실제로 '지적'(intellectual) 재산이라는 개념은 상당히 다양한 인간의 정신적 활동으로부터의 생산물을 포함하게 되는데, 이는 지적 재산의 개념을 명확히 규정하는 데에 어려움을 가중시킨다. 예를 들어, 많은 나라에서 정신적 활동보다는 오히려 육체적 노동을 필요로 하는 데이터베이스에 대해 편집저작물 등으로 인정하여 지적재산권의 한 분야로 권리를 인정하고 있지만, 이때 권리가 부여되고 보호되는 대상이 정신적 또는 지적인 활동의 산물이라고 볼 수 있는지에 관해서는 논란의 여지가 있다. 그런데 반대로 지적 재산의 개념에 포섭될 수 있는 대상을 모두 포괄하기 위해 '지적' 재산의 개념을 넓게 이해하기 시작하면, 지적 재산에 해당하지 않는 것이 아무것도 남지 않을 정도로 그 외연이 크게 확대될 수 있다는 문제가 생긴다.

지적 재산이라는 용어 중에서 '재산'의 개념으로 논의의 초점을 옮겨도 논란이 발생할 수 있는 것은 마찬가지이다. 만일 '재산'이라고 부를 수 있는 것들은 모두 기본적으로 같은 법원칙을 적용하여 유사하게 취급해야 한다는 태도를 가질 경우에, 이는 지적 재산과 다른 유형의 재산 사이의 실질적 차이를 무시하는 결과를 가져올 것이다. 위에서 언급된 것과 같이 일반적으로 지적 재산분야에서의 권리부여는, 발명가나 저작자에게 유인을 제공하는 것과 일반소비자 및 잠재적인 후속 발명가, 저작자에게 접근 및 이용의 편의를 제공하는 것 사이에서 균형을 이루는 방향으로 이루어져야 하는 것이 기본적인 원칙이다. 이때 접근 및 이용에 있어서의 편의제공이라는 목표의 달성을 위해서는 재산권자인 발명가나 저작자의 권리를 일정 부분 제한할 수밖에 없을 텐데, 이와 같은 상충관계가 발생하는 것은 일반적인 재산권의 경우와는 다른 것이다.

다른 한편, 경우에 따라서는 지적 재산의 독특한 특성이나 경제 상황 등으로 인해 권리자가 타인의 이용을 묵인하거나 권장할 경우에 오히려 종국적으로는 권리자의 이익에 도움이 되거나 적어도 손실액수가 애초에 생각한 것보다는 적은 경우를 생각할 수 있다. 예를 들어, 컴퓨터 소프트웨어의 경우에 불법복제된 운영체제(operating systems)의 유통을 묵인하는 것이 해당 운영체제에 기반을 둔 응용 소프트웨어의 판매증대를 가져올 수 있다고 생각해 보자. 운영체제 소프트웨어와 응용소프트웨어가 같은 기업에 의해 개발된 것이라면, 운영체제의 불법유통이 주는 전체적인 효과를 분석하기 위해서는 그로 인한 운영체제 소프트웨어의 판매감소 이외에 응용 소프트웨어 판매증대로 인한 효과를 함께 고려하여야 할 것이다. 또한 소비자가 충분히 구매력을 가지고 있지 않는 경우에는 불법 복제품을 허용하는 것이 해당 브랜드에 대한 소비자의 인지도를 높이는 것에 도움이 되는 한편, 그로 인한 매출손실은 크지 않을 가능성도 있다.

지적 재산은 타인이 소비하여도 가치가 줄어들지 않는 비경합성(non-rivalry)과 더불어 비전유성(non-appropriability)을 보이는 경우가 많고 따라서 공공재적인 성격을 지니는 경우가 많다. 그런데 지적 재산의 비전유성은 재산권 부여나 별도의 보상방법이 없이는 생산자로 하여금 생산을 위한 초기의 투자비용을 회수할 수 없도록 한다는 문제가 있다. 이로 인해서 지적 재산에 대해서는 다른 종류의 재산과는 다르게 법에 의한 관여나 규제가 일반적으로 정당화되는 측면도 있다. 다만 현실적으로 어려운 문제 중 하나는, 무형물의 생산이 제도적인 유인책을 필요로 하는 경우에 관련된 자중손실을 계산할 수 있게 해 주는 경쟁시장 상황에서의 가격 및 수량(competitive level of price and quantity) 자체의 측정이 현실적으로 불가능한 것이 일반적이라는 데에 있다.

2. 지적 재산에 대한 권리부여

지적 재산의 공공재적 특성을 고려할 때 가장 핵심적인 문제는 어느 경우에 지적재산권을 인정하여야 하는지, 권리를 인정할 때 인정되는 권리의 수준이나 범위는 어떠해야 할 것인가에 관한 것이 된다. 특정 지적 재산을 통해 창출될 수 있는 부가가치가 그 개발비용보다 큰 경우에는 사회 전체의 이익을 위하여 권리를 부여하고 지적 재산의 창출을 격려하기 위한 정책적 태도를 가질 필요가 있을 것이다. 하지만 이처럼 지적 재산에 대한 권리보호가 강화되는 것은 다른 한편으로는 일반 대중이 지적 재산을 이용하는 것을 어렵게 하고 후속 창작이나 개발을 어렵게 함으로써 오히려 사회 전체의 이익에 반하는 측면도 있다. 지적재산권은 결국 법을 통해 독점적 지위를 부여하는 것인데, 그로 인해 독점이 일반적으로 보여 주는 폐해를 지적재산권 또한 보여 줄 수 있고, 더 나아가 독점권의 부여는 경쟁자가 기존의 지적 재산을 활용하여 추가적 지적 재산을 창출해 내는 데에 저해요소로 작용할 가능성도 있는 것이다. 정책적인 차원에서는 이처럼 상충되는 이익을 적절히 조화시켜 사회의 이익을 극대화시키는 균형점을 찾기 위한 노력을 하는 것이 매우 중요한 것이 된다.

그런데 지적재산권 관련 분쟁에 있어 어느 한 당사자에게 권리부여를 하는 것이 사회적 이익에 부합하는 것인지에 관해 명시적으로 판단하는 상황을 상정하기는 쉽지 않은 것이 현실일 것이다. 이는 사회적 이익 또는 공익에 대해서는 이를 계량하기 어렵다는 점에서 오는 실질적인 한계에 기인하는 부분도 있겠지만, 다른 한편으로는 지적재산권에 관해 생각하면서 '재산'으로서의 특징을 강조하는 태도에 기인하는 것으로 해석할 수도 있다. 즉, 어느 한 당사자에 권리를 부여하는 것이 공익에 도움이 되는지와 관계없이, 권리의 경계를 확정하고 그와 함께 확실성을 증가시키는 것이 궁극적으로는 소송비용을 감소시키는 것으로 보고 권리확정을 위해 노력하는 태도인 것으로 해석될 수 있는 것이다.

권리자를 확정하고 원칙적으로 권리자에게 권리를 부여하는 방식은 지적재산권과 관련된 행정을 단순화시킬 수 있고 당사자들이 시장 및 가격 메커니즘을 효과적으로 활용하도록 장려하여 결과적으로 거래비용을 낮추는 데에 도움이 될 수 있다. 따라서 지적재산권으로 보호되는 대상이 한정적으로 정의되어 있고 권리를 획정하는 것이 크게 어렵지 않은 상황에서는 재산으로서의 특성에 주목하여 지적재산을 보호하는 것은 유용한 방법이 될 것이다. 하지만 권리를 부여하여 보호해야 할 대상의 영역이 확장되고 신기술의 개발에 따라 권리를 획정하는 것이 어려워지는 경우에는, 지적 재산에 관해 판단하면서 재산으로서의 특성에 주목하는 것이 적절하지 않은 경우도 종종 발생할 수 있고, 정책적인 분석과 판단이 필요한 영역도 새로이 발생할 수 있다.

이러한 맥락에서 현실의 변화양상을 정확히 이해하는 것은 매우 중요한 것이 된다. 지적재산권에 관해 생각하면서 '재산'의 측면을 중시할 경우 지적재산권은 그 범위를 넓혀 나갈 정당성을 얻게 되지만, 독점적 재산권 부여에 따른 독점의 폐해 등에 대해 주목한다면 지적재산권을 확장하여 생각하는 것에는 한계가 있을 수 밖에 없다.

Ⅲ. 지적재산권에 대한 경제학적 분석

1. 독점의 문제

지적재산권에 대한 경제학적 분석의 기본적인 출발점은 독점에 대한 분석이 될 것이다. 지적재산권을 부여하는 것은 국가가 인위적인 독점권을 부여하는 것이기 때문이다. 지적재산권이 인정되지 않는 경우에는 지적 재산의 가격을 그 생산에 소요되는 한계비용보다 높게 책정할 수 없는 것이 보통이고 이로 인해 지적 재산의 공급이 적절히 이루어지지 않는 결과가 초래될 수 있다. 이때 국가는 지적 재산에 대한 권리보장을 통해 지적 재산의 가격을 한계비용보다 높은 수준으로 유지시켜 주면서 생산을 위한 유인을 제공하는 역할을 할 수 있다. 그런데 가격이 한계비용을 초과하게 되면 이는 자중손실(deadweight loss)을 발생시키는 역효과가 있다.

자중손실은, 독점가격보다는 낮은(하지만 한계비용보다는 높은) 가격 수준에서는 생산물에 대해 가격을 지불하고 구매할 용의가 있으나 독점가격에서는 생산물을 구매할 용의가 없는 소비자들에 대해 발생한다. 이러한 맥락에서 지적재산권의 목표는 유인과 자중손실, 기타 행정비용 등의 제 비용을 고려하여 전체적인 잉여를 극대화시키는 데 있다고 볼 수 있고, 따라서 지적재산권을 통해 독점권이 부여된 후의 시장의 동학(dynamics)이 어떠한지를 분석하는 것은 지적재산권에 대한 이해에 있어 매우 중요한 것이 된다.

2. 용의자의 딜레마

지적재산권을 용의자의 딜레마(prisoners' dilemma) 상황으로 파악하는 것도 지적재산권을 둘러싼 논의를 분석하는 유용한 방법이 될 수 있다.[1] 도식화하여 설명하자면, 지적재산권제도가 존재하지 않는 세계에 두 명의 저작자(저작자 1 및 저작자 2)가 존재하며 각 저작자는 새로운 저작물을 만들기 위하여 투자를 하는 선택('투자'로 지칭)과 타인의 창작물을 복제하는 선택('복제'로 지칭) 중에서 하나를 택할 수 있다. 이러한 상황하에서 다음 〈표 10-1〉을 통해 볼 수 있는 용의자의 딜레마가 발생할 수 있다.

이 게임 매트릭스에서 각각의 저작자가 개인의 위험을 최소화하는 우월전략(dominant strategy)은 '복제'를 선택하는 것이다. 한 저작자는 '투자'를 선택하지만 상대방이 '복제'를 선택하는 [B]와 [C]의 경우 '투자'를 선택한 개인은 가장 큰 손해를 입게 된다. 저작자 1 및 저작자 2 모두 대칭적으로 동일한 상황에 직면하기 때문에 결과적으로 사회는 모든 저작자가 '복제'를 선택하는 [D]의 상황에 이르게 된다. [D]에서는 [B]나 [C]의 상황처럼 투자한 액수가 회복되지 못하는 상황은 피할 수 있지만 결국은 누구도 저작자가 되지 않으려 할 것이므로 사회에는 결국 창작물이 존재하지 않게 된다.

사회적으로 가장 바람직한 결과는 두 저작자 모두 '투자'를 선택하여 [A]의 상황

1) 이 절의 내용은 Gordon(2003)에 기초한 것이다.

표 10-1 • 지적재산과 관련된 용의자의 딜레마

		저작자 2	
		투자	복제
저작자 1	투자	[A] 1, 2 모두 자신의 창작물을 만들어 내며 각자가 적당한 수준의 생활을 영위	[B] 1은 창작기간 동안 수익이 없고 창작 이후 그의 창작물이 2에 의해 복제되어 한계비용 수준에서 판매되므로 1은 손해를 입음.
	복제	[C] 2는 창작기간 동안 수익이 없고 창작 이후 그의 창작물이 1에 의해 복제되어 한계비용 수준에서 판매되므로 2는 손해를 입음.	[D] 1, 2 모두 복제할 창작물이 없으므로 수익이 없음.

에 도달하는 것이다. 그런데 이러한 상황에 도달하는 것이 가능하기 위해서는 개인들이 자신의 창작물이 복제되어 막대할 손실을 입을 걱정을 하지 않고 창작물에 투자하는 것을 선택할 수 있는 환경이 조성되어야 할 것인데, 이를 가능하게 해 주는 것이 지적재산권법이라 할 수 있다.

이처럼 용의자의 딜레마로 상황을 도식화하여 이해하는 것은 분석을 간단하게 해 주는 반면에, 지나친 단순화로 인해 현실에 대한 이해에 실질적인 도움이 되지 않는 것이 될 수도 있다. 실제로 용의자의 딜레마 상황으로 현실을 파악하는 것이 합리화되기 위해서는 많은 조건들이 충족되어야 한다. 예를 들어, 비용 면에서 저작자가 창작을 하는 데에 소요되는 비용은 매우 높은 반면 복제에 소요되는 비용은 창작비용에 비해 크게 낮아야 한다. 또한 복제품은 소비자에게 진품과 동일한 상품이거나 적어도 대체가능한 상품인 것으로 인식되어야 한다. 그리고 저작자는 자신의 창작물을 판매하거나 라이선스를 제공하는 것 이외의 방법을 통해서는 수익을 창출할 수 없다는 조건도 충족되어야 한다. 이러한 조건들 중에서 하나만 충족되지 않아도 용의자의 딜레마 상황은 발생하지 않을 수 있다. 예를 들어, 창작비용이 낮고 창작의 결과로 좋은 평판(reputation)을 누릴 수 있다면 저작자는 '복제'가 아닌 '투자'를 선택하기 위한 충분한 유인을 갖게 될 수 있다. 또한 소비자가 복제품을 진품과는 다른 것으로 판단하고 열등한 것으로 인식한다면 저작자의 입장에서도 복제보다는 투자를 하는 것이 더 나은 선택이라고 판단할 수도 있다. 만일 현실이 용의자의 딜레마를 통해 설명되는 것과는 다른 결과를 보여 준다면, 용의자의 딜레마 현상이 나타나기 위해 전제되는 조건들 중에서 어떠한 조건이 충족되지 않았는지 파악하는 것이 현실에 대한 이해에 도움을 줄 것이다.

3. 외부효과의 내부화(internalizing externalities)

코즈 식의 논리체계를 따르면 지적재산권은 외부효과를 내부화(internalizing externalities)시키는 법적 도구라고 해석할 수 있다. 일반적으로 불법행위법은 불법행위로 인해 발생하는 부정적 외부효과를 이를 발생시킨 주체로 하여금 내부화하도록 함으로써 궁극적으로는 사회적으로 부적절한 위험한 행위의 발생을 적절한 수준에서 억제하도록 하는 정책적 목표를 가진다. 이와 반대로 지적재산권의 경우에는 지적 재산의 창출이 사회에 제공하는 긍정적 외부효과를 그 생산자에게 귀속시켜 독점력을 부여함으로써 사회적으로 바람직한 생산적 활동을 장려하는 것에 그 근본적인 정책적 의도가 있다.

긍정적 외부효과가 발생될 수 있는 상황에서 이에 대한 권리를 생산자에게 귀속시켜 이러한 행위를 촉진하는 것은 정책적으로 문제가 없는, 오히려 당연한 태도인 것처럼 보인다. 하지만 시장을 동태적으로 보면, 지적 재산이 축적되면서 저작이나 발명 등을 함에 있어 선행 저작물이나 발명품을 이용해야만 하는 경우 또한 점차 늘어나게 되고, 이때 기존의 지적재산권 보유자에게서 동의를 구하거나 일정 액수를 지불해야만 하는 상황이 늘어나게 되는 것은 결과적으로 후속 저작이나 발명행위를 억제하는 결과를 초래할 수도 있다는 문제가 있다. 특히, 사회적으로 저작이나 발명행위가 주로 기존 저작물이나 발명품의 개선이나 개량 위주로 이루어지는 경우에는 지적재산권의 사회적 축적이 오히려 지적 재산의 추가적인 창출에 방해요소로 작용할 수도 있을 것이다. 이와 같은 동태적 맥락에서의 문제는 아래에 설명하는 '반공유의 비극'과 맞물려서 중대한 문제가 될 수 있다.

4. 공유의 비극과 반공유의 비극

재산권에 관한 논의에 있어 '공유의 비극'(tragedy of the commons)에 관한 논의는 재산권을 명확하게 획정하고 부여하는 것이 왜 중요한지 잘 보여 준다. 재산권이 명확하게 규정되어 있지 않거나 공유인 상황에서 공동체의 구성원들은 사회적으로 바람직한 것보다 더 많은 자원을 사용하게 되고 이는 결국 공유자원을 파괴시키는 결과를 가져온다. 여기서 비극의 근본적인 원인은 재산권의 부재로 인하여 자원사용의 비용이 외부화되는 것에 있다. 지적재산권에 대해서도 같은 논리가 적용될 수 있다. 일단 창출된 지적 재산에 대해 적절한 권리보호가 이루어지지 않는 경우에는 이미 창출된 지적 재산은 일종의 공유재인 것처럼 인식되어 자원이 황폐화되고 결국 추가적 지적 재산의 창출은 더 이상 기대하기 어려운 상황이 도래할 수 있다는 것이다.

하지만 그와 반대로 '반공유의 비극'(tragedy of the anti-commons)이라 부를 수 있는 상황 또한 발생할 수 있다.[2)] 만일 권리가 수많은 사회구성원들에게 지나치게 높은 수준으로 부여되어 있고, 사회구성원들이 모두 자신에게 주어진 배타적 권리를 주장하는 상황에서는 사회적 자원을 활용함에 있어 관련된 모든 구성원들의 합의를 이끌어 내는 것은 거의 불가능한 것일 수도 있다. 그리고 그 경우 자원의 활용이 적절한 수준에서 이루어지지 못하고 과소 활용되는 결과가 나타날 수 있다. 이는 기본적으로 관련 당사자들이 모두 상대의 자원이용에 대해 일종의 거부권(veto)을 가지기 때문에 발생하는 것인데, 지적 재산의 경우 새로운 지적 재산의 창출을 위해 수많은 타인이 이미 개발한 결과물을 활용하여야 하는 상황에서 각각의 개발자나 발명가들은 상대방에 대해 또는 후속 개발자나 발명가들에 대해 거부권을 가진 것으로 해석될 수 있는 측면이 있어서 문제가 발생되는 것이다.

반공유의 비극을 이해하기 위해서는 구소련의 붕괴 이후 러시아 사회가 사유재산제도에 기초한 시장경제의 토대를 마련하기 위해 고안하였던 제도가 가져온 실패의 사례를 살펴보는 것이 도움이 된다. 1990년대 초반 구소련의 붕괴 이후 러

2) 반공유의 개념 및 본문에 소개된 러시아에서의 사유화의 과정에 관한 상세한 설명은 Heller(1998) 참조.

시아는 급속한 사유화 작업을 진행하였는데, 그 후 발견된 현상 하나는 사유화된 점포들은 곧 활력을 잃게 된 반면 비공식 경제라 할 수 있는 노점상(kiosk)들은 빠른 속도로 활성화되었다는 것이다. 피상적인 관찰만으로는 이해하기 쉽지 않은 이 현상의 근본적인 원인은 러시아에 새로 도입된 재산권제도가 가지고 있는 문제에 있었다.

일반적으로 시장경제 체제하에서의 사유화는 주어진 대상물에 대해 모든 유형의 재산권을 묶어서 양도하는 형태로 이루어지고, 재산권 자체는 일종의 권리의 묶음(bundle of rights)인 것으로 이해된다. 이에 따라 소유권을 가진 자는 대상 재산을 직접 이용할 수도 있고, 권리의 전부나 일부를 제3자에게 양도할 수도 있게 된다. 그런데 러시아의 경우에는 당시 개혁주의자들이 개혁의 급속한 진행을 위해 서둘러 사유화를 진행시켰고, 그 과정에서 새로운 형태의 사유재산권제도를 창출하였다. 구체적으로, 부동산의 경우 자산을 소유함으로써 창출될 수 있는 여러 가지의 권리를 각기 다른 권리로 분리하여 하나의 권리자가 아닌 다수의 권리자에게 분배하는 형태를 띠게 되었는데, 예를 들어 '매매할 권리', '임대할 권리', '관리할 권리' 등 소유권을 다양한 권리를 나눈 뒤 개별적인 각각의 권리를 다수의 당사자들에게 나누어 준 것이다. 이로 인해 하나의 주어진 부동산에 대해 여러 형태의 재산권이 중첩하여 존재하게 되었고, 이는 결국 상인들이 부동산을 점포로 활용하여 영업을 할 수 없게 만든 원인이 되었다.

러시아에서의 사유화 초기에 상인들이 점포를 열기 위해서는 점포 공간에 대한 다양한 권리를 보유하는 각각의 권리자를 찾아가 허가를 받아야 하였는데, 이 과정이 간단하지 않은 것이 보통이었다. 각각의 개별 권리자 입장에서 보면 상인들이 점포를 여는 것에 대해 동의를 제공하는 과정에서 실질적인 거부권이 주어진 것으로 볼 수 있었고, 이로 인해 모든 권리자로부터의 동의 획득이 어려운 점을 고려하여 많은 상인들은 공식 절차를 통한 점포의 개설을 포기하고 공식 절차를 밟지 않아도 되는 노점을 열 수밖에 없게 되었다. 이처럼 사회구성원들에게 자원이용에 대한 거부권이 부여되어 있는 경우에는 충분히 유용하게 사용될 수 있는 자원이 있더라도 그 효율적 이용이 어렵게 되고, 이는 궁극적으로는 경제 전체의 장기적 발전에 있어 커다란 장애요소가 될 수 있다. 이러한 현생이 발생하게 되는 것은, 권리가 여럿으로 나뉘어 각기 다른 권리자에 귀속되면서 각각의 권리자가 자원의 이용을 강제하지는 못하지만 반면에 자원의 이용을 금지할 수는 있는 권한이 주어지는 것으로 인한 것이다.

이상과 같은 경우를 반공유의 비극(tragedy of anticommons)이라 부른다. 반공유의 비극의 경우에는 공유의 비극 상황과는 달리 자원의 과소이용(underutilization)이 발생하는데, 두 경우 모두 자원이 효과적이고 효율적으로 이용되지 못한다는 점에서는 공통적인 측면이 있다. 지적재산권의 맥락에서 생각해 보면, 공유의 비극은 지적 재산에 권리가 명확하게 획정되지 않거나 적절한 수준의 권리보호가 이루어지지 않아서 자원이 과다 이용되면서 문제가 발생하게 되는 상황인 한편, 반공유의 비극은 권리자들에게 이미 주어진 권리로 인해 새로운 후속 발명이나 창작활동이 충분히 이루어지지 않는 상황에 관한 것이다. 반공유의 비극은 경쟁적인 특허출원이 이루어지고 수세적인 입장에서 기업들 사이에 상호실시허가(cross-license)가 대규모로 이루어지는 상황을 설명하는 데에 도움이 되는 이론이다.

5. 가격차별

지적재산권은 권리자가 소비자에 대해 가격차별을 하는 것을 가능하도록 하여 주는 도구로 활용될 수 있다. 예를 들어, 저작권자는 일반적인 개인독자와 상업적 목적을 가지고 저작물을 이용하고자 하는 소비자를 구별하여 두 유형의 소비자에게 각기 다른 가격을 차별적으로 적용할 수 있다. 그런데 만일 저작권법이 없다면 저작물에 대해 이를 비상업적 용도로 이용하려는 소비자와 상업적 목적을 가지고 이용하려는 소비자를 구별하여 차별적인 가격을 책정하는 것이 매우 어려울 수 있다.

저작권을 활용하여 가격차별을 할 수 있다는 점은 실질적으로 매우 중요한 것인데, 그 중요한 이유는 가격차별을 통해서 가격차별이 없는 경우에 발생할 수 있는 생산물의 감소는 최소화하면서 사회적으로 필요한 지적 재산의 생산을 유도할 수 있을 것이기 때문이다.

Ⅳ. 특허 및 저작권의 주요 문제

이하에서는 개별 지적재산권 분야 중 핵심 영역이라 할 수 있는 특허와 저작권 영역에 있어서의 몇 가지 사안에 대해 논의를 하기로 한다.[3] 여기서는 선별적인 주요 사안들에 대한 개괄적인 논의에 그치기로 하고 그 중 일부에 대해서는 아래 제 Ⅵ절에서 좀더 상세하게 다루기로 한다. 특허와 저작권 이외의 지적재산권 영역에 대한 분석은 다른 기회에 하기로 한다.

1. 특허권

특허권은 발명에 대하여 일정한 기간 동안 독점적 권리를 부여하는 것이다. 법에 의해 일정한 기간 동안 독점 상태가 형성이 되는 것이고, 그 기간 동안에는 권리자가 직접 독점적으로 이용할 수도 있고 대가를 받고 타인에게 실시허가(license)를 줄 수도 있다.

취득이 쉽고 유효기간이 상당히 긴 저작권과 비교하여 특허는 상대적으로 취득이 어렵고 유효기간은 20년으로 짧은 편이다. 특허기간이 만료된 후에는 제3자가 아무런 제한 없이 자유롭게 이용할 수 있다. 특허를 취득하기 위해서는 우리나라를 비롯한 대부분의 나라에서 반드시 법에서 정한 절차를 밟아야 한다.

특허 부여를 위한 기본 요건으로 많은 나라에서 신규성(novelty), 진보성(non-obviousness), 산업성(usefulness, industrial applicability)이 요구된다. 이와 같은 특허 요건이 만족되는지 확인하기 위해서 특허출원 이후 실제로 특허가 부여되는 과정에서는 새로운 기술을 전문적으로 검증하는 절차가 요구되는데, 이러한 검증은 상당히 길고 복잡한 과정을 거쳐 이루어지게 된다. 출원절차 및 그 이후 등록까지의 절차를 고려하면 특허에 관해서는 제도유지를 위해 상당한 수준의 행정비용이 소요되

3) 미국의 법제에 기초한 일반적 수준의 관련된 논의는 Posner(2005) 및 Shavell(2004), pp. 137-174 참조.

는 것으로 볼 수 있다.

특허제도가 보호하는 범위와 기간을 포함하여 다양한 정책적 사안들에 대하여 연구자들 사이에서는 여러 가지의 논의와 분석이 계속 진행되고 있다. 그 중 특허의 범위에 대해 생각해 보자. 예를 들어, 비상업적인 기초연구에 특허를 주는 것은 바람직한 것인가? 특허의 독점성을 생각하면 일반적으로는 바람직하지 않은 것으로 볼 수 있다. 기초연구의 결과가 제품으로 개발되는 것은 쉽지 않고 오히려 대다수가 상용화되지 않는 것이 현실인데, 기초연구에 특허를 줄 경우 불필요한 등록경쟁(race to be first)이 발생할 수 있고, 일단 특허가 부여된 후에는 후속 연구개발에 있어 장애요인으로 작용할 가능성이 있기 때문이다. 좀더 일반적으로는 특허를 매우 폭넓게 인정하는 방식과 매우 좁게 해석하여 인정하는 방식 중 어떤 방식이 더 나을지에 관하여 생각해 볼 수 있다. 이는 새로운 발명과 혁신의 양태를 비롯한 다양한 요소에 의해 달리 판단될 수 있다. 기존의 특허에 기초하여 점차적으로 개선이 되는 기술개발이 많이 이루어지는 사회에서는 일반적으로 특허의 범위를 좁게 해석하여 인정하는 것이 바람직할 것이다.

특허기간과 관련하여서는 기간이 달라짐에 따른 사회적 비용과 편익이 어떻게 변화하게 되는지에 대하여 분석을 하는 것이 필요하다. 특허기간이 길어짐으로 인해 발생하거나 증가하는 사회적 비용에는 독점비용, 대체기술 개발비용 등이 있으며, 사회적 편익에는 개발에 대한 유인제공이 가장 클 것인데 비용과 편익 사이의 균형이 잘 이루어져야 사회적으로 적절한 수준에서 발명을 위한 노력이 이루어질 것이다.

그런데 각각의 발명과 개발은 각기 다른 비용–편익 구조를 가지며, 그에 따라 적어도 개념적으로는 적절한 수준의 특허기간이 어떠할지에 대해 분석할 수 있다. 그러나 실제로는 대부분의 나라에서 모든 특허에 대해 일률적으로 20년의 고정된 기간을 부여하고 있고, 이는 경제학적인 논리로는 정당화하기 쉽지 않다. 특히, 인터넷 등 IT영역에서는 새로운 기술개발이 주는 효과는 초기 단계에 집중되고 그 후 급속도로 그 기술적 또는 상업적 가치가 저하되는 형태를 보이는 것이 일반적인데, 그와 같은 경우에도 20년의 고정된 기간 동안 특허를 부여하는 것에 대해서는 재고의 여지가 있다.

특허가 부여된 후에는 특허권자는 직접 또는 타인을 통해 특허를 이용할 수 있지만, 다른 한편 스스로 특허를 이용하지 않고 타인이 이용하는 것 또한 허용하지 않을 수 있는 권리도 부여된다. 즉, 일단 특허가 부여되고 나면 본인이 특허를 이용하는지 여부와 관계없이 타인의 이용을 허용하지 않는 것이 가능한 것이다. 이는 경우에 따라 자원의 적절한 활용을 저해하는 결과를 가져올 수도 있다. 이와 같은 문제를 감안할 때, 특허의 종류에 따라 서로 다른 기간을 부여하거나 특허기간 중간에 갱신비를 부과하여 갱신비를 납부한 경우에만 남은 기간 동안 특허가 유효하도록 하는 등의 대안을 생각해 볼 수 있다.

2. 저작권

1) 일반

저작권은 저작물과 관련하여 발생하는 배타적인 권리이다. 일반적으로 저작권 부여를 위해 요구되는 기본적인 요건은 창작성(originality)과 표현(expression)이다. 저작권을 획득하기 위해서는 등록이 요구되지 않는다. 다만 저작권의 양도나 처분제한 등은 저작권위원회에 등록하지 않으면 제3자에게 대항할 수 없다. 저작권법이 보호하는 저작자의 권리와 이로 인해 제한되는 이용자 및 다른 저작자의 권리 사이에서 적절한 균형을 찾는 것이 저작권에 관한 문제의 핵심 이슈가 되는데, 이에 대한 판단은 많은 경우 저작권을 바라보는 근본적 시각의 차이에서부터 출발하는 것이어서 그 균형을 찾는 데에 어려움이 있는 경우가 많다.

2) 저작권의 범위와 기간

저작권을 통해 보호되는 권리의 범위와 기간을 둘러싼 여러 가지 논의들이 계속되고 있다. 범위와 관련된 논의의 출발점은, 저작권은 기본적으로 표현(expression)을 보호할 뿐 착상이나 생각(ideas)을 보호하는 것은 아니라는 점이다. 만일 아이디어가 보호된다면 그 권리자를 확인하는 과정에서 과도한 거래비용이 들 것이므로 문제가 있다.

기간에 관해서는, 한국을 포함한 많은 나라에서 저작권은 저자의 사후 50년 동안 지속된다. 저작권이 유효한 기간이 만료되고 나면 일반대중은 저작물을 자유롭게 사용할 수 있다. 역사적으로 보면 저작권이 인정되는 기간은 점차적으로 늘어나고 있는 경향을 보이는데, 이를 정당화할 수 있을지에 대해서는 많은 논의가 진행되고 있다.

그런데 저작물의 종류나 내용 등과 관계없이 일괄적으로 50년 등의 기간을 정하여 권리를 부여하고 보호하는 것은 역사적 연원이나 정치적 타협의 결과를 반영하는 것이고, 그에 대한 이론적인 근거는 많지 않다. 우리나라의 경우 만일 저작권을 인정하는 기간을 50년에서 70년으로 늘리는 것을 고려한다면, 그러한 변화가 국내의 저작권자들에게 주는 추가적인 편익은 얼마인지와 그때 저작권료 등 관련된 비용은 얼마가 소요될 것인지, 양자를 고려한 전체적인 비용-편익은 어떠할지에 대하여 면밀한 분석을 하여야 할 것이다.

3) 교육목적, 시사보도, 사적 이용 등

저작권을 통해 보호되는 저작물을 인터넷을 통해 감상하거나 개인적으로 MP3 파일을 교환하고, 교육용으로 사용하기 위해 영화를 녹화하거나 창작물을 복사하는 행위 등은 어떤 방식으로 규율하여야 할 것인가? 학교교육 목적, 시사보도, 사적 이용 등의 경우에는 저작권의 행사에 있어 제한을 받는 것이 원칙이다. 그러나 예를 들어 MP3 파일의 단순한 교환행위도 상업용 복제와 차이를 둘 필요 없이 엄격하게 제한하여야 한다는 주장도 있다.

이러한 맥락에서 우선 생각해 보아야 할 기본적인 이슈는, 사적 이용 등의 경우에 저작권법 적용의 예외로 인정하는 논리적 근거가 무엇인가에 것이다. 가장 기본적인 논리는 이를 시장실패에 대한 대응책으로 파악하는 것이다. 즉, 시장이 제대로 형성되지 않아서 시장가격 자체가 책정되지 않거나 거래비용이 상대적으로 높아서 사회적으로 바람직한 거래가 이루어지지 못하고 있는 경우에 저작권자의 별도 동의 없이도 저작물을 이용하는 것을 허용함으로써 저작물의 효율적 이용을 촉진할 수 있을 것이라는 논리이다. 그런데 이와 같은 논리의 한계는 합법적으로 이용이 허용되는 경우와 불법적인 이용 사이의 경계를 획정하는 것이 실제로는 간단치 않을 수 있다는 점이다.

그렇다면 이와 같은 경계는 어떻게 획정될 수 있을까? 만일 저작권법을 좁고 엄격하게 해석하여 적용한다면 높은 비용으로 인해 사회적으로 바람직한 저작물의 유통이 전반적으로 저해되는 결과를 가져올 수도 있다. 또한 저작물의 사적 복제나 교육적 사용은 저작자에게 직접적인 피해를 줄 수도 있지만, 다른 한편 저작자의 평판을 높임으로써 궁극적으로는 저작자에게 도움이 되는 측면도 있다. 이와 별개로, 현실적인 차원의 문제는 사적 복제나 교육적 사용은 대부분 개인적으로 이루어지기 때문에 이러한 행위를 파악하고 제재를 가하는 것 자체가 매우 어렵다는 것이다. 결국 저작자의 권리를 보호하면서도 저작물에 대한 이용이 적절한 수준에서 이루어질 수 있도록 하는 방법을 기술적으로나 제도적으로 어떻게 마련할 것인지에 대해 고민해 보아야 한다. 기술적으로는, 예를 들어 지역적 코드의 사용(encoding)이나 DRM(digital rights management)의 활용 등 다양한 형태의 암호화 방식이 이용되기도 하는데, 이러한 기술적 방식의 실효성은 구체적인 기술이나 시장상황에 따라 상당한 차이가 있다. 또한 이는 기술표준화(standardization)나 상호운용성(interoperability)과 관련된 경쟁의 문제 등 또 다른 문제를 불러올 수도 있다.

4) 이차적 저작물

저작물에 대한 번역, 편곡, 변형, 각색, 영상제작 등의 과정을 거쳐 생성되는 이차적 저작물은 영화나 소설 등 경우에 따라서는 창작 과정은 물론 상업적으로도 매우 중요한 영역이 될 수 있다. 이차적 저작물에 대해서는 통상 원저작물의 저작권자에게 권리가 주어진다.

만일 이차적 저작물에 대한 권리가 원저작권자에게 귀속되지 않는다면 이차적 저작물과 관련된 거래비용이 매우 높아질 수 있다. 다양한 저작물에 대한 권리자 확인이 어려워질 수도 있고, 이차 저작물에 대한 저작권을 얻기 위한 경쟁이 벌어져 불필요하게 중복된 노력이 들 수도 있기 때문이다. 이차적 저작물에 대한 권리가 원저작권자에게 귀속된다면, 예를 들어 번역 작업을 하는 과정에서 당사자 사이의 조정(coordination)이 좀더 쉽게 이루어져 관련된 거래비용을 감소시킬 수 있을 것이다.

그런데 이차적 저작물을 통해서 발생되는 추가수익을 원저작권자에게 귀속되도록 하는 것이 바람직한 법정책이라 할 수 있는가? 저작권을 부여하는 기본적인 이유가 창작에 대한 유인을 부여하는 것이라면, 이차적 저작물에 대해 권리를 인정하는 것은 경우에 따라서 과다한 수준의 유인을 제공하거나 또는 '횡재'(windfall gain)의 가능성을 열어 주는 것일 수도 있다. 다른 한편, 저작권을 부여할 저작물의 공급 자체가 충분치 않은 상황에서 이차적 저작물에 대한 권리부여가 적절할 수준의 유인을 제공하는 결과를 초래한다면 이는 바람직한 것일 수 있다. 결국 시장의 상황에 따라 권리부여의 타당성 여부는 달리 해석될 수 있을 것이다.

Ⅴ. 지적재산권의 대안

지적 재산의 창출을 장려하는 제도로서 지적재산권이 유일한 제도는 아니다. 만약 지적재산권을 부여하는 것 이외에 다른 방식을 통해 더 효과적으로 지적 재산을 창출하는 것이 가능하다면 그러한 방법을 선택함으로써 지적재산권제도로 인한 한계를 극복하고 사회적으로 바람직한 결과를 도출할 수도 있을 것이다.

지적재산권의 대안으로 우선 일종의 국가보상체계(state reward system)를 생각해 볼 수 있다.[4] 개념적으로 생각해 보면, 국가가 의미 있는 지적 재산의 창출에 대해 그에 상응하는 보상을 하여 개인들에게 유인을 제공하는 한편, 일단 지적 재산이 창출된 후에는 일반이용자들에게 이를 무료로 공개함으로써 사용자의 편익을 증가시키는 상황을 상정해 볼 수 있을 것이다. 사실은 이와 같은 방식의 시스템은 구소련을 비롯하여 공산주의 경제에서 어렵지 않게 볼 수 있는 것이다. 그러나 이와 같은 방식을 통해서는 보상이 정당화될 수 있는 창작물을 판단할 기준이나 적정한 보상액수 판단의 기준 등에 대해 사회적인 합의를 이루는 것이 어렵다는 근본적인 문제점이 있으며, 실제 집행 과정에서의 정치적 판단의 가능성이 높아진다거나 부

4) Shavell(2004), pp. 161-165 참조.

정부패로부터 자유롭게 되기 어렵다는 또 다른 문제가 발생한다.

이와 전혀 다른 시스템으로, 공동연구를 위해 소프트웨어 소스코드를 자유롭게 공유하는 오픈소스운동(open-source movement)도 대안으로 고려될 수 있다.[5] 이 경우 개발당사자에게 주어지는 유인은 무엇인가? 기업 수준에서는 응용 소프트웨어를 판매하거나 서비스를 제공하는 과정에서 보상을 받는 방식을 통해 수익을 확보하기 위한 노력을 하는 경우를 흔히 볼 수 있다. 개인 개발자의 경우에는 관련 커뮤니티 안에서 명성을 얻는 것에 가치를 두는 경우가 많고, 또한 이러한 명성을 취업의 기회로 활용하는 경우도 볼 수 있다. 이러한 방식의 보상은 경우에 따라 상당한 불확실성을 내포하고 있으므로 효과적으로 창작활동을 고취시키기에는 부족한 것일 수도 있다.

마지막으로 별도의 권리부여를 하지 않는(to do nothing) 선택안이 있을 수 있는데, 이것은 상당히 제한적인 상황에서만 유효하게 작동이 되는 방법일 것이다. 우선 상품의 품질을 유지하면서 복제품을 생산하는 비용이 높은 경우를 생각해 볼 수 있는데, 예를 들어 DRM을 활용하는 경우를 떠올릴 수 있다. DRM은 기술적으로 불법 복제와 변조를 방지하는 것이므로 이와 관련된 복제비용은 상당히 높다. 즉, 기술 자체가 자연스럽게 복제를 방지하여 저작자의 권리와 이익을 보호해 주는 것이고, 따라서 개별 회사들이 이러한 인증수단을 사용하는 것에 대하여 국가가 개입을 할 필요가 없다. 물론 이와 관련된 표준화나 경쟁의 문제 등은 국가의 역할에 대한 별개의 이슈가 된다.

이와 별도로 선점(head-start) 자체가 이점이 되는 상황에서도 국가의 별도의 역할이 필요하지 않을 수 있다. 인터넷산업에서는 시장을 선점하여 사용자가 늘어날수록 신규 사용자를 유치하는 것이 더욱 쉬워지는 네트워크 효과(network effect)를 흔히 볼 수 있다. 이와 같은 시장에서는 별도의 지적재산권을 인정하는 것이 별다른 의미를 가지지 못할 수 있고 경우에 따라서(경쟁에 관한 문제를 제외하고) 국가의 개입이 오히려 시장의 작동에 장애요소가 될 가능성이 있다.

5) Josh and Tirole(2005) 참조.

Ⅵ. 기술혁신, 지적재산권 그리고 공정거래

기업들 간의 경쟁은 단기적으로는 상품 · 서비스 가격경쟁을 통해 소비자 · 사회후생에 영향을 주고, 장기적으로는 기업들 간의 신상품 도입과 기술개발 등의 동적(dynamic) 경쟁을 통해 사회 · 소비자 후생에 보다 큰 영향을 준다. 기업들은 새로운 상품을 개발하기 위해, 또는 기존의 제품을 개선하기 위해 여러 측면의 동적인 경쟁을 펼치고 있다. 이러한 경쟁의 결과로 소비자들은 보다 좋은 품질의 상품을 보다 낮은 가격에 사용할 수 있게 된다.

기업들 간의 동적인 경쟁을 유지하고 이러한 기술혁신의 편익이 사회 전반에 돌아가게 하기 위해서는 다음의 두 가지가 지켜져야 한다. 먼저, 기술혁신을 이룬 개인 · 기업에 대한 올바른 보상(reward)체계를 가져야 한다. 기술혁신을 통해 얻어지는 지적 재산은 공공재(public good) 성격을 지니고 있어, 법적으로 보호받지 않는다면, 다른 사람 · 기업들이 그 지적재산권에 무임승차를 할 수 있고, 기술혁신을 이룬 개인 · 기업은 자신들이 이룬 기술혁신의 가치를 완전히 취득할 수 없게 된다. 힘들여 얻은 지적재산권에 대한 올바른 보호가 없다면, 기술개발을 하고자 하는 유인(incentive)이 감소하게 되고, 기술혁신의 동력은 낮아지게 된다. 따라서 지적재산권에 대한 올바른 보호는 기술혁신을 이루는 데 필수조건이다.

둘째, 지적재산권은 그 지적 재산에 대한 배타적 사용권을 부여하여, 기업은 기술혁신을 지적재산권 형태를 통해 특정한 상품이나 생산 공정에 대한 배제적 사용권을 가진다. 하지만, 지적재산권을 지닌 기업이 자신의 지적재산권을 부당하게 활용할 수 있다는 것을 의미하지는 않는다. 기업은 특허 등 지적재산권을 자체적으로 생산 과정에 사용할 수도 있고, 또는 이러한 기술을 다른 업체에게 기술사용 실시계약을 줄 수도 있다. 상품들이 서로 시장에서 경쟁을 하듯이, 동일한 기능을 하는 여러 대체가능한 기술들이 존재할 수 있고, 이러한 기술들은 상호 경쟁을 하고 있다. 예를 들어, 그 기술이 다른 경쟁기술과 비교하여 지니는 효용성이 높을수록 보다 높은 기술사용료를 얻을 수 있고, 대체가능한 다른 경쟁기술들이 많을수록 낮은 기술사용료를 얻게 될 것이다. 또한 특정 기술로 생산되는 상품은 시장에서 여러 밀접한 대체재들과 경쟁을 할 수 있다. 이러한 대체가능한 기술들 간의 경쟁은 공정해야 한다. 만일 기업이 자신이 지니고 있는 지적재산권을 남용해서 기술 간의 공정경쟁을 해친다고 하면 이는 기술혁신 자체를 방해할 수 있다.

공정거래법은 상품과 서비스가 보다 경쟁적인 환경에서 거래가 일어나도록 시장구조를 개선 · 유지하는 것을 목표로 한다. 이러한 경쟁적인 시장환경은 단지 상품과 서비스뿐 아니라 기술개발 경쟁과 지적재산권의 거래에도 적용된다. 상품시장에서 상품들 간의 경쟁이 공정해야 보다 낮은 가격에 보다 좋은 품질의 상품을 시장에서 판매하기 위해 노력을 하듯이 기술 간의 경쟁이 공정해야 보다 활발한 기술혁신을 촉진할 수 있다.

이러한 면에서 공정거래법과 지적재산권법은 사회가 보다 활발한 기술혁신을 이루고, 이러한 기술혁신의 편익이 소비자들에게 돌아갈 수 있도록 한다는 점에서 근본적으로 동일한 목적을 가지고 있다. 이러한 면에서 공정거래법과 지적재산권법은 상호보완적이다. 미국 경쟁정책당국(Federal Trade Commission)은 2003년 *Promote Innovation: The Proper Balance of Competition and Patent Law and Policy* 보고서를 발간하며 지적재산권과 공정거래법 간의 상호보완성을 추구하고 있다. 우리나라 공정거래위원회도 2010년 '지적재산권의 부당한 행사에 대한 심사지침'을 개정하며 "특허 등의 지식재산 제도는 혁신적인 기술에 대한 정당한 보상을 통해 새로운 기술혁신의 유인을 제공함으로써 창의적인 기업활동을 장려하고 관련 산업과 국민경제의 건전한 발전을 도모한다"라고 명시하고 있다.

지적재산권 간의 공정경쟁을 위해 미국 경쟁정책당국은 기술시장(technology market)이라는 개념을 도입하였다. 미국 법무부와 공정거래위원회가 1995년 발행한 *Antitrust Guidelines for the Licensing of Intellectual Property*(이하 IP Guidelines)에서 '기술시장'(technology market)을 다음과 같이 정의한다. "기술시장은 실시허락(license)이 될 수 있는 지적재산권과 그 가까운 대체 기술들로 구성되어 있다." 상품시장에 있어 시장획정과 동일한 논리로, 가상적 독점자가 일정한 시장지배력을 행사할 수 있는 기술들을 기술시장으로 획정한다. 우리나라 공정거래위원회도 지적재산권 심사지침에서 "지식재산권 관련 기술이 실시허락 등의 형태로 거래되는 기술시장 또한 관련 시장으로 고려할 수 있다. 관련 기술시장을 획정할 때는 일반적인 시장 획정방법과 마찬가지로 경쟁관계에 있거나 경쟁관계가 성립될 수 있는 일정한 거래분야"라고 명시하고 있다.

이처럼 최근 추세는 지적재산권과 공정경쟁을 관련시켜 논의하고 법, 제도를 개설 운영하는 것이 세계적인 추세이다. 본 절에서는 이러한 취지에서 공정경쟁과의 관련 속에서 지적재산권 및 관련 법령을 살펴보기로 한다.

1. 특허권과 특허 시스템

기술혁신은 경제발전에 매우 중요하며 특허는 기술혁신을 촉진하는 데 있어 매우 중요한 역할을 한다. 미국의 경우, 과거 30여 년 간 특허 시스템이 급격한 변화가 있었다. 특허신청(patent application)의 수와 특허발급 수는 급속도로 증가하였다. 1930년에서 1982년 사이에 특허 증가율은 연 1% 미만이었으나, 1983년 이후 특허는 연 5.7% 비율로 증가하였다. 연평균 특허발급 수는 지난 15년 전과 비교하였을 때 거의 2배가 되었다. 매 년 미국 특허청은 대략 20만 개에 달하는 특허를 발행하고 있으며, 지난 10년 동안 170만 개의 특허가 발행되었다(M. Lemley and C. Shapiro, 2006).

특허 수가 급증하는 주요 원인으로는 미국 특허청의 구조변화가 지적되고 있다. 예전에는 미국 특허청은 정부의 예산으로 운영되었다. 하지만, 정부조직 축소 움직임과 정부 경쟁력을 증진시킨다는 목적하에 특허청은 특허를 발급하는 데 따른 수익으로 운영되는 조직으로 개편되었다. 동시에 정부의 서비스를 강조하는 움직임과 함께 보다 빠른 특허심사를 강조하게 되었다. 이러한 조직개편으로 인해 특허발급 수가 급증하게 되었다(Jaffe and Lerner, 2004).

게다가 특허가 부여되는 범위 역시 시간이 지날수록 확대되어 가고 있다. 예전에는 소프트웨어(software) 지적재산권의 경우 저작권(copyright)으로 보호되었지, 특허로는 보호되지 않았다. 하지만, 연방순회법원(Federal Circuit Court of Appeals)은 생산 과정과 관련이 있는 소프트웨어를 특허가능한 발명품으로 지정하였고, 1998년에는 '사업방법'(business method)을 특허가 가능하도록 추가하였다[6)](Jaffe and Lerner,

2004).

하지만, 이러한 특허 신청 · 발급의 양적 팽창과 미국 특허청의 특허심사 과정의 엄밀성에 대해 여러 우려가 존재한다. Allison and Lemley(2000)에 따르면, 미국 특허청의 특허심사기간은 평균적으로 거의 3년이 걸리나, 실제로 특허 심사자가 특허신청서를 읽고, 선행기술을 조사하고, 특허 부여 여부 결정을 내리고 그 결정서를 작성하는 데 평균적으로 18시간을 사용한다.

또한 미국 특허신청의 1/4 이상이 이전에 거절된 특허신청에 대한 재신청이다. 단순하게 총특허 수를 특허신청 수로 나누지 않고, 이러한 중복 특허신청을 고려하면, 미국에서는 특허를 받는 비율은 85%에 달한다. 이러한 수치는 유럽이나 일본에서의 비율에 비해 훨씬 높은 것이다(Quillen, Webster, and Eichman, 2003).[7)]

특허를 발급받았다고 하여도, 그 특허가 만료되기 전까지 특허권을 유지하기 위해서는 특허소유자가 특허를 발급받은 지 3년, 7년, 11년차에 적게는 수백 달러에서 많게는 수천 달러에 이르는 특허유지비를 지불하여야 한다. 미국에서 발행된 특허 중 특허유지비를 지불하지 않아 무효가 되는 특허는 총특허발행 수의 55~67%에 해당한다. 이는 특허소유자에게 그 특허들의 가치가 특허유지비보다 낮다는 것으로, 많은 특허의 경우 사실상 가치가 거의 없었다는 것을 의미한다(Moore, 2004; Lemley, 2001).[8)] 상위 1%에 해당하는 특허들의 가치가 특허 가치 중위값의 1,000배가 넘을 정도로, 주요한 특허들을 제외하고는 대부분의 특허는 경제적으로 가치가 없다.

기술혁신이 빠르게 일어나 증가하는 특허 수는 과학기술 진보의 결과이며, 이는 사회적으로 환영할 일이다. 그러나 특허발급 숫자가 연평균 5.7% 수준으로 높게 증가하는 것이 기술혁신의 결과가 아니라, 특허제도 · 심사제도의 변화에 따른 것이라는 우려가 존재한다. 더욱이 평균적으로 특허 심사시간이 18시간이며, 총특허

6) '사업방법' 중에서 아마도 가장 잘 알려진 특허는 아마존(Amazon)의 1999년 'one-click' 특허이다. 미국 특허청은 소비자들이 단 한 번의 마우스 클릭으로 상품을 구매할 수 있도록 하는 아마존의 온라인 주문 시스템에 특허를 부여하였다. 아마존 웹사이트에서 물품을 구입할 때 배송지 주소와 구매자 신용카드 정보를 아마존 웹사이트에 저장을 하면, 다음 번 물품 구입시, 주소와 신용카드 정보를 새로이 다시 입력할 필요 없이 예전에 저장한 정보를 'one-click'하여 물품을 구매하는 방식을 'one-click'방식이라 한다. 경쟁기업인 반즈 앤 노블(Barnes & Noble)이 비슷한 온라인 주문 시스템을 도입하자 아마존은 이 특허를 주장하였다.

7) 미국 특허청에서 특허를 심사하는 데 거의 3년이 걸리므로, 그 해에 발행된 특허의 수와 3년 전의 특허신청 수 간의 적절한 비교가 필요하다.

8) 많은 특허들의 실제적 가치는 없다. 이는 상업적으로 중요하지 않은 기술들이기 때문일 수도 있고, 또는 실제로는 그 기술을 구현하는 것이 불가능하기 때문일 수도 있다. 또는 소송이 제기된다면 특허를 법적으로 유지하기 어렵기 때문일 수도 있다.

신청 중 85%에 특허가 허가되는 특허심사 과정에 대해서는 더더욱 그러하다.

과학 · 기술의 진보는 누진적인 것이다. 많은 기초연구는 기존의 연구에 바탕을 두고 진행되고 있다. 하나의 상품 · 기술을 개발하기 위해서도 여러 많은 기존의 기술 · 특허가 사용되어야 한다. 많은 수의 특허가 발급된 상황에서 기업들은 신상품을 개발하는 데 있어 고의가 아니더라도 다른 기업의 특허를 침해할 수 있고, 특허침해 없이도 특허 법적 분쟁이 일어날 수도 있다. 따라서 특허분쟁은 매우 복잡하고 비용이 많이 드는 과정인데, 신상품 개발에 있어 특허권 분쟁의 위험은 매우 심각한 것이다(Carl Shapiro, 2001).

예를 들어, 반도체와 같이 매년 수천 개의 특허가 발행되는 산업에서는 한 상품을 생산하는 데 있어 잠재적으로 수백 개의 특허를 침해할 가능성이 있다. 반도체산업에서 새로운 마이크로 프로세스를 개발하는 것을 지뢰밭을 걷는 것에 비유될 정도로 위험성이 크다. 수백 개의 특허가 하나의 제품에 걸쳐 있는 '특허 덤불'(patent thicket)이 생겨나게 된 것이다. 특허의 남발로 인한 특허 덤불이 기업들의 기술 · 상품개발을 어렵게 하고 있다는 우려가 있다(Carl Shapiro, 2001).

기술혁신의 결과가 아닌, 단지 특허제도/심사 과정의 변화에 따른 특허 수의 폭발적 증가는 여러 측면에서 기술혁신에 장애물이 될 수 있다. 남발된 특허는 앞으로의 기술혁신을 촉진하는 것이 아니라, 기술혁신에 장애물로 작용할 수 있다. 어떤 기업들은 특허분쟁에서 큰 비용을 부담하게 될 수도 있는 위험성 때문에 신제품 개발에 신중해지고 이러한 비용은 기술진보를 더디게 하고, 결국 최종 생산품의 가격상승으로 이어진다. 따라서 부적절하게 발급된 특허사용료는 사회적으로 비생산적이다. 부적절하게 발급된 특허는 생산비 증가로 이어져 소비자가격 증가로 이어진다. 특히, 여러 기업에게 특허권 사용료를 지불해야 되는 경우에는, 적은 사용료라도 누적된 효과는 꽤 클 수 있고, 특허권 사용료에 관련된 자중손실은 증가한다(Carl Shapiro, 2001).

2. 특허법적 분쟁과 역지불

기업 A가 특정 기술에 대해 특허권을 가지고 기업 B를 그 기술에서 배제한다고 해 보자. 기업 A가 그 기술에 대한 특허권으로 다른 기업을 배제할 때, 기술의 배제적 사용으로 인한 사회적 자중손실이 발생한다. 기업 A의 기술이 기존의 기술에 비하여 유효성과 독창성을 가지고 있어야만 이러한 특허권을 통한 배제적 사용이 사회적으로 정당화된다. 특허를 받을 만큼 충분히 독창적이지 못하나 부실한 심사 과정으로 발급받은 특허는 그 특허권 보유 기업에게 부당한 지적재산권을 부여하게 되고, 그 지적재산권으로 사회적으로 불필요한 자중손실이 발생할 수 있다.

사회적으로 부당하게 발급된 특허권을 가지고 있는 기업이 그 특허권을 사용하여 다른 기업을 배제하려고 하면 그 다른 기업이 법정에 소송을 함으로써 그 특허권을 법정에서 심사할 수 있다. 미국의 경우, 최근 들어 급격하게 증가한 특허 수와 미국 특허청의 허술한 심사 과정으로 인해 특허소송이 제기되는 경우 법정에서 특허의 유효성을 인정받을 가능성이 낮아지고 있다.

전통적으로 특허권을 잘 정의된 재산권의 개념으로 보았고, 특허권 소유자들은 자신들이 개발한 상품이나 기술을 특허권으로 보호할 수 있다고 생각하였다. 그러나 실제로는 특허를 받은 기술을 다른 누군가가 사용하는 것을 금지하려면, 특허소유자가 법원에 가서 특허가 유효한지와 그 특허 권리가 침해당하고 있다는 것을 명확하게 증명할 필요가 있다. 이러한 과정을 통해 특허의 유효성을 증명하는 데에는 어느 정도의 불확실성이 존재한다. 특히, 최근과 같이 특허의 수가 급격히 증가하는 상황에서는 한 기업이 가지고 있는 특허가 다른 기업이 가지고 있는 특허와 충돌이 발생할 가능성이 높아진다. 따라서 특허는 타인을 배제할 수 있도록 수여된 권리가 아니라, 법정에서 특허를 주장함으로써 자신의 재산권 침해를 배제할 수 있는 권리로 인식하는 것이 더 현실적일 수 있다(Lemley and Shapiro, 2005).

특허의 유효성을 관련 당사자의 소송으로 법원에서 다시 평가받을 수 있으며, 따라서 법원에서의 특허권 분쟁은 이러한 측면에서 최근 들어 관심을 받고 있다. 하지만, 관련 기업들의 특허소송에 관한 유인(incentive)이 반드시 사회적 이해와 일치하지는 않는다. 미국에서는, 특허권 분쟁에서 많은 경우 법정소송 없이 기업 간의 합의를 통해 분쟁이 종료된다. 전체 특허 중 소송이 제기되는 특허는 1.5%이며, 이러한 소송 중 약 95%는 법원의 최종 판결이 없이 기업들 간의 합의로 끝난다(Lemley and Shapiro, 2005). 유럽에서는, 최근 유럽경쟁정책당국이 의약제조업 시장조사(sector inquiry)를 실시하였다. 그 시장조사에 따르면 2000년에서 2008년 사이 제약 산업에서 특허분쟁이 당사자들 간의 합의로 끝난 사례는 200건을 넘는다.

기업 A의 기술이 특허권을 가질 만큼의 유효성과 독창성이 없다고 기업 B가 판단하면, 그 특허권의 무효를 법정에서 주장할 수가 있다. 만일 기업 B가 기업 A가 가지고 있는 특허권이 부당한 것임을 보여 준다면, 기업 A의 배제적 권리는 사라지고, 다른 모든 기업들이 그 기술을 사용할 수 있게 된다. 따라서 기업 B가 소송에서 이길 경우, 그 편익은 다른 기업, 소비자들과 같이 누리게 된다. 그러므로 기업 B가 기업 A의 특허권에 대해 무효 소송을 진행할 때는, 사회적으로 양의 외부성(externalities)을 가지게 된다, 이러한 양의 외부성 때문에, 기업 B가 이러한 소송을 진행할 때 가지는 사적인 유인(incentive)은 사회적 유인(incentive)과는 다를 수 있다. 소송을 제기한 기업이 이러한 양의 사회적 외부성을 내재화(internalize)할 수 없는 이상, 소송을 제기한 기업은 특허권을 가진 기업과의 합의를 통해 소송을 중단할 유인이 있게 된다.

특허권을 가진 기업과 잠재적 진입기업 간의 특허권에 대한 합의가 이루어진다면, 그들의 합의는 그들 간의 이윤의 합을 극대화하는 것이 될 수 있다. 다른 한편으로는 특허소송이 양의 사회적 외부성을 가지는 한 그들 간의 이윤을 극대화하는 합의가 사회적으로 최적의 결정이 되기 힘들다. 즉, 개별 기업 이윤을 극대화하는 기업 입장에서는 특허권 분쟁을 법원에서 계속하고자 하는 유인이 사회적인 최적 수준에 비하여 너무 낮은 것이다.

이러한 면에서 최근 논의가 되고 있는 특허권 분쟁과 관련된 '역지불'(reverse payment)을 살펴보자. 일반적인 실시허락의 경우에는 기술사용 기업이 특허소유자에게 기술사용 대금을 지불한다. 하지만, '역지불'에서는 특허권을 가진 기업이 경쟁자가 될 수도 있는 기업에게 금전적 또는 여러 형태를 통한 보상(compensation)을 지불한다.

의약품시장에서 한 독점기업을 생각해 보자. 그 독점기업은 특허권을 가지고 그 특정 의약품에 대해 시장지배력을 유지하고 있고, 그 의약품은 높은 가격에 판매되고 있다. 하지만, 잠재적 진입기업이 존재하고, 만일 그 잠재적 진입기업이 그 특허권의 유효성 여부에 대하여 법정에 소송을 제기하는 경우, 그 소송 결과에 따라 그 복제의약품(generic drug)이 시장에 진입할 수 있게 되고, 그 시장진입에 따라 관련 시장에서의 가격경쟁이 촉진된다. 2009년 EC 위원회의 제약산업 보고서에 의하면 복제의약품은 신약(original product)에 비해 25% 낮은 가격에 시장에 진입하고, 2년이 지나면 복제의약품 도입 당시의 신약 가격의 40%에 판매가 된다. 이러한 가격인하효과는 의약품에 대한 국가경제 지출을 낮추는 데 기여한다.

따라서 특허 관련 소송은 그 특허 관련 상품과 소비자 후생에 큰 효과를 지니며, 그 잠재적 진입기업의 특허권 소송 제기는 사회적으로 외부성을 가지게 된다. 하지만, 당 기업과 잠재적 진입기업은 소송을 통해 법정에서 특허의 유효성을 판단하기보다는, 그들 간의 개인적 합의를 통해 더 높은 결합이윤(joint profit)을 얻을 수 있다. 예를 들어, 현재의 독점자가 잠재적 진입기업에게 돈을 지불하여 시장진입을 저지 또는 연기시키고, 그 기간 동안 높은 이윤을 유지할 수가 있다.

Schering-Plough 2003년 사례를 살펴보자. Schering-Plough는 특허권을 가지고 K-DUR라는 약품을 생산하고 있었고, 그 특허권은 2006년까지 유효하였다, 1995년에 Upsher-Smith와 ESI Lederle 회사는 각각 독립적으로 미 식품의약청(Food and Drug Administration)에 새로운 신약 신청(New Drug Applications)을 하였고, 그 신청이 받아들여지면, 복제의약품 K-DUR를 생산할 수 있는 상황에 놓여 있었다. Schering-Plough는 이들 회사(Upsher-Smith와 ESI Lederle)가 자신들의 특허권을 위배하였다고 소송을 제기하였다. 그 특허권 분쟁 과정에서, Schering-Plough은 그 복제의약품 생산자들에게 일정한 보상을 지불하기로 하고, 대신 이들 기업은 일정한 날짜가 될 때까지 시장에 진입하지 않기로 동의하였다.[9)]

특허권을 가지고 있는 기업이 복제의약품을 생산할 수 있는 기업에게 돈을 지불하고 이에 대한 반대급부로 복제의약품의 생산을 늦추는 계약은 기본적으로 반경쟁적일 수 있다고 미국 공정거래위원회(FTC)는 판단하였다. 미국 공정위는 저렴한 가격에 판매되는 복제의약품의 시장진입을 늦추기 위한 목적으로 기존의 업체가 복제의약품 판매자들에게 일정한 보상을 제공하는 것으로 판단하고, 2003년 Schering-Plough에 소송을 제기하였다. 하지만, 2005년 미 법원(Court of Appeals for the

9) Upsher-Smith는 2001년까지, 그리고 ESI Lederle는 2004년까지 자신들의 시장진입을 연기하기로 동의하였다.

11th Circuit)은 미국 공정위의 주장을 기각시켰다. 특허를 가지고 있는 약품회사가 복제의약품에 일정한 보상(compensation)을 하였다는 이유만으로 불공정행위로 해석할 수는 없다는 것이다.

미 법원은 다음과 같은 논리를 제시하였다: 기존의 업체가 가지고 있는 특허가 무효라고 복제의약품 제조업체가 소송을 제기할 경우, 재판에서 승리할 경우는 복제의약품 업체는 시장에 진입을 할 수 있게 되고, 특히 first-filer의 경우는 180일 간은 다른 복제의약품 생산업자의 경쟁 없이 이윤을 얻을 수 있다.[10] 그래서 소송을 제기한 복제의약품 업체는 재판비용 외에는 그 재판에서 손해를 보는 것은 없다. 하지만, 그 특허권을 가지고 있는 기업은 그 재판에서 패소할 경우 특허권을 잃게 되는 것이다. 결과적으로, 그들 간의 소송이 타결되기 위해서는 어떤 형태로건 간에 기존 특허를 가진 업체가 소송을 제시한 복제의약품 업체에게 일정한 보상을 해 주어야 하는 것이다. 따라서 기존 특허를 가진 업체가 복제의약품 업체에게 어떤 보상을 하였다는 이유만으로 불공정행위로 볼 수 없다는 것이다. 미 법원은 역지불의 불공정성을 판단할 수 있는 가장 근본적인 기준은 "이러한 역지불을 통하여 특허권을 가진 업체가 특허권 이상으로 경쟁을 배제하는가"라고 지적하였다.

미국 법원의 이러한 판결 이후 역지불을 통한 특허분쟁 해결의 수는 증가하고 있다. 2004년 14개의 특허분쟁 중 역지불을 통한 특허권 분쟁해결은 없었고, 2005년에는 11개의 특허분쟁에서 3개의 분쟁이 역지불을 통해 해결되었다. 2006년 의약품산업에서 28건의 특허분쟁의 해결이 있었고, 이들 중 절반인 14건이 역지불(reverse payment)을 통해 해결되었다.

3. 기술표준 책정과 FRAND 조항

시장에서 여러 기술들이 경쟁을 하고 있다. 네트워크 효과(network effect)가 큰 시장에서는 여러 기술이 공존할 수 없고, 하나의 특정 기술이 시장 표준기술로 등

10) 유명 의약품의 관련 특허가 무효이거나 제네릭 의약품이 기존 특허를 위배하지 않는다는 주장을 제기하는 첫 번째의 의약품 업체를 first-filer라고 한다. first-filer가 기존의 특허권의 무효나 제네릭 의약품이 기존 특허를 위반하지 않는다는 것을 입증하면, 이에 대한 대가로 미국 식품의약청(Food and Drug Administration)은 first-filer가 제네릭 의약품을 판매를 시작한 후 180일 동안 다른 제네릭 의약품을 허용하지 않는다.

장한다. 표준기술은 시장의 선택을 통하여 선정될 수 있다. 예를 들어, 비디오 플레이어의 경우 Beta 방식과 VHS 방식은 시장에서 경쟁을 하였고, 시장의 선택으로 VHS 방식이 사실상 기술표준(de facto market standard)이 되었다. 최근 HD-DVD와 Blue-ray는 차세대 비디오 기술시장에서 경쟁을 하고 있다.

기술들이 시장에서 상호 경쟁을 하여 특정 기술이 표준기술로 정해지는 경우, 시장의 선택으로 기술표준이 정해진다는 장점이 존재하지만, 동시에 여러 단점이 존재한다. 먼저, 어떤 기술이 최종적으로 시장의 선택을 받을 것인지에 대한 불확실성이 있고, 그 불확실성으로 인해 여러 관련 소비자, 기업들은 구매 · 투자를 미룰 수가 있다. 예를 들어, 어떤 기술이 차세대 비디오 기술표준이 될지 불확실한 상황에서 소비자는 HD-DVD나 Blue-ray의 구매를 망설이게 된다. 기업들 역시 관련 투자를 미루게 된다. 또한 시장표준으로 선택되지 않는 기술을 선택한 기업, 소비자들은 다시 한 번 투자와 구매를 하여야 된다. 그리고 상호 경쟁하는 기술 간에 호환성이 지원되지 않는 경우, 규모의 경제 또는 망효과를 충분히 달성할 수 없게 된다.

이러한 이유에서 정부가 기술표준 책정을 주도하거나, 또는 표준설정 기관에서 특정 기술을 표준으로 선택하게 되는 상황이 종종 발생한다. 특정 기술을 표준으로 선택하면 해당 기술에 대한 불확실성이 감소하고, 그 기술의 확산과 시장보급을 촉진할 수가 있다. 따라서 관련 기술에 대한 투자 역시 활발하게 된다. 동시에 표준화로 인해 상호 호환성 문제가 해결되며 많은 사람들이 동일 기술을 사용하여 생산규모의 확대, 규모의 경제를 이룰 수가 있다. 표준으로 선택된 기술을 많은 기업들이 이용하여 관련 상품들을 생산하면 시장에서 경쟁이 촉진될 수 있다. 즉, 기술표준 간의 경쟁(competition between standards or technologies)에서 기술표준 내의 경쟁(competition within a standard)으로 바뀌게 된다.

기술표준을 선정하는 궁극적인 목적은 많은 기업이 그 표준기술을 사용함으로써 관련 상품시장을 경쟁적으로 만드는 것이다. 하지만, 표준으로 선택된 기술이 일종의 필수설비(essential facility)가 되면, 해당 기술에 대해 지적재산권을 소유한 기업은 그 기술시장에서 시장지배력을 지니게 된다. 이때 기술표준으로 선택된 기술에 모든 기업이 동등하게 접근이 가능하여 관련 상품 · 서비스 시장에서 경쟁을 촉진하는 것이 가장 이상적인 상황이 될 수 있다.

이를 위해 표준선정 기관은 표준기술을 가진 기업에서 RAND 또는 FRAND(fair, reasonable and non-discriminatory) 약정을 요구한다. 표준으로 선택된 기술을 가진 기업은 자신의 기술을 다른 기업들에게 적절(reasonable)하고 비차별적인(non-discriminatory) 조건으로 다른 기업들에게 실시허락을 주어야 한다는 것이다.

먼저, 합리적(reasonable) 조건에 대한 해석을 위해 다음의 상황을 상정해 보겠다. 예를 들어, 기술 A와 기술 B가 기술시장에서 상호 경쟁을 하고 있다. 그 두 기술은 대체가능한 기술이다. 기술 A는 10만큼의 편익을 주고, 기술 B는 8만큼의 편익을 주고 있다. 기술 실시허락에 따른 행정적 비용은 없다고 가정해 보자. 표준선정 기관에서는 하나의 기술만을 표준으로 선택하여야 한다. 표준으로 선택되지 않는 기술은 시장에서 사장(死藏)이 된다고 가정하자. 이 경우, Shapiro(2006)에 의하면, 기술 A를 기술표준으로 선택할 때, 기술 A에 대한 합리적인 기술사용료는 2가 된다. 비록 기술 A가 10만큼의 편익을 주지만, 표준으로 선택되지 않은 경우 그 기술의 가치가 0이 된다는 점과 기술 A가 기술 B에 대해 추가적으로 가지는 편익이 2라는 점을 고려하면 합리적인 기술사용료는 2가 된다는 것이다. 기술 A와 B가 베르뜨랑(Bertrand) 경쟁을 하면 균형기술사용료는 2가 되는 것이다.[11)]

표준으로 선정된 기술은 모든 기업이 차별 없이 이용할 수 있어야 한다는 것이 비차별 조항이다. 표준기술을 가진 기업이 그 기술을 이용하여 관련 상품을 생산할 때, 그 기업은 기술시장의 시장지배력을 자신의 기술로 생산되는 상품시장에 시장지배력을 이전하고자 하는 강한 유인을 가지게 된다. 이를 방지할 목적으로, 표준기술을 가진 기업이 다른 기업과 동등한 위치에서 그 기술을 사용하게 하는 것이 비차별 조항의 목적이다. 즉,'그 기술을 이용하는 관련 상품 시장에서 모두 동등한 위치(level-playing-field)를 가져야 한다는 것이다.

이러한 기술표준화 과정에 대한 여러 중요한 경쟁법사건이 있다. 먼저, 중요한 사건 중 하나가 램버스(Rambus) 사례(2002)이다. 미국 공정위는 램버스가 경쟁법을 위반하였다고 판단하였다. 램버스는 RAM 관련 기술표준화 과정에 참여하였고, 그 기술표준화 과정은 JEDEC(Joint Electron Device Engineering Council)에 의해 주도되었다.

11) 만일 기술표준으로 선택되지 않은 기술이 사장되지 않고 a의 가치를 지닌다고 가정하자. 그리고 기술 실시계약에 c만큼 비용이 든다고 가정하면, 합리적인 기술사용료는 $2+a+c$가 된다.

그 과정에 참여하는 과정에서 얻어진 지식을 바탕으로 램버스는 자신의 기술특허권을 변경하고, 관련 기술에 대해 특허를 가지고 있으면서 표준화 과정에서 이를 명시적으로 밝히지 않았다. 그 후 자신의 기술이 표준기술로 선택된 후 자신의 기술에 대한 지적재산권을 행사하려고 하였다. 미국 FTC는 램버스의 행위가 셔먼(Sherman)법 제2조 독점화 기도(monopolization) 조항을 위반하였다고 주장하였다.

표준화 설정기관은 여러 가지를 고려하여 기술표준을 선택하며, 보다 우수한 기능과 보다 나은 조건을 제시하는 기술을 표준으로 선택한다. 기술표준화 과정에서 기술 간의 경쟁이 있게 된다. 각 기업은 자신의 기술을 시장표준으로 선정되게 하기 위해 경쟁을 하는 것이다. 표준화 기관은 동일한 조건이면 지적재산권이 형성되어 있지 않는 기술을 표준으로 선택하고 싶어한다. 이러한 이유에서 기술표준화 과정에서 특정 기술에 대해 특허권이 있는 기업은 자신의 지적재산권을 공개하여야 한다. 이를 기망하는 행위는 기술시장 표준선택 과정에서의 경쟁을 왜곡시키므로 기술시장에서의 불법적 독점화로 처벌받을 수 있다는 것이 미국 공정위의 판단이다.

이러한 측면을 적극적으로 도입한 것이 최근의 VITA, 기술표준화 기관이다. VITA는 VMEbus 컴퓨터 기술에 관련된 표준화 기구이다. VITA는 기술표준화 과정에서 참여기업들에게 관련 특허를 명시하게 한다. 그리고 기업들이 자신들의 기술에 대해 부여하고자 하는 최대의 기술사용료를 명시하게 한다. 이러한 기술사용료를 고려하여 기술표준을 선택한다. 그리고 기술표준이 선택된 후 관련 특허를 공개하지 않는 기업들에 대해서는 그 관련 특허를 무료로 실시허락을 주도록 요구하고 있다.

사적인 기술표준 기관과의 FRAND 약속을 지키지 않는 행위가 공정거래법 위반인가 단순한 사기(fraud)행위인가에 대한 논란이 있을 수 있다. 최근의 미국의 Broadcom-Qualcomm 재판에서 논란이 되었다. 이에 미국 재판부는 FRAND 약속을 하여 표준기술로 선택된 후 그 약속을 지키지 않는 행위 역시 공정거래법 위반이라고 다음과 같이 지적하였다.

> "We hold that (1) in a consensus-oriented private standard setting

environment, (2) a patent holder's intentionally false promise to license essential proprietary technology on FRAND terms, (3) coupled with an SDO's reliance on that promise when including the technology in a standard, and (4) the patent holder's subsequent breach of that promise, is actionable anticompetitive conduct" (BroadCom Corp. v. Qualcomm Inc., 501 F.3d 297, 314, DC. Cir. 2007).

특정 기술을 가진 기업이 고의적으로 거짓된 FRAND 약속을 하고, 기술표준 기관이 FRAND 약속에 믿고 그 특정 기술을 기술표준으로 선택을 해 준 경우, 그 기업이 FRAND 조약을 지키지 않는 것은 표준선정 과정에서의 기술 간의 경쟁을 왜곡하는 경쟁법 위반행위라는 것이다. 우리나라 지적재산권의 부당한 행사 심사기준에서도 표준선정과 관련하여 다음의 행위는 관련 시장의 경쟁을 저해할 우려가 있다고 지적하고 있다.

(1) 기술표준 선정을 위한 협의 과정에서 이와 관련된 거래가격 · 수량, 거래지역, 거래상대방, 기술개량의 제한 등의 조건에 부당하게 합의하는 행위,
(2) 기술표준으로 선정될 가능성을 높이거나 실시조건의 사전 협상을 회피할 목적 등으로 부당하게 자신이 출원 또는 등록한 관련 특허 정보를 공개하지 않는 행위,
(3) 부당하게 기술표준으로 널리 이용되는 특허발명의 실시허락을 거절하는 행위,
(4) 부당하게 기술표준으로 널리 이용되는 특허발명의 실시조건을 차별하거나, 비합리적인 수준의 실시료를 부과하는 행위.

(공정거래위원회, 「지적재산권 부당한 행사 심사기준」, 2010년 개정)

4. 특허 풀

하나의 기술을 구현하기 위해서는(또는 한 상품을 생산하기 위해서) 다수의 필수적인(essential) 특허가 필요할 수 있다. 이런 경우, 특정 기술을 구현하기 위해서는

다수의 기업으로부터 다수의 특허 실시허락을 얻을 필요가 있다. MPEG-2 video 기술은 디지털 케이블 TV 시스템, 디지털 위성방송, DVD 등에 사용되는 디지털 영상 기술이다. MPEG-2 기술에는 다수의 기업들이 다수의 특허를 가지고 있다. 만일 특허 풀이 없다고 하면, MPEG-2 기술을 사용하기 위해서는 다수의 기업으로부터 일일이 특허 실시허락을 얻어야 한다.

다수의 기업에게 다수의 실시허락을 얻는 데에는 여러 거래비용, 행정적인 불편함이 존재하지만, 중요한 것은 '보완재 가격책정(complementary goods pricing) 문제' 또는 '이중한계화(double marginalization) 문제'가 존재한다.

쿠르노(Cournot)가 연구한 '보완재 가격책정 문제'를 간단한 모형으로 설명해 보겠다. 예를 들어, 상품 x에 대한 수요는 $10-px$이고, 상품 x를 생산하기 위해서는 생산요소 a와 b가 1:1 비율로 필요하다고 가정해 보자. 간단한 분석을 위해서, 생산요소를 생산하는 데는 비용이 들지 않는다고 가정된다. 그리고 생산요소 a와 b를 구입하는 것 외에는 x를 생산하는 데 드는 생산비는 없다고 가정한다. 즉, 생산요소 a와 b의 가격 합이 x를 생산하는 데 드는 비용이다. 생산요소 a와 b의 생산요소 가격을 각각 wa와 wb로 표현한다. 상품 x를 생산하는 기업들은 완전경쟁을 하고 있다. 따라서 상품 x의 가격은 그 생산가격(여기서는 $wa+wb$)으로 수렴한다.

그 두 가지 생산요소 a와 b를 서로 다른 독점기업 A와 B에 의해 각각 생산되는 경우와 두 요소를 하나의 독점기업이 생산하는 경우를 비교해 보자. 먼저 전자의 경우, 개별 A와 B에 의해 각각의 생산요소가 생산되는 경우, 각 개별 기업은 가격을 wa와 wb로 각각 책정하는 경우, x의 시장가격은 $wa+wb$가 되고, x재화는 시장에서 $(1-wa-wb)$만큼 판매된다. 따라서 각 개별 기업의 이윤함수는 다음과 같다.

$$\Pi_A=(1-wa-wb)wa,$$
$$\Pi_B=(1-wa-wb)wb.$$

그 두 기업이 각각 책정하는 생산요소가격을 내쉬(Nash) 균형으로 구하면, 각 생산요소 가격은 1/3이 된다. 따라서 x재화의 가격은 2/3가 되고, 기업 A와 B의 이윤은 각각 1/9이 된다.

이제 후자의 경우 한 기업이 생산요소 a와 b를 같이 생산 · 판매하는 경우를 살펴보자. 이 경우, 그 통합기업의 이윤은 다음과 같다.

$$\Pi=(1-wa-wb)(wa+wb).$$

여기서 통합기업의 이윤은 개별 생산요소 가격이 아닌, 두 생산요소 가격의 합($wa+wb$)에만 의존한다. 이 경우, 통합기업의 최적가격은 $wa+wb=1/2$이 된다. 따라서, x재화의 가격은 1/2이 되고, 그 통합기업의 이윤은 1/4이 된다. 여기서 그 통합기업의 이윤(여기서는 1/4)은 개별 가격 책정시 개별 기업의 이윤의 합(2/9=1/9+1/9)보다 크다. 그리고 x재화의 가격은 1/2로서 개별 기업이 생산요소를 개별적으로 책정하는 경우에 비하여 보다 낮아진다.

즉, 보완재를 하나의 기업이 같이 생산 · 판매하는 경우, 소비자들이 지불하는 x재화의 최종 가격도 낮아지고, 기업이윤의 합도 커지게 된다. 이는 기업의 수직구조에서 발견되는 이중한계화(double mark-up problem)와 직관적으로 정확하게 일치한다. 따라서 하나의 독점자가 두 생산요소를 같이 생산 · 판매할 때, 가격도 낮아지고, 이윤도 커지는 win-win 상황이 발생하게 된다.[12)]

하나의 기술을 구현하기 위해 다수의 필수기술이 있는 경우, 그리고 다수의 기업들이 이러한 다수의 필수기술을 가지고 있는 경우, 쿠르노의 '보완재 가격책정 문제'가 발생한다. 개별 기업들이 각자 자신들이 가지고 있는 기술에 대해 개별적으로 기술사용료를 책정하면, 이러한 개별적으로 책정된 기술사용료의 총합은 이러한 필수기술을 모두 가지고 있는 단독사업자의 기술사용료보다 높게 되는 것이다.

이러한 문제를 없애기 위해서, 다수의 특허를 하나의 특허 풀로 만들 수 있다. 특허 풀(patent pool)이란 다수의 기업들의 자신들이 가지고 있는 특허를 하나의 패키지(package)로 만들어서 제3자에게 실시허락하는 것이다. 그 기술을 사용하고자 하는 기업은 다수의 기업들과 각각 기술사용계약을 맺을 필요 없이 그 기술 패키지를 관리하는 하나의 기업 혹은 기관과 기술사용계약을 맺으면 된다.

12) 하나의 독점자가 여러 독점자(a chain of monopolies)보다 사회후생적으로 더 좋다는 것이다.

미국 법무부(Department of Justice)는 MPEG-2 비디오 압축기술 특허 풀을 승낙하였다. 1997년 100여 개의 관련 기술을 가지고 있는 8개의 기업이 MPEG 특허 풀을 형성하였다. 그 특허소유 기업들은 MPEG-2에 필수불가결한 기술특허들만을 특허 풀에 포함시켰다. 그리고 만들어진 특허 풀은 MPEG LA라는 entity를 통해 관리하게 하였다. MPEG LA는 그 특허 풀이 만들어지는 과정에서 독립적인 특허 전문가를 고용하여 특허 풀에 있는 특허들이 실제로 필수적인 것인지를 독립적으로 결정하도록 하였다. 그 특허 풀은 MPEG에 관련된 특허의 60%를 포함하고 있었다. 그 후 그 특허 풀은 확대되어 2004년에는 25개의 기업들이 참여하고 있고, 650여 개의 특허가 포함되어 있어, 그 기술에 관련된 특허의 90%를 포함하고 있다. 그 MPEG 특허 풀에는 Fujitsu, General Instrument, Lucent, Matsushita, Mitsubishi, Philips, Scientific-Atlanta, Sony, Columbia University 등 다수 기업의 기술이 들어 있다.

이렇게 특허 풀을 만듦으로써 기술사용자들은 '원스톱 쇼핑'(one-stop shopping)으로 그 기술을 사용할 수 있게 되었다. 그 특허 풀을 관리하는 MPEG LA는 그 특허 풀에서 발생할 수 있는 수익을 극대화함으로써, 다수의 기업이 개별적으로 기술사용료를 책정할 때 발생하는 특허 보완재 문제(patent complements problem)를 해결할 수 있었다.

여러 필수 특허를 가지고 있는 특허권 소유자들은 각각 기술사용료를 책정하는 경우와 비교하여 이러한 필수 특허들을 하나의 특허 풀 또는 패키지로 만들어서 그 특허권 소유자의 결합이윤을 극대화하는 경우에 특허권 소유자들의 이윤이 증가되고, 동시에 그 특허를 받아 최종재를 생산하는 기업 역시 보다 낮은 기술사용료를 지불하게 되는 것이다. 따라서 상호 보완적인(complement) 특허들을 특허 풀로 만들어 실시허락을 하면 사회후생을 증가시킬 수 있다. 따라서 미국 공정위도 상호 보완적인 특허들 간의 특허 풀에 대해서는 긍정적인 입장이다.

하지만, 상호 보완적이지 않은, 상호 경쟁적인 대체적 관계(substitute)의 특허들로 특허 풀을 만들면 이는 기술/특허들 간의 경쟁을 저하시킬 수 있다. 기업 A가 특허 *a*를, 기업 B가 특허 *b*를 가지고 있고 그 두 특허는 상호 대체가 가능하다고 가정해 보자. 그 두 특허는 상호 대체가능하기 때문에, 제조업자들은 그 두 특허 중 하나만 실시허락을 받으면 그 기술을 사용할 수 있다. 그 두 기업은 기술시장에서 상호 경쟁을 하게 되고, 그 경쟁으로 인하여 기술사용료는 한계비용으로 수렴하게 된다. 하지만, 그 두 특허를 하나의 특허 풀로 만들게 되면, 이러한 경쟁관계는 없어지고 오직 하나의 특허 풀만이 남게 된다. 따라서 그 특허 풀을 담당하는 기업은 독점적인 license fee를 책정할 수 있다. 이 경우, 특허 풀은 경쟁관계에 있는(또는 대체관계에 있는) 두 기업의 기술 간의 담합을 이루는 도구(collusion device)가 된다.

이러한 주장은 1931년 Standard Oil Co. v. United States 사건에서 미국 경쟁정책 당국에 의해 제기되었다. 당 사건에서 당시 여러 정유사들은 원유로부터 휘발유(gasoline)를 추출하는 서로 경쟁적인 특허를 소유하고 있었다. 그 회사들은 특허분쟁을 피하기 위해 상호간에 기술사용계약을 체결하고 특허 풀을 만들어 이를 다른 회사들에게 실시계약을 체결하고 그 기술사용료를 적절한 비율로 나누어 가졌다. 정유사들 간의 이러한 계약은 상호 경쟁적인 기술들 간의 경쟁을 제한한다는 것이 미국 경쟁정책 당국의 주장이었다.

특허 풀이 경쟁을 촉진하는지 아니면 경쟁을 저하시키는지는 그 특허가 서로에게 보완적인 관계인지, 대체적인 관계인지에 따라 달라진다. 상호 경쟁적인 대체관계인 특허로 특허 풀을 만들었다가 미국 경쟁정책 당국의 제제를 받은 다른 사례 Summit과 VISX 사례를 살펴보자.

Summit Technology, Inc.와 VISX, INC.는 안과 의사들이 광굴절 각막 절제술(PRK)에서 사용되는 장비들과 기술을 개발하였다. PRK는 근시, 원시, 난시의 교정을 위한 시술로, 특별한 레이저를 사용하여 눈의 각막을 고치며, 이를 통해 적절한 초점을 가지고 명확하게 볼 수 있게 한다. 미국에서 대략 1억 4,000만 명의 사람들이 시력에 문제에 있어, 콘택트렌즈나 안경으로 시력을 교정한다. PRK 레이저에 대한 FDA의 승인이 처음 이루어진 1996년에 Summit과 VISX는 대략 70,000건을 수행하였으며, 그 수는 매년 지속적으로 증가하고 있다. Summit과 VISX는 미국에서 PRK에 대한 레이저 장비시장에의 FDA 허가를 받은 유일한 두 기업이다. Summit과 VISX는 PRK 장비와 PRK 기술과 관련된 각자의 특허를 가지고 있고, PRK 레이저 시스템에 대하여 FDA의 시장승인을 받은 유일한 기업들로 이 시장에서의 경쟁자들이다.

1992년 6월 3일, Summit과 VISX는 PRK에 대하여 그들이 가지고 있는, 특허들을 모아서 Pillar Point Partners('PPP')라고 새로운 특허관리 회사를 만들었다. 미국 공정거래위원회에 따르면 이러한 특허 풀을 통해 Summit과 VISX는 기술시장에서 자신들 간의 기술경쟁을 제한하였다. 그 두 기업이 기술시장에서 자신들의 기술을 각각 개별적으로 실시허락 판매경쟁을 하지 않고, 그 두 기술을 하나로 합쳐서 그 합쳐진 기술만을 실시허락하게 된 것이다. 이 경우, 그 두 기업 간의 기술경쟁은 없어지고, 오직 하나만의 독점기술만 존재하게 된다. 그리고 실시허락 요금으로부터 얻어지는 수익은 미리 정해진 비율대로 두 기업에게 나누어졌다. 이러한 특허 풀의 형성 결과, 기술사용료는 고정되었고, 의사들이 PRK의 장비와 기술에 지불해야 하는 가격이 증가하였으며, 이는 최종 소비자 가격인상으로 이어졌다. 특허 풀을 담합의 수단으로 이용하여 기술시장의 기술사용료를 상승시키고, 기술 간의 경쟁을 제거하는 형태로 반독점법을 위반하였다고 미국 공정위는 판단하였다.

MPEG-2와 Summit/VISX의 사례를 종합하면, 상호 보완적인 기술 · 특허에 대해서는 특허 풀을 허용하고, 상호 경쟁적인 기술 · 특허에 대해서는 특허 풀을 허용하지 않는 것이 소비자 · 사회 후생 측면에서 좋다. 이러한 고려가 미국 경쟁정책당국의 IP Guidelines에서 특허 풀을 다루는 기본 원리가 되었다. IP Guidelines에서 미국 경쟁정책당국은 다음과 같은 특성을 지닌 특허 풀은 경쟁을 촉진할 수 있다고 지적하였다.

(1) 상호 보완적인 기술로 이루어진 특허 풀,
(2) 특허 풀을 통해 거래비용의 절감을 이룰 수 있는 경우,
(3) 필수불가결한 기술의 특허 풀,
(4) 낭비적인 특허분쟁 해소를 해결할 수 있는 경우,
(5) 기술보급에 도움이 되는 경우.

이러한 상호 보완성을 판단하기 위해 다음과 같은 구체적인 기준을 제시하였다. (1) 특허 풀에 있는 특허들은 유효하여야 하며 아직 특허시효가 완료되지 않아야 한다. (2) 상호 경쟁관계에 있는 대체적인 기술들은 특허 풀에 포함되어서는 안 된다. (3) 독립적인 전문가가 특허들이 상호 보완적인지 심사하여야 한다. (4) 특허 풀의 규정이 하류 시장(downstream market)에서 경쟁기업에 불이익을 주어서는 안

된다. (5) 특허 풀의 참가 기업들은 특허 풀 이외의 다른 가격(예를 들면, 하류 시장 상품가격) 책정에 있어 담합을 해서는 안 된다.

우리나라 공정거래위원회 지적재산권 부당한 행사 심사지침에서 다음과 같은 행위는 경쟁제한성 우려가 있다고 지적하고 있다.

> (1) 특허 풀 운영 과정에 이와 관련된 거래가격, 수량, 지역, 상대방, 기술개량의 제한 등의 조건에 부당하게 합의하는 행위,
> (2) 부당하게 특허 풀에 참여하지 않은 다른 사업자에 대한 실시를 거절하거나, 차별적인 조건으로 실시계약을 체결하는 행위,
> (3) 특허 풀 운영 과정에 다른 사업자가 독자적으로 취득한 지식과 경험, 기술적 성과 등을 부당하게 공유하도록 하는 행위,
> (4) 부당하게 특허 풀에 무효인 특허 또는 공동실시에 필수적이지 않은 특허를 포함시켜 일괄실시를 강제하는 행위,
> (5) 특허 풀에 포함된 각 특허의 실시료를 합산한 금액보다 현저히 높은 일괄실시료를 부과하여 실시권자에게 과도한 불이익을 제공하는 행위.
>
> (공정거래위원회, 「지적재산권 부당한 행사 심사기준」, 2010년 개정)

하지만, 현실적으로 특정 특허 풀이 상호 보완적인 기술로 이루어졌는지, 상호 대체가능한 기술들로 이루어졌는지는 판단하는 것은 쉬운 일이 아니다. 이러한 문제를 보완하기 위해 제시되고 한 가지 방안은 특허 풀에 들어가 있는 기술들이 개별적으로 실시허락이 되어야 한다는 것이다. 이들 기술이 개별적으로 실시허락이 될 수 있어야 대체가능한 기술들이 중복적으로 특허 풀에 들어가 있을 때 그 기술의 소비자는 불필요한 기술을 배제하고 구입하면 된다.

물론 여기서 기술사용료를 책정하는 데 있어 특허 풀에 참여하는 기업 간의 이해에 상호 충돌이 있을 수 있다. 특허 풀에 참여하는 기업들 중에는 기술을 라이선싱을 주는 것만으로 수익을 얻는 순수 '기술' 기업들도 있고, 그 기술을 이용하여 관련 상품을 판매하는 수직통합 기업도 있을 수 있다. 기술개발에만 특화된 기업은 보다 높은 기술사용료를 책정하고 싶어하고, 이에 반해 그 기술을 이용하여 관

련 상품을 생산하는 기업은 그 기술사용료를 낮추고 싶어한다. 그 특허 풀에 참가하는 기업들 간의 협상력에 따라 보다 낮거나 높은 기술사용료가 책정된다.

특허 풀로 얻어진 수익을 참여기업들 간에 어떻게 분배할 것인가는 중요한 문제이다. 이러한 문제는 특허 풀 형성 자체를 어렵게 할 수 있다. 가장 대표적인 예는 W-CDMA가 될 수 있다. 2004년도 당시 총기술사용료의 합을 5% 이내로 하자는 제안이 있었다. 하지만, 2006년 당시 W-CDMA에 필수적인 기술을 가지고 있는 73개의 기업 중 오직 7개의 기업만이 참가하였으며, Qualcomm, Nokia, Motorola, Ericsson과 같은 기업들은 참여하지 않았다(Aoki and Nagaoka, 2005).

DVD 특허 풀도 중요한 예 중에 하나이다. 1995년 DVD 특허 풀이 형성되었고, 10여 개의 기업이 참가하였 다. 그 특허 풀은 실시허락을 주어 얻어지는 수익을 특허 수에 기반해서 분배하였다. 이 분배방식은 단순하고 간결하다는 장점을 지니고 있다. 하지만, 특허 수는 적다고 하여도 주요한 기술을 가지고 있는 기업 입장에서는 이러한 수익분배방식을 받아들이기 어려운 것이다. 초기의 DVD 특허 풀에서 Thomson은 탈퇴하였고, Philips, Sony, Pioneer 역시 그 특허 풀에서 탈퇴해서 독자적인 특허 풀을 만들었다(Aoki and Nagaoka, 2005). Aoki and Nagaoka(2005) 연구에 따르면, 특허 수에서 보면 이들 기업이 가지고 있는 특허 수는 DVD 관련 특허 수의 42%이나, 그 기업들이 얻는 기술사용료 수익은 56%이다. 이와 같이 특허 수와 기술의 중요도가 비례하지 않는 경우, 특허 수에 기반하여 수익을 배분하는 방식으로는 특허 풀을 유지하기 어렵다.

5. 상호 실시허락

기업들이 자신이 가지고 있는 기술을 다른 기업에 서로 실시허락을 주는 행위는 기업들이 가지고 있는 기술의 가치를 올릴 수 있고, 보완적인 생산기술들의 통합을 용의하게 한다. 일반적으로 두 기업이 각각 특허 포트폴리오를 가지고 있으며, 서로 다른 기업의 특허 포트폴리오를 필요로 할 때 상호 실시허락(cross-license)을 체결할 수 있다. 일반적으로 상토 실시허락 계약을 체결하면 그 계약이 유효한 기간 동안, 추가로 얻게 되는 미래의 특허에 대해서도 상대방 기업에게 실시허락이 된다. 이러한 상호 실시허락은 때때로 기업들 간의 특허 포트폴리오의 차이를 반영하거나, 또는 특허분쟁에서의 승소 확률 차이를 반영하기 위해 'balancing payments'를 포함할 수 있다.

보완적인 기술의 결합이라는 측면 외에도, 상호 실시허락은 특허분쟁의 위험성을 줄이는 측면에서도 장점이 있다. 한 해에 많은 수의 특허가 허가되고 있다. 많은 기업들이 자신들이 가지고 있는 특허 포트폴리오를 전략적 수단으로 사용하고 있다. 이러한 경우 의도하지 않아도 다른 기업의 특허권을 침해하였다는 특허권 분쟁에 쉽게 들어갈 수가 있다. 기업들이 가지고 있는 특허권에 어느 정도 중복이 있을 수 있어 특허분쟁에 들어갈 확률이 높을 경우, 두 기업이 서로 소모적인 특허분쟁에 들어가기보다는, 상호 실시허락을 체결하여 서로 상대 기업의 특허 포트폴리오 침해 여부를 걱정하지 않고 특허분쟁으로부터 자유롭게 기술 · 신상품 개발을 할 수가 있는 것이다. 따라서 상호 실시허락은 적어도 특허 덤불(patent thicket) 문제를 피해 가므로 기술개발 경쟁을 촉진할 수 있다. 이러한 특허 덤불을 피해 나가는 방법으로 상호 실시허락이 많이 사용되고 있다.

예를 들어, Intel은 IBM 등 다른 주요 산업의 참가자들과 여러 개의 광범위한 상호 실시허락 계약을 맺었다. IBM과 Intel이 현재와 미래 특허권에 대한 상호 실시허락 계약을 체결한다면, 각 기업들은 특허권 분쟁을 걱정할 필요 없이, 더욱 빨리, 그리고 더욱 효율적으로 신기술 · 상품 개발에 착수할 수 있다.

상호 실시허락이 이러한 긍정적인 측면을 가지고 있는 반면에 경쟁기업들 간의 담합수단으로 사용될 수도 있다는 우려가 있다. 경쟁기업들 간의 상호 실시허락에서 기업들 간의 기술적 사용에 대한 금전적 지불이 있을 경우 이러한 기술사용료(running royalties)는 최종 상품가격을 상승시키고 가격담합의 수단으로 사용될 수도 있다. 이러한 문제는 다른 기업의 특허 포트폴리오에 접근할 수 있다는 장점으로 인해 각 기업이 더 많은 기술개발 자유를 얻게 될 때 증가하는 혜택과 비교하여 평가되어야 한다.

참고문헌

Allison, John R. and Mark A. Lemley, "Who's Patenting What? An Empirical Exploration of Patent Prosecution," *Vanderbilt Law Review*, 53(6), 2000, pp. 2099-2174.

Aoki, Reiko and Sadao Nagaoka, "Coalition formation for a consortium standard through a standard body and a patent Pool: Theory and evidence from MPEG2, DVD and 3G," IIR Working Paper 05-01, 2005.

Arrow, Kenneth J., "Economic Welfare and the Allocation of resources to Invention," in R. R. Nelson, ed., *The Rate and Direction of Economic Activity*, Princeton: Princeton University Press, 1962.

Bresnahan, Timothy F., "Post-Entry Competition in the Plain Paper Copier Market," *American Economic Review*, 75, May 1985, pp. 15-19.

Cournot, A. A., *Researches into the Mathematical Principles of the Theory of Wealth*, English Edition, New York: Kelley, 1838.

Gilbert, Richard J., "Antitrust for Patent Pools: A Century of Policy Evolution," *Stanford Technology Law Review*, April 2004(http://stlr.stanford.edu/STLR/Core_Page/_New Antitrust Laws for the "New Economy").

______, "Looking for Mr. Schumpeter: Where Are We in the Competition-Innovation Debate?," National Bureau of Economic Research, 2005.

Gilbert, Richard J. and David Newbery, "Preemptive Patenting and the Persistence of Monopoly," *American Economic Review*, 72(2), 1982, pp. 514-526.

Gordon, Wendy, "Intellectual Property," in Peter Can and Mark Tushnet, eds., *The Oxford Handbook of Legal Studies*, Oxford: Oxford University Press, 2004, pp. 617-646.

Heller, Michael, "The Tragedy of the Anticommons," *Harvard Law Review*, 111(3), 1998, pp. 621-688.

Jaffe, Adam and Josh Lerner, *Innovation and Its Discontents: How Our Broken Patent*

System is Endangering Innovation and Progress, and What to Do About It, Princeton: Princeton University Press, 2004.

Landes, William and Richard Posner, *The Economic Structure of Intellectual Property Law, Cambridge*: Belknap Press of Harvard University Press, 2003.

Lemley, Mark A. and Carl Shapiro, "Probabilistic Patents," *Journal of Economic Perspectives*, 19(2), Spring 2005, pp. 75-98.

Lerner, Josh and Jean Tirole, "The Economics of Technology Sharing: Open Source and Beyond," *Journal of Economic Perspectives*, 19(2), Spring 2005, pp. 99-120.

Link, A. N. and J. Lunn, "Concentration and the Returns to R&D," *Review of Industrial Organization*, 1, 1984, pp. 232-239.

MacDonald, James M., "Does Import Competition Force Efficient Production?," *Review of Economics and Statistics*, 76(4), 1994, pp. 721-727.

Menell, Peter and Suzanne Scotchmer, "Intellectual Property Law," in A. Mitchell Polinsky and Steven Shavell, eds., *Handbook of Law and Economics*, 2, Amsterdam: North Holland, 2007.

Posner, Richard, "Intellectual Property: The Law and Economic Perspectives," *Journal of Economic Perspectives*, 19(2), Spring 2005, pp. 57-73.

Schumpeter, Joseph A., *The Theory of Economic Development*, Cambridge: Harvard University Press, 1934(New York: Oxford University Press, 1961; First published in German, 1912).

Shapiro, Carl, "Navigating the Patent Thicket: Cross License, Patent Pools, and Standard Setting," in Adam Jaffe, Joshua Lerner, and Scott Stern, eds., *NBER Innovation Policy and the Economy*, Cambridge: MIT Press, 2001, pp. 119-150.

______, "Antitrust Limits to Patent Settlements," *RAND Journal of Economics*, 34(2), 2003, pp. 391-411.

______, "*Injunctions, Holdup and Patent Royalties,*" Working Paper, Competition Policy Center UC Berkeley, 2006.

Shavell, Steven, *Foundations of Economic Analysis of Law*, Cambridge: Belknap Press of

Harvard University Press, 2004.

U.S. Department of Justice and Federal Trade Commission, *Antitrust Guidelines for the licensing of Intellectual Property*, 1995(reprinted in 4 Trade Reg. Rep. (CCH) ¶ 13,132, and available at http://www.usdoj.gov/atr/public/guidelines/ipguide.htm).

Chapter 11

김성용 · 오수근

도산법의 법경제학

Ⅰ. 서론

Ⅱ. 도산법의 의미와 존재이유

Ⅲ. 파산절차와 회생절차

Ⅳ. 기업가치의 평가

Ⅴ. 기업가치 평가의 대안

Ⅵ. 개인도산과 면책

Ⅶ. 결론

Chapter 11

도산법의 법경제학

김성용 · 오수근

Ⅰ. 서론

이 글은 도산법을 법경제학적 관점에서 고찰한 것이다. 법경제학적 관점에서 도산법은 존재이유가 있는 것인지, 도산법의 주요한 법원칙은 법경제학적 관점에서 정당화될 수 있는 것인지, 일부 도산실무는 왜 법경제학 관점에서 수용하기 어려운지 등의 몇 가지 의문과 주장이 이 글을 쓰게 된 배경이다. 필자들은 이 글에서 아직 국내에서 본격적으로 시도되지 않은 도산법에 대한 법경제학적 분석을 하려고 한다. 이를 통해 앞으로 도산법 논의에서 법경제학적 논리전개가 활성화되기를 소망한다.

필자들은 도산법과 관련된 주요한 쟁점 중에서 도산절차의 정당성과 구성, 기업가치 평가 그리고 개인채무자의 면책을 중심으로 하여 논지를 전개한다. 이 글이 도산법 전체에 대한 법경제학적 분석을 시도하거나 도산법 전체를 일관된 법경제학적 논리로 설명하려는 것은 아니다. 또한 현재의 도산실무에 대한 개선방안이나 입법론을 제시하는 것 자체가 목적은 아니다.

이 글은 모두 일곱 절로 구성되어 있다. 서론에 이어 제Ⅰ절에서는 도산법이 어떤 법이며 왜 그런 법이 필요한지를 다섯 가지 항목으로 나누어 설명한다. 제Ⅱ절에서는 도산절차의 양대 축인 파산절차와 회생절차를 소개하고 회생절차를 정당화하기 위한 전제인 청산가치 보장의 원칙을 설명한 다음에 실무에서 이를 어떻게 수용하였고 현재 어떤 문제가 있는지를 비평한다. 제Ⅳ절에서는 회생절차에서 중요한 역할을 하는 기업가치의 평가방법과 배분을 법제학적 관점에서 분석하고 도산실무에서 이루어지는 청산가치와 계속기업가치의 비교에 대하여 비평한다. 제Ⅴ절에서는 도산실무에서 이루어지는 기업가치 평가의 대안으로 제시되는 이론을 소개하고, 실제 사건에서 문제되었던 쟁점과 관련하여 기업가치 평가의 대안적 접근을 시도한다. 제Ⅵ절에서는 기업도산과는 구별되는 개인도산의 특이점을 논하고 면책제도의 경제학적 정당성을 논증한다. 제Ⅶ절에서는 서술내용을 요약하고 향후 논의가 필요한 부분에 대한 제안을 한다.

Ⅱ. 도산법의 의미와 존재이유

1. 도산법의 의미

채무자가 변제기에 채무를 이행하지 않으면 채권자는 민사집행법이 정하고 있는 방법에 따라 채권자의 책임재산에 대하여 강제집행을 할 수 있다. 이러한 일반적인 추심절차에 부가하여 도산법은 독자적인 추심절차를 규정하고 있다. 도산법에서 규정하고 있는 도산절차는[1] 집단적 채권추심절차이다. 이때 집단적이라는 개념은 두 가지 의미를 갖는다. 하나는 개별 채권자의 추심행위가 금지되고 채권자 전체가 하나로 인식되면서 절차를 진행한다는 의미에서 집단적이다. 다른 하나는 채무자의 재산이 개별적으로 집행의 대상으로 인식되는 것이 아니고 채무자 재산을 집단적으로 묶어서,[2] 채권추심에 사용한다는 의미이다. 도산법은 집단적 채권절차에 들어올 채권자와 채무자의 재산 범위를 규정한다.

1) 이 글에서 '도산절차'는 회생절차와 파산절차를 아우르는 의미로 사용하고 도산법은 도산절차를 규율하는 법규를 의미한다. 우리나라 현행 도산법인 「채무자 회생 및 파산에 관한 법률」은 '현행 도산법'으로 칭한다.
2) 이를 도산재단(insolvency estate)이라고 한다.

일반적인 채권추심절차는 개별 채권자가 채무자의 개별 재산에 대하여 추심을 한다는 점에서 집단적인 성격을 가지지 않는다. 반면에 도산법이 적용되는 상황에서는 채권자의 독자적인 채권추심은 제한되고 도산법이 정한 법원칙에 따라 채권을 추심하여야 한다. 그렇다면 법은 왜 일반적인 채권추심행위를 금지하고 도산법에 따른 채권추심을 강제하는 것인가? 이는 일반 채권추심절차에 비하여 도산법에 따른 집단적 채권추심절차에서 채권자 전체가 더 많은 추심이 가능하기 때문이다. 이를 가상적 채권자 간 합의 모형을 통해서 알아본다.

2. 도산법의 존재이유[3)]

1) 토마스 잭슨의 가상적 채권자 간 합의 모형

토마스 잭슨(Thomas H. Jackson)은 "왜 도산법이 있는가?"라는 도산법학의 근본적인 질문에 대하여 이른바 가상적 채권자 간 합의 모형(hypothetical creditors' bargain model)에 입각한 대답을 제시한 바 있다.[4)] 그 요지는 어느 채무자에 대한 모든 채권자들이 사전에, 즉 채무자에게 신용을 공여하기 이전에 협상의 기회를 가졌더라면, 채무자가 도산할 경우에는 민사법상 허용된 개별적인 권리구제수단의 행사에 갈음하여 집단적인 집행절차인 도산절차를 진행하기로 합의하였을 것이며, 도산법은 바로 그러한 가상적 합의를 전제로 그에 구속력을 부여하기 위하여 필요하다는 것이다.

아래의 예와 같이 채무기업에 대한 채권자로서 약정 무담보 채권자(consensual unsecured creditors)만이 존재하는 세계를 상정하자. 채무기업 D는 채권자 C1과 C2로부터 각 5억 원을 빌린다. D는 도산할 가능성이 있다. D의 도산시 D의 사업은 유기적 일체로서는 8억 원, 자산을 개별적으로 분리하여 매각하는 경우에는 6억 원의 가치를 가지며, C1과 C2가 개별적인 구제수단을 행사하는 경우에는 각자 2,000만 원의 비용을 지출하리라고 예상된다. 잭슨에 따르면 이러한 상황에서 D, C1과 C2는 전략적 비용의 감소(reduction of strategic costs), 자산집합의 증대(increased aggregate

3) 이 부분은 김성용 편역, 「미국 도산법 문헌 산책 (1)」("Bankruptcy, Non-Bankruptcy Entitlements, and the Creditors' Bargain"), 『도산법연구』, 제2호, 2010을 간략하게 재구성하고 보완한 것이다.
4) Jackson(1982) 참조.

pool of assets) 및 관리상의 효율성(administrative efficiencies)이라는 세 가지 이유에서 D가 도산하는 경우에 집단적 집행절차인 도산절차를 진행하기로 사전에 합의하리라는 것이다.

2) 전략적 비용의 감소

도산절차는 채무자가 도산하는 경우에 법원으로의 경주(race to the courthouse; court-run)로 인해 채권자들에게 발생하는 전략적 비용을 제거하는 효용을 가진다. 위의 예에서 C1과 C2 중 어느 한 채권자가 먼저 집행권원을 취득해 D의 재산에 대한 강제집행을 하는 경우에 그는 D에 대한 대출금 5억 원을 전부 회수할 수 있지만, 다른 채권자에게는 1억 원만이 남게 된다. C1과 C2 사이에서 구속력 있는 사전 합의가 없다면, 이러한 상황은 전형적인 용의자의 딜레마(prisoner's dilemma)를 야기한다. 개별 채권자의 입장에서는 개별적인 구제수단을 다른 채권자보다 신속하게 행사하는 것이 다른 채권자도 개별적인 구제수단을 신속하게 행사하려 하는 경우뿐만 아니라 그가 그리하지 아니하는 경우에도 항시 최적의 전략이다. 그리하여 모든 채권자들이 각자 그러한 전략을 취하게 되면, 그들이 전체적으로 회수하는 총액은 증가하지 아니하면서(경우에 따라서는 오히려 감소하면서) 단지 그에 따른 비용만이 발생하는, 사회적으로 비효율적인 결과가 초래될 수 있다.

예컨대, C1과 C2 가운데 어느 한 채권자가 다른 채권자에 앞서 자신의 채권을 회수할 확률이 50%인데, 그가 어떠한 조치를 취하는 경우에는 위의 확률이 100%로 상승한다고 하자. 그렇지만 위의 조치를 다른 채권자도 취하는 경우에는 위의 확률이 50%에서 변화되지 아니한다고 하자. 이 경우에 C1과 C2는 자신이 위의 조치를 취하지 아니하는 경우에는 상대방도 이를 취하지 아니할 것이라는 보장이 없는 이상, 그에 소요되는 비용이 2억 원(={0.5(5억 원)+0.5(1억 원)}−1억 원)에 미달하는 한에 있어서는, 공히 이를 취할 유인을 가진다. 그렇게 되면, C1과 C2가 D로부터 회수하는 총액은 6억 원으로 변함이 없지만, 단지 최대 4억 원의 비용만이 발생한다. 이러한 결과는 사회적으로 명백히 비효율적이지만, 각자의 입장에서는 최적의 전략을 취한 데에 따른 것이다.[5] 따라서 C1과 C2는 D가 도산하는 경우에 개별적인 구

5) 예컨대, 위의 조치를 취하는 데에 소요되는 비용이 1억 원이라고 하자. C1의 입장에서 보자면, C2가 위의 조치를

제수단을 행사하지 아니하기로 하는 구속력 있는 사전 합의를 함으로써 위와 같은 비용의 발생을 방지하는 공통의 효익을 누릴 수 있다. 요컨대, 도산절차는 지대추구(rent-seeking)행위를 억지하는 효과를 가질 수 있는 것이다.

또한 도산절차는 채무자가 도산하는 경우에 채권자들의 예상 회수액의 변동성(variance)을 감소시키는데, 그들이 위험회피적(risk-averse)이라면 이는 그 자체로 그들에게 효용을 발생시킨다. 위의 예에서 C1과 C2가 개별적인 구제수단을 행사하는 경우에는 5억 원을 회수할 50%의 가능성과 1억 원만을 회수할 50%의 가능성에 직면한다. 그렇지만 C1과 C2가 도산절차를 진행하여 평등한 분배를 하는 경우에는, 설령 D의 자산을 개별적으로 분리하여 매각한다고 하더라도, 확정적으로 3억 원을 회수할 수 있다.[6] 그렇다면 C1과 C2는 D에게 신용을 공여하기에 앞서 D가 도산하는 경우에는 도산절차를 진행하기로 합의할 것이다.[7] 그리고 이러한 불확실성의 감소에 따른 자본비용의 감소는 D에게도 유익할 것이다.

3) 자산집합의 증대

개별 채권자가 개별적인 구제수단을 행사하는 경우에는 채무자의 자산을 개별적으로 분리하여 매각하는 것이 원칙이므로, 그에 의하여 유기적 일체를 구성하고 있는 채무자의 사업이 해체될 수 있다. 만일 채무자의 사업을 유기적 일체로서 유지함으로써 그 자산집합의 가치가 증대될 수 있다면, 채무자의 자산을 개별적으로 분리하여 매각하지 아니하는 도산절차를 진행하는 것이 전체 채권자에게 이로울 것이다. 위의 예에서 D의 사업을 유기적 일체로서 유지하는 것이 C1과 C2에게 분

취하는 경우에는 자신도 위의 조치를 취해야 한다. 그 경우에 자신은 위의 조치를 취하지 아니한다면 1억 원만을 회수할 수 있을 것이지만, 자신도 위의 조치를 취한다면 3억 원을 회수할 수 있어 그에 소요되는 비용 1억 원을 차감하더라도 회수액이 증가하게 될 것이기 때문이다. 한편으로 C1은 C2가 위의 조치를 취하지 아니하는 경우에도 위의 조치를 취해야 한다. 그 경우에 자신도 위의 조치를 취하지 아니한다면 3억 원만을 회수할 수 있을 것이지만, 자신은 위의 조치를 취한다면 5억 원을 전부 회수할 수 있어 그에 소요되는 비용 1억 원을 차감하더라도 회수액이 역시 증가하게 될 것이기 때문이다. 결국 C1의 입장에서는 C2가 위의 조치를 취하는지의 여부에 관계 없이(위의 조치를 취하는 데에 소요되는 비용이 2억 원에 미달하는 한에 있어서는) 항시 위의 조치를 취하는 것이 최적의 전략으로 되는데, 이러한 전략을 우월전략(dominant strategy)이라고 한다.

6) C1과 C2의 예상 회수액은 전자의 경우와 후자의 경우에 공히 3억 원이지만, 그들이 위험회피적이라면 후자를 선호한다는 것이다. 이를 달리 말하자면, 전자의 경우에 2억 원을 더 회수하는 데에 따른 효용의 증가분보다는 2억 원을 덜 회수하는 데에 따른 효용의 감소분이 더 크다는 것이다.

7) 이러한 불확실성은 분산가능한(diversifiable) 것이므로, C1과 C2는 분산투자에 의하여 이를 제거할 수 있을 것이다. 그렇지만 실제에 있어 모든 채권자가 분산투자를 용이하게 행할 수 있는 것은 아니라면, 도산절차의 진행에 의한 위와 같은 불확실성의 제거는 여전히 많은 경우에 유익할 것이다.

배되는 가치를 2억 원만큼 증가시킨다. D의 사업이 계속기업으로 제3자에게 매각(즉, 최고의 가치로 사용될 수 있는 상태로 '청산')되는지 아니면 '회생'되는지를 불문하고,[8] 그러한 유기적 일체의 유지가 명백히 C1과 C2에게 공히 이익인 것이다. 하지만 C1과 C2 사이에서 구속력 있는 사전 합의가 없다면, 그들은 다시 전형적인 죄수의 딜레마에 직면한다.[9] 그들에게 집단적으로 최적인 선택은 상호 협력하여 개별적인 구제수단을 행사하지 아니하고 D의 사업을 유기적 일체로서 유지하는 것이지만, 다른 채권자의 협력이 보장되지 아니하는 경우에는 개별적인 구제수단을 행사하는 것이 개별 채권자로서는 최적의 선택이 되는 것이다.[10]

물론 이론상으로는 이 경우에 사후적인 재협상(renegotiation)이 가능하다. 예컨대, C1의 신청으로 D의 자산에 대하여 개별적으로 강제집행절차가 개시되었는데, C2가 배당요구를 하지 아니한 상태에서 그 종기가 경과하였다고 하자. 이제 C1은 대출금 5억 원의 회수를 보장받았다. 하지만 C2는 C1을 설득하여 D의 사업을 유기적 일체로서 유지하지 못한다면 3억 원과 1억 원의 차액을 상실할 처지에 놓이게 되었다. 그렇다면 C2는 최대 2억 원의 '뇌물'을 C1에게 제공하여 C1으로 하여금 강제집행절차를 취하하게 하는 합의를 할 수 있다. 이러한 합의는 그들에게 공히 이로운 결과를 낳기 때문에, 코즈 정리가 작동하는 세계에서라면 C1과 C2는 반드시 그러한 합의에 이르게 될 것이다.[11] 요컨대, 이러한 세계에서는 도산절차의 존재 여부와 관계없이 D의 사업이 계속기업으로 '매각'되는, 사회적으로 최선인 결과가

8) 흔히 파산절차는 채무자의 사업을 구성하는 자산을 개별적으로 분리하여 매각하는 절차이고, 회생절차는 이를 유기적 일체인 계속기업으로 유지하는 절차인 것으로 이해하는 경향이 있으나, 파산절차에서도 계속기업을 전체로서 매각하는 것이 가능하다는 점에 비추어 보면, 이는 부정확한 이해이다. 양자의 구별은 전자에서는 채무자의 사업 또는 자산이 실제로 시장에서 매각됨에 반하여, 후자에서는 기존의 청구권자들에게 관념적으로 매각된다는 점에서 찾아야 하는 것이다.

9) 이는 이른바 '공유자원 문제'(common pool problem)의 전형적인 예이기도 하다.

10) C1과 C2가 협력하여 공히 개별적인 구제수단을 행사하지 아니함으로써 D의 사업이 유기적 일체로서 유지되는 경우에는 8억 원 상당의 가치가 실현되며, C1과 C2는 각자 4억 원씩을 회수하게 될 것이다. 그러나 C1의 입장에서 보자면, C2가 개별적인 구제수단을 행사하지 아니하는 경우에 자신은 이를 행사하는 것이 보다 유리하다. 그 경우에 실현되는 가치는 D의 사업을 구성하는 자산이 분리되어 개별적으로 매각됨에 따라 6억 원 상당에 그치지만, C1은 그 중에서 5억 원을 회수할 수 있어 회수액이 증가하게 될 것이기 때문이다. 그렇다면 같은 입장에 놓인 C2 역시 개별적인 구제수단을 행사할 것인데, 이 경우에도 C1은 여전히 이를 행사하는 것이 보다 유리하다. C1이 이를 행사하지 아니하는 경우에는 C2가 5억 원을 회수하여 감에 따라 자신의 회수액이 1억 원에 그칠 것이지만, 이를 행사하는 경우에는 자신의 회수액이 3억 원으로 될 것이기 때문이다. 이러한 결과는 C1과 C2가 협력한 경우에 비해 모두에게 손해이지만, 그러한 협력이 보장되지 아니하는 한에 있어서는 각자가 최적의 선택을 한 데에 따른 것이다.

11) 위의 2억 원이 그들 사이에서 구체적으로 어떻게 분배되느냐, 달리 말하자면 C2가 구체적으로 얼마의 뇌물을 C1에게 제공해야 하느냐는 협상력(bargaining power)에 달린 문제이다.

항시 발생하게 되며, 도산절차의 존재 여부에 따라 달라지는 것은 D의 사업가치가 C1과 C2 사이에서 어떻게 분배되느냐일 뿐이다. 즉, 도산절차가 존재하는 경우에는 C1에게 5억 원이, C2에게 3억 원이 각기 분배될 것임에 반하여, 도산절차가 존재하지 아니하는 경우에는 최대 2억 원까지 C1에게 분배되는 가치가 증가하고 그만큼 C2에게 분배되는 가치가 감소하게 될 것이지만, 이는 단지 부의 이전(wealth transfer)의 문제일 따름이다.

하지만 실제에 있어서는 이러한 재협상 과정에서 많은 거래비용이 발생한다.[12] 한편으로 C1과의 재협상은 C2가 D의 자산을 강제집행절차에서 낙찰받거나 그 대체재를 시장에서 구매할 수 있다면 회피될 수 있을 것이지만, 이는 항상 가능한 것이 아니다.[13] 그에 반하여 C1과 C2가 D의 계속기업잉여(going-concern surplus)를 획득하여 분배하는 것을 가능하게 하는 도산절차를 진행하기로 하는 합의가 사전적으로 이루어질 가능성은 훨씬 높다. 그때에는 C1과 C2 모두 사후에 누가 먼저 개별적인 구제수단을 행사할 수 있을지는 알 수 없지만, 도산절차의 진행에 의하여 그들에게 집단적으로 귀속되는 가치가 증대되리라는 것은 분명히 알고 있기 때문이다.

4) 관리상의 효율성

마지막으로 도산절차는 절차비용을 절감시킨다. 집단적 집행절차인 도산절차는 개별적인 강제집행절차에는 없는 규모의 경제를 창출할 수 있다. 위의 예에서 C1과 C2가 개별적인 구제수단을 행사하는 경우에는 각자 2,000만 원의 비용을 지출할 것으로 예상되었으나, 도산절차에서 지출되는 비용은 그 합인 4,000만 원보다 적을 수 있다. 예컨대, 총 3,000만 원의 비용이 도산절차에서 발생한다면, 이를 이용함으로써 그들은 각자 500만 원을 절약하게 될 것이다. 따라서 C1과 C2는 이러한 비용의 절감을 가져오는 도산절차를 D의 도산시에 진행하기로 사전에 합의할 것이다.

12) C1과 C2가 쌍방독점(bilateral monopoly)의 상황에 놓여 있다는 점이 그러한 거래비용을 발생시키는 주요한 요인 중의 하나일 것이다.

13) 예컨대, D의 자산이 특유한(unique) 것이어서 그 대체재를 시장에서 구매하는 것이 불가능할 수 있다. 또한 위의 예에서와는 달리 C1 이외의 다른 채권자가 다수인 경우에는, 무임승차 문제(free-rider problem)가 발생한다.

5) 사전적 합의의 제약

이상에서 살핀 바와 같이 채권자들이 사전적으로 협상의 기회를 가진다면 채무자가 도산할 경우에는 도산절차를 진행하기로 하는 합의에 이를 가능성이 높다. 그렇지만 위와 같은 사전적 협상은 실제로는 일어나지 아니한다. 무엇보다 불법행위 채권자와 같은 비약정(non-consensual) 청구권자와는 그러한 협상을 할 수 없다.

한편, 위의 예에서 C1과 C2는 동시에 D와 대출계약을 체결하는 것으로 상정되었으나, 실제로는 채권자와 채무자 사이의 계약은 그 시점을 달리하여 여러 차례에 걸쳐 순차적으로 행하여진다. 예컨대, C1과 C2가 순차적으로 D와 대출계약을 체결하며, 따라서 그들이 직접 도산절차의 채택에 관한 사전적 합의를 하는 것은 불가능하다고 가정하자. 이러한 경우에도 도산절차 채택의 합의에 따라 자본비용의 감소라는 이익을 누릴 수 있는 D의 입장에서는 C1 및 C2와 체결하는 각 대출계약에 그러한 합의를 포함시킴으로써 결과적으로 C1과 C2 사이에서 직접 그러한 합의가 있은 것과 같은 효과가 발생하게 할 유인을 가질 것처럼 보인다.

그러나 D가 C1과 대출계약을 체결하면서 장차 C2와 대출계약을 체결할 때에도 도산절차 채택의 합의를 포함시킬 것임을 약속(commitment)함으로써 대출금리의 인하와 같은 이익을 일단 취하고 나면, 그 이후에 실제로 C2와 대출계약을 체결할 때에는 그에 도산절차 채택의 합의를 포함시킴으로써 C1에게 행하였던 약속을 준수할 유인을 더 이상 가지지 않게 될 수 있다. 이때에는 C2에게 그러한 합의를 요구하지 아니함으로써 D의 도산시에 C2가 C1에 우선하여 개별적인 구제수단을 행사할 수 있게 하여 주는 것이 C2에게 더 이익이 될 수 있으며, D는 C2에게 그러한 이익을 제공하는 대가로 추가적인 금리인하와 같은 이익을 취할 수 있다. 이러한 D와 C2의 이익은 C1에게 사후적으로 손실을 전가시킴으로써 창출되는 것인데, 이제 이러한 상황이 발생할 수 있다는 것을 예상하는 C1으로서는 처음부터 D와의 대출계약에 도산절차 채택의 합의를 포함시키는 데에 동의하지 않을 것이다. 즉, 어느 채권자가 채무자와 맺은 도산절차의 채택에 관한 합의를 배제(opt-out)하는 계약을 그 이후의 다른 채권자가 채무자와 맺는 것이 허용된다면,[14] 그 채권자는 처음부

14) 이러한 배제를 허용하지 아니하는 방안(예를 들면, 최초의 합의에 일종의 대세효(對世效)를 부여하는 방안)을 생각할 수도 있다. 이에 관하여는 아래 V. 2. 2) 카멜레온 지분 부분에서의 논의 참조.

터 그러한 합의에 구속되는 데에 동의하지 아니할 것이다.[15)]

잭슨에 따르면, 도산법이란 바로 그러한 현실적 장애가 없는 가상적인 상황에서라면 모든 채권자들과 채무자가 사전에 기꺼이 그 선택에 합의하였을 강행적 도산절차를 내용으로 하고 있다는 점에서 그 존재이유를 발견할 수 있다.

Ⅲ. 파산절차와 회생절차

1. 파산절차와 회생절차의 비교

도산법은 파산절차와 회생절차를 규정하는 것이 보통이다.[16)] 파산절차는 절차개시 시점을 기준으로 하여 채무자의 재산을 환가하여 채권자에게 배당하는 청산절차(liquidation proceeding)이다. 회생절차는 채무자의 사업을 유지하면서 채권의 전부 또는 일부를 집단적으로 추심하는 갱생절차(rehabilitation proceeding)이다.

역사적으로 보면 수 세기 동안 파산절차가 도산절차의 전형이었다. 그러나 모든 채권자가 합의하는 경우에는 채무자가 사업을 계속하면서 합의된 바에 따라 집단적으로 채권추심을 할 수 있었다. 그러한 전원합의에 기초한 집단적 채권추심에서 한 걸음 더 나아가 다수의 채권자가 합의한 경우 그 합의에 부동의한 채권자도 구속하는 절차가 도산법에 들어오게 되었다. 특히, 철도회사의 도산에서 회생절차가 유일한 방안으로 받아들여지면서 회생절차는 도산법의 중심적인 절차가 된다.

회생절차에서는 채무자가 사업을 계속하기 때문에 채권자가 추심할 수 있는 채무자의 재산이 제한된다. 또 파산절차에서는 담보채권자는 절차에 구속되지 아

15) 이는 도덕적 해이의 한 형태라고 할 수 있으며, 이른바 약속문제(commitment problem)의 전형적인 예이다. 이러한 약속문제의 존재는 강행적 규범의 필요성을 설명하는 논거로 여러 맥락에서 동원될 수 있다. 예컨대, 이 문제로 인하여 임의적인 재산분할(asset partitioning)이 효과적으로 가능하지 아니하다는 점이 강행적인 재산분할의 기제인 회사법의 존재 이유라는 유명한 견해가 있다. 이에 관하여는, Hansmann and Kraakman(2000), pp. 407-409 참조.

16) 현행 도산법은 제2장에서 회생절차를, 제3장에서 파산절차를 규정하고 있으며, 개인회생절차는 제4장에서 별도로 규정하고 있다.

니하고 담보권을 실행할 수 있는 데 반해 회생절차에서는 담보권자 역시 절차에 구속되어 담보권을 실행할 수 없다. 이렇게 권리행사를 제한하는 근거는 무엇인가? 이는 회생절차가 파산절차에 비해 채권자 전체에게 더 많은 추심을 가능하게 하기 때문이다. 이를 청산가치 보장의 원칙을 통하여 알아본다.

2. 청산가치 보장의 원칙[17)]

회생절차에서 채권자가 받는 금액은 동일한 사안이 파산절차에 들어간 경우 채권자가 받을 금액보다 적지 않아야 한다는 규정을 청산가치 보장의 원칙이라고 부른다. 구 회사정리법은 청산가치의 보장에 대하여 아무 규정을 두고 있지 않아 대법원 2000. 1. 5.자 99그35 결정의 사안에서 이 원칙의 적용 여부가 다투어졌다.

이 사건에서 정리담보권자는 정리회사에 약 74억 원을 대여하면서 정리회사가 제공한 액면금 95억 원 상당의 약속어음을 담보로 받아 가지고 있다가 약 28억 원을 추심하여 보관하고 있었다. 따라서 약 28억 원의 현금이 담보가 되고 있었고, 그 담보의 청산가치는 약 28억 원이 된다. 인가된 정리계획안에 따르면 원금의 40.66%는 면제, 44.98%는 출자전환, 14.36%는 3년 거치 7년 균등 분할상환하게 된다. 출자전환으로 받은 주식의 가치는 약 12억 원으로 평가되었고, 분할상환하는 10억 6,000만 원의 현재가치는 연 9%의 이자율을 적용할 때 약 5억 9,000만 원이 되었다. 따라서 변제액의 현재가치는 약 17억 9,000만 원(=12억 원+5억 9,000만 원)으로 이는 청산가치보다 작은 것이다. 이러한 정리계획이 허용될 수 있는지에 대하여 대법원은 그 이유설시 중 "정리담보권자가 회사정리절차에서 정리계획에 의하여 변제받을 금액은 최소한 정리회사가 회사정리절차를 거치지 아니하고 곧바로 청산되는 경우보다 많아야 한다는 주장은 독단적인 견해에 불과하여 채용할 수 없다"고 밝혔다.

그러나 이처럼 채권자가 회생절차에서 받게 되는 추심액의 가치가 파산절차에서 받게 되는 추심액의 가치보다 작다면 채권자가 그러한 손해를 감수해야 할 이

17) 이 부분은 오수근(2000)과 오수근(2007b)의 내용을 일부 인용한 것이다.

유가 없다. 그러므로 청산가치 보장의 원칙은 회생절차의 기본 원칙의 하나로 받아들여지고 있으며,[18] 대부분의 도산법이 청산가치 보장의 원칙을 회생계획의 인가요건으로 규정하고 있다.[19]

현행 도산법은 이 문제를 입법적으로 해결하기 위해 청산가치 보장의 원칙을 회생계획의 인가요건으로 신설하였다.[20] 한편, 대법원은 2005년 구 회사정리법이 적용된 사건에서 "청산가치는 보장되었다"는 표현을 통해[21] 사실상 구 회사정리법에서도 청산가치는 보장되어야 한다는 뜻을 밝혔다.

그런데 청산가치를 보장한다고 할 때 그 가치를 어떻게 평가하는가가 문제된다. 청산하는 상황에서 기업의 가치라는 점에는 이론이 없으나 그 시점에서 개별 자산의 가치를 기준으로 할 것인지 아니면 전체 기업의 가치를 기준으로 할 것인지가 문제이다. 이 점에 대해 우리 대법원은 확립된 판례를 유지하고 있다. 즉, "이러한 권리보호조항은 정리회사가 계속기업으로서 존속함을 전제로 한 정리계획안에 정리채권자조가 부동의한 경우에도 최소한 청산을 전제로 하였을 때 정리채권자조가 배당받을 수 있는 금액 상당을 변제받을 수 있도록 배려하는 한편, 그 요건이 충족된 경우에는 법원이 여러 사정을 참작하여 정리채권자조의 부동의에도 불구하고 정리계획안을 인가할 수 있도록 한 데에 그 취지가 있는 것이다. 따라서 여기서 회사재산의 평가는 기업재산을 해체 · 청산함이 없이 이를 기초로 하여 기업

18) 미국의 저명한 도산법 주석서는 청산가치 보장의 원칙을 회생절차의 초석의 하나라고 표현하고 있다. ("Section 1129(a)(7) is one of the cornerstones of Chapter 11 practice.") 7 Collier on Bankruptcy 1129.03[7] (2003) 참조.

19) [1] 미국 도산법 제1129조(계획안 인가)

(a) 법원은 다음 각 호의 요건이 충족되는 경우에 한하여 계획안을 인가해야 한다.…

7. (A) 계획안에 의하여 권리가 변경되는 각조 채권자들이 계획안을 승인하거거나, 파산(제7장) 절차에 의하여 청산하는 경우에 보유 혹은 수령할 금액보다 적지 아니한 가액의 재산을 계획안에 의하여 보유 혹은 수령한 때 …

[2] 독일 도산법 제251조(소수자 보호)

(1) 다음 각 호의 경우에는 채권자의 신청에 따라 도산계획에 대한 인가를 거절해야 한다.

1. 채권자가 도산계획에 대하여 서면으로 또는 법원의 등기부에 기재함으로 반대하거나 늦어도 표결을 위한 집회에서 반대한 때, 그리고

2. 채권자가 도산계획에 의하여 도산계획이 없는 경우의 상황보다 일응 더 불리한 상황에 처하는 때.

[3] UNCITRAL, Legislative Guide on Insolvency Law, Recommendation 152.

Where the insolvency law requires court confirmation of an approved plan, the insolvency law should require the court to confirm the plan if the following conditions are satisfied:

... (b) Creditors will receive at least as much under the plan as they would have received in liquidation, unless they have specifically agreed to receive lesser treatment.

20) 제243조(회생계획인가의 요건)

① 법원은 다음의 요건을 구비하고 있는 경우에 한하여 회생계획인가의 결정을 할 수 있다.…

4. 회생계획에 의한 변제방법이 채무자의 사업을 청산할 때 각 채권자에게 변제하는 것보다 불리하지 아니하게 변제하는 내용일 것. 다만, 채권자가 동의한 경우에는 그러하지 아니하다.…

21) 대법원 2005. 11. 14.자 2004그31 결정.

활동을 계속할 경우의 가치(이하 '계속기업가치'라 한다)에 의할 것이 아니라, 원칙적으로 도산기업이 파산적 청산을 통하여 해체 · 소멸되는 경우에 기업을 구성하는 개별 재산을 분리하여 처분할 때의 가액을 합산한 금액(이하 '청산가치'라 한다)에 의할 것이다."[22)]

청산가치에 대한 위와 같은 정의는 1998년 전면개정된 재판예규 회사정리사건 처리요령(재판 92-5)에서 처음 등장한 이래 대법원 결정에서 일관되게 유지되고 있다.[23)] 파산절차에서 채무자의 재산을 환가하는 방법은 기준에 따라 여러 가지를 생각할 수 있다. 경매방식과 임의매각방식, 일괄매각과 분리매각, 환가의 시기를 고정하는 경우와 유동적으로 두는 경우 등이다. 그런데 회생절차에서 청산가치를 산정하는 경우에 법원은 개별 재산의 분리처분만을 상정한 것이다.

이러한 인식은 우선 도산법의 내용과 충돌한다. 구 파산법은 환가방법에 대해 일반적인 규정을 두고 있지는 않았지만 감사위원의 동의를 얻어야 하는 환가행위를 길게 열거하였다(제187조). 한편, 현행 도산법은 환가방법에 대한 일반규정으로 제496조를 신설하여 "① 민사집행법에서 환가방법을 정한 권리의 환가는 민사집행법에 따른다. ② 제1항의 규정에 불구하고 파산관재인은 법원의 허가를 받아 영업양도 등 다른 방법으로 환가할 수 있다"고 규정하고 있다. 이러한 규정의 어디를 살펴보아도 청산가치 산정의 전제가 되는 환가에 대하여 반드시 채무자의 재산을 분리하여 처분하도록 한 규정을 찾을 수 없다. 오히려 관련 규정은 명시적으로 일괄매각이나 영업양도 등을 환가의 한 방법으로 규정하고 있다. 즉, 구 파산법 제187조에서는 영업의 양도와 상품의 일괄매각을 규정하고 있어 이러한 방법으로 환가가 이루어질 수 있음을 나타내고 있다. 또 현행 도산법에서 환가의 준거법으로 규정한 민사집행법은 부동산이나 동산의 매각방법의 하나로 일괄매각을 명시하고 있고, 현행 도산법 자체도 영업양도와 상품의 일괄양도를 환가방법으로 규정하고 있다(제492조 제3호, 제4호). 구 파산법이나 현행 도산법은 이처럼 파산절차에서 채무자 자산을 분리하여 처분하는 것뿐만 아니라 일괄매각이나 영업양도에 의한 환

22) 대법원 2004. 12. 10.자 2002그121 결정. 이 결정은 강제인가의 요건인 구 회사정리법 제234조 제1항 각 호(현행 도산법 제244조 제1항 각 호)를 청산가치를 보장하는 것이라고 해석하고 있다. 그러나 청산가치 보장은 강제인가의 경우가 아닌 동의인가의 경우에도 요구되는 요건임을 고려하면 그 해석에 의문이 있다. 이에 관하여는 아래 IV. 4. 실무의 태도 부분에서의 논의 참조.

23) 대법원 2005. 11. 14.자 2004그31 결정; 대법원 2007. 10. 11.자 2007마919 결정.

가도 분명히 인정하고 있다. 그렇다면 청산가치를 산정할 때도 이러한 가능성을 열어 놓아야 한다.

그럼에도 불구하고 대법원은 2004. 12. 10.자 2002그121 결정 사건에서 채무자의 재산에 관하여 실제 영업양도가 있었음에도 불구하고 청산가치를 산정할 때는 영업양도가액을 고려하지 아니하고 대법원예규에서 정하고 있는 분리처분방식에 따라야 한다고 설시하였다.[24] 이러한 판단은 '파산적 청산=분리처분'이라는 관념에 기초한 것인데, 앞서 본 대로 파산적 청산이 이루어지더라도 반드시 분리처분하여야 하는 것은 아니다. 더욱이 그 근거를 재판예규에서 찾는다면 재판예규가 법률보다 우선하게 되는 결과를 가져온다.

원래 청산가치 산정방법을 정한 위 재판예규는 1998년 회사정리법 개정에 따라 만들어진 것이다. 1998년 개정에서 회사정리절차 개시요건으로 종래의 공익성 판단 대신 경제성 판단(계속기업가치가 청산가치보다 커야 한다는 것)이 요구되면서 청산가치와 계속기업가치의 산정방법의 하나로 예시된 것이었다. 그런데 이것이 실무에서 적용되면서 가치산정의 유일한 방법으로 굳어졌다. 위 재판예규는 회사정리법의 폐지와 함께 폐지되었지만 같은 내용이 새로 제정된 '회생사건의 처리에 관한 예규'(재민2006-5)에[25] 담겨져 있다. 이에 대한 입법적 해결이 필요하다고 본다.

24) "정리회사의 창원공장과 구로공장에 관하여 영업양도계약이 체결되었으나, 기록에 나타난 영업양도의 경위와 양도조건에 비추어 보면, 위 영업양도 금액은 각 공장을 중심으로 조직화된 유기적 일체로서의 기능적 재산에 대한 대가인 것으로서, 해당 부문의 청산가치를 산정함에 적절한 금액이라 할 수 없다 할 것이므로, 위 각 영업양도 금액에 의할 것이 아니라 원칙적으로 청산대차대조표상의 개별 자산의 가액을 기준으로 하여 산정하되, 유형고정자산은 대법원예규(2000. 4. 7. 개정된 재판예규 제768호(재민 92-5) '회사정리사건처리요령' 제1항 가. 참조)에 따라 법원의 부동산 입찰절차의 평균낙찰률을 적용해 할인한 가액을 기준으로 산정하고, 그에 의하여 평가된 회사재산을 기초로 삼아 파산적 청산을 전제로 특별항고인이 속한 정리채권자조에 배당될 금액을 산정하여야 할 것[이다]" (밑줄은 필자).

25) 2006. 3. 29. 제정 재판예규 제1063호 제9조(청산가치와 계속기업가치의 산정)
① 법 제220조 제1항, 제222조 제1항, 제285조, 제286조 제2항 등에서 규정하고 있는 채무자가 사업을 청산할 때의 가치는 채무자가 청산을 통하여 해체 · 소멸되는 경우에 기업을 구성하는 개별 재산을 분리하여 처분할 때의 가액을 합산한 금액으로서 청산대차대조표상의 개별 자산의 가액을 기준으로 하여 산정한다. 다만 유형고정자산은 법원의 부동산 입찰절차의 평균낙찰률을 적용하여 할인한 가액을 기준으로 산정한다.
② 법 제220조 제1항, 제222조 제1항, 제285조, 제286조 제2항 등에서 규정하고 있는 채무자의 사업을 계속할 때의 가치는 채무자의 재산을 해체 · 청산함이 없이 이를 기초로 하여 기업활동을 계속할 경우의 가치로서 기업의 미래 수익흐름을 현재가치로 할인하는 현금흐름할인법에 의하여 산정한다.

Ⅳ. 기업가치의 평가[26)]

1. 회생절차와 가치분배

도산절차는 채무기업의 가치를 채권자 등의 청구권자들에게 일정한 기준에 따라 분배하는 절차로서의 성격을 가진다.[27)] 기본적으로 청산절차의 성격을 가지고 있는 파산절차에서는 채무기업을 구성하는 자산을 개별적으로 혹은 일체로서 매각하여 그와 교환된 현금을 청구권자들에게 권리의 순위에 따라 분배한다. 따라서 이 경우에는 채무기업의 가치평가 문제가 별도로 발생할 여지가 없다. 그러나 전형적인 회생절차에서는 그러한 현실 매각이 행해지지 아니하며, 채무기업은 청구권자들에게 관념적으로만 매각될 따름이다. 즉, 청구권자들에게는 기존의 청구권에 갈음하는 새로운 청구권이 분배되며, 이때에 이 새로운 청구권의 가치가 문제된다. 그래서 회생절차에서는 항상 채무기업의 가치평가 문제가 대두된다.

그렇다면 회생절차에서는 왜 파산절차에서와 같이 채무기업을 시장에서 실제로 매각하지 아니하는가?[28)] 보다 정확히 말하자면, 채무기업의 현실 매각을 하지 아니하는 회생절차가 파산절차와는 별도로 존재하여야 할 이유란 무엇인가? 간단히 말하자면, 그것은 시장이 완전히 효율적이지 않기 때문이다. 일반적으로 채무기업의 현실 매각이 행하여지는 시장에서 잠재적 매수인이 제출하는 가격은 그 매도인, 즉 채무기업에 대한 청구권자들이 평가하는 채무기업의 내재가치(intrinsic value)에 미치지 못하는 경향이 있다고 이해된다.[29)]

26) 이 부분과 후술하는 V. 1. 사후적 대안 부분은 김성용(2011)의 일부를 약간의 자구 수정을 거쳐 전재한 것이다.
27) 이것이 도산절차가 가지는 유일한 성격이라는 뜻은 아니다. 도산절차는 채무기업에 대한 새로운 '소유자'를 결정하는 절차로서의 성격을 가진다고 볼 수도 있다. 물론 관점에 따라서는, 혹은 아마도 근본적인 관점에서는, 양자가 결국 같은 것이라고 볼 수도 있을 것이다.
28) 현실의 회생절차에서는 채무기업을 일체로서 혹은 사업부문별로 나누어서 실제로 매각하는 일이 빈번하게 일어난다. 그러나 이는 본래 파산절차에서도 가능한 것이므로, 이를 위해 회생절차가 별도로 존재할 필요는 없다. 따라서 여기서의 논의는 이러한 현실 매각을 예정하고 있지 아니한 전형적인 회생절차를 대상으로 한다.
29) 이처럼 시장이 효율적이지 아니하여 채무자 기업의 가치가 시장에서 저평가된다고 하더라도, 그것이 시장을 회피하여야 할 이유가 되는 것인지에 대하여 의문이 제기될 수 있을 듯하다. 그러한 저평가에 따른 매도인의 손실은 매수인의 이득으로 귀결될 것인데, 이는 단지 부의 이전의 문제에 불과하다고 볼 수 있기 때문이다. 그러나 사전

이러한 경향이 발생하는 첫째 이유로는 정보비대칭(information asymmetry)의 문제를 들 수 있다. 외부자인 잠재적 매수인의 입장에서는 채무기업에 관한 부정적인 정보가 내부자인 청구권자들에 의하여 적절하게 공개되지 아니할 가능성, 즉 이른바 숨겨진 정보(hidden information)가 존재할 위험을 고려하여 할인된 가격을 제출하는 것이 합리적일 수 있다. 물론 매도인에 의한 이른바 진술 및 보장(representations and warranties)의 제공과 같은 신호발송(signaling)행위나 매수인에 의한 실사(due diligence)와 같은 선별(screening)행위에 의해 위의 위험은 상당한 정도로 감소될 수 있다. 그러나 그것이 완전히 소멸되는 것은 아니며, 한편으로 위의 행위들은 그 자체로 상당한 비용을 발생시킨다.

다만 채무기업에 대한 청구권자가 스스로 매수인으로 되는 것이 금지되어 있지는 아니한 만큼, 그 경우에는 위의 문제가 발생할 가능성이 현저히 감소할 것이다. 그렇지만 그러한 청구권자가 자신이 제출하고자 하는 가격을 지급할 자력을 항시 보유하고 있는 것은 아니다. 물론 청구권자가 제3자로부터 대출을 받는 등의 방법에 의하여 그러한 자력을 확보할 여지가 있을 것이다. 그러나 그 과정에서 역시 발생할 수 있는 정보비대칭의 문제 등으로 인하여 그러한 확보가 곤란하게 될 가능성이 상존한다.

그 둘째 이유는 이른바 화급매각(fire sale) 또는 강제매각(forced sale)의 문제이다. 이상적인 의미에서의 시장가격(market value)이란 자발적인(willing) 매도인과 자발적인 매수인을 전제로 한 가격인데, 목적물을 반드시 매도하여야 하는 매도인은 여기서의 자발적인 매도인으로 인정될 수 없는 것이다. 즉, 매도인이 목적물을 반드시 매도하여야 하는 상황에 놓여 있다는 사정은 잠재적 매수인이 할인된 가격을 제시하는 것을 가능하게 한다.[30)]

적 관점에서 보자면 이와 같은 손실가능성은 청구권자들의 요구수익률(required rate of return), 즉 채무자 기업의 자본비용을 증가시킴으로써 수행가능한 사업안(project)의 수를 감소시키는 사회적 비효율을 발생시킨다.

30) 이러한 가격의 하락 현상은 민사집행법에 따른 경매절차에서 흔히 발생하는 것으로 알려져 있기도 하다.

2. 청구권자들 사이의 순위

이처럼 채무기업의 가치가 이를 실제로 매각하였을 때에 회수할 수 있을 금액을 상회한다고 하더라도, 만일 채무기업에 대한 새로운 청구권을 청구권자들에게 분배할 때 그들 사이에서 권리의 순위에 따른 차별적 취급을 하여야 할 필요가 없다면, 위의 가치를 구체적으로 산출하여야 할 필요는 없을 것이다. 예를 들어, 채무기업 F에 대하여 각 10개의 단위로 분할된 선순위 청구권과 후순위 청구권이 있다고 하자. 그리고 F에 대하여 4인의 청구권자 I_1, I_2, I_3및 I_4가 있는데, 이들이 차례대로 각 1단위, 2단위, 3단위 및 4단위의 선순위 청구권과 후순위 청구권을 보유하고 있다고 하자.[31] 그렇다면 F의 가치 V_f를 구체적으로 모르더라도, F에 대한 회생절차에서 F로 하여금 10단위의 새로운 청구권을 발행하게 한 후에 이를 위의 각 청구권자에게 1단위의 새로운 청구권과 각 1단위의 기존의 선순위 청구권 및 후순위 청구권을 교환하는 방식으로 교부하게 할 수 있을 것이다. 이 경우에 위의 각 청구권자가 보유하게 되는 새로운 청구권의 가치는 차례대로 $0.1V_f$, $0.2V_f$, $0.3V_f$ 및 $0.4V_f$가 되는데, 그들 사이의 상대적 비율은 V_f의 변동에 따라 변화되지 아니한다.

보다 구체적으로, F가 권면액 10만 원의 사채 10장과 주식 10주를 발행하여 이를 위의 각 청구권자가 차례대로 사채 1장과 주식 1주, 사채 2장과 주식 2주, 사채 3장과 주식 3주 및 사채 4장과 주식 4주씩 보유한 상태에서, F에 대한 회생절차가 개시되었으며, 위의 사채금 채무 이외에 F가 달리 부담하고 있는 채무는 없다고 가정하자. 그렇다면 위의 사채 및 주식 전부를 소각하고 주식 10주를 새로이 발행하여 이를 위의 각 청구권자에게 차례대로 1주, 2주, 3주 및 4주씩 교부함으로써(혹은 구주를 소각하고 신주를 발행하는 과정을 생략하고 단지 위의 사채 전부만을 소각함으로써), V_f에 관계없이 F에 대한 권리의 분배를 완료할 수 있다. 이 경우에 어느 청구권자도

31) 이처럼 청구권자들이 선순위 청구권과 후순위 청구권을 동일한 비율로 동시에 보유하는 경우를 상정하는 것은 비현실적이라고 여겨질지 모르겠으나, 반드시 그렇지는 아니하다. 투자자들에게 동일한 비율의 채권과 주식을 함께 발행하고 자금을 조달하는 금융기법을 '스트립 금융'(strip financing)이라고 하는데, 이는 미국의 LBO 거래에서 흔히 사용된 것이다. 이는 요컨대 '청구권들' 사이에서는 순위에 따른 차별을 두되, '청구권자들' 사이에서는 그러한 차별을 두지 아니하는 것인데, 그럼으로써 권리의 순위를 달리하는 청구권, 특히 채권과 같은 확정기한부 선순위 청구권의 존재가 발생시키는 효율성을 확보하면서도, 청구권자들 사이에서의 이해관계의 충돌로부터 발생하는 비효율성(가치평가를 둘러싼 비용의 소모가 그러한 비효율성의 전형적인 한 경우이다)은 배제하려는 것이다. 이에 관하여는 Jensen(1988), pp. 31-32 참조.

자신에게 분배되어야 할 몫이 부당하게 감소되었다는 주장을 할 수 없다는 데에 주목해야 한다. 예컨대, I_1은 V_f를 70만 원으로 평가하여 자신에게 분배되는 몫의 가치가 7만 원 상당이어야 한다고 주장하고, I_4는 V_f를 200만 원으로 평가하여 자신에게 분배되는 몫의 가치가 80만 원 상당이어야 한다고 주장한다고 하자. 위의 방식에 따르면, I_1은 신주 1주를 취득하게 되는데, 그것의 가치는 만일 V_f가 I_1의 주장과 같이 70만 원이라면 7만 원이 될 것이다. 한편으로 I_4는 신주 4주를 취득하게 되는데, 그것의 가치는 만일 V_f가 I_4의 주장과 같이 200만 원이라면 80만 원이 될 것이다. 따라서 V_f가 70만 원인지 아니면 200만 원인지에 관계없이, I_1과 I_4는 각자 자신이 받아야 한다고 주장한 가치 상당을 받게 된다.

나아가 위의 새로운 청구권은 단일한 것이 아니라 기존의 청구권과 같이 순위를 달리하는 수종의 것일 수도 있다. 위의 예에서, F로 하여금 각 10단위의 새로운 선순위 청구권과 후순위 청구권을 발행하게 한 후에 이를 위의 각 청구권자에게 각 1단위의 새로운 선순위 청구권 및 후순위 청구권과 각 1단위의 기존 선순위 청구권 및 후순위 청구권을 교환하는 방식으로 교부하게 할 수도 있을 것인데, 그 경우에도 여전히 V_f를 구체적으로 산출하여야 할 필요는 발생하지 않는다. 그리고 이는 위의 새로운 선순위 청구권이 채권과 같은 확정기한부 청구권이라 하더라도 근본적으로 달라지지 아니한다.

위의 구체적인 예에서 보자면, 기존의 사채 및 주식 전부를 소각하고 권면액 5만 원의 사채 10장과 주식 10주를 새로이 발행하여 이를 위의 각 청구권자에게 차례대로 사채 1장과 주식 1주, 사채 2장과 주식 2주, 사채 3장과 주식 3주 및 사채 4장과 주식 4주씩 교부함으로써(혹은 이러한 과정을 생략하고 단지 각 사채의 권면액만을 기존의 1/2로 감축함으로써), V_f에 관계없이 F에 대한 권리의 분배를 완료할 수 있다. 그리고 이 경우에도 역시 어느 청구권자도 자신에게 분배되어야 할 몫이 부당하게 감소되었다는 주장을 할 수 없다. 위의 방식에 따르면, I_1은 사채 1장과 신주 1주를 새로이 취득하게 되는데, 그것들의 가치의 합은 만일 V_f가 I_1의 주장과 같이 70만 원이라면 역시 7만 원이 될 것이다. 한편으로 I_4는 사채 4장과 신주 4주를 새로이 취득하게 되는데, 그것들의 가치의 합은 만일 V_f가 I_4의 주장과 같이 200만 원이라면 역시 80만 원이 될 것이다.

물론 이 경우에는 그러한 선순위 청구권의 내용, 즉 그 금액과 상환시기를 적절히 결정해야 하는 문제가 추가적으로 발생하지만,[32] 그것은 가치평가의 문제와는 구별되는 것이다.[33]

그렇지만 이와는 달리 채무기업에 대한 새로운 청구권을 청구권자들에게 분배할 때 그들 사이에서 기존 권리의 순위에 따른 차별적 취급을 하기 위하여는 그 전제로서 채무기업의 가치가 구체적으로 산출되어야만 한다. 위의 예에서, 각 청구권자가 차례대로 4단위의 선순위 청구권, 6단위의 선순위 청구권, 4단위의 후순위 청구권 및 6단위의 후순위 청구권을 보유하고 있다고 하자. 만일 권리의 순위에 따른 차별적 취급의 기준으로 절대우선의 원칙을 따른다면,[34] V_f가 선순위 청구권의 액면총액 V_s에 미달하는 경우에는 F에 대한 회생절차에서 F가 발행하는 모든 새로운 청구권은 I_1과 I_2에게 4:6의 비율로 교부되고, I_3과 I_4에게는 아무 것도 분배되지 아니할 것이다. 반면에 V_f가 V_s를 초과하는 경우에는 위의 새로운 청구권은 위의 각 청구권자에게 차례대로 $0.4V_s/V_f$, $0.6V_s/V_f$, $0.4(V_f-V_s)/V_f$ 및 $0.6(V_f-V_s)/V_f$의 비율로 분배될 것인데, 이 비율은 V_f의 변동에 따라 변화된다.[35]

위의 구체적인 예에서 보자면, 각 청구권자가 차례대로 사채 4장, 사채 6장, 주식 4주 및 주식 6주씩을 보유하고 있다고 하자. 만일 I_1의 주장과 같이 V_f를 70만 원으로 평가한다면 10주의 신주는 I_1과 I_2에게 각 4주와 6주씩 교부되고, I_3과 I_4에게 교부될 신주는 없을 것이다. 그러나 만일 I_4의 주장과 같이 V_f를 200만 원으로 평가한다면 10주의 신주는 위의 각 청구권자에게 차례대로 2주, 3주, 2주 및 3주씩 교부되어야 할 것이다. 즉, V_f를 구체적으로 산출하지 아니하고서는 위의 각 청구권자에게 분배될 신주의 수를 결정할 수 없게 된다.

---

32) 위의 구체적인 예에서 기존의 권면액 10만 원의 사채 10장에 갈음하여 발행되는 새로운 사채 10장의 권면액이 5만 원이 아니라 8만 원이라고 하자. 일단 이 경우에도 F의 가치평가 없이, 그리고 어느 청구권자의 불만도 사지 않고, F에 대한 권리의 분배를 완료할 수 있다는 점에는 변함이 없다. 그렇지만 만일 V_f가 I_1의 주장과 같이 70만 원에 불과한 것으로 뒤에 드러난다면 위의 새로운 사채의 권면총액 전부가 상환될 수는 없을 것이다. 그런데 이처럼 F가 또다시 도산 상태에 빠지게 되는 상황은 당초에 새로운 사채의 권면액을 5만 원으로 하였더라면(또는 가장 확실하게는 위에서 살핀 경우에서와 같이 아예 새로운 사채를 전혀 발행하지 아니하였더라면) 방지될 수 있었던 것이다. 그러나 만일 확정기한부 선순위 청구권의 존재가 가져오는 효율성을 긍정한다면, 그처럼 새로운 사채의 권면총액을 축소하는 것만이 총체적으로 효율적인 것은 아니므로 이를 적정한 수준에서 결정할 필요가 있다.

33) 현행 도산법에서는 이를 회생계획의 수행가능성의 문제로 다루고 있다고 할 수 있다.

34) 이는 순전히 논의의 편의를 위한 것일 따름이며, 그러한 기준으로 이른바 상대우선의 원칙을 따른다고 하더라도 여기서의 결론에는 변함이 없다. 그러나 기본적으로 적용되어야 할 기준은 절대우선의 원칙이다. 이에 관하여는 김성용(2009), pp. 79-92 참조.

35) 특히, V_f가 증가함에 따라 후순위 청구권을 보유한 I_3과 I_4에게 분배되는 새로운 청구권의 비율이 증가하게 된다.

3. 기업가치 평가 문제의 해결 기제

위와 같은 이유로 회생절차에서 발생하는 채무기업의 가치평가 문제를 해결하는 기제로서 현행 도산법이 예정하고 있는 것은 기본적으로 청구권자들 사이에서의 협상이다. 회생절차에서 기존의 청구권에 갈음하여 청구권자들에게 분배되는 새로운 청구권의 내용은 회생계획에 기재된다. 회생계획은 원칙적으로 권리의 순위에 따라 분류된 청구권자들로 구성된 각 조에서 일정 비율 이상의 청구권액을 보유한 청구권자들의 동의를 얻어 가결되어야 그 효력을 가질 수 있다. 즉, 어느 한 조에서라도 회생계획안이 가결되지 아니하는 경우에는 원칙적으로 회생계획이 효력을 가질 수 없으므로, 청구권자들은 모든 조가 동의할 수 있는 회생계획안을 만들기 위한 협상을 진행할 필요가 있게 된다.

그런데 위에서 언급한 바와 같이 채무기업의 가치평가액이 증가함에 따라 상대적으로 후순위 청구권자에게 분배되는 새로운 청구권의 비율이 증가하게 되는 만큼, 선순위 청구권자는 위의 가치평가액을 낮추어 주장할 유인을 가지며, 반면에 후순위 청구권자는 이를 높여 주장할 유인을 가진다. 따라서 이러한 상황에서 위와 같은 협상을 진행하는 데에는 상당한 사회적 비용이 발생하게 되며, 종국적으로 그것이 타결에 이르지 못할 위험도 상존한다.

이에 대한 대응으로, 현행 도산법이 준비하고 있는 것은 다음의 두 가지이다. 첫째로, 청구권자들 사이의 협상이 타결에 이르지 못한 경우에는 법원이 채무기업의 가치를 평가하여 청구권자들에게 새로운 청구권을 분배하는 것이다. 현행 도산법이 회생계획안에 부동의한 조가 있는 경우에도 법원이 이른바 권리보호조항을 정하고 인가함으로써 그 효력을 발생시킬 수 있도록 한 것이 그것이다. 이처럼 최후에는 법원이 채무기업의 가치를 평가한다는 사정은 사전적으로 청구권자들 사이에서의 협상을 촉진하는 효과를 발휘하는 것이기도 하다.[36)]

둘째로, 청구권자들에게 기존의 청구권에 갈음하여 새로운 청구권을 분배할

36) 미국 도산법에 관한 논의이기는 하나, 이에 관하여는 Baird and Bernstein(2006) 참조. 이 글에서는 법원에 의한 채무기업의 가치평가가 자신의 그것과 일치하지 아니할 가능성이 어느 청구권자로 하여금 다른 청구권자에게 미리 양보를 제공하게 할 유인이 된다는 점을 지적하고 있다.

때 권리의 순위에 따른 차별적 취급을 해야 하는데, 그러한 차별적 취급의 기준을 청구권자들 사이의 협상에 의하여 사후적으로 변경하는 것을 허용하는 것이다. 이는 청구권자들 사이에서 채무기업의 가치평가 문제와 권리의 순위에 따른 차별적 취급의 기준 문제를 서로 주고받으면서 타협하게 하는 것을 가능하게 한다. 물론 현행 도산법에서는 회생계획안에 모든 조가 동의한 경우에도 권리의 순위를 고려하여 공정하고 형평에 맞는 차등을 두고 있어야만 법원이 이를 인가해 그 효력을 발생시킬 수 있다고 규정하고 있으나, 여기서의 공정 형평한 차등의 구체적 기준이 사전적으로 설정되어 있는 것은 아니다.

4. 실무의 태도

그러나 우리나라의 실무에서 채무기업의 가치평가 문제를 해결하는 방식은 위와 같은 청구권자들 사이의 협상이 아니라 처음부터 법원에 의한 평가이다. 그리고 이는 거의 전적으로 조사위원에 의한 조사 결과에 의존하고 있다. 현행 도산법에서는 법원이 "채무자의 사업을 계속할 때의 가치가 채무자의 사업을 청산할 때의 가치보다 크다고 인정하는 때"에 관리인에게 회생계획안의 제출을 명하여야 한다고 규정하고 있으므로, 법원은 이를 위해 독자적으로 채무기업의 가치, 즉 계속기업가치를 평가할 것이 요구된다. 한편으로 위에서도 언급한 '회생사건의 처리에 관한 예규'(재민2006-5) 제7조에서는 법원이 조사위원에게 "채무자의 사업을 계속할 때의 가치가 채무자의 사업을 청산할 때의 가치보다 큰지의 여부"에 관해 조사하게 할 수 있다고 규정하고 있으며, 실무상 거의 예외 없이 그러한 조사를 하게 하고 있다. 물론 현행 도산법의 문언상으로는 그러한 조사는 법원이 회생계획안 제출명령을 할 것인지의 여부를 판단하는 자료로서의 의미만을 가진다고 볼 것이다. 그러나 실제로는 제출명령을 받은 관리인이 회생계획안을 작성함에 있어 그러한 조사 결과에 의존하지 아니하고 독자적으로 채무기업의 가치를 평가하는 경우란 없으며, 채무기업에 대한 다른 청구권자가 독자적으로 회생계획안을 제출하는 경우도 거의 없다.

이처럼 채무기업의 가치가 회생계획을 둘러싼 청구권자들 사이의 협상이 개시되기 이전부터 이미 확정적으로 평가되어 있는 경우에는 그러한 협상은 무의미하거나 불필요한 것으로 보여진다. 즉, 이 경우에는 그 가치를 청구권자들 사이에서 어떻게 분배할 것인지의 문제만이 남게 된다. 이렇게 되면 채무기업의 가치 자체가 협상의 대상으로 되는 경우와는 달리 권리의 순위에 따른 차별적 취급의 기준에 관해 선순위 청구권자가 후순위 청구권자에게 일정한 양보를 할 이유는 없을 것이다.

그러나 이러한 이론적인 추론과는 달리 실무상으로는 여전히 선순위 청구권자가 후순위 청구권자에게 일정한 양보를 하는 내용의 회생계획안이 관리인에 의해 작성되어 제출되고 관계인 집회에서 모든 조의 동의에 의하여 가결되는 경우가 흔히 있다. 이러한 현상은 법원의 실무가 청구권자들 사이의 협상이 타결에 이르지 못한 경우에 적용되는 분배의 기준, 즉 권리의 순위에 따른 차별적 취급의 기준을 사전적으로 설정하는 것을 거부하고 있기 때문에 발생하는 것이다. 즉, 대법원은 회생계획안에 부동의한 조가 있는 경우에 법원이 이를 인가함에 있어서 이른바 청산가치 보장의 원칙이 준수되는 한에 있어서는 청구권자들 사이에서의 실체법상의 권리의 순위를 존중하는 차별적 취급, 혹은 그 밖의 다른 어떤 사전적으로 설정된 기준에 의한 차별적 취급이 이루어지지 아니하여도 무방하다는 입장을 취하고 있는데,[37] 이처럼 종국적으로 적용될 분배기준의 불확실성이 사전에 청구권자들 사이에서 협상을 유도하고 있다고 이해할 수 있다.

이러한 실무의 태도를 효율성의 관점에서 어떻게 평가해야 할 것인지에 대하여 결정적인 판단을 내리기란 용이하지 않다. 그것은 일단 청구권자들 사이의 협상이라는 현행 도산법이 예정하고 있는 기본적인 기제의 실행에 따른 사회적 비용의 발생을 일정 정도 방지하는 긍정적 효과를 거두고 있다. 그러나 이러한 효과는 권리의 순위에 따른 차별적 취급의 기준을 협상에 의해 사후적으로 설정할 것을 요구하는 태도로 말미암아 반감되고 있다. 한편, 채무기업의 가치평가에 있어 협상이나 그 밖의 다른 기제를 통한 청구권자들 스스로의 평가에 의하지 아니하고 제3자인 법원이 독자적으로 결정하는 방식은 청구권자들이 사전에 채무기업에 대

37) 대법원 2004. 12. 10.자 2002그121 결정; 대법원 2005. 11. 14.자 2004그31 결정; 대법원 2007. 10. 11.자 2007마919 결정. 이러한 판결의 문제점에 관하여는 이화여자대학교 도산법연구센터(2008), pp. 172-174 참조.

한 투자를 결정하는 단계에서 고려해야 할 위험요소를 증가시킴으로써 그에 따른 사회적 비효율을 발생시킬 가능성도 있다.

5. 청산가치와 계속기업가치의 비교

1997년 말 외환위기가 있을 때까지 도산사건은 우리 법원실무 중 불편한 존재의 하나였다. 도산법에 대한 연구도 별로 없었고 도산사건의 수도 별로 많지 않았음에도 불구하고, 도산사건이 갖는 사회적 파장이 적지 않아 도산실무의 문제점은 법원에 대한 비난으로 이어졌고 법원은 그러한 비난에 민감하게 반응하였다. 법원이 도산실무를 개선하고자 행한 첫 번째 시도가 회사정리절차의 개시요건을 명확히 하는 것이었다. 즉, 대법원은 당시 회사정리절차의 개시요건이 명확하지 않아 실무상 문제를 야기한다고 보고 대법원예규를 제정하여 개시요건을 세 가지로 명시하였다.[38)]

> "1. 보전처분 또는 회사정리개시결정을 함에 있어서는 다음의 요건을 철저히 심사한다.
> 첫째, 사회적 가치를 인정할 만한 공익적인 성격이 강한 회사일 것[39)]
> 둘째, 재정적 궁핍으로 파탄에 직면하였을 것
> 셋째, 갱생의 가망이 있을 것"

그런데 1997년 외환위기 직후 착수된 도산법 개정작업에서는 바로 이 예규의 내용이 첫 번째 개정대상이 되었다. 개정안의 기초가 된 한국개발연구원의 「회사정리제도와 화의제도의 개선방안 연구」는 정리절차 개시의 요건으로 '갱생의 가망'을 '경제적 갱생의 가치'로 대체하였으며,[40)] 공익성 기준을 폐지하고, 회사정리

38) 1992. 7. 29. 제정 송무심의 제99호(재민 92-5) 참조.
39) 공익성 요건은 회사정리법에는 규정되어 있지 않았는데 대법원예규에 규정되었다. 예규는 공익성이 있는 경우에는 개시결정을 내릴 수 있고 그 역은 아니라는 전제하에 공익성이 있는 경우와 없는 경우를 상세히 열거하고 있었다. 이 예규는 법률에 규정이 없는 사항을 요건으로 정한 것으로 사법부의 입법권을 벗어나는 것이었다. 공익성 요건은 1998. 3. 26. 개정된 대법원 송무예규 제589호에서는 삭제되었다.
40) 청산가치와 계속기업가치를 회사정리의 기준으로 삼아야 한다는 주장은 다음 문헌에서 처음 발견된다. 남일총(1993).

대상 기업을 중소기업을 포함한 모든 기업으로 확대할 것을 역설하였다.[41)]

이에 대하여는 개시 여부에 대한 판단은 투자 판단이므로 채권자에게 맡겨야 한다는 주장이 있었지만, 결국 한국개발연구원의 의견이 받아들여져서 다음과 같이 회사정리법이 개정되었다.

(1) 청산가치가 계속기업가치보다 큰 경우에는 정리절차개시신청을 기각한다(제38조 제5호).
(2) 계속기업가치가 청산가치보다 크면 관리인에게 정리계획안의 제출을 명한다(제189조).
(3) 청산가치가 계속기업가치보다 큰 경우에는 정리계획안의 제출을 명하지 않고 정리절차를 폐지한다(제271조의3).
(4) 청산가치가 계속기업가치보다 큰 경우에는 청산형 정리계획안의 제출을 명할 수 있다(제191조).
(5) 정리계획안 제출명령 이후라도 청산가치가 계속기업가치보다 큰 것이 명확한 경우에는 정리절차 폐지결정을 하여야 한다(제272조 제2항).

문제는 청산가치와 계속기업가치를 어떻게 산정할 것인가이다. 1998. 3. 26. 개정된 '회사정리사건 처리 요령'에 따르면 청산가치는 기업이 해체 · 소멸되는 경우에 기업의 개별 자산을 분리하여 처분할 때의 가액을 합산한 금액이다. 구체적으로는 대차대조표상의 가액을 기준으로 법원 경매 평균낙찰률을 감안하여 청산가치를 할인하고 아울러 회수가 불가능한 자산도 감안하도록 하였다. 한편, 계속기업가치는 현금흐름할인법에 따르도록 하고 있다. 이는 기본적으로 기업의 미래의 수익을 기초로 하여 적정 할인율을 적용한 현재가치를 산출하는 방법이다. 따라서 기업의 여러 가지 경영여건에 대한 가정을 전제로 하므로 그러한 가정의 타당성이 문제로 된다는 지적이 있었지만 다른 대안은 제시되지 않았다.

이 규정이 갖는 문제점은 개정법이 시행된 지 2년 후에 발생한 동아건설 사건

41) 1998년의 입법과정에 대하여는 오수근(2007a), p. 13 이하 참조.

에서 드러났다. 정리절차를 신청한 동아건설의 청산가치는 1조 6,693억 원, 계속기업가치는 1조 4,750억 원로 산정되어 정리절차가 폐지되고 파산이 선고되었다.[42] 대부분의 채권자가 명시적으로 정리절차의 진행을 요청하였지만 법문의 규정에 매어 있던 재판부는 정리절차 폐지와 파산선고 이외의 방법을 찾지 못하였다.[43]

이러한 문제가 발생한 이유는 법원이 기업의 미래의 수익을 예측하기에 적당한 위치에 있지 않다는 점을 간과하고 입법을 하였기 때문이다. 계속기업가치를 판단하는 것은 본질적으로 장래의 위험을 감수하고 이익의 극대화를 도모하고자 하는 투자판단이고 그 판단은 유동적일 수밖에 없어[44] 이러한 평가의 문제가 발생하는 것이다. 이를 간과한 입법으로 인해 대다수의 채권자들의 희망에도 불구하고 정리절차를 폐지하는 우를 범하였다. 결국 개시요건에서 경제성 판단규정은 현행 도산법에서 삭제되었지만 아직도 여전히 청산가치와 계속기업가치를 조사위원이 확정하는 실무관행은 계속되고 있다.

Ⅴ. 기업가치 평가의 대안

1. 사후적 대안

1) 개관

회생절차에서 발생하는 채무기업의 가치평가 문제를 기본적으로 청구권자들 사이의 협상이라는 기제에 의하여 해결하는 방식이 과연 효율적인가에 관하여는 상당한 논란이 계속되어 왔다. 이 점에 관하여 회의적인 견해를 피력한 대표적인 학자는 더글러스 베어드(Douglas G. Baird)인데, 그에 따르면 기업의 현실 매각이 행

42) 1999년 회사정리법의 개정으로 갱생가망성이 없다고 인정되어 정리절차 폐지가 결정된 경우에는 반드시 파산선고를 하도록 하였다(구 회사정리법 제23조).
43) 동아건설은 파산절차를 진행하면서 2006년 다시 회생절차를 신청하여 개시결정을 받아 파산절차가 폐지되었다. 잘못된 입법으로 긴 길을 돌아온 것이다.
44) 오수근(1997), pp. 493-495 참조.

해지는 시장은 상당한 정도로 효율적이며, 설령 그에 다소간의 비효율이 존재한다고 하더라도 그보다는 회생절차에서의 협상에 따르는 비용과 협상 과정에서 절대우선의 원칙과 같은 권리의 순위에 따른 차별적 취급에 관한 사전적 기준을 훼손하여 발생하는 비효율이 훨씬 크다는 것이다. 따라서 그는 채무기업을 일체로서 매각하는 것이 허용되고 있는 파산절차와는 별도로 회생절차가 존재해야 할 이유란 더 이상 없다고 본다.[45]

한편으로 회생절차의 필요성, 즉 채무기업을 일체로서 시장에서 매각하는 것을 지양하여야 할 필요성이 있다 하더라도, 회생절차 내에서의 기업가치 평가가 반드시 청구권자들 사이의 협상이라는 비효율적인 방식으로 이루어져야 하는 것은 아니라는 견해들이 있다. 이들은 회생절차에서의 협상에 갈음하는 보다 효율적인 가치평가 방안을 제시하였는데, 이하에서는 그 중에서 대표적인 두 가지를 살펴본다.[46]

2) 옵션 접근법(Option Approach)

이는 루시앙 벱척(Lucian A. Bebchuk)이 제시한 방안으로[47] 그 요지를 사례를 들어 설명하면 다음과 같다. 먼저 채무기업에 대하여 각 1달러의 선순위 채권을 보유한 100명의 채권자, 각 1달러의 후순위 채권을 보유한 100명의 채권자와 각 1단위의 지분증권을 보유한 100명의 지분권자가 있다고 가정하자. 청구권자들에게 분배할 새로운 청구권은 그 내용과 무관하게 100단위로 분할될 수 있다. 예컨대, 채무기업이 보통주 100주와 우선주 50주를 새로이 발행한다면, 보통주 1주와 우선주 0.5주를 1단위로 묶을 수 있다. 이 방안에 따르면, 일단 각 지분권자에게는 1단위의 새로운 청구권을 2달러에 매수할 수 있는 권리를 부여하고, 각 후순위 채권자에게는 이를 1달러에 매수할 수 있는 권리를 부여하되 채무기업이 그로부터 이 권리의 전부를 1달러에, 또는 그 일부를 1달러에 그 비율을 곱한 가격에, 우선적으로 회수할 수 있으며, 각 선순위 채권자에게는 이를 무상으로 취득할 수 있는 권리를 부여

45) 대표적으로 Baird(1986) 참조.

46) 그 밖에도 마크 로(Mark J. Roe)는 채무기업을 일체로서 시장에 매각하는 것에 갈음하여, 채무기업에 대한 지분 중 일부, 예컨대 10%만을 시장에 매각함으로써 그 전체의 가치를 평가하는 방안을 제안한 바 있다. Roe(1983) 참조.

47) Bebchuk(1988) 참조.

하되 채무기업이 그로부터 이 권리의 전부를 1달러에, 또는 그 일부를 1달러에 그 비율을 곱한 가격에, 우선적으로 회수할 수 있는 것으로 한다.

다음 단계로, 각 지분권자로 하여금 자신에게 부여된 권리를 행사할 것인지의 여부를 표시하게 한다. 이를 행사한 지분권자는 채무기업에 2달러를 지급하고 1단위의 새로운 청구권을 취득하며, 행사하지 아니한 지분권자는 채무기업에 대하여 어떠한 권리도 가지지 아니하게 된다.

그 다음 단계로, 채무기업은 권리를 행사한 지분권자들로부터 수령한 총액의 1/2을 각 후순위 채권자에게 안분하여 지급하고, 그에게 부여되었던 권리를 그 금액에 비례하여 회수한다. 그 다음에 각 후순위 채권자로 하여금 남은 권리를 행사할 것인지의 여부를 표시하게 한다. 예컨대, 앞의 단계에서 50명의 지분권자가 권리를 행사하였다면 채무기업은 100달러를 수령하였을 것인데, 그 1/2인 50달러를 각 후순위 채권자에게 0.5달러씩 나누어 지급하고 그에게 부여되었던 권리의 1/2을 회수하는 것이다. 그리고 남은 1/2의 권리를 행사한 후순위 채권자는 채무기업에 0.5달러를 지급하고 0.5단위의 새로운 청구권을 취득하며, 행사하지 아니한 후순위 채권자는 채무기업에 대하여 어떠한 추가적인 권리도 가지지 아니하게 된다.

마지막 단계로, 채무기업은 권리를 행사한 지분권자들로부터 수령한 총액의 나머지 1/2과 권리를 행사한 후순위 채권자들로부터 수령한 총액 전부를 각 선순위 채권자에게 안분하여 지급함으로써 그에게 부여되었던 권리를 그 금액에 비례해 회수한다.[48] 그 다음에 각 선순위 채권자로 하여금 남은 권리를 행사하게 한다. 예컨대, 앞의 단계에서 50명의 후순위 채권자가 권리를 행사하였다면 채무기업은 25달러를 추가로 수령하였을 것인데, 그에 앞서 후순위 채권자에게 지급하고 남은 50달러를 더한 75달러를 각 선순위 채권자에게 0.75달러씩 나누어 지급하고 그에게 부여되었던 권리의 3/4을 회수하는 것이다. 그리고 각 선순위 채권자는 남은 1/4의 권리를 행사해 0.25단위의 새로운 청구권을 취득하게 된다.

그렇다면 결과적으로 채무기업에 대한 새로운 청구권 100단위 중에서 25단위는 100명의 선순위 채권자에게 0.25단위씩 분배되고, 다음 25단위는 50명의 후순위

48) 결국 지분권자로부터 수령한 금액은 그보다 선순위인 선순위 채권자와 후순위 채권자 모두에게 안분하여 지급되는 것이고, 후순위 채권자로부터 수령한 금액은 그보다 선순위인 선순위 채권자 모두에게 안분하여 지급되는 것이다.

채권자에게 0.5단위씩 분배되고, 나머지 50단위는 50명의 지분권자에게 1단위씩 분배되었다. 한편으로 모든 선순위 채권자가 0.75달러씩을, 그리고 모든 후순위 채권자가 일단 0.5달러씩을 수령하였으며, 반면에 위의 50명의 지분권자가 2달러씩을, 그리고 위의 50명의 후순위 채권자가 0.5달러씩을 지급하였다.

이러한 결과를 다른 각도에서 보자면, 100명의 지분권자 중에서 50명은 2달러씩을 지급하고 각 1단위의 새로운 청구권을 취득하였고, 나머지 50명은 빈손으로 빠져 나왔다. 그리고 100명의 후순위 채권자 중에서 50명은 0.5달러씩을 수령한 다음에 다시 0.5달러씩을 지급하고 각 0.5단위의 새로운 청구권을 취득하였고, 나머지 50명은 0.5달러씩만을 받고 빠져 나왔다. 그리고 100명의 선순위 채권자는 0.75달러씩을 수령하고 그에 더해 각 0.25단위의 새로운 청구권을 취득하였다.

이 방안이 가지는 가장 큰 장점은 채무기업의 가치에 대한 평가가 청구권자들 사이에서 다르다고 하더라도, 누구도 그 결과에 대하여 불만을 가질 이유가 없게 된다는 점이다. 위의 예에서, 자신에게 부여된 권리를 행사한 지분권자는 채무기업의 가치가 자신보다 선순위인 청구권의 액면총액인 200달러를 초과한다고 평가하였을 것이다. 예컨대, 그가 채무기업의 가치를 250달러로 평가하였다면, 그는 그 중에서 자신보다 선순위인 채권자들에게 지급되어야 할 200달러를 공제한 50달러의 1/100인 0.5달러의 가치가 자신에게 분배되어야 정당하다고 여길 것이다. 그런데 그는 위의 권리를 행사하여 자신이 2.5달러의 가치를 가진다고 보는 새로운 청구권 1단위를 2달러에 취득함으로써 결국 0.5달러의 가치를 분배받은 결과가 되었으므로 그에 대하여 불만을 가질 이유가 없다.

한편으로 이를 행사하지 아니한 지분권자는 채무기업의 가치가 200달러에 미달한다고 평가하였을 것이다. 예컨대, 그가 채무기업의 가치를 150달러로 평가하였다면, 그는 그 전부가 자신보다 선순위인 채권자들에게 지급되는 것이 부당하다고 여기지 아니할 것이다. 따라서 그는 위의 권리를 행사하지 아니하여 자신이 빈손으로 빠져 나오게 된 결과에 대하여 불만을 가질 이유가 없다.

다음으로 위의 예에서, 자신에게 부여된 권리를 행사한 후순위 채권자는 채무기업의 가치가 150달러(자신보다 선순위인 청구권의 액면총액 100달러+채무기업이 지분권자로부터 수령하여 후순위 채권자에게 지급한 금액 50달러)를 초과한다고 평가하였을 것이다. 예컨대, 그가 채무기업의 가치를 180달러로 평가하였다면, 그는 그 중에서 자신보다 선순위인 채권자들에게 지급되어야 할 100달러를 공제한 80달러의 1/100인 0.8달러의 가치가 자신에게 분배되어야 정당하다고 여길 것이다. 그런데 그는 위의 권리를 행사하여 자신이 0.9달러의 가치를 가진다고 보는 새로운 청구권 0.5단위를 종국적으로 취득함으로써 0.8달러를 초과하는 가치를 분배받은 결과가 되므로,[49] 그에 대하여 불만을 가질 이유가 전혀 없다.

한편으로 이를 행사하지 아니한 후순위 채권자는 채무기업의 가치가 150달러에 미달한다고 평가하였을 것이다. 예컨대, 그가 채무기업의 가치를 120달러로 평가하였다면, 그는 그 중에서 자신보다 선순위인 채권자들에게 지급되어야 할 100달러를 공제한 20달러의 1/100인 0.2달러의 가치가 자신에게 분배되어야 정당하다고 여길 것이다. 그런데 그는 위의 권리를 행사하지 아니하여 0.5달러를 종국적으로 취득함으로써 0.2달러를 초과하는 가치를 분배받은 결과가 되므로,[50] 역시 그에 대하여 불만을 가질 이유가 전혀 없다.

마지막으로 위의 예에서, 선순위 채권자가 채무기업의 가치가 최선순위 청구권의 액면총액인 100달러를 초과(예컨대, 120달러)한다고 평가하였다면, 그는 그 중에서 자신의 청구권의 권면액인 1달러의 가치가 자신에게 분배되어야 부당하지 아니하다고 여길 것이다. 그런데 그는 채무기업으로부터 0.75달러와 자신이 0.3달러의 가치를 가진다고 보는 새로운 청구권 0.25단위를 종국적으로 취득함으로써 1달러를 초과하는 가치를 분배받은 결과로 되므로, 그에 대하여 불만을 가질 이유가 없다.

한편으로 그가 채무기업의 가치가 최선순위 청구권의 액면총액인 100달러에 미달(예컨대, 80달러)한다고 평가하였다면, 그는 그 1/100인 0.8달러의 가치가 자신에게 분배되어야 정당하다고 여길 것이다. 그런데 그는 채무기업으로부터 0.75달러와 자신이 0.2달러의 가치를 가진다고 보는 새로운 청구권 0.25단위를 종국적으로 취득함으로써 0.8달러를 초과하는 가치를 분배받은 결과로 되므로,[51] 그에 대

49) 그는 위의 권리를 행사하기 위하여 채무기업에 0.5달러를 지급하였으나 그 전에 채무기업으로부터 0.5달러를 수령한 바 있었으므로, 결과적으로 새로운 청구권을 무상으로 취득한 셈이 된다.
50) 이처럼 후순위 채권자가 주관적으로 초과이익을 취득하는 결과가 발생하게 된 이유는 그보다 채무기업의 가치를 더 높게 평가한 지분권자가 있었기 때문이다.

하여 불만을 가질 이유가 역시 전혀 없다.

앞에서 언급한 바와 같이, 권리의 순위를 달리하는 청구권자들은 자신의 이익을 극대화하기 위하여 채무기업의 가치를 실제와 다르게 주장할 유인을 가지는, 이른바 값싼 말(cheap talk)의 문제가 발생한다. 즉, 협상의 단계에서 주장을 하는 것 자체에는 아무런 책임이나 비용이 수반되지 아니하기 때문에 그처럼 자신의 진정한 평가와는 다른 가치를 주장하게 되는 것이다. 그런데 이 방안은 "당신의 입이 있는 곳에 당신의 돈을 놓아라"(Put your money where your mouth is)라고 요구함으로써, 그러한 문제를 방지하고 진실을 드러내는 기제로 작동할 수 있다. 위의 예에서 지분권자는 채무기업의 가치가 실제로는 200달러에 미달하며, 따라서 그 중에서 자신에게 분배되어야 할 몫은 전혀 없다는 사실을 알고 있다고 가정하자. 현행 도산법상의 협상 기제하에서는 그럼에도 불구하고 지분권자는 채무기업의 가치가 200달러를 넘는다고 주장할 유인을 가진다. 그러나 이 방안은 지분권자에게 진정으로 채무기업의 가치가 200달러를 넘는다고 평가한다면 2달러를 내고 채무기업에 대한 권리의 1/100을 취득하라고 요구하는 것이다. 물론 채무기업의 가치가 200달러에 미달한다고 평가하는 지분권자는 그러한 요구에 응하지 아니하겠지만, 대신에 이제 더 이상 그것이 200달러를 초과한다는 주장을 할 수도 없게 되는 것이다.

이 방안에 의하더라도 청구권자가 예산제약(budget constraint)으로 인해 자신에게 부여된 선택권을 행사하지 못하는 불이익을 입게 될 가능성이 전적으로 해소되는 것은 아니다. 다만 내부자인 청구권자가 채무기업 전체를 매수하는 것이 아니라 자신과 동순위인 청구권자들이 보유한 청구권 총액에서 자신의 청구권액이 차지하는 비율에 상당하는 부분만을 매수하면 되는 것이므로 파산절차에서 채무기업을 일체로서 현실 매각하는 경우에 비하면 금융을 일으켜야 할 필요성이나 그 규모는 현저히 작을 것이다.

3) 희석화 기제(Dilution Mechanism)

이는 배리 애들러(Barry E. Adler)와 이언 에어즈(Ian Ayres)가 제시한 방안이다.[52)]

---

51) 이처럼 선순위 채권자가 주관적으로 초과이익을 취득하는 결과가 발생하게 된 이유는 그보다 채무자 기업의 가치를 더 높게 평가한 지분권자와 후순위 채권자가 있었기 때문이다.

그 요지를 사례를 들어 설명하면 다음과 같다. 먼저 채무기업에 대하여 선순위 청구권과 후순위 청구권이 있으며, 선순위 청구권의 액면총액은 100달러로 가정하자. 이 방안에 따르면, 일단 100주의 신주를 발행하여 이를 각 선순위 청구권자에게 그가 보유한 선순위 청구권의 액면에 비례하여 교부한다.

다음 단계로, 각 선순위 청구권자에게는 후순위 청구권자들에게 무상으로 추가적으로 발행되는 신주가 0주부터 1주씩 증가하는 각 경우에 자신이 교부받은 신주 중의 몇 주를 각 1달러에 매도할 의사가 있는지를 표시하게 한다. 또 각 후순위 청구권자에게는 위의 각 경우에 자신이 몇 주의 신주를 각 1달러에 매수할 의사가 있는지를 표시하게 한다. 이렇게 되면 후순위 청구권자들에게 무상으로 발행되는 신주의 수가 증가함에 따라 선순위 청구권자들이 각 1달러에 매도할 의사를 표시하는 신주의 총수는 단조적(monotonically)으로 증가할 것이고, 반대로 후순위 청구권자들이 각 1달러에 매수할 의사를 표시하는 신주의 총수는 단조적으로 감소할 것이다. 결국 특정한 수의 무상 신주가 발행되는 어느 한 지점에서 전자의 총수가 후자의 총수를 초과하게 된다.[53]

마지막 단계로, 실제로 위의 특정한 수만큼의 신주를 무상으로 발행하여 이를 각 후순위 청구권자에게 그가 보유한 후순위 청구권액에 비례하여 교부한다. 아울러 매도의사를 표시한 선순위 청구권자들과 매수의사를 표시한 후순위 청구권자들 사이에서 실제로 전자가 후자에게 위와 같이 일치하는 수만큼의 신주를 양도하고 후자는 전자에게 이를 양수하는 대가로 주당 1달러를 지급하는 거래를 이행하게 한다.

앞서의 방안에서와 마찬가지로 이 방안에서도 값싼 말의 문제가 방지될 수 있다. 위의 예에서, 선순위 청구권자와 후순위 청구권자가 모두 채무기업의 가치를 150달러로 평가하고 있다고 하자. 현행 도산법상의 협상 기제하에서 선순위 청구권자는 실제 평가액과 무관하게 채무기업의 가치가 100달러에 미달(예컨대, 90달러)한다고 주장할 유인을 가진다. 그러나 이 방안은 선순위 청구권자에게 진정으로

52) Adler and Ayres(2001) 참조.

53) 다만 후순위 청구권자들에게 무상으로 추가 발행되는 신주의 수가 0인 경우에 전자의 총수가 후자의 총수를 이미 초과한다면 그러한 일치점은 존재하지 아니하게 된다. 그렇지만 이 경우에는 선순위 청구권자들이 교부받은 신주 전부를 계속해서 그대로 보유하는 것으로 처리하면 된다.

채무자 기업의 가치가 90달러라고 평가한다면, 후순위 청구권자에게 무상으로 발행되는 신주가 전혀 없는 지점에서 신주의 가치는 이미 주당 0.9달러에 불과할 것이므로, 그 지점부터 자신이 교부받은 신주를 주당 1달러에 팔겠다고 하라고 요구하는 것이다. 물론 이 경우에 후순위 청구권자는 실제로는 주당 1.5달러의 가치를 가지는 신주를 주당 1달러에 살 수 있으므로 당연히 그 지점에서 이를 사겠다고 할 것이다. 따라서 그렇게 되면 자신에게 손해가 생길 것을 알고 있는 선순위 청구권자가 그처럼 팔겠다는 말을 할 리는 없겠지만, 대신에 이제 더 이상 채무자 기업의 가치가 100달러에 미달한다는 주장을 할 수도 없게 되는 것이다.

한편으로 위의 무상 신주가 50주에 달하는 지점에서 채무자 기업이 발행한 신주의 총수는 150주가 되고 그 주당 가치가 매매가격인 1달러에 일치하게 될 것이므로, 선순위 청구권자는 실제로는 그 지점부터 자신이 교부받은 신주를 매도하겠다는 의사를 표시할 것이며, 후순위 청구권자는 그 지점까지 신주를 매수하겠다는 의사를 표시할 것이다. 이로써 우리는 그들이 채무자 기업의 가치를 150달러로 평가하고 있다는 진실을 파악할 수 있게 된다.

채무기업의 가치에 대한 평가가 청구권자들 사이에서 다르다고 하더라도, 앞서의 방안에서와 마찬가지로 이 방안에서도 누구도 그 결과에 대하여 불만을 가질 이유는 없다. 위의 예에서, 채무자 기업의 가치를 120달러로 평가하는 선순위 청구권자가 있다고 하자. 그렇다면 그는 후순위 청구권자들에게 무상으로 발행되는 신주가 20주에 달하는 지점부터 자신이 교부받은 신주를 매도하겠다는 의사를 표시할 것이다. 우선 위의 무상 신주가 20주에 미달하는 지점에서 이미 선순위 청구권자들이 매도의사를 표시한 신주의 총수가 후순위 청구권자들이 매수의사를 표시한 신주의 총수를 초과하는 경우에는, 그는 자신이 교부받은 신주를 계속해서 보유하게 된다. 그런데 이 경우에 위의 무상 신주까지를 포함한 신주의 총수는 120주에 미달하므로, 그는 액면 1달러의 선순위 청구권에 갈음하여 자신이 그 가치가 1달러를 초과한다고 평가하는 신주 1주를 보유하는 결과로 되며, 따라서 그에 대하여 불만을 가질 이유가 전혀 없다.

한편으로 위의 무상 신주가 20주인 지점 또는 그 이후의 지점에서 선순위 청구권자들이 매도의사를 표시한 신주의 총수가 후순위 청구권자들이 매수의사를 표시한 신주의 총수를 초과하는 경우에는, 선순위 청구권자는 그 지점에서 자신이 교부받은 신주를 양도하고 주당 1달러를 지급받게 된다. 그런데 이는 자신이 보유하고 있던 청구권의 액면 상당을 전부 회수하는 결과이므로, 그가 그에 대하여 불만을 가질 이유는 역시 없다.

다음으로 위의 예에서, 채무자 기업의 가치를 150달러로 평가하는 후순위 청구권자가 있으며, 그가 보유하고 있는 지분이 전체 후순위 청구권의 1/100이라고 하자. 그렇다면 그가 자신에게 분배되어야 정당하다고 여기는 가치는 0.5달러일 것이며, 그는 위의 무상 신주가 50주에 달하는 지점까지 선순위 청구권자들로부터 신주를 매수하겠다는 의사를 표시할 것이다. 우선 위의 무상 신주가 50주인 지점에서 선순위 청구권자들이 매도의사를 표시한 신주의 총수가 후순위 청구권자들이 매수의사를 표시한 신주의 총수를 초과하는 경우에는, 그는 0.5주의 신주를 무상으로 교부받게 되며, 그 가치는 자신의 평가에 따르면 0.5달러(=(0.5/150)×150달러)로 위의 가치와 정확히 일치하게 된다. 또한 이 경우에 그는 자신이 매수하겠다는 의사를 표시한 수의 신주를 주당 1달러에 취득하는데, 그 신주의 가치는 자신의 평가에 따르면 주당 1달러(=(1/150)×150달러)이다. 따라서 그가 이러한 결과에 대해 불만을 가질 이유는 없다.

한편으로 위의 무상 신주가 50주에 미달하는 지점, 예컨대 무상 신주가 20주인 지점에서 이미 선순위 청구권자들이 매도의사를 표시한 신주의 총수가 후순위 청구권자들이 매수의사를 표시한 신주의 총수를 초과하는 경우에는, 후순위 청구권자는 0.2주의 신주를 무상으로 교부받게 되며, 그 가치는 자신의 평가에 따르면 0.25달러(=(0.2/120)×150달러)에 불과하여 위의 가치에 0.25달러만큼 모자라게 된다. 그렇지만 이 경우에 그는 자신이 매수하겠다는 의사를 표시한 신주를 주당 1달러에 취득하는데, 그 신주의 가치는 자신의 평가에 따르면 주당 1.25달러(=(1/120)×150달러)이므로, 결국 그가 1주만을 취득하더라도 위에서 모자란 0.25달러만큼의 보상을 얻게 된다. 따라서 그가 이러한 결과에 대하여 종국적으로 불만을 가질 이유는 역시 없다.

다른 한편으로 위의 무상 신주가 50주를 초과하는 지점, 예컨대 무상 신주가 80주인 지점에서 선순위 청구권자들이 매도의사를 표시한 신주의 총수가 후순위 청구권자들이 매수의사를 표시한 신주의 총수를 초과하는 경우에는, 후순위 청구권자는 0.8주의 신주를 무상으로 교부받게 되며, 그 가치는 자신의 평가에 따르면 2/3달러(=(0.8/180)×150달러)로 위의 0.5달러를 초과하게 된다(이 경우에 그가 매수하겠다는 의사를 표시한 신주는 없다). 따라서 그가 이러한 결과에 대해 불만을 가질 이유는 여전히 전혀 없다.

이 방안에 의하더라도 여전히 후순위 청구권자가 예산제약으로 인하여 신주를 매수하겠다는 의사를 표시하지 못하는 불이익을 입게 될 가능성이 전적으로 해소되는 것은 아니다. 다만 모든 후순위 청구권자들이 그러한 예산제약하에 놓여 있지는 아니할 것이며, 후순위 청구권자들에게 무상으로 발행되는 신주의 수가 0인 지점에서 그들이 매수의사를 표시한 신주의 수가 선순위 청구권자들이 매도의사를 표시한 신주의 수를 일단 초과하고 있다면 일부 후순위 청구권자의 예산제약은 종국적으로 문제로 되지 아니할 것이다.[54)]

4) 국제상사 사건

옵션 접근법이나 희석화 기제는 입법에서 채택된 예가 아직 없는 것으로 보인다. 그런데 실무에서 이런 방법에 의하여 기업의 가치를 평가하는 어려움을 해결할 수 있는 경우가 드물게 발생한다. 아래에서는 국제상사 사건을 통하여 이 방법의 적용가능성을 생각해 보도록 한다.[55)]

국제상사 사건은 2001년 회사정리절차에 들어간 국제상사를 M&A하는 과정에서 주주 측과 관리인 간에 다투어진 사건이다. 원 정리계획에 따라 정리채권자의 권리 일부가 주식으로 전환되었고, 기 발행주식 중 대주주가 보유하고 있는 주식은 무상소각하고, 다른 주식에 대하여는 10주를 1주로 병합하였다. 그 결과 총주식 중 기존 주주들이 보유하는 주식은 전체 지분의 6.07%, 정리채권자가 보유하게 된 주식은 전체 지분의 93.93%가 되었다. 이 지분은 나중에 제3자에 의하여 양수되었고 국제상사에는 지배주주가 형성되었다.

그런데 관리인은 지배주주의 존재를 무시하고 정리회사에 대한 M&A를 추진

54) 나아가 이 방안에서는 후순위 청구권자 이외의 제3자도 매수의사를 표시할 수 있게 함으로써 위와 같은 문제의 발생가능성을 더욱 낮출 수도 있다.
55) 국제상사 사건에 대한 자세한 논의는 오수근(2007) 참조.

하기로 하고 신주를 발행하여 매수인이 인수하도록 하였다. 이에 대하여 지배주주는 M&A 계획을 반영한 변경정리계획안에 반대하며 2005. 11. 30.과[56] 2006. 6. 19.에[57] 기존 주주에 대한 유상증자를 통해서 조달한 자금으로 정리담보권자와 정리채권자의 채권총액을 지급하는 변경계획안을 제출하였다. 지배주주의 이러한 변경계획안은 옵션 접근법에서 기존의 주주가 모든 채무를 변제하고 회사의 지분을 모두 취득하는 것과 동일한 결과가 된다. 이 방법이 실현되면 모든 채권자는 채권의 만족을 얻고 주주는 회사가치에 대한 완전한 권리를 갖게 된다. 이 과정을 통하여 어떤 당사자의 손해도 없이 회사정리절차는 채무변제와 회사의 회생이라는 목표를 달성한다. 회사정리계획보다 조기에 변제가 이루어지기 때문에 효율적이고, 회사에 대한 기존 당사자의 권리가 존중되었기 때문에 공정성도 유지된다.

그런데 정리법원은 "정리회사는 정리절차를 조기에 종결하기 위한 M&A 절차를 진행하고 있으므로 그 이외에 따로 정리계획을 변경할 필요성이 있다고 보기 어렵다"는 이유로 지배주주가 제안한 변경계획안을 받아들이지 않았다.[58] 정리계획에 따라 인정된 권리를 모두 충족하는 내용으로 정리계획을 변경하는 것을 인정하지 않고 신주를 제3자에게 인수하게 한 것은 정리절차를 통하여 형성된 계속기업가치를 정리계획과는 달리 배분하는 것이다. 이 판결은 계속기업가치의 배분에 법원이 개입하여 기존 주주의 권리를 침해하는 결과를 가져오는 나쁜 선례를 남겼다.

2. 사전적 대안

1) 개관

앞서의 사후적 대안에 관한 논의는 채무자에 대하여 도산법에 따른 도산절차가 진행되는 것을 전제로 하여 거기에서 발생하는 기업가치 평가의 문제를 해결하는 방안에 관한 것이었다. 그런데 그러한 전제, 즉 도산법에 따른 도산절차의 진행

56) 구 주주 유상증자와 사채 발행을 통해서 신규 자금 4,000억 원을 조달하는데(유상증자 7/10, 회사채 3/10), 유상증자에 참여하기를 원하지 않는 주주가 있는 경우에는 지배주주가 실권주를 인수하는 내용이다.
57) 구 주주 유상증자만으로 4,000억 원을 조달하여 정리담보권과 정리채권의 원금은 물론 확정된 장래 발생 이자까지 현가할인 없이 조기변제한다는 내용이다.
58) 즉시항고인이 2005. 11. 30. 제출한 정리계획 변경신청에 대하여 정리법원은 2006. 1. 26. 불허가 결정을 하였다. 또 즉시항고인이 2006. 6. 19. 제출한 정리계획 변경신청에 대하여 정리법원은 2006. 6. 30. 불허가 결정을 내렸다.

이 필요하거나 바람직한 것인지에 대하여 의문을 제기하는 견해들이 있다. 이들에 따르면 기업가치 평가의 문제를 발생시키는 도산법에 따른 도산절차를 진행하지 아니하고도 도산 상태에 빠진 채무자에 대한 청구권자들의 권리 변경을 할 수 있다는 것이다. 이하에서는 그 중에서 대표적인 두 가지를 살펴본다.

2) 카멜레온 지분(Chameleon Equity)

도산법의 존재이유에 관한 잭슨의 주장은 도산법이 존재하지 아니한다면 채무자가 변제기에 이른 채무를 이행하지 못하는 경우에 채권자들은 개별적으로 민사법에 따라 채무자의 특정한 재산에 대해 강제집행을 할 수 있다는 점을 전제하고 있다. 도산법은 그에 따라 발생하는 계속기업잉여의 소멸과 같은 사회적 비효율을 방지하기 위하여 존재하는 것이며, 채권자들이 그처럼 비효율적인 개별적인 강제집행을 하지 아니하기로 사전에 합의하는 것이 일반적으로 불가능하기에 도산법이 필요하다는 것이었다.

애들러는 이러한 전제에 대하여 의문을 제기한다.[59] 채권자들 사이에서 위와 같은 사전 합의가 불가능하다고 보는 주요한 이유 중의 하나는 그들의 채무자에 대한 신용의 공여가 흔히 최초의 시점에서 동시에 이루어지는 것이 아니라 시점을 달리하여 순차적으로 이루어진다는 점이었다. 그러나 이로 인한 장애는 최초의 시점에서 신용을 공여하는 채권자들이 장래에 채무자가 도산 상태에 빠지는 경우에도 개별적인 강제집행을 하지 아니할 것임을 채무자에게 약속하고, 한편으로 채무자는 장래에 다른 채권자들로부터 신용을 공여받는 경우에 그들로부터도 그와 동일한 약속을 받아 낼 것임을 최초의 채권자들에게 약속하는 방법으로 극복할 수 있다. 이에 대하여는 채무자가 최초의 채권자들과의 사이에서 행한 위와 같은 약속을 이후의 다른 채권자들과의 사이에서 준수할 유인을 가지지 아니한다는 점이 문제로 지적되었다. 그러나 이 문제는 위의 약속에 일종의 대세효를 부여하는 것, 즉 채무자에게 추가로 신용을 공여하는 장래의 다른 채권자들에 대하여도 위의 약속이 구속력을 가지게 하는 것을 허용하는 법규정을 둠으로써 해결할 수 있다.[60]

59) Adler(1993) 참조.

요컨대, 필요한 것은 도산법이 아니라 단지 위와 같은 법규정뿐이라는 것이다.

애들러는 이처럼 채권자들과 채무기업 사이의 구속력 있는 사전 합의가 가능하다면, 그들은 채무기업이 전통적인 의미의 부채에 갈음하여 이른바 '카멜레온 지분'을 발행하기로 합의함으로써 도산절차의 진행에 따르는 비효율의 발생을 방지하면서 동시에 도산법이 방지하고자 하였던 사회적 비효율 또한 방지할 수 있다고 주장한다. 카멜레온 지분이란 고정청구권(fixed claim)이라는 점에서는 전통적인 부채와 기본적으로 동일하지만, 채무기업이 도산 상태에 빠진 경우에 그 보유자들이 개별적으로 강제집행을 하는 것은 허용되지 아니한다는 점에서 전통적인 부채와 구별된다. 대신에 그 경우에 카멜레온 지분은 (보통)주식으로 전환되며, 기존의 (보통)주주들의 권리는 소멸한다. 그리하여 이제 기존의 카멜레온 지분 보유자들이 새로운 주주들로서 채무기업의 사업을 계속할 것인지 아니면 이를 청산할 것인지, 경영진을 유지할 것인지 아니면 교체할 것인지와 같은 사안을 집단적 의사결정방식에 의하여 결정하게 된다.

이러한 카멜레온 지분은 그 순위를 달리하여 수종(數種)으로 발행될 수 있다. 이 경우에 채무기업이 그러한 수종의 카멜레온 지분 전부를 만족시킬 수 없는 도산 상태에 빠지면, 그 최선순위부터 채무기업이 전부 만족시킬 수 있는 순위까지의 권리내용에는 아무런 변동이 없고, 그 일부의 만족만이 가능한 바로 그 다음 순위의 것은 주식으로 전환되며, 그보다 아래 순위의 것들과 주식은 소멸한다. 이렇게 되면 채무기업에 대한 고정청구권이 존속하면서도,[61] 그에 관한 별도의 만기연장(rescheduling)을 거칠 필요 없이 자본재구성(recapitalization)이 이루어지는 것이다.

채무기업이 도산 상태에 빠진 경우에도 전부 만족이 가능한 순위의 카멜레온 지분의 권리내용에는 아무런 변동이 없게 하기 위해서는, 부채의 경우와는 달리 채무기업의 도산을 그 기한이익 상실의 사유로 삼는 것을 허용하지 아니하여야 한다. 부채의 경우에 채무기업의 도산을 기한이익 상실의 사유로 약정하는 것을 허용하는 이유는, 채무기업의 도산시에 그 주주들 또는 그 대리인인 경영진에 의한

60) 예컨대, 등기제도와 같이 위의 약속을 공시할 수 있는 장치를 마련한다면, 이 경우에 장래의 채권자들과 같은 제3자 보호에도 부족함이 없을 것이다.

61) 따라서 부채의 전부를 출자전환하여 채무자 기업의 자본구조를 무차입 상태로 만드는 방안의 경우와는 달리, 이 경우에는 고정청구권의 부존재에 따른 기업가 또는 경영진의 지대추구행위와 같은 비효율의 발생을 억지할 수 있다.

위험이전(risk shifting), 즉 과다투자(overinvestment)나 자산대체(asset substitution)와 같은 도덕적 해이가 발생할 가능성이 심화된다는 데에 있다. 이는 이제 하방위험(downside risk)을 전혀 부담하지 아니하게 된 기존의 주주들이 계속하여 잔여청구권자(residual claimants)로서의 지위를 유지하면서 채무기업의 경영과 관련한 의사결정 권한을 보유하기 때문이다. 이에 반하여, 카멜레온 지분을 발행한 기업이 도산 상태에 빠진 경우에는 위에서 본 바와 같이 적어도 기존의 주주들의 권리는 반드시 소멸한다. 그리고 기존의 카멜레온 지분 중에서 그 일부의 만족은 가능한 순위의 것을 보유한 자들이 새로운 주주들이 되는데, 이들은 기존의 주주들과는 달리 하방위험을 상당한 정도로 계속하여 부담하게 된다. 그렇다면 위와 같이 도덕적 해이가 심화될 가능성은 그만큼 감소하게 될 것이다. 따라서 채무기업의 도산을 카멜레온 지분의 기한이익 상실 사유로 삼는 것을 허용해야 할 필요 또한 그만큼 감소하게 될 것이다.

이러한 애들러의 의견에 대하여는 다음과 같은 평가가 있을 수 있다. 우선 채무기업이 도산 상태에 빠진 경우에 그 보유자들에 의한 개별적인 강제집행이 궁극적으로 허용되지 아니한다는 점에서는 전통적인 부채와 카멜레온 지분 사이에 근본적인 차이가 없다. 물론 부채의 경우에는 도산절차 개시의 신청 혹은 그에 대한 결정이라는 법규상의(statutory) 절차가 이루어져야 채권자의 권리행사 중지 효과가 발생하지만, 적어도 이념적(ideal) 차원에서는 그러한 과정이 그 자체로서 상당한 비효율을 발생시키는 것은 아니다.[62)]

그렇다면 카멜레온 지분의 발행에 의하여 도산절차에서의 비효율을 발생시키는 첫째 요인인 계속기업잉여의 존부 및 범위를 둘러싼 가치평가의 문제가 제거되는지에 관하여 애들러는 그렇다고 주장하나, 이 점이 반드시 분명한 것은 아니다. 카멜레온 지분으로부터 주식으로의 전환을 촉발하는 사건은 채무기업의 '도산'이라고 할 것인데, 여기서의 도산이 채무초과를 의미한다면 그러한 사건의 발생 여부를 관찰하고 검증하는 문제가 여전히 해결되어야 한다. 이는 주로 채무기업 자산의 가치, 즉 그것이 장래에 창출할 현금흐름 내지 경제적 효익의 현재가치를 산출하

62) 또한 전통적인 부채에 갈음하여 카멜레온 지분이 발행된 경우에도 그것을 주식으로 전환하게 하는 사건이 촉발되었다는 점이 누군가에 의하여 선언되는 과정이 존재해야 함은 마찬가지이며, 단지 그것이 법규상의 절차에 따른 것이 아니라 약정상의(contractual) 과정이라는 점에서 차이가 있을 뿐이다.

는 문제이며, 따라서 결국 위의 가치평가의 문제에 다름 아닌 것이다.

그렇지만 이 문제는 도산이 지급정지나 지급불능, 즉 채무기업이 변제기에 이른 카멜레온 지분을 일반적으로 변제하지 아니하거나 변제할 수 없는 상태를 가리킨다고 보는 경우에는 일응 제거될 것이다. 물론 이 경우에 주주들은 채무기업이 실제로는 채무초과 상태에 있지 아니함에도 불구하고 그 권리가 소멸될 위험을 부담하게 되며, 이는 자본시장의 불완전성 내지 비효율성으로 인하여 채무기업이 변제기에 이른 고정청구권의 재금융(refinancing)을 하지 못할 위험으로부터 발생하는 것이다. 그러나 이러한 위험의 현실화는 주주와 같은 잔여청구권자로부터 채권자들이나 카멜레온 지분 보유자들과 같은 고정청구권자(fixed claimants)로의 부의 이전을 초래하는 것이며, 이념적으로는 그들 사이의 사전적 합의 과정에서 이러한 위험이 거래조건(terms of trade)에 적절하게 반영될 수 있는 것이기도 하다. 따라서 이처럼 채무기업의 지급정지나 지급불능과 같이 상대적으로 그 관찰가능성(observability)과 검증가능성(verifiability)이 높은 사건의 발생을 주식으로의 전환 사유로 하는 카멜레온 지분의 발행은 기업가치 평가의 문제에 따르는 비효율을 발생시키고 있는 현행의 도산절차에 대한 하나의 대안이 될 수 있을 것이다.

다만 이와 관련해서는 일단 다음의 두 가지 점에 유의할 필요가 있다. 첫째로, 현행의 도산절차에서 발생하는 가치평가의 문제가 반드시 그 본질적인 속성은 아니다. 즉, 도산절차에서도 채무기업의 지급정지나 지급불능이 있은 때에는 채무초과 여부를 따지지 아니하고 주주들의 권리를 전부 소멸시키는 방식에 의하여 자본재구성을 하는 것으로 규정함으로써 이 문제는 일응 제거될 것이다. 다만 도산절차는 법규상의 절차라는 점에서 약정상의 절차인 카멜레온 지분 발행과 구별될 것이다.

둘째로, 그렇다고 하여 채무초과를 주주들의 권리 소멸의 필요조건으로 하는 현행의 도산절차에서의 처리가 항시 비효율적이라고 볼 것은 아니다. 위에서 언급한 바와 같이 재금융위험을 반영한 거래조건을 설정할 때에는, 실제로는 사전적으로 이를 완전히 예측하는 것이 불가능하다는 데에서 기인하는 거래비용이 발생할 수밖에 없다. 요컨대, 그러한 거래비용에 수반하는 비효율과 사후적으로 가치평가의 문제를 감수하는 데에 따르는 비효율은 서로 상충(trade-off)관계에 있으며, 일률적으로 어느 것이 다른 것을 반드시 상회한다고 볼 수는 없을 것이다.[63] 그렇다면 당사자들에게 선택권을 부여하는 방법(예컨대, 그들이 지급정지나 지급불능을 주식으로의 전환사유로 한 카멜레온 지분의 발행에 합의하는 것을 허용)이나 그러한 합의가 부존재할 경우에는 일종의 임의규정(default rule)으로서 채무초과를 주주들의 권리 소멸의 요건으로 하는 도산절차가 진행되도록 하는 방법이 하나의 적절한 대응방안이 될 수 있다.[64]

다음으로, 도산절차에서의 비효율을 발생시키는 둘째 요인인 만기연장의 문제가 카멜레온 지분의 발행에 의하여 해결되는지 문제된다. 위에서 언급한 바와 같이, 애들러가 제안하는 이 문제의 해결방안은 카멜레온 지분보다 선순위로 전환되는 주식은 그 변제기를 비롯한 권리내용에 아무런 변동 없이 존속하게 하는 것이다. 그런데 이러한 처리가 가능하기 위해서는 처음부터 수종의 카멜레온 지분 사이에서 변제기가 앞서는 것은 권리의 순위에서는 뒤지도록 설계하는 것만이 허용되어야 한다. 그러나 이러한 제약에 따른 사전적인 비효율 정도가 과연 위의 만기연장의 문제로 인한 비효율에 미치지 아니한다고 볼 수 있는지는 의문이다.

이 의문을 상거래채권의 취급과 관련하여 생각해 보자. 흔히 상거래채권의 변제기는 금융거래에 따른 일반의 무담보채권에 비하여 앞서는데, 이들을 모두 카멜레온 지분의 형태를 취하도록 하게 되면, 채무기업의 도산시에 일반의 무담보채권자들은 여전히 고정청구권자의 지위를 유지함에 반하여 상거래 채권자들은 잔여청구권자인 주주의 지위로 먼저 전환된다는 결과가 된다. 그러나 채무자의 사업

63) 채무기업이 약속대로 채무를 이행하는 경우가 도산하는 경우에 비하여 훨씬 빈번하다고 본다면, 오히려 전자의 비효율의 기대치가 후자의 그것에 비하여 크다고 볼 수도 있을 것이다. 아마도 이 점이 일반적으로 당사자들이 채무기업의 도산에 대비하여 상세한 규정을 두고 있지 아니한 일종의 불완전계약(incomplete contract)의 체결을 자발적으로 선택하는 하나의 중요한 이유일지도 모른다.

64) 그렇지만 채무기업이 속한 산업의 특성에 따라서는 위와 같은 상충관계에서 어느 것이 다른 것에 비하여 명백히 크다고 인정되는 경우도 있을 것이다. 예컨대, 금융기관의 경우에는, 최근의 세계금융위기를 거치면서 명확히 드러난 바와 같이, 금융기관 간의 상호연관성(interconnectedness)과 전이(contagion)로 인하여 어느 금융기관의 도산이 체계적 위험(systemic risk)을 촉발할 수 있고, 이는 곧 금융중개 기능의 마비에 따른 실물경제의 침체 내지 불황으로 이어질 수 있다. 이러한 외부효과를 고려한다면, 채무자 기업이 금융기관, 특히 이른바 시스템적으로 중요한 금융기관(systemically important financial institution: SIFI)인 경우에는 비효율적인 도산절차의 진행을 회피하는 제도적 대안을 마련하는 것이 마땅하다. 금융기관의 도산위험이 상당한 정도로 증가하였음을 알려 주면서 외부에서 비교적 용이하게 관찰할 수 있는 신호가 발하여진 경우(예컨대, 자기자본 비율이 일정 수준 이하로 하락한 경우)에는 당해 금융기관이 실제로 도산 상태에 있는지의 여부를 묻지 아니하고, 자동적으로 주식으로 전환되는 contingent convertibles(CoCos)나 bail-in debt의 발행을 직간접적으로 강제하여 금융기관의 자본재구성이 도산절차를 거치지 아니하고 이루어질 수 있도록 하는 방안이 최근 국제적으로 논의되고 있다. 이에 관하여는 우선, Bosel Committee on Banking Supervision(2010) 및 International Monetary Fund(2011) 참조. 이러한 논의는 카멜레온 지분과 그 기본적인 발상을 같이 하는 것으로 이해될 수 있다.

전반에 관한 후자의 감시(monitoring) 능력이 일반적으로 전자에 비하여 현저히 떨어진다는 점 등에 비추어 본다면, 이러한 결과의 효율성은 상당히 의문스럽다고 할 것이다.[65)]

한편으로, 채권자들 사이에서 개별적인 강제집행을 하지 아니하기로 하는 사전 합의가 불가능하다고 보는 또 하나의 이유는 불법행위 채권자와 같은 비자발적 청구권자가 존재한다는 점이었는데, 카멜레온 지분의 발행은 이 문제를 만족스럽게 해결하지 못한다. 애들러는 불법행위 채권자들에게 최선순위 청구권자의 지위를 부여하되, 다른 카멜레온 지분 보유자들과 마찬가지로 그들이 개별적인 강제집행을 하는 것을 금지하는 방식의 입법적 해결을 제안하고 있다. 이처럼 불법행위 채권에 최선순위의 지위를 부여하게 되면 그것이 주식으로 전환될 가능성은 최소화된다. 그러나 이를 위해서는 불법행위 채권의 변제기가 일반의 다른 약정 무담보채권에 비하여 뒤지도록 해야 하는데, 그 경우에 변제기를 구체적으로 언제로 정할 것인지, 그리고 그에 따른 지연이자와 같은 보상의 수준은 얼마로 정할 것인지와 같은 문제들이 해결되어야 한다는 점을 고려한다면, 이러한 방법의 효율성 역시 상당히 의문시된다.

3) 도산계약(Bankruptcy Contracting)

각국의 도산법제는 일반적으로 강행규정으로 이해되고 있다. 채권자와 채무자가 법정의 도산절차를 규율하는 어느 규정과 다른 내용의 합의를 사전 또는 사후에 한다 하더라도 그러한 합의는 많은 경우에 효력을 가지지 못한다고 본다. 또한 그들이 사전에 채무자가 도산 상태에 빠지는 경우에는 법정의 도산절차가 아니라 다른 약정의 도산절차를 진행하기로 합의하였다 하더라도 채권자 또는 채무자는 여전히 법정의 도산절차의 개시를 신청할 권한을 보유한다. 그러한 신청이 그들 사이의 사전 합의에 위반된다는 이유로 기각되지는 아니하며, 오히려 법정의 도산절차가 개시됨으로써 이제 더 이상 약정의 도산절차를 진행하는 것은 허용되지 아니한다. 민 · 상사관계를 규율하는 법제 대부분을 임의규정으로 이해하고 있는 것

65) 애들러는 이 점에 관한 언급 없이, 상거래채권자들의 지위가 채무기업이 카멜레온 지분을 발행하는 경우와 전통적인 부채를 발행하는 경우 사이에 별다른 차이가 없다고 주장한다.

에 비추어 보면 이례적이라고 할 수 있음에도 불구하고, 이러한 처리는 별다른 의문 없이 받아들여지고 있다.

앨런 슈워츠(Alan Schwartz)는 이러한 처리의 타당성에 의문을 제기한다.[66] 채권자와 채무기업이 사전에 법정의 도산절차에 갈음하는 다른 도산절차를 진행하기로 약정한 경우에는 그러한 합의를 존중하는 것이 효율적이라는 것이다.[67] 계약이론(contract theory)에서의 전형적인 모형을 변형한 것을 이용하여 이를 살펴보자.

채무기업은 어느 사업안을 가지고 있으나 이를 수행하는 데에 필요한 자금 k를 전혀 가지고 있지 않다. 채무기업이 t^1에 k를 투입하여 사업을 개시하면 t^2에 q의 확률로 사업이 성공하여 y_g의 수익(return)이 창출된다. 그렇지 아니하고 사업이 일단 실패한 경우에는 채무기업은 p_R의 확률로 θ_R의 상태에 놓이거나 나머지 p_L의 확률로 θ_L의 상태에 놓일 것이다. 이 경우에 채무기업은 t^3에 도산절차에 들어가는데, 이때에 선택가능한 도산절차에는 법정의 도산절차 R과 약정의 도산절차 L이 있다. 채무기업이 θ_R의 상태에 놓인 경우에는 R이 진행되는 것이, θ_L의 상태에 놓인 경우에는 L이 진행되는 것이 사회적으로 효율적이다. 여기서 효율적이라 함은 도산절차에서 창출될 것으로 기대되는 수익 y와 채무기업이 누리는 사적 이익(private benefit) b의 합이 극대화된다는 것이다. 그렇지만 채무기업이 어느 상태에 있더라도 b는 R이 진행되는 경우에 극대화된다.[68]

일단 채권자와 채무기업 사이에서 일종의 완전계약(complete contract)이 가능하다면, 채권자의 참여제약(participation constraint)은 다음과 같다.[69]

$$qz+(1-q)(p_R y_{RR}+p_L y_{LL}) \geq k. \quad (1)$$

여기서 z는 채무기업이 채권자에 대하여 상환하기로 약정하는 금액을, y_{RR}은 θ_R의

66) Schwartz(1997) 참조.

67) 유사한 맥락에서 로버트 라스무센(Robert K. Rasmussen)은 채무기업이 도산 상태에 빠질 경우에 진행할 도산절차를 정관에 미리 규정할 수 있게 하여야 하며, 도산법은 그처럼 채무기업이 정관 규정에 의하여 선택할 수 있는 여러 도산절차들 중에서 표준적인 것들을 규정한 메뉴와 같은 것이 되어야 한다고 주장한 바 있다. Rasumussen(1992) 참조.

68) 논의를 단순화하기 위해 편의상 전형적으로 전제되는 사항들, 즉 경쟁적인 자본시장의 존재, 영(0)의 무위험이자율, 당사자들의 위험중립성 등은 여기에서도 전제한다.

69) 채권자는 채무기업이 채권자에게 상환할 수 있는 최대 수익의 기댓값을 초과하는 금액을 대출하지 아니하므로, 다음의 부등식이 충족되는 경우에 채무기업이 t^0에 채권자로부터 k를 차입할 수 있다는 것이다.

상태에 놓인 채무기업에 대하여 R이 진행될 경우의 수익을, y_{LL}은 θ_L의 상태에 놓인 채무기업에 대하여 L이 진행될 경우의 수익을 각각 말한다.

예를 들어, $z=y_g=150$, $y_{RR}=120$, $y_{LL}=100$, $q=0.9$, $p_R=0.1$, $p_L=0.9$라고 한다면, 채무기업이 채권자에게 상환할 수 있는 최대 수익의 기댓값은 다음과 같다.

$$0.9(150)+0.1[0.1(120)+0.9(100)]=145.2.$$

이는 채무기업이 z를 $y_g=150$으로 약정하고 채권자로부터 145.2를 차입할 수 있음을 말한다. 따라서 채무기업은 k가 145.2 이하인 사업안을 수행할 수 있게 된다.

그런데 t^2에 사업이 일단 실패한 경우에 채무기업이 놓이게 될 상태 θ를 t^0에 사전적으로 계약에서 기술하는 것이 불가능하다고 가정하자. 이는 완전계약의 경우와는 달리, 채무기업이 θ_R의 상태에 놓인 경우에는 R을 진행하고, θ_L의 상태에 놓인 경우에는 L을 진행하기로 사전에 합의하는 것이 불가능하다는 것을 말한다. 이 경우에 당사자 사이에 사전적으로 다른 합의가 없거나 사후적으로 재협상이 이루어지지 아니한다면 채무기업은 b를 극대화하기 위하여 θ_L의 상태에 놓인 경우에도 R의 진행을 선택할 것이다.

우선 채무기업으로 하여금 효율적인 도산절차를 선택하도록 유인하기 위하여는 y의 일정 부분 s를 그러한 선택에 대한 보상으로 채무기업에게 지급하기로 사전에 합의할 수 있다. 이때의 s는 다음의 부등식과 같은 채무기업의 유인일치제약(incentive compatibility constraint)을 충족하는 수준에서 결정되어야 한다.

$$sy_{LL}+b_{LL}\geq sy_{LR}+b_{LR}. \tag{2}$$

여기서 b_{LL}은 θ_L의 상태에 놓인 채무기업에 대해 L이 진행될 경우의 사적 이익을, y_{LR}은 θ_L의 상태에 놓인 채무기업에 대해 R이 진행될 경우의 수익을, b_{LR}은 θ_L의 상태에 놓인 채무기업에 대해 R이 진행될 경우의 사적 이익을 각각 말한다. 즉, θ_L의 상태에 놓인 채무기업에 대해 L이 진행될 경우에 채무기업이 누리게 될 보상과 사적 이익의 합이 R이 진행될 경우의 그것에 비해 작지 아니하여야 채무기업으로 하여금 L을 선택하도록 유인할 수 있을 것이다. 그렇다면 최적해 s^*는 다음과 같다.

$$s^*=(b_{LR}-b_{LL})/(y_{LL}-y_{LR}). \tag{3}$$

그리고 이 경우에 채권자의 참여제약은 다음과 같다.

$$qz+(1-q)(1-s^*)(p_R y_{RR}+p_L y_{LL})\geq k. \tag{4}$$

즉, 완전계약의 경우와는 달리, t^2에 채무자의 사업이 일단 실패한 경우에는 y의 전부가 아니라 그 중에서 채무기업에게 효율적인 도산절차의 선택에 대한 보상으로 지급되어야 할 부분을 공제한 부분만이 이제 채권자에게 상환될 수 있는 것이다.

구체적으로 위의 예에서 b_{LL}=20, y_{LR}=30, b_{LR}=50이라고 한다면, s^*=0.43이 되며, 채무기업이 채권자에게 상환할 수 있는 최대 수익의 기댓값은 다음과 같다.

$$0.9(150)+0.1(0.57)[0.1(120)+0.9(100)]=140.81.$$

따라서 채무기업은 k가 140.81 이하인 사업안만을 수행할 수 있게 되는데, 이러한 결과는 완전계약이 가능한 경우에 비하여 비효율적이다. 즉, k가 140.81부터 145.2 사이인 사업안은 수행되지 못하는 신용할당(credit rationing) 내지 과소투자(under-investment) 현상이 발생하게 된다.

그런데 현행법상 위와 같은 사전 합의의 효력이 인정되지 아니한다고 하자. 즉, 법정의 도산절차가 진행되는 경우에 y의 일정 부분을 채무기업에게 지급하기로 하는 사전 합의가 있었다고 하더라도 채무기업이 그에 따른 지급을 구하는 것이 허용되지 아니하며, 한편으로 약정의 도산절차를 진행하기로 한 사전 합의에도 불구하고 채무기업이 법정의 도산절차를 진행하는 것이 허용된다고 하자. 그렇다면 그에 의하여 채무기업으로 하여금 효율적인 도산절차를 선택하도록 유인할 수 없게 된다.

물론 그렇다고 하여 채무기업이 비효율적인 도산절차를 선택하는, 즉 θ_L의 상태에 놓인 경우에도 R을 진행하는 상황이 반드시 발생하는 것은 아니다. 코즈 정리에 따라 이 경우에는 채권자와 채무기업 사이에서 사후적으로 재협상이 이루어질 수 있기 때문이다. 즉, $(y_{LL}+b_{LL})>(y_{LR}+b_{LR})$이므로 t^2에 채무기업이 θ_L의 상태에 놓인 것으로 드러나는 경우에는 채권자와 채무기업은 그로부터 t^3까지 사이의 시간 동안에 L을 진행하되 그에 따라 추가적으로 발생하는 수익은 그들 사이에서 분배하기로 하는 합의에 이를 수 있다. 여기서 논의의 편의상 채무기업이 협상력을 독점하고 있다고 하면, 위의 추가 수익은 전부 채무기업에 귀속될 것이며, 결국 위의 경우에 채권자에게 상환될 수 있는 수익은 y_{LR}과 동일할 것이다. 그렇다면 사후적인 재협상만이 허용되는 경우의 채권자의 참여제약은 다음과 같다.

$$qz+(1-q)(p_R y_{RR}+p_L y_{LR}) \geq k. \tag{5}$$

즉, 구속력 있는 불완전계약이 가능한 경우와는 달리, t^2에 채무기업이 θ_R의 상태에 놓인 것으로 드러나는 경우에는 R이 진행되고 y_{RR}의 전부가 채권자에게 상환될 수 있지만, θ_L의 상태에 놓인 것으로 드러나는 경우에는 재협상에 따라 L이 진행되더라도 y_{LL} 중에서 y_{LR} 상당만이 채권자에게 상환될 수 있는 것이다.

구체적으로 위의 예에서 채무기업이 채권자에게 상환할 수 있는 최대 수익의 기대값은 다음과 같다.

$$0.9(150)+0.1[0.1(120)+0.9(30)]=138.9.$$

따라서 채무기업은 k가 138.9 이하인 사업안만을 수행할 수 있게 되는데, 이러한 결과는 구속력 있는 불완전계약이 가능한 경우에 비하여도 비효율적이다. 즉, k가 138.9부터 140.81 사이인 사업안까지도 수행되지 못함으로써 신용할당 내지 과소투자의 문제가 심화되는 것이다.

위에서 살핀 바와 같이 채권자와 채무자가 도산절차의 진행과 관련하여 사전에 체결한 약정의 효력을 인정하지 아니하는 것은 비효율적일 수 있다. 물론 그러한 비효율이 항시 발생하는 것은 아니다. 구체적으로 위의 예에서와는 달리 $p_R=$

p_L=0.5라고 한다면, 채권자에게 상환될 수 있는 최대 수익의 기대값은 구속력 있는 불완전계약이 가능한 경우에는 0.9(150)+0.1(0.57)[0.5(120)+0.5(100)]=141.27이 됨에 반하여 그것이 불가능한 경우에는 0.9(150)+0.1[0.5(120)+0.5(30)]=142.5가 되어, 오히려 전자가 후자에 미치지 못한다. 일반적으로는 $p_L y_{LL}$이 증가할수록 사전에 구속력 있는 계약을 체결하는 것이 효율적일 가능성이 증가하며, 반대로 $p_R y_{RR}$이 증가할수록 그 가능성이 감소할 것이다. 따라서 사전에 구속력 있는 계약을 체결하는 것이 효율적인 경우에도 그 효력을 인정하지 아니함으로써 이를 불가능하게 하는 현행법의 태도는 결국 비효율적이라고 평가될 수 있다.

Ⅵ. 개인도산과 면책

1. 개인도산의 특이점

도산이란 변제기에 이른 채무를 제대로 변제하지 못하는 상태를 의미한다. 이러한 정의는 개인이나 법인(주로 기업활동을 하는 회사를 상정한다) 모두에게 적용된다. 그러나 도산의 원인과 결과에는 양자 간에 차이가 있다. 법인은 시장에서 경쟁력을 상실하여 수입보다 지출이 많아지면 부채를 제대로 갚지 못하게 된다. 따라서 경쟁시장에서 도산하는 법인이 생기는 것은 당연한 일이다. 물론 대규모 사고(예를 들면, 오염으로 인한 대형 손해배상사고)로 인하여 예측하지 못한 채무를 부담하게 되는 경우도 있지만 일반적으로는 경쟁력 상실이 법인의 도산이유가 된다. 법인이 도산하게 되면 채권자에 의한 개별적인 채권추심이 이루어질 수도 있고, 회사법에 따른 청산을 할 수도 있고, 도산절차에 들어올 수도 있다.

도산절차 중에서 회생절차가 개시되면 법인은 회생절차에 있는 법인으로 법적 성격이 달라진 채로 기업활동을 계속하게 된다. 반면에 파산절차가 진행되면 모든 자산을 매각하여 변제에 사용한 후 변제하지 못한 채무는 그대로 둔 채로 해산을 하게 된다. 파산은 법인의 해산사유의 하나이기 때문이다(상법 제227조 제5호, 제269조, 제517조 및 제609조에서 준용됨). 이렇게 법인이 해산되면 채무자가 더이상 존재하지 않으므로 채권자는 추심을 할 수 없게 된다.

개인의 도산 원인은 그와 차이가 있다. 소득이 줄어드는 것이 도산의 원인이 되는 것은 법인과 마찬가지이다. 실직이나 사업의 실패 또는 이혼이 그 예이다. 그런데 개인의 경우에는 교육비나 병원비의 급격한 증가와 같이 소비가 늘어나는 것도 도산의 원인이 된다. 법인과는 달리 소비가 도산의 원인이 되는 것은 개인은 아무리 소득이 없어도 밥은 먹어야 하고, 아프면 병원에 가야 하고, 자녀를 교육시켜야 하기 때문이다. 법인은 소득이 없으면 지출을 하지 않고 활동을 멈출 수 있지만 개인은 소득이 없다고 하여 삶을 중단하고 소비하지 못하게 할 수는 없다.

개인의 도산은 결과에서도 법인과는 차이가 있다. 법인에 대한 도산절차에서는 회생절차와 파산절차가 확연히 구별되어 회생절차가 끝나면 재건된 기업이 존재하지만 파산절차가 끝나면 법인의 존재가 없어진다. 그러나 개인의 경우 그에 대한 파산절차가 진행된다 하더라도 그 결과가 개인이 부존재하는 상태로 되는 것은 아니다. 개인에 대한 파산절차나 회생절차 모두 채무자 재산의 관리 및 처리방식이 다를 뿐이지 개인의 존재에 변화를 줄 수는 없다. 이런 점에서 개인파산절차에는 해체의 의미는 전혀 없으며, 개인회생절차과 마찬가지로 새 출발(fresh start)을 위한 제도일 뿐이다.[70)]

더 나아가 개인채무자의 도산절차가 법인채무자의 도산절차와 뚜렷이 구별되는 것은 면책제도이다. 현행 도산법에 따르면 개인회생절차에서 인가된 변제계획에 따른 변제를 모두 완수하면 잔존 채무에 대하여 채무자는 면책된다(제624조). 또 파산선고가 확정되면 개인채무자는 면책을 신청할 수 있고 법이 정한 면책불허가 사유가 없다면 법원은 면책을 허가하여야 한다(제564조). 이렇게 면책이 되면 채권자는 더 이상 채무자에 대하여 추심을 할 수 없다.

개인파산에서 면책 결정을 할 수 있는 규정은 1962년 파산법 제정시 도입되었지만, 이 규정에 따라서 면책 판결이 처음 내려진 것은 1998년이었다. 개인채무자

70) 개인채무자에 대한 배려는 일반 채권추심법에서도 찾을 수 있는데 압류금지재산(민사집행법 제195조, 제246조)이 그 예이다.

가 면책될 수 있다는 것은 그만큼 낯선 법원칙이었으며, 채무의 이행을 명령하던 판사가 채무에 대하여 책임을 지지 않는다고 선언하는 것은 쉽게 수용할 수 있는 변화가 아니었다.

외국의 입법에서도 면책이 하나의 법원칙으로 확립될 때까지는 오랜 시간이 걸렸다.[71] 현재의 도산법에 영향을 준 입법 중에서 처음으로 면책제도가 확립된 것은 1705년 영국의 앤(Anne) 여왕 4년법으로 이 법 제7조는 면책을 다음과 같이 규정하고 있었다.[72]

"파산하게 된 자는 이 법이 규정한 기간 동안 감독관에게 복종하고 이 법에서 규정한 모든 점에 부합하면 파산시 부담하고 있던 모든 채무에서 면책된다."[73]

이 법에서 면책을 인정한 이유는 이를 통하여 채무자에게 파산절차에 협조할 동기를 부여함으로써 채권자의 채권추심을 더 유리하게 하기 위해서였다. 즉, 면책을 채권자의 채권추심에 협조한 채무자에게 부여하는 하나의 은전으로 보았고, 그에 상응하여 은전을 부여하는 채권자의 동의와 일정액 이상의 변제를 요구한 것이다.

이런 면책규정이 등장하자 면책의 정당성에 대한 논란이 일어났다. 채무불이행을 사회적으로 나쁜 일이라고 보는 전통적인 관점에서는 채무불이행자를 면책시켜 주는 일은 채무불이행만큼이나 부도덕한 일이라는 비난이 일었다. 그렇게 면책을 해 주면 누가 채무를 이행하겠느냐는 것이었다. 이에 대해 블랙스톤(Blackstone)은 면책이 채무자를 국가의 유용한 구성원이 되게 한다는 점에서, 이전의 채무로부터 채무자를 자유롭게 하는 것이 사회의 잠재적인 이익이라고 주장하였지만 그러한 논리적인 설명이 면책제도를 지켜 주기에는 역부족이었다. 그 결과 면책규정은 경제상황이 나빠질 때에 한시적으로 시행되었다가 경제가 호황기가 되면 사라지는 한시법으로만 존재하였다. 그러한 우여곡절이 있었지만 1898년 미국의 도산법에서 적법성 이외의 채권자의 동의나 최소변제액에 대한 요구 없이 면책을 신청할 수 있는 것이 채무자의 권리로 인정되면서 하나의 법제도로 뿌리를

71) 성서에 따르면 고대 이스라엘에서는 희년제도를 두어 50년마다 모든 채무를 탕감해 주도록 하고 있었다. 레위기 25장 참조.
72) 파산면책의 역사에 대하여는 Tabb(1991) 참조.
73) 4 Anne, c. 17, §7 (1705).

내리게 되었다.[74)]

면책제도는 자본주의의 발전에 중요한 역할을 하였다. 산업혁명기에는 법인회사라는 형태의 기업조직이 일반화되기 이전이어서 투자는 주로 개인 상인에 의하여 이루어졌다. 그래서 파산 면책은 모험기업가의 위험을 제한하는 기능을 하였다. 특히, 자본주의가 확산되면서 경기변동에 따라 다수의 파산자가 나오는 상황에서 이들 파산자는 면책제도에 의하여 경기회복기에 다시 정상적인 경제활동을 할 수 있어 경기회복에 이바지할 수 있었다.[75)]

2. 면책제도의 사회 · 경제적 의미[76)]

불황이나 질병 · 사고와 같은 외부적인 요인 때문에 채무자가 도산하게 된 경우에는 이들을 구제하지 못했을 때 발생하는 사회 · 경제적 손실을 고려할 때 면책을 허용할 필요성을 쉽게 찾을 수 있다. 그런데 도산의 원인이 외부적 사건이 아닌 과다소비나 자신의 변제능력에 대한 잘못된 판단으로 신용거래를 과다하게 확대한 데에서 기인한 경우에도 면책을 인정할 정당성이 있는가가 문제된다.

면책의 필요성(정당성)은 면책의 사회보험 기능에서 찾을 수 있다. 지급불능이라는 보험사고가 발생하면 채무자는 잔존채무의 면책이라는 보험금을 받게 된다. 이러한 면책제도하에서는 지급불능이라는 보험사고에 대비하여 채권자는 비슷한 처지에 있는 채무자에게 대출비용을 높임으로써 그 위험을 분산시킨다. 채무자의 관점에서는 그러한 대출비용의 증가분이 보험료가 되는 것이다. 면책제도가 없었다면 채무자 자신이 전부 부담할 지급불능의 위험을 면책제도를 통하여 채권자와 다수의 채무자들에게 분산하게 된다. 금융기관은 이러한 위험분산을 위해 채무자를 범주화하고 그 신용 정도에 따라 위험률을 반영한 비용을 산정한다. 면책이 사

74) 1898년 미국의 파산법 제정 당시 의회보고서는 파산법의 필요성을 다음과 같이 설명하였다. "파산자 대다수는 인생이라는 전쟁에서 불운을 만난 활동적이고 진취적이고 정직한 사람이다. …정직한 사람들이 아무런 희망 없이 경제적으로 주저앉아 있을 때 그들을 억누름으로써 사회가 얻는 것은 아무 것도 없다. 오히려 그 반대로 공공의 이익은 채권자들에게 채무자의 재산을 분배하고 채무자가 새 출발을 할 수 있도록 함으로써 증진될 것이다."

75) 자본주의 경제체제가 면책제도의 뿌리를 내리게 한 측면도 있다. 이전에는 채무자는 불성실하거나 낭비벽이 있는 부도덕한 사람이라는 관념이 있었는데, 자본주의 경제체제에서는 모험기업가를 긍정적으로 보게 됨에 따라 채무자 역시 성실하나 불운한 사람으로 인식하게 되어 면책에 대해 긍정적인 인식이 확산되었다.

76) 아래의 기술 중 일부는 이경희(2005)의 내용을 필자의 동의를 받아 수정 · 인용한 것이다.

회보험으로 기능한다는 것은 면책이 채무자에게 사회적 안전망을 제공한다는 것을 의미한다. 즉, 채무자가 앞으로 벌어들이는 모든 수입을 빚을 갚는 데 쓰게 해 사실상 채권자의 노예로 살게 되는 것을 방지한다.

면책에 보험적 요소가 있다는 것은 이른바 도덕적 해이가 있을 수 있다는 의미이기도 하다. 즉, 지급불능이 발생할 위험을 줄이는 노력을 게을리하거나(사전적 도덕적 해이), 지급불능이 발생하였을 때 변제액을 늘리기 위한 노력을 게을리할(사후적 도덕적 해이) 가능성이 있다는 것이다. 이러한 도덕적 해이를 막기 위하여 현행 도산법은 여러 가지 제도적 장치를 두고 있다. 파산면책에서는 집행면제재산을 제외한 모든 재산을 환가하여 배당하는 것을 전제조건으로 하고 있고, 개인회생절차의 면책에서는 변제계획에서 가용재산의 전부를 변제에 제공하는 것이 변제계획 인가의 요건이다(제382조, 제614조).[77] 또 각종 면책 불허가 사유를 규정하고 있는 것(제564조, 제624조 제3항), 파산자가 고의(또는 중과실)로 한 불법행위에 기한 손해배상채권, 벌금, 과료, 추징금 및 과태료를 비면책채권으로 한 것(제566조, 제625조 제2항)이 그 예이다.

그런데 면책제도의 도덕적 위험에 대한 논의는 실제적이라기보다는 관념적이고 이론적이다. 면책이 채무자에게 어느 정도 매력적인 제도인지는 실제 지급불능 상태에 처한 채무자 중에서 어느 정도가 파산 또는 개인회생절차를 통하여 면책을 받는지를 보면 알 수 있다. 〈표 11-1〉은 외환위기가 어느 정도 진정된 1999년부터 2009년까지 지급불능자의 수와 관련한 경제통계를 보여 주고 있다. 지급불능자의 수는 2004년을 정점으로 하여 하락하고 있는데, 개인파산사건의 수는 2007년을 정점으로 하여 하락하고 있다. 지급불능자의 수와 파산신청의 수 사이에 시간적 간격이 있는 것은 개인회생에 대한 일반의 이해에 시간이 걸렸음을 의미한다. 정점을 상호 대응하여 양자를 비교해 보아도 지급불능자의 5% 미만이 파산을 신청하고 있다. 마찬가지로 지급불능자 수와 개인회생사건 수를 비교하여 보면 2% 미만이다. 개인신용회복[78]의 경우에는 2009년의 예외적인 현상을 고려하더라도 8% 미만

77) 이렇게 전 재산을 변제하게 하는 것은 보험의 공제금(deductible)과 유사하다. 다만 개인채무자의 전 재산이라는 개념에는 제한이 있음을 유의하여야 한다. 개인이 보유하는 자산에는 물적 자산과 인적 자산이 있다. 인적 자산은 개인에게 체화되어 있으므로 이를 채무자로부터 분리하여 외부에 이전할 수가 없다. 노예제도를 인정하지 않는 한 인적 자산을 변제에 사용하지는 못한다. 이러한 인적 자산의 존재가 채무자로 하여금 채무재조정에 적극적으로 참여하지 않게 하고 물적 자산이 없는 채무자는 면책제도를 이용할 이유가 더 있다고 할 수 있다.

표 11-1 • 면책신청 수

연도	부도	가계부채*	지급불능자**	개인파산	개인회생	개인신용회복
1999	6,718	214,036	1,995		–	–
2000	6,693	266,899	2,084		–	–
2001	5,277	341,673	2,450		–	–
2002	4,244	439,060	2,635	1,335	–	505
2003	5,308	447,568	3,720	3,856	–	6,250
2004	4,445	474,662	3,615	12,317	9,070	287,352
2005	3,416	521,495	2,975	38,773	48,541	193,698
2006	2,529	581,963	2,796	123,691	56,155	85,826
2007	2,294	630,678	2,583	154,039	51,416	63,706
2008	2,735	688,246	2,271	118,643	47,874	79,144
2009	1,998	733,660	1,934	110,917	54,605	101,714

주: * 단위: 10억 원.
** 신용불량자 또는 금융채무 불이행자, 단위: 천 명(천 명 이하 절삭), 2005년 이후는 추산치.

이다. 이렇게 보면 넉넉히 잡아도 법정면책절차를 신청하는 자의 수는 신청할 수 있는 채무자 중 7% 미만이다. 여기에 사적 조정절차인 개인신용회복 건수를 합하여도 최대 15%에 불과하다. 그러면 왜 나머지 85%의 채무자는 면책제도를 이용하지 않는가?

면책제도를 모를 수도 있겠으나 더 큰 이유는 면책제도가 갖는 각종 현실적 또는 가상적 비용(또는 불이익)이 있다고 보기 때문이다. 채무를 면제받는 것에 대한 도덕적 · 인격적 수치심, 법정절차인 경우 법원에 가야 한다는 부담감, 채권자와의 인간적인 관계 단절, 금융기관과의 신용거래를 못하게 되는 점 등을 그 이유로 짐작할 수 있다. 면책이 사회적으로 유용한 제도라면 이러한 비용을 줄여서 채무자들이 적극적으로 면책을 받아 정상적인 경제활동을 하도록 유도하여야 할 것이다.[79)]

보험의 정당성은 비용 외부화를 막는 점에서도 찾을 수 있다. 면책제도를 고려

78) 일명 개인 워크아웃이라고 하는 개인신용회복지원제도는 금융기관 간 신용회복지원협약에 따라 가입 금융기관의 채무를 최장 8년의 변제 후에 면제해 주는 제도이다. 가입 금융기관 이외의 채권자에 대한 채무는 조정대상이 아니다.
79) 오수근(2010), pp. 433-434 참조.

한 채권자는 면책으로 인하여 입게 될 손실을 고려하여 이자를 높게 책정할 것이고 그 비용은 모든 채무자가 부담하게 된다. 그러나 개별 채무자로서는 면책받을 권리를 포기하고 이자를 절약하고자 할 것이다. 인지적 편견을 가진 소비자는 장래의 재정적 위험은 저평가하고 예상 수익은 고평가하는 경향을 가지고 있기 때문이다. 그래서 채무자들은 계약시 면책제도에 의하여 주어지는 보호를 포기하고 자신이 위험을 감수하고 스스로 모두 변제하겠다고 하는 것, 즉 자가보험으로 대체하고자 할 가능성이 높다. 이렇게 자가보험 쪽으로 가게 되면 실제 그 비용을 채무자가 부담하는 것이 아니고 사회가 부담하는 비용 외부화 현상이 발생한다. 왜냐하면, 면책을 신청하지 않아 계속 채권추심이 이루어지면 채무자는 정상적인 경제활동을 포기하거나 고용주가 해고할 가능성이 높아져 채무자는 자신이 소득을 창출하는 대신 사회보장제도에 의존하게 되기 때문이다. 실제로 우리나라에서 많은 지급불능자들이 사회보험료가 지급되는 정상적인 고용 상태에 있지 못하고 비정규직에 있는 경우가 많다. 이러한 비용 외부화를 막기 위하여 면책제도가 있는 것이다. 즉, 파산절차가 개시된 이후에 발생한 소득은 변제에 사용하게 하지 않음으로써 자가보험을 선택하여 종국적으로는 비용을 외부화하는 일을 막을 수 있다.[80)]

Ⅶ. 결론

파산절차를 중심으로 하는 도산법이 만들어진 것은 수세기 전이지만, 현행 도산법에 직접 영향을 준 도산법이 형성된 지도 200년 정도가 되었다. 대부분의 도산법의 원칙들은 그 시대의 요구에 맞추어 형성되었지만 법경제학적 정당성을 갖고 있었기 때문에 장기간 유지된 것으로 생각된다. 현행 도산법을 이해하거나 도산법과 도산실무의 개선방안을 마련할 때 법경제학적인 분석이 유용함은 두 말할 필요

80) 미국 도산법은 명문으로 면책을 포기하지 못하게 하여 비용 외부화의 가능성을 미리 차단하고 있다. 우리 도산법에는 명문의 규정을 두고 있지는 않지만 면책제도 자체에 면책불포기성이 내재되어 있다고 본다.

도 없다. 이 글은 바로 그러한 목적을 염두에 두고 기술되었다.

필자들은 도산법과 관련하여 중요한 쟁점으로 도산절차의 구성과 정당성, 기업가치 평가, 그리고 개인채무자의 면책을 선정하여 법경제학적인 분석을 시도하면서 현재의 도산실무에 대한 비평을 하였다. 먼저 집단적 추심절차로서 도산법이 필요한 이유를 잭슨의 가상적 채권자 간 합의 모형을 이용하여 설명하고, 아울러 전략적 비용의 감소, 자산집합의 증대, 관리상의 효율성이라는 유익함이 있음을 기술하였다.

도산절차에 파산절차 외에 회생절차가 있는 이유는, 회생절차가 파산절차보다 채무자에게뿐만 아니라 채권자에게도 더 많은 효익을 준다는 데에 있음을 보이고 이러한 존재이유가 청산가치 보장의 원칙으로 구현되고 있음을 설명하였다. 이어서 청산가치 보장의 원칙이 도산실무에서 어떤 과정을 거쳐서 수용되었는지, 현재 청산가치 보장의 원칙이 적용되는 과정에서 어떤 문제가 있는지를 논술하였다.

회생절차에서는 파산절차와는 달리 기업가치의 평가방법과 배분이 중요한 역할을 한다. 그래서 회생절차에서 기업가치가 배분되는 과정, 청구권자들 사이의 순위의 문제, 그리고 기업가치 평가방법을 설명하고 우리나라 실무를 비평하였다. 또 도산실무에서 청산가치와 계속기업가치를 비교하는 방식을 지적하였다.

기업가치 평가는 여러 나라에서 문제가 되는 쟁점이다. 이에 대한 사후적 대안으로 옵션 접근법과 희석화 기제를 소개하고 국제상사 사건을 분석하여 사후적 대안 적용의 가능성을 검토하였다. 아울러 사전적 대안으로 카멜레온 지분과 도산계약을 소개하였다.

끝으로 개인채무자의 도산이 법인기업의 도산과 어떠한 차이가 있는지를 분석한 후 면책제도의 형성 과정과 경제학적 정당성을 논증하였다.

지금까지 도산법에 대한 논의는 문리해석과 비교법적 고찰을 통해 이루어졌다. 그러나 도산법의 제 원칙이 경제학적인 관점에서 타당성을 가질 때 그 존재의 정당성을 확보할 수 있고 제도로서 지속할 수 있다. 일반 추심법의 특별법인 도산법의 제 원칙이 제대로 수용되기 위하여는 경제학적인 타당성에 대한 논증이 긴요하다고 본다.

참고문헌

김성용, 「회생절차 관련 도산법 개정 동향」, 『비교사법』, 제16권 제4호, 2009, pp. 67-94.

______, 「회생절차와 기업가치평가」, 『도산법연구』, 제3호, 2011(근간).

남일총, 「부실기업정리제도의 경제적 분석」, 『한국개발연구』, 제15권 제2호, 1993, pp. 3-39.

오수근, 「회사정리제도의 실증적 연구」, 『상사법연구』, 제16권 제2호, 1997, pp. 481-508.

______, 「청산가치를 하회하는 정리계획안의 당부」, 『민사판례연구』, 제23권, 2000, pp. 578-597.

______, 『도산법 개혁 1998-2007』, 두솔, 2007a.

______, 「청산가치 보장의 원칙」, 『민사판례연구』, 제26권, 2007b, pp. 415-442.

______, 「정리계획수행과 주주의 권리」, 『상사판례연구』, 제20집 제3권, 2007c, pp. 651-686.

______, 『도산법의 이해』, 이화여자대학교 출판부, 2008.

______, 「과중채무정리제도에 대한 연구」, 『법학논집』, 제15권 제1호, 2010, pp. 409-436.

이경희, 「파산절차상 면책의 정당성에 관한 연구」, 이화여자대학교 석사학위논문, 2005.

이화여자대학교 도산법연구센터, 『도산법제 선진화를 위한 비교법제 연구』, 2008.

Adler, Barry E., "Financial and Political Theories of American Corporate Bankruptcy," *Stanford Law Review*, 45(2), 1993, pp. 311-346.

Adler, Barry E. and Ian Ayres, "A Dilution Mechanism for Valuing Corporations in Bankruptcy," *Yale Law Journal*, 111(1), 2001, pp. 83-150.

Baird, Douglas G., "The Uneasy Case for Corporate Reorganizations," *Journal of Legal Studies*, 15(1), 1986, pp. 127-147.

Baird, Douglas G. and Donald S. Bernstein, "Absolute Priority, Valuation Uncertainty and the Reorganization Bargain," *Yale Law Journal*, 115(8), 2006, pp. 1930-1970.

Baker, Tom, "On the Genealogy of Moral Hazard," *Texas Law Review*, 75(2), 1996, pp. 237-292.

Basel Committee on Banking Supervision, "Proposal to Ensure the Loss Absorbency of Regulatory Capital at the Point of Nonviability," *Consultative Document*, 2010.

Bebchuk, Lucian A., "A New Approach to Corporate Reorganizations," *Harvard Law Review*, 101(4), 1988, pp. 775-804.

Feibelman, Adam, "Defining the Social Insurance Function of Consumer Bankruptcy," *American Bankruptcy Institute Law Review*, 13(1), 2005, pp. 129-186.

Hallinan, Charles G., "The 'Fresh Start' Policy in Consumer Bankruptcy: A Historical Inventory and an Interpretive Theory," *University of Richmond Law Review*, 21(1), 1986, pp. 49-160.

Hansmann, Henry and Reinier Kraakman, "The Essential Role of Organizational Law," *Yale Law Journal*, 110(3), 2000, pp. 387-440.

International Monetary Fund, "Contingent Capital: Economic Rationale and Design Featuress," SDN/11/01, 2011.

Jackson, Thomas H., "Bankruptcy, Non-Bankruptcy Entitlements and the Creditors' Bargain," *Yale Law Journal*, 91(5), 1982, pp. 857-906.

Jensen, Michael C., "Takeovers: Their Causes and Consequences," *The Journal of Economic Perspectives*, 2(1), 1988, pp. 21-48.

Rasumussen, Robert K., "Debtor's Choice: A Menu Approach to Corporate Bankruptcy," *Texas Law Review*, 71(1), 1992, pp. 51-121.

Roe, Mark J., "Bankruptcy and Debt: A New Model for Corporate Reorganization," *Columbia Law Review*, 83(3), 1983, pp. 527-602.

Schwartz, Alan, "Contracting about Bankruptcy," *Journal of Law, Economic, & Organization*, 13(1), 1997, pp. 127-146.

Sullivan, Teresa A., Elizabeth Warren, and Jay Lawrence Westbrook, *As We Forgive Our*

Debtors, Beard Books, 1999.

Tabb, Charles Jordan, "The Historical Evolution of Bankruptcy Discharge," *American Bankruptcy Law Journal*, 65(3), 1991, pp. 325-371(오수근 · 이경희 공역, 「파산 면책의 역사적 전개」, 『商法硏究의 香氣』, 2004).

Warren, Elizabeth and Amelia Warren Tyagi, *The Two Income Trap*, Basic Books, 2003.

주요 출전

본서의 많은 내용은 그 성격상 저자들이 과거에 집필해서 출간한 글들에 의존하였다. 이하에는 각 장들의 주요 출전을 제시하였으며, 편의상 본문에서는 일일이 인용하지 않기로 한다.

제1장: 이 글은 고학수 · 허성욱 편저, 『경제적 효율성과 법의 지배』(박영사, 2009)에 실렸던 글을 LEC 운영위원회의 요청에 따라 다소 수정하여 발표하는 것이다. 아울러 이 글은 서울대학교 『법학』, 제50권 1호, 2009에도 게재된 바 있다.

제3장: 이 글의 제Ⅱ, Ⅲ, Ⅳ절은 김일중, 『법경제학 연구: 핵심이론과 사례분석』(한국법제연구원, 2008)에 상당 부분 기반하였다.

제4장: 이 글의 제Ⅱ, Ⅲ절은 고학수, 「실화책임법에 관한 법경제학적 분석」, 『외법논집』, 제27집, 2007에 기초하여 수정한 것이다. 이 글의 작성에 큰 도움을 준 김준형 · 남구현 조교에게 감사의 뜻을 전한다.

제6장: 이 글의 제Ⅱ, Ⅳ, Ⅴ절은 각각 김두얼, 「경제성장과 사법정책」(도서출판 해남, 근간)의 제1, 3, 4장에 기반하였다. 제Ⅵ절은 김두얼 · 이시욱, 「법률분야 전문자격사제도의 개선방안」, 『법경제학연구』, 제7권 제2호, 2010을 정리한 것이다.

제7장: 이 글은 신도철, 「범죄와 형벌의 경제적 분석: 개관」, 『법경제학연구』, 제2권, 2005를 수정 보완하여 수록한 것이다.

제9장: 이 글의 제Ⅱ절의 5.는 주진열, 「공정거래소송에 있어서 경제적 증거 평가에 대한 일고찰」, 『경쟁법연구』, 제19권, 2009 및 주진열, 「기업결합규제와 효율성 항변 판단기준에 대한 법경제학적 고찰」, 『경제법연구』, 제9권 1호, 2010 등의 일부 내용을 수정하여 재수록한 것이다. 제Ⅲ절은 주진열, 「최근 독점규제법 주요 판례에 나타난 비교법경제학적 쟁점 분석」, 『경쟁법연구』, 제23권, 2011을 일부 수정하여 재수록한 것이다.

제10장: 이 글의 제Ⅵ절은 남재현, 「기술 혁신, 지적 재산권 그리고 공정거래」, 『한국의 경쟁정책』(형설출판사, 2011), 제8장을 양쪽 편집자의 동의하에 재수록한 것이다. 본 장의 작성 과정에서 큰 도움을 준 황용하 · 이주희 조교에게 감사의 뜻을 전한다.

제11장: 이 글은 김성용 · 오수근 「도산법에 대한 법경제학적 고찰」, 『법경제학연구』, 제8권 제1호, 2011을 일부 수정하여 재수록한 것이다.

필자 소개(가나다 순)

고학수: 서울대학교 법학전문대학원 교수

김두얼: 한국개발연구원(KDI) 연구위원 및 KDI 국제정책대학원 겸임교수

김성용: 성균관대학교 법학전문대학원 교수

김일중: 성균관대학교 경제학과 교수

김차동: 한양대학교 법학전문대학원 교수

김태진: 한양대학교 법학전문대학원 교수

김현종: 한국경제연구원 연구위원

남재현: 고려대학교 경제학과 교수

송옥렬: 서울대학교 법학전문대학원 교수

송웅순: 법무법인 세종 대표변호사

신도철: 숙명여자대학교 경제학부 교수

오수근: 이화여자대학교 법학전문대학원 교수

윤진수: 서울대학교 법학전문대학원 교수

이동진: 서울대학교 법학전문대학원 교수

주진열: 부산대학교 법학전문대학원 교수

허성욱: 서울대학교 법학전문대학원 교수

법경제학: 이론과 응용

2011년 7월 8일 초판1쇄 인쇄
2011년 7월 14일 초판1쇄 발행

편저자 김일중 · 김두얼
발행인 노현철
발행처 도서출판 해남
서울특별시 서대문구 충정로 3가 227-1 우리타워 6F
전화 739-4822 팩스 720-4823
e-mail haenam30@dreamwiz.com
homepage www.hpub.co.kr
등록 1995. 5. 10 제1-1885호

정 가 30,000원

ISBN 978-89-6238-033-0 93320